U0939493

中国特色社会主义理论研究前沿报告 No.8

改革开放与中国特色社会主义

中国社会科学院邓小平理论和“三个代表”重要思想研究中心

The Reform and Opening-up & the Socialism with Chinese Characteristics

主　编　王伟光

副主编　程恩富　夏春涛

社会科学文献出版社
SOCIAL SCIENCES ACADEMIC PRESS (CHINA)

作者名录

陈奎元 全国政协副主席，中国社会科学院院长
王伟光 中国社会科学院常务副院长，教授
李慎明 中国社会科学院副院长，研究员
陈佳贵 中国社会科学院副院长，学部委员，研究员
朱佳木 中国社会科学院副院长，研究员
武　寅 中国社会科学院副院长，研究员
李秋芳 中央纪律检查委员会驻中国社会科学院纪检组组长

（以下按文序排列）

张卓元 中国社会科学院学部委员，经济研究所研究员
江　流 中国社会科学院原副院长，学部委员，研究员
刘国光 中国社会科学院原副院长，学部委员，研究员
徐崇温 中国社会科学院荣誉学部委员，哲学研究所研究员
侯惠勤 中国社会科学院马克思主义研究院副院长，研究员
李崇富 中国社会科学院学部委员，马克思主义研究院研究员
程恩富 中国社会科学院学部委员、马克思主义研究院院长，研究员
夏春涛 中国社会科学院邓小平理论和“三个代表”重要思想研究中心副主任，研究员
刘树成 中国社会科学院学部委员，经济研究所研究员
常　欣 中国社会科学院经济研究所副研究员
金　碚 中国社会科学院工业经济研究所所长，研究员
李　林 中国社会科学院法学研究所所长，研究员

李汉林　中国社会科学院科研局局长，研究员

李培林　中国社会科学院社会学研究所所长，研究员

陈光金　中国社会科学院社会学研究所副所长，研究员

李春玲　中国社会科学院社会学研究所研究员

杨　义　中国社会科学院学部委员、文学研究所所长，研究员

张海鹏　中国社会科学院学部委员，近代史研究所研究员

于　沛　中国社会科学院世界历史研究所研究员

郝时远　中国社会科学院学部委员、民族学与人类学研究所所长，研究员

吴元樑　中国社会科学院哲学研究所研究员

罗文东　中国社会科学院马克思主义研究院中马二部主任，研究员

江蓝生　中国社会科学院原副院长，学部委员，研究员

李景源　中国社会科学院学部委员，哲学研究所研究员

姜　辉　中国社会科学院办公厅副主任，研究员

吴　波　中国社会科学院马克思主义研究院编审

张晓敏　中国社会科学院马克思主义研究院助理研究员

辛向阳　中国社会科学院马克思主义研究院中马二部副主任，研究员

肖黎朔　中国社会科学院研究员

方克立　中国社会科学院学部委员，研究生院教授

何秉孟　中国社会科学院学部主席团秘书长，编审

吕薇洲　中国社会科学院马克思主义研究院研究员

王一程　中国社会科学院政治学研究所所长，研究员

赵剑英　中国社会科学出版社总编辑，教授

张蕴岭　中国社会科学院学部委员，亚洲太平洋研究所研究员

张宇燕　中国社会科学院亚洲太平洋研究所所长，研究员

房　宁　中国社会科学院政治学研究所副所长，研究员

张顺洪　中国社会科学院机关党委副书记，研究员

王秀奎　中国社会科学院世界经济与政治研究所副所长，研究员

汪同三　中国社会科学院学部委员、数量经济与技术经济研究所所长，研究员

蔡　昉　中国社会科学院人口与劳动经济研究所所长，研究员

张晓山　中国社会科学院学部委员、农村发展研究所所长，研究员

裴长洪　中国社会科学院财政与贸易经济研究所所长，研究员

王春光　中国社会科学院社会学研究所研究员

吕　政　中国社会科学院学部委员，工业经济研究所研究员

韩朝华　中国社会科学院经济研究所副研究员

杨圣明　中国社会科学院学部委员，财政与贸易经济研究所研究员

李　炜　中国社会科学院社会学研究所副研究员

王延中　中国社会科学院监察局局长，研究员

郑秉文　中国社会科学院拉丁美洲研究所所长，研究员

李　周　中国社会科学院农村发展研究所副所长，研究员

胡乐明　中国社会科学院马克思主义研究院马克思主义原理部主任，研究员

彭五堂　中国社会科学院马克思主义研究院助理研究员

陈祖武　中国社会科学院学部委员、历史研究所所长，研究员

尹韵公　中国社会科学院新闻与传播研究所所长，研究员

卓新平　中国社会科学院学部委员、世界宗教研究所所长，研究员

董志凯　中国社会科学院经济研究所研究员

江时学　中国社会科学院欧洲研究所副所长，研究员

蒋立峰　中国社会科学院日本研究所所长，研究员

吴恩远　中国社会科学院世界历史研究所所长，研究员

刘作奎　中国社会科学院欧洲研究所助理研究员

于祖尧　中国社会科学院荣誉学部委员，经济研究所研究员

余永定　中国社会科学院学部委员、世界经济与政治研究所所长，研究员

李　扬　中国社会科学院学部委员、金融研究所所长，研究员

目 录

代序 继续深化改革 推进哲学社会科学事业的发展与繁荣 …… 陈奎元 / 001

第一篇 纪念改革开放 30 周年

一 改革开放是发展中国特色社会主义的强大动力 …… / 011
二 继续解放思想 坚持改革开放 …… / 035
三 从改革开放的实践看真理标准问题讨论的意义 …… / 039
四 党的十一届三中全会与中国当代史上的伟大转折 …… / 043
五 论陈云对改革开放的重大贡献 …… / 062
六 社会主义的新实践和新发展 …… / 079
七 试用马克思主义哲学方法总结改革开放 30 年 …… / 089
八 只有改革开放才能发展中国特色社会主义 …… / 106
九 改革开放是决定当代中国命运的关键抉择 …… / 114
十 改革开放 30 年伟大实践对马克思主义哲学的创造性运用和发展 …… / 126
十一 六次思想解放与经济体制改革和发展 …… / 133
十二 从抗震救灾看改革开放 30 年的中国 …… / 144
十三 30 年企业改革的理论与实践 …… / 153
十四 中国经济体制改革实践的主要特征 …… / 158
十五 中国工业改革 30 年 …… / 168
十六 改革开放 30 年中国立法的主要经验 …… / 181

十七　成绩与问题并存：中国法治在改革中曲折前行 …………………… / 185
十八　变迁中的中国单位制度
——回顾中的思考 …………………………………………………… / 189
十九　改革开放 30 年：社会政策的变化 …………………………… / 197
二十　中国经济学研究 30 年 ………………………………………… / 208
二十一　中国社会学研究 30 年 ……………………………………… / 213
二十二　中国社会分层研究 30 年 …………………………………… / 217
二十三　中国文学研究 30 年 ………………………………………… / 223
二十四　中国历史学研究 30 年 ……………………………………… / 231
二十五　中国史学理论研究 30 年 …………………………………… / 236
二十六　中国民族学研究 30 年 ……………………………………… / 244

第二篇　高举中国特色社会主义伟大旗帜 学习实践科学发展观

一　深入学习实践科学发展观　加快哲学社会科学创新体系建设 ………… / 253
二　全面贯彻落实科学发展观　大力推进中国特色社会主义伟大事业……… / 265
三　贯彻科学发展观　坚定不移发展社会主义民主政治 …………………… / 273
四　论科学发展观的基本要求及其现实根据 ……………………………… / 288
五　论科学发展观的理论贡献 ……………………………………………… / 298
六　党的十七大的重大意义和历史贡献 …………………………………… / 306
七　旗帜、道路、理论与党和国家的前途命运
——关于党的十七大报告的主题和精神 …………………………………… / 318
八　高举旗帜　推动哲学社会科学的创新发展 …………………………… / 328
九　把握反腐倡廉建设的辩证法　促进哲学社会科学创新体系建设 ……… / 334
十　高举旗帜　坚定不移 …………………………………………………… / 340
十一　高举中国特色社会主义伟大旗帜 …………………………………… / 343
十二　中国特色社会主义道路越走越宽广 ………………………………… / 348
十三　不断深化对中国特色社会主义理论体系的研究和探索 …………… / 352
十四　中国特色社会主义理论体系的实践意义 …………………………… / 357
十五　伟大的抗震救灾精神坚定了中国特色社会主义共同理想 ………… / 364

第三篇　若干重大问题研究（上）

一　关于民主与普世民主的相关思考 …… / 371
二　关于马克思主义与儒学关系的三点看法 …… / 412
三　比较视野下的中国特色社会主义 …… / 417
四　从“瑞典模式”看欧洲社民党社会民主主义“转型”的实质 …… / 425
五《共产党宣言》中的“主义之辨”及其当代意义
——纪念《共产党宣言》发表160周年 …… / 437
六　科学社会主义的产生及其在当代的发展 …… / 446
七　坚定不移地走中国特色社会主义政治发展道路 …… / 457
八　对发展党内民主的若干思考 …… / 462
九　论中国特色社会主义文化发展观 …… / 469
十　社会主义和谐社会理论的新进展 …… / 481
十一　关于构建和谐世界的思考 …… / 485
十二　通向和谐世界的和平发展之路 …… / 489
十三　世界格局大变动与中国战略选择 …… / 492
十四　关于加强“世情”研究的几点看法 …… / 495
十五　生态文明观及其在中国的确立 …… / 499

第四篇　若干重大问题研究（中）

一　正确看待经济增速回落　搞好宏观调控 …… / 505
二　加快转变经济发展方式 …… / 510
三　当前宏观经济形势下的就业问题 …… / 514
四　坚持走中国特色农业现代化道路 …… / 520
五　如何认识城市经济转变发展方式 …… / 523
六　我国城市化与社会结构变迁 …… / 528
七　南方雪灾反映出的问题与对策思考 …… / 534
八　西藏经济社会发展与拉萨暴力事件 …… / 539

九　奥运会留给中国的经验绝非民族主义 …… / 543
十　大部制与小政府 …… / 548
十一　当前我国消费理论中的几个前沿问题 …… / 550
十二　2008 年中国民生问题调查报告 …… / 555
十三　加快建立健全我国现代社会保障体系 …… / 561
十四　社保改革应统筹兼顾
——来自“拉美现象”的一个重要启示 …… / 568
十五　关于调整扶贫政策的一些建议 …… / 576
十六　劳动者权益保护的理论思考 …… / 580

第五篇　若干重大问题研究（下）

一　以改革创新精神开创地方志工作新局面 …… / 591
二　新时期与时俱进的中国历史学 …… / 597
三　中国特色社会主义新闻学的重大推进 …… / 600
四　以党的宗教工作基本方针指导宗教学研究 …… / 604
五　在总结历史经验中理解和构建科学理论体系 …… / 607
六　古巴特色社会主义与中国特色社会主义之比较 …… / 613
七　战略互惠合作共赢
——中日关系发展新阶段 …… / 620
八　俄罗斯新版历史教师参考书对苏联历史新观点 …… / 629
九　欧洲大国民众受访者对中国的看法 …… / 638
十　让美国加入世界 …… / 642
十一　贪婪导致危机
——从“次贷”危机透视美国经济 …… / 645
十二　世界经济正面临一场前所未有的金融危机 …… / 651
十三　国际货币体系的改革及中国的机遇 …… / 655

后　记 …… / 659

代　　序

继续深化改革
推进哲学社会科学事业的发展与繁荣*

陈奎元

此次座谈会是中国社会科学院研究自身改革的一次重要工作会议。会议的中心议题是贯彻党的十七大精神，继续深化我院领导和管理体制、机制的改革，推进哲学社会科学事业的发展与繁荣。

伟光同志的主题讲话很好，院各职能部门的发言各有侧重，与会各研究所和各单位的同志提出很多、很具体的意见和建议。在全面吸纳大家意见的基础上，院党组、院务会将发布改革我院管理体制、机制的实施意见，并努力在全院推行、实施。

这次会议讨论决定的思路和举措，不是寻常的工作部署，而是在我院进一步推进改革的重要决策思想、重大改革步骤，是深化改革的新开端。

今天会议要结束了，根据大家的讨论，我再着重讲几个问题。

（一）大家都要重视管理体制、机制的改革

我院建立 31 年（上溯原中国科学院哲学社会科学部共 53 年），建院和发展历程伴随改革开放的脚步，付出的努力和取得的成就不容忽视。

党中央批准成立中国社会科学院是英明的决策。中国社会科学院的首届领导班子打下的基础和他们制定的发展蓝图是有远见的，全院几十年的科研成果和自身建设可圈可点。我们现在要在某些方面进行改革并不是认为前面做得不好，更不是自以为比前人高明。我们作为后继者，感谢他们，更有责任在新的形势下把他们开创的事业接续下去并不断推向前进。

---

* 该文系陈奎元同志 2008 年 7 月 26 日在中国社会科学院改革工作座谈会上的讲话稿。

近30多年是中国党和国家发生巨大变化的新时期，党和国家领导体制的改革逐渐深入、扩展。我院现在机构庞大、机制守旧，整体创新能力不强，这种状况与国家变革的步调有差距，与自身的使命不协调、不适应，弊端日趋明显。环顾左右，我们改革的力度不够，照旧章办事的状况比较明显，妨碍人才成长和科研成就的弊端大家均有所见，需要有针对性地进行改革。中国社会科学院必然要随着潮起潮落，随着国家大局走向改革的未来。

我国是具有独特文化传统、悠久历史文明的社会主义国家，是13亿人口的大国，理应站在人类文明的前列。具有中国人文社会科学最高殿堂地位的国家社会科学研究院，要清醒地看到，我们的分量不够，我们的责任重大，无论在国内还是在世界，都面临着挑战。我们不能关门当“皇帝”，要有紧迫感和危机感，要有忧患意识、改革意识和奋发图强的意识。

1. 基础研究的传统优势不能下滑

哲学、语言、文学、史学、考古、外国文学、民族宗教学以及经济学科的基础理论研究一向是我院的优势，有些前辈学者被视作该领域的泰山北斗。现在这些学科大部分保持相当的优势，但是面临的竞争是毋庸讳言的事实。要注重研究整理、刊发大师们的研究成果、重要著述，传承他们的学术精华。今后若干年，随着第二、三代传人逐渐退出现职，要选好新的学科带头人，对于学术骨干的选拔、推介、培养工作，要下工夫尽快取得进展。

由学部主持的“国学研究论坛”是我们为了建设人文学科殿堂采取的一项实际决策。学懂古人，才能谈得上弘扬中华传统文化。对传统文化一派茫然，所谓创新根本是无稽之谈。如果没有汉晋唐宋以及清代学者为古代典籍作出的那些传记、集解、索引、正义、注、疏……古代的书籍及文化今天无人能解。近现代对甲骨文、钟鼎文、帛书、竹简的发现、辨识与研究是新的重大贡献，为今人了解古人打开了新的门户。中国社会科学院的学者背负历史的责任，应当上接古人、唱响当代、启迪后人。我主张把“国学研究论坛”做大、做响，主要是考虑发挥我院研究所、研究人员的真才实学，呼唤民族文化的精神，把中华民族的文化内涵扩展到人民中间，与此同时，也把我院学者的形象介绍给世人。这个动议不是即兴的发挥，是建设人文科学殿堂的深切希望，坚持下去就可以成为长效机制。藏传佛教黄教的振兴，标志性的活动是宗喀巴举行的祈愿大法会，直到今天延续500多年，达赖每年在境外主持祈愿法会，甚至一年搞数次。民族文化不是宗教，但优秀文化的传承、生命力的根基更厚重，关键在于需要有志于此项事业的专家坚忍不拔地代代相传。

2. 应用对策研究要向战略高度提升

中央要求哲学社会科学研究要立足当代、立足国情，以研究重大现实问题为主攻方向，要求注重研究全局性、前瞻性、战略性的问题。这主要是指与应用对策关系紧密的学科，如马克思主义基础理论、经济学、社会学、当代中国史、法学、国际学、政治学、民族学、宗教学、文学以及哲学、史学的部分学科。

基础研究与应用对策研究有不同的侧重，也有互相结合、互为体用的关系。研究得好，都有利国利民的功效，并不存在强调一部分人侧重这方面的研究，就会影响其他人进行另一方面研究的问题。

应用对策研究，包括国情调查，要提升水平。从战略的高度提出目标、任务，用战略的视角研究党和人民正在关切并希望找到答案的问题，把研究工作融入党和人民正在致力的伟大事业中去；要以中国特色社会主义理论为旗帜引领潮流；了解基于实践的理论材料，参与党的理论创新进程；了解世界理论、文化的动向，借鉴先进适用的文明成果。过去基督教宣扬其教义是普世价值，现在西方话语权的声音高，把他们主张的“民主观”、“人权观”以及自由市场经济理论等也宣称为普世价值，我国也有一些人如影随形，大讲要与“普世价值”接轨。我们研究重大现实问题，涉及党的路线方针政策，在这样重大理论、战略问题上要清醒。

应用对策研究，要尊重、深刻理解党的理论创新成果。邓小平理论、“三个代表”重要思想和科学发展观，展示出新的研究空间。我国改革发展实践中的成就，现实生活中显示出的矛盾，人民群众的关注焦点，是研究的极好素材。举凡关系改革、稳定、发展，关系强国利民的思想、对策都有战略的意义，从中寻找研究的方向，作出科学的判断，就能够体现应用对策研究的价值，积而累之就会成为新的有根基的理论成果。

所谓智囊团并非是官封的，更不是自封的。西汉的官员晁错第一个被称为“智囊”。涉及当时的天下大事，他见解精辟、独到，虽然成为政治斗争的牺牲者，真理在他一边，不愧“智囊”的称号。我们中国社会科学院人才济济、位列参谋咨询的重要机构，作智囊团体是本分，问题在于是否能够站在应有的高度，在国家需要的基础理论研究和应用对策领域拥有领先的优势。要健全科研成果选评的机制，不要让优秀成果被那些空谈、“垃圾”淹没了。

3. 要“走出去”

在国际人文社科领域争取制高点，争夺话语权，扩大影响力。在人文社科领域，所谓“西强我弱”不可一概而论，要具体分析西方强在何处，我方弱在哪里。东西方的价值观不同，文化传统、道德规范不同，有可比的方面，也有不可比的方面。强弱不但要看声音高低，还要看内涵和本质。马克思、恩格斯两个人创立的科学理论，曾经使整个资本主义世界震惊。现在中国特色社会主义的理论与实践在世界的影响力日益上升，在社会科学领域有独特的价值，不能笼统地讲强弱，一味甘拜下风。要学习的是先进文化而不是强势文化。中华的传统文化博大精深，中国特色社会主义理论体系独领风骚，在这些方面我们并不弱，在任何时候、任何场所，都有理由慷慨陈词。在许多方面我们不如人家，或者人家有独到之处，我们就要虚心学习，这不仅是面对西方发达国家，而且是对全世界、全人类。现在这方面的主要倾向性的问题是民族文化虚无主义和过分崇拜西方主流意识形态。

强和弱并不是永恒不变的，我们的使命是转弱为强。相信辩证法，事物的发展变化是绝对的。冷战结束不到 20 年，美国一超独强的神话在经济、政治、军事上都显示风光不再，在思想文化上也不可能永远作霸主，我们要树立民族自尊心和自信心，不搞任何盲目崇拜，不能将西方的价值观念尊奉为所谓的普世价值，也就是不把我们党和国家的价值观贬低为另类价值，这是中国社会科学存在和振兴的内在要求。要实现中华民族文化的大发展、大繁荣，就需要树立保持中华五千年文化优秀传统的信念，相信中国特色社会主义理论体系是当代先进的科学理论，立足自己的根基，发扬民族的创造力。

这次我院内部的改革主要是管理职能的部分，对于学科体系建设、研究所的建设、学术评价标准、评价体系建设，作为学术改革的内容要继续研究，相机推进。

改革不是神话，正如理论创新一样。党中央进行理论创新，始终要探讨建设什么样的社会主义，怎样建设社会主义。在改革的问题上同样也要弄清楚一个问题：搞什么样的改革，怎样进行改革？有些人故意模糊改革的性质，打着改革的旗号，企图取消党的理论基础，图谋褫夺党的领导权力，改变国家社会主义的性质和方向，提倡这样的改革绝对不是为了巩固和发展社会主义制度，而是和平演变的图谋。讲改革，如果脱离党的基本路线，违背党的理想信念，背离广大人民的利益和期望，就必然导致一系列难以控制的后果。我们决不赞同那样的改革。

我院现在研讨的改革，是内部管理体制、机制的改革，作风的改革，要义是推动科研、激励人才、优化服务。评价改革内容和措施，要看这几条。

（二）改革院机关的管理制度，转变部门职能

我院的科研工作，主体在研究所。研究所是科研组织、实施、评价、发布的主要承担者，研究所水平高低是中国社会科学院科研水平高低的标志。院部和院部工作机构与研究所、研究中心是一个组合。院部的职能有领导、有服务，领导要讲章法，服务要有效率。机构的功能能够保证促进科研健康发展的就是正确、必要的，阻碍科研顺利进展的就是不当的、多余的。

改革工作制度、转变机关职能、促进科研成果、促进人才的涌现和成长是我们的目标和要求。

1. 树立为科研服务的意识

现在主要通过课题制的办法管理科研，这个办法行之已久，不可能立即用其他办法取代。课题制的利和弊基本上都清楚，要朝着鼓励出科研成果的方向进一步完善，还要研究跳出课题制的新办法，扶持学科带头人，扶持潜心钻研理论、不急功近利的学者，鼓励数年磨一剑的学者。

2. 激励人才，打造推介人才的天地

我院队伍宏大，鱼龙俱在，难免有吃闲饭的，有南郭先生厕身其间，最重要的莫过于发现人才、推介人才。既要善于求同存异、包容多样，更要慧眼识人。凡是大的群体，往往有魔亦有道，难以保证纯而不杂，重要的是保证主流健康，“君子之道长，小人之道消”。现在中央制定许多选人用人的新规矩，总而言之是制度化。光有制度还不能保证出人才。我们要建设有利于人才成长的环境，坚决反对嫉贤妒能、党同伐异、压抑人才的学伐作风，要完善人才制度，鼓励人才涌现，并要下工夫努力推介学有所成的专家。培养“大家”是我们始终不渝的目标。

要下决心实行人员退出机制，首先推行评聘分开，不要草率断绝退出人员的生路，但要坚决防止冗员过多，不能长期容忍不干事的人阻塞有希望的人才的前进之路。这步棋非走不可，别无选择。

3. 改掉衙门作风

“铁打的衙门流水的官”，这句话道出中国几千年官场的积弊。衙门根深蒂固，积重难返，各种明规则、暗规则，往往令人瞠目结舌。衙门风气不除，施之于国则误国，施之于事则误事。这是人民群众深恶痛绝的痼疾，是当今社会矛盾频发的渊薮。我院的工作部门总体上看，官僚主义并非十分突出，有些部门还受到服务对象的好评。问题主要是对职能的界定不清，改革职能就是为了加强服务的功能，提高服务的效率。机关职能转变得好，出成果出人才就会得到有力的支持与保证，就会提高全院的整体功能。

（三）加强党的建设

政治体制的改革，国家机关领导体制、管理机制改革的方向和目标，是要坚持和改善党的领导，而不能削弱党的领导。在推进领导制度改革的同时，要考虑有效地发挥党的核心领导作用，提高党组织的领导水平。

现在党的队伍巨大，执政50多年，党的队伍与革命战争年代比较，面目大不一样了。有相当多的党员组织观念淡漠，有不少党员干部为人民服务的意识、先锋队的意识、为实现社会主义、共产主义远大目标进行奋斗的意识大幅度地下跌。加强党的自身建设，不但关系执政兴国的能力大小，而且关系党自身的生死存亡。

我院党员人数众多，专家学者中党员的比例较高，院所两级领导骨干绝大多数是党员专家学者，这是我院坚持正确政治方向和坚持马克思主义思想阵地的组织保证。党的自身建设搞好了，党组织才有力量；党的队伍一盘散沙，任何完备的制度和精巧的机构也不能保证党的执政地位不垮塌。

党的建设首要的是思想理论建设，共产党的党员干部不学习、不信仰马克思主义，离开社会主义、共产主义的理想信念去研究执政规律，与资产阶级政党就没有分别。失去了政治灵魂、政治保证去谋求领导的能力，既得不到劳动人民的信任，也不会为新产生的社会阶层长期接纳，苏联共产党的悲惨结局殷鉴不远。

共产党的力量来自于组织，党员个人永远要立足于组织之中，绝不要以为自己有一技之长，或者有一定的声望，就可以替代组织的力量。党员干部不论在任何岗位上，都要关心党组织的巩固和兴旺，自己也要自觉地接受组织的约束和监督。注意严格自律、维护党规党纪，每一级党组织都要加强党风廉政建设。党和国家为人民谋利益的口号和实际措施都不少，但是许多突发事件显示近年来党群、干群的关系不但未见明显改善，反而有激化的迹象，不容我们不加深思。我院各级党组织也要时刻牢记为巩固和加强党的组织始终不渝地奋斗。

制度要各级干部执行，要注意讲究工作方法，发扬民主、求实的作风。毛主席批评过李逵式的官长，李逵不是坏人，但是作风简单粗鲁，把好事办成坏事，坏事办多了，好人就当不成。

改革领导体制，建立规范的管理制度和工作制度是重要的，但是党的风气、干部的作风同样不可忽视。制度不是万能的，从理论上说，社会主义制度总比资本主义制度好，改革以后总比改革以前好。看实际情况，现今党员干部中贪腐分子滋生的状况、人民群众怨愤的心理、党群关系紧张的状况，我看是建国以来少有的局面。每一个珍惜党的事业、关心党的前途命运的人，都不应置若罔闻。党是一个整体，我们虽然是一个具体的科研单位，但是要从自己做起，保持好党的这个重要阵地。我们研究领导体制的改革，决不要忘记加强党的领导，研究社会科学院的建设，始终注意抓好党的建设，这不是题外话。

（四）抓落实

我院现在提出科研管理体制、人事管理体制、财计后勤等方面管理体制、机制的改革意见，并不是独创的、率先的举动。像我院这样几乎原封不动维持过去选人、用人、留人办法的单位，已经为数不多。不进行适当的改革，奖勤戒懒、优胜劣汰做不到，各得其所也做不到。学问好、成果多、有前途的人要位置没有位置，要职称没有职称，要奖励没有奖励，就不会形成人才辈出的局面，社会科学院就没有前途。

改革的措施要慎重，大家提的意见要仔细斟酌，认真吸纳，已经有几个研究所做过试点，只要考虑周全，就不会产生大的闪失。凡事都会有一点风险，只要大家用心去做，不简单草率地处理涉及个人根本利益的事，这一步改革就不会产生大的风波。这一步迈出去以后，站稳了，学科体系建设、研究所建设、科研成果评价等方面的改革紧随其后，我院和各研究所几年以后将会是一个崭新的面貌。

第一篇
纪念改革开放30周年

一

改革开放是发展中国特色社会主义的强大动力

王伟光

我国30年的改革开放既是我们党领导的一场新的伟大革命，又是社会主义制度的自我完善和发展。通过这场伟大革命，中华民族大踏步地赶上了时代潮流，社会主义中国走在了时代前列，我们党成为时代先锋。

总结30年改革开放的历史经验，对于我们在新的历史起点上继续推进改革开放，发展中国特色社会主义，有着重大现实意义和深远历史意义。

改革开放是发展中国特色社会主义的强大动力。改革开放30年的历史经验启示我们：发展中国特色社会主义，必须坚持解放思想，进一步改革开放。

1. 我国改革开放有着深厚的国际国内背景，面临世界社会主义运动和我国社会主义建设的严重困难，面对发达资本主义国家快速发展的严峻挑战，中国共产党人必须着力回答社会主义与马克思主义的历史命运这一时代课题

第二次世界大战结束后，形成了社会主义和资本主义两大阵营。建立在经济文化相对落后基础上的社会主义各国，在发展初期取得了多方面的重大成就，但后来由于没有创造性地坚持和发展马克思主义，体制和机制逐步僵化，导致发展速度缓慢甚至停滞，至20世纪70年代初，世界社会主义面临严重的困难。在此同时，世界范围内蓬勃兴起的新科技革命推动世界经济以更快的速度向前发展，发达资本主义国家抓住新技术革命兴起的机遇，大力发展社会生产力，不断调整自己的体制和政策，缓解社会矛盾，表现出稳定和快速发展的势头。

而我国社会主义建设事业也遭遇了极大的挫折。我们党在领导人民建立新中国和社会主义制度后，极大地发展了经济社会等各项事业，但也走了弯路，甚至发生“文化大革命”这样全局性的失误，使我国社会主义建设一度停滞，经济实力、科技实力与国际先进水平的差距明显拉大，面临着巨大的国际性挑战和压力。

在这样的国际国内历史背景下，肩负着复兴中华民族和发展社会主义双重使命的中国共产党人，开始深刻思考为什么社会主义在发展的进程中面临如此巨大的挑战和困难，而资本主义为什么在发展进程中又起死回生，表现出新的发展势头，中国社会主义事业怎样才能克服困难和挫折，发展起来，并最终战胜资本主义。这一重大现实问题引出了如何认识当代资本主义、如何认识当代社会主义的时代课题，引出了中国共产党人毅然决然走改革开放之路，发展中国特色社会主义的必然抉择。

对于我国社会主义改革开放的实践者们来说，推进改革开放，建设和发展社会主义，必须正确认识和把握当代社会主义的发展规律，这就必须回答在经济文化比较落后的中国，“什么是社会主义，怎样建设社会主义”，“建设一个什么样的执政党，怎样建设执政党”，“实现什么样的发展，怎样发展”的问题。这三大问题归结于“什么是马克思主义，怎样坚持和发展马克思主义”这一根本性问题。这事关马克思主义政党的长期执政，中国特色社会主义的发展和社会主义事业的兴衰成败，说到底，事关社会主义和马克思主义的历史命运。

历史实践已经证明，我们党在改革开放的历程中，已经创造性地并将进一步深入地回答这一系列重大历史性课题。“什么是社会主义，怎样建设社会主义”，这是改革开放，发展中国特色社会主义的首要的基本问题。邓小平科学地破解了这个课题，邓小平理论是中国特色社会主义理论体系的开篇。邓小平在 1980 年就提出了“执政党应该是一个什么样的党，执政党的党员应该怎样才合格，党怎样才叫善于领导”① 的问题。以江泽民为代表的第三代党的领导集体在进一步回答“什么是社会主义，怎样建设社会主义”问题的同时，创造性地提出了“三个代表”重要思想，这是中国特色社会主义理论体系的第二篇答卷。在新世纪新阶段“实现什么样的发展，怎样发展”，这是要回答的第三个问题。以胡锦涛为总书记的党中央提出科学发展观，成为中国特色社会主义理论体系的第三篇答卷。对三大问题的依次回答，使我们党创造并不断丰富和发展了中国特色社会主义理论体系，推进了马克思主义中国化的不断创新，不间断地回答了“什么是马克思主义，怎样坚持和发展马克思主义”这一根本性问题。

因此，中国特色社会主义理论体系既是中国社会主义改革开放的理论产物，又是中国社会主义改革开放的指导思想。

---

① 《邓小平文选》第 2 卷，人民出版社，1994，第 276 页。

2. 改革开放30年，深刻的思想解放运动带动了中国特色社会主义实践和理论的伟大飞跃

中国共产党人担负着通过改革开放，使社会主义从困境中走出来，开创社会主义现代化建设新局面的历史重任，而要完成这一历史重任，首要的是回答在经济文化比较落后的中国，“什么是社会主义，怎样建设社会主义”。邓小平说：现在我们搞经济改革，仍然要坚持社会主义道路，“但问题是什么是社会主义，如何建设社会主义。我们的经验教训有许多条，最重要的一条，就是要搞清楚这个问题。”① 而要搞清楚这个问题，就要抛弃禁锢头脑的思想束缚，抛弃沉重的历史包袱和思想包袱，彻底解放思想。改革开放30年来，围绕着“什么是社会主义，怎样建设社会主义”这一首要的基本问题，中国共产党人展开了深刻的、持续的思想解放运动。思想解放在我国改革开放历程中起到了思想动力的巨大作用，思想解放带动了改革开放新时期中国特色社会主义实践和理论的伟大飞跃。

关于“实践是检验真理唯一标准”的大讨论是率先发动的思想解放运动。

粉碎“四人帮”之后，中国共产党人面临两个问题需要回答和解决。第一个问题就是回答“文化大革命”是否错了，社会主义建设道路是否一度走错了，错在哪里，也就是要实现拨乱反正，确立正确的思想路线。第二个问题是回答社会主义建设正确的道路是什么，怎样走出一条新路，也就是实现改革开放的任务，确定符合中国国情的社会主义建设道路。

从1978年党的十一届三中全会到20世纪80年代末90年代初，是我国改革开放和中国特色社会主义事业发展的第一个阶段。这个阶段是以邓小平在十一届三中全会上的重要讲话《解放思想，实事求是，团结一致向前看》作为标志的，党的十五大把这篇重要讲话概括为我国社会主义改革开放和现代化建设进程中的第一篇政治宣言书。

中国共产党历史上曾经有过两次重大转折：一次是遵义会议，另一次是党的十一届三中全会。十一届三中全会是我们党在社会主义正处于生死存亡的关键时刻召开的一次极其重要的会议。党的十一届三中全会以前的20多年间，尤其是“十年内乱”期间，正是“以阶级斗争为纲”的“左”的政治路线和作为这条政治路线的思想理论基础的主观唯心主义、教条主义、个人崇拜等错误思想路线的指导，导致了我党在社会主义建设的实际工作中的长期重大失误和“文化大革命”的空前浩劫。粉碎“四人帮”以后，广大群众强烈要求纠正过去“左”的

① 《邓小平文选》第3卷，人民出版社，1993，第116页。

思想路线和政治路线，但是，“两个凡是”（即“凡是毛主席的决策，都坚决拥护；凡是毛主席的指示，都始终不渝地遵循”）的错误主张，仍严重地束缚了人们的思想，压制了人民群众要求拨乱反正的积极性。所谓“两个凡是”，实质上就是仍然坚持“文化大革命”所奉行的“左”的理论和路线不变。1976～1978年，又经过两年的徘徊，我国经济社会发展更是雪上加霜，处于危机状态。而恰恰在这个时期，世界上发生了翻天覆地的变化，亚洲“四小龙”已经腾飞，资本主义世界已经进入现代资本主义发展的新阶段。在这样的历史背景下，究竟什么是检验真理的标准，是实践，还是“最高指示”？如此重大的问题必然要反映到理论上，反映到思想上，并集中通过作为世界观方法论的哲学问题而反映出来。当时，如果不彻底搞清这个问题，就无法实现思想上的大解放，就无法从思想理论上同“左”的思想政治路线相决裂。于是，一场不可避免的思想理论大决战就开始了。在这个重要的历史转折关头，邓小平提出了“解放思想，实事求是，团结一致向前看”的正确主张，发动了“实践是检验真理的唯一标准”的大讨论，解放了人们被束缚已久的思想，恢复了实事求是的思想路线，进行了理论上和路线上的拨乱反正，确定了以经济建设为中心，坚持改革开放，坚持四项基本原则的正确路线。邓小平的第一篇政治宣言书，起到了在历史转折关头力挽狂澜的巨大历史作用。“实践是检验真理的唯一标准”的大讨论，为我们党重新确立一条实事求是的思想路线和正确的马克思主义政治路线、组织路线，为十一届三中全会以来全面拨乱反正，纠正“文化大革命”的错误，为冲破长期以来禁锢人们的思想枷锁，并为以后实行改革开放，开创社会主义现代化建设的崭新局面开辟了道路。正是在正确的思想路线和政治路线的指引下，在事实上形成了以邓小平为核心的党的第二代领导集体。党领导全国人民按照邓小平开创的改革开放新思路和新格局，把社会主义经济建设作为首要任务，同时加强社会主义民主法制建设和精神文明建设，开启了改革开放新时期：农村改革成功启动，对外开放迈出坚实步伐，城市改革进入攻坚阶段，各项改革全面展开，中国特色社会主义现代化建设取得了重大成就。

我国改革开放和中国特色社会主义事业发展的第一个阶段，也正是中国特色社会主义理论体系的开篇之作——邓小平理论逐步系统化的阶段。党的十二大正式提出“走自己的道路，建设有中国特色社会主义”，标志着我们党确立了中国特色社会主义的主题。党的十三大全面阐述了社会主义初级阶段理论，确定了党在社会主义初级阶段的基本路线，制定了分“三步走”的经济发展战略，中国特色社会主义理论体系逐步形成轮廓，标志着我们党实现了马克思主义与中国实

际相结合的第二次历史性的飞跃。

关于生产力标准的大讨论是深入展开的思想解放运动。

20 世纪 90 年代初到 20 世纪末是改革开放和中国特色社会主义事业发展的第二个阶段。80 年代末 90 年代初，国内发生严重的政治风波，国际发生了苏东剧变，列宁亲手创建的社会主义苏联崩溃了，东欧社会主义阵营不复存在了，社会主义在苏联和东欧暂时失败了，社会主义遭遇到前所未有的挑战。当时，我们党面临着国际国内复杂严峻的形势，面对着来自“左”和右两方面的干扰。“左”的干扰认为改革开放是错误的，以经济建设为中心也是错误的，应该回到“以阶级斗争为纲”路线的老路上去。右的干扰则鼓吹完全“西化”，完全私有化，完全资本主义化，要求走到资本主义的邪路上去。中国特色社会主义究竟向何处去？成为世界瞩目的焦点。在这个关键的历史时刻，邓小平明确指出，坚持党的基本路线一百年不动摇。“不坚持社会主义，不改革开放，不改善人民生活，只有死路一条”。“谁要改变三中全会以来的路线、方针、政策，老百姓不答应，谁就会被打倒”。[①] 这就是说，十一届三中全会以来的路线是完全正确的，要坚定不移地沿着十一届三中全会确定的路线走下去。南方谈话正是在这样大的历史背景下，经过邓小平深思熟虑而形成的，它是我们党在改革开放至关重要的历史关头的第二篇“解放思想、实事求是”的政治宣言书。南方谈话进一步解放了思想，极大地推动了改革开放，大大加快了中国特色社会主义发展进程。

南方谈话是对十一届三中全会以来我们党领导的社会主义改革开放新鲜经验的高度总结，是对世界各国社会主义建设历史经验教训的高度总结，是对国际共产主义运动及其发展经验教训的高度总结。南方谈话抓住了我国社会主义建设实践中长期困扰人们的根本性问题，抓住了中国特色社会主义建设进程中一系列重大问题，从理论上全面地、系统地、科学地回答了“什么是社会主义，怎样建设社会主义”的问题，对发展中国特色社会主义具有战略性、前瞻性和全局性的指导意义。如果说邓小平的《解放思想，实事求是，团结一致向前看》的重要讲话起到了拨乱反正、开辟中国特色社会主义建设正确航道的重要历史作用，那么南方谈话则起到了全面肯定十一届三中全会以来的理论、路线和实践，坚定不移地沿着社会主义改革开放的正确道路走下去，开拓社会主义改革开放新局面，掀起中国特色社会主义现代化建设新高潮的伟大历史作用。党的十四大对南方谈话的深远历史意义和伟大现实意义作出了高度的评价：“以邓小平同志的谈

① 《邓小平文选》第 3 卷，第 370 ~ 371 页。

话和今年三月中央政治局全体会议为标志，我国改革开放和现代化建设事业进入了一个新的阶段。”南方谈话朴实无华，道理深刻，既对前十年我国改革开放事业作了肯定和总结，又对开辟改革开放第二个十年起到了巨大的推动作用。改革开放的伟大实践，充分证明了南方谈话所具有的强大的理论生命力。南方谈话标志着邓小平理论达到了成熟的高峰，标志着我国改革开放进入一个新的发展阶段。

南方谈话提出了判断“姓‘社’姓‘资’”的“三个有利于”标准，说到底，就是生产力标准，正是生产力标准的讨论掀起了进一步的思想解放。邓小平指出：“改革开放迈不开步子，不敢闯，说来说去就是怕资本主义的东西多了，走了资本主义道路。要害是姓‘资’还是姓‘社’的问题。判断的标准，应该主要看是否有利于发展社会主义社会的生产力，是否有利于增强社会主义国家的综合国力，是否有利于提高人民的生活水平。”① 增强国力和提高人民生活水平，关键和基础是发展生产力，在“三个有利于”判断标准中，最根本的还是生产力标准。生产力标准是实践标准的深化和具体化。实践标准主要是针对“两个凡是”的观点，恢复和重新确立了马克思主义的思想路线，划清了辩证唯物主义和主观唯心主义的界限。生产力标准主要是针对“生产关系决定论”、“僵化的社会主义模式论”，判断姓“社”姓“资”的僵化固定的思维模式，恢复和坚持历史唯物主义原理，划清科学社会主义和种种空想社会主义的界限。从实践标准到生产力标准的大讨论是思想解放的进一步深入，是以邓小平为代表的中国共产党人对马克思主义在新的历史条件下的再阐发，是十一届三中全会以来坚持实事求是的思想路线，对“什么是社会主义，怎样建设社会主义”不断深入认识的必然结果，是进一步解放思想、大胆改革开放的必然结果。

依据实践标准，在建设有中国特色社会主义问题上，就必须一切从实际出发，从中国具体国情，尤其是从中国的生产力现实状况出发，制定出正确的马克思主义政治路线。那么，基于什么样的理论来制定正确的政治路线呢？根据马克思主义的生产力理论和生产力标准，就必须把是否有利于社会主义社会生产力的发展，作为制定正确的政治路线的根本着眼点和落脚点。只有从生产力标准出发，才能科学地回答“什么是社会主义，怎样建设社会主义”的问题。正是从这个根本标准出发，邓小平全面提出了社会主义本质论、社会主义市场经济论等一系列关于“什么是社会主义，怎样建设社会主义”的基本观点。这样，对生

① 《邓小平文选》第 3 卷，第 372 页。

产力标准的学习、研究、讨论和落实，就成为进一步解放思想、解放生产力的关键环节。生产力标准正是在改革开放不断深入的新的历史条件下，为了进一步端正思想路线，加快改革开放步伐，集中力量发展中国特色社会主义的需要而提出来的。在改革和建设实践中，我们党每一项改革措施的提出、试验和推广，都贯彻了实事求是的思想路线和以经济建设为中心的指导方针。然而，在改革开放的实践过程中，我们每走一步，都涉及进一步检验十一届三中全会以来思想政治路线的正确性，都涉及衡量改革举措的必要性的客观标准问题。坚持客观的判断标准，克服来自"左"和右两个方面，特别是"左"的方面的干扰，是改革开放能否取得胜利的关键。到底以什么标准来看待改革开放十多年的成绩，要不要始终不渝地坚持党的基本路线，这在政治路线方面，在改革开放的实际举措方面就提出了一个衡量的客观标准问题，这个客观标准就是生产力标准。

应该说，在改革开放的根本方向、根本道路、大政方针乃至具体举措上，问一下姓"社"还是姓"资"，是应该也是必要的。然而，这里的关键是以什么样的标准来判断姓"社"还是姓"资"。生产力标准的观点告诉我们，既然生产力是一切社会发展的最终决定性力量，是判断社会进步的根本标准，是判断社会主体的认识和实践是否正确的最终尺度，那么离开生产力的发展来判断什么是资本主义和社会主义，就是用空想的原则、抽象的教条来裁剪火热的现实生活，就会在思想上陷入唯心史观的泥潭，在政治上导致或右或"左"的路线，在实践上阻碍生产力的发展。在这里，关键在于科学地掌握判断姓"社"与姓"资"的标准，只要用生产力这个根本标准来分析，关于"什么是社会主义，怎样建设社会主义"的许多疑惑不解就会一扫而光。在改革开放中，生产力标准是根本性的判断标准，如果离开这个标准，也就离开了社会主义的根本方向，离开了"什么是社会主义，怎样建设社会主义"的正确认识，就没有什么是非曲直可言，就会陷入主观随意性，甚至可能会重犯历史性的错误。一旦我们解决了这个根本标准的认识问题，那么我们就可以抛掉沉重的思想包袱，冲破思想牢笼，就会在改革开放实践中大胆地想、大胆地闯、大胆地试、大胆地干。

邓小平南方谈话和党的十四大，标志着中国改革开放和中国特色社会主义发展进入新阶段。党的十四大确定了经济体制改革的目标是建立社会主义市场经济体制。党的十四大以来，我们党坚定不移地以中国特色社会主义理论为指导，坚持党在社会主义初级阶段的基本路线，紧紧围绕"抓住机遇、深化改革、扩大开放、促进发展、保持稳定"的大局，努力推进社会主义市场经济体制改革，积极实施党的建设新的伟大工程，改革开放全面深入，现代化建设步伐明显加快。

3. 世纪之交和新世纪新阶段，中国共产党人在回答“什么是社会主义，怎样建设社会主义”的同时，创造性地回答了“建设什么样的执政党，怎样建设执政党”，“实现什么样的发展，怎样发展”，继续解放思想，坚持改革开放，极大地推进了中国特色社会主义伟大事业和党的建设新的伟大工程

世纪之交和进入新世纪以来，是改革开放和中国特色社会主义发展的新阶段。世纪之交正是该阶段的历史关键时刻。回顾20世纪最后10年，对中国社会主义现代化发展进程影响最大的有两个最重要的事件。第一个重大政治事件是80年代末90年代初，在我国发生的“六四”政治风波和苏东剧变。

我国发生的“六四”政治风波和苏东剧变，是两件密切相连构成一个整体的带有世界性影响的历史事件。中国共产党在1989年“六四”政治风波中，在苏东剧变的过程中，经受了巨大的政治考验。邓小平在《第三代领导集体的当务之急》这篇重要讲话中严肃地指出：“常委会的同志要聚精会神地抓党的建设，这个党该抓了，不抓不行了。”① 这是邓小平对“六四”政治风波深刻思考的科学结论。“六四”政治风波也好，苏东剧变也好，这些问题集中到一点，其根本原因就在于党自身。国际国内的政治事件警醒我们：如果党的建设不抓好，最后会出大问题。江泽民精辟地指出，“中国的事情关键在党”，② “要把中国的事情办好，关键取决于我们的党”。③ 以江泽民为核心的第三代党的领导集体按照邓小平的政治交代，认真思索怎样加强党的建设问题。

江泽民在深刻分析国内外的新情况、新变化时认为，有几件事值得深思：第一件事是1989年政治风波，第二件事是苏东剧变，第三件事是法轮功事件，第四件事是台湾国民党下台。深思这四件事，特别是联系我们党内的腐败问题，使人感到形势严峻。所有问题集中到一点，归结起来就是：一定要解决“建设一个什么样的党，怎样建设党”的问题。按照邓小平的指示，以江泽民为代表的第三代党的领导集体致力于聚精会神地解决党的建设问题。在十三届四中全会上强调要大力加强党的建设；十四届四中全会就加强党的建设几个重大问题又做了专门决定；十五大提出了继续推进党的建设新的伟大工程的总目标。总之，我们党的一系列思考和措施，都是要集中解决党的建设问题。

第二件大事是1997年2月19日邓小平去世。邓小平是中国改革开放的总设

① 《邓小平文选》第3卷，第314页。

② 《江泽民文选》第3卷，人民出版社，2006，第271页。

③ 《江泽民文选》第3卷，第1页。

计师，是中国特色社会主义现代化建设的开创者。邓小平去世以后，世纪之交的中国共产党人还能不能继续高举邓小平理论伟大旗帜，坚持党的基本理论、基本路线，把建设有中国特色社会主义事业进行到底？党的十五大高举邓小平理论伟大旗帜，在阐述社会主义初级阶段理论的基础上，规定了党在社会主义初级阶段的基本纲领和社会主义初级阶段的基本经济制度，提出依法治国、建设社会主义法治国家的基本方略，确定了跨世纪发展的奋斗目标和任务，并郑重地把邓小平理论作为我们党长期坚持的指导思想写进党章。在这之后，我们党领导全国人民战胜特大自然灾害，成功地应对了亚洲金融危机的考验，提前实现“三步走”经济发展战略目标的前两步。

世纪之交，我们党面临着三大方面的考验：一是世界大变化的考验。整个世界呈现大动荡、大变化、大改组的局面。特别是随着高科技的发展，信息时代、知识经济时代的到来，世界发生了巨大的变化。如何应对世界性的大变化，对我们党是一个重大考验。二是执政的考验。党在夺取政权后，先后经过过渡时期、建设时期、“文化大革命”的挫折时期和改革开放新时期的发展，经受住了执政的考验。特别是在1989年的政治风波和苏东剧变后，我们党经受住了执政的考验。还能不能继续经受住执政的考验，这又是一个重大课题。三是改革开放、市场经济的考验。在发展社会主义市场经济的过程中，一方面经济上去了，但另一方面党的干部队伍的腐败现象越来越严重，一些大案要案情况已经达到了触目惊心的地步，这说明党在改革开放、市场经济中面临着新形势下的新的考验。能否经得住市场经济的考验，这对我们党来说，也是一个严峻问题。

从历史来看，我们党经历了“两大转折”，从领导革命夺取政权到执政搞建设，从计划经济条件下的执政到市场经济条件下的执政，情况发生了很大变化。在新的历史条件下，党要着重解决“两个水平、两个能力”这两大历史性课题。“两个水平”，一是执政水平，二是领导水平；“两个能力”，一是防御风险的能力，二是拒腐防变的能力。因此，“建设一个什么样的执政党，怎样建设执政党”，这是摆在全党面前最重大最迫切的现实和理论问题。以江泽民为核心的第三代党的领导集体，在坚持邓小平理论，经受住国内国际的严峻考验，稳住改革开放大局的基础上，继续解放思想，不断改革开放，开拓创新，把中国特色社会主义的伟大实践成功地推向新世纪新阶段。

进入新世纪，以江泽民为代表的中国共产党人，着眼于我们党所处的历史方位，从党长期执政的战略高度，在继续回答“什么是社会主义，怎样建设社会主义”的同时，进一步回答了“建设什么样的执政党，怎样建设执政党”的问题，形成了“三个代表”重要思想，为中国特色社会主义理论体系增添了新的内容。“三个代表”重要思想，从最直接的意义来说，是解决党的建设问题，创造性地回答了“建设什么样的执政党，怎样建设执政党”，集中解决了党的先进性和执政能力建设问题。但是，它又不仅仅是解决党的建设问题，不仅仅是党的建设的全面纲领，它还进一步回答了“什么是社会主义，怎样建设社会主义”，是建设中国特色社会主义事业的强大思想理论武器，是全面实现小康社会宏伟目标的根本指针。党的十六大全面总结党领导人民建设中国特色社会主义的基本经验，把“三个代表”重要思想确立为党的指导思想，确定了全面建设小康社会的伟大任务，对党的建设提出全面的要求，顺利实现了中央领导集体的整体性交接，开创了中国特色社会主义的新局面。

党的十六大以来，以胡锦涛同志为总书记的党中央以邓小平理论、“三个代表”重要思想为指导，提出了科学发展观、加强党的执政能力建设和先进性建设、构建社会主义和谐社会、建设社会主义新农村等一系列重大战略思想，创造性地回答“实现什么样的发展，怎样发展”的问题，进一步回答了社会主义建设和执政党建设等问题，这些战略思想是马克思主义中国化的理论创新成果。党的十七大，对科学发展观的重要地位、产生的实践基础和背景、科学内涵、精神实质以及如何贯彻落实进行了全面系统论述。对科学发展观在我们党的指导思想上的重要地位作了科学定位，把科学发展观确立为党的指导思想，作为继续解放思想，深入改革开放，发展中国特色社会主义必须遵循的基本原则和指导方针。总之，进入新世纪新阶段以来，以胡锦涛为总书记的党中央按照十一届三中全会以来确定的基本理论、基本路线、基本纲领、基本经验，进一步完善社会主义市场经济体制，努力推进中国特色社会主义的“科学发展、和谐发展、和平发展”，继续致力于党的自身建设，加强党的执政能力建设和先进性建设，大大推进了改革开放的历史进程，马克思主义中国化取得新的进展，中国特色社会主义道路探索实现新的突破，执政党的建设迈出新的步伐。

4. 近代以来，在中国共产党领导下实现了两次伟大革命，改革开放是第二次伟大革命，成功地开创和实践了中国特色社会主义道路，取得了经济的持续快速增长和社会全面发展的伟大成就

中国共产党成立以来，中国实现了两次革命，第一次是共产党领导的、先是新民主主义接着是社会主义的伟大革命。这次革命改变了制约中国生产力发展的半封建半殖民地的经济政治制度，建立了社会主义制度，极大地解放和发展了社会生产力。

鸦片战争以来，中国开始沦为半殖民地半封建国家。如何振兴中华？如何使中华民族再创辉煌？这是中华民族一切有志之士一个共同的理想和奋斗目标。在中国近代历史进程中，涌现出了一系列有作为的人物，他们为中华民族的振兴，作出了不懈的努力，提出了种种救国方案，譬如禁烟运动、太平天国运动、洋务运动、戊戌变法、义和团运动、辛亥革命等。然而在近代中国历史上，旨在救国救民的斗争和探索，每一次都在一定的历史条件下推动了中国的进步，但总是一次又一次归于失败。究其原因，除了一些旧式农民起义的方案外，许多民族复兴的方案，其主要学习对象是西方的资本主义文明，主要是发展资本主义的经济、政治和文化，跳不出建立资本主义国家的愿望。为什么这些救国方案和实践屡屡碰壁呢？这是由国内外的客观条件决定的。国内外条件不允许中国建立独立富强的资产阶级民主共和国。帝国主义列强从自身利益考虑，绝不会让中国变成一个强大的资产阶级民主共和国，必须要维持和强化半殖民地半封建制度。为了维持旧制度，封建势力和官僚资本势力也需要与帝国主义列强勾结，不允许中国民族资产阶级强大起来，不允许在中国进行资产阶级民主革命。同时，中国民族资产阶级是一个软弱的、具有两重性的阶级，担当不起革命的领导力量，资产阶级旧式民主革命是解救不了中国的。

历史告诉我们，不触动封建根基的自强运动和改良主义、旧式农民战争、旧的民主主义革命，照抄照搬西方文明，这些方案都不能改变中国半殖民地半封建的社会性质和中国人民的悲惨命运。在帝国主义和封建势力打击下，这些方案和运动瞬息即逝。毛泽东同志讲，十月革命一声炮响，给我们送来了马克思主义，送来了社会主义。只有社会主义才能救中国，只有马克思主义才能救中国。只有中国工人阶级及其政党登上政治舞台，坚持马克思主义、举社会主义旗、走社会主义道路，才能解救中国。1919 年五四运动爆发，1921 年中国共产党诞生，中国进入新民主主义革命新的发展阶段。中国只有在马克思主义理论指导下，把马克思主义与中国实际相结合，进行共产党领导下的彻底的革命，才能振兴中华。中国共产党领导下的中国革命分两步走，第一步，进行共产党领导的、不同于旧民主主义革命的新民主主义革命。第二步，新民主主义革命成功以后，不间断地进行社会主义革命。以毛泽东为代表的第一代党的领导集体带领中国人民取得了新民主主义革命和社会主义革命的胜利，建立了社会主义制度，进入全面社会主义建设时期。

改革开放是我们党领导的第二次革命。从社会主义中国建立到党的十七大召开，党在全国执政的历史和社会主义建设的历史，以十一届三中全会为界，可以划分为前后两个时期。第一个时期是社会主义道路的探索时期，我们党确立了社会主义基本制度，建立了独立的比较完整的工业体系和国民经济体系，社会主义建设取得了伟大成就，积累了丰富的正反经验。第二个时期是改革开放新时期。在这个时期，我们党坚持改革开放，始终以经济建设为中心，中国特色社会主义事业取得了一系列巨大成就。

改革开放成果丰硕。农村改革、城市改革和全面改革取得重大进展，确立了以公有制为主体、多种所有制经济共同发展的基本经济制度，初步建立起社会主义市场经济体制。积极推进政治体制改革，社会主义民主政治和法制建设取得重大进展。实施“引进来”与“走出去”的对外开放战略，加入世界贸易组织，抓住机遇，积极投身于全球化浪潮，共享世界文明的先进成果，大大加快了我国现代化建设的步伐。

经济发展持续高速。国民经济长时间快速稳定增长，1978～2007 年，国民生产总值年均增速高于 9.7%，远远超过同期世界经济 3% 左右的平均增长速度。目前，经济总量居世界第四位，外贸进出口总额居世界第三位，外汇储备突破 1.5 万亿美元大关、居世界第一位，钢铁、煤炭、水泥等主要工业品产量居世界第一位。农村生产力得到极大的解放和发展，亿万农民的生活得到极大的改善，农村发生了历史巨变。

政治建设稳步推进。人民代表大会制度和共产党领导的多党合作、政治协商制度以及民族区域自治制度，进一步健全和完善。政治文明建设不断加强，民主向制度化、规范化方向发展。政府职能明显转变，依法行政与公正司法取得很大进展。基层民主不断扩大，农村普遍实行了村民自治。以宪法为核心、与社会主义市场经济体制相适应的中国特色社会主义法律体系初步形成，依法治国基本方略得到贯彻落实。广大人民享受到空前的自由民主权利。

文化建设成绩卓越。人民群众思想观念发生了深刻变化，公民意识、竞争意识、法制观念等现代意识显著增强。不断丰富发展马克思主义，初步构建起社会主义的核心价值体系，民族精神与良好的道德风尚得以弘扬。科教兴国、人才强国战略正在实施，具备了建设创新型国家的重要基础和良好条件。教育、科学、文化、艺术、新闻、出版、体育事业欣欣向荣，人民日益增长的精神文化需要不断得到满足。

社会建设成效显著。人民生活显著改善，13 亿人达到了总体小康。扶贫攻坚计划顺利实施，稳定地解决了 13 亿人口的吃饭问题，反贫困事业成效显著。医疗、卫生事业不断发展。社会保险制度覆盖了大多数城镇从业人员和退休人

员，城市普遍建立了居民最低生活保障制度，农村积极推进社会保障制度建设，与社会主义市场经济体制相适应的劳动和社会保障制度已初步建立。社会建设日益朝着全面和谐方向迈进。

国防建设成就巨大。指导思想实现了战略性转变，贯彻积极防御的军事战略方针，适应世界军事发展新趋势，依靠科技强军，走中国特色的精兵之路，人民解放军的革命化、现代化、正规化建设全面展开，国防总体实力和防卫作战能力不断提高。

祖国统一取得历史性胜利。顺利恢复对香港和澳门行使主权，洗雪了中华民族的百年屈辱。积极贯彻“一国两制”的基本方针，保持香港和澳门特别行政区的繁荣稳定。祖国大陆同台湾的经贸关系空前发展，教育、文化、社会等方面的交流与合作不断加强，政党交流打开新的局面。反台独、反分裂斗争不断取得胜利。

对外关系迈上新台阶。高举和平、发展、合作的旗帜，坚持独立自主的和平外交政策，倡导建立和谐世界。与主要大国建立起不同形式的合作关系，加强了与广大发展中国家及周边国家的合作，积极参与处理国际和地区热点问题，树立起负责任大国的新形象。中国国际地位与国际影响力与日俱增。

党的建设全面加强。实施党的建设新的伟大工程，加强执政能力建设与先进性建设，党的领导水平和抵御风险的能力不断提高。廉政建设与反腐败斗争深入开展，党内民主向制度化、规范化方向迈出新步伐。

回顾30年改革开放走过的历史进程，我们在工作中也曾发生过失误和偏差，当前还面临着很多困难和问题，人民群众还有诸多不满意的地方。但是，从党在全国执政的历史、我国近代以来的历史以及社会主义运动史等多方面的视角来看，这30年是中国特色社会主义理论和体制创新最多的30年，是经济发展速度和人民生活水平提高最快的30年，是社会政治最为稳定和民主法制建设成就最大的30年，是综合国力和国际地位提升最高的30年。我们走出了一条全新的中国特色社会主义发展道路，用短短30年的时间走过了许多国家上百年、甚至几百年的发展历程，使中华民族以前所未有的姿态屹立于世界民族之林。

5. 30年改革开放的伟大实践积累了十分宝贵的历史经验，奠定了中国特色社会主义理论体系的实践基础和科学依据，对于继续改革开放，发展中国特色社会主义，具有深远的指导意义

全面总结改革开放的历史经验，并把它上升为系统的理论，对于进一步推进改革开放，发展中国特色社会主义，丰富中国特色社会主义理论体系，十分重要。

第一，始终坚持解放思想实事求是的思想路线，坚持马克思主义基本原理与推进马克思主义中国化相结合。

解放思想，实事求是，坚持马克思主义基本原理的普遍性与中国实际的特殊性具体的历史的统一，是改革开放伟大实践的首要经验。

解放思想是发展中国特色社会主义的一大法宝。30 年的实践证明，改革开放和社会主义现代化建设的每一次重大推进，都以解放思想为前提，以思想理论创新为发端，以观念变革为先导。解放思想、实事求是，带来了不断创新的马克思主义中国化的理论成果，带来了改革开放和现代化建设实践的突破性进展。

改革开放的全过程，坚持马克思主义老祖宗不能丢，同时又必须坚持马克思主义不断创新。这一历史的理论的辩证法，其实质就是要把马克思主义的普遍原理与中国建设和发展的实际结合起来、与时代特征结合起来，不断推进马克思主义的当代化、中国化，创造出中国化的马克思主义的理论成果。30 年前，中国改革开放的总设计师邓小平做出的改革开放的历史性决策，正是基于马克思主义的基本原理同中国具体实际的结合所得出的必然结论。一部改革开放的实践发展史，也是一部马克思主义中国化的理论探索史。30 年来，我们党始终坚持以科学的态度对待马克思主义，不断根据变化了的实践推进马克思主义中国化，赋予马克思主义基本原理以时代的和民族的内涵，形成了中国特色社会主义理论体系这一马克思主义中国化的最新成果，并运用发展着的中国化的马克思主义指导不断发展的改革开放和现代化建设实践，成功地开辟出中国特色社会主义发展道路，取得了改革开放和现代化建设的辉煌成就。

第二，始终坚持初级阶段的基本国情和“一个中心、两个基本点”的基本路线，坚持四项基本原则与改革开放相结合。

始终坚持初级阶段的基本国情，坚持“一个中心、两个基本点”的基本路线不动摇，是改革开放取得成功的基本经验。

十一届三中全会以来，我们党在坚持以经济建设为中心的同时，始终正确认识和处理坚持四项基本原则和坚持改革开放的辩证统一关系。四项基本原则是立国之本，这个“本”是我们党和国家生存发展的政治基石，是以经济建设为中心的坚强保障，是改革开放正确方向的根本保证。改革开放是强国之路，这条“路”是发展中国特色社会主义、实现现代化的必由之路，是我们党和国家发展进步的活力源泉。改革开放的实践证明，无论是坚持四项基本原则，还是坚持改革开放，都必须基于两者的统一，一旦将坚持四项基本原则与坚持改革开放割裂或对立起来，中国特色社会主义必然会偏离正确的方向，中国特色社会主义建设事业就会陷入停顿或倒退。

坚持党在社会主义初级阶段的基本路线，必须始终坚持一切从中国的国情实际出发，把改革开放和现代化建设的大政方针建立在对国情的清醒和正确的认识上。一切从实际出发，最根本的，就是一切从中国处于并将长期处于社会主义初级阶段这个最大的实际、最基本的国情出发。党的基本纲领是党的基本路线的展开和具体化，坚持从初级阶段的基本国情出发，就要坚持和完善以公有制为主体、多种所有制经济共同发展的基本经济制度，就要坚持和完善以按劳分配为主体、多种分配方式并存的分配制度，就要坚持和完善共产党领导的多党合作和政治协商制度、民族区域自治制度以及基层群众自治制度。

坚持党的基本路线，必须始终坚持在中国共产党的领导下，坚持工人阶级的领导，建立巩固的工农联盟，巩固和发展最广泛的爱国统一战线，积极争取和团结改革开放中新产生的各社会阶层，团结一切可以团结的力量，发挥他们作为中国特色社会主义建设者的积极作用。

第三，始终坚持把人民利益作为改革开放的出发点和落脚点，坚持人民当家作主、尊重人民首创精神与加强和改善党的领导相结合。

始终坚持以人为本的基本原则，把人民的根本利益作为改革开放的出发点和落脚点，尊重人民的首创精神，让人民共享改革发展成果，最终走共同富裕的道路，这是改革开放取得成功的重要经验。

人民群众是历史的创造者和推动历史前进的力量，是改革开放各项事业发展的依靠力量和推动力量。中国农民最先揭开了我国改革的序幕。无论是家庭联产承包责任制还是乡镇企业，以及城市改革、全面改革，都是中国人民自己的独特创造。离开人民群众的首创精神和积极性，改革开放则一事无成。推进改革开放，一定要充分尊重人民的首创精神，从人民的伟大创造中汲取经验，形成政策，付诸实践。

改革开放以来，我们党始终坚持把依靠人民、由人民当家作主、尊重人民群众的首创精神和党的领导有机地结合起来，积极调动最广大人民群众投身改革开放伟大实践的积极性、主动性和创造性，把实现好、维护好、发展好最广大人民的根本利益作为加强和改善党的领导的奋斗目标和检验标准，切实做到改革发展为了人民、改革发展依靠人民、改革发展成果由人民共享。实现党的领导，最重要的是党所制定的改革开放政策要符合人民的愿望、执行过程要维护人民的利益、实施结果要满足人民的需要。在改革开放过程中，我们党始终以人民满意不满意、高兴不高兴、赞成不赞成、拥护不拥护作为衡量改革开放成败与否的标准。正因为这样，我们党才通过改革开放，得到了人民的真心拥护。正是在改革开放的过程中，在一切为了人民、一切依靠人民的过程中，党的领导才得到了切实的加强和改善。

第四，始终坚持社会主义公有制为主体的根本方向和社会主义市场经济的改革取向，坚持社会主义基本制度与发展市场经济相结合。

我国的改革开放是社会主义方向的改革开放，是社会主义市场经济的改革取向。社会主义与市场经济结合具有蓬勃的生机和活力，在实行社会主义市场经济体制改革的同时，始终坚持社会主义方向、坚持社会主义基本制度，实现社会主义制度与市场经济的有机结合，这是改革开放的成功经验。

提出社会主义市场经济理论，进行社会主义市场经济体制改革，是我们党的一个伟大创举。30 年改革开放所取得的巨大成就，已经初步显示出这一创举的强大威力。坚持社会主义基本制度，关键是坚持社会主义公有制为主体。在坚持社会主义市场经济体制改革的过程中，我们党始终坚持公有制经济为主体、多种所有制经济共同发展的基本经济制度，不断探索社会主义市场经济不同于其他市场经济运行的特殊规律和特殊运行方式，始终坚持在发挥市场配置资源的基础性作用的同时，不断加强和改善宏观调控，既发挥市场经济的优势，也发挥社会主义制度的优越性，促进社会主义制度与市场经济的有机结合，逐步完善社会主义市场经济体制。

第五，始终坚持社会主义制度的自我完善和发展，坚持推动经济基础变革同推动上层建筑改革相结合。

我国改革开放的实质是社会主义制度的自我完善和发展。努力通过经济基础和上层建筑的调整和变革，构建适合中国现阶段生产力发展状况和社会发展的社会体制，坚持社会主义制度的自我完善和发展，也是改革开放的一条卓有成效的经验。

改革开放以来，在推动经济基础变革的同时，政治、文化和社会等上层建筑各个领域的体制改革也在稳步推进。与社会主义初级阶段相适应的经济体制、政治体制、文化体制和社会诸体制的逐步完善，是 30 年来我国经济社会健康发展的基础和保证。推进经济基础和上层建筑具体体制的改革，实现社会主义制度的自我完善和发展，实质上就是不断推进社会主义的制度创新。改革初期，家庭联产承包责任制的实行与人民公社体制的废除，掀开了社会主义生产关系体制改革和上层建筑体制改革、社会主义制度创新的序幕，极大地促进了农村生产力的发展。当前，我国正处于以贯彻落实科学发展观为中心内容的全面制度创新阶段，

加大社会主义经济基础和上层建筑各个领域的制度文明的建设力度，必将极大推动改革开放的深入发展，推进社会主义制度的自我完善和发展。

第六，始终坚持我国经济社会的全面协调可持续的科学发展，坚持发展社会生产力同提高全民族文明素质相结合。

必须始终坚持在大力发展生产力的同时，坚持以人为本，推进我国经济社会的全面协调可持续的科学发展，这是进一步改革开放必须坚持的经验。

我国改革开放的社会主义性质不仅决定了发展不只是物质文明的单兵突进，还是物质文明、政治文明、精神文明和生态文明的共同发展，不仅是经济建设的单一推动，还是政治建设、文化建设、社会建设和生态建设的全面推进，不仅以发展生产力实现全体人民的共同富裕为目的，还要以提高全民族文明素质，实现人的全面发展为最终目标和落脚点。只有坚持通过改革开放，实现全民族的物质和文化生活水平，不断提高全民族的文化素质，坚持全面发展、协调发展、和谐发展、可持续发展，把中国特色社会主义建设和发展逐步纳入科学发展的轨道，才能最终把我国建设成为富强民主文明和谐的社会主义现代化国家。

第七，始终坚持构建社会主义和谐社会，坚持提高效率同促进社会公平相结合。

我国改革开放得到人民拥护、肯定的一条经验，就是构建社会主义和谐社会，坚持提高效率与促进社会公平相结合。

社会主义和谐社会建设是中国特色社会主义的本质要求，是发展中国特色社会主义的长期的历史任务。构建社会主义和谐社会，就要实现社会公平正义。改革开放以来，由当时我国的基本国情和具体的历史条件所决定，“效率优先，兼顾公平”曾作为改革开放一段时期内的方针。改革开放发展到今天，在坚持效率优先的前提下，我们党又把实现社会公平正义提到了更加突出的地位加以解决，提出了构建社会主义和谐社会的重大战略思想，将实现社会公平正义作为发展中国特色社会主义的一项重大任务。我国的改革是一个寓效率与公平于其中的总体性概念，我们党始终反对人为地将效率与公平二元化、对立起来的观点和做法，着力解决广大人民群众最关心、最直接、最现实的利益问题，切实把追求效率与实现公平辩证统一于改革开放的全过程。只有这样，才能不断取得人民对改革开放的支持，才能取得改革开放的成功。

第八，始终坚持统筹国内和国际两个大局，坚持独立自主与参与经济全球化、对内改革和对外开放相结合。

统筹兼顾国内国际两个大局，着眼于两个大局，制定和实施对内改革与对外开放的政策和措施，坚持在与世界经济相联系和相互竞争中，自力更生地提升综合国力的开放战略，把社会主义市场经济的国内改革和与世界经济相联系的对外开放相结合，是改革开放的成熟经验。

经济全球化的发展，离不开市场化，国内市场发展，又离不开国际化。中国特色社会主义发展离不开市场经济的发展，离不开与世界的联系。在我国这样生产力水平还不发达、经济相对落后的国家进行社会主义建设，必须始终坚持“引进来”和“走出去”相结合的对外开放战略，积极参与到经济全球化之中，不断拓展对外开放的广度和深度，有效利用国外资金、技术和先进管理经验等外部条件发展自己，在全球竞争中趋利避害，努力实现互利、普惠、共赢。

坚持独立自主是参与经济全球化的前提和基础，坚持独立自主必须同参与经济全球化相结合。对中国这样一个发展中国家来说，要在经济全球化竞争中生存和发展，必须始终保持足够的清醒，始终在总体上保持发展的自主性，主要依靠自己的力量发展经济等各项事业。一定要在保持独立自主的前提下，积极扩大对外开放，参与全球经济合作，才能实现跨越式发展。

坚持改革与开放相结合，必须创造良好的外部环境，这就必须始终坚持独立自主的和平外交政策，走和平发展道路，推动建设持久和平、共同繁荣的和谐世界，以维护国家发展利益和安全利益为最高准则，永远不称霸，维护世界和平与促进各国共同发展，为改革开放和现代化建设争取和平稳定的国际环境。

第九，始终坚持“三个有利于”的判断标准和渐进式改革策略，坚持促进改革发展同保持社会稳定相结合。

我们党始终把“三个有利于”作为判断改革得失成败的根本标准。“三个有利于”最根本的是有利于生产力的发展，只有紧紧扭住经济建设这个中心不动摇，作为执政兴国的第一要务，才能迅速摆脱生产力不发达状态，早日实现国富民强，这是我国改革开放成功的根本经验。

在改革过程中，我们党时刻注意正确地处理好改革、发展、稳定三者的关系，使之相互协调、相互促进，把改革、发展的紧迫感同科学求实的精神结合起来，把实现当前目标和追求长远目标统一起来，把改革的力度、发展的速度和社会可承受程度统一起来，把握准改革举措出台的时机、力度和节奏，这也是我国改革开放的一条可行经验。改革是动力，发展是目标，稳定是前提。没有改革，就无法最大限度地解放和发展生产力，就不可能走出一条适合自己国情的正确的发展道路；没有发展，尤其是生产力的发展，中国就不可能实现现代化，也就不

可能保持国家的长治久安；没有稳定，改革和发展都无从进行。三者关系处理得当，就能保证改革开放的健康平稳运行，否则，就会吃苦头，付代价，甚至给社会带来灾难。在改革开放过程中，我们党统筹改革，综合谋划，把不断改善人民生活作为处理改革发展稳定关系的重要结合点，把构建和谐社会作为协调改革发展稳定关系的长远目标，以改革促进和谐、以发展巩固和谐、以稳定保障和谐，努力实现社会稳定，为改革发展提供和谐的环境和氛围。

我国的改革开放，是前无古人的创举，走的是一条"摸着石头过河"的循序渐进的道路——这是中国取得巨大成功的一条举世公认的经验。改革开放30年来，党始终坚持"渐进式"的改革策略，没有采取"休克疗法"、"硬着陆"等激进的方案，坚持试点先行，在取得试点经验的基础上再加以推广。在改革开放中，采取的是先农村后城市、先沿海后内地、先经济后政治、先发展后规范、先体制外后体制内、先易后难的改革策略。在改革开放中，保持制度变革的连续性和渐进性，保证改革开放的顺利推进。坚持重点突破和整体推进相结合的改革战略。渐进式改革方案既避免了由于举措不当而出现的经济严重衰退、社会矛盾激化和社会剧烈动荡，又使中国社会充满活力、和谐稳定。

第十，始终坚持以改革创新的精神加强党的建设，坚持中国特色社会主义伟大事业与推进党的建设新的伟大工程相结合。

始终坚持以改革创新的精神加强党的建设，改善党的领导，提高党的执政能力和水平，增强党的先进性，不断增强拒腐防变和抵御风险的能力，为改革开放和现代化建设提供坚强有力的政治保证，是改革开放取得伟大成就的政治经验。

我们党是中国特色社会主义事业的领导力量，中国共产党的自身状况与中国特色社会主义事业的发展休戚相关。我国的改革开放既给我们党注入了巨大的活力，也带来了许多前所未有的新课题、新考验。中国特色社会主义事业是改革创新的事业，中国共产党要站在时代前列带领中国人民开创事业发展新局面，必须坚持以改革创新精神加强自身建设。在30年改革开放的历史进程中，我们党从世情、国情和党情的发展变化出发，深入探索共产党执政的特殊规律，坚持把党建设成中国工人阶级的先锋队，同时是中国人民和中华民族的先锋队。坚持始终代表最广大人民根本利益的马克思主义立场，立党为公、执政为民。不断改革和完善党的领导方式和执政方式，坚持科学执政、民主执政、依法执政。不断巩固党的阶级基础，扩大党的群众基础，保持和发展党同人民群众的血肉联系。不断加强党的先进性建设和执政能力建设，积极推进党内民主建设，旗帜鲜明地反对腐败。

6. 进一步改革开放，必须始终不渝地坚持和发展中国特色社会主义理论体系，坚定不移地以中国特色社会主义理论体系为思想指南

改革开放之所以是一场新的伟大革命，之所以发挥了中国特色社会主义强大动力的作用，之所以取得伟大成功，最重要的就在于走出了正确的道路，形成了正确的理论指南。这条正确的道路就是中国特色社会主义道路，这个正确的理论指南就是中国特色社会主义理论体系。

中国特色社会主义理论体系是改革开放新时期的实践结果，是马克思主义科学社会主义原理同中国具体实际相结合的理论产物，是党的几代领导集体带领全党共同努力的智慧结晶，是马克思主义中国化的最新成果，是全国各族人民团结奋斗的共同思想基础。中国特色社会主义理论体系的前提和基础是毛泽东同志关于中国社会主义建设道路的理论和实践的初步探索。中国特色社会主义理论体系是包括邓小平理论、“三个代表”重要思想、科学发展观等重大战略思想的完整统一体，是既一脉相承、又与时俱进的马克思主义中国化的科学的理论体系。

中国特色社会主义理论体系是由一系列紧密联系、相互贯通的新思想、新观点、新论断所构成的完整的系统的科学理论体系，该体系博大精深，内容十分丰富。

中国特色社会主义理论体系的哲学依据最主要的是两个基本支撑点，一是解放思想、实事求是的观点，二是生产力标准的观点。邓小平提出解放思想、实事求是的观点，奠定了中国特色社会主义理论的思想路线基础。江泽民把解放思想、实事求是的观点概括为与时俱进这一马克思主义的理论品质，进一步丰富和发展了党的思想路线。胡锦涛继承了解放思想、实事求是、与时俱进的思想路线，特别强调解放思想是党的思想路线的本质要求，是中国特色社会主义的一大法宝，继承了党的思想路线的真谛。我们党从邓小平、江泽民到胡锦涛，之所以不断把中国特色社会主义理论体系发扬光大，就是因为不断地在实践中继承和发扬了党的解放思想、实事求是的思想路线。

生产力标准是马克思主义唯物史观的最基本的观点。正是根据生产力标准的观点，邓小平提出了一系列改革开放的重大决策，形成了党的基本路线和基本理论，并在改革开放的关键时刻，就如何判断改革成败的问题，如何判断姓“社”姓“资”的问题，提出了“三个有利于”的判断标准，“三个有利于”判断标准实质上就是生产力标准。“三个代表”重要思想，把代表先进生产力作为第一个代表，同时提出代表先进文化、代表人民根本利益。这是对生产力标准和“三个有利于”标准的丰富和发展。解放思想、实事求是的观点是辩证唯物主义的基本问题，生产力的观点是历史唯物主义的基本问题。辩证唯物主义和历史唯物主义是我们党全部理论的哲学基础，因此解放思想、实事求是和生产力标准则构成了中国特色社会主义理论体系的基本哲学依据。

中国特色社会主义理论体系是围绕中国特色社会主义这一主题展开的，回答的主要问题是中国特色社会主义如何发展，而解决发展的问题，必须解决改革的问题。解决发展和改革问题，其重要理论根据一是发展观，二是改革观。科学发展观和正确改革观是中国特色社会主义理论体系的两个重要内容。

邓小平发展思想是邓小平理论的重要内容。邓小平十分强调发展、首先是发展生产力的重要意义。为什么中国特色社会主义理论体系那样强调发展问题？这是由中国特色社会主义现阶段，即初级阶段的基本国情和历史方位决定的。邓小平指出，我国目前还处于社会主义初级阶段，考虑一切问题都要从这个基本国情出发。我国社会主义初级阶段的主要矛盾是人民群众日益增长的物质文化需求和生产力不能满足这种需求的矛盾，要解决这个矛盾就必须大力发展生产力。发展生产力是社会主义的根本任务，经济建设是中心任务。因此，中国特色社会主义建设的主要问题可以归结为发展。当然，发展首先是发展生产力。

邓小平不仅强调发展生产力，还拟定了中国发展分三步走的发展战略，提出了实现小康社会的宏伟目标。到20世纪末国内生产总值比1980年翻两番，基本实现温饱，奔向小康。到21世纪中叶，人均国民生产总值达到中等发达国家水平，基本实现现代化。

在1992年南方谈话中，邓小平总结了多年的发展思想，提出了“发展是硬道理”的科学论断，并强调发展需要一定的速度和数量，但又不单是速度和数量。要实现速度与效益、质量与数量的统一。这些构成了邓小平关于发展的基本思想。

江泽民提出“三个代表”重要思想，第一个代表就是代表先进生产力，也就是要不断地解放和发展生产力，并把它提高到了党的性质、党的建设的高度来认识，把发展生产力同党的执政理念、党的先进性建设和执政能力建设联系在一起，进一步丰富和发展了邓小平发展思想。江泽民提出了“发展是执政兴国的第一要务”，并且十分强调要全面理解发展问题。提出要正确处理社会主义现代化建设中的若干重大关系，把握好发展、稳定和改革的关系，处理好建设与效益、数量与质量的关系。提出关键要更新发展思路，要实现增长方式的转变，由粗放型转变到集约型。这不仅从理论上丰富了邓小平发展思想，而且对中国特色社会主义的发展思路作了战略调整。

以胡锦涛为总书记的党中央，在总结国际国内发展经验的基础上，针对我国在新世纪新阶段发展的新问题、新要求和新任务，提出了以人为本、全面协调、可持续的科学发展观，提出“科学发展、和谐发展、和平发展”的发展新理念，把中国特色社会主义发展理论推向一个新的高度。科学发展观站在历史和时代的高度，总结国内外在发展问题上的经验教训，吸收人类文明进步的新成果，进一步解决了新世纪新阶段我国“为什么发展，怎样发展和发展什么”等一系列发展中国特色社会主义的重大问题。在新的实践基础上，进一步回答了社会主义的本质及其主要特征，拓宽了对“什么是社会主义，怎样建设社会主义”的社会主义发展规律的认识视野；进一步论述了共产党的执政任务，拓宽了对“建设什么样的执政党，怎样建设执政党”的共产党执政规律的认识视野。正是在进一步回答“什么是社会主义，怎样建设社会主义”，“建设什么样的执政党，怎样加强执政党建设”，“什么是马克思主义，怎样坚持和发展马克思主义”的意义上说，科学发展观是对邓小平理论和“三个代表”重要思想的继承、丰富和发展，同邓小平理论和“三个代表”重要思想一样，是马克思主义中国化的最新成果，是与时俱进的马克思主义发展观，是正确指导发展的马克思主义世界观和方法论的集中体现，是我们党对社会主义现代化建设理论和指导思想的新发展，开拓了中国特色社会主义的理论创新和实践创新的新境界。

关于改革的思想也是邓小平理论的重要内容。改革是中国特色社会主义理论体系的重要内容。社会主义的根本任务是解放和发展生产力，要解放和发展生产力，就必须不断改革。这是因为社会主义基本矛盾的特点决定了必须要进行改革。社会主义制度建立后，我国的社会基本矛盾是适应前提下的不适应，也就是存在体制上的不适应：一是以往形成的僵化的经济政治体制，严重阻碍了生产力的发展；二是社会主义不是一成不变的，即使适合的体制也要随着经济社会的发展，不断地进行体制创新，以适应新的经济发展的需要。因此，邓小平率先提出“革命是解放生产力，改革也是解放生产力”，①“改革是中国的第二次革命”。②只有破除旧的体制，才能解放和发展生产力。改革是社会主义不断向前发展的动力。这就是邓小平改革思想立论的根据。邓小平改革思想在马克思主义发展史上是一个创新。

经济体制要改革，改革的方向是什么呢？邓小平经过长时间的反复思考，总

---

① 《邓小平文选》第3卷，第370页。

② 《邓小平文选》第3卷，第113页。

结社会主义建设和我国实践的经验，提出以市场经济为取向的社会主义市场经济体制改革思路。社会主义市场经济的创新提法在理论上是一大突破，使人们从市场经济等于资本主义的陈旧观念中解放出来，在实践中为我国经济体制改革开辟了广阔的前景。在提出社会主义市场经济体制改革的同时，邓小平提出了政治体制改革的必要性、重要性，提出了政治体制改革的基本要求和战略任务，提出了建设社会主义民主政治的政治体制改革目标，提出了总体改革的重要思想。邓小平是中国社会主义改革开放的总设计师。

邓小平改革思想是极其丰富的，主要观点是："自我完善"的改革观，确定了改革的基本性质，即改革是"社会主义制度的自我完善"；"革命"的改革观，确定了改革的基本定位，即"改革是中国的第二次革命"；"全面"的改革观，确定了改革的全面性，即"改革是全面的改革，不仅经济、政治，还包括科技、教育等各行各业"①；"贯穿发展全过程"的改革观，确定了改革的战略，即"改革开放要贯穿中国整个发展过程"②；"三个有利于"的改革观，确定了改革成败的判断标准，即"是否有利于发展社会主义生产力，是否有利于增强社会主义国家的综合国力，是否有利于提高人民的生活水平"；"群众"的改革观，确定了改革的主体，即一定要把实现人民的根本利益，把依靠人民、尊重人民的首创精神，把人民"拥护不拥护"、"赞成不赞成"、"高兴不高兴"、"答应不答应"作为改革的出发点和归宿。

以江泽民为核心的党的第三代领导集体丰富和充实了邓小平改革思想，明确提出建立社会主义市场经济体制的改革目标。他指出，"在坚持公有制和按劳分配为主体，其他经济成分和分配方式为补充的基础上，建立和完善社会主义市场经济体制。"③ 强调把社会主义市场经济同社会主义基本经济制度结合在一起，建立这种经济体制就是要使其在国家宏观调控下对资源配置起基础性作用。为实现这个目标，必须坚持以公有制为主体，各种经济成分共同发展的方针，必须进一步转换国有企业制度，建立现代企业制度。江泽民勾画了社会主义市场经济体制的基本框架，规定了国有企业改革的方向。在党的十五大上，江泽民又就社会主义初级阶段的所有制结构和公有制实现形式问题作了论述，进一步从理论上加以突破。他指出，我国经济成分可以多样化，公有制实现形式可以多样化；公有

① 《邓小平文选》第3卷，第117页。

② 《邓小平文选》第3卷，第265页。

③ 《江泽民文选》第1卷，人民出版社，2006，第219页。

制为主体主要体现在控制力上；非公有制经济是社会主义市场经济的重要组成部分；股份制是现代企业的一种资本组织形式，资本主义可以用，社会主义也可以用。这些论述为我国的经济体制改革进一步扫清了道路。

在改革发展的新阶段，以胡锦涛为总书记的党中央提出了科学发展观，破解了“发展什么，怎么发展”这个发展中国特色社会主义伟大事业的根本性问题。继续改革开放，必须全面落实科学发展观。推进科学发展，必须进一步改革开放，集中破解影响科学发展的体制和机制性障碍。在今天，能不能理解和贯彻科学发展观的问题，就是能不能坚持改革开放，能不能坚持发展中国特色社会主义的问题。以胡锦涛为总书记的党中央，突出强调体制创新，强调改革问题上的创新，把体制改革创新和落实科学发展观结合起来。他强调，“推进体制创新，是解决经济社会诸多矛盾和问题的必由之路，也是贯彻和落实科学发展观的必然要求。必须通过深化改革，努力形成一套有利于科学发展的体制机制。”① 他要求，第一，以转变政府职能为重点推进行政管理体制改革；第二，继续深化国有企业体制改革；第三，鼓励、支持和引导非公有制经济发展；第四，进一步破除垄断，加强现代市场经济体制建设；第五，提高对外开放水平。这些论述为我国推进改革开放、全面建设小康社会提供坚实的理论基础，充实和丰富了中国特色社会主义理论体系的改革观。

胡锦涛同志指出，“改革开放是发展中国特色社会主义的强大动力”，② “改革开放是决定当代中国命运的关键抉择，是发展中国特色社会主义、实现中华民族伟大复兴的必由之路；只有社会主义才能救中国，只有改革开放才能发展中国、发展社会主义、发展马克思主义。”③ 我国改革开放的实践证明，能不能解放思想，实事求是，坚持解放和发展生产力，坚持发展和改革，关系到我们事业的兴衰成败。可以说，坚持解放思想，实事求是和坚持解放发展生产力，坚持发展和改革，也就是坚持了中国特色社会主义。进一步改革开放，发展中国特色社会主义，最重要的是坚持中国特色社会主义理论体系的指导。只有坚持中国特色社会主义理论体系的指导，并在实践中不断创新这个理论体系，用这个理论体系指导创新实践，才能不断地解放思想、改革开放，发展中国特色社会主义。

---

① 《全面贯彻落实科学发展观　推动经济社会又快又好发展》，《求是》2006 年第 1 期。

② 《中国共产党第十七次全国代表大会文件汇编》，人民出版社，2007，第 2 页。

③ 《中国共产党第十七次全国代表大会文件汇编》，第 10 页。

二

继续解放思想　坚持改革开放

王伟光

解放思想是发展中国特色社会主义的一大法宝，改革开放是发展中国特色社会主义的强大动力。解放思想引导改革开放，改革开放促进解放思想。二者相互作用，推动中国特色社会主义事业蓬勃发展。

（一）思想解放是社会变革的先导，是改革开放的火车头

思想是行动的先声，思想解放是社会变革的先导。我国改革开放的成功，首先归功于思想解放的强大威力。邓小平同志提出："一个党、一个国家、一个民族，如果一切从本本出发，思想僵化，迷信盛行，那它就不能前进了，它的生机就停止了，就要亡党亡国。"能否解放思想、实事求是，是一个政治问题，是一个关系到党和国家前途命运的问题。中国共产党历史上曾经有过两次重大转折，两次思想大解放，两次转危为安：一次是遵义会议，另一次是十一届三中全会。每次转折都是解放思想开路，实事求是，从错误路线指导转到正确路线指导，中国革命和建设事业从挫折走向成功，从低谷走向高潮。

遵义会议是挽救中国革命于危难之际的一次极其重要的会议。中国共产党人从教条主义的束缚中、从"左"倾错误路线的束缚中解放出来，挽救了党和军队，挽救了革命。遵义会议与延安整风运动，是彻底的思想解放运动，使中国共产党人彻底摆脱了教条主义的思想枷锁，确立了党的实事求是的思想路线和正确的政治路线，推动了中国革命的伟大胜利。

十一届三中全会是挽救社会主义于存亡之时的又一次极其重要的会议。中国共产党人从"左"的理论和路线的束缚中再次解放出来，挽救了党和国家，挽

救了社会主义，成功地开创了中国特色社会主义的新局面。30 年前，中国共产党人肩负着带领中国从“文化大革命”十年浩劫中走出来，开创社会主义现代化建设新局面的重任。要完成这一历史性任务，中国共产党人必须领导全国人民做两件大事：一是拨乱反正，二是改革开放。改革开放是中国发展社会主义的唯一出路。要推进改革开放，首要的任务就是拨乱反正。邓小平同志领导和支持了“实践是检验真理的唯一标准”的大讨论，解放了人们被束缚已久的思想，重新确立了解放思想、实事求是的思想路线，进行了理论上、路线上和实际工作上的拨乱反正，确定了以经济建设为中心，坚持改革开放、坚持四项基本原则的正确路线，为实行改革开放、建设中国特色社会主义拨正了航向、开辟了道路。

（二）改革开放的历史就是思想解放的历史，改革开放离不开解放思想

30 年来，解放思想贯穿于改革开放全过程，中国特色社会主义每前进一步都是靠改革开放取得的，改革开放每前进一步，都是靠思想解放推动的。我国发展中国特色社会主义的过程就是改革开放的过程，改革开放的过程就是思想解放的过程。改革开放 30 年的历史就是一部不断解放思想、实事求是、开拓创新、谋求发展的历史。

我国改革开放历程中的每一次重大思想解放，都极大地推动了改革开放，推动了中国特色社会主义的大发展。

关于“实践是检验真理的唯一标准”的大讨论，不仅推动了全面拨乱反正，还进一步引发了对“什么是社会主义、怎样建设社会主义”这个首要的基本问题的思考，从而开启了社会主义改革开放的序幕，从农村改革到城市改革，从经济体制改革到政治体制改革乃至全面改革，从封闭到开放，闯出了一条中国特色社会主义的正确道路。

在改革开放实践中，每走一步，都涉及检验十一届三中全会以来思想政治路线正确与否，都涉及衡量改革开放成功与否的判断标准问题。在 1992 年初南方谈话中，邓小平突出强调“三个有利于”判断标准，并做了深刻阐述。他指出：“改革开放迈不开步子，不敢闯，说来说去就是怕资本主义的东西多了，走了资本主义道路。要害是姓‘资’还是姓‘社’的问题。判断的标准，应该主要看是否有利于发展社会主义社会的生产力，是否有利于增强社会主义国家的综合国力，是否有利于提高人民的生活水平。”在“三个有利于”判断标准中，最根本

的还是生产力标准。树立实践标准主要是针对“两个凡是”的僵化观点，恢复和重新确立了马克思主义的思想路线，划清了辩证唯物主义和主观唯心主义的界限，是一次重大的思想解放。“三个有利于”判断标准主要是针对“计划经济等于社会主义，市场经济等于资本主义”这种判断姓“资”姓“社”的固定僵化的思维模式，恢复和坚持历史唯物主义原理，划清了科学社会主义和各种空想社会主义的界限，是又一次重大的思想解放。

（三）在新的历史起点上，坚持改革开放，需要继续解放思想

改革开放30年来的一条基本经验就是，思想的大解放，带来改革开放大发展，带来中国特色社会主义大发展。毫不动摇地坚持和发展中国特色社会主义，开拓中国特色社会主义更为广阔的发展前景，必须进一步深化改革、扩大开放。这应成为今天继续解放思想的重要着力点。

改革开放是决定当代中国命运的关键抉择，是发展中国特色社会主义、实现中华民族伟大复兴的必由之路；只有社会主义才能救中国，只有改革开放才能发展中国、发展社会主义、发展马克思主义。中国特色社会主义之所以具有蓬勃的生命力，就在于是实行改革开放的社会主义。

当前，中国特色社会主义发展已经站位在一个新的历史起点上。一方面，改革开放取得伟大成就，经济社会正处于发展的黄金期；另一方面，一系列深层次的社会矛盾和问题日益显现出来，经济社会发展又处于矛盾的凸显期。如长期形成的结构性矛盾和传统增长方式尚未根本改变，诸多社会矛盾、社会难点和社会问题凸显，影响发展的体制、机制性障碍依然存在。处于新世纪新阶段的中国共产党人，正面对复杂多变的国际形势和十分艰巨的改革攻坚任务，面对诸多新矛盾、新问题，迫切要求通过解放思想进一步推进改革开放，为发展中国特色社会主义提供强大动力和体制保障。

在新的历史起点上继续解放思想，必须以邓小平理论、“三个代表”重要思想为指导，深入贯彻落实科学发展观。科学发展观是党针对我国发展实际，总结我国和世界发展经验，关于发展问题的理念和思路的重大创新，也是思想解放的结果。在新的历史起点上，改革开放必须集中破解“实现什么样的发展、怎样发展”这一时代课题，这就要求我们必须摈弃一切影响发展的传统观念、传统方式和传统做法，破除一切影响发展的思想观念障碍和体制、机制性障碍，改变

一切不符合改革开放和科学发展的认识、观念和做法，不断创新发展理念，不断创新发展思路，不断创新发展模式，不断创新发展方法，切实推进改革开放，真正落实科学发展观，走出一条科学发展、社会和谐之路。

30年前，在重大历史转折关头，广大理论工作者以高度的社会责任感，以科学求实、勇于探索的精神和巨大理论勇气，积极投入真理标准问题的讨论，写下了浓墨重彩的一页。今天，在改革开放和现代化建设的新征程上，我们要继续解放思想、开拓进取，保持良好的精神状态，深化理论研究，推进理论创新，为中国特色社会主义事业的发展作出理论界新的贡献。

三

从改革开放的实践看真理标准问题讨论的意义

张卓元

1978 年 5 月 11 日，《光明日报》发表特约评论员文章《实践是检验真理的唯一标准》，引发了全国范围的关于真理标准问题的大讨论，促成了思想大解放，开启了我国改革开放的历史新时期。

真理标准问题的讨论为我国迈向改革开放新时期作了思想准备。粉碎“四人帮”以后，百废待兴，其中首要的是思想理论上的拨乱反正。思想理论界掀起了对“按劳分配”问题的讨论，以及批判“四人帮”对所谓“唯生产力论”的批判等热潮。但当时最大的思想禁锢是“两个凡是”。“两个凡是”不冲破，就还要继续“以阶级斗争为纲”，推进“无产阶级专政下继续革命”，而这样的路子是再也走不下去了。真理标准问题的讨论，直指“两个凡是”，让大家的思想豁然开朗：原来判断是非的标准、判断真理的标准是实践，而不是“两个凡是”。这样一个思想大解放，为我国迈向改革开放新时期作了思想准备。

从实践是检验真理的唯一标准出发，人们很容易想到，不能再搞“以阶级斗争为纲”了，再搞下去“四个现代化”实现不了，中国同发达国家的经济、科技差距会越拉越大。所以党的十一届三中全会决定废止“以阶级斗争为纲”，把全党全国工作的中心转移到社会主义现代化建设上来，转移到经济建设上来，并作出了改革开放的伟大决策。因为，新中国成立 29 年的实践表明，只有改革束缚广大群众积极性主动性的传统管理体制，实行对外开放，引进国外资金、先进技术和管理经验等发展自己，才能使我国的社会主义现代化建设走出一条符合客观经济规律的路子，中国才有希望，社会主义才有希望。

2008 年是改革开放 30 周年。中国 30 年经济社会快速发展的成功实践充分证明，改革开放决策是正确的，既符合党心民心，又顺应时代潮流。改革开放使中国经济迅速起飞，1978～2007年，年均GDP增长达9.7%，比全世界和发达国家的平均经济增速高出一倍多。目前我国经济总量已居世界第四位，进出口总额居世界第三位，人均GDP达到2500美元左右，进入中等收入国家行列。与此同时，政治建设、文化建设、社会建设取得举世瞩目的成就，光是农村贫困人口就从两亿五千多万减少到一千多万。事实雄辩地证明，改革开放30年的发展，不仅使中国人民稳步走上了富裕安康的广阔道路，使大家看到了更加美好的前景，而且为世界经济的发展和人类文明的进步作出了重大贡献，中国对世界经济增长的贡献率目前已达20%以上。

中国改革开放决策的正确性不只是经过30年的实践才被证明的，而是在作出决策后不久就因其迅速取得成功并不断取得新的成功而被证明的。中国改革从农村开始，实行家庭联产承包责任制，使广大农民有了生产经营自主权和收益权，农业生产迅速恢复和发展。引入市场机制尊重价值规律的改革更凸显了市场的力量。20世纪80年代，由于逐步放开农副产品、小商品、工业消费品等的价格，由市场调节，它们很快就像泉水般涌流出来，其价格在开始时有所上涨但很快就稳定下来，上百种原来凭票供应的商品一个个取消票证，市场上商品琳琅满目，丰富多彩，我国迅速告别了短缺经济时代，并于90年代中后期形成“买方市场新格局”，人民生活水平大幅度提高。市场化改革使老百姓普遍得到实惠，改革从一开始就得到了广大群众的拥护和支持，改革因此势不可挡。

改革开放使社会经济生活充满活力。改革开放前夕，我国几乎是公有制经济一统天下，只留下个体经营户14万户，从业人员15万人。改革开放的最大成就之一，是对公有制经济进行改革，在引入市场机制的同时，个体、私营等非公有制经济获得迅速发展，使经济日趋活跃、市场日益繁荣、就业不断增加、公众不断受益。目前，公有制为主体、多种所有制经济共同发展的基本经济制度已初步建立，各种所有制经济都在发挥自己的优势，并逐步形成平等竞争、相互促进的新格局。实践证明，公有制经济为主体、多种所有制经济共同发展的基本经济制度的确立和不断完善，有利于形成多元化的市场主体，增强经济活力，从而使社会主义市场经济的优越性充分发挥出来。

中国的经济改革和对外开放是同时进行的。对外开放，打开国门，不仅引进了外资、先进技术和管理经验，发展了对外贸易，而且使国人认识了外部世界，找到了同发达国家在经济和技术上的差距，激发了奋起直追的热情和责任感。20世纪下半叶，世界科技加速发展，生产要素流动和产业转移加快，经济

全球化趋势加深。在国际经济环境发生重大变化的条件下，我们实行对外开放国策，非常必要。2001年底，我国加入世界贸易组织，使对外开放提高到一个新的水平。不仅要“引进来”，还要“走出去”。近30年中国经济快速发展、综合国力和国际竞争力不断提高的事实证明，中国是经济全球化的受益者，是对外开放的受益者。对外开放不仅使中国经济逐步融入世界经济发展的潮流，而且有力地促进了中国经济体制改革的深化，使市场经济的功能更有效地发挥出来。

党的十七大报告明确指出，要继续解放思想，坚持改革开放，推动科学发展，促进社会和谐，为夺取全面建设小康社会新胜利而奋斗。

中国还处于并将长期处于社会主义初级阶段，社会主义现代化建设任务还很重，在新世纪新阶段全面建设小康社会的过程中，在完成工业化、城市化的过程中，必须继续坚持改革开放，才能具有更为强大的动力和活力，从而使经济社会的快速列车继续飞驰向前。

中国经济发展目前正处于转折关口。经过长时期粗放扩张，资源环境瓶颈制约更加突出，严重威胁到发展的可持续性。党的十七大报告提出促进国民经济又好又快发展的新要求，指出要实现未来经济发展目标，关键要在加快转变经济发展方式、完善社会主义市场经济体制方面取得重大进展。这是使我国经济社会转入科学发展轨道的根本所在，为此必须坚持改革开放。完善社会主义市场经济体制本身就是改革，转变经济发展方式在很大程度上也要靠改革，特别是要靠深化政府改革、财税改革和价格改革。这三方面的改革如果不能取得重大进展，转变经济发展方式的目标就很难实现。

深化政府改革的要点是转变政府职能。政府要从资源配置的主角，从热衷于追求短期GDP增速最大化，转变为服务型政府，切实履行好经济调节、市场监管、社会管理和公共服务职能。这个问题不解决，不但经济发展方式难以转变，节能减排、加快以改善民生为重点的社会建设、基本公共服务均等化等，都很难真正落实。

财税改革很重要。现行财税体制使各地都致力于发展重化工业，包括高能耗、高污染、资源性产业，以便得到更多的财政收入，却对发展第三产业不够重视。需要通过完善中央与地方税收分成比例，把政府收入全部纳入预算，加快增值税转型，尽快开征物业税、燃油税，提高资源税，完善出口退税制度等，用财税杠杆促进经济发展方式的转变。

价格是有效而灵敏的经济杠杆。要转变经济发展方式，节约能源资源，保护环境，最重要的是理顺各种要素和资源的价格，使其反映市场供求关系、资源稀缺程度和环境损害成本。大量案例表明，节约能源、土地及水资源等，最重要的是进行价格调整。所以，要实现科学发展、又好又快发展，必须深化市场化价格改革，利用好和发挥好价格这一市场手段的作用。

坚持改革开放，必将使中国特色社会主义道路越走越宽广，社会主义现代化建设也必将取得一个又一个新的胜利！

四

党的十一届三中全会与中国当代史上的伟大转折

朱佳木

党的十一届三中全会（以下简称三中全会或全会）揭开了改革开放的序幕，开辟了中国特色社会主义道路，实现了建国以来党的历史也是当代中国历史上具有深远意义的伟大转折。对此，人们早已了解，并达成广泛共识。但是，这一转折是怎么实现的，是偶然的还是必然的，性质是什么？在这些问题上，人们的认识就不那么统一了。因此，本文拟通过分析三中全会及此前中央工作会议的主要成果、基本特点、历史背景和伟大意义，对这一转折的由来、必然性和性质等问题，作进一步的探讨。

（一）三中全会及此前中央工作会议的成果和特点与转折的由来

要搞清楚三中全会为什么能成为中国当代史上的伟大转折，首先应当搞清楚三中全会及此前中央工作会议的主要成果和基本特点。

1. 关于两个会议的主要成果

三中全会及此前中央工作会议的成果，从当时的全会公报上看，可以大体归纳为六点：第一，决定把全党工作的着重点从 1979 年起转移到社会主义现代化建设上来；第二，讨论了国际形势和外交工作，同意党和政府的对外政策；第三，讨论并原则通过了关于加快农业发展问题和 1979、1980 年两年国民经济计划的安排；第四，审查和解决了历史上遗留的一大批重大问题，重新评价了一些重要领导人的功过是非；第五，决定在党的生活和国家生活中加强民主，明确了党的唯物主义的思想路线；第六，加强和充实了党中央领导机构，成立了中央纪律检查委员会。

根据十一届三中全会之后一年半里党和国家政治生活出现的新进展，十一届六中全会在《关于建国以来党的若干历史问题的决议》（以下简称《历史决议》）中，又从新的认识高度，将三中全会及此前中央工作会议的主要成果概括成了八条：第一，结束了1976年10月以来党的工作在徘徊中前进的局面，开始全面地认真地纠正“文化大革命”中间及之前的“左”倾错误；第二，坚决批判了“两个凡是”的错误方针，充分肯定了必须完整地、准确地掌握毛泽东思想的科学体系；第三，高度评价了关于真理标准问题的讨论，确定了解放思想、开动脑筋、实事求是、团结一致向前看的指导方针；第四，停止使用“以阶级斗争为纲”的口号，作出了把工作重点转移到社会主义现代化建设上来的战略决策；第五，提出了注意解决好国民经济重大比例严重失调的要求，制订了关于加快农业发展的决定；第六，着重提出了健全社会主义民主和加强社会主义法制的任务；第七，审查和解决了党的历史上一批重大冤假错案和一些重要领导人的功过是非问题；第八，增选了中央领导机构的成员。在列举这八大成果后，《历史决议》指出：“这些在领导工作中具有重大意义的转变，标志着党重新确立了马克思主义的思想路线、政治路线和组织路线。”①

在十一届三中全会召开30年后的今天，如果要对它的成果再作进一步归纳的话，可以说其中最重要的成果有两个：一是重新确立了党的马克思主义的路线，二是形成了以邓小平为核心的第二代中央领导集体。因为，揭开改革开放序幕、开辟建设中国特色社会主义新道路的关键因素，正是这两大成果。说三中全会实现了当代中国史上的伟大转折，主要根据即在于此。

先说党的第二代中央领导集体。邓小平在1989年6月十三届四中全会前夕说过：“党的十一届三中全会建立了一个新的领导集体，这就是第二代的领导集体。在这个集体中，实际上可以说我处在一个关键地位。”② 三中全会闭幕时，中央政治局常委一共有6个人，主席是华国锋，副主席是叶剑英、邓小平、李先念、陈云、汪东兴。由于会议否定了“两个凡是”的方针，中央工作的主导权实际已从华国锋转移到了邓小平手中。另外，汪东兴在会议期间作了书面检查，提出了辞职的请求，并在不久后召开的十一届五中全会上被批准辞职。到了十一届六中全会，华国锋又提出请求辞去中央主席和中央军委主席的职务，并得到会议同意。所以，邓小平所讲的三中全会建立的新的中央领导集体，是指也只能是

① 《三中全会以来重要文献选编》（下），人民出版社，1982，第821页。

② 《邓小平文选》第3卷，人民出版社，1993，第309页。

指邓小平、陈云、叶剑英、李先念。对此，邓小平在十三届四中全会之后有更加明确的说明。他指出："从我们党的十一届三中全会以后，开始产生了第二代领导集体，包括我在内，还有陈云同志、李先念同志，还有叶帅。"① 历史证明，三中全会以来，我们党和国家之所以能不断深化改革、扩大开放，之所以能逐步开辟出一条中国特色社会主义道路，关键就在于有这个中央领导集体在政治上和组织上提供坚强的保证。

再说十一届三中全会的路线。对于三中全会的路线，曾经有过各种各样的表述。② 但无论作哪种表述，意思都差不多，都是指我们党在十一届三中全会和会后所制定并不断丰富的马克思主义的思想路线、政治路线、组织路线。从三中全会公报上看，这条路线的主要内容是：在思想上，完整准确地掌握毛泽东思想的科学体系，在马列主义、毛泽东思想的指导下，解放思想，研究新事物、新问题，坚持实事求是，一切从实际出发；在政治上，把全党工作重点和全国人民的注意力转移到社会主义现代化建设上来，根据新的历史条件和实践经验，对经济体制和经营管理方法着手改革，在自力更生的基础上积极发展同世界各国的经济合作，努力采用世界先进技术和先进设备，同时不放松同极少数反革命分子和刑事犯罪分子的阶级斗争，不削弱无产阶级专政，不允许损害安定团结的政治局面；在组织上，健全党的民主集中制，健全党规，严肃党纪，强调党中央和各级党委的集体领导，保障党员在党内对上级领导直至中央常委提出批评意见的权力，党的各级领导干部必须带头严守党纪。对于三中全会的政治路线，当时虽然没有概括为"一个中心、两个基本点"，但从上述内容不难看出，这个基本意思已经有了。特别是三中全会之后，党中央为了正确贯彻解放思想的方针，及时重申坚持四项基本原则，并明确提出实行改革开放的总方针，"一个中心、两个基本点"的意思更加凸显出来。对于三中全会的组织路线，会后也有进一步发展。其中最重要的是，在政治合格的前提下，使干部队伍做到年轻化、知识化、专业化，并使选拔中青年干部的工作制度化。

由此可见，十一届三中全会确定的马克思主义路线，是指在坚持四项基本原则、加强精神文明建设的前提下，通过解放思想、改革开放，促进生产力不断发展，实现社会的全面进步，最大限度地满足人民的物质需要和精神需要，巩固和

① 《邓小平年谱》（下），中央文献出版社，2004，第1295页。

② 《三中全会以来重要文献选编》（上），人民出版社，1982，第11、236页；《邓小平文选》第2卷，人民出版社，1994，第183、193、242、275页；《三中全会以来重要文献选编》（下），第821、848页；《十三大以来重要文献选编》（上），人民出版社，1991，第15页。

发展社会主义制度；而不是相反，要搞指导思想的多元化、经济制度的私有化、政治体制的西方化，使中国走资本主义的发展道路，融入世界资本主义体系。正如邓小平反复强调的那样，我们说的解放思想，决不能够偏离四项基本原则的轨道，"离开四项基本原则去'解放思想'，实际上是把自己放到党和人民的对立面去了。""离开坚持四项基本原则，就没有根，没有方向，也就谈不上贯彻党的思想路线。"① "如果不坚持这四项基本原则，纠正极左就会变成'纠正'马列主义，'纠正'社会主义。"② "某些人所谓的改革，应该换个名字，叫做自由化，即资本主义化。他们'改革'的中心是资本主义化。我们讲的改革与他们不同，这个问题还要继续争论的。"③ 我们决定实行开放政策，"同时也要求刹住自由化的风，这是相互关联的问题。"④ 历史证明，三中全会以来，我们党和国家之所以能战胜国内国际一个又一个风险的挑战，之所以能在不断深化和扩大改革开放、经济持续飞速发展的情况下始终保持社会的总体稳定，关键就在于有这条马克思主义路线的正确指引。

2. 关于两个会议的基本特点

三中全会及此前的中央工作会议取得了那么重要的成果，是否是事先就计划好了的，是否是有步骤地自然而然地取得的呢？要回答这个问题，只要看看这两个会议在中共党史和中国当代史上不同寻常的显著特点就清楚了。

首先，议题中途发生了违反主持人意愿的改变。

中央工作会议开始前发出的通知和开始时由党中央主席华国锋宣布的议题，都是讨论《关于加快农业发展速度的决定》和《农村人民公社工作条例（试行草案）》，商定 1979、1980 年国民经济计划安排，学习李先念在国务院务虚会上的讲话；只在进入正式议题前，用两三天时间讨论从 1979 年 1 月起把全党工作着重点转移到社会主义现代化建设上来的问题。但是，会议刚进入第三天，党的八大时便是中央副主席而"文化大革命"以来一直是中央委员会一般委员的陈云，率先在小组会上发言，指出实现四个现代化是全党和全国人民的迫切愿望，安定团结也是全党和全国人民关心的事，现在干部、群众对党内是否能安定团结有顾虑。接着，他提出了六个影响大或涉及面广、需要由中央考虑决定的冤假错案和问题，如薄一波等 61 人所谓叛徒集团案，陶铸、王鹤寿的历史遗留问题，

① 《邓小平文选》第 2 卷，第 278、279 页。
② 《邓小平文选》第 3 卷，第 137 页。
③ 《邓小平文选》第 3 卷，第 297 页。
④ 《邓小平文选》第 3 卷，第 124 页。

彭德怀的骨灰安放问题，天安门事件的平反问题，康生的严重错误问题等。这些问题都是当时最为敏感，也是大家最为关心但又不便于说的问题，因此，他的发言在简报全文刊出后，立即引起强烈反响，起到了扭转会议方向的作用。代表们纷纷表示赞成他的意见，同时加以发挥和补充。华国锋在紧接着召开的第二次全体会议上虽然要求会议由讨论工作重点转移问题转入讨论农业文件，但代表们并没有照他的要求办，而是依旧热烈讨论重大历史遗留问题，并且延伸到了关于真理标准大讨论中出现的不正常情况、对“两个凡是”的提法和中央个别领导同志的意见、对中央和中央宣传领导部门人事调整的建议等重大现实问题。

鉴于会议形势发生的巨大变化，在会议开始不久后出访回国的邓小平，与叶剑英、李先念等中央政治局常委一起，力促华国锋代表中央政治局，在第三次全体会议上对与会代表所提问题一一作了答复，宣布对天安门事件、“二月逆流”、薄一波等61人所谓叛徒集团案、彭德怀问题、陶铸问题、杨尚昆问题予以平反，决定撤销有关“反击右倾翻案风”的全部文件，将康生、谢富治的问题交由中央组织部审理，对地方性重大事件问题交由地方自行解决。这次会后，胡乔木在小组发言中又提出，真理标准问题已在一定意义上成为政治问题，建议华国锋能对这一问题的讨论也作一个结论，以便统一全党思想，澄清国内外各种猜测。于是，华国锋在第四次全体会议（即中央工作会议闭幕会）上，就“两个凡是”的提出作了自我批评，对没有能及时解决在真理标准讨论中的分歧作了解释。

会议对原有议题的突破和取得的进展，使邓小平会前所准备的讲话稿也显得不再适用。会议临近结束时，他针对会议内外出现的新情况，亲自草拟了讲话提纲，提出解放思想是当前一大政治问题，民主是解放思想的重要条件，处理历史遗留问题为的是团结一致向前看，要研究经济建设上的新情况，解决经济管理方法、管理制度改革上的新问题等。这篇题为《解放思想，实事求是，团结一致向前看》的重要讲话，从思想路线的高度对会议作出了深刻总结，为全党指明了改革开放的大方向，受到与会代表的一致拥护，因此，在事实上成为三中全会的主题报告。

三中全会原定议题是审议通过中央工作会议讨论后提交的关于农业问题的两个文件和1979～1980年的计划安排，选举产生中央纪律检查委员会。但事实上，它除了上述内容外，主要是学习讨论邓小平在中央工作会议上的重要讲话，确认中央工作会议所取得的一系列重要成果，以及增选和增补中央领导机构的成员。

其次，会议持续的时间长，解决的问题数量多、分量重。

中央工作会议于1978年11月10日开始，原定开20多天。三中全会原定与中央工作会议间隔十来天，在12月10日开，会期3天。但由于工作会议讨论十分热烈，不断有新问题提出，使会议结束时间一延再延，实际开了36天。三中全会则紧接在中央工作会议结束2天后召开，会期也比原计划延长了2天。两个会加在一起共有41天，如果把它们合起来看，大体可以分为三个阶段。

第一阶段从11月12日陈云在小组会上发言算起，到11月25日华国锋在第三次全体会议上宣布对一系列重大历史遗留问题的平反决定，共14天，可以看做是发动阶段。其间主要讨论历史遗留问题，也涉及对个别中央领导同志的批评。

第二阶段从11月26日到12月13日的小组讨论，共18天。可以看做是深入阶段，其间主要议论真理标准大讨论中出现的种种不正常情况，对中央个别领导提意见，对中央领导机构和中央宣传领导部门的人事安排提建议。

第三阶段从12月13日下午邓小平在中央工作会议闭幕会上发表重要讲话，到12月15日下午工作会议结束；再从12月17日三中全会召开小组召集人会议到12月22日三中全会闭幕会增选陈云、邓颖超、胡耀邦、王震为中央政治局委员，陈云为政治局常委、中央委员会副主席，增补黄克诚等9人为中央委员，以及通过全会公报，共7天，可以看做是总结阶段。其间主要讨论邓小平在中央工作会议上的重要讲话，酝酿增选、增补中央领导机构成员的名单，同时继续发表前两个阶段没有讲完的意见。

再次，会议气氛生动、活泼、热烈，真正做到了面对面地开展批评与自我批评。

会议开始时，还有扣压简报的事情发生，但当代表提出意见后，情况很快变了，基本做到了代表们畅所欲言，直言不讳；简报有闻必录，印发及时。正因为如此，邓小平的重要讲话在评价中央工作会议时指出："这次会议讨论和解决了许多有关党和国家命运的重大问题。大家敞开思想，畅所欲言，敢于讲心里话，讲实在话。大家能够积极地开展批评，包括对中央工作的批评，把意见摆在桌面上。一些同志也程度不同地进行了自我批评。这些都是党内生活的伟大进步，对于党和人民的事业将起巨大的促进作用。"① 陈云在三中全会闭幕会上的即席讲话中也说："三中全会和此前的中央工作会议开得很成功。大家在马列主义、毛泽东思想的基础上，解放思想，畅所欲言，充分恢复和发扬了党内民主和党的实事求是、群众路线、批评和自我批评的优良作风，认真讨论了党内存在的一些重

① 《邓小平文选》第2卷，第140～141页。

大问题，增强了团结，真正实现了毛泽东所提倡的又有集中又有民主，又有纪律又有自由，又有统一意志，又有个人心情舒畅、生动活泼的那样一种政治局面……一九五七年以后，由于种种干扰，毛泽东提出的这种心情舒畅、生动活泼的政治局面很多年没有实现。这一次党中央带了个好头，只要大家坚持下去，就有可能在全国实现。”① 他们这些话，高度概括了会议的真实情况。

在中共党史和中国当代史上，同时具有以上三个特点的会议，即便不是绝无仅有，也是极其少有的。正是这些特点，构成了三中全会成为中国当代史上伟大转折的直接原因。它说明，三中全会的胜利并非自然而然取得的，而是与会的大多数高级干部在老一辈无产阶级革命家带动、支持下，充分发扬党内民主和党的实事求是、群众路线、批评与自我批评作风，通过积极的思想斗争争取到的，是来之不易、弥足珍贵的。

（二）三中全会及此前中央工作会议的历史背景与转折的必然性

三中全会前的中央工作会议议题，主要不是全会公报所讲的那些内容；会议之前，中央起码是中央主要负责人，并没有打算开成那样一个会；出席会议的代表起码绝大多数代表，事先也没有想到会议会开出那样一个结果。那么，这是否意味着三中全会实现的伟大转折是偶然的、突发的，是可能发生也可能不发生的呢？应当说，转折发生在 1978 年 11 月，发生在三中全会及此前的中央工作会议，带有一定的偶然性。但是，正如恩格斯所说：“在表面上是偶然性在起作用的地方，这种偶然性始终是受内部的隐蔽着的规律支配的。”② 三中全会及此前中央工作会议也是这样。如果把它和“文化大革命”中的一系列事件联系起来，把它放在粉碎“四人帮”后国内国际、党内党外、主观客观的大背景下来分析，就可以看出，这个转折绝不是偶然的、突然的，而是必然的、不以人的意志为转移的，是人心之所向、大势之所趋，或迟或早总要发生。

1. 转折的客观条件

自从 1976 年以华国锋为首的党中央一举粉碎“四人帮”到十一届三中全会召开之前的两年里，我们党和国家在政治上、经济上都取得了一定进展和一些成

① 《陈云年谱》（下），中央文献出版社，2000，第 231 页。

② 《马克思恩格斯选集》第 3 卷，人民出版社，1995，第 247 页。

绩。但同时也产生了一些新问题，严重阻碍了党和国家继续前进的步伐，迫切需要得到解决。

首先，在政治上。那两年揭发、批判、清查江青反革命集团及其帮派体系的运动取得了很大成绩，党和国家组织的整顿冤假错案及平反工作也得到了部分地进行，但是，由于受“左”的错误思想的束缚，作为党中央主要负责人的华国锋不仅未能顺应党心民心，纠正“文化大革命”的错误理论、政策和口号，系统清理在党内已持续很长时间的“左”的指导思想，带领全党全国人民乘胜前进，反而提出并推行“两个凡是”的错误方针，压制1978年开展的对拨乱反正具有重大意义的关于真理标准问题的讨论，一再拖延和阻挠恢复包括邓小平在内的一大批老干部的工作和平反包括天安门事件在内的一大批历史上的冤假错案，并在继续维护旧的个人崇拜的同时制造新的个人崇拜，严重挫伤了广大干部群众在粉碎“四人帮”后焕发出的社会主义积极性，引起党内外同志的广泛不满。因此，要求尽快解决天安门事件平反和“文化大革命”及此前一系列重大历史遗留问题，重新评价党和国家许多领导人的功过是非，肯定实践是检验真理的唯一标准，改正“两个凡是”的错误方针，以及调整各方面社会关系、调动一切积极因素投身“四化”建设的呼声，变得日益强烈。

其次，在经济上。那两年制止了许多地区工矿企业生产和交通运输的混乱状况，使国民经济开始从瘫痪、半瘫痪的状态中走了出来。但是，华国锋在严重失调的国民经济重大比例关系尚未理顺的情况下，又提出许多不切实际的高指标和根本不可能实现的大口号，使积累与消费的关系进一步失衡，违背了人民要求尽快改善生活的强烈意愿，犯了急于求成、片面追求高速度的急躁冒进错误。他虽然看到了国外技术的进步和中美、中日关系解冻后西方在对华贸易、投资方面出现的新形势，提出要引进国外先进技术设备和举借外债，但是不考虑国内对引进的配套和消化能力，也不考虑还债的能力，片面突出钢铁、石油、化工等重工业部门，追求高速度、高积累、高投资，同样是“左”的急躁冒进思想支配下的表现。这一切都迫切要求在经济工作中认真清理“左”的指导思想，对国民经济进行一次重大比例关系的调整。另外，在农村，人民公社“政社合一”的经营管理体制违反农业生产的客观规律，分配上存在严重的平均主义倾向，极大制约了农民生产积极性的发挥和农业生产力的提高，致使粮食供应长期处于紧张状态，一亿多农民有待解决温饱问题。在城市，一方面，“文化大革命”期间对中学毕业生实行上山下乡的政策，累积约一千多万返城的知识青年等待安排就业，再加上其他新生劳动力的出现，使国家无法单靠国有企事业单位满足就业需求；

另一方面，原有的高度集中的计划经济体制和政企不分、所有权经营权不分、统收统支的国有企业经营方式的弊端，也与经济的发展越来越不相适应，到了非改变不可的程度。这一切，都在客观上呼唤对经济体制、经营方式、所有制结构进行必要的改革。

2. 转折的主观条件

粉碎“四人帮”后的头两年，在老一辈无产阶级革命家和党内正确力量的努力下，通过部分平反冤假错案，使许多“文化大革命”中被打倒或靠边站的老干部回到了领导岗位；通过真理标准讨论和“两个凡是”的争论，通过按劳分配问题和经济管理体制问题的讨论，使实事求是、理论联系实际、一切从实际出发的原则，以及党内民主和民主集中制的原则得到很大宣传，逐渐形成了有利于克服“两个凡是”的错误、将党的工作重点转移到经济建设上、对国民经济进行调整，以及实行改革开放方针的舆论氛围。这一切，为三中全会的胜利召开做好了充分的组织准备和思想准备。

首先，在组织上。1977 年 3 月中央工作会议前夕，陈云为呼应党中央副主席叶剑英的意见，与王震等几位中央委员相约，在会上提出为天安门事件平反和恢复邓小平工作的问题。他提交书面发言后，会议简报组要求“按照华主席讲话精神”删去所谓“敏感”内容，华国锋也登门做他的工作，均被他拒绝。这篇发言虽然最终未能在简报上刊出，但却产生了很大影响，对中央内部的错误领导形成了巨大压力，加快了邓小平复出的进程。四个月后，邓小平在十届三中全会上恢复了在“反击右倾翻案风”中被撤销的一切职务。与此同时，经过叶剑英、邓小平、李先念和陈云等中央领导人及老一辈革命家的积极争取，一些老同志也陆续恢复了工作。所有这些，都使党中央决策层、领导层内正确与错误两种力量的对比发生了很大变化。正因为如此，陈云那篇改变了中央工作会议议程的发言，才可能取得一呼百应的效果；邓小平在会议期间的运筹帷幄、因势利导，尤其是他在中央工作会议闭幕会上的重要讲话，才可能发挥出巨大作用，从而为三中全会重新确立马克思主义的路线奠定重要基础，使那次会议最终成为开辟中国特色社会主义的起点。

其次，在思想上。邓小平自重新回到中央领导岗位后，便针对“两个凡是”的方针，利用各种场合，提出并大力宣传毛泽东思想的精髓是实事求是、要准确完整地理解毛泽东思想的观点，引发了关于真理标准问题的大讨论。同时，他还积极支持关于按劳分配问题的讨论，相继提出揭批“四人帮”运动要适时结束、要加大地方和企业自主权、要按照经济规律管理经济等主张。1978 年夏季召开的国务院务虚会，提出了要加强综合平衡，在国家统一计划下发挥部门、地方、企业的积极性，搞好技术引进，努力扩大出口等一系列具有改革开放思想的观点。正因为有这个铺垫，参加中央工作会议的代表们才会一致拥护党的工作着重点转移的决定，批评“两个凡是”的错误方针，肯定真理标准的大讨论，要求平反各种冤假错案，赞成认真解决国民经济中重大比例失调的问题，同意克服经济管理体制中党政企不分、以党代政、以政代企的现象。另外，由于陈云等老一辈革命家为恢复党的民主集中制所开展的斗争，使以往中央会议简报工作那种压制民主的错误做法越来越不得人心，难以再实行下去。这也是在中央工作会议上，各组讨论情况得以迅速交流、会议获得巨大胜利的一个重要条件。

邓小平在1980年初中央召开的干部会议上曾指出：“粉碎‘四人帮’以后三年的前两年，做了很多工作，没有那两年的准备，三中全会明确地确立我们党的思想路线、政治路线，是不可能的。所以，前两年是为三中全会做了准备。”① 只要了解了三中全会及此前中央工作会议的历史背景，对于邓小平的这一论述就会有更加深切的理解，就会明白那次会议之所以成为当代中国史上的伟大转折，完全是老一辈革命家和党内正确力量的努力与国内外形势变化共同作用的必然结果，是顺理成章、水到渠成、瓜熟蒂落；即使那次会议未能实现这一转折，此后的会议也一定会实现这一转折。

（三）三中全会的历史意义与转折的性质

我们说党的十一届三中全会是当代中国史上的伟大转折，是从三中全会开始了党在思想、政治、组织等领域的全面拨乱反正，实现了党的工作重点的转移，揭开了改革开放的序幕，开辟了中国特色的社会主义道路，标志着中国从此进入社会主义事业发展新时期等意义上讲的。看不到转折的这些意义，或者对转折作超出这些意义的解释，都是不符合历史客观实际的。

1. 转折不是党的领导工作一般意义上的转变

自从新中国建立后，我们党曾有过多次工作重点的转移、指导思想的转变、发展战略的转折。其中有的正确反映了当时客观实际情况的变化，有的则被实践证明是脱离实际的；有的转得比较顺利，有的则因为种种原因转得不够顺利，甚至中途出现反复。就拿党的工作重心、中心、重点来说，早在七届二中全会时，

---

① 《邓小平文选》第2卷，第242页。

毛泽东就非常明确地指出，全国解放后，党的工作重心要由乡村转向城市；要求全党“必须用极大的努力去学会管理城市和建设城市”，眼睛要“向着这个城市的生产事业的恢复和发展”，城市中的其他工作“都要围绕着生产建设这一个中心工作并为这个中心工作服务的”①。建国后，我们接连进行了肃清反革命、土地改革、抗美援朝、“三反”、“五反”等运动，但这些都是为了实现工作重心的转移，是工作重心转移所必不可少的前提。在第一个五年计划开始实施、全党工作重心转到经济建设以后，虽然又接连进行了三大改造运动、“大跃进”和人民公社化运动，但这些运动从总体上说，也都是围绕经济建设这个中心而展开的。只是在1962年八届十中全会上重提阶级斗争后，经济建设的中心地位才开始动摇。到了“文化大革命”，这个中心更被“以阶级斗争为纲”所取代。与以往相比，十一届三中全会作出的关于全党工作重点转移的决定无疑带有更根本的性质，实现的党的指导思想的转变和发展战略的转折也无疑比以前深刻得多。究其原因，除了国内国际形势的变化外，主要在于这次转移、转变、转折，是建立在对社会主义社会以下两个新的认识基础之上。

首先，建立在对社会主义社会主要矛盾的新认识上。

在三中全会前的中央工作会议上，大家对中央政治局关于党的工作着重点转移的决定一致拥护，没有提出任何疑问。但是，在对工作重点转移的解释上则是有分歧的。华国锋在开幕时的讲话中说，重点转移是“国内国际形势的需要”，并提出要“在新时期总路线和总任务的指引下”实现重点转移。所谓“新时期总路线和总任务”，其重要内容之一就是坚持“以阶级斗争为纲”的社会主义历史阶段的基本路线和坚持无产阶级专政下的继续革命。这种解释，受到了与会代表的质疑。例如，胡乔木在会议进入小组讨论后的第二天发言时说：把工作重点的转移讲成是形势的需要，这个理由不妥。应该说，无产阶级在夺取政权以后，就要把工作重点转到经济建设上。建国后，我们已开始了这种转移，但是没有坚持住，这次转移是根本性的转移，而不是通常意义上的转移。不能给人一种印象，似乎今天形势需要，就把工作重点转过来，明天不需要了，还可以再转回去。他还指出，并不是任何阶级斗争都是进步的，其是否进步的客观标准，就是看它是否为解放和发展生产力创造条件；经济脱离政治一定会走到邪路上去，政治脱离经济也一定会走到邪路上去。除了发生战争，今后一定要把生产斗争和技术革命作为中心，不能有其他的中心。只要我们正确处理人民内部矛盾和敌我矛

① 《毛泽东选集》第4卷，人民出版社，1991，第1427～1428页。

盾，国内的阶级斗争也不会威胁社会主义建设的中心地位。这篇发言被简报全文刊出后，得到了大多数与会者的赞同。

邓小平在中央工作会议闭幕会上的重要讲话，对工作重点转移问题作了更为精辟的阐述。他说：政治路线的问题解决了，今后看一个部门领导得好不好，应该主要看劳动生产率提高了多少，利润增加了多少，劳动者的个人收入和集体福利增加了多少。“这就是今后主要的政治。离开这个主要的内容，政治就变成空头政治，就离开了党和人民的最大利益。”① 三中全会公报吸收了邓小平讲话的精神，指出：“毛泽东同志早在建国初期，特别在社会主义改造基本完成以后，就再三指示全党，要把工作中心转到经济方面和技术革命方面来。”“正如毛泽东同志所说，大规模的急风暴雨式的群众阶级斗争已经基本结束，对于社会主义社会的阶级斗争，应该按照严格区别和正确处理两类不同性质的矛盾的方针去解决，按照宪法和法律规定的程序去解决”。② 这里虽然没有明确要停止使用“以阶级斗争为纲”的提法，但这个意思显然已经有了。正因为如此，后来的《历史决议》才指出：三中全会“果断地停止使用‘以阶级斗争为纲’这个不适用于社会主义社会的口号”③。正是这一认识，赋予工作重点转移的命题以更大的科学性、稳定性，使它具有更强的生命力。

三中全会闭幕后不久，邓小平在理论工作务虚会上的讲话中对社会主义基本矛盾、主要矛盾的理论作了进一步阐发。他指出，毛泽东在《关于正确处理人民内部矛盾的问题》一文中提出生产关系和生产力、上层建筑和经济基础矛盾问题，“从二十多年的实践看来，这个提法比其他的一些提法妥当。至于什么是目前时期的主要矛盾，也就是目前时期全党和全国人民所必须解决的主要问题或中心任务，由于三中全会决定把工作重点转移到社会主义现代化建设方面来，实际上已经解决了。”④ 他还指出：“社会主义社会中的阶级斗争是一个客观存在，不应该缩小，也不应该夸大。……社会主义社会目前和今后的阶级斗争，显然不同于过去历史上阶级社会的阶级斗争，这也是客观的事实，我们不能否认，否认了也要犯严重的错误。”⑤ 他的这些论述，更加深入地分析了在社会主义时期沿用“以阶级斗争为纲”口号的错误性，为全党工作重点的转移提供了科学的理

① 《邓小平文选》第2卷，第150页。

② 《三中全会以来重要文献选编》（上），第3、5页。

③ 《三中全会以来重要文献选编》（下），第821页。

④ 《邓小平文选》第2卷，第182页。

⑤ 《邓小平文选》第2卷，第182页。

论依据。

其次，建立在对社会主义社会管理体制的新认识上。

这里说的管理体制，既包括经济体制，也包括政治体制；既包括国内的经济体制，也包括国内与国外经济联系的体制。新中国成立后实行高度集中的计划经济体制，有在“一穷二白”基础上加快工业化建设的客观需要，也有对苏联经验的全盘学习和对马克思主义创始人关于未来社会可以自觉按比例发展国民经济思想的不准确理解；有在较短时间里为建立独立完整工业体系和国民经济体系奠定初步基础的丰功伟绩，也有因把经济统得过死而造成效益不高、对市场反应不灵活、人民生活不够丰富多样等种种弊端。在对外经济联系上，由于西方的全面禁运和经济封锁，建国初期只能与苏联和其他社会主义国家进行贸易和经济技术合作；以后与苏联关系破裂，对资本主义国家的贸易开始增加，但总体规模也不大。在政治体制上，建国后长期延续战争年代的做法，实行党的一元化领导，一切权力集中在党委，党委权力又往往集中于几个书记，特别是第一书记，造成党政不分、政企不分；对民主与法制建设不重视，基本处于无法可依的状况。尤其在“文化大革命”期间，“左”的指导思想盛行，经济上越统越死，对外经济联系的门越关越小，民主集中制的原则被严重破坏，连宪法规定的公民权利也得不到保障。粉碎“四人帮”后，开始从经济与政治管理体制的层面上思考过去的问题，提出了一系列新观点、新思想、新理论，逐步澄清了对社会主义的许多不准确的认识。

关于经济体制，邓小平和中央其他领导同志早在三中全会之前就已提出了一些改革和开放的思想。例如，邓小平曾指出：“要实现四个现代化，就要善于学习，大量取得国际上的帮助。要引进国际上的先进技术、先进装备，作为我们发展的起点。”① “引进先进技术设备后，一定要按照国际先进的管理方法、先进的经营方法、先进的定额来管理，也就是按照经济规律管理经济。一句话，就是要革命，不要改良，不要修修补补。”② 又例如，陈云在长期思考计划与市场关系这个经济体制改革核心问题的基础上，于1978年7月三中全会之前国务院务虚会期间，就通过李先念提出了“计划经济与市场经济相结合”的命题。三中全会后，陈云又于1979年3月将自己的思考写成了名为《计划与市场问题》的提纲，其中说：“六十年来，无论苏联或中国的计划工作制度中出现的主要缺点：

---

① 《邓小平文选》第2卷，第133页。

② 《邓小平文选》第2卷，第129~130页。

只有‘有计划按比例’这一条，没有在社会主义制度下还必须有市场调节这一条。”“在今后经济的调整和体制的改革中，实际上计划与市场这两种经济的比例的调整将占很大的比重。不一定计划经济部分愈增加，市场经济部分所占绝对数额就愈缩小，可能是都相应地增加。”① 后来，他又提出“计划经济为主，市场调节为辅”的命题，并被党的十二大确定为经济体制改革的方针。这虽然不同于党的十四大所确定的社会主义市场经济体制的改革目标，但却对全党摆脱在计划与市场关系上的传统观念、形成新的认识，“对推动改革和发展起了重要作用”；②“对推动全党解放思想、实事求是，进行突破高度集中的计划经济体制的改革，产生过广泛而深刻的影响。”③

关于政治体制，邓小平和中央其他领导同志在三中全会前也提出了一些改革的思想。例如，邓小平在1978年10月3日指出：“现在关于民主问题的讨论不够，这个问题很重要，要展开讨论。民主和法制实际上是一件事情。法制确实需要建立和健全，民法、刑法要搞，但都没有搞成。没有法，他就乱搞，确实不行。现在是领导人说的话就叫法，不赞成领导人说的话就叫违法，这种状况不能继续下去了。除了搞刑法、民法、诉讼法以外，还要搞经济立法，如工厂法。要搞立法，总得有个立法机构才行。”④ 正因为有这样的认识，三中全会才可能对民主和法制问题进行认真的讨论，全会公报才可能写上：“在过去一个时期内，民主集中制没有真正实行，离开民主讲集中，民主太少，当前这个时期特别需要强调民主，强调民主和集中的辩证统一关系，使党的统一领导和各个生产组织的有效指挥建立在群众路线的基础上……宪法规定的公民权利，必须坚决保障，任何人不得侵犯。为了保障人民民主，必须加强社会主义法制，使民主制度化、法律化，使这种制度和法律具有稳定性、连续性和极大的权威，做到有法可依，有法必依，执法必严，违法必究。从现在起，应当把立法工作摆到全国人民代表大会及其常务委员会的重要议程上来。检察机关和司法机关要保持应有的独立性；要忠实于法律和制度，忠实于人民利益，忠实于事实真相；要保证人民在自己的法律面前人人平等，不允许任何人有超于法律之上的特权。”⑤

以上对社会主义社会主要矛盾和管理体制问题的新认识，不仅与“文化大

① 《陈云文选》第3卷，人民出版社，1995，第244～245、247页。

② 《十四大以来重要文献选编》（上），人民出版社，1996，第18页。

③ 1995年6月14日《人民日报》。

④ 《邓小平年谱》（上），中央文献出版社，2004，第394页。

⑤ 《三中全会以来重要文献选编》（上），第10～11页。

革命”时期的认识相对立，而且与“文化大革命”之前的认识也有很大不同。这种认识上的不同之处，使三中全会所实现的转折与以往的转折产生了许多区别。看不到这种变化，混淆它们之间的区别，就难以理解三中全会所开辟的中国特色社会主义“特”在哪里，难以说清楚为什么三中全会是当代中国史上的伟大转折。

2. 转折不是社会主义基本制度与社会性质的转变

现在有一种观点，把三中全会与1911年的辛亥革命相提并论，说它们是中国近代以来两个最伟大的事件；或者把新中国的历史以三中全会断限，说1840～1949年的中国历史与三中全会前后的两个历史时期并列构成了中国的近代史、现代史和当代史。这种观点从表面上看，似乎在抬高三中全会的历史地位，但由于它无视和抹杀中华人民共和国成立在中国历史上的划时代意义，割裂三中全会前后两个历史时期在社会形态上的内在一致性，因此必然是违背历史实际的主观臆造和对三中全会事实上的贬低。对此，只要看看三中全会及三中全会以来我们党在对待以下两个问题上的态度便清楚了。

首先，在对待社会主义制度不完善的问题上。

我们党早在三中全会上就明确，改革是为了挽救社会主义，使社会主义事业得以继续发展，而不是为了取消社会主义。邓小平在中央工作会议闭幕会上的重要讲话中指出：“如果现在再不实行改革，我们的现代化事业和社会主义事业就会被葬送。”① 全会公报也号召全党、全军、全国各族人民，“为在本世纪内把我国建设成为社会主义的现代化强国而进行新的长征。”② 会后，邓小平又在理论工作务虚会的讲话中指出：“我们过去对民主宣传得不够，实行得不够，制度上有许多不完善，因此，继续努力发扬民主，是我们全党今后一个长时期的坚定不移的目标。但是我们在宣传民主的时候，一定要把社会主义民主同资产阶级民主、个人主义民主严格地区别开来，一定要把对人民的民主和对敌人的专政结合起来……如果离开四项基本原则，抽象地空谈民主，那就必然会造成极端民主化和无政府主义的严重泛滥，造成安定团结政治局面的彻底破坏，造成四个现代化的彻底失败。”③ 他在1980年初所作《目前的形势和任务》的报告中又说：“现在，特别是在青年当中，有人怀疑社会主义制度，说什么社会主义不如资本主

① 《邓小平文选》第2卷，第150页。

② 《三中全会以来重要文献选编》（上），第5页。

③ 《邓小平文选》第2卷，第176页。

义，这种思想一定要大力纠正。社会主义制度并不等于建设社会主义的具体做法。苏联搞社会主义，从一九一七年十月革命算起，已经六十三年了，但是怎么搞社会主义，它也吹不起牛皮。我们确实还缺乏经验，也许现在我们才认真地探索一条比较好的道路。但不管怎么样，社会主义制度的优越性已经得到了证明，不过还要证明得更多更好更有力。我们一定要、也一定能拿今后的大量事实来证明，社会主义制度优于资本主义制度。”① 可见，无论是三中全会还是三中全会以后，我们党提出和进行的改革，都不是要把中国由社会主义社会改变成另外一种社会，更不是要否定和抛弃社会主义革命的成果，而是要解决社会主义制度中一些不完善的问题，寻找和走出一条更加适合中国国情的社会主义发展道路。

其次，在对待毛泽东晚年错误的问题上。

邓小平在中央工作会议闭幕会的重要讲话中说：“最近国际国内都很关心我们对毛泽东同志和对文化大革命的评价问题。毛泽东同志在长期革命斗争中立下的伟大功勋是永远不可磨灭的。回想在一九二七年革命失败以后，如果没有毛泽东同志的卓越领导，中国革命有极大的可能到现在还没有胜利，那样，中国各族人民就还处在帝国主义、封建主义、官僚资本主义的反动统治之下，我们党就还在黑暗中苦斗。所以说没有毛主席就没有新中国，这丝毫不是什么夸张。毛泽东思想培育了我们整整一代人。我们在座的同志，可以说都是毛泽东思想教导出来的。没有毛泽东思想，就没有今天的中国共产党，这也丝毫不是什么夸张。毛泽东思想永远是我们全党、全军、全国各族人民的最宝贵的精神财富。我们要完整地准确地理解和掌握毛泽东思想的科学原理，并在新的历史条件下加以发展。当然，毛泽东同志不是没有缺点、错误的，要求一个革命领袖没有缺点、错误，那不是马克思主义。我们要领导和教育全体党员、全军指战员、全国各族人民科学地历史地认识毛泽东同志的伟大功绩。”② 三中全会公报也说：“毛泽东同志在长期革命斗争中立下的伟大功勋是不可磨灭的……党中央在理论战线上的崇高任务，就是领导、教育全党和全国人民历史地、科学地认识毛泽东同志的伟大功绩，完整地、准确地掌握毛泽东思想的科学体系，把马列主义、毛泽东思想的普遍原理同社会主义现代化建设的具体实践结合起来，并在新的历史条件下加以发展。”③《历史决议》进一步指出：“因为毛泽东同志晚年犯了错误，就企图否认

① 《邓小平文选》第 2 卷，第 250 ~ 251 页。

② 《邓小平文选》第 2 卷，第 148 ~ 149 页。

③ 《三中全会以来重要文献选编》（上），第 12 ~ 13 页。

毛泽东思想的科学价值，否认毛泽东思想对我国革命和建设的指导作用，这种态度是完全错误的。对毛泽东同志的言论采取教条主义态度，以为凡是毛泽东同志说过的话都是不可移易的真理，只能照抄照搬，甚至不愿实事求是地承认毛泽东同志晚年犯了错误，并且还企图在新的实践中坚持这些错误，这种态度也是完全错误的。这两种态度都是没有把经过长期历史考验形成为科学理论的毛泽东思想，同毛泽东同志晚年所犯的错误区别开来"。[①] 这些都说明，三中全会否定"两个凡是"的方针、解决历史上的重大遗留问题，并不是要否定毛泽东和毛泽东思想，而是为了纠正毛泽东晚年的错误，恢复毛泽东思想的本来面貌，确立毛泽东的历史地位，更好地坚持和发展毛泽东思想。

对于社会主义制度不完善的问题和毛泽东晚年错误的问题，邓小平在世时的观点是始终一贯的，我们党从十一届三中全会起到十七大的观点也是始终一贯的。十七大报告指出：改革开放是党在新的时代条件下带领人民进行的新的伟大革命，目的"就是要推动我国社会主义制度自我完善和发展，赋予社会主义新的生机活力，建设和发展中国特色社会主义"；又指出："改革开放伟大事业，是在以毛泽东同志为核心的党的第一代中央领导集体创立毛泽东思想，带领全党全国各族人民建立新中国、取得社会主义革命和建设伟大成就以及艰辛探索社会主义建设规律取得宝贵经验的基础上进行的。"这再清楚不过地说明，三中全会前后的两个历史时期尽管在一系列方针、政策和制度上有很大区别，但它们的基本社会制度、根本指导思想和远大奋斗目标都是完全一致的。十一届三中全会实现的转折，是在中华人民共和国成立以及新中国头30年建设成就的基础上完成的，是从对"什么是社会主义"、"怎样建设社会主义"的问题由不完全清楚到比较清楚的转变，从探索中国自己的建设社会主义的道路到开辟中国特色社会主义道路的转变，是社会主义制度的自我完善和发展，而不是要与三中全会之前已经建立起来的社会主义社会一刀两断，更不是要倒退到1911年开始的资产阶级革命。因此，不能跨过中华人民共和国成立这个使中国由半殖民地半封建社会变为社会主义社会的伟大事件，而把三中全会与辛亥革命扯到一起；也不能把新中国的历史以三中全会为界，划分为中国的现代史和当代史。

以胡锦涛同志为总书记的党中央近来强调，中国共产党领导，人民当家做主，依法治国基本方略，决定了我国社会主义国家政权的性质，也确立了我国作为社会主义大国长治久安的政治保证。各种敌对势力也明白，想西化、分化中

① 《三中全会以来重要文献选编》（下），第836～837页。

国，首先要取消中国共产党的领导，取消人民当家做主的社会主义国家政权。西方敌对势力虽然不能不承认我国发展取得的巨大成就，但出于他们的政治立场和意识形态偏见，他们从来没有也不会认可我国社会主义政治制度，在他们看来，中国成功发展不仅威胁到他们的战略利益，而且威胁到他们奉为圭臬的资本主义制度模式。只要我们坚持共产党领导、坚持社会主义制度，我国越是发展壮大，他们越是要把西化、分化的矛头对准我们。我们同各种敌对势力之间渗透和反渗透、分裂和反分裂、颠覆和反颠覆的斗争将是长期的、复杂的、尖锐的，我们对此一定要有清醒的认识。我们从我国国情出发，发展中国式民主，推进社会主义政治制度的自我完善和发展，绝不照搬西方政治制度的模式，绝不放弃我国社会主义政治制度的根本。没有中国共产党的坚强领导，没有社会主义制度的有力保障，我们就难以把 13 亿人民的智慧和力量凝聚起来，就难以应对前进道路上的各种困难和风险，就难以保持国家的安定团结、社会的和谐稳定。我们要擦亮眼睛，坚定不移地沿着中国特色社会主义道路前进，绝不被国内外敌对势力的各种威胁所吓倒，各种干扰所迷惑。

以胡锦涛同志为总书记的党中央近来还强调，意识形态领域并不平静，各种敌对势力正加紧在意识形态领域对我国进行渗透破坏活动，而且组织越来越严密，方式越来越多样。他们把媒体特别是互联网等现代媒体作为进行意识形态渗透的重要渠道，散布大量有害信息，极力抹黑中国、丑化中国、妖魔化中国。各级党委和政府，特别是主要领导干部，一定要增强政治意识、政权意识、责任意识，增强政治敏锐性和政治鉴别力，把意识形态工作摆上重要议事日程，自觉从政治上观察和处理问题，经常分析意识形态领域的形势，及时发现倾向性、苗头性问题，看好自己的阵地，管好自己的队伍，抓好宣传文化单位领导班子的建设，重视选拔培养意识形态领域的领导干部，确保领导权牢牢掌握在忠诚于党和人民的人手里，确保意识形态安全。我们同各种敌对势力在意识形态领域的斗争，本质上是社会主义价值体系和资本主义价值体系的较量。要把 13 亿人民团结起来，万众一心推进中国特色社会主义事业，就必须大力推进社会主义核心价值体系建设，在全社会形成共同理想信念、强大精神力量、良好道德风尚，更好地凝魂聚气、强基固本。我们要紧紧抓住树立理想信念这个根本，坚持不懈地用中国特色社会主义理论体系武装全党、教育人民，不断巩固马克思主义在意识形态领域的指导地位，不断巩固全党全国各族人民团结奋斗的共同思想基础，不断提高中华民族的凝聚力、向心力，使全体人民始终保持昂扬向上的精神状态。

2009 年是中华人民共和国成立 60 周年，党的十一届三中全会刚巧处在这 60

年的中间。它是一次拨乱反正的会议，也是一次承上启下、继往开来的会议。它上承的是新中国头30年所建立的社会主义基本制度，所取得的社会主义建设成就，所探索的社会主义建设经验，所形成的自力更生、艰苦奋斗精神；下启的是后30年的中国特色社会主义建设事业及其未来的发展。三中全会和30年来的实践告诉我们，世界形势在变化，国内经济在发展，科学技术在进步，人民需要在增长，不改革不开放，中国是死路一条；同时也告诉我们，中国处于社会主义初级阶段的基本国情将长期存在，西方敌对势力西化、分化中国的战略图谋将长期存在，中国受到发达国家经济科技优势压力的国际环境也将长期存在，改革开放不坚持社会主义方向，中国同样是死路一条。改革开放与四项基本原则的结合是三中全会路线或社会主义初级阶段基本路线中最核心的内容，也是改革开放经验中最核心的部分。我们纪念三中全会召开30周年，就要客观全面地认识它的历史意义和它所实现的历史性转折的性质，实事求是地总结和充分运用改革开放的历史经验，一如既往地把以经济建设为中心、坚持改革开放和坚持四项基本原则统一于中国社会主义现代化建设的全过程，坚定不移地沿着三中全会开辟的道路继续前进。

十一届三中全会是一个里程碑，标志着共和国新的历史时期的开始；是一尊巨鼎，铭刻着我们党的第二代中央领导集体带领全党全国人民进行新长征的业绩；是一把号角，鼓舞着中华民族为实现伟大复兴而奋力地拼搏；是一座灯塔，照耀着中国特色社会主义的巨轮驶向胜利的远方。它和我们党的遵义会议一样，必将永载史册。

五

论陈云对改革开放的重大贡献

朱佳木

党的第二代中央领导集体是在十一届三中全会以后形成的，它主要的历史使命和历史功绩是带领全党全国各族人民开创改革开放的伟大事业。在这个领导集体中，同时也是党的第一代中央领导集体成员的只有邓小平和陈云两位。2005年，薄一波在《我对陈云同志的思念》一文中提到，党的八大选举陈云为中央副主席、邓小平为中央总书记之后，毛泽东向大家介绍他们两位时说，“陈云同志跟邓小平同志，他们是少壮派”，今后要由他们“登台演主角”了。薄一波接着写道：“在改革开放的新时期，小平同志作为党的第二代中央领导集体的核心，陈云同志作为这个领导集体的重要成员，他们卓越地发挥了‘登台演主角’的作用，成功地开创了建设中国特色社会主义的正确道路。”① 改革开放的历程说明，陈云担当的这个“角色”不仅十分出色，而且具有独特的作用。正如胡锦涛总书记所指出的：“陈云同志积极支持和推动邓小平同志倡导的改革开放，并以自己长期领导经济工作的丰富经验，提出了许多影响深远的重要思想。”“在新时期中国特色社会主义蓬勃发展的伟大进程中，陈云同志作出了重大贡献。”②

陈云对改革开放的重大贡献，我以为主要表现在以下十个方面。

1. 率先在1977年3月中央工作会议上提出邓小平复出的问题，加快了邓小平成为党中央领导核心的进度，为启动改革开放赢得了宝贵时间

邓小平是在1976年“反击右倾翻案风”中再次遭受批判，并在“四五”天安门事件中被撤销党内外一切职务的。粉碎“四人帮”后，全党全国人民最大的心愿是早日为天安门事件平反和恢复邓小平的工作。当时的中央副主席叶剑英曾多次向中央主要负责人进言，希望尽快解决这两个问题，但都被一拖再拖。这

① 2005年6月15日《人民日报》。

② 2005年6月14日《人民日报》。

时，如果在中央最高决策层之外能发出呼应的声音，无疑有助于问题的解决。1977 年 3 月中央工作会议之前，陈云主动与王震、萧劲光、耿飚、王诤相约，到会上提出这两个问题。会议原定议题是研究揭批“四人帮”问题、商定年度国民经济计划和安排下半年工作，中央主要负责人在会议开始时特别打招呼，希望大家不要提“敏感”问题。但陈云不顾压力，仍然提交了事先经过字斟句酌的书面发言。他指出：“听说中央有些同志提出让邓小平同志重新参加党中央的领导工作，是完全正确、完全必要的，我完全拥护。”① 事后，简报组要求他把这些话删去，那位中央主要负责人还亲自登门做他的工作，都被他拒绝。这一发言虽然最终没能在简报上刊出，但由于有全党全国人民的要求和中央决策层中正确意见的影响，再加上陈云、王震等人的坚决态度，那位中央主要负责人不得不在会议结束前的讲话中表示，“适当时机让邓小平同志出来工作”。于是，陈云在发言中又强调了一句：赞成“时机成熟的时候，让邓小平同志出来工作”②，使这件事在党内正式会议上被敲定下来，从而拉开了拨乱反正的序幕。

过了四个月，邓小平终于恢复了被撤销的党中央副主席、中央军委副主席兼总参谋长、国务院副总理的职务。正是因为有了这些职务，邓小平才得以用此后一年多的时间，在思想上、舆论上、组织上为改革开放进行充分的准备工作，并在十一届三中全会后成为改革开放的主帅。此后，无论遇到什么情况，陈云始终以自己特有的威望，全力支持和维护邓小平在党中央领导集体中的核心地位，为改革开放战胜各种艰难险阻提供了重要保证。

2. 带头在十一届三中全会前的中央工作会议上提出，要实现全党工作重点转移必须解决一系列重大历史遗留问题，为扭转会议方向，使其最终成为改革开放的起点发挥了重要作用

那次中央工作会议的原定议题是研究加快农业发展问题、1979 年和 1980 年国民经济计划安排，讨论李先念在 1978 年 9 月在国务院务虚会上的讲话，并在进入正式议题前讨论工作着重点转移的问题。自从粉碎“四人帮”后，党内外对于把工作着重点转移到现代化建设上来，可以说已没有什么分歧和阻力。当时，影响工作着重点转移的关键问题在于，受“两个凡是”方针的影响，“文化大革命”乃至此前的许多重大冤假错案尚未平反并且难以平反。这个问题不解决，党的实事求是的马克思主义思想路线和民主集中制就得不到恢复，工作着重

① 《陈云文选》第 3 卷，人民出版社，1995，第 230 页。

② 《陈云传》（下），中央文献出版社，2005，第 1449、1450 页。

点就不可能顺利转移，改革和开放更不可能迈开步子。正是基于这一考虑，陈云在会议开始后的第三天作了一个事先准备好的小组发言，系统提出薄一波等61人所谓叛徒集团案、“文化大革命”中许多人被错定叛徒和特务、陶铸和王鹤寿等人所谓自首叛变，以及彭德怀的骨灰应予安放、天安门事件应予平反、对康生错误应予批评等应由中央考虑解决的问题。这篇发言在简报上登出后，立即得到与会代表的热烈反响。他们纷纷表示，这些问题都是当前干部群众议论最多、关系全局的大问题，如果不能解决，人民心里不舒畅；同时又提出了诸如“一月风暴”、“二月逆流”的评价和压制“真理标准问题”讨论、关于“两个凡是”错误提法等许多“文化大革命”期间和粉碎“四人帮”以后的重大问题。

鉴于会议形势发生的变化，邓小平、叶剑英、李先念等在中央政治局常委会中，力促中央主要负责人接受绝大多数代表的意见，对会上提出的问题一一表态，给予了令人满意的答复。尤其是邓小平针对新的情况，重新起草了在闭幕会上的重要讲话，从思想路线的高度对会议作出了深刻总结，这在事实上成为三中全会的主题报告；同时，运筹帷幄、因势利导，促使全会增选陈云为中央副主席，邓颖超、胡耀邦、王震为中央政治局委员，增补黄克诚等9人为中央委员，从而形成了以邓小平为核心，以陈云、叶剑英、李先念为主要成员的党的第二代中央领导集体，开始了在思想、政治、组织等领域的全面拨乱反正，揭开了改革开放的序幕，开辟了中国特色社会主义的新道路。

3. 竭力主张并成功领导了第二次国民经济调整，为改革开放在相对宽松的经济社会环境下展开发挥了重要作用

粉碎“四人帮”后，全国上下都希望尽快恢复和发展经济，改善生活。当时的中央主要负责人由于对十年动乱造成的国民经济比例严重失调的状况认识不足，在指导方针上仍存在急于求成的“左”的思想，不切实际地提出“大干快上”、“全面跃进”等口号，造成经济上新的冒进和重大比例关系的紧张。对此，陈云在1978年2月的十一届二中全会时就提出了不同意见。他在小组发言中说：现在对农、轻、重的摆法在认识上不一致。“中国耕地少，人口多，是个基本矛盾”，要把农业搞好，除了学大寨，还要采取南水北调、建设商品粮基地、增加必要的农业投资等措施。“工业生产的重点在提高质量”，“质量不好是最大的浪费。”[①] 同年7月，那位中央主要负责人在国务院务虚会上讲话，提出“思想再解放一点，胆子再大一点，办法再多一点，步子再快一点”等“四个一点”的

① 《陈云传》（下），第1470页。

口号，具体说就是要用借款的办法，加快从国外引进先进技术。陈云对李先念、谷牧等国务院领导说：大量引进国外新技术是正确的，但搞综合平衡的同志头脑要冷静；现在出国考察的人回来吹风，上面也往下吹风，无非一个是借款要多，一个是要再快一点，使一些同志不大好讲话，建议务虚会多开几天，听听反面意见。他强调，“不按比例，靠多借外债，靠不住”。① 同年12月，陈云在十一届三中全会前的中央工作会议小组发言中提出，实现四个现代化必须坚持“既积极又稳重”的方针，工业引进项目“要循序而进，不要一拥而上”。“对于生产和基本建设都不能有材料的缺口”。②

十一届三中全会后，中央决定在国务院设立财政经济委员会，由陈云、李先念出任正副主任。他们联名致信中央，指出当前比例失调的情况相当严重，建议用两三年进行经济调整。1979年4月，中央工作会议确定用三年时间，对国民经济实行“调整、改革、整顿、提高”的方针。由于各级领导在认识上不统一，实际工作过程中存在执行不力、行动迟缓的问题。1979年底，不仅基本建设的总规模没有降下来，相反财政收支出现建国以来最大的赤字，外贸进出口逆差20亿美元。到1980年底，基建总规模仍然没有压下来，财政、外贸继续保持巨额赤字，而且两年里增发货币130亿元，造成物价大幅度上涨。面对这种情况，陈云一方面通过调查研究，具体指导对宝钢等特大项目的取舍进退；另一方面反复阐述国情与建设规模、利用外资与国内配套、引进项目与引进技术、速度与效益、新建与挖潜等辩证关系，以求从根本上克服各种有碍调整的错误认识。经过党中央、国务院的艰苦努力，“八字方针”最终得到了切实贯彻。到1981年底，农轻重的比例基本趋于合理，积累与消费的关系有了很大改善，财政收支大体做到了平衡，物价也恢复了稳定。事实证明，这次调整为后来的全面改革和经济腾飞，都创造了十分有利的环境。

4. 率先提出社会主义时期的经济应由计划经济和市场调节两部分经济组成的思想，为突破高度集中的计划经济体制发挥了思想引导的重要作用

计划与市场的关系问题是经济体制改革中的核心问题，也是陈云考虑时间比较长的一个问题。早在20世纪50年代，他主持全国经济工作时就提出过“三为主，三为辅”的设想。经过“文化大革命”中的读书与思考，他对这一问题有了更加成熟的想法。1978年7月国务院务虚会期间，李先念根据陈云的意见，

---

① 《陈云传》（下），第1471～1474页。

② 《陈云文选》第3卷，第235、237页。

在总结发言中提出了“计划经济与市场经济相结合”的命题。在陈云当时的用语中，市场经济与市场调节是混用的，二者是一个意思，都是指计划经济体制下的市场调节。他在1979年3月撰写的一篇提纲中指出：“六十年来，无论苏联或中国的计划工作制度中出现的主要缺点：只有‘有计划按比例’这一条，没有在社会主义制度下还必须有市场调节这一条。”“在今后经济的调整和体制的改革中，实际上计划与市场这两种经济的比例的调整将占很大的比重。不一定计划经济部分愈增加，市场经济部分所占绝对数额就愈缩小，可能是都相应地增加。”①

后来，针对国民经济调整中一些人以扩大地方和企业自主权为借口，不执行甚至破坏国家计划，使综合部门难以统筹全局的问题，陈云强调在计划与市场的关系中，计划是主要方面，市场是从属方面，进而提出“计划经济为主，市场调节为辅”的原则。这一提法虽然与党的十四大所确立的社会主义市场经济体制的改革目标不同，但正如十四大报告所说，它对于摆脱在计划与市场关系上的传统观念、形成新的认识，“对推动改革和发展起了重要作用”②。对此，江泽民同志在纪念陈云诞辰90周年座谈会上的讲话中进一步指出：陈云同志在党的十一届三中全会后率先批评过去计划工作中存在的弊端，“对推动全党解放思想、实事求是，进行突破高度集中的计划经济体制的改革，产生过广泛而深刻的影响。”③

5. 较早表态支持安徽等地包产到户的做法，为改革开放首先在农村取得突破起到了积极的促进作用

十一届三中全会原则通过的《关于加快农业发展若干问题的决议（草案）》虽然提出了许多在当时行之有效的措施，但在总的指导思想上还是坚持和改善人民公社三级所有队为基础的体制，只允许在生产队统一核算和分配的前提下，包工到作业组，联产计酬。然而，那时安徽等农业比较落后的省份实际上已经开始实行家庭联产责任制，有的还实行了包产到户。对此，引起上上下下热烈的争论，使一些已经推广包产到户的省份感到比较大的压力。正在这个关键时刻，陈云首先亮明了自己的观点。据当年任安徽省委书记的万里回忆，他当时首先是跟陈云同志商量。那是在一次人民大会堂开全国人大会议期间（应为1979年6月

① 《陈云文选》第3卷，第244～245、247页。

② 《十四大以来重要文献选编》（上），人民出版社，1996，第18页。

③ 1995年6月14日《人民日报》。

五届人大二次会议开幕那天——笔者注），大会休息时，他到主席团休息的地方对陈云说："安徽一些农村已经搞起了包产到户，看怎么办？"陈云回答："我双手赞成。"以后，他又同小平同志谈这个问题，邓小平说："不要争论，你就这么干下去，实事求是地干下去。"他们的支持，使万里心中有了底。①

1980年5月，邓小平发表谈话，明确肯定一些适宜包产到户的地方搞包产到户效果很好，变化很快，不必担心这样搞会影响集体经济。这篇谈话对实行农村改革的地方给予了巨大支持和鼓舞，也给全国农村改革指明了方向。同年9月，中央召开省、市、自治区第一书记座谈会，专门讨论加强和完善农业生产责任制问题，并印发了会议纪要，指出在边远山区和贫困落后地区实行包产到户是发展生产、解决温饱的一种必要措施。到1981年底，全国90%以上的生产队建立了不同形式的农业生产责任制。1982年1月1日，中央批转《全国农村工作会议纪要》，明确包产到户、到组都是社会主义集体经济的生产责任制。自此，农村改革的大势终于被确定下来。

1981年11月中央政治局扩大会议上，陈云在发言中提到了当初与万里的那次谈话。他说："我记得很清楚，一九七九年那一次会议，万里同志给我讲，多劳多得，少劳少得，不劳不得，这三句话，互相联系，一句都不能少。我看这个话是对的，是马克思主义的。我们体制改革用的也是这样的道理。"② 1982年，他在一次中央政治局会议上又高度赞扬了当初安徽等地所实行的包产到户。他说："一九六二年在北京我跟毛主席谈了一次话，我说恐怕个体经营跟合作小组在相当长时期内还要存在的。""我只是根据家乡调查的结果，觉得个人搞积极性高一点。现在，万里同志在农村的工作，我说比从前大进了一步，比我那个时候大进了一步。""现在的责任制大大超过了我那个时候的意见。所以，我说打破'铁饭碗'是一场革命，其意义不下于公私合营。"③ 这些话，充分印证了陈云在农村改革上所起过的促进作用。

6. 率先提出对外开放也可以到国外投资办厂的主张，为拓展对外开放的广度和深度，形成"走出去"战略，优化开放结构提供了重要思路

"文化大革命"后期，陈云部分恢复工作，参加国务院业务组，以受周恩来总理委托的名义，负责研究国际经济形势和对外贸易问题。那时，中美关系已经

---

① 《大型电视文献纪录片〈邓小平〉》，中央文献出版社，1997，第168页。

② 《陈云文集》第3卷，中央文献出版社，2005，第496～497页。

③ 《陈云文集》第3卷，第521～522页。

解冻，国内也在纠正极右思潮，使对外贸易由过去苏联东欧国家占大头变成资本主义国家占大头，对外技术引进也由过去面向苏联变成主要面向资本主义国家。陈云敏锐地觉察到这一变化，陆续提出了许多适应新形势的新观念、新对策。例如，他提出："对资本主义要很好地研究"；"不要把实行自力更生方针同利用资本主义信贷对立起来"，"不要被那些老框框束缚住"[①]；"对于商品交易所，我们应该研究它，利用它"[②]；"进口棉花加工棉布出口，不这样做就是傻瓜"；"进口化肥设备，进口化肥，增产粮食，出口大米，出口肉类，就是大的加工出口，同进口棉花加工棉布出口的道理是一样的"[③]；"要给推销商、中间商好处，在价格上使他们有利可图"[④] 等。在"四人帮"还没被粉碎的情况下，这些意见当然是不可能实行的。

十一届三中全会前后，借外债的禁忌被彻底打破。对此，陈云给予高度评价。他说："'资金不够，可以借外债'。这是打破闭关自守以后的新形势。愿意借外债给我们的国家纷纷到来。打破闭关自守的政策是正确的。今后在自力更生为主的条件下，还可以借些不吃亏的外债。"[⑤] 同时，他大力提倡增加可靠的外汇来源，以增加还贷能力；主张在引进工作中"既要买工厂，又要更多地买技术，买专利"[⑥]；要求在外贸体制改革中坚持"既要调动各方面的积极性，又要坚持统一对外"的原则[⑦]，做到"肥水不落外人田"。对于邓小平提出的试办经济特区和沿海城市对外开放的主张，陈云也一直持支持的态度，多次表示："特区要办，必须不断总结经验。力求使特区办好。"[⑧] 他还赞成对国外要倒闭的钢铁企业投资、搞合营的建议，并把这一设想上升为对外开放的一种战略。他指出："对外开放不一定都是人家到我们这里来，我们也可以到人家那里去。"[⑨] 1984 年 8 月，一份材料上反映美国制定的加勒比海法案刚刚生效，其中规定对该地区输往美国的"本地产品"（产值中本地制造者不低于 20%）给予 12 年免税进口的最优惠待遇，因而建议我国利用这一有利时机在该地区投资办厂。他看

① 《陈云文选》第 3 卷，第 218、219 页。
② 《陈云文选》第 3 卷，第 222 页。
③ 《陈云文集》第 3 卷，第 223、224 页。
④ 《陈云文集》第 3 卷，第 226 页。
⑤ 《陈云文集》第 3 卷，第 276 页。
⑥ 《陈云文集》第 3 卷，第 262 页。
⑦ 《陈云文集》第 3 卷，第 539 页。
⑧ 《陈云年谱》（下），中央文献出版社，2000，第 308 页。
⑨ 《陈云文集》第 3 卷，第 537 页。

后当即批示，表示赞成。他还积极提倡劳务出口，在建议进口木材加工家具出口的简报上批示：“‘劳务出口’这件事很重要。中国人口多，不仅可以进木材、出家具，由此启发，其他方面也应大搞。”① 他的这些意见对于我国20世纪90年代制定的“走出去”战略，以及最终形成的利用国内国外两个市场、两种资源，“引进来”和“走出去”相结合的对外开放新格局，产生了积极作用。

7. 强调处理好积极改革与稳步改革、搞活经济与宏观控制的关系，为使改革开放健康、持续地发展发挥了重要作用

陈云自1980年8月五届全国人大三次会议后，不再兼任国务院副总理，只担任党中央副主席兼中纪委第一书记，不再负责经济方面的具体工作。但他对于经济体制改革的工作一直十分关心，经常给予支持和鼓励。他早在1981年就指出：“现在搞的经济体制改革，打破了‘大锅饭’、‘铁饭碗’，它的意义不下于私营工商业改造。”“体制改革，农业先走了一步，我看工业、财贸系统也势在必行。”② 1984年他又指出：“系统进行经济体制的改革，是当前我国经济工作面临的首要问题”。“打破这个‘大锅饭’，将会大大调动广大工人、农民、知识分子和干部进行四化建设的积极性，使我国的生产力获得一次新的大解放”。“政企职责分开很必要。这样做，一方面可以给企业比过去大得多的自主权，另一方面可以使各级政府部门从许多日常工作中摆脱出来，议大事，看全局，把宏观方面管住管好。”③ 但另一方面，他又强调，工业、财贸的体制改革比农业复杂，“因此，工业体制改革的步子要稳”④。“体制改革涉及范围相当广，广大干部还不很熟悉，在进行中还会出现一些现在难以预见的问题。因此，必须边实践，边探索，边总结经验。”⑤“要从试点着手，随时总结经验，也就是要‘摸着石头过河’”。⑥

陈云自主持全国财经工作以后，一直向往把经济搞活，但由于种种原因而始终未能如愿。所以，当他1979年重新主持全国财经工作后，在集中精力抓国民经济调整的同时，也拿出相当精力考虑如何进一步搞活经济的问题。1980年12月，他在中央工作会议上讲话说：“经济体制改革产生了前所未有的好作用，大

---

① 《陈云文集》第3卷，第526页。
② 《陈云文集》第3卷，第488～489页。
③ 《陈云文选》第3卷，第336～337页。
④ 《陈云文集》第3卷，第489页。
⑤ 《陈云文选》第3卷，第338页。
⑥ 《陈云文选》第3卷，第279页。

大有利于经济形势的改善。农村人民生活改善了，市场搞活了，这是二十多年来少有的好现象”。[①] 会后，他又要求中央财经领导小组用半年时间搞出一个怎么把计划经济和市场调节结合起来，把市场搞活的设想。1982 年 12 月，他在同出席五届全国人大五次会议的上海代表团部分代表座谈时指出：“党的十一届三中全会以来，实行搞活经济的政策，效果显著。现在百货商店里的东西多得很，‘卖方市场’正在变成‘买方市场’。群众把票子拿在手里，好的就买，不好的就不买。这么好的形势，很久以来没有见过。今后要继续实行搞活经济的政策，继续发挥市场调节的作用。”但他同时指出：“我们也要防止在搞活经济中，出现摆脱国家计划的倾向。……这就像鸟和笼子的关系一样，鸟不能捏在手里，捏在手里会死，要让它飞，但只能让它在笼子里飞。没有笼子，它就飞跑了。如果说鸟是搞活经济的话，那末，笼子就是国家计划。当然，‘笼子’大小要适当，该多大就多大。经济活动不一定限于一个省、一个地区，在国家计划指导下，也可以跨省跨地区，甚至不一定限于国内，也可以跨国跨洲。另外，‘笼子’本身也要经常调整，比如对五年计划进行修改。但无论如何，总得有个‘笼子’。就是说，搞活经济、市场调节，这些只能在计划许可的范围以内发挥作用，不能脱离开计划的指导。”[②] 鉴于他后来表示同意十二届三中全会通过的《关于经济体制改革的决定》中对计划经济所作的四点概括（其中讲到实行计划经济不等于指令性计划为主，指令性计划也必须运用价值规律）[③]，所以这里所说的计划指导，与后来所说的宏观控制，大体上是一个意思。就是说，微观搞活不能离开宏观控制。

为什么改革既要态度积极又要步骤稳妥，经济既要搞活又要加强宏观控制呢？陈云解释说，这是为了使改革减少损失，使经济活而不乱。他指出：“因为试点而使改革的进度慢了，与为了加快改革的进度而不经过试点，以致改得不好，还要回过头来重新改，这两种损失相比，前一种比后一种要小些。”[④] 他还指出：“计划是宏观控制的主要依据。搞好宏观控制，才有利于搞活微观，做到活而不乱。”[⑤]“搞活经济是对的，但权力太分散就乱了，搞活也难。”[⑥]

---

① 《陈云文选》第 3 卷，第 278 页。
② 《陈云文选》第 3 卷，第 320 页。
③ 《陈云文选》第 3 卷，第 337 页。
④ 《陈云文集》第 3 卷，第 529 页。
⑤ 《陈云文选》第 3 卷，第 350 页。
⑥ 《陈云文选》第 3 卷，第 366 页。

与此相关的一个问题是，如何看待价格与价值背离和国家财政补贴问题。对此，陈云的看法是："有些价格是背离了，应该符合起来；但是有相当大的一部分不能不背离。比如说，进口粮食是要赔钱的，就是按照粮食的卖价，我们市场还要贴钱。但是，粮食赔钱换得了市场稳定，有肉吃，有菜吃，给我们时间搞体制改革"。[①] 他还说：按经济规律办事，这是一种好现象。但"对许多方面，在一定时期内，国家干预是必要的。""从微观经济看，这是不合理的，似乎是不按经济规律办事。"但如果国家不补贴，就要"大涨价，大加工资，经济上会乱套。"[②] 国家财政可以逐步减少一些不合理的补贴，"但要从根本上取消补贴是不可能的"。"在我国，还是低工资、高就业、加补贴的办法好。这是保持社会安定的一项基本国策。"[③]

改革开放30年来，宏观经济形势基本上没有出大问题，即使遇到风浪也能很快平息，这与陈云的谨慎态度和稳重主张是分不开的。就好比一匹马，既要让它跑，又不能没有缰绳；又好比一辆车，既要踩油门，又不能没有制动。否则，后果不堪设想。

8. 大力倡导并积极推动干部的革命化、年轻化、知识化、专业化，为给改革开放提供坚强的组织保证发挥了重要作用

十一届三中全会结束后，陈云考虑的一个大问题是干部队伍的年轻化，或者说接班人问题。1979年3月，他在国务院财经委员会第一次会议上就说：全国解放时的领导干部都快要"告老还乡"了，因此要找一到五个四五十岁的干部到财经委员会工作。不是当秘书，而是当"后排议员"；"这些人参与讨论问题，参与决定大政方针的事。培养这样的人，我看很有必要。"[④] 同年10月在各省、市、自治区党委第一书记座谈会上，他正式建议成立中央书记处，说这是国家的大计，党的利益。这个建议，他早在十一届三中全会前的工作会议上就提过了。他说："这可以使中央常委摆脱日常小事"，"也可以使年老同志减轻工作，也可以使汪东兴同志所管的工作大大减少"。[⑤] 那时，陈云还不是中央常委。如果说那时他提出这个建议更多的是从政治角度考虑的话，那么这时再次提出，则主要是从干部年轻化的角度来考虑的。中央书记处于1980年十一届五中全会上成立，

① 《陈云文集》第3卷，第495页。
② 《陈云文选》第3卷，第278页。
③ 《陈云文集》第3卷，第376页。
④ 《陈云文选》第3卷，第258页。
⑤ 《陈云传》（下），第1495页。

陈云在会上又指出："现在从中央到县委，大部分人头发都已经白了。所以，有它的紧迫性，有它的必要性。现在我们主动地来选择人才，还有时间，再等下去，将来就没有时间了。党的交班和接班的问题，在国际共产主义运动中间，在我们中国党内，有过痛苦的教训，这一点，我不说大家也知道。"① 对陈云的意见，邓小平十分赞成，他在 1980 年 8 月中共中央政治局扩大会议上说："陈云同志提出，我们选干部，要注意德才兼备。所谓德，最主要的，就是坚持社会主义道路和党的领导。在这个前提下，干部队伍要年轻化、知识化、专业化，并且要把对于这种干部的提拔使用制度化。这些意见讲得好。"②

此后，党在提拔中青年干部方面虽然做了不少工作，但总体说，由于认识不一致而收效不大。于是，陈云利用 1981 年 5 月在杭州休息的时间，又写了题为《提拔培养中青年干部是当务之急》的意见书，送给邓小平和时任总书记的胡耀邦。意见书提出，从现在起就要成千上万地提拔中青年干部，让德才兼备的中青年干部在各级领导岗位上锻炼，让老干部传帮带，使党的事业后继有人。意见书还分析了一些老干部对选拔中青年干部缺乏紧迫感的原因，提出了选拔中青年干部和安置退居二三线的老干部的具体措施。邓小平看后说：老干部方面的问题还没有处理好。于是，他又召集中组部和总政治部的同志开座谈会，形成了《关于老干部离休、退休问题座谈会纪要》。根据他的要求，十一届六中全会后，中央把各省、市、自治区的党委书记留下来开了三天会，专门讨论他的意见书和座谈会纪要。会上，陈云在讲话中特别解释了之所以要成千上万地提拔优秀中青年干部，尤其要提拔一些四十岁以下的人的道理。他指出：只提拔一两百个人不够用，只有成千上万地提拔经过选择的好的中青年干部，才能使我们的干部交接班稳定地进行。四十岁以下的人年富力强，可以经过三年、五年、十年的时间，有意识地培养，从中选出好的人。会上，邓小平表示对陈云的建议"双手拥护"。③

要成千上万地选拔中青年干部，必然会碰到如何正确对待知识分子和如何掌握选拔的政治标准的问题。早在十一届五中全会上，陈云就提出要培养一批技术干部到各级领导机关里。在同年 12 月的中央工作会议上，他又指出："必须肯定，七十年代、八十年代的技术水平，应该来之于这些五十年代、六十年代水平的技术骨干。"④ 在关于选拔中青年干部问题的那份意见书中他还写道："提拔培

① 《陈云文选》第 3 卷，第 269 页。

② 《邓小平文选》第 2 卷，人民出版社，1994，第 326 页。

③ 《邓小平文选》第 2 卷，第 388 页。

④ 《陈云文选》第 3 卷，第 281 页。

养中青年干部，必然涉及对知识分子的态度。十年内乱时期把知识分子说成是‘臭老九’，这种观点虽然已经受到批判，但是，党在知识分子中发展党员、提拔干部的政策远远没有实现。我们应该看到，没有老干部不能实现四化，没有大批知识分子参加到我们党的干部队伍中来，也决不能建成现代化的新中国。”[①] 在他的建议下，中组部向中央作出了加强在中年知识分子中发展党员的报告，并成立了技术干部局。陈云反复强调，选拔中青年干部一定要坚持德才兼备的标准，而且要把德放在第一位，把好政治标准这一关，“文化大革命”期间的三种人一个也不能提拔，已经提拔的必须从领导班子中清除出去。他说：不能只看他们一时表现好，“到了气候适宜的时候，党内有什么风浪的时候，这些人就会变成能量很大的兴风作浪的分子”。[②] 他还特别提醒大家：“培养执笔的、写文章的中青年，选择的时候要特别注意，要特别谨慎”。[③]

为了给中青年干部腾位置，1980 年、1982 年，中央先后作出了《关于设置顾问的决定》和《关于建立老干部退休制度的决定》。此后，一批又一批的中青年干部被充实到了各级领导班子。从那时到现在，干部年轻不仅不再成为不能提拔的理由，相反成为提拔的一个重要条件；干部的知识化、专业化以及交接班的制度化，也在稳步推进。这中间，党内尽管出现过政治风浪，但从中央到地方的各级领导班子并没有因此断档；相反，干部素质越来越高，选择余地越来越大。这不仅为改革开放提供了有力的组织保证，在很大程度上也为国际共产主义运动交接班问题的解决积累了经验。所有这些，不能不说与陈云当年的努力有着密切关系。如果不是他高瞻远瞩，对成千上万提拔优秀中青年干部问题大声疾呼、抓住不放，而是顾虑重重，不紧不慢，小手小脚，今天的局面是可想而知的。

9. 强调发扬党内民主及民主的制度化，为使改革向政治体制延伸提供了重要的指导思想

陈云历来重视和提倡发扬党内民主，把它看成是党的生命。他在 20 世纪 60 年代七千人大会上说过，“发扬民主，经常开展批评与自我批评，都是我们党的老传统”，如果不能发表不同意见，“我看人们就不会参加革命了，也不会愿意当这样的共产党员了”。[④] 粉碎“四人帮”后，他评论“文化大革命”发生的原因，不是民主制度、民主生活很不够，而是“党内民主集中制没有了，集体领

① 《陈云文选》第 3 卷，第 295～296 页。

② 《陈云文选》第 3 卷，第 301 页。

③ 《陈云文选》第 3 卷，第 302 页。

④ 《陈云文选》第 3 卷，第 190 页。

导没有了”。[1] 他在十一届三中全会当选中央副主席后上台讲话，认为会议成功的重要标志之一就是“解放思想，畅所欲言，充分恢复和发扬了党内民主和党的实事求是、群众路线、批评和自我批评的优良作风”。[2] 在中纪委第一次全会上，他回顾和总结了我们党和国际共产主义运动的经验教训，提出中纪委的基本任务就是要在党内真正实现毛泽东所提倡的“又有集中又有民主，又有纪律又有自由，又有统一意志、又有个人心情舒畅、生动活泼，那样一种政治局面。”[3] 所以，他在改革开放初期讲“执政党的党风问题是有关党的生死存亡的问题”[4]，其中说的党风，主要是指党内的民主风气。

陈云强调党内要有民主，是与允许不同意见连在一起的，目的在于使领导了解全面情况，有利于作出正确决策。十一届五中全会成立中央书记处时，他嘱咐说：“党的任何一级组织，允许不同意见存在，我看这不是坏事。有不同意见，大家可以谨慎一些，把事情办得更合理一些。允许有不同意见的辩论，这样可以少犯错误。一个人讲了算，一言堂，一边倒，我认为不好。这是讲民主方面。但是，又必须要有集中，少数服从多数，全党服从中央，否则什么事情也做不了，一事无成。”[5] 1982 年，他在中央政治局扩大会上又讲：“我过去说过，不怕人家讲错话，就怕人家不说话。讲错话不要紧，要是开起会来，大家都不说话，那就天下不妙。有同志提不同意见，党组织应该允许，这是党的事业兴旺发达的好现象。当然，有了不同意见，要在党内说，在你的那个党支部，或者在你的机关，按照组织程序和组织原则严肃地提出来。”[6] 1987 年，他同当时中央一位主要负责同志谈话时特别提醒说：领导人有了一个意见之后，“可以先放一放，再考虑考虑，听听有没有不同意见。如果有不同意见，就要认真听取，展开讨论，吸收正确的，驳倒错误的，使自己的意见更加完整。……如果没有不同意见，自己也要假设一个对立面，让大家来批驳。有钱难买反对自己意见的人。……常常是，有不同意见的人，他不讲出来。能够听到不同声音，决不是坏事。这和同中央保持一致并不矛盾。”[7]

---

① 《陈云文选》第 3 卷，第 274 页。
② 《陈云文集》第 3 卷，第 453 页。
③ 《陈云文选》第 3 卷，第 239～243 页。
④ 《陈云文选》第 3 卷，第 273 页。
⑤ 《陈云文选》第 3 卷，第 270 页。
⑥ 《陈云文选》第 3 卷，第 275 页。
⑦ 《陈云文选》第 3 卷，第 361～362 页。

在陈云看来，党内民主不仅是一种风气，还应当是一种制度。早在1977年党的十一大上讨论《党章》修改草案时，他就针对其中关于党员对党组织决议、指示有不同意见有权在党的会议上提出并有权越级报告的规定说：应该加上“允许保留意见”。① 1985年，他在党的全国代表会议上强调：“坚持民主集中制，是党章规定的原则。历史经验证明，实行民主集中制，做起来很不容易。希望新进各级领导班子的中青年干部，要注意学会按照民主集中制的原则办事。在各级领导班子中，要充分发扬民主，倾听各种意见，特别要注意倾听不同意见。要照党章办事，不要一个人说了算。”② 1987年，他在中央政治局扩大会议上进一步提出：“我们党内要强调一下，要有民主生活制度。常委多少时间开一次会，政治局多少时间开一次会，要立个规矩。常委会议，政治局会议，政治局扩大会议，应该分开来开。这是党内民主生活。民主集中制要坚持。”③

由于我们党是国家的领导核心力量，因此，陈云强调发扬党内民主和民主的制度化，对带动人民民主的扩大、深化国家政治体制的改革，都有很大的促进作用。党的十四大尤其十六大以来，党内民主制度建设和国家政治体制改革都取得了长足进展。党的十七大报告进一步提出，要实行党的代表大会代表任期制，对代表大会常任制实行试点，完善党的各级全委会、常委会工作机制，推行地方党委决定重大问题票决制，建立健全中央政治局向中央委员会全体会议定期报告工作并接受监督的制度，改革党内选举制度等。这些举措凝结着全党的智慧，其中也包含陈云生前的心血。

10. 提醒广大党员干部要警惕改革开放中的消极东西，坚持理想信念，维护良好党风，为保持改革开放的正确方向发挥了重要作用

改革开放极大地调动了亿万人民的积极性，推动我国以世界上少有的速度持续快速地发展，使我们党、人民、国家的面貌都发生了历史性变化。但同时，它也不可避免地给社会带来了一些负面影响。邓小平就曾指出过：“开放政策是有风险的，会带来一些资本主义的腐朽东西”④；“肯定会带来一些消极因素，要意识到这一点”⑤；“改革开放必然会有西方的许多坏的影响进来”⑥。正因为如此，

① 《陈云传》（下），第1462页。
② 《陈云文选》第3卷，第353页。
③ 《陈云文选》第3卷，第359页。
④ 《邓小平文选》第3卷，第139页。
⑤ 《邓小平文选》第3卷，第90页。
⑥ 《邓小平文选》第3卷，第306页。

陈云作为中纪委第一书记，反复告诫广大党员和党员领导干部，要“严重注意资本主义腐朽思想和作风的渗入”。他说：“对外开放，引进国外先进技术和经营管理经验，为我国社会主义建设所用，是完全正确的，要坚持。但同时要看到，对外开放，不可避免地会有资本主义腐朽思想和作风的侵入。这对我们社会主义事业，是直接的危害。”① 在通过经济体制改革决定的党的十二届三中全会上，他又指出，决定中说“竞争中可能出现某些消极现象和违法行为”，这句话提一下很必要。一方面要看到这些现象并不奇怪，另一方面“也要看到，如果我们不注意这个问题，不进行必要的管理和教育，这些现象就有可能泛滥成灾，败坏我们的党风和社会风气”②。针对少数党员、党员干部，特别是个别老党员、老干部不能与社会上的歪风作斗争，遇到歪风还跟着干的现象，陈云指出：“一说对外开放，对内搞活，有些党政军机关、党政军干部和干部子女，就蜂拥经商。……同一些违法分子、不法外商互相勾结，互相利用。钻改革的空子，买空卖空，倒买倒卖，行贿受贿，走私贩私，弄虚作假，敲诈勒索，逃避关税，制造和销售假药、假酒，谋财害命，以至贩卖、放映淫秽下流录相，引诱妇女卖淫等等丑事坏事，都出现了。”③

为什么会出现这些问题呢？除了改革开放会有一定消极影响外，在陈云看来还有两个重要原因，那就是：第一，我们党处在执政的条件下，党员尤其是各级党员领导干部手里都握有各种权力，可以使一些人以权谋私；第二，一些党组织放松思想政治工作，忽视精神文明建设，使一些人忘记了自己是共产党员，忘记了社会主义和共产主义理想，丢掉了为人民服务的宗旨。所以，陈云一方面强调必须加强党的纪律建设，明确“党性原则和党的纪律不存在‘松绑’的问题”④，要求严厉打击利用职权谋私利的人，制止这股歪风，否则“会败坏党的风气，使党丧失民心”⑤；另一方面强调，“必须在思想上纠正忽视精神文明建设的现象”，“物质文明建设和精神文明建设，两者是不能分离的”⑥。他指出：经济体制改革“是社会主义制度的自我完善和发展”⑦。“要使全党同志明白，我们干的

① 《陈云文选》第3卷，第355页。
② 《陈云文选》第3卷，第338页。
③ 《陈云文选》第3卷，第355~356页。
④ 《陈云文选》第3卷，第275页。
⑤ 《陈云文选》第3卷，第331~332页。
⑥ 《陈云文选》第3卷，第354页。
⑦ 《陈云文选》第3卷，第350页。

是社会主义事业，最终目的是实现共产主义”。“我们国家现在进行的经济建设，是社会主义的经济建设，经济体制改革也是社会主义的经济体制改革。任何一个共产党员，每时每刻都必须牢记，我们是搞社会主义的四个现代化，不是搞别的现代化”。①

在改革开放的过程中，始终存在着坚持社会主义方向与走资本主义道路的斗争，存在着坚持四项基本原则与搞资产阶级自由化的尖锐对立。例如，改革开放初期，社会上出现了一股怀疑和反对四项基本原则、贬损和否定毛泽东及毛泽东思想的思潮。对此，邓小平旗帜鲜明地提出，要坚持四项基本原则；要通过党的决议，确立毛泽东的历史地位，高举毛泽东思想的旗帜。又如，在20世纪80年代末苏东局势动荡的国际大气候下，国内极少数资产阶级自由化分子利用我们党工作中的某些缺点，掀起了一场旨在推翻社会主义政权的政治风波。对此，邓小平再次旗帜鲜明地提出，要坚决反对动乱。在这些关系改革开放前途、党和国家命运的关键时刻，陈云都坚定地站在邓小平一边，支持邓小平的正确主张。对于起草《建国以来党的若干历史问题的决议》，他表示，“要按照小平同志的意见，确立毛泽东同志的历史地位，坚持和发展毛泽东思想”②；并建议在决议中增加回顾建国前28年历史的内容，以便对毛泽东的功绩、贡献概括得更全面。在平息1989年春夏之交的政治风波期间，他以中顾委主任的身份，连续找一些老同志和老将军谈话，并召集中顾委常委开会，提出“现在是关键时刻，不能后退。如果后退，两千万革命先烈用人头换来的社会主义的中华人民共和国，就会变成资本主义的共和国。”他要求大家“坚决拥护以邓小平同志为核心的中国共产党”，“主动地多做干部和群众的工作。”③ 历史表明，陈云为保持改革开放的正确方向，使改革开放得以在稳定的政治环境中健康发展，发挥了独特的不可替代的重要作用。

以上是我所总结的陈云对改革开放的十个重大贡献。陈云在改革开放中的贡献当然远远不止这些，即使从主要贡献的角度讲，也可以作出其他的概括。如果把上述贡献再提炼和概括成一句话，可以说陈云对于改革开放也像对现代化建设一样，更倾向于一种平衡发展和稳步前进的思路，为人们正确看待和处理发展、

---

① 《陈云文选》第3卷，第347页。

② 《陈云文选》第3卷，第283～284页。

③ 《陈云文选》第3卷，第368页。

改革、稳定三者的关系，比较好地掌握发展的速度、改革的力度和社会可承受的程度三者的关系，产生过和仍在产生着积极的影响。我以为，这正是陈云对改革开放重大贡献中最为核心的内容，也是中国改革开放事业之所以获得巨大成功的最为深刻的原因之一。

胡锦涛总书记在陈云同志诞辰100周年纪念大会上的讲话指出："陈云同志为中国人民解放事业的开展和成功，为我们社会主义制度的建立和巩固，为我国改革开放和社会主义现代化事业的开创和发展，奉献了毕生精力，建立了不朽功勋，在国内外享有崇高威望，深受全党全军全国各族人民尊敬和爱戴。"① 我们在改革开放30周年之际，回顾和评价陈云对改革开放的贡献，绝不仅是颂扬他的丰功伟绩，而是为了从这些贡献中得到启示，以便更好地总结改革开放的历史经验，把改革开放的伟大事业不断推向前进。

① 2005年6月14日《人民日报》。

六

社会主义的新实践和新发展

江　流

1978 年，我们党召开具有重大历史意义的十一届三中全会，开启了改革开放历史新时期。今天，我们纪念改革开放 30 周年，不仅已经有了改革开放 30 年的成就和经验，而且已经有了党的十七大对 30 年成就和经验的科学总结："改革开放以来我们取得一切成绩和进步的根本原因，归结起来就是：开辟了中国特色社会主义道路，形成了中国特色社会主义理论体系。高举中国特色社会主义伟大旗帜，最根本的就是要坚持这条道路和这个理论体系。"这一总结，是对社会主义新时期的新实践新经验，也包括建国以来全部历史经验的科学概括；这一总结，是对整个社会主义发展进程中的全部历史经验所作的最新综合和总结。

（一）社会主义历程和历史经验的集中体现

社会主义是发展的。社会主义发展的历史，从莫尔的《乌托邦》（1516 年）算起，已近五个世纪。它已经经历了和正在经历着四个发展进程：社会主义从空想到科学的发展，从理论到实践的发展，从一国到多国的发展，从不发达的阶段向发达阶段的发展。

1. 社会主义从空想到科学的发展，就是科学社会主义的诞生

空想社会主义经历了三个世纪的发展，但始终在乌托邦的荒原上徘徊。科学社会主义的创始人以新的世界观和方法论来观察、研究社会主义问题，贡献了唯物史观和剩余价值学说，为社会主义奠定了科学的基础。恩格斯在 1867 年说："马克思打算以批判迄今存在过的全部政治经济学的形式，总结自己多年研究的结果，并以此为社会主义的意图，奠定直到现在为止无论傅立叶和蒲鲁东，亦无

论拉萨尔，都不能为它奠定的科学基础。”① 社会主义的这一科学发展，第一，把社会主义置于现实的基础之上。正如恩格斯所说：“为了使社会主义变为科学，就必须首先把它置于现实的基础之上”。空想社会主义者把社会主义看做是绝对真理、理性和正义的表现，实现社会主义就是按照他们的思想去构建现实。科学社会主义指出，“社会主义不应当从头脑中发明出来，而应当经过头脑从生产的物质事实中发现出来”。这就是说，社会主义理论必须面向现实，立足于现实，从实际出发，密切结合实际。科学社会主义是植根于具体社会实际的社会主义。第二，社会主义已成为科学，要求把它作为科学对待。这就是说，我们要研究它，研究事物发展的规律性，研究社会发展的客观规律性，研究从必然变为现实的能动性；要以科学的态度、科学的方法去进行研究。第三，科学社会主义是发展着的理论，不是一成不变的教条。掌握科学社会主义理论，最重要的就在于领会和掌握这个发展论的原则。科学社会主义研究的对象是不断发展的，科学社会主义理论就是“对包含着一连串互相衔接的阶段的发展过程的阐明”②；科学社会主义是无产阶级运动的理论表现，始终要和它的“运动”同行，所以它是“活的理论即同工人阶级在其每个可能的发展阶段一道工作的理论”；既然是科学，就一定要不断地发展，就要与整个人类文明的发展同行，在人类文明的科学成果的基础上不断地发展，永葆其科学精神。

2. 社会主义从理论到实践的发展，就是社会主义制度的建立

科学社会主义本来就是理论和实践相统一的，但这里所说的实践，是指社会主义实践，是指由推翻资本主义的革命实践发展到了建立和建设社会主义新社会的实践。列宁把“实践”尖锐地提到了人们的面前，要求人们根据实践、按照经验来谈论社会主义，说“现在一切都在于实践”。在科学社会主义变为实践的时候，理论要由实践赋予活力，由实践来修正，由实践来检验。正是按照这一思想原则，俄国人创立了第一个社会主义国家，开辟了建设社会主义的新时代。

科学的理论，以实践为检验标准这一点，一再为事实所证明。60年后，“实践标准”的学习和讨论，又为中国的社会主义发展开辟了成功之路。以实践为标准，拨乱反正，正本清源，对社会主义再认识，开创了建设中国特色社会主义的光辉道路。

---

① 《马克思恩格斯全集》第16卷，人民出版社，1964，第242页。

② 《马克思恩格斯选集》第4卷，人民出版社，1995，第680页。

3. 社会主义从一国到多国的发展，是社会实践的横广发展和理论的深化发展

由于社会主义革命的发展是从一国到多国的胜利，从而社会主义社会的建立和建设也是从一国到多国的发展，这样就把不同国家的国情问题，摆到了社会主义的面前。各国的历史基础不同，国情、民情不同，社会主义发展的一般规律，必然表现出不同的形式。在这里，不仅有历史经验和现实实践相互联系、相互作用的问题，而且还有国际经验和本国经验相互作用的问题。

社会主义从一国到多国发展的一条重要经验，就是社会主义要植根于本国的实际、符合本国的国情。社会主义与本国具体实践相结合得好，社会主义就生气勃勃，兴旺发达。相反，如果仅靠套搬别国模式，社会主义与本国实际长期不能相结合，不能自主地走出符合本国国情的社会主义道路，那就站不住脚，经不起风浪，以至遭受挫折、失败。

社会主义从一国到多国的发展，道路不是笔直的、平坦的，有曲折、有反复，都在情理之中。现在，世界社会主义思潮和运动的情势与“苏东剧变”时相比，有了很明显的改变。又有新兴起的国家，向往社会主义，他们在探索自己的道路时，很注意新的时代特点、本国国情和民情，力图找到一条自己的道路。虽然也不会一帆风顺，也可能有曲折，能不能走上科学社会主义的道路还很难说，但这却反映了社会主义向多国发展、人类走向社会主义的大趋势。

4. 社会主义从不发达阶段向发达阶段的发展，是实现社会主义完全胜利从而走向共产主义的保证

由于世界历史发展的特殊情况，社会主义革命首先在世界资本主义的薄弱环节突破，建立起来的社会主义国家原有的经济文化比较落后，因此，社会主义要有一个从不发达向发达阶段发展的发展过程。在社会主义改造完成后，就要大力发展社会生产力，以改变经济文化发展不足的状况。不然，就无法建成符合人类社会发展规律的、名副其实的、比资本主义更高的社会主义制度。

社会主义从不发达，到比较发达，再到发达阶段；从不全面发展，到比较全面的发展，再到全面发展；从不完全发展，到比较完全的发展，再到完全发展；从一部分地区、一部分人先富到比较多的地区、比较多的人富裕，再达到共同富裕，“它只有经过一系列建立这个或那个社会主义国家的各种各样的、不尽完善的具体尝试才会成为现实。”①

① 《列宁选集》第3卷，人民出版社，1995，第527页。

中国社会主义发展的历程和历史经验，在一定的意义上，可以说是整个社会主义发展历程的缩影和历史经验的集中体现。站在历史发展前沿的中国共产党人把正在进行着的社会主义新实践和社会主义的历史经验结合起来，形成了中国特色社会主义道路和它的理论体系。

（二）新实践与“结合”论

我国社会主义新时期的理论成就和实践成就，是科学社会主义在中国的新实践和新发展。邓小平同志早就指出：“我们现在所干的事业是一项新事业。马克思没有讲过，我们的前人没有做过，其他社会主义国家也没有干过，所以没有现成的经验可学，我们只能在干中学，在实践中摸索。”① 以毛泽东同志为核心的党的第一代中央领导集体创立毛泽东思想，带领全党全国各族人民夺取新民主主义革命的胜利，建立新中国，确立社会主义基本制度，取得了社会主义革命和建设的伟大成就，并在艰辛探索社会主义建设规律方面积累了宝贵经验，为当代中国的一切发展进步奠定了根本政治前提和制度基础。又经过了30年社会主义改革开放伟大实践的探索和发展，开辟了中国特色社会主义的道路和形成了中国特色社会主义理论体系。

30年社会主义新发展的宝贵经验是：“我们党把坚持马克思主义基本原理同推进马克思主义中国化结合起来，把坚持四项基本原则同坚持改革开放结合起来，把尊重人民首创精神同加强和改善党的领导结合起来，把坚持社会主义基本制度同发展市场经济结合起来，把推进经济基础改革同推进上层建筑改革结合起来，把发展社会生产力同提高全民文明素质结合起来，把提高效率同促进社会公平结合起来，把坚持独立自主同参与经济全球化结合起来，把促进改革发展同保持社会稳定结合起来，把推进中国特色社会主义伟大事业同推进党的建设新的伟大工程结合起来。”这“十个结合”是科学社会主义植根于中国国情的新经验、新发展：中国特色社会主义的具体化，马克思主义中国化的继续和发展，我们党的理论思维新的应用和发展。

1. 中国特色社会主义的具体化

社会主义新实践新发展的这十条经验，是在中国特色社会主义发展中从邓小平理论到“三个代表”重要思想再到科学发展观一步步地概括出来的，是中国

① 《邓小平文选》第3卷，人民出版社，1993，第258页。

特色社会主义总体在各个方面各个环节的展开、从抽象到具体的逻辑体系，它使“这种真理的各个分散环节最终都相互结合在一起”①。

2. 马克思主义中国化的继续和发展

从毛泽东确定“我们的理论，是马克思列宁主义普遍真理同中国革命具体实践相结合”这一马克思主义中国化的经典表述，到邓小平提出“把马克思主义普遍真理同我国具体实际结合起来，走自己的道路，建设有中国特色的社会主义”，再到中国特色社会主义的具体化的“十个结合”；从第一次结合创立毛泽东思想，到第二次结合开创中国特色社会主义道路，再从中国特色社会主义发展所概括出来的“十个结合”，都是马克思主义中国化的成果，都是“我们的理论”一以贯之的应用和发展。

3. “我们的理论”思维方式的运用和发展

“十个结合”头一条就说：“我们党把坚持马克思主义基本理论和推进马克思主义中国化结合起来。”这一表述，是对我们党一贯的理论思维方式及其发展的新概括，可以说是“十个结合”的理论总纲，是贯穿于其他“结合”中的内在线索，其他“结合”都是这一基本思想线索的展开。它体现了“我们的理论”的辩证思想方式和思维传统：一是既一脉相承又与时俱进，既善因，又善创，是互相联系、互相作用而不是相互脱离；二是善于“结合”，它不是在绝对不能相容的对立中思维，而是善于把不同的方面结合起来，掌握其内在联系。我们党之所以能在马克思主义发展史上，获得了毛泽东思想之后，又贡献了中国特色社会主义，就在于有一个科学的理论思维方式和思维传统。从毛泽东确立这一思想原则以来，党的几代中央领导都是沿着这一正确思路，不断地研究新情况、解决新问题。即使有“曲折”，也能反思，拨乱反正，健康发展。

上述十条经验构成的总体，贯穿着辩证思维的“结合”论。例如，社会主义市场经济“把坚持社会主义基本制度同发展市场经济结合起来”，为中国社会主义经济的快速发展开辟广阔的天地，为实现列宁所说的社会主义公式，把列宁所说的“分成两半的社会主义”结合起来，作出了理论上和实践上的新贡献。又如，社会主义初级阶段的理论，既是社会主义，又是初级阶段，而且是不断发展着的初级阶段，两者辩证的统一，既确定性质，又确定发展程度，从而准确地把握了发展着的中国国情。

① 《马克思恩格斯全集》第1卷，人民出版社，1956，第8页。

总之，上述十条中国特色社会主义的“结合”论，都是马克思主义中国化的辩证思维的运用和结晶，都是中国特色社会主义对科学社会主义的新实践和新发展的贡献。

（三）社会主义发展中的世情、国情和民情

马克思、恩格斯曾经强调指出，科学社会主义基本原理的实际应用，“随时随地都要以当时的历史条件为转移”，“正确的理论必须结合具体情况并根据现有条件加以阐明和发挥”。运用这种观察社会现象的历史观点来观察中国社会主义发展时，可以看到，中国特色社会主义的重要特色，就在于它把科学社会主义与世情、国情和民情相结合，合乎时代的潮流、中国的国情，为人民所拥护，凸显了世情、国情和民情在社会主义发展中的意义和作用。

1. 世情

任何一国的社会主义发展，都离不开整个世界的时代环境。资本主义发达国家的生产社会化水平高，但历史的具体发展却首先在世界资本主义的薄弱环节、经济文化比较落后的国家取得了无产阶级革命的胜利，建立了社会主义国家。社会主义必须面对这样的时代环境。列宁在俄国十月革命胜利后，生动而深刻地分析了第一个社会主义国家所处的时代环境和必须采取的策略。列宁说：“历史（除了孟什维克这类头号蠢人，没有人期待历史会顺利、平静、轻易、简单地产生出‘完整的’社会主义来）发展得如此奇特，到1918年竟产生出分成了两半的社会主义，两者紧挨着，正如在国际帝国主义一个蛋壳中两只未来的鸡雏。德国和俄国在1918年最明显地分别体现了具体实现社会主义的两方面的条件：一方面是经济、生产、社会经济条件，另一方面是政治条件。如果德国无产阶级革命获得胜利，那它就轻而易举地一下子击破任何帝国主义的蛋壳（可惜这种蛋壳是由最好的钢材制成的，因此不是任何……鸡雏的力量所能啄破的），就一定能不经过困难或只经过极小的困难而实现世界社会主义的胜利，当然这里是指全世界历史范围的‘困难’，而不是指平常小范围的‘困难’。如果德国革命迟迟不‘诞生’，我们的任务就是要学习德国人的国家资本主义，全力仿效这种国家资本主义”①。关于社会主义，列宁的表述公式是：“乐于吸收外国的好东西：苏

① 《列宁选集》第3卷，第526页。

维埃政权＋普鲁士的铁路秩序＋美国的技术和托拉斯组织＋美国的国民教育等等等等＋＋＝总和＝社会主义。”[①] 后来，列宁就制定了新经济政策。但帝国主义要扼杀社会主义国家，更不用说让社会主义发展了，十四国武装干涉失败后，又长期实行资本主义包围，新经济政策也难以继续和发展。第二次世界大战后，社会主义由一国发展为多国，形成了社会主义和资本主义两个阵营、两个市场。在战争和革命的时代条件下，形成了社会主义的“苏联模式”。中国社会主义发展也曾走过一段类似的历程，但在认识到时代主题变化的情况下，总结自身社会主义发展历程中的曲折和国际经验，适应新的世情即新的时代环境，开辟了中国特色社会主义道路。新的世情，是和平与发展成为时代的主题，逐步形成了经济全球化和世界多极化的全球格局。改革开放，社会主义市场经济等使中国社会主义经济飞速发展、中国面貌日新月异的种种举措，都是科学社会主义与时代条件相结合的结果。

2. 国情

中国特色社会主义是植根于中国国情的科学社会主义。它明确了我国处于并将长期处于社会主义初级阶段的基本国情，并及时把握其发展的阶段性特征，使中国特色社会主义既能从实际出发，又能与时俱进，稳定而快速地发展。

我国的历史基础是经济文化比较落后，地域辽阔、人口众多，从沿海到内地发展不平衡。中国特色社会主义坚持科学社会主义的原则性与因时因地制宜的灵活性相结合。从乡村到城市，从经济领域到其他各个领域，创造出了社会主义实践的多种各具特色的具体形式。结合中国国情，改革开放以来，既有管全局的目标模式，又有因地因时制宜的多种多样的具体实践形式。因此它调动了广大人民的积极性，开创出了一个丰富多彩、生动活泼的崭新局面。

中国共产党人的马克思主义中国化的思维传统，在新时期的社会主义发展中，得到了发扬和发展。这一马克思主义的国情思维，贯穿于中国特色社会主义诸方面和全过程，使科学社会主义在中国大地上熠熠生辉。

3. 民情

社会主义事业是属于人民的事业，社会主义一刻也离不开人民，“生气勃勃的创造性的社会主义是由人民群众自己创立的”[②]。中国特色社会主义之所以能够生气勃勃，创造出“奇迹”，其奥秘也在这里。从党的十一届三中全会提出“解放思想、实事求是，团结一致向前看”开始，这一指导方针，使广大中国人

① 《列宁全集》第34卷，人民出版社，1985，第520页。

② 《列宁全集》第26卷，人民出版社，1959，第269页。

民“投入生气勃勃的、创造性的伟大的工作，独立地着手建设社会主义社会”，广大人民群众的社会主义积极性和创造性得以充分发挥，创造出了适应国情、世情和民情的、丰富多彩的社会主义实践形式。最先出现的家庭联产承包责任制和乡镇企业，都是群众自己创造出来的。

中国特色社会主义的人民性，即科学社会主义与中国民情相结合，在中国特色社会主义发展中一步步地有了新的发展和提升。从“群众路线”到科学发展观“以人为本”，即从路线到世界观方法论，是既继承又提升，把“人民群众”、“民情”在中国特色社会主义发展中的地位和作用，提升到了新的高度。

马克思主义的这个重要原理在中国特色社会主义的发展中得到了贯彻和深化。马克思说：“历史活动是群众的事业，随着历史活动的深入，必将是群众队伍的扩大。”列宁说，这是“历史哲学理论的最深刻最重要的原理之一”。这一深刻的科学原理在中国特色社会主义的发展中，得到日益充分的体现，中国特色社会主义日益扩大了其社会基础和群众队伍。

总之，30 年的经验说明，从坚持科学社会主义的“基本原理的实际应用，随时随地都要以现存历史条件为转移”，发展到社会主义新社会的建设要与世情、国情、民情相结合，这就是中国特色社会主义的特色所在，是社会主义新实践和新发展所贡献的重大理论成果。

（四）完成新任务要把握新事物

列宁指出：“庆祝伟大革命的纪念日，最好的办法是把注意力集中在还没有完成的革命任务上。现在，有一些根本性的任务革命还没有完成，要完成这些任务需要把握某种新的（同至今革命已经做到的相比）事物，在这种时候用上述办法来庆祝革命特别适当而且必要。”① 这也是纪念改革开放 30 周年的最好办法。

现在，我国正处于改革发展的关键阶段。改革开放 30 年成就辉煌，但我国的社会主义初级阶段还“有一些根本性的任务”，改革开放这一新的伟大革命还没有完成；进入新世纪以来，又凸显出许多阶段性的特征。在前进道路上还有不少困难和问题，党的执政能力同新形势新任务的要求和人民的期待还不完全适应。为了进一步完成尚未完成的“一些根本性的任务”，我们“需要把握某种新的事物”。党的十六大以来，党中央领导承前启后，继往开来，不仅及时揭示了

---

① 《列宁选集》第 4 卷，人民出版社，1995，第 610 页。

这些阶段性特征（党的十七大已梳理为八条），而且相应地提出了一系列改革开放新时期中国特色社会主义的新举措，并集中起来，形成了科学发展观，从而发展了中国特色社会主义。这就是为推进改革开放，以进一步完成这一“新的革命”尚未完成的一些根本性的任务所需要把握的新事物。以此来庆祝改革开放这一新的伟大革命的30周年，“特别适当而且必要”。

要把握科学发展观这一中国特色社会主义发展中的新事物，马克思主义中国化的新成果，一要学习，二要实践。

1. 学习和研究

科学发展观是运用马克思主义的世界观和方法论总结国内外的长期发展经验，特别是改革开放30年的基本经验的科学概括。党的十七大报告对科学发展观所作的表述是：“科学发展观，第一要义是发展，核心是以人为本，基本要求是全面协调可持续，根本方法是统筹兼顾。”

科学发展观是科学，对待这一科学，就要像科学发展观所要求的那样科学地提出问题和对待问题。列宁说过：“马克思和恩格斯被认为是科学社会主义的奠基人不是没有原因的。他们无情地反对各种空谈。他们教导大家要科学地提出社会主义问题（其中包括社会主义策略问题）。”① 为了能够科学地提出问题、对待问题，首先就要学习和研究，一般的学习还不够，还要做研究。

一是要联系马克思主义的基本原理来学习研究，以马克思主义的观点来解读，不受非马克思主义的干扰，取得正确的认识理解，再联系马克思主义的基本原理来深化认识以取得更深刻的理解。例如，把科学发展观的核心“以人为本”，同马克思恩格斯关于人的解放的理论（一是要争取全人类的解放，二是实现人的自由而全面和发展，以达到“人终于成为自己的社会结合的主人，从而也就成为自然界的主人，成为自己本身的主人——自由的人”）联系起来，就可以看出科学发展观，作为中国特色社会主义理论体系的重要组成部分，虽然是为党和人民的“最近的目的和利益而斗争，但是他们在当前的运动中同时代表着运动的未来”，它体现了《共产党宣言》所提出的这一马克思主义的基本原理。

二是要结合社会主义新时期的发展过程和经验来学习研究。这样就可以更深入地理解全面协调可持续的发展，是在改革开放的社会主义实践中，一步一个脚印走过来，一步步形成的实践认识和理论认识，又进一步集中起来而形成系统一体的理论。这样学习，就可更具体地理解科学发展的丰富而深刻的内涵，更深入

① 《列宁全集》第38卷，人民出版社，1986，第319页。

地理解“科学发展观是立足于社会主义初级阶段的基本国情，总结我国发展经验，借鉴国外发展经验，适应新的发展要求而提出来的”。

三是要联系现实的情况。联系新世纪新阶段我国发展所呈现的一系列阶段性的特征来领会科学发展观对于推进中国特色社会主义发展的现实意义和根本的重要性，就可以明白学习和实践科学发展观，就是在新的起点上坚持和发展中国特色社会主义。科学发展观所包含的两个方面的重要内容，其一是为谁发展，即为人民发展，这是根本宗旨、根本立场问题，搞社会主义就是为了人民，为了“人的解放”；其二是要什么样的发展、怎样发展，这是实现根本宗旨，坚持根本立场而按照客观规律办事的科学态度、科学发展。科学社会主义是“合乎现代科学水平的社会主义”，科学发展观就是合乎现代科学水平的社会主义发展观。

2. 实践和创新

实践对于把握科学发展观之所以重要，因为它只有从理论变成为实践，才能成为推进中国特色社会主义发展到新境界的物质力量。使科学发展观成为现实实践，这是一项创造性的工作，不是照本宣科所能做到的。贯彻落实科学发展观，要遵循党的思想路线、马克思主义中国化的基本思路，使科学发展观与当时当地的具体实际相结合。既要有党员干部受教育，科学发展上水平，人民群众得实惠的现实效果，又要使之不是一次性的、为建立起长效机制探索出适合不同领域、不同地方的实践形式，建立起实现科学发展的体制和机制。30 年来，改革开放的实践将马克思主义基本原理与中国国情相结合，调动了广大中国的不同地区不同领域的人民群众的社会主义积极性和创造性，发展出了中国社会主义“模式”的不同地区不同领域丰富多彩的具体“模式”。这一宝贵经验，应该在落实科学发展观的实践中得到新的应用和发展。

要提高实践科学发展观的自觉性，就要掌握“结合”全过程。既要将理论变为实践，又要将实践升华为理论。这就要不断地总结经验，不是一般的总结，而是要理论化的总结，以马克思主义的世界观方法论不断进行经验总结。只有这样的实践和总结，才是有所创新、有所发展的。

改革开放 30 年的实践成就和理论成就都证明，中国特色社会主义的新实践和新发展，已把科学社会主义推进到了一个新的境界。但实践永无止境，发展也永无止境，因为“真理是过程”。社会主义还在实践中，中国特色社会主义还在建设中，社会主义初级阶段还有一些根本性的任务尚未完成，还要不断地在实践中探索，在实践中发展，在实践中创新，在实践中前进。把各方面积极性引导到科学发展上来，实现更长时间更高水平更好质量的发展。

七

试用马克思主义哲学方法
总结改革开放30年

刘国光

一个不会反思的民族，不可能成为伟大的民族。一个民族的伟大，与其百折不挠的民族精神息息相关。改革开放历时30年，对于这样一场关系全国人民福祉的伟大运动，我们更应该进行全方位的反思。反思就是总结历史的经验教训。然而，总结经验会有不同的立场、观点和方法。马克思主义者从来不掩饰自己的立场、观点、方法。从马克思主义哲学方法论的角度来分析问题，是我们共产党人的一贯做法和宝贵传统。既然改革开放是用马克思主义普遍原理指导中国具体实践的结果，既然是马克思主义普遍原理与中国改革开放具体实践相结合产生了中国特色社会主义理论体系，那么，总结改革开放30年的经验，当然可以用马克思主义的哲学方法。我用其中的一些观点方法，对改革开放30年作一个总体性的思考。

（一）辩证地看待改革开放30年

对立统一规律，就是说一切事物、现象、过程都可分为两个互相对立和互相统一的部分。一分为二是毛泽东对唯物辩证法对立统一规律的科学简明的表述。他说："一分为二，这是个普遍的现象，这就是辩证法。"[1] 对于改革，也要一分为二地分析。

中华人民共和国成立后近60年的历程极不平凡。前30年坎坷曲折，走了许多弯路，但有问题并不能掩盖所取得的伟大成就，更不能像某些人那样将历史成就一笔抹杀。改革开放以后的30年，取得了更大的成就，这是有目共睹的事实：经济保持平稳快速发展，经济总量迅速扩大，财政收入连年显著增长，国家经济

① 《毛泽东选集》第5卷，人民出版社，1977，第496~498页。

实力大幅提升。到1999年，我国经济总量排名世界第七，此后一路赶超意大利、法国、英国，目前已超过德国，照此速度发展下去，五年内有望赶上日本。如果以购买力平价衡量，现在就已经是仅次于美国的世界第二大经济体。进出口贸易增速、占世界贸易的比重都在稳步提高，成为世界贸易不可忽视的重要力量，在世界贸易中的位次从2001年的第六位提高到了第三位，超过了英国、法国和日本。在迅速发展过程中，城乡居民收入显著增加，人民生活福利整体上有了巨大改善，改革开放和全面建设小康社会取得重大进展。

与过去相比，经济体制变活了。在国家的宏观调控下，市场起到配置资源的基础性作用，大大消除了传统僵化体制的消极影响，初步确立了社会主义市场经济体制。通过转换企业经营机制，大力推进传统产业的技术进步，增强了企业按照市场需求组织生产经营活动的能力，加快推进经济增长方式由粗放向集约的转变，经济增长的质量和效益都有了明显的提高。

总之，我们对这30年所取得的成就，无比欢欣鼓舞，成绩应当充分肯定。但同时，也要看到问题和潜在的风险。这就是一分为二。

30年来，特别是最近一段时期，社会经济面临深刻变化，深层次矛盾逐渐显露，遇到了过去少有的问题；过去即便有，也是很小的问题，不是主要问题，现在则成了主要问题。这里列举几例。①贫富差距扩大。尽管基尼系数不足以说明问题，但是，近年来基尼系数上升速度很快，改革初期低于0.3，现在却接近0.5，达到了全世界少有的水平。社会阶层贫富差距悬殊，在世界上也是很突出的。②腐败盛行，经济案件越来越多，越来越重。③社会道德沦丧，重利轻义，世风渐衰。④环境破坏严重，资源越来越紧张。

对于这种发展态势，大家感到担忧，认为如果任其发展下去，后果不堪设想。生产力发展了，国家经济实力增强了，但是，如果生产出来的财富越来越集中在极少数人的手里，这样的改革，不是社会主义的成功，而是资本主义的成功。如果对于改革掌控不好，此种前景也不是没有可能的，不能完全排除。

但是，是不是像一些人说的那样，邓小平同志反复告诫的那些话[①]已经变成了现实呢？我在《关于分配与所有制关系若干问题的思考》[②] 一文中有个论证：虽然贫富分化的趋势已经相当严重，但还没有达到两极分化而社会无法承受的程

① 诸如“如果我们的政策导致两极分化，我们就失败了；如果产生了什么新的资产阶级，那我们就真是走了邪路了。”（参见《邓小平文选》第3卷，人民出版社，1993，第111页）

② 《开放导报》2007年第5期。

度。我这里想强调的是，我们党和政府正在以百倍的努力和高度负责的精神，解决收入差距扩大和其他种种社会民生问题。

总之，辩证地一分为二地看，改革总体上是成功的，有问题并不能掩盖已经取得的伟大成就，不能说社会主义改革已经失败，不能倒退，改革不容否定。

（二）否定之否定——改革在更高层次上的综合

否定之否定规律也是辩证法的普遍规律。简单地说，就是正、反、合。事物是矛盾的，事物矛盾的斗争，从量变到质变，是一重否定；由新的量变再到质变，又是一重否定。矛盾发展，否定了前一个阶段的事物，然后再发展，又否定了上一个阶段的事物。否定之否定，并不是回到过去，而是在更高层次上的综合，由此推动事物向更高阶段发展。

对于中国的改革进程，也要辩证地看。如果说改革开放之前是“正”，改革开放之后的一段时期就是“反”，这是一个否定。这里的“反”是纯粹从方法论上、从逻辑上讲的正反，而不是价值判断，不是要否定改革开放。

改革开放以前和改革开放以后的正、反很清楚地表现在社会经济生活的各个层面、各个方面，主要有：①经济运行机制，由社会主义计划经济体制转向社会主义市场经济体制，由计划为主转向市场为主，市场起基础性调节作用；②所有制结构，过去是单一的公有制，越大越公越纯越好，一切向国有制看齐，改革开放后是多种所有制共同发展，个体经济、私营经济、外资经济以及其他各种混合所有制经济都出现了，这是以前没有的新现象；③分配制度，过去名义上是按劳分配，实际上是“大锅饭”，即偏于平均主义的“大锅饭”，平均主义遏制了大多数人的勤奋努力，改革后变成了让一部分地区、一部分人先富起来，如邓小平所讲的“先富、后富”已经出现了，收入差距拉开了，这是好现象，对社会进步、经济发展有很大的激励作用。

30 年来，一正一反，才形成现在的局面，也积累了不少新矛盾。经过 30 年，当前正进入一个新的阶段，要对一些新矛盾进行一些新的正反，从而在更高层次上转向新的综合。

（三）关于经济运行机制，在继续坚持市场改革的同时，要重新强调国家宏观计划调控的作用

改革后，经济运行机制逐步由计划经济转向市场经济，市场逐渐取代了计

划，向广度和深度进军，占领阵地，推动中国经济生动活泼地向前发展。在全部商品流通总额中，市场调节部分目前已占到90%以上。几年前有人估计，市场经济在中国整体上完成程度已达到70%左右。现在看，社会主义市场经济已经初步建立。

目前，社会主义市场经济还不够充分、不够完善，市场经济还有一些不到位的地方，如资源要素市场、资本金融市场等，都还需要进一步发展到位。也有因为经验不足犯了市场幼稚病，从而导致过度市场化的地方，如在教育、医疗、住宅等领域不该市场化的部分也搞市场化，以至于发展到对市场迷信的地步，带来一系列不良后果。

市场经济初步建立之后，市场的积极方面和消极方面都充分展现出来。市场经济在发挥激励竞争、优化资源配置等优越性的同时，它本身固有的缺陷，经过30年的演变，也逐步显露出来。特别是在总量综合平衡、环境资源保护以及社会公平分配上引发的问题，在中国不是市场经济本身能够解决的。因此，改革开放30年的结果，一方面，经济发展取得很大成绩；另一方面，社会经济出现新的矛盾，资源环境、分配制度、民生问题等矛盾越积越多。这与国家宏观计划调控跟不上市场化的进程有一定的关系。

本来，我们所要建立的市场经济，就是国家宏观调控下的市场经济，这一根本点在1992年就被明确地写入了党的十四大文件。这些年来，国家对经济的宏观调控在不断加强，我们在短期经济波动的控制上，先后取得了治理通货膨胀和治理通货紧缩两方面的成功经验。但是，国家计划对短期和长期宏观经济发展的导向作用明显减弱，计划本身多是政策汇编性的，很少有约束性问责的任务，计划的要求与执行的实际效果相差很大，国家计划控制不了地方的盲目扩张行为。总之国家计划失之软弱，变成可有可无的东西。这影响到宏观调控的实效，造成国民经济发展许多方面失衡。

现在是到了在继续坚持市场取向改革的同时，强调加强国家计划在宏观调控中的指导作用的时候了。正是针对国家宏观计划调控跟不上市场经济发展的现状，党的十七大提出要“发挥国家发展规划、计划、产业政策在宏观调控中的导向作用，综合运用财政、货币政策，提高宏观调控水平”。十七大重新强调多年未提的发挥国家计划的导向作用，这有十分重要的意义。

众所周知，宏观调控有以下几种主要手段：财政政策、货币政策和计划手段。至于产业政策，则属于计划手段。规划也是一种计划。所以主要就是上述三种手段。尽管只有少数市场经济国家设有计划机构，并编有预测性计划，一般不

用计划手段，但中国作为社会主义国家，有必要在宏观调控中利用计划手段。十四大报告明确指出："国家计划是宏观调控的重要手段之一。"在财政、货币、计划三者的关系中，计划应是财政、货币政策的指针，财政、货币政策要有计划的指导。国家计划与宏观调控不可分，计划是宏观调控的主心骨。国家计划有年度计划，还编制五年、十年的中长期发展规划。年度计划包含经济增长速度、投资总额、财政预算、信贷总额、外汇收支、失业率、物价上涨率和人口增长率等指标，每年都由国务院提出、经全国人民代表大会批准，应当是有法律和行政效力的。这些中长期规划和年度计划，都应该在宏观调控中起导向作用，具有约束力，关键之处还应问责和追究法律责任，这样的国家计划才能对宏观调控起到导向作用。

在市场经济初步建立之后，市场的积极作用和消极作用都充分展现出来。然而，目前在"市场化改革"的口号下，迷信市场成风，计划大有成为禁区的趋向。在这种氛围下，重新强调社会主义市场经济要加强国家计划在宏观调控中的作用，看来是十分必要的。

十七大重新强调了国家计划在宏观调控中的导向作用，并不是如某些人所歪曲的那样，"要回到传统计划经济模式"。重新强调国家计划在宏观调控中的导向作用，不同于过去的"传统计划经济"，而是计划与市场在更高层次上的新的结合，这主要表现在：①现在的计划不是既管宏观又管微观的无所不包的计划，而是只管宏观，微观的事情主要由市场调节；②现在资源配置的基础性手段是市场，计划只是弥补市场缺陷与不足的必要手段；③现在的计划不再是行政指令性的，而是指导性、战略性、预测性的计划，同时要有必要的约束和问责功能。

国家计划导向下的宏观调控，是中国特色社会主义市场经济的应有之义，不能把"计划性"排除在社会主义市场经济含义之外。1992年5月9日，江泽民同志在中共中央党校讲话中提到十四大将选择社会主义市场经济体制的时候，强调指出"社会主义市场经济就是有计划的"，讲得很明确。我们要在此精神的指导下，努力改进国家计划工作和宏观调控工作，使计划名副其实地起导向作用，指导社会主义市场经济的发展，实现市场与计划的更高层次的结合。

（四）关于所有制结构，在坚持多种所有制共同发展的同时，要重新强调"公有制为主体"

关于所有制改革，现在也到了否定之否定的合的阶段。改革前，是单一公有制形式，越大、越公、越纯，就越好，脱离了生产力而不断改变生产关系。改革后，是多种所有制形式共同发展。这是一个否定。这个正反变化的一般规律是公私比例关系"公"降"私"升。改革以前，中国的私有经济几乎为零，公有制占有绝对主体地位，因此，在相当一段时期中，非公有制经济超过公有制经济的发展速度，从而增加非公有制经济在总体经济中的比重，公有制比例下降、私有制比例上升，是合理的变化过程。这个正反变化过程已经持续了30年。

现在是不是到了一个新的时期，"公"降"私"升是不是到了一个关头，到了一个关键阶段，需要重新考虑一下，来一个新的否定、新的综合？

关于公有制是否还占据主体地位，现在社会上有三种意见（这三种意见都是有文字可查的）。第一种意见认为，现在还是以公有制为主体。不过，这种计算方法有问题，它将自然资源、行政性资产等都计算在内。几年以前，有同志曾试图解答这一问题，把资源性资产都算作国有资产，那公有制资产当然可观，土地就是一大笔财富，其结论自然会是以公有制为主体。这个回答是远远不够的。我们这里讲的国有资产，应该是指经营性资产，不包括资源性资产。第二种意见认为，公有制地位已经动摇，在一些地区、一些部门，公有制已不占主体地位。第三种意见认为，公有制优势已经丧失，私有制占据主体地位已经是既成事实了。

持第三种意见的有两种人。一种人是担心这种情况出现会导致严重后果，认为不能这样；现在公有制丧失主体地位，国家应该想办法挽回。另一种人的意见是赞成私有化，认为在中国不宜再提姓"公"姓"私"的问题，既然已经不是公有制为主体，私有化目的已经达到，干吗还要再提？理论界就有人提出，经济改革已经成功，现在应进行政治改革了。这些人所讲的经济改革成功，就是指公有制变成私有制已经基本完成。上述两种人的观点都认为公有制经济在中国已经不占主体地位，只是态度和倾向不同。

以上几种看法，都是各人根据自己的估计得出的。在国家综合部门、统计部门尚未拿出公私结构的正式的全面数据以前，难以准确判断我国的所有制结构现状。

但是，从党的十四大、十五大、十六大一直到现在，党的文件一贯坚持公有制为主体、多种所有制经济共同发展的基本经济制度，没有一个文件不要公有制为主体。十七大重申了党的这一主张，确认要"坚持和完善公有制为主体，多种所有制经济共同发展的基本经济制度"。这当然不是停留在字面上的空话，而是要坚决贯彻落实的经济方针。我国的所有制结构和各种所有制比例现在已经变

成什么样，公有制是否还占据主体地位，社会上对此有很多议论，已经有人将这一意见提交到全国人民代表大会，要求我们国家的统计机构和有关部门公布这方面的材料，并希望人大监督这个事情。

现在到了需要进行新的综合的时候，要坚持“两个毫不动摇”，即毫不动摇地坚持公有制为主体，毫不动摇地发展多种所有制形式，不能只强调发展非公有制经济，不能只强调一个毫不动摇。首先要毫不动摇地坚持公有制的主体地位，同时要毫不动摇地发展非公有制经济。

有人攻击公有制效率低，是官僚经济，是权贵经济；不是国家的财富，而是少数人的财富。我在一篇文章中谈到这个问题。[①] 公有制并非注定效率低，20世纪60年代我国的“鞍钢宪法”有很好的经验，日、美、欧企业管理都吸收了它的经验，这是众所周知的事情。资本主义国家的国有企业也有管理得很好的，并不是一概效率低。改革后，公有制的低效率，是与私有化预期联系在一起的；而且效率愈来愈低，也是与前几年经济调整、伴随“国退民进”发生的现象，国有企业经营不善，国有资产流失，巧取豪夺、改头换面通过各种渠道流失，一夜之间从地底下冒出千百万家财万贯的财富精英，与刮起来的这股私有化之风有着千丝万缕的内在联系。

国有经济的内部管理也存在问题。某些企业管理不善，变国有资产为少数企业高管人员的私有财产；就算没有MBO，一些国有企业的领导层也在腐化变质，领取几百万年薪的高工资，而普通职工的月薪只有几百、几千元。这些违背了社会主义公有制固有的属性。人家攻击我们的国有经济已经不是公有制，并非完全虚指，也指出了一些问题。

国有企业本身应进一步改革，既不能变回到过去“大锅饭”的旧体制，也不能维持现在被扭曲的形象，而是要在社会主义条件下解决目前存在的垄断和腐败问题，解决企业内部的激励机制问题；要使得国有企业真正体现社会公平，同时又有激励机制。这种探索，西方国家不是没有先例。西方国家也有国有企业，也有国家公务员，看看二者的收入比例，差距不会像我们现在拉得那么大。国有企业的领导与国家机关工作人员一样，都是国家的公职人员，不能完全按照私有经济的法则办事。所以，国有企业管理层的腐败一定要治理。

农村所有制的“否定之否定”，集中体现在邓小平同志所讲的“两个飞跃”上。第一个飞跃是废除了人民公社，实行家庭联产承包责任制，这是改革开始时

---

① 《开放导报》2007年第5期。

的一个否定。家庭联产承包责任制促进了农村经济的大发展，经过了30年的发展，农村发生了翻天覆地的变化。现在应当着手实现第二个飞跃，即发展新的集体经济。集体经济也是公有制的实现方式。邓小平同志讲“两个飞跃”时就说，“公有制为主体，农村不能例外”①。这是又一个否定。但是，这是新阶段的新综合，不是回到过去吃“大锅饭”的人民公社制度和生产队体制，而是要充分考虑保障农民和农户的财产权益，在此基础上鼓励新的集体合作经济，包括专业合作和社区合作。

新型集体合作经济已经在中国大地上萌生起步，茁壮成长。如江苏的华西村，河南的南街村，山西的皇城村，山东的南山村等，还有苏南、浙江、广东一些农村最近兴起的社区股份合作企业，这些集体合作组织带动农民走共同富裕的道路，为加快建设社会主义新农村作出了贡献。对这些新型的集体合作经济，现在社会舆论、宣传部门的重视程度还不够，某些媒体还在找茬挑剔，冷嘲热讽。如果社会舆论和政府决策能给予更多的关心和支持，它们是可以为我国农村走社会主义道路开辟宽广前程的。

（五）关于分配关系，要从“让一部分人先富起来”转向“更加重视社会公平”

从分配上的平均主义到拉开收入差距，允许一部分人通过诚实劳动先富起来，是完全正确的，是改革后一次最成功的否定。但是，如果收入差距拉得太大，以至于贫富分化造成难以逾越的鸿沟，出现两极分化，就不对了，那就需要来一个新的否定，让先富带后富，缩小贫富差距，走向共同富裕的道路，实现分配领域的更高的综合。

在改革开放后的一段时期内，强调效率优先，兼顾公平，有其正面的积极作用，可以促进效率，促进生产，促进经济发展。但是，过了这个阶段，贫富差距扩大，不能实现先富带动后富，不能实现共同富裕，不能实现公平的目标，这个时候，就必须强调效率与公平二者同时并重，而且更加重视和强调社会公平。我在2003年《研究宏观经济形势要关注收入分配问题》一文中提出“逐步淡出效

① 1992年7月，邓小平同志在审阅中共十四大报告稿时说：“我讲过，农业的改革和发展会有两个飞跃，第一个飞跃是废除人民公社，实行家庭联产承包为主的责任制，第二个飞跃就是发展集体经济。社会主义经济以公有制为主体，农业也一样，最终要以公有制为主体。”（参见《邓小平年谱》（下），中央文献出版社，2004，第1349页）

率优先、兼顾公平的口号，向实行效率与公平并重的原则过渡”①。十六届四中全会文件未出现“效率优先，兼顾公平”的提法。2005年我在《进一步重视社会公平问题》一文中再次阐明了这一主张，还写了《要把效率优先放到该讲的地方去》。② 这篇短文除了指出把公平置于“兼顾”的次要位置欠妥外，还认为初次分配也要注重公平。2005年十六届五中全会报告征求意见稿中还有“效率优先，兼顾公平”和“初次分配注重效率，再分配注重公平”的字样，受到一些同志的非议；但是，五中全会文件最终定稿时，消除了这两种提法，同时突出了“更加重视社会公平”的鲜明主张。十七大还将“初次分配也要重视社会公平”这一原则写入了中央文件。我上述的这些观点主张，与党中央的最终决策精神是一致的。

淡化“优先、兼顾”提法，强调“更加重视社会公平”，不是要回到过去，不是回到过去的“大锅饭”，不是回到过去的平均主义，而是在更高层次上的综合与提高。从平均主义到拉开收入差距、先富带动后富，“效率优先，兼顾公平”，然后再转回到“同时注重公平与效率、更加重视公平”，“初次分配和再分配都要重视公平”，这也是明显的正反合的例子。

总之，无论是运行机制、所有制结构还是分配制度，都有正反合三个发展阶段。还有其他很多例子，也都经历了这样三个发展阶段，也都可以运用这个方法总结。

改革过程中否定之否定的“合”的阶段正在开始，能不能坚持正确的发展观，把这个更高层次的综合做好，到了非常关键的时刻。综合得好，社会主义能够坚持，中国经济能够继续发展；综合得不好，经济不能发展，社会主义也不能坚持到底。有人说经济可以照样发展，但是，我可以肯定地说，如果中国社会主义不能坚持，社会不可能稳定，经济就不能持续健康发展。

改革开放由正到反，进一步从反到合，走向更高阶段的过程，向着中国特色社会主义前进，这样的综合，决不是倒退。倒退没有出路，也不会有回头路。不坚持市场取向的改革，中国没有出路；市场化走过了头，也没有出路。完全市场化、不要国家宏观计划调控，完全私有化、不要公有制为主体，完全的两极分化、不要社会公平，不是我们社会主义的本质要求。这是邓小平同志讲的。不走中国特色社会主义道路，改革开放就会失败；走中国特色社会主义道路，改革开

---

① 《刘国光文集》第10卷，中国社会科学出版社，2006，第498～513页。

② 《刘国光文集》第10卷，第582～594、623～625页。

放的前途就灿烂光明。

以上是用一分为二、否定之否定规律，用唯物辩证法的要领和方法来回顾总结这30年。辩证唯物主义中的质量互变规律，也有丰富的内容，在改革开放过程中的例子也非常之多。因为篇幅所限，这里就不做专门论述。以下将用历史唯物主义的概念方法来看这30年的一些问题。

（六）关于生产力与生产关系之间的矛盾

生产力与生产关系这一对矛盾是任何社会发展的根本矛盾，生产力和生产关系的总和构成一个社会的生产方式。改革开放过程也充斥着生产力和生产关系的矛盾。比如“社会主义市场经济体制”就包含生产力和生产关系两个方面，一方面是“社会主义”，另一方面是“市场经济”，二者是矛盾的，也是统一的。

“市场经济”主要着眼于发展生产力。发展生产力，必须发挥市场在资源配置中的基础性作用，不然很难有效率。这是被实践证明了的正确的结论。“社会主义”主要着眼于强调生产关系，社会主义不同于其他社会的特殊性就在于公有制、共同富裕这些体现社会主义生产关系的主要特征。离开了这些本质特征，就不是社会主义。

第一，邓小平同志讲社会主义的本质是发展生产力，这是专门针对“四人帮”搞“贫穷的社会主义”来说的，不是对社会主义泛指的定义。发展生产力，是一切社会形态都具有的一般特征，是共性的东西，任何一个社会都要发展生产力。

第二，社会主义的目的是要全国人民共同富裕，不是两极分化。单讲发展生产力，不讲生产关系，不讲社会公平，让少数人占有财富，而大部分人不能分享财富和技术进步，产生了两极分化，产生了新的资产阶级，邓小平同志说这是改革的失败。所谓改革的失败，不是指发展生产力的失败，而是指生产关系的失败，生产力可能上去了，或在一个短暂的时期里上去了，而社会主义生产关系没有了。按资本主义的观点看，则是资本主义生产关系的胜利，是资本主义“改革”的成功。为此，对“社会主义”和“市场经济”一定要统一地看，不可偏废。这是很重要的原则，不然就会变成资本主义市场经济。

第三，不能什么都讲姓“社”姓“资”，生产力就不能讲姓“社”姓“资”，生产关系中一些共性的东西，也不必去问姓“社”姓“资”。要造大飞机，要信息化、高科技、管理现代化，就不能讲姓“社”姓“资”。但是，生产

关系中非共性的东西，就不能不讲姓“社”姓“资”。资本主义有益于我们经济发展的东西，如“三资企业”等，也应当拿来“为我所用”，而不是“为资所化”。但是，资本主义腐朽没落的、与人类文明背道而驰的那些东西，必须予以批判。所以，对于姓“社”姓“资”，一定要具体分析，这也是马克思主义的ABC。

有些人打着邓小平的旗号，反对讲姓“社”姓“资”，说什么思想解放就是要从姓“社”姓“资”的思想束缚中解放出来，这是根本错误的，而且歪曲了邓小平讲话的精神。邓小平不是不讲姓“社”姓“资”，而是在提出计划市场问题时，在讲“三个有利于”原则时讲到不要讲姓“社”姓“资”问题。他说：“计划多一点还是市场多一点，不是社会主义与资本主义的本质区别。计划经济不等于社会主义，资本主义也有计划；市场经济不等于资本主义，社会主义也有市场。计划和市场都是经济手段”。[①] 仅此而已，不是说一般的不要讲姓“社”姓“资”。邓小平同志讲“三个有利于”的时候，特别指出“发展社会主义社会的生产力”和“增强社会主义国家的综合国力”。在这些原则问题上，邓小平同志分明是讲姓“社”姓“资”的。邓小平同志还说自己反对资产阶级自由化最积极，一再强调要坚持社会主义的根本原则，即公有制为主体和共同富裕。说邓小平同志一般的反对区别姓“社”姓“资”是断章取义、恣意歪曲邓小平同志的根本主张。

（七）关于经济基础与上层建筑之间的矛盾

经济基础与上层建筑是又一对矛盾。

就改革开放来说，经济基础与上层建筑的矛盾主要表现为经济改革与政治改革的矛盾。政治改革属于上层建筑。经济改革与政治改革的矛盾，是30年来尖锐的问题。特别是最近几年，有一种议论，说经济改革已经成功了，问题在政治改革，上层建筑不适应经济基础。其意思是说所有制已经基本完成了私有制为主体的变革，但政权不适应这种经济基础，政权还要进一步适应私有化，即整个政权的资产阶级化、西方化。境内外都有一些别有用心的势力主张这种“政治体制改革”，实际上是要我们放弃中国共产党的领导，放弃社会主义制度。

改革开放初期，党的工作重心从阶级斗争转移到经济建设上来，更多地强调

① 《邓小平文选》第3卷，第373页。

经济改革，这是必要的，也是应该的。与此同时，党一贯地强调政治改革。十三大提出政企分开、党政分开。1989 年以后有所缓进，这是由于“六四”政治风波以后国际国内环境有所变化。党政分开、政企分开有所缓步，但是，选举制度、基层民主、行政体制等改革还是稳步推进，民主法制建设逐步改善。这些方面不是没有进展、没有改革，而是不断进步。十六大以后，中央又不断强调政治体制改革，十七大报告提出要坚定不移地发展社会主义民主政治。

当然，政治领域的改革，相对于经济改革来说是滞后了一些。有些方面大家感觉进展慢了些，要求加快改革。比如权力制衡问题。权力缺乏监督，主要领导干部个人说了算，“人治”代替“法治”的弊端还很严重。我们不提倡西方式的“三权分立”的“普世”模式，但权力制衡总是要有的。没有制衡的权力、缺乏约束的权力一定要腐败。十七大提出建立健全决策权、执行权、监督权既相互制约又相互协调的权力结构和运行机制，就是分权制衡原则的运用。这方面我们需要加大改革的力度。

又比如领导人选举制度改革。列宁所说的领导人从群众中产生，对群众负责，这一点还要逐步逐层推广。目前，差额选举、基层选举放开了许多，淘汰制、竞选制、普选制有些进展，但效果不尽理想。“选举民主”和“协商民主”如何更好地结合，如何在人大和政协的框架内，在社会主义的原则下，在中国共产党的领导下，积极推进这些民主程序，确实需要更大的努力。

与上述正确的改革思路背道而驰的错误思潮，是新自由主义和民主社会主义，两股思潮都反对“四项基本原则”，反对中国特色社会主义，其核心是反对共产党领导，主张多党轮流执政。

反对资产阶级自由化，邓小平同志最积极。邓小平同志说：“在实现四个现代化的整个过程中，至少在本世纪剩下的十几年，再加上下个世纪的头五十年，都存在反对资产阶级自由化的问题。”① 邓小平强调坚持社会主义基本原则，以公有制为主体，不能出现两极分化，他只提出从政治上解决资产阶级自由化，那时只解决到这一步，没有从经济上解决资产阶级自由化，还没有发展到这一步。但是，不能说经济领域没有自由化，没有资产阶级化倾向。资产阶级自由化，不但政治领域有，经济领域也有。私有化的观点、完全市场化的观点、政府守夜人的观点等，这一系列观点都是经济领域里资产阶级自由化的表现。防止经济领域资产阶级自由化，就是防止经济领域变质，经济领域如果变质，政治领域会跟着

① 《邓小平年谱》（下），第 1172 ~ 1173 页。

变质。这是马克思主义的基本常识。把住这一关口非常重要。有人提出经济（所有制）改革已经“成功”，现在要随势而发，搞与“普世价值”接轨的“宪政改革”，就是这方面的强烈信号。因此，那种认为经济领域没有意识形态问题的观点，是大错特错了。

邓小平同志提出反“左”防右。“左”是带引号的，是极“左”，那是要反的，特别是我国在民主革命时期和社会主义革命时期，都受到极“左”路线的干扰，损失很大，痛定思痛，不能不反。但是不带引号的左，邓小平同志是从来都不反对的。马克思主义、科学社会主义在世界思想潮流中就是左派理论，共产党是左派政党，邓小平也是左派，不能说邓小平是右派、中派。如果不带引号的左也要反，那还有什么马克思主义？那还有什么共产党的领导？见左就避之唯恐不及，是极不正常的现象。共产党要明确自己就是左派政党，态度要鲜明。共产党事实上执行的是中左路线，团结中右，反对极右，防止极“左”。共产党不明确自己是左派的政党，就会迷失方向。

起码在社会主义初级阶段的一百年内，还要坚持中国共产党的领导，坚持“四项基本原则”。只要党的工人阶级先锋队性质不变，坚持科学社会主义方向不变，没有变成像社会民主党那一类的政党，那么，我们仍然会坚持社会主义初级阶段的基本路线，坚持中国特色社会主义道路。坚持社会主义初级阶段的基本路线，没有中国共产党的领导，这条道路是走不通的。换了其他什么政党，都不会有社会主义初级阶段。至于一百年之后，即在社会主义初级阶段以后，会是什么样的政治状况，要根据那时的情况而定。但是，在社会主义初级阶段，在可预见的时期内，必须坚持中国共产党的领导，不能实行多党轮流执政。坚持“四项基本原则”还是我们的基本主张。多党轮流执政，社会主义初级阶段就完结了。换了政权，整个路线就全变了，就不能保证我们向社会主义高级阶段过渡。

（八）关于生产力内部的矛盾

生产力的内部矛盾也很多，其中对经济发展全局最重要的一个矛盾，就是外延与内涵、粗放与集约之间的矛盾。到底是注重速度、数量，还是结构、资源、环境、质量，这是我国生产力发展中的一个突出问题。

由粗放发展方式转向集约发展方式，这是“双重模式转换”中的一重。“双重模式转换”包含体制模式的转换和发展模式的转换。发展模式转换指的就是生产力内部的矛盾。这是非常概括性的内容，也是很重要的实质性问题。过去讲求速度、数量，轻视结构、资源、环境、质量，现在仍然没有完全克服这种倾向，片面追求产值速度的现象还很严重，特别是一些地方还存在 GDP 崇拜，牺牲后代利益加速眼前的发展，这种发展实际上是不可持续的。这是改革开放 30 年来很大的一个问题，积重难返，现在正在大力扭转。特别是按照科学发展观的要求，提出促进经济增长由主要依靠投资、出口推动向依靠消费、投资、出口协调推动转变，由主要依靠第二产业带动向依靠第一、第二、第三产业协同带动转变，由主要依靠增加物质资源消耗向主要依靠科技进步、劳动者素质提高、管理创新转变。这是促使我们的经济发展由片面追求速度向全面协调持续发展转变的正确途径。

“双重模式转换”是 20 世纪 80 年代中期由理论界提出来的，“九五”以后，党的文件正式肯定为“两个根本性转变”的方针，十六大以后更是非常强调这个方针。十七大报告将“增长方式”重新改回到“发展方式”。

生产力的内部矛盾和生产关系、上层建筑是有联系的。30 年的经验证明，发展方式转变会受到生产关系和上层建筑中一系列关系的制约。地方上片面追求 GDP，与财政体制、考核制度等有关。如有的省份颁布县级领导考核指标，按 GDP 增幅给予奖金，还有些地方层层分解招商引资任务，这样的地方怎么会不片面追求 GDP 呢？资源环境问题，跟价格机制、竞争状况都有关系。这些都需要从体制上予以解决。

（九）关于生产关系内部的矛盾

生产关系内部的矛盾，也是千头万绪。这里只讲所有制和分配关系。这是我们改革过程中的一个重要问题。

所有制和分配制都是生产关系。按照马克思主义观点，所有制决定分配制。但是，人们常常忽略这个观点。在分析我国贫富差距扩大的原因时，人们举了很多缘由，如城乡差别扩大、地区不平衡、行业垄断、腐败、公共产品供应不均、再分配调节落后等，不一而足。这些缘由都能成立，但不是最主要的。造成收入分配不公的最根本原因被忽略了。

财产占有上的差别，是收入差别最大的影响因素。连西方资产阶级经济学家萨缪尔逊都承认，“收入差别最主要的是拥有财富多寡造成的，和财产差别相比，个人能力的差别是微不足道的”；他又说，“财产所有权是收入差别的第一位原因，往下依次是个人能力、教育、培训、机会和健康”①。改革开放30年来我国贫富差距的扩大，除了以上列举的一系列原因外，跟所有制结构的变化，跟“公”降“私”升和化公为私的过程有紧密联系。这种关系，被某些学者在分析收入差距原因时，故意忽略掉了。

在调整收入分配差距关系、缩小贫富差距时，人们往往从分配关系入手，特别是从财政税收、转移支付等再分配领域入手，完善社会保障，改善低收入者的民生状况。这些措施都是完全必要的，我们现在也开始这样做了。但是，仅从分配和再分配领域着手是远远不够的，不能从根本上扭转贫富差距扩大的问题。还需要从所有制结构，从财产制度上直面这一问题，从根本上阻止贫富差距扩大向两极分化推进的趋势。这就是邓小平所说的“只要我国经济中公有制占主体地位，就可以避免两极分化”②。本文前面所讲的分配上的新综合，是以所有制上的新综合为前提条件的。所有制发展上要坚持“两个毫不动摇”，要坚持公有制为主体，毫不动摇地发展公私两种经济，不能只片面强调一个毫不动摇；要延缓“公”降“私”升的速度和程度，阻止化公为私的所有制结构转换过程。

（十）社会意识形态与社会存在的关系

意识形态与社会存在的关系，也是历史唯物主义的一个重要问题。

社会存在决定社会意识，反过来，社会意识又反作用于社会存在。先进的社会意识推动社会进步，落后腐朽的社会意识阻碍社会进步。30年来，我们在这方面经历了不少风雨，最重要的莫过于解放思想和改革开放的关系了。

邓小平同志很好地解决了解放思想和改革开放两者的关系。“解放思想，实事求是”思想路线的重新确立，与邓小平同志改革开放的思想紧密相关。邓小平同志指出：“只有思想解放了，我们才能正确地以马列主义、毛泽东思想为指导，解决过去遗留的问题，解决新出现的一系列问题，正确地改革同生产力迅速发展不相适应的生产关系和上层建筑，根据我国的实际情况，确定实现四个现代化的具体道路、方针、方法和措施。”③ 他所说的思想解放，是要正确地以马列主义、毛泽东思想为指导，解决我们前进中遇到的一系列问题。思想解放不能离

① 〔美〕萨缪尔逊：《经济学》下卷，高鸿业译，商务印书馆，1979，第231页。

② 《邓小平文选》第3卷，第149页。

③ 《邓小平文选》第2卷，人民出版社，1994，第141页。

开了这个根本。

我不厌其烦地引用邓小平同志的原话，是因为现在某些人的思想解放早已离开了这一根本，却还在“高举”邓小平的旗帜，高调提倡“进一步思想解放”。他们称当前“新的思想解放”或“第三次思想解放”，是从冲破姓“社”姓“资”，到冲破姓“公”姓“私”，概括起来就是冲破“所有制崇拜”。那就是不要公有制为主体，不要社会主义基本经济制度。所谓“新的思想解放”的实质就在这里，他们的思想解放就是要结束社会主义基本经济制度，从而结束社会主义。

某些观点的精神实质，就是要把中央在十七大提出的解放思想说成是“新”的思想解放，特别强调30年改革开放的伟大历史进程在意识形态领域始终贯穿着姓“社”姓“资”、姓“公”姓“私”的争论，而每次改革开放的突破都是以解放思想为先导的。他们讲的“新”的思想解放，其“新”在何处呢？用他们自己的话来说就是，新在从姓“社”姓“资”的束缚中解放出来，不要用社会主义的观念阻碍向资本主义前进。不要提姓“社”姓“资”，那就意味着不要再提社会主义制度与资本主义制度的区别。这些人完全曲解了邓小平同志的原意。邓小平同志明确地把坚持社会主义作为改革开放的前提。他说：“我们实行改革开放，是怎样搞社会主义的问题，作为制度来说，没有社会主义这个前提，改革开放就会走向资本主义，比如说两极分化。”① 因此，所谓的“思想解放”也分两种情况。一种是以马克思主义、科学社会主义为指导的思想解放，这是促进我们的改革开放向社会主义自我完善的方向前进的；另一种是以新自由主义、民主社会主义为指导的思想解放，这将把我们的改革开放推到一个不是我们党所规划的方向。所以，不能天真地认为凡是思想解放都能正确引导和推动我们的改革开放，要警惕有人想利用思想解放来误导改革开放。

当然，在社会存在、社会利益多元化以后，多种社会思潮的出现，非马克思主义、反社会主义思潮的出现，是不可避免的。历史经验证明，对于多种多样的社会思潮，放任自流不行，简单堵塞也不行。包容并蓄似乎是和谐社会应有之义。但一切事情都要有一个度，不能让一些非常错误的思潮把人们的思想搞得乱七八糟、六神无主，不能让这些错误思潮像戈尔巴乔夫和雅可夫列夫导致灾难后果的“多元化”、“公开性”那样，把我国改革和发展的方向引入歧途。所以，在实行多样化，包容一些非马克思主义、反社会主义思潮存在的同时，一定要强

① 《邓小平年谱》（下），第1317页。

调“主旋律”，强调切实地而不是形式主义地宣传马克思主义，强调宣传科学社会主义，强调宣传坚持四项基本原则和改革开放的中国特色社会主义。用“主旋律”来教育人民，统一思想，筑牢社会团结进步的思想基础。要给宣传正确思想、批判错误思想以更多的话语权。批判与反批判从来就是追求科学真理的必由之路，各种思潮的和平共处并不有利于和谐社会的建构，这一点并不是像某些天真的同志所幻想的那样。当然，我们也要防止利用争鸣来制造社会不和谐的杂音。

30年过去了，我们仍然要继续解放思想，要与时俱进，但要坚持邓小平同志所倡导的以正确的马列主义、毛泽东思想为指导，就是要以马克思主义与当代中国实践相结合的中国特色社会主义理论为指导，解决过去积累以及新出现的问题，正确改革与生产力不相适应的生产关系和上层建筑。传统社会主义思想当中不适应社会主义自我完善的东西，如社会主义与商品市场经济不相容，所有制结构只能是“一大二公”不允许非公有制经济存在等教条，必须加以破除，建立符合社会主义初级阶段、建立社会主义市场经济体制的新观念。今后还要进一步扫除妨碍社会主义制度自我完善的意识形态，树立促进社会进步的新思想新观念。但是，思想解放是有底线的，不是无边无际地胡思乱想，这个底线就是发展了的马克思主义和科学社会主义。忽视了社会主义的底线、突破了社会主义初级阶段的思想解放不是我们所需要的，也不是我们所希望看到的。

八

只有改革开放才能发展中国特色社会主义

徐崇温

在即将迎来改革开放30周年的前夕，党的十七大报告浓墨重彩地强调改革开放是新时期最鲜明的特点，是决定当代中国命运的关键抉择，是发展中国特色社会主义、实现中华民族伟大复兴的必由之路；强调只有社会主义才能救中国，只有改革开放才能发展中国、发展社会主义、发展马克思主义。

（一）在社会主义制度下实行改革开放的迫切重要性

在推进我国社会主义现代化的过程中，邓小平同志曾经多方面多角度地反复强调改革开放的迫切的重要性。例如，他指出："如果现在再不实行改革，我们的现代化事业和社会主义事业就会被葬送"①；"不坚持社会主义，不实行改革开放，不发展经济，不改善人民生活，只能是死路一条"②。

长期以来，人们总是说社会主义制度要比弱肉强食、损人利己的资本主义制度好得多，社会主义能够容许生产力比资本主义更快更好地发展。为什么现在邓小平同志还要那样强调实行改革开放的迫切重要性，迫切到说再不改革，就只能"死路一条"、"葬送社会主义事业"呢？

人类社会是在生产力和生产关系、经济基础和上层建筑的矛盾运动中发展的，但社会主义社会的矛盾又和包括资本主义社会在内的一切阶级社会的矛盾根本不同：资本主义等阶级社会的矛盾表现为剧烈的对抗和冲突，表现为剧烈的阶级斗争，那种矛盾不可能由资本主义制度本身来解决，而只有社会主义革命才能够加以解决；社会主义社会的矛盾则不是对抗性矛盾，它可以经过社会主义制度

① 《邓小平文选》第2卷，人民出版社，1993，第150页。

② 《邓小平文选》第3卷，人民出版社，1994，第370页。

本身不断地得到解决。

从这个意义上说，制度是有决定性的。但是，制度并不是万能的。在社会主义基本制度适合生产力发展需要的情况下，在生产关系和生产力之间、上层建筑和经济基础之间，仍然存在着一定的矛盾，它表现为经济制度和政治制度某些环节上的缺陷，这种矛盾虽然不需要用根本性质的变革去解决，却仍然需要通过改革及时地加以调整，否则就会窒息社会主义内在的生机和活力。这就是说，在有了正确的社会主义制度之后，还需要有正确的方针政策去把社会主义制度所提供的优越性充分发挥出来，去不断解决这种制度某些环节上的缺陷，使之更适合于时代的发展和人民的需要。在社会主义制度下实行改革的必要性由此产生。

与此同时，当社会主义的实现形式和发展战略，同它所生存和发展于其中的整个时代、世界的发展变化不相适应时，例如，当时代主题由战争与革命转换为和平与发展，国际间的竞争相应的转变为以经济和科技实力为基础的综合国力的较量的时候；当新的科技革命在世界范围内悄然兴起，经济全球化趋势使各国经济的关联性空前强化的时候；当以增强综合国力为中心目标的改革调整浪潮广泛涉及各个国家、各个领域的时候；当在工业文明的基础上人类消耗能源、排放污染、排放温室气体的活动危及人类自身的生存基础的时候，也都要求社会主义与时俱进地进行改革，去顺应以改革创新为核心的时代潮流和时代精神。而且这种情况还同社会主义社会基本矛盾的运行紧密地交织在一起，进一步增强了在社会主义制度下实现改革的迫切重要性。在这样的时刻，要是拒不进行改革，或者贻误了改革的时机，都会危及社会主义的发展乃至生存。20 世纪下半叶，苏联的由盛转衰，其经济发展速度不断滑坡到逐步丧失对美国的优势乃至低于美国，这个事实清楚地说明了即使在社会主义制度下，要是不能适应形势的发展变化，不断地通过改革去除弊兴利、去适应时代潮流，那也会遭遇到被边缘化乃至被淘汰的厄运的。

（二）改革开放成为决定当代中国命运的关键抉择

我国建国以后，在第一个五年计划顺利完成的大好形势下，以高指标、瞎指挥、浮夸风和共产风为主要标志的“左”的思想开始抬头，盲目追求不切实际的高速度，一大二公三纯的社会主义生产关系的升级，再加上高度集中的计划经济体制的束缚，造成工业与农业、积累与消费等比例关系的严重失衡，经济畸形发展。经过 1960 年冬开始的“调整、巩固、充实、提高”，到 1965 年，农业生产得到恢复发展，整个国民经济又重新焕发出新的生机和活力。但是，在接踵而来的“文化大革命”时期，国民经济又被推到了几乎崩溃的边缘。

事情正如邓小平同志所指出的：“中国社会从 1958 ~ 1978 年 20 年时间，实际上处于停滞和徘徊状态，国家的经济和人民的生活没有得到多大的发展和提高。”① 而如果联系周围的环境来看，问题就更加严重，因为在这一历史时期，西方发达资本主义国家借助新一轮科技革命的推力，社会经济快速平稳发展。结果，社会主义的中国与西方资本主义在科技、经济方面的差距进一步拉大。当然，“在这 20 年中，我们并不是什么好事都没有做。我们做了许多工作，也取得了一些重大成就，譬如搞出了原子弹、氢弹、导弹等，但就整个政治局面来说，是一个混乱状态；就整个经济情况来说，实际上是处于缓慢发展和停滞状态”②。

这就使当时的中国又面临着向何处去的问题：一种思潮主张搞“两个凡是”，实际上是主张继续按“无产阶级专政下的继续革命”那一套既定方针办；另一种思潮则散布所谓社会主义不如资本主义的言论，主张倒退到资本主义去。以邓小平为代表的中国共产党人否定了这两种错误方案，指出唯一的出路在于在坚持社会主义制度的前提下搞改革开放。他说，我们“冷静地分析了中国的现实，总结了经验，肯定了从建国到 1978 年的三十年的成绩很大，但做的事情不能说都是成功的。我们建立的社会主义制度是个好制度，必须坚持”，但体制方面存在着弊端，束缚了生产力的发展。他说“社会主义的首要任务是发展生产力，逐步提高人民的物质和文化生活水平”，“不发展生产力，不提高人民的生活水平，不能说是符合社会主义要求的”③；而“从 1957 年下半年开始，我们就犯了‘左’的错误。总的来说，就是对外封闭，对内以阶级斗争为纲，忽视发展生产力，制定的政策超越了社会主义的初级阶段”，而 1978 年我们党的十一届三中全会提出的一系列新的方针政策，其中心点是从以阶级斗争为纲转到以发展生产力为中心，从封闭转到开放；在体制上从社会主义计划经济转到社会主义市场经济。

从十一届三中全会决定实行的改革开放，也和过去的革命一样，旨在扫除发展生产力的障碍，使中国摆脱贫穷落后的状态的意义上说，它的性质可以说是革命性的变革，是“中国的第二次革命”；但从改革开放不是一个阶级推翻另一个阶级那种原来意义上的革命，不是、也不允许否定和抛弃我们建立起来的社会主

① 《邓小平文选》第 3 卷，第 237 页。

② 《邓小平文选》第 3 卷，第 264 页。

③ 《邓小平文选》第 3 卷，第 115 ~ 116 页。

义基本制度，而是坚持和深化原先的基本制度抉择的意义上来说，它又是“社会主义基本制度的自我完善和发展”。

30 年来的实践雄辩地证明，改革开放确实是决定当代中国命运的关键抉择，是发展中国特色社会主义、实现中华民族伟大复兴的必由之路。它使我国的社会主义现代化建设取得了举世瞩目的伟大成就，综合国力和国际地位明显提高，人民生活水平发生翻天覆地的变化，它带来了中国人民的面貌、社会主义中国的面貌、中国共产党的面貌的深刻变化，中国与世界的关系也发生了历史性的变化。现在，中国经济已经成为世界经济的重要组成部分：我国的国内生产总值从 1978 年的 3624.1 亿元发展到 2007 年的 24.66 万亿元，增长 68 倍，占全球的比重由 1978 年的 1% 发展到 5% 以上，由世界第 11 位跃升到世界第 4 位；我国的进出口总额由 1978 年的 206 亿美元，发展到 2007 年的 2.17 万亿美元，增长 105 倍，占全球的比重由不足 1% 发展到 8%，由世界第 32 位跃升到世界第 3 位；我国的外汇储备由 1978 年的 1.67 亿美元发展到 2007 年的 1.52 万亿美元，增长 9101 倍，由世界第 40 位跃升到世界第 1 位；我国的财政收入由 1978 年的 940 亿元发展到 2007 年的 5.13 万亿元，增长 54.5 倍；我国的人均国民收入由 1978 年的 379 元发展到 2007 年的 1.85 万元，增长 48 倍；城镇居民可支配收入由 1978 年的 343.4 元发展到 2007 年的 13786 元，增长 40 倍；农村居民纯收入由 1978 年的 133.57 元发展到 2007 年的 4140 元，增长 30 倍；我国的贫困人口由 1978 年的 8 亿人中的 2.5 亿人，减少到 2007 年的 13 亿人中的 1500 万人；我国的人均预期寿命由 1978 年的 68 岁发展到 2007 年的 73 岁，超过世界平均寿命 65 岁 8 年；我国的粮食产量由 1978 年的 3 亿吨发展到 2007 年的 5 亿吨；我国的钢产量由 1978 年的 3000 万吨发展到 2007 年的 4.6 亿吨；汽车产量由 1978 年的 14 万辆发展到 2007 年的 888 万辆；高速公路由 1978 年的零发展到 2007 年的 5.4 万公里，占世界第 2 位；手机由 1978 年的零发展到 2007 年的 5.6 亿部，占全球一半以上；我国的网民从 1978 年的零发展到 2007 年的 2.1 亿人，占世界第 1 位。这样的发展速度不仅超过了二战以后西方资本主义 20 年的黄金发展时期，而且在人类历史上也是罕见的。

（三）我国改革开放的两个关键性特征

我国改革开放之所以会取得这样的伟大成就，成为发展中国特色社会主义的必由之路，从根本上说，是因为我国的改革开放具有两个关键性的特征。

我国改革开放的关键性特征之一，便是始终同坚持四项基本原则紧密地联系在一起，这就使我国的改革开放成为坚持社会主义方向的改革开放，作为社会主义制度的自我完善和发展的改革开放，以发扬优势、革除弊端、大胆创新为内容的改革开放，从而是有利于巩固和发展社会主义的改革开放。

在改革开放的过程中，邓小平把社会主义基本制度和具体体制严格区分开来，认为我们建立的社会主义基本制度是一个好制度，必须坚持；要改革的，是束缚生产力发展的、存在弊端的具体制度即体制，因此必须坚持改革的社会主义方向。在1987年6月一次会见南斯拉夫联盟中央主席团来访的客人时，邓小平就强调说，社会主义各国情况不同的改革，“共同的一点是要保持自己的优势，避免资本主义社会的毛病和弊端”，“不能搬用西方那一套所谓的民主，不能搬用他们的三权鼎立，不能搬用他们的资本主义制度，而要搞社会主义民主”。那么，“我们的改革要达到一个什么目的呢？总的目的是要有利于巩固社会主义制度，有利于巩固党的领导，有利于在党的领导和社会主义制度下发展生产力”。说到底，“我们的改革不能离开社会主义道路，不能没有共产党的领导，这两点是相互联系的，是一个问题。没有共产党的领导，就没有社会主义道路”①。在1993年9月的一次谈话中，邓小平又指出：“我们在改革开放初期就提出‘四个坚持’。没有这‘四个坚持’，特别是党的领导，什么事情也搞不好，会出问题。出问题就不是小问题。”②

正因为我国的改革开放具有坚持社会主义方向这个基本特征，所以，在为我们党制定的社会主义初级阶段基本路线中，邓小平就提出了以经济建设为中心，坚持四项基本原则，坚持改革开放的“一个中心、两个基本点”；在党的十七大报告中，胡锦涛又把“坚持四项基本原则同坚持改革开放结合起来”，作为“取得了我们这样一个十几亿人口的发展中大国摆脱贫困、加快实现现代化、巩固和发展社会主义的宝贵经验”之一。

坚持改革的社会主义方向之所以成为我国改革开放取得巨大成就的一个关键性因素，也可以从我国同苏联情况的对比中得到证明。有些人往往对改革开放在我国结出了中国特色社会主义的丰硕果实，而在苏联却酿成了剧变解体的苦果这种现象感到迷惑不解。其实，苏联的剧变解体并不是源于改革开放，而是源于戈尔巴乔夫在“改革”的旗号下，从根本上改变了由十月革命所确立的社会主义

---

① 《邓小平文选》第3卷，第241~242页。

② 《邓小平年谱》（下），中央文献出版社，2004，第1363页。

基本制度的抉择，转到民主社会主义的轨道上去了。苏联在戈尔巴乔夫执政时期的“改革”历程，清楚地勾画出了事变的这种轨迹：

一是把从20世纪二、三十年代形成起来的苏联社会主义体制的弊端，归结为人与政权、人与生产资料和自己的劳动成果、人与精神财富三个方面的异化，从制度层面上说“必须根本改造我们的整个大厦，从经济基础到上层建筑”。

二是提出要采用属于全人类共同价值标准的民主和人道主义，去纠正社会主义的异化现象。戈尔巴乔夫宣称“我们正在建设的不仅是人道主义的社会主义，而且是民主的社会主义”，它具有“人道主义的社会结构”、“本身能在社会生活的一切方面实现民主化”。戈尔巴乔夫这就把原先旨在社会主义基本制度范围内实行的、作为“政策抉择”的改革，变成为要改变由十月革命所确立的社会主义基本制度的“制度抉择”；由科学社会主义的“改革”变成民主社会主义的推行。

三是提出用公开性、民主化、社会多元论去根本改造“官僚专制制度”，接着就在把社会主义自我丑化、自我否定为“犯了罪”的“集权主义”、“专横社会主义”的基础上，把蛰伏在地下和由帝国主义和平演变战略培植起来的反共势力召唤出来去推翻共产党的领导：各种非正式组织一下子从地下钻了出来，1987年为3万多个，1989年为6万多个，1990年为9万多个，它们大多是反共反社会主义的。而在1990年苏共中央二月全会决定取消共产党的领导、实行多党制以后，一下子出现了500多个政党，其中全苏性的政党有20多个，而且几乎都是以打倒共产党、推翻社会主义制度为政治目标的。

四是从排除与资本主义的对抗性，到同资本主义的总统制、议会制、多党制，思想政治上的多元论、经济上的私有化实行一体化，一步一步地把苏联推向剧变解体。在这个过程中，戈尔巴乔夫又在组织上解散了苏联共产党而创建了俄罗斯社会民主党，并参加了社会党国际。

我国改革开放所具有的又一个关键性特征，是顺应时代发展潮流，拓展世界眼光，在大胆吸取和借鉴包括发达资本主义社会在内的当代人类创造的一切文明成果的过程中，拓展和丰富了社会主义，发展了社会主义，从而使我们能够建设优于资本主义的中国特色社会主义。这就是党的十七大报告中指出的“把坚持马克思主义基本原理同推进马克思主义中国化结合起来”。

在经济文化较不发达的基础上建设社会主义，必须吸取资本主义的一切肯定成果，这是马克思主义创始人的一贯思想；列宁更把吸取资本主义制度的一切肯定成就，看做是十月革命以后苏联建设社会主义中面临的一个迫切的现实问题。但限于历史条件，他们在这个方面的设想，都没有能够得到预期的实现。正是在总结社会主义国家随后遭到封锁和自我封闭严重阻碍了社会生产力的发展、拉大了同发达资本主义国家在发展科技方面差距的经验教训的基础上，邓小平从和平与发展已经成为时代主题的高度，强调指出："社会主义要赢得与资本主义相比较的优势，就必须大胆吸取和借鉴人类社会创造的一切文明成果，吸取和借鉴当今世界包括资本主义发达国家的一切反映现代社会化生产规律的先进经营方式、管理方法。"①

这方面的一个典型实例，便是推进由计划经济到社会主义市场经济的转变。早在改革开放之初，以邓小平为核心的我们党的第二代中央领导集体，牢牢把握解放思想、实事求是的思想路线，从根本上解除了把计划经济和市场经济看作是从属于社会基本制度范畴的思想束缚，从现代市场经济比传统的计划经济在资源配置方面更为有效的客观事实出发，把市场经济同社会主义制度结合起来，实行社会主义市场经济，既发挥它有利于解放和发展社会生产力，有利于增强社会主义国家的综合国力，有利于提高人民的生活水平，使社会主义的优越性进一步发挥出来的优点，又因为把市场经济同社会主义政治、经济基本制度和精神文明建设紧密结合起来，而避免市场经济所固有的缺陷和消极方面。

另一个典型实例，是在20世纪90年代末期，当经济全球化趋势既有力地促进了社会生产力和科学技术在世界范围内的迅猛发展，又带来了诸如东南亚经济危机等负面效应的时候，以江泽民为代表的我们党的第三代中央领导集体冷静地权衡了利弊得失，毅然做出了以趋利避害的方针进一步积极参与国际经济合作和竞争的战略决策。江泽民指出："我们要坚定不移地实行对外开放政策"，"充分利用经济全球化带来的各种有利条件和机遇。不能看到有风险、有不利因素，就因噎废食，不敢参与进去。同时，又要对经济全球化带来的风险保持清醒的认识，坚持独立自主，加强防范工作；增强抵御和化解能力，以切实维护我国的经济安全，更好地发展壮大自己。"②

再一个典型实例，是以胡锦涛为总书记的党中央在新世纪新阶段，我国既面临发展机遇又面对凸显矛盾的新的历史起点上，提出以人为本、全面协调可持续发展的科学发展观。胡锦涛在党的十七大报告中指出："科学发展观，是立足社会主义初级阶段基本国情，总结我国发展实践，借鉴国外发展经验，适应新的发展要求提出来的。"

二战以后，资本主义世界各国把加快经济增长奉为共识，美国学者刘易斯提

① 《邓小平文选》第3卷，第373页。

② 《江泽民文选》第2卷，人民出版社，2006，第201页。

出了把发展等同于经济增长、认为有了经济增长就有了一切的发展观，有些国家因片面追逐经济增长，忽视能源资源节约和环境保护而爆发生态危机。经过深刻反思以后，从20世纪80年代开始，世界上出现了大致向三个方向推进的新的发展观：一是由法国学者佩鲁提出的朝横向扩展发展理念，主张发展是整体的、内生的、综合的、关心文化价值的新的发展理论；二是由世界自然保护联盟、世界环境与发展委员会等组织提出的朝纵向扩展发展理念的可持续发展概念和发展战略；三是由印度学者阿玛蒂亚·森等提出的从内涵上扩展发展理念，主张发展的目的在于使人们获得能力、扩展自由的发展理论。科学发展观借鉴了所有这些新的发展理念，并在同中国实际相结合的基础上进一步丰富和发展了它们。如在朝横向扩展发展理念方面，我们党使发展中国特色社会主义事业的布局由经济、政治、文化建设三位一体，发展为经济、政治、文化、社会建设四位一体，党的十七大又提出生态文明建设。并在经济建设方面，提出“五个统筹”，全面协调城乡发展、区域发展、经济社会发展、人与自然和谐发展、国内发展和对外开放。在社会建设方面，提出努力使全体人民学有所教、劳有所得、病有所医、老有所养、住有所居，推动建设和谐社会。在朝纵向扩展发展理念方面，我们党提出了节约发展、清洁发展、安全发展、实现可持续发展，以及发展循环经济，建设资源节约型和环境友好型社会，促进经济发展与人口、资源、环境相协调等。在从内涵上扩展发展理念方面，我们党阐明了发展要以人为本，以人的全面发展为目标，以发展好、维护好、实现好最广大人民的利益为出发点和落脚点。在国际上则始终不渝地走和平发展道路、奉行互利共赢的开放战略，争取和平、开放、合作、和谐的发展，建设一个民主、和谐、公正、包容的和谐世界。从而使我们统领经济社会发展全局的科学发展观，顺应了当今世界的发展潮流，反映并推进了当代世界的最新发展理念，被海外媒体称作“人类发展理论的重大创新”。

成就我国改革开放伟业的这两个关键性因素，雄辩地论证了党的十七大报告在深刻总结历史经验的基础上提出的新的重要论断——“只有社会主义才能救中国，只有改革开放才能发展中国、发展社会主义、发展马克思主义。”

然而，歌颂我国改革开放的伟大成就，分析它获得成功的关键性原因，丝毫也不意味着我国的改革开放已经终结和完成，也并不否认我们在发展进程中还面临种种新的挑战和问题，而只是要强调在继续深化改革开放、进一步推进中国特色社会主义事业时，要像党的十七大报告所指出的那样，“要把改革和创新精神贯彻到治国理政各个环节，毫不动摇地坚持改革方向，提高改革决策的科学性，增强改革措施的协调性”。

九

改革开放是决定当代中国命运的关键抉择

侯惠勤

党的十七大对改革开放有一个非常重大的判断，即“改革开放是决定当代中国命运的关键抉择，是发展中国特色社会主义、实现中华民族伟大复兴的必由之路；只有社会主义才能救中国，只有改革开放才能发展中国、发展社会主义、发展马克思主义”。这个判断揭示了中国特色社会主义和改革开放的内在一致性，我们必须从两者是同一序列概念的高度，才能深刻理解改革开放的伟大意义。为此，必须抓住三个关键性问题：第一，改革开放之所以是决定当代中国命运的关键性选择，在于它决定了当代中国举什么旗、走什么路，那么，要认清的一个问题，就是如何理解改革开放前的中国正面临着“向何处去”的严峻挑战？第二，改革开放之所以是决定当代中国命运的关键性选择，还在于它是发展中国特色社会主义的强大动力，那么，还必须认清的一个问题，就是这种动力源是如何形成的？它同我们长期革命和建设所倚仗的动力相比有何新的特质？第三，改革开放之所以是决定当代中国命运的关键性选择，又在于它是合乎党心民心，顺乎时代潮流的历史大趋势，那么又必须认清的一个问题，就是这种引领历史方向的事，实践起来为什么那么艰难？

（一）改革开放是关系到当代中国举什么旗、走什么路的历史性选择

许多国家在建设社会主义上遭受重创，甚至亡党亡国，归根到底就是没能正视历史条件的变化，创造性地应对时代提出的新课题，而中国特色社会主义道路则是在不断地回应时代的挑战中，科学地总结“十月革命”以来社会主义的历史经验的基础上，通过富有创造性的实践而开拓的。中国特色社会主义本质上是在马克思主义的指导下，在不断地科学把握国际形势和时代特征的变化中，结合

中国的实际，走自己的路。这条道路的实质就是回答由“十月革命”所开创的、不发达国家通过革命走上社会主义后如何建设和发展社会主义这一重大历史课题；这条道路的基本轨迹就是从照搬“苏联模式”到走出“中国特色”。因此，只有真正弄懂中国特色社会主义与此前社会主义实践的关系，才能真正高举这面当代中国进步发展的旗帜，也才能真正认清改革开放对于当代中国的决定性意义。这里主要涉及对于两大历史探索（即“苏联模式”和毛泽东的社会主义道路）的正确把握，核心问题是举什么旗、走什么路。

摆在我们面前的一个尖锐问题是，结束“文化大革命”以后，中国存不存在一个“向何处去”的道路选择问题，如果存在，又是从什么意义上去加以界定的。无论是在当时还是在今天，都存在着两种偏向：一是根本否定“文化大革命”前的17年，把改革开放视为另起炉灶、改弦更张，实际上是向资本主义回归；二是满足于17年的成就，把拨乱反正视为简单地回到“17年”，看不到必须探索一条没有任何现成答案的新路。这里的关键是科学地评价“17年”。从历史的观点看，17年的成就是主要的，它所奠定的政治前提和制度基础是我们一切探索的出发点；从发展的观点看，17年的探索并没有真正解决“以苏为戒”、走自己的路这样一个中国社会主义发展的道路问题。如果孤立地抓住前者，就会否定改革开放、固守老路；而如果孤立地抓住后者，就会割断历史、走上邪路。因此，不承认改革开放对于当代中国的决定性、革命性意义，就会走已被实践证明是走不通的僵化封闭的老路；而不承认17年探索所奠定的社会主义基础，就会走已被历史证明是走不通的资本主义化的邪路。两者都是在根本道路问题上的迷失。我国的历史发展表明，道路的选择不仅发生在革命时期，也贯穿于发展时期的每一重大关头。从党在当代的指导思想看，坚持中国特色社会主义道路和坚持改革开放是同义语，没有社会主义的改革开放和没有改革开放的社会主义都是死路一条。面对新的历史条件下的种种新情况，只有坚持改革开放、发展社会主义的方向才能加以应对。

那么，新情况、新形势是什么？邓小平在谈论毛泽东错误及回顾中苏论战的历史时有许多发人深省的话。他指出：“‘文化大革命’前的十七年，基本上是做得对的，但是有曲折，有错误。责任不只是毛泽东同志个人的，我们这些人也有责任。我们要实事求是地总结历史的经验教训。”① 为什么大家都会犯同样的错误（当然责任不一样）？小平同志思考的结论是：“多年来，存在一个对马克

① 《邓小平文选》第2卷，人民出版社，1994，第380页。

思主义、社会主义的理解问题。从一九五七年第一次莫斯科会谈，到六十年代前半期，中苏两党展开了激烈的争论。我算是那场争论的当事人之一，扮演了不是无足轻重的角色。经过二十多年的实践，回过头来看，双方都讲了许多空话。马克思去世以后一百多年，究竟发生了什么变化，在变化的条件下，如何认识和发展马克思主义，没有搞清楚。"① 要不讲空话、不僵化教条、不脱离实际，要准确跟踪时代主题和世界格局的重大变化，并据此调整自己的认识和行动。今天我们可以很清楚地看到，当小平同志提出和平与发展正在成为时代的主题时，意味着必须对"十月革命"以来社会主义实践的战略思路作根本性调整。

"十月革命"是回应战争与和平、战争与革命的时代主题的重大创新成果。它开创了从资本主义最薄弱点打开缺口的"外围突破"式社会主义革命的道路，并成为一系列社会主义国家相继诞生的主要方式。在自由资本主义时代，社会主义的希望只能在"资本主义发达民族的同时行动"，此即"中心引导"式的世界社会主义变革。虽然马克思也有过俄国可能通过其"农村公社"制度的变革跨越资本主义的"卡夫丁峡谷"的设想，但这一设想的实现无疑是有条件的，即有效抵御资本主义入侵，从而解除公社被解体的危险。② 事实证明，俄国村社没能抵挡住资本主义的侵蚀，到19世纪末，俄国已不可遏制地走向了资本主义。这样，跨越"卡夫丁峡谷"的问题，就变成了在资本主义世界范围内的革命变革问题。东方社会在自身发展中所出现的一些新社会因素要得以释放，也有赖于发达资本主义国家的社会主义转向。世界社会主义变革的"中心引导式"格局没有改变。

当历史进入20世纪以后，资本主义完成了向帝国主义的转变，其重要特征之一是把世界领土瓜分完毕。在资本主义一统天下中形成了无产阶级和资产阶级两大阶级，帝国主义宗主国和殖民地、半殖民地两大民族的基本矛盾。于是，出现了帝国主义世界链条的"薄弱点"和"焦点"，出现了"先进的亚洲和落后的欧洲"历史新特点，无产阶级革命已经从"预备"进入了"可能"。列宁正是据此捕捉到了时代特征的新变化，做出了"帝国主义和无产阶级革命"时代的新概括，提出了"社会主义革命可能在一国首先获得成功"的新结论，并干成了十月社会主义革命。此后几十年，这种从资本主义最薄弱点打开缺口的"外围突破"式，成为社会主义革命的主要形式，由此掀起了波澜壮阔的社会主义运

① 《邓小平文选》第3卷，人民出版社，1993，第291~292页。

② 《马克思恩格斯全集》第35卷，人民出版社，1971，第160页。

动高潮，从根本上改变了世界的面貌。

但是，“外围突破”毕竟不能直接引领世界历史潮流，而只有在其转化为资本主义“核心危机”时才能根本扭转由资本主义主导的世界局面。然而当代资本主义进一步演变的新特征，恰恰在于其减少了对于外围地区进行硬性资本输出的依赖，而主要通过科技创新上的支配、金融和信息以及话语权的垄断、国际游戏规则的操纵等软控制，维护资本的活力。这样，通过资本主义外围的政治独立以致随后经济独立的方式，已不可能直接导致资本主义的总危机，根本动摇资本主义的全球统治。这就是说，由于二战后资本主义的新变化，其在经济科技上的优势地位并未丧失，社会主义取代资本主义的主战场已从政治转向经济、从革命转向发展，相应的，时代特征也就从革命与战争转向和平与发展。

首先这意味着如果社会主义不能在包括“软实力”在内的国家综合实力上超越发达资本主义，就不仅不能引领世界潮流，甚至连自身的存在权利也将被剥夺。社会主义必须在回应时代主题方面有所作为，才能获得蓬勃生机和发展空间。其次还意味着，社会主义的发展，除了传统的动力机制（共同理想的激励、政治工作的保障）外，还必须引入新的动力机制，使其充满生机活力。于是，改革开放、发展作为执政兴国的第一要务、建设社会主义市场经济等就成为题中应有之义。其中，改革开放是具有决定意义的关键抉择。

一系列新情况、新问题突出地摆在面前，要求我们有观念上的转变，概括起来就是需要从满足于社会主义的抽象优越性中回到现实，把立足点从引导世界历史潮流转到把中国自己的事情做好，认真思考在与资本主义的长期共存中，如何利用资本主义来发展社会主义，并探索符合中国国情的社会主义发展道路。所有这一切的关键，就是推行改革开放。“历史经验教训说明，不开放不行。开放伤害不了我们。我们的同志就是怕引来坏的东西，最担心的是会不会变成资本主义。恐怕我们有些老同志有这个担心。搞了一辈子社会主义、共产主义，忽然钻出个资本主义来，这个受不了，怕。影响不了的，影响不了的。肯定会带来一些消极因素，要意识到这一点，但不难克服，有办法克服。你不开放，再来个闭关自守，五十年要接近经济发达国家水平，肯定不可能。”[①] 邓小平从一开始就说得很清楚，怕社会主义走邪路而不开放，就不可能发展社会主义；而看不到开放可能带来的消极因素（最根本的就是“西化”、“分化”的后果）并加以克服，就不是我们所说的改革开放。把改革开放、解放思想归结为不问姓“社”姓

① 《邓小平文选》第3卷，第90页。

“资”，肯定是对邓小平理论的歪曲，因为正是小平自己强调指出：“我多次解释，我们搞的四个现代化有个名字，就是社会主义四个现代化。我们实行开放政策，吸收资本主义社会的一些有益的东西，是作为发展社会主义社会生产力的一个补充。”[①] 正是坚持了社会主义方向的改革开放，我们经过 30 年的努力，才成功开拓了中国特色社会主义道路。

（二）改革开放是激发社会主义生机活力的唯一选择

社会主义在资本主义的外围首先发展起来，这和马克思等人关于未来社会主义革命的设想是不一致的。虽然历史地来看，当时具体的国际国内环境具备了发生社会主义革命的条件，社会主义革命在资本主义最薄弱的链条上发生是有其客观历史根据的，认为社会主义是“早产儿”、甚至是“历史的怪胎”的观点是根本错误的。列宁的帝国主义理论为科学回答这一问题奠定了基础。但是，由于社会主义革命在资本主义最薄弱的链条上首先发生，尤其是一战后资本主义的自我调整和时代特征的新变化，使得革命取得胜利后的社会主义国家要面对三个“绕不开”和三大挑战。

从三个“绕不开”来看，一是和资本主义长期共存的问题。因为革命首先是在资本主义相对薄弱甚至很薄弱的外围地区爆发，对于资本主义的核心地区不能产生根本动摇，不能产生“多米诺骨牌”式的连锁反应。这表明，不可能通过一系列不间断的暴力革命来推翻资本主义，社会主义必须要长期与资本主义共存，并努力在建设的环境中实现竞争，积累力量以超越资本主义，这必然是一个相当漫长的历史过程。二是市场经济绕不开，两种社会制度要长期共存，必须进行经济交往。由于社会主义在很长一段时间内经济上比资本主义落后，不可能主导世界经济发展，因而必须进入资本主义主导的世界市场，才能获得发展的空间和活力，搞市场经济就绕不开。三是社会主义国家的改革开放绕不开。从发展的角度看，在相对落后的区域搞社会主义，自我封闭没有出路，而要进入资本主义主导的世界市场，没有别的方式，只有通过对外开放和对内改革，才能打开国门搞社会主义，改革开放是唯一的出路。三个“绕不开”说明，当代中国的社会主义实践处在一个全新的历史条件下，没有现成的路可走；不努力面对并迎接挑战，社会主义就不可能摆脱被动、走出低谷。

① 《邓小平文选》第 3 卷，第 181 页。

从三大挑战来看，一是社会主义的多样性和国际性关系问题。社会主义革命发生在社会历史文化背景差异极大的国家，不可能沿用统一的模式，必须走符合本国国情的道路。“我们党的十一届三中全会的基本精神是解放思想，独立思考，从自己的实际出发来制定政策。因为在中国建设社会主义这样的事，马克思的本本上找不出来，列宁的本本上也找不出来，每个国家都有自己的情况，各自的经历也不同，所以要独立思考。”① 社会主义要特色化，马克思主义要民族化，能否成功解决这一课题，决定了马克思主义的命运。但同时，社会主义本质上是一种国际性、世界性事业。之所以只有社会主义能够救中国，就因为只有社会主义才能超越和代替资本主义，就在于只有社会主义才代表了人类文明的未来走向，代表了世界历史的发展方向。因此，中国特色社会主义必须两面作战：既反对用社会主义的国际性抹杀“中国特色”，又反对用现实社会主义的多样性、民族特色抹杀“社会主义”。两者的有机结合才是中国特色社会主义。

二是向资本主义学习和批判抵制资本主义的关系问题。我们将长期处于社会主义初级阶段，是低水平的社会主义，必须善于向世界上包括资本主义在内的所有国家学习，而如何在这一过程中不被“西化”、“分化”，则是社会主义面临的又一大挑战。“我们要有计划、有选择地引进资本主义国家的先进技术和其他对我们有益的东西，但是我们决不学习和引进资本主义制度，决不学习和引进各种丑恶颓废的东西。”② 从中国改革开放30年的实践经验看，要善于利用资本主义发展壮大社会主义，而不是引进资本主义瓦解社会主义，一方面要以我为主，渐进式改革，有序地扩大开放，另一方面必须坚守社会主义的“底线”。

改革开放以来我们始终坚守三大“底线”。第一，基本价值不认同。我们学习资本主义，主要是在工具理性层面，一般不涉及价值理性层面，尤其是核心价值方面。我们必须在改革开放的全过程，不断建设和完善社会主义核心价值体系，弘扬“为人民服务”和艰苦奋斗的精神，批判抵制资产阶级核心价值观及其生活方式，反对拜金主义、享乐主义和极端个人主义。第二，基本制度不照搬。中国的改革开放，本质上是社会主义制度的自我完善，因此在这一过程中，我们决不照搬资本主义制度，而是不断沿着毛泽东等老一辈无产阶级革命家奠定的社会主义基本制度继续前进。经过30年改革开放的实践，我们已经大体上完成了中国特色社会主义的制度构建，这就是以社会主义核心价值体系为依托的主

① 《邓小平文选》第3卷，第260页。

② 《邓小平文选》第2卷，第168页。

流意识形态，以四大制度（即人民代表大会制度、共产党领导的多党合作制、民族区域自治制度、基层群众自治制度）为基础的政治制度，以公有制为主体、多种经济成分共同发展为特征的基本经济制度等。第三，发展道路不重复。中国共产党人对于发展问题有一个基本的判断，即中国的发展和民族的伟大复兴离不开现代化，但是，资本主义现代化不仅代价巨大、发展迟缓、痛苦和灾难深重，而且会导致民族分裂、国家衰亡，因而行不通。我们之所以坚持社会主义现代化，就是要避免西方走过的那种通过制造社会严重阶级对立、激化社会矛盾、牺牲社会和谐的发展道路，避免西方走过的那种片面追求经济效益、扭曲人性、牺牲环境和人的全面发展的发展模式，落实科学发展、促进社会和谐。

三是共产主义理想科学性和激励性的关系问题。由于现实社会主义的发展程度远低于发达资本主义，因而它与马克思在《哥达纲领》中的设想不同，并不直接就成为共产主义的初级阶段，而是一个相对独立、相当漫长的历史阶段，需要几代、十几代甚至几十代人的努力，才能为实现共产主义奠定基础。我们过去长期存在的一个错误，就是产生了共产主义的急躁情绪，总是过高地估计了社会主义的现实发展阶段。党的十七大报告关于“我国仍然处在并将长期处在社会主义初级阶段”的判断，使得我们对于共产主义的实现有了更为科学的认识。但是，对于共产主义的科学把握并不能自然转化为理想信念上的坚定，相反，共产主义实现的长期性客观上冲淡了其作为理想的现实激励作用。这样，我们在需要不断克服急躁情绪的同时，又面临着如何坚定共产主义理想信念的考验。因此，我们必须结合新的历史条件，充分阐发共产主义理想信念的现实基础和价值依据，共产主义的最终实现不过是这一现实基础的历史展开和必然结果。改革开放30年的历史证明，只有在发展中国、发展社会主义、发展马克思主义中，努力培育中国特色社会主义共同理想，才可能在整个社会主义初级阶段坚定共产主义理想信念。总之，通过改革开放应对时代新挑战，才能激发社会主义的生机活力，走出一条真正符合中国国情的社会主义发展道路。

（三）改革开放是在不断排除各种错误干扰中的正确选择

中国的改革开放，从一开始就是一条崭新的社会主义发展道路。它虽然是在毛泽东等党的第一代领导集体开拓的社会主义制度基础上探索，却不是原先道路的简单重复，更不是照搬任何现成社会主义模式。至于对资本主义的学习借鉴，

对于我们而言，从来就不是从道路和发展方向的意义上说的。这就是邓小平所说的决不走“回头路”（即不回到任何以往的社会主义实践方式上）和决不走“邪路”（即不照搬西方、搞“全盘西化”）的实质。这样，中国特色社会主义道路的开拓过程，聚焦到党的指导思想上，就必然是围绕着改革开放、解放思想，不断地排除“左”和右的错误干扰的过程。从习惯和感情偏好上说，党内容易出现认同老路的倾向，因此“左”始终是干扰改革开放的一大障碍；但是，由于西方在当代世界的优势地位和西化、分化我国的图谋始终存在，力图把改革开放引向资本主义化的倾向也就始终存在，并必然反映到党内。因此，邓小平指出：“解放思想，也是既要反‘左’，又要反右。三中全会提出解放思想，是针对‘两个凡是’的，重点是纠正‘左’的错误。后来又出现右的倾向，那当然也要纠正。……黄克诚同志讲，有‘左’就反‘左’，有右就反右。我赞成他的意见。对‘左’对右，都要做具体分析。”① 改革开放也是如此，同样要不断排除错误倾向的干扰，同样要做具体分析。

对中国特色社会主义的原创性估计不足，就容易走“老路”。毫无疑义，最早提出“以苏为鉴”、开始独立探索中国社会主义建设道路并取得宝贵经验的是毛泽东，但是，从时代主题、国情判断、基本道路及发展大思路等方面看，建设具有中国特色社会主义这一重大课题并没有得到解决。正如邓小平指出的：“坦率地说，我们过去照搬苏联搞社会主义的模式，带来很多问题。我们很早就发现了，但没有解决好。我们现在要解决好这个问题，我们要建设的是具有中国自己特色的社会主义。”② 为什么很早发现而没有解决好？这不仅因为苏联是世界上第一个社会主义国家，中国革命是“以俄为师”的产物，因而很自然地会产生一种“路径依赖”，更重要的是新的时代特征没有充分显现，无法从总体上突破两个阶级、两条道路、两大阵营对垒的世界革命图式。这样，党的工作重点就无法真正转移到以经济建设为中心，党的执政基础就无法真正建立在以发展为执政兴国的第一要义上，党的思想基础就无法真正达到解放思想、求真务实，而什么是社会主义、如何建设社会主义，建设一个什么样的党、如何建设党，需要一个什么样的发展和如何发展这些重大问题就始终不是很清楚。因此，必须要从马克思主义基本原理同当代中国实践和时代特征相结合的角度，从对于人类社会发展规律、社会主义建设规律以及共产党执政规律新认识、新发展的高度，才能真正

① 《邓小平文选》第2卷，第329页。

② 《邓小平文选》第3卷，第260～261页。

深刻认识到中国特色社会主义理论体系，确实是从邓小平理论才真正开创的。而“左”和右的错误思潮之所以发生了共同的误判，就在于它们都以某种现成模式（“苏联模式”或“瑞典模式”）为参照系来评判中国特色社会主义。

对中国特色社会主义的继承性估计不足，就容易割断历史而陷入“西化”的邪路。我们在坚定地以现代化建设为中心、把发展作为执政兴国的第一要务的同时，必须深刻地认识到其理论基础是马克思主义，而不是所谓的“发展主义历史观”①。两者的根本区别在于：发展主义意识形态把“发展”归结为经济增长和科学技术的运用，否定社会制度和发展道路选择的意义，实际上把资本主义以至某国资本主义（例如美国）的道路视为人类的共同道路，通过“发展”和现代化维持资本主义的一统天下；而我国的改革开放本质上是社会主义现代化的发展道路，决不认为社会进步是经济增长和科技创新的自然结果，相反，“以经济建设为中心”是从政治上思考和观察问题的结果，没有一个善于从政治上提出和解决问题的政党，就不可能面对并解决“后发展”国家的众多社会矛盾，经济的持续增长和科技进步也就难以实现，人的自由全面发展和社会的全面进步就更是无从谈起。邓小平非常明确地指出，他所提出的包括改革开放、“三步走”发展战略等，都是从政治上思考的结果。“在经济问题上，我是个外行，也讲了一些话，都是从政治角度讲的。比如说，中国的经济开放政策，这是我提出来的，但是如何搞开放，一些细节，一些需要考虑的具体问题，我就懂得不多了。今天谈这个问题，我也是从政治角度来谈。”②

因此，坚持和发展中国特色社会主义关键在党，根本在党，而思想理论建设是党的根本建设，其核心是思想路线。西方意识形态则不遗余力地要从世界观、历史观上消解党的思想路线，其中最根本的就是否定工人阶级和共产党对于社会主义的历史使命。

毫无疑义，在马克思看来，没有谁（包括任何阶级、政党、个人）是天生的革命者或领导者，只有在领导群众不断进行胜利的斗争中才能实现领导权；没

---

① “发展主义历史观”本质上是自由主义意识形态的变种，与马克思主义格格不入，其奠基者是〔美〕W. W. 罗斯托，他著有《经济增长的阶段》一书。二战以后，发展主义意识形态成为美国向发展中国家兜售“美国模式”及其价值观的手段，它提出，经济增长是发展的动力，只有充分的市场化和自由经济才能促进经济的持续增长，“最终会带来社会和政治的积极变化、社会的更加富裕、中产阶级的壮大、民主化的实现”。参见〔美〕霍华德·威亚尔达《新兴国家的政治发展——第三世界还存在吗?》，北京大学出版社，2005。

② 《邓小平文选》第3卷，第77页。

有谁（含任何阶级、政党、个人）具有天然的免疫力，面对权力可以自发做到拒腐蚀、永不沾，而只有不断地在改造客观世界的同时改造主观世界，才能保持先进性。就此而言，确实没有一个特殊的阶级、一个特殊的政党。但是，谁也不能否认，站在不同的阶级利益立场，对于社会问题的真理性认识和实践态度具有决定性意义；谁也不能否认，不形成特殊的既得利益（其根源是生产资料私人占有）是在改造客观世界过程中能够自觉改造主观世界的前提；谁也不会否认，任何阶级的群体，其自发的日常意识及其表现和本阶级的阶级意识及其追求总是不会直接等同；谁也不能否认，在当今世界，推动人类文明和社会进步的力量分布仍然不均衡，仍然存在动力和阻力、先进和后进以至反动的分野。既然如此，马克思主义关于先进阶级和先进政党的观点就仍然具有生命力。把马克思主义的这些基本思想运用到新的历史环境，形成正确的思想路线，坚持解放思想、实事求是、与时俱进，才能科学地回答什么是社会主义、怎样建设社会主义，建设一个什么样的党、如何建设党，需要一个什么样的发展、如何发展这三大历史性课题。

（四）改革开放是应对利益格局大调整、始终代表人民利益的有效选择

在新的历史条件下，以革命方式建立起来的社会主义政权及其基本制度，遇到了日益明显的社会利益分层的挑战。这种挑战的复杂性来自两类矛盾的交叉、两种趋势交织。一是一部分当权者逐步形成的某些既得利益，使其原有的理想信念日益淡薄，而对于现行的社会主义基本制度心怀不满。二是广大群众虽然还愿意保持革命时期的精神状态，但是对于物质利益诉求日益强烈，不断改善生活和调动积极性的内在关联日益明显，利益格局和利益机制的自觉调整已不可避免。很显然，前者的利益诉求是非法的，因为其违背生产力和历史发展的要求，而后者的利益诉求是正当的，因为其体现了生产力和社会前进的要求；前者是执政党自身的建设问题，是执政党如何防止自身的腐败、防止既得利益集团和特权阶层的形成、如何在制度和体制建设上把物质利益和共产党的宗旨紧密联系的问题，后者则是其执政职能的发挥问题，是其如何利用社会主义制度的优越性促进生产力的发展并实现广大人民的根本利益的问题。正因为这一挑战交织着两类不同性质的矛盾，因而是对党的执政性质和执政能力的严峻考验。执政的共产党如果满足了第一种利益诉求，就意味着蜕化变质，意味着被资本主义“西化”、“分

化”；而执政的共产党如果不能满足第二种利益的诉求，同样意味着“不够格”、“不合格”，意味着领导作用和领导地位的丧失。问题还在于，将决不满足第一种利益诉求和必须想方设法满足第二种利益诉求结合起来才是真正代表人民意志，否则人民还是不满意。

毛泽东的教训就在于片面关注了不让第一种利益诉求得逞，而严重忽视了第二种利益的诉求，甚至在一定程度上将其视为第一种利益诉求的同盟军，即视为“资本主义自发势力”。实际上，尽管反腐和改善民生都是人民的利益表达，但执政党在处理两种利益诉求的问题上，放在第一位的必须是满足人民群众改善生活的利益诉求，并在这一过程中才能有效地防止党的蜕变，也就是说，只有在改造客观世界的同时，才能有效地改造主观世界。脱离发展去“反修防修”，愿望再好，也难有成效。改革开放以来我们的一个重要经验，就是牢牢地把发展生产力摆在首位，坚持以经济建设为中心，同时注重利益的公平分配，让人民得到实实在在的利益，并不断加强党自身的建设。正如邓小平在谈及改革开放时所反复指出的：“我们现在的路子走对了，人民高兴，我们也有信心。我们的政策是不会变的。要变的话，只会变得更好。对外开放政策只会变得更加开放。路子不会越走越窄，只会越走越宽。路子走窄的苦头，我们是吃得太多了。如果我们走回头路，会回到哪里？只能回到落后、贫困的状态。”“中国现在实行对外开放、对内搞活经济的政策，有谁改得了？如果改了，中国百分之八十的人的生活就要下降，我们就会丧失人心。我们的路走对了，人民赞成，就变不了。”①

但是，利益问题的复杂性还在于，尽管党内某些执政者的特殊利益诉求不合理，然而建立一个既能为人民所接受、又能稳定国家工作人员队伍、同时与共产党人的理想宗旨可以协调的分配制度和利益机制，是和平环境下长期执政的党所必须面对的挑战，这个“度”如何确定，则只能通过改革开放的探索。由于社会主义必须和资本主义长期共存，使得原来马克思主义经典作家关于无产阶级专政的国家观面临新挑战：原先预计可以很快“消亡”的国家将长期存在，因而面临着正规化建设的新课题；原先预计可以通过“平等化”方式消除官僚阶层和官僚主义（如马克思所称赞的“巴黎公社”“付给普通工人工资”、“随时可以撤换”等原则），却因为专业化、职业化的需求而必须保留相应的等级和收入差别；原先预计是最有觉悟的群体（代表人民的执政团队），却成为最容易受到资本主义腐蚀的对象等。所有这些，都表明在长期和平执政的条件下，理论上原先

① 《邓小平文选》第3卷，第29、59页。

不存在的共产党自身利益问题开始凸显，并成为不可回避的挑战。

我们既不认为“精神万能”，也不认同“精神虚无”；同样，我们既不忽视物质利益，也不认同“钱能通神”。但是，一个显而易见的事实，就是战争时期没有或不明显的革命者自身的利益问题，成为不可回避的、必须以制度方式加以解决的问题。“高薪养廉”固不可取，“低薪养廉”也难以为继，建立合理的公务员和国家工作人员的薪酬制度，需要改革的新思路。改革开放以来我们的基本实践，就是物质文明和精神文明“两手抓，两手都要硬”，价值导向和利益导向相辅相成、相得益彰，思想建设和制度建设统筹协调、完善配套，对合法个人（包括党员领导干部）利益的保护和对各类腐败丑恶现象的坚决打击并重等。总之，应对物质利益上各种新问题、新矛盾的挑战，并不断地加以解决，只有在坚持改革开放中才是可能的。

十

改革开放30年伟大实践对马克思主义哲学的创造性运用和发展

李崇富

中国特色社会主义是科学社会主义的新形态。马克思主义哲学世界观特别是历史唯物主义，是科学社会主义的最重要的理论支柱，当然也是中国特色社会主义的最重要的理论支柱。在改革开放30年的伟大实践中，我们党创造性地坚持和运用马克思主义哲学，并在运用中推进了马克思主义哲学的丰富和发展。

（一）在改革开放的伟大实践中创造性地运用马克思主义哲学

党的十一届三中全会以来，我国在改革开放中不断取得巨大成就的根本原因，归结起来就是开辟了中国特色社会主义道路，形成了中国特色社会主义理论体系。正如胡锦涛总书记在十七大报告中所指出的："中国特色社会主义道路之所以完全正确、之所以能够引领中国发展进步，关键在于我们既坚持了科学社会主义的基本原则，又根据我国实际和时代特征赋予其鲜明的中国特色。"我们认为，中国特色社会主义在理论和实践上所始终坚持和运用的科学社会主义的基本原则，首先和最为根本的，就是它所赖以立足的科学世界观和方法论基础——马克思主义哲学，尤其是历史唯物主义。

新时期以来，党中央一直继承了毛泽东同志重视学用马克思主义哲学的好传统，坚持运用科学世界观和方法论，指导我国社会主义改革开放和现代化的实践探索。这是由30年前那场关于"实践是检验真理的唯一标准"的大讨论开始的，从而为我们党恢复和确立党的"解放思想、实事求是"思想路线扫清了思想障碍，提供了理论支持。这条思想路线的基本精神，就是辩证唯物主义、历史

唯物主义哲学世界观及其方法论的精神实质和基本要求。此后全党全国各族人民在贯彻落实这条思想路线的过程中，在改革开放的实践探索中，在中国特色社会主义道路的开辟和理论体系形成过程中，马克思主义哲学尤其是历史唯物主义发挥了思想导向和理论支撑作用。

邓小平同志在改革开放的实践探索中开辟中国特色社会主义道路、开创中国特色社会主义理论体系，都是围绕“什么是社会主义、怎样建设社会主义”这个基本问题而展开的，是创造性地坚持和运用马克思主义哲学而发生的认识飞跃。

第一，在改革开放的实践探索中，首先受到邓小平同志重视和创造性运用的是马克思主义的历史唯物论。而历史唯物论与历史辩证法是内在统一、相辅相成的；同时历史辩证法同样是立足于历史唯物论的基础之上的。马克思的唯物论认为，社会物质生产力的发展是整个社会生活以及整个现实历史的基础，人们所达到的生产力的总和决定着社会状况。据此，列宁还把促进生产力的发展视为社会进步的最高标准。而邓小平同志正是从生产力标准的高度，来理解和阐发什么是社会主义，并为当代中国的社会主义作出了科学的历史定位。其一，鉴于过去我们在认识“什么是社会主义”之时，曾经有过忽视生产力而过分强调生产关系、过分强调公有制的“单一性”的偏颇，邓小平同志在关于社会主义本质的科学论断中，强调“解放生产力，发展生产力”是“消灭剥削，消除两极分化，最终达到共同富裕”的根本基础。这是坚持历史唯物论的典范，同时也为“社会主义的根本任务是发展生产力”的提出、坚持、贯彻和实现，奠定了直接的理论前提。其二，党中央和邓小平同志把我国现阶段所处的历史方位确定为“社会主义初级阶段”，这是以历史唯物论及其生产力标准作指导，来综合地概括我国的基本国情、科学地判定当代中国历史方位的重大理论创新，是对科学社会主义的丰富和发展。其三，党中央和邓小平同志认定在社会主义初级阶段，我国所要解决的主要矛盾，是人民日益增长的物质文化需要同落后的社会生产之间的矛盾。这是根据我国生产力总体发展比较落后的实际状况，从根本上对于国情的科学把握。这为我们党实现从“以阶级斗争为纲”到“以经济建设为中心”的战略转变，提供了客观依据和理论支持。关于社会生产力的发展状况对社会主义本质、对我国社会目前所处历史阶段及其主要矛盾的根本性决定作用的正确认识，具有全局性、根本性、长远性的指导意义。

第二，中国特色社会主义理论体系所体现的历史唯物论中所指的生产力，是与一定的生产关系及其经济体制相结合的现实生产力。因此它正确指导同我国现阶段生产力发展状况相适应的生产关系、经济体制和利益结构的选择、改革和调整，同样是坚持历史唯物论题中应有之义。这包括：①我国进行社会主义体制改革，坚持以经济体制改革为中心，而其他领域的改革都必须与之配套进行和为其服务，以促进生产力的发展。②在总体上坚持和维护社会主义基本制度，并在改革作为社会主义自我完善和发展的前提下，根据我国目前生产力的发展状况而对现阶段的基本经济制度作出必要的调整，即由单一公有制的社会经济结构，调整为“公有制为主体、多种所有制经济共同发展的基本经济制度”。③邓小平同志还把“生产力标准”发展为“三个有利于”标准，即对于我国改革开放和各项政策成败得失判断的标准，应该主要看是否有利于发展社会主义社会的生产力，是否有利于增强社会主义国家的综合国力，是否有利于提高人民的生活水平。④正是鉴于现实生产力与其生产关系的内在和历史的统一、鉴于作为社会主义生产关系及其实现形式的社会经济制度及其体制终归要体现为一定的利益结构，江泽民同志在表述“三个代表”重要思想时，既突出社会生产力特别是先进生产力的最终决定作用，又要求我们党必须始终代表中国先进生产力的发展要求，代表中国先进文化的前进方向，代表中国最广大人民的根本利益。中国特色社会主义理论体系通篇闪烁着历史唯物论的思想光辉，它保障着中国特色社会主义的理论和实践探索始终被置于现实的基础之上。

第三，中国特色社会主义理论体系所体现的历史唯物论始终是同历史辩证法内在地结合在一起的。事实上，也只有在坚持社会生产力的最终决定作用的前提下，始终坚持历史唯物论和历史辩证法的统一，才是在真正坚持历史唯物主义。这主要表现在：①坚持运用历史唯物论和历史辩证法相统一的观点，根据我国长期处于社会主义初级阶段的基本国情，制定了党在现阶段的“一个中心、两个基本点”的基本路线。“一个中心”就是“以经济建设为中心”，就是把大力发展生产力放在大于一切、重于一切的地位，这体现了历史唯物论；而坚持四项基本原则和坚持改革开放的统一，则体现了坚持科学社会主义的“基本原则”对于社会主义实践的指导，坚持和完善社会主义基本制度、改革社会主义体制对于促进生产力发展和社会全面进步，具有巨大的和能动的反作用。②坚持运用社会主义社会基本矛盾的观点，来说明和论证社会主义经济体制和其他相关体制改革的必然性。因为社会主义社会的基本矛盾仍然是生产关系与生产力、上层建筑与经济基础之间的矛盾，所以我们改革经济体制，是在坚持社会主义制度的前提下，改革生产关系和上层建筑中不适应生产力发展的一系列相互联系的环节

和方面，以便进一步解放和加快发展生产力。③坚持历史辩证法关于社会各个领域相互作用、普遍联系的原理，促进经济社会的协调发展和全面进步。先是邓小平同志提出社会主义物质文明建设和精神文明建设要“坚持两手抓、两手都要硬”，要协调发展；其后，江泽民同志又提出要加强社会主义政治文明建设。这样，就发展为社会主义的三大文明建设和协调发展；党的十六大以来，党中央提出社会主义的物质文明建设、政治文明建设、精神文明建设和社会文明建设四位一体；党的十七大又提出生态文明建设。实际上，以人为本的科学发展观所要求的全面协调可持续发展，包括上述“五大文明”建设和做好“五个统筹”。

第四，坚持历史唯物论和历史辩证法之内在统一的最为生动的体现，就是在改革和建设中充分尊重人民群众的主体地位和首创精神。因为工人阶级是社会主义国家的领导阶级，他们同广大人民群众一道，都是我国社会的和社会实践的主体力量，是社会物质力量和精神力量的根本载体，是我国改革和建设的主力军。所以，党中央历来强调，在革命、改革和建设中，要全心全意地依靠工人阶级，要坚持群众观点和群众路线，要全心全意为人民服务；要坚持党的领导、人民当家作主和依法治国的统一。例如，我国农村改革就是根据农民的创造搞起来的，是尊重人民群众的首创精神的结果。对此，邓小平同志说：“农村搞家庭联产承包，这个发明权是农民的。农村改革中的好多东西，都是基层创造出来，我们把它拿来加工提高作为全国的指导。”其他领域的改革原则上也是这样。因此，我们党在科学和民主决策中的一项取舍原则，是要看人民群众拥护不拥护、赞成不赞成、满意不满意。在邓小平理论和“三个代表”重要思想以及科学发展观中，都把人民群众的主体地位和根本利益置于核心地位。

（二）科学发展观是马克思主义关于发展的世界观和方法论的集中体现

党的十六大以来，以胡锦涛同志为总书记的党中央提出了一系列重大的战略思想，其中，科学发展观更具有根本性，是马克思主义关于发展的世界观和方法论的集中体现。科学发展观，第一要义是发展，核心是以人为本，基本要求是全面协调可持续，根本方法是统筹兼顾。这里所坚持和体现的科学世界观和方法论，主要就是唯物辩证法。

新世纪新阶段，我国推进中国特色社会主义事业的发展，首先必须坚持“以人为本”，这是发展的社会主体和根本目的。坚持“以人为本”，就是以人民为本，以人民的根本利益为本。发展为了人民，发展依靠人民，发展成果由人民共享。人民作为我们党和国家事业发展的力量之源和胜利之本，同把发展生产力作为社会主义建设的根本任务，是完全一致和内在统一的。坚持这种统一，是马克思主义世界观和方法论的基石。

其次，坚持全面协调可持续发展是坚持唯物辩证法的生动体现。提出“全面发展”，是针对、防止和克服“片面发展”而言的。胡锦涛同志说：“全面发展，就是要以经济建设为中心，全面推进经济、政治、文化建设，实现经济发展和社会全面进步。”大力发展经济，毫无疑问是党和国家长期的工作重点。但理论和现实都要求，发展应是重点论和两点论的统一。经济发展是社会进步的基础。在重点发展经济的同时，必然要求和完全能够实现经济发展和社会的全面进步。提出“协调发展”，是针对、防止和克服不“协调发展”甚至畸形发展而言的。胡锦涛同志说：“协调发展，就是要统筹城乡发展、统筹区域发展、统筹经济社会发展、统筹人与自然和谐发展、统筹国内发展和对外开放，推进生产力和生产关系、经济基础和上层建筑相协调，推进经济、政治、文化建设的各个环节、各个方面相协调。”科学发展观所要求的这五个统筹，是唯物辩证法普遍联系原理的实践应用和体现。而提出“可持续发展”，是针对、防止和克服无视自然条件和生态环境的制约，搞只顾眼前的竭泽而渔、激化人与自然关系的那种难以为继的“跨越式发展”而言的。胡锦涛同志说：“可持续发展，就是要促进人与自然的和谐，实现经济发展和人口、资源、环境相协调，坚持走生产发展、生活富裕、生态良好的文明发展道路，保证一代接一代地永续发展。”可见，党中央提出可持续发展，就是要求把社会发展进步看作一个连续和不断前进的历史过程，而不是割断历史过程；是要求唯物辩证地看待和处理人与自然界的关系，使人与自然和谐相处，而不是人为地激化人与自然之间的矛盾。所以，可持续发展也是唯物辩证法对于我们的客观要求，否则就会受到自然界及其客观规律的报复和惩罚。

再次，说“科学发展观的根本方法是统筹兼顾”，在方法论上与坚持全面协调可持续发展的“基本要求”是同义的，都是要求做到唯物辩证地看待和处理好改革、建设和发展中的方方面面的关系。只不过，“全面协调可持续发展”是就发展应该达到的基本要求而言的，而“统筹兼顾”是就工作过程和工作方法而言的。其共同点是都在表明科学发展观在方法论上的实质性要求。

（三）社会主义改革开放和建设的实践经验丰富发展了马克思主义哲学

同整个马克思主义一样，马克思主义哲学是一个在实践应用中不断发展和开放的理论体系。我国改革开放和现代化建设的实践探索，正因为有了马克思主义哲学的指导，才使中国特色社会主义的理论创新和实践应用具有科学的世界观和方法论基础。马克思主义哲学引领着中国改革和建设的正确方向，而改革开放和社会主义现代化建设的伟大实践也促进了马克思主义哲学的丰富和发展。我们党在运用马克思主义哲学指导改革开放和现代化建设的具体实践及其经验总结中从哲学的高度上提出的一些新概念、新观点和新思想，进一步丰富和发展了马克思主义世界观和方法论，诸如“第一生产力”概念，与社会制度相对应的“体制”概念，新的“社会”概念，“生态文明”概念等。举例来说，在马克思主义原有话语体系中，社会是所有社会现象即包括经济、政治和文化等社会现象在内的总概括。而在科学发展观的“构建社会主义和谐社会”的提法中，以及在与经济建设、政治建设、文化建设相并提的“社会建设”这个四位一体中，“社会”这个概念的内涵显然要小得多。这样，就在社会有机体中明确地划分出了一个新层次，即以社会经济利益为基础的、包括社会伦理道德关系在内的人与人之间关系的新领域。由此从理论上解决了长期没有明确解决的一个问题，就是历史唯物主义与社会学的研究对象的划界问题。从一定角度看，这两者确实都在研究现实社会，列宁还把历史唯物主义称为“科学的社会学”。因此很容易产生两种错误倾向：一种是只要历史唯物主义，并用历史唯物主义代替社会学，否认社会学的合理性；另一种是只要社会学，否认历史唯物主义对于认识社会的指导作用。而今有了“大社会”和“小社会”这两个概念，问题就比较容易解决了。其实，历史唯物主义和社会学在研究对象上，是各有分工、相辅相成的。其中，历史唯物主义主要以历史和现实的“大社会”作为研究对象，研究整个人类社会的发展过程和规律；而社会学主要以现实的“小社会”作为研究对象，通过对社会现象的实证性研究，为协调和解决人与人之间的关系上的具体问题，提供理论和方法上的帮助。可见，历史唯物主义所要揭示的，是整个人类社会发展普遍的本质和规律。因此，历史唯物主义对于认识各种具体社会现象和社会问题，理所当然地具有指导作用；而社会学对于现实社会所做的实证性研究，也会为历史唯物主义的研究和实践应用，提供学科性和实证性的支持。我们党所提出的“四位一体”的“社会”概念，具有普遍性和方法论意义，有助于我们丰富和深化对社会有机体的认识。

总之，我们党在改革开放和现代化建设的伟大实践中所提出的“第一生产力”、“体制”、新的“社会”和“生态文明”等新概念，都是对马克思主义哲学的创新，并由于这些概念的内涵延伸和逻辑展开所包含的新观点和新思想，从而多方面地丰富和发展了马克思主义哲学。当然，整个中国特色社会主义理论体系所包含的对马克思主义哲学的丰富和发展，远不止这些。但仅此就足以表明，马克思主义哲学在我国改革开放的实践探索中，在中国特色社会主义建设的实践运用中，已经并将继续得到创造性运用和多方面的丰富与发展。

十一

六次思想解放与经济体制改革和发展

程恩富

（一）真理标准讨论为改革提供了思想条件

1978年5月10日，中共中央党校内部理论刊物《理论动态》发表了《实践是检验真理的唯一标准》一文。文章中的精辟论述，直接涉及“两个凡是”的要害，这就是本本主义、教条主义。5月11日，《光明日报》以特约评论员名义公开发表该文。12日，《人民日报》、《解放军报》全文转载了这篇文章。后来，全国各大报刊陆续转载。文章发表后，立即引起了社会各界关于真理标准问题的讨论。邓小平同志对讨论给予了坚决的支持。在1978年6月2日的全军政治工作会议上，邓小平指出：“实事求是是毛泽东思想的出发点、根本点”，他号召：“打破精神枷锁，使我们的思想来个大解放。”6月6日，《人民日报》、《解放军报》在第一版全文发表了这一讲话，极大地支持了“真理标准”一文。6月以后，党内和社会各界越来越多的人参与到这场大讨论中。根据统计，到1978年底，省级以上报刊发表的真理标准讨论的文章有650篇之多。这一讨论，打破了一度盛行的个人崇拜的精神枷锁，冲破了“两个凡是”的禁锢，极大地解放了人们的思想，使许多人从过去种种“左”的教条束缚中解放出来，转而用实事求是的态度观察和思考问题。真理标准大讨论，不仅具有学术价值（至于从学理上应不应当加“唯一”两字，至今尚有争议），而且直接为党的思想路线的重新确立作了理论和舆论的准备。

1978年12月15日，在中央工作会议闭幕式上，邓小平作了题为《解放思想，实事求是，团结一致向前看》的重要讲话。他强调：“解放思想是当前的一个重大的政治问题”，“不打破思想僵化，不大大解放干部和群众的思想，四个现代化就没有希望。”12月18日，党的十一届三中全会重新确立了党的思想路线。全会坚决摒弃“两个凡是”的错误方针，高度评价关于真理标准问题的讨论，强调要解放思想，实事求是，一切从实际出发。这就恢复了党在延安整风时就确立的正确的思想路线。邓小平就此有一段精辟发言：“一个党，一个国家，一个民族，如果一切从本本出发，思想僵化，迷信盛行，那它就不能前进，它的生机就停止了，就要亡党亡国。”邓小平还专门为《光明日报》题词：“实践是检验真理的唯一标准”。

可见，批评“两个凡是”和真理标准问题讨论，成为我们党继延安整风之后又一次具有深远意义的思想解放运动。它使广大干部和群众从过去盛行的个人崇拜和教条主义的精神枷锁中摆脱出来，使我国逐步走出“文化大革命”十年动荡留下的困局，为改革开放提供了宝贵的思想基础。

（二）30 年解放思想催生了两大创新

30 年后的今天，回顾和纪念真理标准问题的讨论，不难发现，真理标准问题讨论馈赠给我们最宝贵的精神财富就是解放思想。没有解放思想，就没有党的思想路线的重新确立；没有解放思想，就没有改革开放发展的伟大成就；没有解放思想，就没有中国特色社会主义的成功实践。正因为如此，胡锦涛同志在十七大报告中明确指出：“解放思想是发展中国特色社会主义的一大法宝”。

从理论上说，解放思想主要是一种尊重客观实际而又不断创新的思想范式和精神状态。思想解放是一个同思想僵化和思想禁锢相对立的认识论范畴，它是指人的思维的活动方式处于解除禁锢与放达发展的自由自觉的创造状态，其思维的认识成果能够随着社会实践的推进过程而进行相应的创新发展，从而达到主观与客观相符合、认识与实践相统一的境界。

30 年来，科学解放思想催生了两大创新。首先，解放思想催生了理论创新。我们党坚持实事求是、解放思想、与时俱进和求真务实的思想路线，创造性地构筑了中国特色社会主义理论体系。在改革开放的新时期，使马克思主义与本国国情相结合、与时代发展同进步、与人民群众同命运，形成了邓小平理论、“三个代表”重要思想、科学发展观等重大理论创新成果，创造性地回答了什么是社会主义、怎样建设社会主义，为什么要建设党、怎样建设党，为什么发展和怎样发展的问题。可以说，解放思想的 30 年也就是理论创新的 30 年。

其次，解放思想催生了体制创新。真理标准问题的讨论把人们从“两个凡是”的思想禁锢中解放出来，在思想解放的浪潮中，改革开放应运而生。通过

解放思想，社会主义市场经济体制由理论变为现实，中国特色的社会主义所有制和分配体制在改革创新中不断完善；中国特色的民主政治体制在改革创新中不断健全；中国特色的先进文化体制在改革创新中不断前进；中国特色的和谐社会体制在改革创新中不断再造；党的建设的伟大工程在改革创新中得以不断推进，执政能力明显提高。简言之，社会主义制度和社会主义事业在改革开放的浪潮中孕育和迸发出蓬勃的生机和创新的活力，已经走出了一条中国特色的社会主义康庄大道，“中国模式”和“北京共识”为世界瞩目。

（三）六次思想解放推动经济改革和发展

我国社会主义经济体制改革的演进与思想解放和理论发展是紧密相连的。所谓思想解放，就是在摆脱“左”、右等各种错误思维定式束缚后的一种认识升华和观念创新。反“左”属于思想解放，反右同样属于思想解放。30 年来，大小程度不一的思想解放有六次。

第一次思想大解放，始于 1978 年 5 月，主题是提出实践是检验真理的唯一标准。针对“两个凡是”的思维定式，《理论动态》和《光明日报》分别发表《实践是检验真理的唯一标准》的文章；同年 12 月，中共中央召开十一届三中全会，邓小平作了《解放思想，实事求是，团结一致向前看》的报告，从而为重新确立正确的思想路线、组织路线、政治路线和经济路线奠定了基础。同时，针对思想解放过程中党内外一股怀疑社会主义和党的领导的资产阶级自由化思潮，1979 年 3 月，邓小平作了《坚持四项基本原则》的报告，强调要在中国实现四个现代化，必须在思想政治上坚持四项基本原则——社会主义道路、无产阶级专政、共产党的领导和马列主义毛泽东思想，从而为思想解放规定了科学边界。1981 年 6 月，十一届六中全会通过的《关于建国以来党的若干历史问题的决议》，标志着党胜利地完成了指导思想上的拨乱反正，使第一次思想大解放获得了思想、政治、经济和文化等全方位的重大硕果。

这次思想解放对于经济体制改革的影响是巨大的。一是把党的工作重点从抓阶级斗争转移到社会主义现代化建设上来了，为探索新的经济体制创造了条件；二是国民经济进入“调整、改革、整顿、提高”的新阶段，实行边调整、边改革；三是开始进行国有工业企业扩大自主权的试点；四是农村逐步推广联产承包制，废除人民公社体制；五是开始突破传统计划经济体制，实行计划经济为主、市场调节为辅的新体制，试行对内搞活和对外开放的各项措施；六是坚持国营经济的主导地位，鼓励集体经济、合作经济、个体经济等多种经济形式的发展。

第二次思想解放，始于1984年10月，主题是制订经济体制改革的纲领。党的十二届三中全会通过的《中共中央关于经济体制改革问题的决定》（依据1982年党的十二大提出要抓紧制订改革的总体方案和实施步骤），这是一次经济思想的大解放，核心是确立了“社会主义计划经济必须自觉依据和运用价值规律，是在公有制基础上的有计划的商品经济”这一新命题，从而冲破了把计划经济与商品经济对立起来的陈旧观念。该决定明确指出，“按照党历来要求的把马克思主义基本原理同中国实际相结合的原则，按照正确对待外国经验的原则，进一步解放思想，走自己的路，建立起具有中国特色的、充满生机和活力的社会主义经济体制，这就是我们这次改革的基本任务。”此次关于什么是社会主义经济的思想大解放，既同资本主义经济制度划清了界限，又勾画出同高度集权式计划经济相区别的新体制框架，是迈向社会主义市场经济体制的关键性一步。邓小平同志对此给予高度评价，认为“这次经济体制改革的文件好，就是解释了什么是社会主义”，“写出了一个政治经济学的初稿，是马克思主义基本原理和中国社会主义实践相结合的政治经济学”。

此次思想解放直接作用于经济体制改革，掀起了整个经济领域的“革命”。一是开始建立包含商品市场、资金市场、劳务市场和技术市场等在内的社会主义市场体系，提倡市场竞争和运用经济杠杆，启动塑造有计划商品经济体制；二是实行厂长（经理）负责制，大力推行以承包责任制为主的多种形式的两权分离企业制度；三是实行调放结合和放控结合的价格双轨制；四是建立“统一计划，划分资金，实存实贷，相互通融”的新信贷体制；五是逐步实施14个港口工业城市开放体制，以及珠江三角洲、长江三角洲和闽南厦漳泉三角地区51个市县的沿海经济开放区体制。

第三次思想解放，始于1987年10月，主题是确立社会主义初级阶段的理论。党的十三大报告提出了“一个中心、两个基本点”为主要内容的社会主义初级阶段基本路线，指出既不能以僵化的观点看待四项基本原则，也不能以资产阶级自由化的观点看待改革开放，并首次提出有计划商品经济体制的运行机制是“国家调控市场、市场引导企业”。正如党中央在关于这个报告的决议中所评论的，有关我国社会仍处于社会主义的初级阶段这个正确论断，对于防止和纠正“左”的和右的干扰，把建设有中国特色的社会主义的伟大事业不断推向前进，具有重大的深远的历史意义。初级阶段理论的确立还直接带动了生产力标准的大讨论。1990年，中共中央宣传部下发的《关于社会主义若干问题学习纲要》，进

一步解答了什么是社会主义及其初级阶段。

这次思想解放促进了经济体制改革的较快发展。一是加快了建立和培育包括要素市场在内的整个社会主义市场体系的步伐；二是加快了缩小指令性计划的速度，转向以间接管理为主的宏观经济调节体系；三是在政策和宪法上正式肯定了私营经济一定程度的发展；四是围绕转变企业经营机制这个中心环节，分阶段地进行计划、投资、物资、财政、金融、外贸等方面体制的配套改革；五是在坚持按劳分配为主体的前提下，发展各种非按劳分配的方式；六是发挥城市的经济中心功能，广泛推动企业之间的横向经济联合和生产要素的重新组合；七是在整顿治理中继续深化了金融、工商管理、流通等某些领域的改革。

第四次思想大解放，始于1992年2月，主题是要建立社会主义市场经济体制。邓小平的南方谈话，再次强调计划经济不等于社会主义，市场经济不等于资本主义，计划和市场都是经济手段，不是社会主义与资本主义的本质区别。他一方面主张不要乱谈姓"资"姓"社"的问题，应从"三个有利于"出发加快改革开放步子；另一方面指出对一些社会主义国家出现严重曲折和暂时复辟不要惊慌失措，针对帝国主义搞和平演变，必须始终注意反对资产阶级自由化。同年10月，依据邓小平的南方谈话精神，党的十四大报告正式提出经济体制改革的目标是建立社会主义市场经济体制。次年作出了《中共中央关于建立社会主义市场经济体制若干问题的决定》，设计出社会主义市场经济体制的框架，主张把社会主义基本制度与市场经济体制相结合，从而消除了不要提"社会主义"和不要提"市场经济"的两种片面意见。

此次思想解放直接促成社会主义市场经济体制的全方位改革。一是按照"产权清晰、权责明确、政企分开、管理科学"的基本特征，建立以公有制为主体和公司制为主要形式的现代企业制度；二是取消价格"双轨制"，实现由国家调控的市场自由定价制；三是加速进行计划、投资、财政、金融、房地产和对外关系等领域的体制改革，大幅度地提高了经济的市场化程度；四是建立和完善养老、医疗和失业等社会保障制度；五是在充分发挥市场配置资源的基础作用的同时，积极改善宏观调控机制，逐步实现了"低通胀、高增长"的新局面；六是形成外商直接投资为主的引资格局和引资高潮。

第五次思想解放，始于1997年9月，主题是公有制的实现形式和社会主义初级阶段的基本经济制度理论。党的十五大报告提出，公有制实现形式可以而且应当多样化。股份制是现代企业的一种经营方式和资本组织形式，资本主义可以用，社会主义也可以用，从而澄清了把股份制笼统地说成是公有制或私有制的两种极端思想。只要国家和集体控股，就具有明显的公有性。同时，要鼓励以劳动者的劳动联合和资本联合为主的集体经济。该报告还首次在党的文献中提出，公有制为主体、多种所有制经济共同发展，是我国社会主义初级阶段的一项基本经济制度。这既反对了那种以为初级阶段不必发展非公有制的潜意识，又反对了那种否定公有制为主体和把现阶段发展本国私人经济永恒化的偏激思潮，坚持把“社会主义”和“初级阶段”这八个字统一起来认识和把握。

这次思想解放促使经济体制改革快速进入攻坚阶段。一是产权交易和资产重组广泛化，国有企业力图通过“抓大放小”而摆脱困境，并实施再就业工程；二是股份制、股份合作制和非公有制发展迅猛；三是整顿金融秩序，防范金融危机；四是部分纠正政治权力经商的体制，禁止军队、武警、公检法等部门经商，打击走私动真格；五是深化科技和教育体制，实施科教兴国战略和可持续发展战略；六是深化农村经济体制改革，建立以家庭承包经营为基础，以农业社会化服务体系、农产品市场体系和国家对农业的支持保护体系为支撑的体制。

第六次思想大解放，始于2003年10月，主题是坚持以人为本，树立全面协调可持续的科学发展观。党的十六届三中全会通过的《中共中央关于完善社会主义市场经济体制若干问题的决定》提出了“坚持统筹兼顾，协调好改革进程中的各种利益关系。坚持以人为本，树立全面协调可持续的发展观，促进经济社会和人的全面发展”的科学发展观，强调“统筹城乡发展、统筹区域发展、统筹经济社会发展、统筹人与自然和谐发展、统筹国内发展和对外开放”的五个统筹。2004年3月，胡锦涛在中央人口资源环境工作座谈会上的讲话，是一个系统阐述科学发展观的重要讲话，指出要把“控制人口、节约资源、保护环境放在重要战略位置”，“树立并落实科学发展观”。2007年11月党的十七大报告又完整阐述科学发展观的四层内涵和基本要求，指出“第一要义是发展，核心是以人为本，基本要求是全面协调可持续，根本方法是统筹兼顾”。

这次思想解放促使经济体制改革进入最后完善阶段。一是转变经济发展方式，全面推动人口资源环境的可持续发展体制建设。二是开展自主创新和创新性国家的体制建设。三是全面开展“八个统筹”为主要内容的统筹兼顾体制建设，统筹城乡发展（建设社会主义新农村），统筹区域发展，统筹经济社会发展，统筹人与自然和谐发展，统筹国内发展和对外开放，统筹中央和地方关系，统筹个人利益和集体利益、局部利益和整体利益、当前利益和长远利益，统筹国内国际两个大局。四是开展以人为本和民生取向的社会主义和谐社会体制建设。

(四) 改革目标：构建“四主型”经济形态或体制

伴随着六次思想大解放所进行的30年经济体制改革，其实质是依据社会生产力和现代市场经济发展的内在要求，重构和完善社会主义初级阶段的基本经济形态——公有主体型产权形态、劳动主体型分配形态、国家主导型市场形态和自力主导型开放形态。

第一，建立和完善公有主体型的多种类产权形态。我国经济改革的走向之一，是从过去完全公有制的单一经济形态向以公有制为主体、多种所有制经济共同发展的经济形态转变。由于现阶段社会生产力发展的不平衡和多样性，以及人口和就业问题十分突出等缘故，不宜维持单一的、纯而又纯的公有制结构。改革已经逐渐打破和扭转了传统的社会所有制格局，这是非常必要的。不过，中国要建立的是社会主义的市场经济体制，即以公有制为主体的市场经济模式，而不是以私有制为主体的市场经济模式。这就是说，在迈向市场经济的改革中，不会放弃含国有经济和集体经济及合作经济在内的公有制主体地位，而是要将公有产权与市场经济有效地融合在一起，实现一种以公有法人型联合劳动为基础的“市场社会主义”。我们应在深化企业改革中发展和壮大公有制经济及实行“主体—辅体”的社会所有制形态。

第二，建立和完善劳动主体型的多要素分配形态。我国经济改革摈弃了带有平均主义色彩的计划型按劳分配的模式，从单一的按劳分配形态向以市场型按劳分配为主体、多种生产要素所有权共同参与分配的经济形态转变。一部分人和一部分地区先富起来了，绝大多数城乡居民的生活质量都有程度不同的提高，反贫困进展迅速。共同富裕作为一个长期动态过程和结果，得到了较充分的体现。这是生产发展和经济改革的双重成效。当前，我们应克服脱离“消灭剥削，消除两极分化”的制度基础来谈共同富裕的倾向，继续促进“先富—共富”这一“非均衡—均衡”变动的有序发展，预防新生资产阶级和严重两极分化的形成。政府要在分配领域运用工资、奖金、税收、公共福利、社会保障等手段和机制，事先主动防止某些分配不公的产生，事后积极纠正某些分配不公的现象，使财富和收入的分配差距日趋合理化，以改进和确保按劳分配主体型的多元分配形态。

第三，建立和完善国家主导型的多结构市场形态。改革中我们既注重建立以计划、金融和财政为核心的国家宏观调控系统，维护全局利益的统一性，又注重在集中指导下赋予基层、地方和部门必要的权力，形成统一领导下的兼顾局部利益的灵活性。在存有个人选择、法人选择、市场选择和社会选择的复杂条件下，国家调控逐渐在“博弈”中（所谓上有政策、下有对策，就是一种博弈）完善各项政策和机制，树立应有的领导权威。参考我国历史上成功的经验及日本、德国和韩国等“跳跃式”发展的做法，有必要在廉洁廉价和科学管理的前提下确立“小而强的政府”主导地位或主脑地位（萨缪尔森认为市场没有“心脏”和“大脑”），建立强市场和强政府的“双强”格局，使国家的经济职能和作用略大于资本主义国家。这是因为，中国是一个相对落后的社会，要迅速赶超最发达的西方国家；中国是一个经济转型的社会，要尽快实现向市场体制的有序过渡；中国是一个公有主体的社会，要充分发挥国有经济的主导功能。为了在市场经济的基础上更好地施展国家的权威作用，必须加快调整政府机构，转变政府职能，彻底解决政资不分、政企不分、政事不分和党政不分的问题。

第四，建立和完善自力主导型的多方位开放形态。改革的理论模式和现实特征，就是从以往过分突出自力更生的较封闭经济形态向以自力更生为主导、多方位开放共同发展的经济形态转变。改革以来，我国在依靠本国自己力量的基础上，先后对发达国家、发展中国家和我国港台澳地区实行多方位开放，在第三产业、第二产业和第一产业实行多方位开放，在资本、技术、商品和服务等项目实行多方位开放，并实行内外开放和双向开放，从而促使贸易依存度、贸易结构水平、关税总水平、资本依存度和投资结构水平等层面发生重大变化，某些重要指标甚至超过不少发达的市场经济国家，整个国民经济的内外开放度大幅度提高。在现阶段，要继续积极地实行邓小平同志关于“有计划地利用外资”和“有计划、有选择地引进资本主义国家的先进技术”及整个对外开放路线，处理好开放、保护和超越之间的关系，努力提高对外开放的素质和水平。其中包括要精心调控引进技术和资本的战略与策略，增强自主创新的程度。

（五）继续解放思想须摆脱各种教条主义

30年后的今天，解放思想作为认识实践和指导实践的思维范式和思想路线没有任何变化。但是，面对世情、国情和党情的新变化，解放思想被赋予了新的任务和使命。如果说，30年前解放思想的主要任务是要冲破“两个凡是”的禁锢，把广大干部和群众从过去种种“左”的教条的束缚中解放出来，那么，今天的解放思想面临的挑战和任务则更加艰巨。

目前，解放思想，不但承担着继续把人们从对马克思主义和传统社会主义的

教条主义认识中解放出来的任务，更是要勇于担当把人们从对西方主流思想理论和政策的教条主义认识中解放出来的重任。“马教条”违背唯物辩证法的基本原则，消解马克思主义的特殊性和时代性，脱离当代世界形势和中国实际，总是陷入马克思主义经典作家的某些具体论断而不能自拔，从而成为发展的思想障碍。与此同时，“洋教条”的危害同样不可小觑。当代某些所谓“主流公共知识分子”、“主流经济学家”总是把西方新自由主义和民主社会主义等思潮奉为普适性的放之四海而皆准的价值趋向、制度模式、政策楷模和最佳道路，宣扬“私有产权神话”和“市场原教旨主义”（诺贝尔经济学奖斯蒂格利茨批评语）、美国和瑞典基于私人垄断利益的畸形民主政治模式和文化模式等。这些“洋教条”的危害与“马教条”相比，有过之而无不及。

因此，当前中国的解放思想，应当把人们继续从“马教条”、重点从“洋教条”和注意从新儒化（主张用儒学来儒化社会主义中国）“古教条”等各种教条主义中解放出来。正如江泽民同志强调的，解放思想同实事求是是统一的，就是要求我们的思想认识符合客观实际，在马克思主义指导下，冲破落后的传统观念和主观偏见的束缚，改变因循守旧、不接受新事物的精神状态。

（六）继续解放思想的主题和突破点

胡锦涛同志指出，解放思想、实事求是、与时俱进，是马克思主义活的灵魂，是我们适应新形势、认识新事物、完成新任务的根本思想武器；解放思想，是党的思想路线的本质要求，是我们应对前进道路上各种新情况新问题、不断开创事业新局面的一大法宝，必须坚定不移地加以坚持。

围绕建设中国特色社会主义和深入落实科学发展观，是当前继续解放思想的主题和方向。继续推进超越传统社会主义和当代资本主义制度模式的中国特色社会主义，并在邓小平理论和“三个代表”重要思想的基础上，提出和践行科学发展观，本身就是具有中国和世界意义的不断思想解放的产物和表现。科学发展观扬弃了西方工具理性主义的洋式发展观和中国唯国内生产总值的传统发展观，确立了马克思主义的实践创造论、辩证发展论和自我批判精神相统一的发展观，是马克思主义及其中国化理论关于发展的新思维和新方针。

邓小平说，解放思想必须真正解决问题。继续解放思想有广阔的空间，凡是不符合、不利于中国特色社会主义和深入落实科学发展观的一切观念、理论、体制、机制、政策和措施，都应当突破，逐步地消除和克服。就十七大报告强调的

“四位一体”建设来说，具体内容可包括：在经济建设上，要重点突破公有制不能与市场经济高效结合的中外传统思维，以及唯 GDP 的传统经济发展方式和机制，继续完善社会主义性质的市场经济体制和根本转变经济发展方式（含对外经济发展方式）；在政治建设上，要重点突破不能推进超越西方资本主义宪政的社会主义新型宪政的传统思维，继续完善党内民主与社会（人民）民主互动型的社会主义民主政治体制机制；在文化建设上，要重点突破偏离社会主义核心价值体系的各种貌新实旧的思维，尤其要消除西方所谓普世价值观的不良影响，继续完善社会主义先进文化发展的体制机制；在社会建设上，要重点突破公平与效率高低反向变动的替代思维，塑造公平与效率高低同向变动的互促思维及其政策，以此为基础继续完善以民生为轴心的社会主义和谐社会。

诚然，现阶段解放思想应该辩证地坚持几点不动摇。一是在指导思想上，坚持多样化思潮中马克思主义及其中国化理论的指导地位。邓小平和江泽民都说过，解放思想是在马克思主义的指导下。我们的解放思想是全面的，要真正贯彻我们党几代领导集体强调的“实事求是、解放思想、与时俱进、求真务实”的思想路线，就要反对和克服中外各种教条主义、古今各种本本主义、土洋各种经验主义。那种主张解放思想就要放弃或弱化马克思主义，或者只反“马教条”、“马本本”，而盲目崇拜“洋教条”、“洋本本”、“洋经验”都是不全面的。现代西方“普世价值观”属于资本主义或资产阶级价值观，与马克思主义或工人阶级的价值观在用语、表象、途径、模式和性质等某些方面有共同点，但在根本社会实质和阶级实质上是不同的。只有马克思主义或工人阶级关于自由、平等、博爱或仁爱、民主、法制、宪政、人权、人道、和平、和谐、公正、公平、互助、合作、诚信、幸福、快乐、发展、团结、斗争等的价值观，才是应当和最终必然普世的。价值观具有多领域、多层次、历史性、国别性、社会性、阶级性、阶层性、群体性、区域性等特点和内涵，要确立马克思主义辩证的普世价值观。二是在经济制度上，坚持市场经济中生产资料公有制的主体地位。只要操作得法，公有制完全可以比私有制更适合市场经济，产生出更高的公平与更高的效率。那种主张私有化（民营化）的“新自由主义”、“民主社会主义”、“民本社会主义”，都是片面的。三是在政治制度上，坚持民主政治改革中工人阶级政党的领导。以党的领导、人民当家作主、依法治国“三位一体”为标志，以人民代表大会制度、中国共产党领导的多党合作和政治协商制度、民族区域自治制度、基层群众自治制度“四层制度”为框架的中国式民主，属于人类历史上的新型民主政治模式或宪政模式（吴邦国委员长多次使用“宪政”一词）。那种主张“还权于民”的政治改革，是容易挑起党和政府同人民群众矛盾的不准确口号。四是在对外关系上，坚持在多极化博弈中推动世界和谐发展。科学促进经济全球化、政治民主化、文化多样化、军事防御化，以顺应全球化过程中迫切需要全球民主治理的大趋势。那种主张西方霸权主义和跨国垄断有合理性的辩护性思维，是不正确的。五是在终极目标上，坚持在初级社会主义纲领和政策操作中牢记社会主义本质和共产主义奋斗目标。那种主张不要社会主义经济政治文化制度而虚化邓小平所说“消灭剥削”、“共同富裕”和共产主义等目标，是不合逻辑的。

总之，要直面新的中国社会现实，在中国特色社会主义理论体系和制度大框架中，以“世情为鉴、国情为据、党情为要，马学为体、西学为用、国学为根、综合创新”，有针对性地继续科学解放思想。

十二

从抗震救灾看改革开放30年的中国*

夏春涛

汶川大地震是新中国成立以来破坏性最强、波及范围最广、救灾难度最大的一次地震，震级达里氏8级，波及16个省（区、市）。地震当天，仅四川省死亡人数已达近万人，全省受灾人口达2961万人，且重灾区多为交通不便的高山峡谷地带。面对突如其来的特大地震灾害，如何从速搜救被掩埋在废墟中的幸存者，如何妥善救治伤员、安置受灾群众，如何避免次生灾害发生，均直接考验着我们党和政府的执政理念与执政能力，考验着我国的承受力、凝聚力，考验着国民的意志力与精神状态。灾情使我们悲恸、揪心，而感天动地气壮山河的抗震救灾斗争，特别是在以救人为中心的震后7天时间里发生的许多事情，则使我们再次感受到强烈震撼。回首那些令人刻骨铭心的场景，结合我国走过的30年改革开放历程这一背景进行相关思考，对于我们深入认识改革开放的重大意义和历史贡献、深入了解国情、更好地走向未来，十分重要和必要。

（一）

地震发生后，胡锦涛总书记立即作出重要指示，要求尽快抢救伤员，保证灾区人民生命安全。当晚，中共中央政治局常委会召开会议进行研究部署，明确提出把抗震救灾作为当前的首要任务，尽最大努力减少地震灾害造成的损失，强调“灾情就是命令，时间就是生命”，号召全党和全国军民紧急行动起来，投入抗震救灾斗争。5月16日，在余震不断的情况下，胡锦涛总书记亲赴灾区视察灾情，看望慰问受灾群众，指导救灾工作。他指出，现在虽然已经过了震后72小

---

* 该文于2008年6月中旬刊《理论研究动态》2008年第6期，其节略稿后以《从抗震救灾看我国的政治优势》为题刊《红旗文稿》2008年第15期。

时的“黄金救援”时间，但仍要继续尽最大可能救人。当他面对灾民振臂高呼“我相信，任何困难都难不倒英雄的中国人民”时，所有国人都不禁热血沸腾。66岁的温家宝总理在地震发生仅两小时后便飞赴灾区，把国务院抗震救灾总指挥部设在灾区一线，在川5天几乎走遍重灾区。当看到温总理手臂不慎摔伤出血却顾不上包扎时，我们分明感到了疼痛；当温总理拿着话筒，用坚定、略带沙哑的声音向灾民喊话“党和政府没有忘记你们”、“目前最重要的事情就是救人，只要有一线希望，我们就尽百倍努力”时，我们不禁噙满了泪水。中央指挥若定，高度重视，全国人民也就吃下了定心丸。任何一个国家都不能幸免自然灾害的侵袭，但各国领导人在灾情发生后的反应大不一样。2005年新奥尔良市遭“卡特里娜”飓风袭击，美国总统布什在两天后才乘坐“空军一号”在该市上空转悠半小时，算是视察灾区。有外国媒体对此评论说，“如果乔治·W.布什在处理卡特里娜飓风灾害时能像中国领导人迄今为止在处理更加严重的地震时做得那样好，他可能会更得人心”①。说到底，这种反差是由两国政治制度上的差异所决定的。正如新加坡《联合早报》5月18日刊发的署名文章所说：“中国式总理，无法复制，想学也学不来。”

党组织、党员干部的作用同样是其他国家难以复制的。党员干部在老百姓危难之际应当怎么做，这在我国是个常识性问题。老百姓用这把标尺来衡量党员干部，党员干部也必须用这把标尺来督促自己。我们看到，在山崩地裂中，灾区各级党组织、各级政府巍然挺立，成为危难时刻老百姓的主心骨。救援部队挺进灾区后，首先是与当地的党委、政府取得联系。广大党员干部以大局和人民为重，不顾自己和家人安危，奋力救人并组织群众自救，或积极配合部队展开营救。北川县漩坪乡在震后又受困于堰塞湖，水涨人退，情况十分危急；女儿仍生死不明的杨邦明副乡长说，“我们连哭的时间都没有，也不敢哭，有那么多的受灾群众都在看政府，我们哭了，受灾群众就更没有信心了”。一番朴实的语言，流露出厚重的责任感。在救灾一线的军警、公安、消防、医护人员和专业搜救队伍中，活跃着无数共产党员的身影；不少人在火线入党或递交入党申请书，鲜艳的党旗成为激励人们力量的神圣源泉。在不到一个月时间里，全国共有3786万名党员自愿交纳抗震救灾“特殊党费”，款额逾84亿元。作为救灾的核心力量，广大党员用实际行动，展示了党的光辉形象，彰显了当代中国共产党人的精神风貌，生动诠释了我们党立党为公、执政为民的宗旨和党的先进性。事实无可辩驳地说

① 参见《震灾凸显中国当前制度优势》，2008年5月28日《参考消息》。

明，党员干部的主流是好的，在关键时刻能够经受住磨砺和考验。

人民解放军和武警部队构成抗震救灾的中坚力量，这也是其他国家难以复制的现象。中央一声令下，包括80位将军在内的13.7万名官兵迅速集结，冒着余震、山体滑坡和泥石流等危险，在道路毁断、天气恶劣的情况下，从水陆空火速向已成“生命孤岛”的灾区挺进，全力搜救废墟中的幸存者，转移被困群众。哪里最危急，哪里最需要，哪里就有我们的人民子弟兵。这种国人再熟悉不过的悲壮场面在西方很能出现，西方军人没有抢险救灾的义务，可以作壁上观。两相对比，令人不胜感喟。当15名空降兵写下遗书后破天荒地从5000米缺氧高空纵身伞降地处高原峡谷的茂县时，当一名战士不愿因余震撤离已垮塌大半的绵竹市某小学教学楼、跪地哭喊“求求你们让我再去救一个，我还能再救一个”时，当被救出废墟的北川3岁男童在担架上情不自禁地举起右手向解放军官兵敬礼时，我们一次次颤栗、哽咽。在这一刻，我们更加深切体会到党指挥枪的重要性，以及“人民子弟兵”、“军民一家”等传统理念的神圣性。如果我们真像有人所鼓噪的那样搞军队国家化、中立化，如果我们丢失军爱民、民拥军的光荣传统，和平年代的军人会如此义无反顾、舍生忘死地奔赴灾区展开救援吗?

全国一盘棋、集中力量办大事是我国社会主义制度的突出优势，在这次抗震救灾中得到充分体现，发挥了至关紧要的作用。中央一声号令，全国各地区各部门各方面便紧急行动起来，迅速形成以举国之力救援灾区的局面。① 这一点，西方显然也很难做到。正因为反应迅速、措施有力，所以我们能够最大限度地抢救生命：六千多被掩埋在废墟下的人员获救；倘若算上避免因饥馑、疫病流行、救治不及时、堰塞湖决堤等造成的生命损失，实际获救人数远远超过这个数字。抚今追昔，令人嘘唏不已。在新中国成立前的漫长岁月中，天灾过后通常必有人祸，灾民流离失所、饿殍载途、死相枕藉、哀鸿遍野之类的记载史不绝书。再以当今国力最为强盛的美国为例，据2005年6月2日新西兰《镜报》报道：新奥尔良市在遭飓风袭击后形同死城，充斥暴力，警察趁火打劫、强奸妇女，另有不少警察辞职或擅离职守；“没有电，没有电话，没有网络，受灾的墨西哥湾沿岸很多地区同外界基本失去联络。没人知道多少人还挣扎在灾难中，一如没人知道多少人已经丧生”。相比之下，我国此次救灾行动感动了全世界，赢得了普遍赞誉和敬意，就连一向对华不太友好的西方主流媒体也给予了积极评价。美国

① 高效的应急救援体系的形成，与改革开放30年来我国全面推进体制改革、制度创新是分不开的。

《洛杉矶时报》便认为，“地震展示了一个新的中国，一个富有同情心又极具竞争力的中国”；英国《经济学家》刊文说，“全世界关注的焦点全部被中国政府快速、有效、及时的救灾反应所吸引”。

以上几个侧面十分耐人寻味。自我国实行改革开放以来，西方一直在关注中国政治改革的走向，指望中国也采用西方的政治模式；国内也不时有人发出类似的声音。如果我们真这么做了，上述一些特有的政治优势就会丧失，这次救灾就会是另一番情形。就连外国媒体也认为，震灾“凸显了中国当前制度的优势”。事实告诉我们，改革开放30年来，我国政治体制、制度上的优势没有丢，也不能丢。这种优势概括起来说，就是四项基本原则。邓小平曾经明确指出：“在整个改革开放的过程中，必须始终注意坚持四项基本原则。”[①] 党的十七大将近30年改革开放伟大实践的成功经验归纳为“十个结合”，其中第二条便是“把坚持四项基本原则同坚持改革开放结合起来”。此刻，我们更能领会其中的深刻含义。

（二）

通过抗震救灾，我们看到立国之本得到了坚持和发展，同时也深切感受到身边所发生的巨大变化，更深体会到改革开放30年来我国的发展进步。

32年前唐山大地震时，中国政府婉拒了国际社会的一切援助。近30年来，中国在其他国家遭受自然灾害时主动伸出援手，以及自身遇灾时接受国际援助，已逐渐成为一种常态。这一次，我国不仅主动接受国际救援，还破天荒地接受日、俄等国际救援人员到灾区参与营救，反映了中国政府的务实态度。在救援领域全面对外开放，本身就是自信心提升的体现。

令人深有感触的“第一次”远不止此：5月19~21日，是新中国历史上第一次为普通遇难公民设立的全国哀悼日；5月19日14时28分，举国默哀3分钟，人类历史上第一次出现13多亿人同时为罹难者默哀的感人场景。这一幕与全力救灾的举动一样，彰显了我们党“以人为本”的执政理念，彰显了中国政府对人民生命的尊重和关爱，令整个世界为之动容。

媒体对突发灾情作出的快速反应同样给人很大触动。震后仅32分钟，中央

① 《邓小平文选》第3卷，第379页。邓小平还说过一句意味深长的话：“社会主义市场经济优越性在哪里？就在四个坚持。”（《邓小平年谱》，中央文献出版社，2004，第1363页）。

电视台便经过核实，在新闻频道播出地震消息；15 时 20 分，又停止包括各时段广告在内的各栏目的正常播出，改播《关注汶川地震》特别节目；自 22 时起，新闻频道与综合频道实现了同步并机播出。24 小时滚动直播突发事件的现场情况，这在我国新闻史上尚属首次。无论是奔赴灾区进行现场采访报道的记者，还是后方的节目主持人，这些十分职业化的新闻工作者在直播时都难以抑制内心的情感，不时眼噙泪水、声音发颤——这种电视画面在我国新闻史上同样极为罕见。各省卫视也纷纷停播娱乐节目，转为聚焦灾情。以电视直播方式，及时、客观、开放、透明地报道抗震救灾消息，这在 32 年前是无法想象的，也是 5 年前“非典”事件时所难以比拟的。表现出色的媒体用真相粉碎了一切不实之词，用真情感动了整个世界，赢得国内外的普遍赞誉。新闻报道方式的显著变化，折射出观念、意识的变化，从一个侧面展示了我国改革开放的坚实步伐。从中也可以深切体会到媒体成为党和人民喉舌的重要性。

与此相关联的一个变化是：当年唐山大地震时，中国家庭基本上没有电视，人们只能靠收听广播来了解灾情。如今，电视早已覆盖城乡，电视直播所产生的强烈视觉冲击效果，远非广播所能比肩；而手机、互联网等现代通讯手段的迅速普及，则使信息传递变得更为快捷多样。这些细节从一个侧面折射出改革开放以来中国社会所发生的巨大变化，令人无限感慨。

令人感触甚深的变化还有许多。这一次，我们的心情与 32 年前一样悲痛，但应对灾难的信心和底气明显大不相同，因为我们的祖国已变得强大起来。从各种救灾物资源源不断运往灾区，到中央安排 700 亿元作为 2008 年灾后重建资金[①]，以及生命探测仪、无人飞机、海事卫星电话、野外标准手术室以及大型器械等现代化装备纷纷亮相灾区，均说明我国的综合国力已显著增强。而这种变化，是改革开放 30 年来快速发展的结果，是党带领人民坚持以经济建设为中心打拼出来的结果。由此，我们更加深切地体会到中央再三强调“聚精会神搞建设，一心一意谋发展”的重要意义。

与物质、科技力量相比，民众在灾难面前所表现出的精神力量、精神面貌同样十分可贵，给人的触动也更大。

突发灾难对民情世情无疑也是一种异乎寻常的考验。改革开放以来，我国在精神文明建设方面取得了巨大成绩，同时所面临的挑战也越来越大。随着市场经

① 与此同时，中央国家机关 2008 年的公用经费支出一律比预算减少 5%。这一增一减，生动体现了我们党“权为民所用，情为民所系，利为民所谋”的政治理念。

济的发展，我国的社会经济成分、组织形式、就业方式、利益关系和分配形式日趋多样化，越来越多的人从“单位人”变为“社会人”，新的社会群体成长迅速，贫富分化现象凸显，群体性事件增多；人们思想活动独立性、选择性、多变性、差异性的特征日益明显，拜金主义、极端个人主义等有所滋蔓；改革开放年代出生的独生子女陆续走上社会，其观念、行为方式等明显有别于父辈……。面对社会的急遽变化，难免会有人对社会凝聚力和人情冷暖等产生一些困惑或疑问：一旦发生重特大突发事件，日子一天天好起来的中国人会做出怎样的反应？是否能够万众一心共渡难关？这次抗震救灾再次就此给出了确切答案，令人百感交集。

曾有媒体发出“汶川遍地英雄”的慨叹。的确，驰赴灾区救援的部队、武警官兵和公安、医护、消防人员是英雄，深入灾区采访报道的新闻工作者是英雄，忠于职守的当地党员干部是英雄，而许许多多的普通人同样是英雄。在生死抉择面前，这些普通人的行为同样可歌可泣：德阳市东汽中学谭千秋、北川中学张家春等老师，在大地剧烈震颤时冒死组织学生逃生，并在教学楼坍塌时用自己的身体作为肉盾护住孩子，或奋力推出孩子；在彭州市牡丹坪，当一块巨石迎面落向山路上的转移人群时，一名20多岁男青年一把推开身前的陌生女子，自己不幸被压在巨石下；彭州龙门山镇宝山村12名村民在震后自发组成敢死队，穿过飞石区搭救出附近的45名被困群众……

在灾难袭来时，还有许多普通人用生命演绎亲情，人性的光芒在漆黑的废墟中熠熠生辉：一位母亲用身体拼死抵住垮塌的墙体，给身下襁褓中的婴儿留下生存空间，并用手机短信留下最后的叮咛：“亲爱的宝贝，如果你能活着，一定要记住我爱你！”当救援人员赶到时，婴儿毫发未损，而这位母亲的身体已被挤压变形；在绵竹市汉旺镇，当一对老人的遗体从废墟中挖出时，其双手仍紧紧攥在一起……

灾区之外的情形同样感人肺腑。灾情披露后，全国人的目光都被灾区、灾情所牵引。“灾难无情，人间有爱”、“情系灾区，爱在身边”、“不抛弃，不放弃”成为大家共同的心声和信念。从四面八方自发赶赴灾区救援的志愿者达20万人，成为灾区没有统一着装但人数众多的一支救援力量，构成新中国历史上规模最大的一次志愿者行动。江苏某民营企业家在震后第一时间组成一支120人（包括60台大型机械设备）的救援队自苏皖出发，几乎与救灾部队同时赶抵北川。国富而民强，国泰而民安，民间力量的崛起本身就是近30年来中国经济社会快速发展的一个例证。全社会向灾区捐款的数字被不断刷新，捐款者除企事业单位及其个人外，还有慷慨捐出上亿元、数千万元的民营企业家，手头比较拮据但同样不失慷慨的退休人员、农民工、出租车司机、小摊贩，包括捡卖废品者、乞讨者等。闻知灾区血库血液告急，各地群众纷纷踊跃献血，献血点前排起的队伍长达数公里，各地血库存血量很快便达到极限，不得不采用预约献血的方式。5 月 18 日宣传文化界发起的“爱的奉献”募捐义演活动开创了多项历史“之最”：筹备时间最短，仅 4 天；规模最大，共有包括演艺界明星在内的千余人参加，演职人员合计 2000 人左右；一次性募集捐款最多，达 15 亿多元；再就是登台者最动情最投入，与观众互动最好，义演时间最长也最短。“无论你在哪里，我都要找到你！生死不离，我数秒等你的消息……”，这首名为《生死不离》的歌曲通过电视直播传遍全国，令所有人潸然泪下。

上述情形令人感动、震撼，同时更发人深省。以前，坊间不时谈论一些负面话题，诸如某某富商如何为富不仁、包二奶，劳资纠纷，低收入者的“仇富”心理，小摊贩缺斤短两，演艺明星的走穴、绯闻等。而通过这短短几天，人们相互之间有了新的、更为全面的认识，彼此多了一份理解，大家的心一下子贴得很紧。无情的灾难升华了人们的情感，净化了人们的灵魂，使原本人格高尚的人表现得更加高尚，使原先有些私心杂念的人变得高尚起来。人们互相感染，爱心、信心在全国迅速传递。一时间，地不分南北，人不分老幼，不分职业、身份和贫富，全体人民迅速行动起来，都在以各种方式为灾区献爱心，为国家分忧。这一刻，13 亿人泪流成河，爱汇成海，浇铸成一堵抗震救灾的钢铁长城，催生出“万众一心、众志成城，不畏艰险、百折不挠，以人为本、尊重科学”的伟大抗震救灾精神。全国社会秩序稳定，凝聚力、意志力和自信心空前增强，由此，我们不仅看到了党的坚强领导、人民军队的威武风姿，还看到了民心之齐、民力之大、民气之盛，不由得为有这样的人民而喝彩，为身为中国人而倍感骄傲和自豪。

中华民族从来不缺乏凝聚力，在外敌入侵等紧要关头曾一再涌现万众一心守望相助的恢宏场面。而这一次是在和平年代。全国上下在这么短时间内迅速组织和动员起来，形成如此声势和规模，这在中国乃至世界历史上极为罕见。这一幕荡气回肠，说明民族、国家意识已在全民中更加深入普及，说明民族凝聚力得到了空前增强，是当代中国取得发展进步的又一显著标志。出现这一幕，同样与改革开放以来我国经济社会的快速发展有很大关系。农业社会的显著特征是闭塞、自给自足，人们安土重迁，其生活圈子大抵局限在以附近市镇为中心的有限范围内，甚至“鸡犬之声相闻，民至老死不相往来”。在此背景下，起主要作用的是

政治向心力、文化凝聚力，包括民族优秀文化传统中的“四海之内皆兄弟”、“民胞物与”、“天下兴亡，匹夫有责”等理念，现代民族、国家意识的普及和民族凝聚力不免会受到制约。而我国目前已处于工业化中期阶段，同时又赶上了信息化大潮，市场的纽带作用，交通、通讯、传媒业的飞速发展，人口流动性的加大，均大大缩小了空间距离，人们相互间的联系日益频繁紧密，民族、国家意识也随之显著增强。另一个关键因素依然是我们的政治优势，否则就无法解释，经济、科技实力强于我们的西方国家何以不能出现这一幕。正如胡锦涛同志所精辟指出，“抗震救灾精神，是爱国主义、集体主义、社会主义精神的集中体现和新的发展，是我们党和军队光荣传统和优良作风的集中体现和新的发展，是中华民族民族精神在当代中国的集中体现和新的发展”①。

这一幕还告诉我们，社会主义与市场经济是可以结合在一起的，搞社会主义市场经济的路子是对的；我国社会各阶层各群体之间没有根本性的利益冲突，而是利益攸关。在中国特色社会主义伟大旗帜指引下，充分发挥我国的政治优势，我们有信心逐步解决收入分配差距拉大等问题，促进社会和谐。

再谈谈“80后”、“90后”的表现。以前谈到他（她）们，人们可能首先会联想到独生子女、“新新人类”、“愤青”、“超女”等概念，担心其稚嫩的肩膀能否担负起社会职责和使命。这一次，他（她）们让所有的人眼睛一亮：在参与救援的各支队伍中，在捐款、献血者行列中，到处都可以看到他（她）们活跃的身影。灾区孩子们的表现尤为令人感泣：因帮助同学逃生而自己失去脱险时间，青川县木鱼中学13岁女生何翠青失去了右腿，汶川县映秀小学12岁藏族女孩邹雯不幸葬身废墟，平武县15岁初中男生刘力因为替同桌挡楼板而罹难，北川县11岁男孩张吉万背着妹妹步行12小时逃出深山……。有外国媒体评论说，“大地震唤起中国‘80后’广泛社会参与”，“灾难使中国年青一代变得成熟”。在他（她）们身上，我们看到了血性、爱心和责任感，看到了国家、民族的希望和未来。与此相关的一个细节是：北川小学被埋学生在等待救援时，噙着泪花在黑暗的废墟中同声唱起国歌，以此来激励自己活下去的信心和勇气。在被这群柔弱孩子们的精神状态所震撼的同时，我们不禁更深体会到建设社会主义核心价值体系的重要性和必要性：一个13多亿人口的发展中大国，如果不弘扬主旋律，如果没有共同的思想基础和精神支撑，没有共同的理想、信念和追求，行吗？

---

① 胡锦涛：《在抗震救灾先进基层党组织和优秀共产党员代表座谈会上的讲话》，人民出版社，2008，第10页。

（三）

总之，“5·12”汶川大地震对我国社会主义经济建设、政治建设、文化建设、社会建设和党的建设等，是一次形式特殊、时间紧促的严峻考验。在灾难面前，我们的党和政府、我们的军队和人民都经受住了考验。经过改革开放30年伟大历程洗礼的中国不但没有被压垮，反而变得更加坚挺，更有凝聚力。通过这场惊天地泣鬼神的抗震救灾斗争，我们更加深刻地认识到：改革开放30年来的方向和道路完全正确，成就巨大；没有改革开放，便没有今天的新面貌新气象新局面，也就难以如此迅速有效地开展抗震救灾斗争。有这样的党、这样的人民，有抗震救灾斗争中焕发出的这种精神状态①，我们就能够战胜一切艰难险阻，继续沿着中国特色社会主义道路阔步前进，不断迈近全面建设小康社会的宏伟目标，谱写中华民族伟大复兴的新篇章。包括突发灾难在内的任何挑战和风险，都不能阻滞我们继续前进的步伐，只会使我们的步子迈得更加坚定有力。

---

① 抗震救灾斗争给了我们太多的感动和启示，是一个值得深入研究和阐释的题材。研究本身不是目的，而是为了使在此过程中呈现出的好东西好状态，包括高效率，高昂的民气，干群之间、全体人民之间的和谐关系，特别是伟大的抗震救灾精神等，能够成为13多亿同胞的共同记忆，能够保持和传承下去，使之成为一种常态和共识。惟有如此，我们才能告慰地震中的罹难同胞以及那些在救援中不幸殉职的烈士，才能更好地走向未来。在抗震救灾中所暴露出来的一些问题，也应当在我们的研究视野之内。

十三

30年企业改革的理论与实践

陈佳贵

改革开放以来，在中国特色社会主义理论的指导下，我国企业改革取得了重大进展和伟大成就。国有企业普遍进行了公司制改革，初步建立起了现代企业制度；国有经济的战略调整成绩显著，国有资产的配置逐步优化，形成了一批在国际竞争中发挥重要作用的大企业集团，国有经济的主导作用得到了更好的发挥；民营企业得到了史无前例的发展，已成为国民经济的重要组成部分，在经济发展中发挥了重要作用，并正在成长中进行转型升级。我国企业已经成为市场经济的主体，为社会主义市场经济体制的形成和国民经济的持续快速发展作出了巨大贡献。回顾企业改革30年的历程，总结企业改革和发展的经验，笔者认为有以下几方面值得重视。

1. 把国有企业改革和发展非国有企业紧密结合起来，使之齐头并进

我国的企业改革是在两条战线上展开的：一条是国有企业改革，即将单纯作为国家计划的执行者和生产单位的国有国营企业，逐步改革成为市场经济的主体，其中包括对国有经济进行战略调整；另一条是鼓励非国有企业的发展，即鼓励集体、私营、股份制企业和外资企业的发展。这两者是相互促进的。国有企业改革和国有经济的战略调整，不仅缩短了国有经济战线，优化了国有经济布局，提高了国有经济的素质，而且为非国有企业的发展让出了空间，创造了条件，促进了非国有经济的发展。非国有企业的发展，不仅繁荣了经济，为社会提供了大量的就业岗位，也对国有企业形成了强大压力，促进了国有企业的改革。国有企业和非国有企业的发展，为在我国形成“以公有制为主体，多种所有制经济共同发展的基本经济制度”打下了良好的基础。

经过30年的改革，国有企业的改革和国有经济的战略调整取得了很大成效。一方面，国有经济布局和国有资产的配置更加优化，国有企业的数量大大减少，但经济总量不断扩大，国有经济的活力得到了显著提升。以工业领域的国有企业为例，2006 年同 1978 年相比，虽然企业数量仅为 1978 年的 29.8%，但是总产值增长了 29.1 倍，全员劳动生产率提高了 48.3 倍；另一方面，国有经济的控制力和影响力得到显著增强，以中央企业为例，目前，中央企业承担着中国几乎全部的原油、天然气和乙烯生产，提供了全部的基础电信服务和大部分增值服务，发电量约占全国的 55%，民航运输总周转量占全国的 82%，水运货物周转量占全国的 89%，汽车产量占全国的 48%，生产的高附加值钢材约占全国的 60%，生产的水电设备占全国的 70%，火电设备占全国的 75%。

就非国有企业的改革而言，改革开放 30 年来，我国非国有经济中的私营企业、股份制企业、外商投资企业从无到有、从小到大，已成为中国经济的重要组成部分。目前，非国有经济已占 GDP 的 65%，占城镇就业人数比重的 77.3%，占全部税收的 78.6%，成为中国经济发展的重要力量。

从总量上看，目前中国经济已经形成了国有企业、集体企业和私营企业以及股份制企业、外资企业“三足鼎立”的基本格局。2006 年，全部工业总产值为 31.66 万亿元人民币，其中国有工业企业占 31.2%，集体、私人、股份制企业占 37.2%，外资企业占 31.6%。

2. 将改革的目标确定为使企业成为独立的商品生产者和经营者，成为市场经济的主体

在计划经济体制下，我国的国有企业和集体企业都是国家指令性计划的执行者，是单纯的生产单位。从 1978 年开始的经济体制改革一直坚持市场取向。就企业改革来说，就是逐步减少国家对企业的直接控制，特别是减少对企业下达指令性计划，扩大企业的经营自主权，并把对企业的扩权让利和转变企业经营机制结合起来，逐步使企业成为市场的主体。特别是党的十四大明确了把发展社会主义市场经济作为我国经济体制改革的总体目标，十四届三中全会又通过了《关于建立社会主义市场经济体制若干问题的决定》，明确指出我国国有企业改革的方向是建立“产权清晰、权责明确、政企分开、管理科学”的现代企业制度以后，使国有企业改革的目标更加清晰，即通过公司化改造，建立现代企业制度，不仅使企业成为市场的主体，而且成为市场经济的主体，成为市场竞争的主体，国家不再对企业进行直接控制，企业根据市场的需要和变化，自主经营、自我发展、自我约束和自负盈亏，成为独立的商品生产者和经营者。

3. 实行渐进式改革模式，统筹规划，逐步推进

我国的企业改革采取的是渐进式改革模式。企业改革既有短期目标又有长远目标，在改革过程中注意统筹规划，使短期目标和长远目标紧密衔接起来。对于把握不大的改革，先进行试点，在总结试点经验的基础上再逐步推广。无论是扩权让利、建立经济责任制、实行利税分开、推行承包经营责任制，还是三年脱困、建立现代企业制度，采取的都是从点到面，“点”、“面”紧密结合，逐步推进的渐进式改革模式。例如，扩权让利的改革是 1978 年 10 月在重庆钢铁公司、成都无缝钢管厂等六家企业率先进行的。在此基础上，1979 年 5 月国家经贸委等六个部门在京、津、沪三地选择首都钢铁公司、天津自行车厂等八家企业进行扩大企业自主权的试点。后来这一改革逐步在全国推开。再如承包制，也是先在企业试点成功的基础上，逐步推向全国的。现代企业制度的改革也是如此，国家先是选择了 100 户不同类型的国有大中型企业进行试点，然后总结经验，不断扩大范围，最终在全国推行。沿着这种路径、采取这种方法进行改革，保证了改革的稳步前进，避免了出现大的失误和挫折，减少了社会的震荡，降低了改革的成本。

4. 处理好企业改革和其他改革的关系，以企业改革和增强企业活力为中心环节

在相当长一段时间里，我国的城市改革是以推进企业改革、增强企业活力为中心环节来展开的，但企业改革不可能孤军突进，需要其他改革的配套实施。为了适应和推动国有企业改革，我国逐步进行了计划体制改革、财政体制改革、金融体制改革、投资体制改革、劳动和社会保障制度等体制的改革，这些体制不断变革、更新，并与企业制度一起，形成了社会主义市场经济体制的基本框架。包括：建立“产权清晰、权责明确、政企分开、管理科学”的现代企业制度；形成全国统一开放、竞争有序的市场体系；建立以间接手段为主的宏观调控体系；建立以按劳分配为主体，多种分配形式并存的收入分配制度；建立多层次的社会保障制度等，并在改革中使这些制度不断完善。

5. 把企业改革与加强和改善企业管理紧密结合起来

企业改革的中心任务是转换经营机制、提高经济效益。但是企业改革只能为转换企业经营机制提供前提条件，企业是否能建立起规范的现代企业制度、形成健全的企业经营机制，还必须依靠企业自身加强管理，提高管理水平，形成一套科学的管理制度。实际上，在我国企业改革推进过程中，除了进行公司制改革、完善公司治理结构外，企业管理工作也需要不断加强和完善。例如，调整好企业内部组织结构，处理好母子公司关系，实现有控制的分权；加强核心竞争力培育，加强战略管理；加强人力资源和营销管理工作；加快信息化和国际化进程；加强管理的基础工作；引进国外的先进管理方法和手段等。只有在企业改制的同时，把这些管理工作认认真真做好，才能达到改革的目的，提高企业的竞争力和经济效益。

6. 既依靠中央政府的权威，又尊重地方政府和企业的首创精神

我国的企业改革既是一个“自上而下”的过程，即由中央政府明确改革方向，地方政府贯彻执行的过程；同时又是一个“自下而上”的过程，即地方政府、企业进行因地制宜的制度创新和试点，得到中央政府的肯定后，再逐步推广到全国。在“上下互动”的过程中，地方政府和企业的积极性、创造性和首创精神对中国企业改革起到了重要的推动作用。例如，扩权让利的试点首先就是由当时四川省 6 家企业开始的，放开搞活小型企业的改革经验，少数企业实行股份制改革的经验，也都是先由地方和企业创造的。这些改革经验对我国的企业改革起到了很好的“示范”和“推动”作用。

在企业改革和企业制度创新的过程中，企业家发挥了特殊的作用。他们不少人是改革的先行者，对改革作出了重要贡献，并在改革过程中实现了自己的角色转换，从过去单纯的生产管理者转变成了名副其实的企业家。企业家推进了改革，改革又培养造就了大批企业家。他们既是推进我国企业改革、建立和完善社会主义市场经济制度、促进我国经济持续快速发展的骨干力量，又是改革开放的巨大成绩的重要体现。

在总结企业改革 30 年经验的时候，我们还应该充分肯定我国理论工作者作出的贡献。他们提出的理论见解、政策建议，对推动企业改革的开展和不断深化起到了很重要的指导和参考作用。

7. 不断完善法律法规，巩固和发展企业改革的成果

企业改革的基本立足点是确立企业作为民事法律的主体地位和市场经济的主体地位，这就要求国家认真总结改革开放的经验，借鉴国外的一般做法，把他们上升为法律、法规，从法律上明确企业的权力、义务和责任，规范企业的行为。为此，国家相继出台了《公司法》、《中外合资企业法》、《合伙企业法》、《企业破产法》、《证券法》、《反垄断法》、《劳动法》等一系列法律，并适时进行了修订。政府也相继出台了许多行政性法规。这些法律、法规巩固了改革的成果，促进了改革的深化。

中国的企业改革已经取得了很大的成绩，但改革的目标还没有完全实现，改

革的任务还很重。我国国有企业公司制改革的任务还没有完成，不少企业的治理结构还不规范，分配制度也还不科学、合理，企业的自主创新机制还没有真正形成，核心技术还很少，国际化经营还刚刚起步，国际竞争力还很弱；国有经济战略调整的任务仍很艰巨，垄断行业的改革尚未取得重大进展；我国民营经济的发展也面临严峻挑战，它们的升级转型还刚刚开始。对我国30年的企业改革进行总结，一方面可以坚定我们继续深化改革的决心和信心，另一方面，更应认识到今后深化企业改革的任务依然很重，必须加倍努力，决不能有任何松懈。

十四

中国经济体制改革实践的主要特征

刘树成　常 欣

改革开放30年来，中国实现了由传统计划经济向社会主义市场经济以及由封闭半封闭向全方位、多层次、宽领域对外开放的历史性转变，国家的综合经济实力和民众的生活状况发生了前所未有的重大变化，尤其是长时间的高速转型式增长创造了人类经济增长史上的奇迹。能够取得如此良好的绩效，一个很重要的原因在于中国的改革不是遵循市场“原教旨主义”，简单地复制所谓西方标准化的市场经济模式，而是根据本国特定的国情，独立自主并创造性地进行制度选择与制度安排，使市场经济制度的一般规律与中国经济的具体情况相契合，形成内生诱致性和自适应的制度变迁轨迹，由此避免了强制性制度移植和输入以及制度外部依附所带来的灾难性后果。中国改革的国别特色和“本土化”制度创新模式成为转轨经济中独树一帜的模式，在国际上被冠以“中国模式”。本文试图探究“中国模式”的内核，系统剖析中国经济体制改革实践的主要特征。

（一）改革的理论指导：注重发挥理论创新的先导作用

纵观过去30年的经济体制改革，每一个阶段都是由理论创新和突破开启的。这些理论创新和突破成为推进改革不断深入的重要理论基础和指导方针。

在改革的起步阶段（1978～1984年），主要的理论创新和突破体现在：①通过真理标准问题的理论大讨论，打破过去盛行的个人崇拜和教条主义的精神枷锁，重新确立“解放思想，实事求是”的思想路线，为改革开放创造了必要的思想条件；②通过对社会主义本质的科学把握和对社会主义发展阶段的准确定位，为党和国家工作重心由“以阶级斗争为纲”转为“以经济建设为中心”提供了重要的理论支撑；③通过对改革开放必要性和重大意义的深刻认识，为确立

实行改革开放的总方针和长期基本国策奠定了坚实的理论基础。

在改革全面展开阶段（1984～1992年），理论创新和突破主要围绕社会主义经济中计划与市场的关系这一重大命题。①有计划商品经济理论的提出，确认市场调节与计划体制的相容性，为全面展开经济体制改革提供了新的理论指导；②社会主义市场经济理论的形成，确认市场机制作为社会主义经济的内在运行机制，为确立社会主义市场经济体制的目标模式作了必要的理论准备。

在初步建立社会主义市场经济体制阶段（1992～2002年），理论创新和突破突出反映在社会主义市场经济条件下所有制和分配制度这两个重要问题上。①在所有制问题上，确认公有制为主体、多种所有制经济共同发展为社会主义初级阶段的基本经济制度，明确公有制实现形式可以而且应当多样化，提出主要从国有经济的控制力与质量来考虑国有经济的主导作用；②在分配问题上，确认按劳分配和按生产要素分配相结合的分配方式，确立效率优先、兼顾公平的分配原则。上述所有制理论和分配理论的创新与突破促使社会经济结构发生深刻变革，引领改革开放进一步向纵深发展。

在完善社会主义市场经济体制阶段（2002年至今），理论创新和突破集中反映在：①将30年来建设中国特色社会主义创新实践中相继形成的马克思主义中国化的理论成果，即邓小平理论、“三个代表”重要思想以及科学发展观等重大战略思想，整合为中国特色社会主义理论体系，表达和宣示了坚持中国特色社会主义理论体系这面理论旗帜的坚定性，这对于排除各种错误思潮的干扰，进一步引领新阶段改革开放事业不断前行，具有极为重大的理论指导意义；②作为中国特色社会主义理论体系重要组成部分和最新成果的科学发展观这一重大战略思想的形成，不仅是对发展问题认识的深化，也是对改革战略认识的升华，这种改革观上的发展和创新，一方面是更加注重对社会利益关系的调整和统筹，另一方面是更加注重人自身的全面发展，从而在更高的境界上指导新阶段的体制创新。

综上，30年经济体制改革的进程，是一次又一次思想解放、理论突破与实践探索互动的进程，是马克思主义中国化不断创新和发展的进程，是中国特色社会主义理论体系形成与不断完善的进程。

（二）改革的性质：将第二次革命和社会主义制度自我完善相统一

中国的经济体制改革，不是单纯的资源配置方式或表层的经济运行机制的转换，不是原有经济体制细枝末节的修补，从其根本性质和作用上来说，是革除那些不适应生产力发展要求的生产关系和上层建筑，改变一切不适应的管理方式、活动方式和思想方式，解放被旧体制束缚的生产力，因而是一场全面而深刻的社会经济变革。邓小平同志明确指出："改革的性质同过去的革命一样，也是为了扫除发展社会生产力的障碍，使中国摆脱贫穷落后的状态。从这个意义上说，改革也可以叫革命性的变革"，"改革是中国的第二次革命"①。党的十七大再次明确了改革开放的革命性，称其为"新的伟大革命"。

改革就其解放被旧体制束缚的生产力这一根本性质和作用来说，它是中国的第二次革命，但它又不同于1949年之前进行的以推翻旧政权和旧的社会制度为目标的第一次革命。自1978年底开始进行的改革，是在坚持社会主义基本制度的前提下进行的，通过选择适合本国国情的好的政策，使社会生产力得到比较快的发展，从而更好地体现社会主义制度的优越性，使社会主义在中国焕发出强大的生命力。因而改革也是社会主义制度的自我完善和发展。

30年来，经济体制改革紧紧把握住了"第二次革命"和"社会主义制度自我完善"相统一的正确的改革性质，将坚持改革开放与坚持社会主义基本制度统一于建设中国特色社会主义的实践，走出了一条在改革和开放中建设具有中国特色的社会主义的道路。从本质上说，这条道路是中国制度文明之特色和发展模式之特点的集中体现。

（三）改革的方向：以建立社会主义市场经济体制为目标

过去30年，在经济体制改革目标模式的探索上，总的来说是以"市场取向"为特征的。围绕这一取向，构想逐步深化和成熟，至党的十四大明确提出：改革的目标是建立社会主义市场经济体制。这就实现了社会主义基本制度与市场经济的有机结合和兼容。

一方面，社会主义市场经济体制体现了社会主义的制度特征：①在所有制结构上，以公有制为主体、多种所有制经济共同发展。②在分配制度上，以按劳分配为主体、多种分配方式并存；在分配原则上，既鼓励一部分人通过诚实劳动、合法经营先富起来，合理拉开收入差距，促进效率，又注重公平，防止收入悬

① 《邓小平文选》第3卷，人民出版社，1993，第134～135页。

殊，最终达到共同富裕的目标。

另一方面，社会主义市场经济体制又体现了现代市场经济的一般特征：①从资源配置方式看，以市场作为基础性的手段。②从经济运行机制看，注重发挥价格、供求、竞争的作用。③从微观层面看，企业是独立的市场主体和法人实体。④从宏观层面看，需要政府运用经济、法律等手段对经济活动进行必要的调节。

把社会主义的制度特征同市场经济的一般特征结合起来，既可以充分发挥社会主义制度的优越性，又可以充分利用现代市场经济相对于传统计划经济体制的优势，特别是其强大的利益驱动功能、高效的信息传导功能以及显著的要素流动功能，进而发挥其对促进生产力发展的积极作用。

从过去30年的实践看，始终坚持市场取向的改革，逐步在经济活动中引入市场的基本要素。特别是社会主义市场经济体制目标模式的确立肯定了市场在政府宏观调控下对资源配置的基础性作用，进一步放大了市场机制的作用空间，在此基础上市场化改革在微观经济基础、市场体系建设、政府管理体制、收入分配制度以及社会保障制度这五个方面（即社会主义市场经济体制框架的五根基本支柱）整体推进。经过30年的改革，中国已经从一个传统的计划经济体制国家，转变成新型社会主义市场经济体制基础得到确立的国家，市场因素已经有了相当的发展，在不少领域已经能够发挥对资源配置的基础性作用。

（四）改革的方略：以渐进方式稳步推进市场化

在从传统计划经济体制向现代市场经济体制过渡的过程中，中国没有采取“激进式”的转轨模式，而是采取了相对温和的渐进式改革方略。究其原因，一是由于改革是一场根本性的变革，对于指导这场变革的领导层来说，需要有一个认识逐步深化的过程，不能贸然激进。二是由于中国的大国特征及其发展不平衡性，各个区域或部门的改革不可能“齐步走”，需要“分而治之”，梯次推进。三是由于改革是一项复杂、庞大的工程，各个子系统的改革不可能在朝夕之间“齐头并进”地加以完成，需要选准“突破口”，渐次展开，逐渐深入。四是为增强改革的社会基础，需要有一个过程和充足的时间，使个体逐步提高对改革收益的感知和辨识，也使社会尽最大可能对利益受损者进行识别和必要的补偿。五是为实现平稳的转轨，必须考虑将改革对稳定的压力尽可能降低到社会和公众可承受的范围内。

中国的渐进式改革方略集中表现为从“易”到“难”，从传统体制外到传统体制内，从传统体制内易于突破的外围到需要攻坚的内核的改革顺序。具体而言：①在城乡改革方面，先农村改革，后城市改革，再到城乡综合配套改革；②在所有制改革方面，先着力推动非国有经济的发展，再逐步形成对国有经济改革的带动和促进；③在国有企业改革方面，先采取放权让利的“政策调整型”改革，再转到以企业制度创新和整个国有经济战略性调整为重点的改革；④在部门改革方面，先改革一般竞争性领域，再向传统的垄断性领域推进；⑤在价格改革方面，先在一段时期内实行计划内价格和计划外价格并行的“双轨制”，后在条件成熟时并轨，实行单一的市场价格制度；⑥在市场体系建设方面，先着力发展商品市场，再逐渐发展资本、土地、劳动力、技术和管理等要素市场；⑦在分配制度改革方面，先实行单纯的“按劳分配”，再向“按劳分配与按要素分配相结合”推进；⑧在宏、微观改革方面，先以微观经济基础重塑作为改革的中心，再推进到以政府行政管理体制改革为重要环节；⑨在开放区域上，先沿海，后内地，在开放领域上，先一般加工工业，后基础产业、高新技术产业和第三产业，在开放战略上，先“引进来”，再“走出去”；⑩在全方位改革方面，先着重推进经济体制改革，再及时推进政治体制改革、文化体制改革和社会体制改革。

经过30年的改革实践，可以清楚地看到，渐进式这种“分治”、“序贯”的“增量改革”战略，在保证原有利益格局不受到急剧性冲击的前提下，使市场制度能够以“边际演进”的方式获得生长，由此逐步将传统计划格局打破。在这一过程中，市场的力量和益处通过“涓滴”效应和“墨渍”效应逐渐在传统体制内渗透和扩散开去，从而为最终向社会主义市场经济的全面转型创造水到渠成的条件。中国独特的渐进式改革方略，不但有力地促进了经济快速增长，有效防止了激进式改革方式可能给经济增长带来的“J型曲线”或更为糟糕的“L型曲线”效应，也得到了社会普遍的理解和支持，保持了社会的稳定。可以说，渐进式改革是一条符合中国国情的改革之路。

当然，渐进式改革方略也导致新旧两种体制相持的时间相对长一些，会产生一些新的矛盾，增大改革进一步向纵深推进的难度。因此，如何在整体推进的过程中选择适当的时机以及关键的领域和环节实施有重点的“突破”，是渐进式改革方略必须要应对的命题。

（五）改革与开放的关系：两者相互推动、相互促进

过去30年，始终将国内市场化与参与全球化紧密结合进行，使改革与开放

相互推动、相互促进。

首先，开放是改革的内源性要求。改革的目标是建立社会主义市场经济体制，而市场经济是开放经济，是全球范围内以市场机制为基础的资源配置方式。从这个意义上说，对外开放也是改革，是改革在空间范围上的拓展。过去30年的实践表明，具有开放视野的资源配置方式能够使一国经济有效地参与到国际分工中，并从积极利用国外市场、资金、技术、管理经验以及资源中获得较大的收益。

其次，开放也是推动改革的重要外部力量。过去30年，不仅推行“内生性改革”，还采用“外生性改革”，也就是坚持用对外开放“倒逼”经济体制改革，用引进的市场经济洪流冲击僵化的传统体制，通过开放加快推进国内的经济市场化进程。特别是加入WTO，标志着由政策性开放转向体制性开放的新阶段，促使中国的经济体制按照经济全球化和国际市场竞争要求的共同游戏规则进行更深层次的改革和调整，从而进一步锁定了改革的基本方向，由此走上了现代市场经济的“不归路”。

再次，开放的拓展和深化，也需要改革给予制度支撑。过去30年，坚持用改革来促进开放，以积极的姿态把握和应对经济全球化的机遇和挑战。通过主动改革国内现有的涉外经济体制，特别是外贸、外资管理体制和本土企业“走出去”的相关制度，使中国经济在更大范围、更广领域和更高层次上融入经济全球化的进程中，中国作为一个负责任的经济大国在国际经济事务中具有举足轻重的地位和影响。

（六）改革的协同配套：推进全方位改革

由于改革触及同生产力迅速发展不相适应的生产关系和上层建筑，所以改革不仅要突破传统的经济体制，还要冲破其他各种旧的僵化体制，实现国家政治制度、人们思想观念及社会行为方式的深刻变革。基于此，过去30年，坚持全方位的改革观，不只局限在经济领域，寻求经济体制改革本身的“纵向深入”，还突破单边的经济体制创新，将经济基础变革同上层建筑改革相结合，注重经济体制改革与政治体制改革、文化体制改革、社会体制改革的“横向协同”。

政治体制改革方面。改革开放之初，即提出建设高度的社会主义民主，并开始深入研究政治体制改革的问题。之后稳步推进民主法制建设，为经济体制改革创造相应的政治环境。在推进政治体制改革的过程中，在总的指导思想上，既把民主建设提升到社会主义现代化建设的战略高度，又注重从实际出发，稳步推进，注重实效。从当前的情况看，在经济体制改革取得重大进展之后，保持政治体制改革与经济体制改革之间的适度协调与配套，应是继续贯彻上述指导思想的重要内容。

文化体制改革方面。改革开放启动之时，即提出在建设高度物质文明的同时，建设高度的社会主义精神文明。社会主义市场经济体制目标确立后，文化体制改革的命题被提出。之后，尤其是新世纪以来，逐步推进文化建设和文化体制改革，为改革开放提供适宜的文化条件。

社会体制改革方面。改革开放以来，特别是进入新世纪之后，面对空前的社会变革，对社会和谐的认识不断深化，社会体制改革被提上日程。之后，改革加快推进，围绕国富与民生、活力与秩序以及多元与平衡等重大关系，努力探索新的社会运转和社会服务的机制，以形成一套与经济市场化、政治民主化和文化多元化相适应的新型社会治理模式。

（七）改革与发展的关系：视发展为改革的目的

改革以发展为目的，这里的“发展”首先是经济发展，这是所有发展的基础。30 年来，始终以经济建设为中心，紧紧围绕经济发展进行改革，通过制度调整为经济发展提供新的激励和行为约束，不断解放和发展生产力。中国过去 30 年将经济转型与经济发展有机结合的成功模式逐渐受到国际舆论界与学术界的关注。国际上有论者试图用“北京共识”来概括和总结中国 20 多年在持续改革基础上推动经济发展的全新模式，以区别建立在“华盛顿共识”之上的“拉美发展模式”、俄罗斯转型中的“休克疗法”以及部分的“东亚发展模式”。尽管对“北京共识”这一概念还需要更深入的探讨和更系统化的提升，但它的提出至少从一个侧面反映了国际社会对中国“围绕经济发展进行改革，用经济转型推动发展”这一模式的肯定。

在围绕经济发展进行改革的过程中，强调以“三个有利于”作为衡量判断改革得失成败的根本标准，而且把它同社会主义的本质、社会主义的根本任务和社会主义社会的发展动力等有机结合起来。在“三个有利于”标准中，第一条“有利于发展社会主义社会的生产力”是基础；第二条“有利于增强社会主义国家的综合国力”是第一条的自然延伸和逻辑的必然结果；第三条“有利于提高人民的生活水平”是第一、第二条的落脚点和最终目的，它们共同构成一个有

机的整体。实践表明，“三个有利于”标准，是分析和把握改革开放过程中出现的一系列新事物的重要标尺，在促进思想解放、推进经济体制改革过程中发挥了重要作用。

在围绕经济发展进行改革的同时，还不断拓展和深化发展的外延与内涵，并以此推动改革不断向纵深前行。改革开放以来，尤其是近年来，基于对发展理论和发展实践认识的不断深化，对传统发展理念和发展模式适时进行调整。在这一过程中，一方面寻求由单一经济发展向包括经济发展、社会发展、人与自然关系的协调发展和人自身全面发展在内的“四位一体”现代发展架构的拓展；另一方面着眼于经济发展方式由粗放向集约、由不平衡向平衡、由难持续向可持续的转变。改革以发展为目的，意味着伴随发展外延和内涵的拓展和深化，改革的内容也相应丰富了。

（八）改革与稳定的关系：以稳定作改革的保证

30年来，始终强调“稳定是改革的基本前提”，通过保持政治、经济和社会稳定，为改革创造良好条件，避免了不少国家遭遇的转轨型衰退和剧烈的政治与社会震荡。

政治稳定方面。在所有稳定中，最关键的是政治稳定。30年来，在推进经济高速发展和社会整体变迁的同时，政治上是稳定的。能做到这一点，主要基于：①政治路线保持稳定，不断克服来自“左”和右的各种干扰；②领导核心保持稳定，顺利实现领导核心的平稳过渡；③基本政策保持稳定，确保诸如实行家庭联产承包责任制、鼓励一部分人先富起来等重大政策的连续性和稳定性。

经济稳定方面。转轨时期，引发经济波动的不确定性因素较多。过去30年，各方逐步认识到宏观稳定的重要性，强调改革和发展要稳中求进，不断加强和改善宏观调控。由此，改革开放以来，经济增长与波动呈现出一种新态势：经济增长率的峰位理性地降低（从改革开放前的高达20%左右，降到改革开放后的10%左右）、谷位显著地上升（从改革开放前的低谷年份经常是负增长，到改革开放后的低谷年份均为正增长）、波幅趋于缩小，也就是呈现出经济波动微波化、稳定化趋势。在经济持续、平稳、较快增长的同时，也比较成功地将年均通货膨胀率控制在可接受的水平上。

社会稳定方面。改革在打破原有利益格局并寻求再平衡的过程中，容易引发社会不稳定因素。过去30年，针对各种对稳定构成威胁的因素，采取一系列应对措施，尽力保持社会稳定，推动实现社会的平稳转型，在使改革力度与社会可承受度相适应方面积累了一些经验。①综合考虑每一项重大改革措施对社会各方面的影响，恰当选择出台的时机和力度。对实施条件尚不成熟的改革措施，不贸然“闯关”，而是积极创造条件，待条件成熟时再相机出台。②突出重点，避免由多项改革措施同时并进所产生的叠加效应和连锁效应超过社会的可承受能力。③建立新型社会保障制度，构建与市场经济相适应的社会安全网。④为获得尽可能多的社会成员对改革的认同和支持，努力确保改革的整体福利改进性质，尽力保障改革收益的公平分配，并注意改善公众对改革收益的心理感知。尤其是通过建立改革中利益补偿机制（包括对传统体制下利益受到挤压部分的补偿以及体制转轨中利益受到侵蚀部分的补偿），矫正各种利益不平衡，以扩大改革的社会基础，获得更大的改革动力。从今后面临的挑战看，在协调社会利益关系、保持社会稳定方面，还需要继续作出不懈的努力。

（九）改革的推动力量：注意发挥基层和领导层的合力作用

一方面，重视基层的探索和创新，自下而上推动改革。中国以建立社会主义市场经济体制为目标的改革，不少情况下既缺少现成的理论作为指引，也缺少具体的经验作为参照。这就需要充分激发来自多元社会经济主体内生或自生的改革力量，稳步有效地扩大基层和民众的参与，通过在基层实践中探索，以降低改革的风险。鉴于此，过去30年，充分尊重基层各方力量的改革首创精神，特别是包括工人、农民和知识分子在内的社会主义劳动者，社会主义建设者（即在社会变革中出现的新的社会阶层），以及地方政府的改革首创精神。在基层和民众的积极推动下，改革得以不断深化。

另一方面，注重领导层的统筹和协调，自上而下推动改革。改革是一项十分复杂的系统工程，既有“破”又有“立”，进程相当漫长，而且关乎社会各阶层的切身利益，蕴藏较大的风险。没有统一、坚强的政治领导，包括具备较强执行力和公信力的权威政府，变革是无法顺利进行的。中国国情的特殊性和复杂性，也决定了政治领导包括政府作用在改革过程中的特殊重要性。过去30年，作为领导层的中国共产党及其领导下的政府在改革中的统筹协调作用主要体现在：①确保改革的政治合意性，即：确保改革方向和目标的明确和一致性，确保改革

路径的有效性（表现为对自上而下改革的部署与引导，以及对自下而上改革的激励与升华），以及确保改革决策程序的公共参与性。②确保改革的政治可行性，尤其是注意破除特殊利益集团对改革的掣肘，防止改革走形变样；并注重执政能力建设，着力培养制定和执行恰当改革战略和政策的能力。③确保改革的政治可信性。比如，通过不断完善有关个人产权保护的法律法规，确保投资激励方面的承诺的可信性，降低转轨时期的投资风险尤其是政策性风险。

30 年来，基层和领导层的合力作用，上下互动的体制创新机制，为改革的深入进行提供了持久的动力源泉。

基于上述九方面的实践特征，我们走出了一条中国特色的经济体制改革道路。面向未来，完善社会主义市场经济体制的改革正处于关键阶段，改革的难度越来越大，改革的系统性越来越强，新发展框架对改革提出的要求亦越来越高，复杂国际国内环境下改革的风险性也可能越来越大。对于改革的领导者而言，则面临着完善改革方式和增强改革动力的艰巨使命。面对上述诸多挑战，在推进新阶段体制创新事业的过程中，需要更多的智慧和更大的魄力，在中国特色经济体制改革道路上继续探索，向社会主义市场经济体制完善定型的最终目标持续努力。

十五

中国工业改革30年

金 碚

中国经济发展处于工业化阶段，中国经济的最大主体是工业。30年来，中国经济体制改革（见表1）的关键是工业（工业企业）改革。迄今为止，在各产业中，工业经济（第二产业）发展最快，在三次产业中所占比重不断提高，除了是由中国目前所处的工业化阶段决定之外，一个重要原因是，工业改革的广度和深度最高，市场化和国际化进程最快，企业竞争最充分。所以，中国工业改革开放最真切地体现和反映了迄今为止探索中国特色社会主义道路和进行经济体制改革的丰富内容和艰难经历，以及改革的主要成就和须继续解决的问题。

表1 中国改革开放30年的足迹

年份	事　件	改革共识或决定内容
1978	党的十一届三中全会	把全党工作的着重点和全国人民的注意力转移到社会主义现代化建设上来 实践是检验真理的唯一标准
1981	十一届六中全会通过《关于建国以来党的若干历史问题的决议》	“我国的社会主义制度还是处于初级的阶段”
1982	党的十二大	要“正确贯彻计划经济为主,市场调节为辅的原则”
1984	党的十二届三中全会,通过《中共中央关于经济体制改革的决定》	社会主义经济是在公有制基础上的有计划的商品经济,商品经济的充分发展,是社会经济发展的不可逾越的阶段,是实现我国经济现代化的必要条件
1987	党的十三大	系统地阐述了社会主义初级阶段理论,明确概括和全面阐发了党的“一个中心、两个基本点”的基本路线
1992	邓小平南方谈话	提出“计划和市场都是经济手段”以及“社会主义也可以搞市场经济”的论断

续表1

年份	事件	改革共识或决定内容
1992	党的十四大	“经济体制改革的目标,是在坚持公有制和按劳分配为主体、其他经济成分和分配方式为补充的基础上,建立和完善社会主义市场经济体制。”确立邓小平建设有中国特色社会主义理论在全党的指导地位
1997	党的十五大	全党要毫不动摇地坚持党在社会主义初级阶段的基本路线,把以经济建设为中心同四项基本原则、改革开放这两个基本点统一于建设有中国特色社会主义的伟大实践。这是近20年来我们党最可宝贵的经验,是我们事业胜利前进最可靠的保证
1999	党的十五届四中全会通过《中共中央关于国有企业改革和发展若干重大问题的决定》	建立现代企业制度,是国有企业改革的方向
2000	党的十五届五中全会通过《中共中央关于制定国民经济和社会发展第十个五年计划的建议》	必须把发展作为主题,把结构调整作为主线,把改革开放和科技进步作为动力,把提高人民生活水平作为根本出发点 会议认为,发展是硬道理,是解决中国所有问题的关键
2001	中国加入世界贸易组织	中国政府于是年11月11日接受《中国加入世贸组织议定书》。该议定书于12月11日生效,中国于同日正式成为世贸组织成员
2002	党的十六大报告《全面建设小康社会,开创中国特色社会主义事业新局面》	全面建设小康社会,最根本的是坚持以经济建设为中心,不断解放和发展社会生产力 实现工业化仍然是我国现代化进程中艰巨的历史性任务,要走出一条科技含量高、经济效益好、资源消耗低、环境污染少、人力资源优势得到充分发挥的新型工业化路子
2003	党的十六届三中全会通过《中共中央关于完善社会主义市场经济体制若干问题的决定》	完善社会主义市场经济体制的目标是:按照统筹城乡发展、统筹区域发展、统筹经济社会发展、统筹人与自然和谐发展、统筹国内发展和对外开放的要求,更大程度地发挥市场在资源配置中的基础性作用,增强企业活力和竞争力,健全国家宏观调控,完善政府社会管理和公共服务职能,为全面建设小康社会提供强有力的体制保障 坚持以人为本,树立全面、协调、可持续的发展观,促进经济、社会和人的全面发展
2005	党的十六届五中全会:《中共中央关于制定国民经济和社会发展第十一个五年规划的建议》	以邓小平理论和“三个代表”重要思想为指导,全面贯彻落实科学发展观。坚持发展是硬道理,坚持抓好发展这个党执政兴国的第一要务,坚持以经济建设为中心,坚持用发展和改革的办法解决前进中的问题 发展必须是科学发展,是全面协调可持续发展

续表 1

年份	事　件	改革共识或决定内容
2006	党的十六届六中全会通过《中共中央关于构建社会主义和谐社会若干重大问题的决定》	构建“在中国特色社会主义道路上，中国共产党领导全体人民共同建设、共同享有的和谐社会”。坚持以人为本；坚持科学发展；坚持改革开放；坚持民主法治；坚持正确处理改革发展稳定的关系；坚持在党的领导下全社会共同建设
2007	党的十七大	高举中国特色社会主义伟大旗帜，以邓小平理论和“三个代表”重要思想为指导，深入贯彻落实科学发展观，继续解放思想，坚持改革开放，推动科学发展，促进社会和谐，为夺取全面建设小康社会新胜利而奋斗

资料来源：作者根据有关文献整理。

（一）突破计划经济羁绊——挣脱贫困低效陷阱（1978～1992）

中国工业改革发端于严重的经济困境之中。1978 年 4 月 20 日发布的《中共中央关于加快工业发展若干问题的决定（草案）》（简称工业三十条），是当时指导工业战线拨乱反正的重要文件。其基本思路是明确“企业是生产单位，必须以生产为中心”和强化生产指挥过程的责任制（党委领导下的厂长分工负责制，总工程师、总会计师责任制），来建立和保持正常的企业生产秩序。这一决定对工业改革所产生的实际作用并不很大，因为，它只是要求维护计划经济体制下的生产活动，但却是当年党的十一届三中全会正式决定“把全党工作的着重点和全国人民的注意力转移到社会主义现代化建设上来”，即确立“以经济建设为中心”的党的路线转变在工业领域中发出的一个先声，也体现了在中国经济濒临崩溃边缘、生产效率低下、人民生活贫困的困境中，工业领域渴望变革的迫切愿望。

此后若干年，中国经济改革的核心战场在农村，因为，农村的极度贫困和低效已经危及亿万农民的生存底线，甘冒“准备坐牢”风险和“逼上梁山”式改革在农村破土后势不可挡。以家庭承包为核心的农村改革实质上是农民要求破除计划经济的枷锁，争得自己的经济自主权。其实质就是要求建立（或者恢复）农村的市场经济制度。

农村改革短短几年就取得明显成效。这给工业改革以极大的启示和刺激：要

向贫困和低效宣战，就必须突破计划经济羁绊。这成为工业改革最初的意识起点。

1981年，党的十一届六中全会确认“我国的社会主义制度还是处于初级的阶段”，让突破计划经济体制的尝试有了“名正言顺”的理由。按照当时的认识，高级阶段的社会主义必须是纯粹的计划经济，而“初级阶段”的计划经济则可以不那么纯粹。于是，1982年，党的十二大提出了要“正确贯彻计划经济为主，市场调节为辅的原则”，这就在计划经济体系中为市场经济撕开一道缺口。

1984年，经济体制改革的主战场从农村转向城市，工业改革（企业改革）成为中心。党的十二届三中全会通过《中共中央关于经济体制改革的决定》，提出“社会主义经济，是在公有制基础上的有计划的商品经济，商品经济的充分发展，是社会经济发展的不可逾越的阶段，是实现我国经济现代化的必要条件”。其中，“商品经济”的提法实际上是市场经济的一种曲折表达。从这一年开始，以工业领域为突破口和主攻点，计划经济的清规戒律一个个被打破。价值规律、价格改革、经济刺激等市场经济运行机理和原则，逐步得到承认和实行。尽管这一时期的改革措施大多具有计划和市场“双轨制”的特征，并因此产生了许多矛盾和混乱现象，但毕竟是在计划经济的机体中顽强地生长出了市场经济的因子。

城市经济体制改革的中心环节是企业改革。企业改革主要包括两个方面，一是国有企业（包括大集体所有制）改革，即要把原先作为政府附属物和计划指标被动执行者的国营企业，改革成为独立核算的经济主体，自主经营，自负盈亏。并且从增加工资、允许发放奖金等开始，逐步引入经济刺激机制，力图改变“干不干一个样，干好干坏一个样”的严重低效率行为。二是允许非公有制经济（企业）的发展，并逐步扩大非公有制企业可以进入的产业领域。期间，许多地方的乡镇企业也在计划体制的夹缝中成长起来，因此，农村工业发展成为中国工业化的一个突出特点。特别是，中国经济体制改革从一开始就采取了以对外开放打破僵化体制，为改革探索道路和获取借鉴的思路，因此，允许和鼓励外商投资成为突破计划经济体制和探索改革道路的重大战略举措。这样，工业改革为国有企业、私营（民营）企业和外资企业的“三分天下”企业结构基本格局的形成，埋下了伏笔。与此相适应，实行了一系列的改革开放政策，其中，特别重要的，一是允许和鼓励一部分人、一部分地区先富起来的政策。这是打破计划经济体制下形成的顽固惰性，强化利益刺激，培育市场主体和动力机制的关键。其深层意义则是从固守计划经济的人为平衡和平均主义原则，转向承认效率和竞争原则，而后者正是市场经济的内在机理。二是以实行优惠政策和建立经济特区（经济开发区等）等方式，打破计划经济的封闭体系，植入市场经济的活体。特别是让国外（海外）市场经济因素直接进入中国，并孵化其发展。

可见，这一时期的工业改革特征是“穷则思变的改革”。为了摆脱贫困，征服低效，迫不得已痛苦地反思计划经济的有效性，既有怀疑，又不忍放弃。所以，这一时期的改革充满了争论，左顾右盼，走走停停，甚至也有犹豫和反复。尽管改革的方向是从计划经济向市场经济的转变，但理论认识是不够清晰的，因而政策表述是模棱两可的，改革措施是“双轨制”的。

但是，即使从今天的立场看，这一时期的改革所指向的方向也是正确的，所产生的影响是深远的。因为，最重要的是，开始了思想解放的历程，放弃了对计划经济的迷信和对传统社会主义模式的盲目崇拜，敢于“摸着石头过河”，并且敢于以“不管白猫黑猫，抓住耗子就是好猫”的朴素思想冲击当时极为僵化封闭的意识形态樊笼，特别是悄悄地开始了奠定市场经济发展基础的观念革命，人们越来越认识到，摆脱贫穷必须依靠自救自利，而如果仍然眼睛向上，“等”、“靠”、“要”，将没有人会替你改变贫穷的命运。因此，整个社会开始承认，个人和企业追求收入、利润和财富不仅是正当的个体理性行为，而且是对社会有益的合理行为。这一深刻的观念革命对于突破计划经济、转向市场经济具有决定性的意义。以此观念革命为基础，“发展是硬道理”、“效率就是生命”、“时间就是金钱”等口号迅速成为发自内心的社会共识和推动中国30年改革开放和高速发展的内在动机。

（二）走上市场经济道路——社会主义模式创新（1992～2000）

1992年是中国经济改革关键的一年。这一年，邓小平在视察南方时发表重要讲话，明确提出“计划和市场都是经济手段”以及“社会主义也可以搞市场经济”的论断。毫不过分地说，这在科学社会主义理论发展历史上具有石破天惊的意义。“计划经济”一直是社会主义的“天条”，提出“市场调节为辅”和“有计划的商品经济”已是大胆的突破，而明确地宣布社会主义可以实行市场经济，则是一次真正彻底的思想解放和理论革命。

当年召开的党的十四大正式宣布：“经济体制改革的目标，是在坚持公有制

和按劳分配为主体、其他经济成分和分配方式为补充的基础上，建立和完善社会主义市场经济体制。”这不仅进一步确立了邓小平建设有中国特色社会主义理论在全党的指导地位，而且从根本上明确和坚定了中国改革不可动摇的方向。

如果说前一阶段的中国改革是“逼上梁山”和“穷则思变”，那么，可以说，1992 年开始的改革则具有“义无反顾”的特征，表现为“不再争论”、“大胆尝试”、“决不走回头路”。这一阶段的工业改革开始向计划经济的各个环节发起大胆攻击。

第一，工业经济管理体制逐步摆脱指令性计划和行政性管理，政府管理工业企业的行政主管部门进行重大改革。随着市场取向改革的推进，企业要求政府“松绑”的呼声越来越强，工业管理的传统计划体制越来越成为阻碍市场经济发展的障碍。因此，政府工业主管部门首先成为改革对象。这就使工业生产指令性计划体系的行政依托和执行部门的功能不断弱化、边缘化，直至彻底撤销其建制机构，从而让工业生产的计划经济体制改革没有了“回头路”。其中，对工业改革具有重要意义的是，1998 年开始进行的改革开放以来的第四次政府改革。[①] 这次改革将国务院的 40 个组成部委减少了 11 个，特别是使行政管理从具体的工业经济管理中淡出。除了国防科技工业和信息产业两个管理部门之外，这次改革将其他直接管理工业的 10 个部委都撤销了。从此以后，大多数（国有和大集体）工业企业都不再有直接的行政隶属主管部门了。中国工业经济的组织体系彻底从“部门管理”的计划系统，转变为自主企业的产业组织集合体。

第二，中央向地方、政府向企业不断“放权让利”（包括将许多中央国营企业下放到地方），同时逐步硬化国有企业预算约束，将国有企业推向市场。直至 1999 年，党的十五届四中全会通过《中共中央关于国有企业改革和发展若干重大问题的决定》，明确宣布：“建立现代企业制度，是国有企业改革的方向。”从这一时期开始，国有企业的改革循着两个基本方向推进：一是进行“国有经济战略性调整”，实际上就是把没有必要保持国有性质的国有企业改革为非国有企业。二是对仍然保持国有性质的国有企业进行公司化改造（从以《全民所有制工业企业法》设立和调整转为按《公司法》设立和调整）。由于多年计划经济体制的约束，国有企业的市场适应性非常差，经济效益低下，大多一度陷于严重经营困难的境地，因此 1998 ~ 2000 年，在全国范围内进行了国有企业“三年改革

① 改革开放 30 年来，共进行了 6 次政府改革，分别开始于 1982 年、1988 年、1993 年、1998 年、2003 年和 2008 年。

与脱困”。到2000年底，国有及国有控股工业企业实现利润2392亿元，比1997年增长1.97倍，全国31个省区市全部实现整体盈利。1997年亏损的6599户大中型企业减少4799户，占72.7%。大多数国有大中型骨干企业初步建立现代企业制度，列入520户国家重点企业的514户国有及国有控股企业有430户进行了公司制改革，占84%。国有企业“三年改革与脱困”目标的基本实现为下一阶段的深化改革创造了条件。

第三，在国有企业改革推进的同时，非国有和非公有制企业（以下简称非公有制企业）以更快的速度发展，中国工业经济的企业制度结构（所有制结构）发生重大变化，即非公有制企业的比重迅速上升，国有企业的比重逐步下降。按工业总产值计算，1978年国有企业占77.6%，集体企业占22.4%，其他经济成分所占比重极小，基本可以忽略不计；1992年国有和国有控股工业企业下降到51.5%，非国有企业（包括集体、个体和其他工业企业）占48.5%（见表2）。

表2　1978年以来工业总产值所反映的企业所有制结构变化

单位：亿元人民币

年份	国有及规模以上非国有企业工业	国有及国有控股工业企业	国内非国有企业*	“三资”工业企业
1978	4237 (100.0%)	3289 (77.6%)	948 (22.4%)	—
1992	34599 (100.0%)	17824 (51.5%)	16775 (48.5%)	—
2000	85674 (100.0%)	40554 (47.3%)	21655 (25.3%)	23465 (27.4%)
2006	316589 (100.0%)	98910 (31.2%)	117602 (37.2%)	100077 (31.6%)

说明：1978年为“集体企业”，1992年为集体、个体和其他企业，2000年和2006年为国有及规模以上非国有企业工业总产值减去国有及国有控股工业企业工业总产值减去“三资”企业工业总产值。括号内为所占比重。

资料来源：作者根据《中国统计年鉴》中的数据计算。

非国有企业的发展不仅使得微观经济主体基础更能够适应市场经济的运行，而且由于改变了国民经济由国有企业“独木支撑”的局面，也使国有企业的进一步改革有了更大的回旋空间。

第四，与企业所有制结构变化相应的是社会分配结构开始发生重大变化。1992年召开的党的十四大做出明确决定：社会主义市场经济体制的基础是“公

有制和按劳分配为主体、其他经济成分和分配方式为补充”。这不仅确立了包括私营企业在内的各种非公有制经济的合法性，而且承认了按劳分配与要素分配具有同等合法性，尽管在当时的政策语言表达上两者之间还有“主体”和“补充”的差别。1997年，党的十五大进一步明确确定：“非公有制经济是我国社会主义市场经济的重要组成部分”，要“把按劳分配和按生产要素分配结合起来”。收入分配制度的改革不仅具有调动各方面积极性的巨大作用，而且使经济发展的动力机制产生了深刻的变化。从此，不仅“就业”是民生之本，“创业”也成为发展之源；个人和家庭收入不再只是“消费资金”，而是成为储蓄和投资的重要资金来源；广大群众不仅可以勤劳致富，经营致富，创意致富，而且可以通过获得财产性收入而致富。这就为市场经济的发展奠定了基于利益机制的稳固基础，使亿万人民从对切身利益的关心上，拥护和参与社会主义市场经济体制建设，并以持续的热情投入市场经济发展的历史潮流。

第五，在市场经济体制改革和建设过程中，价格体制改革是一个既不可回避怠慢又充满极大风险的难题。从20世纪80年代开始，中国的改革就试图从价格改革入手，曾经在“渐进、双轨”中徘徊，又在“彻底放开”的过程中产生很大的社会震荡。当1992年明确了市场经济的改革方向后，价格改革的推进就进入了比较顺利的轨道。到20世纪末，绝大多数工业产品价格都实现了市场化，标志着中国市场经济体制改革取得了决定性成就。

第六，初步形成了全方位对外开放格局。不仅表现在进出口贸易的大幅度增长，而且特别表现为投资环境的明显改善和外商投资企业的大量建立，中国从一个完全封闭的国家，转变为所有世界发展中大国中最为开放的国家之一。当其他大国处于像中国这样的经济发展水平时，没有哪个国家实行过像中国这样的对外资企业的高度宽容、鼓励和优惠的政策，而且，在各地区之间还以相互竞争的方式把吸引更多外资作为地方政府最重要的政绩目标之一。这种开放姿态在全世界都是极为罕见的。因此，中国在短短20多年的时间内，就成为世界吸引外资（特别是外商直接投资）最多的发展中国家。全世界的工业生产能力大规模地向中国转移，加之中国的市场经济体制的迅速成长激发起极大的生产热情，并显著地提高了生产效率，使得中国很快成为世界工业生产大国，越来越多的主要工业产品生产规模居世界前列。

从1992～2000年的改革是具有决定性意义的一段历史。在此期间，中国遭遇过挫折和艰难，而世界政治格局的巨变（特别是苏联的解体和东欧的蜕变）也曾给中国以巨大的压力。中国能够度过这一充满极大风险的改革时期，并为确定长期的改革方向和道路奠定了不可动摇的基础，其中，邓小平的巨大贡献是举世公认的。而邓小平的决断之所以得到人民的广泛拥护，主要归因于其高度务实和完全从人民切身利益出发的精神。就像当年承诺给农民“分地”、让工人“当家作主”的务实目标激励了人民对解放事业的拥护一样，“致富”、“小康”的务实目标也激励了广大人民以极大的热情拥护和投入改革开放事业。

这一时期的改革所形成的最重要观念是，要实现国家强盛人民富裕，不可能靠国家计划的直接安排和政府以行政性方式进行资源配置，相反，市场调节应成为基础性的资源配置机制。也就是说，市场竞争成为推动工业化的强大力量，才能从根本上改变中国经济落后和低效的状态。所以，这一时期的理念革命，就是彻底地相信自立自强，相信“适者生存，优胜劣汰”的竞争规则。

在这样的观念以及依此为基础的行为原则之下，中国工业进入了一个血拚式竞争年代：企业竞争意识大大增强，竞争行为极端激烈，竞争强度大幅提高。为了在竞争中取胜，尽可能地调动各种可以获得优势的因素，包括低价格的资源（土地、能源、矿物等）、低报酬的劳动、低成本的资金、低环境标准，再加之减免税收等，使中国工业的许多产业出现了可能是世界工业史上最激烈的竞争现象。尽管血拚式竞争会产生明显的副作用，遭到人们的批评，但是，客观地看，这是中国改革开放过程中的一种历史性进步，是中国从计划经济向市场经济转轨中的一种“奋不顾身”的精神。正因为这样，中国才能够在短短30年的时间内就彻底消除了计划经济的“短缺经济”特征，使工业生产能力和规模大幅度提高。更重要的是使中国工业国际竞争力显著增强，有了在进一步开放条件下的生存能力和发展潜力，有了迎接经济全球化的竞争实力。

当然，血拚式竞争是一种代价高昂的发展道路，从长期来看是难以持续的。所以，在这一时期，“从外延增长向内含增长转变”、“要正确处理速度、规模和效益的关系”、“改变粗放经营方式”、“转变经济增长方式”等呼声始终伴随着实际上的“有水快流”、“大干快上”、“做大做强”的行为。所以，可以公允地说，血拚式竞争既是改革开放取得成效的表现，也是改革开放在一定时期内不得不付出的成本。无论如何，在这一过程中，中国工业树立起了向更加开放的市场经济体制迈进的勇气、信心和决心。因为，中国工业终于可以向世界宣称：我们不仅不害怕市场竞争，而且，欢迎市场竞争；我们不仅不反对市场经济，而且可以对世界所有的国家说：让市场经济来得更猛烈些吧，中国工业做好了迎接经济全球化潮流的准备！所以，在这一时期，中国就进行了申请加入世界贸易组织（前身为关税与贸易总协定）的不懈努力。

（三）融入全球经济体系——探索科学发展之路（2001～2008）

2001年12月中国正式加入世界贸易组织，是一个标志性意义的事件。它标志着中国承认世界资本主义市场经济制度的现实性，决心全方位融入这一必然走向全球化的世界市场经济体系；它同时还标志着，中国准备好了将在经济体制和机制上同世界接轨，接受世界市场经济制度的共同规则和竞争政策。从此，中国的经济体制改革不再仅仅是中国自己的事情，而且是全世界的事情，因为中国的改革开放已经不仅仅关系到中国人民的利益，还关系到世界各国的利益，所以，加快中国经济体制改革的要求不仅来自国内，而且将承受来自外部的越来越大的压力。也就是说，进入这一时期，内部的改革要求和外部的改革压力将推动中国经济体制加快改革步伐。而且，改革方向十分明确清晰：同世界市场经济制度全方位接轨，融入经济全球化的体系。

如果说此前的改革开放完全是中国自发的行为，那么，进入这一阶段的改革开放就具有“内外夹击”的特征，而且是“方向既定，别无选择”。简言之就是，中国经济体制改革完全走上了一条必由之路。

中国工业改革涉及四个根本问题：一是“计划还是市场”，二是“国有还是非国有”，三是“管制还是自由”，四是“垄断还是竞争”。应该说，经过改革的前两个阶段（1978～2000），在上述第一、第二个问题上，中国工业改革已经取得了决定性的进展，至少在改革的方向和观念上已经明确。也就是说，市场机制已经成为基础性的资源配置方式，在工业领域的大多数行业中，市场价格已经成为调节生产和供求的决定性因素；同时，尽管国有企业的根本性改革还没有完成，但是，国有、民营（非国有）和外商三分天下的格局已经形成，在观念上也已经明确了非国有企业可以进入几乎所有的工业部门，国有企业通过战略调整将推出更多的一般性工业部门。而且，在客观上，国有企业也在向着定位于特殊企业的方向不断深化改革。正因为在这两个根本问题上工业改革取得了比较大的成就，所以，改革开放30年来，以工业为主的第二产业成为发展最快、竞争力提高最显著的产业。这也是中国三次产业中二次产业增长率一直最高、比重特别大的原因之一。

进入工业改革的第三个阶段，后两个问题越来越成为深化工业改革的重要内容。前两个问题主要回答“要不要搞市场经济”的问题，后两个问题则主要涉及“要搞怎样的市场经济”的问题。

市场经济的基本要求之一是实行自由企业制度，只要是法律没有禁止的，企业就可以做。这是使市场竞争主体企业具有充分的活力和创新力的基本制度保障。WTO 所要求的自由贸易原则则是自由企业制度原则的延伸和在国际贸易领域中的体现。所以，加入 WTO 就意味着我们承诺要给企业（中国和外国企业）以充分的自由竞争保证。不仅在生产领域，而且在投资领域，都必须尊重企业的决策自主权，减少政府的直接干预。所以，中国工业改革的基本取向是政府逐步减少对企业行为的直接干预。也正因为这样，30 年来，中国企业特别是工业企业获得了很大的活力，显著地提高了工业企业特别是制造业企业的国际竞争力。中国制造的工业品在世界市场的份额大幅度提高。据统计，中国制造业产品在国际市场占有率从 30 年前的不足 2%，提高到目前的 9% 以上，而且还在进一步提高。

自由市场竞争极大地解放了企业的生产力，但企业为追求市场竞争优势特别是成本价格优势，以血拼方式参与竞争，代价也是巨大的。其突出表现就是：大量消耗自然资源，无度圈占土地，严重破坏环境生态和对劳动者权益（劳动条件和报酬）的忽视等。所以，到了世纪之交，人们越来越认识到，为了节约资源和土地，保护环境生态，维护劳动权益，必须对企业的行为进行必要的规范（管制）。因此，以更有效的方式对企业行为进行必要的管制，成为新时期工业改革发展的一个重要问题，这实际上也是贯彻落实科学发展观在工业领域中的直接体现。也就是说，工业发展的根本目的不是物质的增长，而是必须以人为本，即让人民获得更高质量的生活，并且必须保证发展的可持续性。

问题是，对企业行为进行管制，最终体现为实行一系列具体的政策措施，而可行的政策手段和有效管制措施其实是有限的。通常的方式是，设置产业进入壁垒、制定各种技术标准、进行环境评价审核，以及实行各种各样的行政性审批程序等。而所有这些又都有一个合理的“度”的问题，超过了一定的限度，管制政策和措施就会成为妨碍市场经济正常运行，甚至导致低效率和腐败现象的消极因素。所以，减少和清理行政审批，放松管制也是工业改革的重要内容。其实，“管制还是自由”，“管制还是放松管制”，不仅在中国，在全世界都是经济体制改革的重要内容。中国既然加入了 WTO，体制改革也必然遭遇世界各国都会面临的一些共同难题。从这一意义上可以说，中国工业改革已经由主要解决从计划经济向市场经济转轨的问题，转变为不仅要继续解决从计划经济向市场经济转轨的问题，而且要解决世界各国市场经济有效运行所面临的一些共性的体制和政策

问题了。

除了管制和自由的问题，世界各国遇到的另一个共性的体制问题就是“垄断和竞争”的关系。从根本上说，市场经济的生命和活力来自竞争，没有竞争就没有市场经济。垄断是阻碍市场经济公平竞争的严重不良因素，但又是市场经济无法完全消除的现象。计划经济体制下是完全的国家垄断，没有竞争。向市场经济转轨后，竞争越来越替代垄断成为产业组织的主要形式。但是，自然垄断、经济垄断，特别是行政性垄断现象在我国工业领域中仍然普遍和顽固地存在，而且，随着企业收购兼并活动的增加，又产生了新的企业垄断行为的可能。近年来，大型国有垄断企业的行为，特别是凭借垄断地位甚至垄断特权获得集团利益的现象，越来越引起社会公众的关注和不满。有人甚至认为，这些垄断企业凭借国家赋予的特权和强大的市场势力，已经严重偏离了国有企业的公共利益目标，而常常直接损害了广大消费者和公众的利益。因此，要求对国有垄断企业进行进一步改革的呼声越来越高，国家也逐渐认识到了这一问题的严重性。

从工业体制和国家工业政策的历史沿革看，中国一直强调的是产业政策的重要性。产业政策的特征之一是具有战略性和倾斜（歧视）性的，即鼓励一些、限制一些、禁止一些，对于符合战略方向的则进行国家的直接参与。国有垄断企业的形成往往是同一定时期的国家产业政策相关的，甚至直接体现了一定时期产业发展战略的要求，其逻辑是“既然重要，国家就集中力量自己干”。问题是，随着中国市场经济的不断发展和成熟，产业政策的作用将发生很大的变化。而主要通过公平的市场竞争而不是歧视性的国家干预来实现工业长期发展，将成为中国工业改革的基本方向。所以，与产业政策相比，竞争政策将越来越发挥更重要的作用。因此，垄断产业和国有垄断企业的改革，将成为中国工业改革的重要内容之一。如果从WTO规则和经济全球化的国际竞争规则来看，中国国有垄断企业的深化改革，不仅是中国工业发展的要求，也必然成为国际关注的重大问题。从这一问题上也可以看到中国工业改革所具有的国际意义。中国工业改革不仅是中国的事情，也是世界的事情！

（四）结论

中国的改革从来不是为改革而改革，不是从体制的理想观念出发而实行的改革，而是为发展而实行的改革。从这一意义上说，中国的改革不是理想主义的，而是现实主义的；不是出于意识形态价值追求，而是人民利益的价值追求。因此，中国改革的核心观念是“解放思想”，中国改革的价值观从不自觉地以物为本，转向自觉的以人为本，其精神动因是高度务实的。其中，承认中国正处于并将长期处于社会主义初级阶段，是中国务实改革的根本时代特征。中国改革的成败得失，是以发展的成就来衡量的，这就是“实践是检验真理的唯一标准”在改革进程中的务实体现。从实践检验的结果看，中国工业改革无疑是非常成功的。工业改革极大地解放了生产力，使中国工业成为具有显著国际竞争力的大规模产业，令世界为之惊叹，甚至感到“威胁”。中国工业改革不仅解决了计划经济向市场经济转轨的体制问题，而且在解决世界共性的体制和工业政策问题上，中国工业改革也作出重要的贡献。当然，中国工业改革的未来道路还相当长远，30 年的时间不可能实现体制改革的全部目标，而且，一些最深层、最根本的体制问题还没有得到彻底解决。所以，任重道远仍然是中国工业改革面临的基本态势。

十六

改革开放30年中国立法的主要经验

李　林

反思改革开放30年来的中国立法，大致可以总结出以下七条立法基本经验。

1. 坚持立法体制的中国特色

第一，中央与地方分享立法职权的多元立法体制。

1982年宪法和立法法、组织法等法律，构建了现行中国特色的中央与地方分享立法职权的多元立法体制。中国特色的立法体制主要有两个特点：

首先，中国立法体制表现为“一个国家、两种制度、三个法系、四个域”。“一个国家”是指中国；“两种制度”是指社会主义制度与资本主义制度；“三个法系”是指大陆属于社会主义法系，香港属于普通法系，澳门和台湾属于大陆法系；“四个域”包括中国大陆、香港、澳门、台湾。

其次，中国立法体制表现为多元（层次）的立法主体结构，包括：全国人大行使修改宪法、制定基本法律的职权；全国人大常委会行使制定和修改法律的职权；国务院行使制定行政法规的职权；省、省会市、较大市的人大及其常委会行使制定地方法规的职权；经济特区的人大及其常委会根据全国人大及其常委会的特别授权行使制定经济特区法规的职权；民族自治地方人大行使制定自治条例和单行条例的职权，可以变通法律和法规；特别行政区行使特区的立法权。

多元立法体制适应中国地方大、经济社会发展不平衡的实际情况，有利于调动中央和地方两个方面的立法积极性，同时也面临着如何维护法制统一的问题。

第二，立法参与和立法博弈的中国特色。

（1）中国不实行西方式的两党制、多党制，也没有“议会党团”制度，因此不存在以西方式多党制为前提的各种利益群体的立法博弈。但中国实行的是共产党领导的多党合作和政治协商的政党制度，作为执政党的中国共产党通过做出重大决策、提出重要立法建议、批准立法规划、通过人大内部的共产党组织及其共产党员，实现对立法的领导。民主党派通过提出提案、议案，通过参加政治协商，通过以个人身份参加人大立法过程等方式，参与立法和立法博弈过程。

（2）中国不实行立法游说集团制度，因此不同利益群体要表达自己的利益诉求，影响立法过程，其直接作用较小，而是主要通过专家学者、工会、妇联、共青团等群体和组织，以及通过媒体来间接实现自己的利益诉求。尤其是立法法规定专家学者参与立法听证会、座谈会、咨询会等制度，是专家参与立法的制度化安排。

（3）中国公民参与立法，日益成为中国公民和以公民个人身份表现出来的利益群体参与立法博弈的重要形式，但目前还处在初级水平。

2. 立法必须以经济建设为中心，与改革发展紧密结合

坚持立法与改革发展和现代化建设相适应，把实践证明是正确的经验用法律肯定下来，巩固改革开放和现代化建设的积极成果，保障和促进经济社会又好又快地发展，为改革发展和现代化建设创造良好的法治环境，是30年改革开放的一条基本经验。

当然，立法与改革发展紧密结合也面临一些内在矛盾难以解决。一是法律应当具有统一性和协调性，但改革发展的不平衡性使改革时期的立法难以统一和协调；二是法律应当准确、具体，但改革发展的渐进性使改革时期的立法难以准确、具体；三是法律应当具有稳定性，但改革发展措施的探索性使改革时期的立法难以固定不变；四是法律应当具有国家强制性，但改革发展的复杂情况使立法难以相应做出强制规定。

3. 逐步走向开门立法、民主立法

加强民主立法是中国立法机关一向秉持的基本方针，但由于主客观多种原因，中国立法机关开门立法却是在20世纪90年代中后期逐步实行和推广的。2008年4月，全国人大常委会委员长会议决定，今后全国人大常委会审议的法律草案，一般都予以公开，向社会广泛征求意见。

立法听证是开门立法的又一种重要形式。2005年9月，在全国人大常委会初次审议的个人所得税法修正案草案规定个人所得税工资、薪金所得减除费用标准为1500元之前，全国人大法律委员会、财政经济委员会和全国人大常委会法制工作委员会在北京举行听证会，对这一减除费用标准是否适当，进一步广泛听取包括广大工薪收入者在内的社会各方面的意见和建议。这是国家立法机关第一次就立法问题举行立法听证会。在地方立法机关层面上，立法听证的实践探索和

制度建构早已展开。

尽管立法听证制度在充分征求民意、完善立法等方面，发挥了重要作用，但它也存在着听证人员代表性不够，听证程序设置不够合理，听证过程形同演戏，听证结果不受重视等问题。这些问题在不同程度上影响了人民参与开门立法的民主质量。

4. 制定法律与修改法律并重

改革开放以来，由于经济社会关系不断变迁，加之法律观念的转变和立法技术的提高，导致法律修改的任务越来越重，制定法律与修改法律并重，成为 30 年立法的主要做法和基本经验。在全国人大及其常委会制定的现行有效的 229 件法律中，有 71 件法律被修改，占现行有效法律总数的 31%。

从对现行有效法律的修改次数来看，1978 年以来，修改五次及五次以上的法律有 2 件，占修改总数的 2.8%；修改四次的有 2 件，占修改总数的 2.8%；修改三次的有 4 件，占修改总数的 5.6%；修改两次的有 14 件，占修改总数的 19.7%；修改一次的有 49 件，占修改总数的 69%。

由上可见，中国对法律总体上是修改一次者居大多数，这表明立法机关对修改法律持比较谨慎的态度。

5. 经济立法与社会立法向平衡方向发展

全国人大及其常委会制定的现行有效法律共计 229 件，依照各门类立法数量的多少来排序，可以看出它们的百分比分别是：行政法 79 件，占全国人大及其常委会立法总数的 34.49%；经济法 54 件，占 23.58%；宪法及宪法相关法 39 件，占 17.03%；民商法 32 件，占 13.97%；社会法 17 件，占 7.42%；诉讼与非诉讼程序法 7 件，占 3.0%；刑法 1 件，占 0.43%。

改革开放以来，经济立法始终是中国立法工作的重点，而社会立法则处于相对滞后状态。事实上，十一届三中全会以来，全国人大常委会共制定 300 多部法律和有关法律问题的决定，其中 1/3 以上是经济法律。在地方立法中，重视经济立法、轻视社会立法的现象依然存在。例如，江苏省人大常委会 1993～1997 年共制定和批准了 76 件经济法规，占立法总数的 55%；安徽省九届人大制定、修改、批准经济类法规 70 件，占立法总数的 54.7%。

2003 年十届全国人大以来，社会立法的比重越来越大，经济立法与社会立法不协调、不平衡的问题，正在以人为本的科学发展观指导下逐步得到解决。

6. 坚持中国国情和特色，充分借鉴外国立法经验

改革开放 30 年中国的立法发展，充分学习借鉴了包括西方立法经验在内的一切人类立法文明的有益成果，不仅大量学习借鉴了西方经济立法、民商事立法、环境保护和能源立法、社会立法等的经验，而且适量学习借鉴了西方民主政治立法、行政立法等的经验；不仅学习借鉴了西方大陆法系的立法经验，而且学习借鉴了普通法系和其他法系的立法经验；不仅学习借鉴了外国的立法经验，而且学习借鉴了中国香港、澳门和台湾的立法经验。如果立法的中国经验能够成立，那么，这种经验应当是中国国情与世界立法文明成果相结合的产物，它既是中国的，也是世界的。

十七

成绩与问题并存：中国法治在改革中曲折前行

李 林

（一）中国法治在改革中成绩与问题并存

改革开放30年以来，我国法治在改革中前行，特别是进入21世纪以来，我国法治建设以落实党的十六大报告的战略部署为契机，以贯彻十七大精神为新的目标，取得了重大进展。尤其是在法治思想观念层面、法律制度规范层面、法治实践行为层面表现明显。但也要清醒地看到，我国社会主义法治建设中，宪法和法律至上的权威还没有真正确立，立法质量不高、司法不公、执法不严、法律监督不力、法律实施效果不佳等仍是我国法治建设中的突出问题。

其一，法治缺乏应有权威，一些法律形同虚设，法律实施效果差。全社会的法律意识特别是领导干部的法治观念有待加强，一些领导干部的素质、能力和作风与新形势新任务的要求还不适应。法律实施与立法发展不协调，在提高立法质量的同时如何进一步解决法律实施实效问题已成为我国法治建设的主要矛盾。

其二，立法的公正性、民主性、科学性还有欠缺，立法结构不够合理。部门利益、地方利益影响甚至主导立法过程，“行政权力部门化、部门权力利益化、部门利益合法化”的现象仍未消除，一些明显带有部门或集团利益痕迹的立法，把畸形的利益格局或权力关系合法化，“立法扩权卸责”、“立法不公”影响了法治的权威和公众对法律的信心。

立法决策与改革发展重大决策还没有实现有机统一，立法进程与改革发展进程还不完全适应，片面强调用立法巩固改革发展成果，不注意在法治的轨道内进行改革、推进发展，用政策取代法律、违法改革等现象时有发生，既影响改革方案的民主性、科学性，也影响法治的权威。

立法的修改和废止工作不及时，一些立法落后于经济社会文化发展。我国现行的法律法规大多制定于我国市场经济体制发育初期，囿于各种主客观条件，立法者对于市场经济的规律要求的认识尚不深刻，对于建设和谐社会的重要性认识不够，这就导致一些立法带有计划经济体制的痕迹，或者不符合建设和谐社会的要求。

立法结构不够合理。我国的经济立法速度很快，但在公民基本权利保护、市场监管、社会管理、社会保障、公共服务、环境资源保护和财政税收等方面的立法明显滞后。法律部门之间、每个法律部门内部不同立法之间的科学性、协调性不足，存在法律冲突现象。

其三，司法权的地方化、功利化、行政化问题较为突出，外部干预司法的现象不同程度地存在。司法不公，司法领域中存在的腐败问题，打官司难、执行难、地方保护主义、部门保护主义等问题仍然存在，影响了法律权威和司法公信力，制约了司法在维护公平正义、促进社会和谐方面作用的充分发挥。

其四，在行政执法方面，有法不依、执法不严、违法不究的现象在一些地方、一些部门依然存在。法律生效后往往还要靠上级机关层层动员、发文件才能实施，没有行政指令即便有法定职责也不执法，有了行政指令就大搞“集中整治”、突击执法、运动式执法，不该管的要管，不该罚的也要罚，执法活动缺乏应有的一致性和公正性。“自费”执法现象仍然存在，由于根据罚没款确定拨款数额导致“收支两条线”的规定流于形式，一些部门受利益驱动，以违法养执法、以执法护违法，加剧了社会上的违法和失序现象。在行政执法后果方面，不论执法是否到位，执法部门都不承担责任，干多干少一个样，干好干坏一个样，甚至执法状况越差，导致问题越多，反而更有可能得到升格、增编、扩权的机会。

其五，法律监督的体制、机制不健全，监督手段和措施不完善，监督效力不强。监督渠道很多，但效果不尽如人意。纠纷解决渠道不够通畅，现有的纠纷解决机制实效性不足。

（二）中国社会正在进入一个崇尚法治和实行法治的时代

社会主义市场经济是法治经济，社会主义民主政治是宪政民主，社会主义和谐社会是民主法治社会。这充分表明，中国的改革开放已进入一个全面协调可持续发展的阶段，中国的依法治国已进入一个“全面落实”和“加快建设”的阶

段，中国社会正在进入一个崇尚法治和实行法治的时代。未来中国法治建设，应当顺应法治时代到来这个大趋势，着重从以下几个方面展开。

第一，如果说在改革开放头十年，“法学幼稚”、法学界基本上交了一张白卷的话，那么今天，法治时代呼唤法学家、法律人必须对中国现代化建设、全面小康社会建设以及法治国家建设交出一张合格的答卷，法治时代要求法律和制度在未来中国改革开放和科学发展过程中发挥更大的引导和保障作用。法学界、法律界应当全面总结改革开放30年来、尤其是依法治国基本方略实施以来的基本经验，进一步解放思想，转变观念，把握机遇，立足国情，充分发挥法学界在我国民主法治建设中不可或缺的“思想库”作用，为开创中国特色社会主义法治建设新局面作出新贡献。

第二，在中国特色社会主义法律体系已基本形成以后，我们要切实坚持科学立法、民主立法，努力从制度上消除部门立法的弊端，稳定立法数量，提高立法质量，完善立法程序，改进立法技术，优化立法结构，进一步完善中国特色社会主义法律体系。首先，应当完善公民基本权利和自由、国家组织机构设置和中央与地方关系等方面的法律制度；完善维护社会公平，加强社会管理、社会保障和公共事业方面的法律制度；完善生态环境保护、税收调节、公共财政等方面的法律制度，促进经济社会全面协调可持续发展；完善各个法律部门、起支架作用的法律、实施性法规规章、立法技术。其次，应当提高立法透明度，扩大公众的立法参与，建立立法机关评估、执法机关评估、专家学者评估、社会公众评估相结合的立法评估机制，适时完善、修改相关法律法规，确保立法的适应性。

第三，在改革和完善立法的同时，进一步加强宪法法律实施，把解决宪法法律有效实施问题作为下一步中国法治建设的重点，使宪法法律实施与法律制定协调发展，维护社会主义法治的统一尊严和权威。

第四，深化行政体制改革，全面推进依法行政，使行政机关真正成为对人大负责、受人大监督、廉洁高效为民服务的“人民政府”。

第五，运用科学发展、和谐建设的理论来确立司法科学发展的思路，把深化司法体制改革的设计，纳入司法建设和司法发展的大格局之中，以“司法建设”作为司法权、司法体制和司法机关未来发展的主线和主题词，以深化司法体制改革作为实现司法建设的手段和途径之一。根据科学发展、和谐社会建设的理论，把司法建设融入全面落实依法治国基本方略的大战略之中，形成依法执政、民主立法、依法行政、建设司法、强化护法、倡导守法的依法治国新局面；把深化司法体制改革纳入我国法制整体改革的大视野中，统筹考虑，全面规划，协调推进，实现司法建设及其司法体制改革的科学发展。认真总结过去十年司法（体制）改革的经验教训，客观评估司法（体制）改革的利弊得失，在这个基础上，根据党的十七大报告精神和对司法工作的要求，深入研究中国特色社会主义司法权、司法制度和司法建设的理论，科学论证设计深化司法体制改革的实施规划，优化司法职权配置，规范司法行为，建设公正高效权威的社会主义司法制度，保证审判机关、检察机关依法独立公正地行使审判权、检察权，实现深化司法体制改革与中国法治建设的协调发展。

第六，坚持以人为本，全面落实尊重保障人权的宪法原则，加强对公民的经济、社会和文化权利的保障，通过政策、法律及其他多种方式和途径着力解决“上学难”、“看病难”、“住房难”、“两极分化”、“贫富不均”等老大难问题，着力保障社会弱势群体的权利。

十八

变迁中的中国单位制度

——回顾中的思考

李汉林

（一）

改革开放30年来，中国以构建社会主义市场经济体制的改革，从根本上深刻影响着整个中国经济、社会和政治结构等诸方面的变迁。中国的单位组织，作为一种中国特有的制度、统治和结构方式，也经历着这种史无前例的变迁，深深地留下了变迁的痕迹。

在改革开放以前，单位是中国社会中的一个高度整合和低度分化的基本组织形态。当时的中国社会，是一个由极其独特的两极结构所组成的社会：一极是权力高度集中的国家和政府，另一极则是大量相对分散和相对封闭的一个个的单位组织。在城市社区中，社会成员总是隶属于一定的“单位”——在学校属于学校单位；参加工作属于工作单位；退休以后不仅仍属于原工作单位，同时也属于街道单位。在中国单位里，人们相互熟悉，没有陌生人——这是一个“熟悉的社会”、一个“没有陌生人的社会”。在这个社会中，人们之间彼此相互了解，甚至在日常的生活中朝夕相处、相互影响和依赖。与此同时，由于资源主要由单位垄断分配的机制，个人与单位的关系变得异常的紧密。人们从摇篮到墓地，生生死死都离不开单位。在这里，单位社会的生活成为人们社会生活的常态，人们社会行为的常态。一方面，从制度上不允许人们割断与单位社会的联系，因为离开了单位，人们就会失去社会身份和地位，国家和政府也会失去像以往那样对人的控制；另一方面，失去与单位社会的联系，对个人本身而言，在目前的这种社会及社会化的环境中，也是一件并不轻松的事，它不仅会给人们的行为带来失落和迷茫，而且也会使人们逐渐失去自身社会存在的基础。所有这一切，也就构成了单位作为制度的重要的政治、经济和社会的前提和条件。

有学者认为，中国总体性社会的形成，是通过单位制这个组织中介而实现的。具体地说，首先，借助严密的单位组织系统，国家的动员能力极强，可以动员全国的人力物力资源，以达到某一经济建设和国家发展目标。其次，单位制的高度组织化，过去的“国家民间精英民众”的三层结构变为“国家民众”的二层结构，国家直接面对民众，因而可以将各种讯息直接传达到民众手中，但民众却没有有效的形式实现自下而上的沟通，社会秩序完全依赖国家控制的力度。再次，单位现象使得全部社会生活呈政治化、行政化趋向，社会的各个子系统缺乏独立运作的条件。由单位制而促成的总体性社会，克服了旧中国“一盘散沙”的总体性危机。

事实上，在相当长的一段时间里，国家与单位、单位与个人的关系总是处于这样的一种状况：国家全面占有和控制各种社会资源，处于一种绝对的优势地位，进而形成对单位的绝对领导和支配；单位全面占有和控制单位成员发展的机会以及他们在社会、政治、经济及文化生活中所必需的资源，处于一种绝对的优势地位，进而形成对单位成员的绝对领导和支配。在当时，所谓企业单位办社会，单位功能多元化的一个直接和突出的社会后果，就是在极大程度上强化了单位成员对其单位的全面依赖性。如此，国家和政府对其社会成员，按照国家所倡导的行为规范和价值取向进行整合和控制，根本不需要也不可能直接作用于社会成员，而仅仅只需要通过控制其隶属的单位就能实现自己的行为目标。换言之，国家和政府的社会控制主要是通过单位来实现的，而单位在单位成员中贯彻国家整合和控制的意志则主要是基于单位成员对单位的全面依赖性，通过单位办社会、单位自身功能多元化的过程来实现的。因为，在任何依赖的社会情境中，人们只有以服从作为代价才能换取资源，进而获得社会身份、自由和权利。恰恰在这个意义上，单位在相当长的一段时间里，成为我们国家与政府进行社会动员以及进行整合全社会资源的一种重要的、有时甚至是唯一的制度与统治手段。

（二）

改革开放以后，由于经济体制改革这种纲举目张的作用，使整个社会中的利益主体由一元变成了多元，不同利益主体的意识和不同的利益诉求随之也变得愈来愈明确。随着改革的深入，也使得非国家控制的经济资源与社会资源急剧扩张和迅速成长，并有了制度性的保证和空间。在这个基础上，社会成员在职业选择、空间流动、价值观念和行为取向等诸方面也因此获得了很大的自由。也正是

在这样一种宏观背景下，中国的单位制度逐渐发生着一些根本变化。

功能多元化的状况得到根本的改观。很多不属于单位所承担的社会功能，被逐渐地分离了出去，通过市场化的运作方式，被社会承担了起来。即便一些单位仍然还承担着一些社会的功能，但是，已经不再是原来意义上的“单位组织功能多元化”，而是把对职工提供的这种服务当作了一种激励，当作一种特殊单位组织中的一种社会福利。

由国家统一集中管理、占有和分配各种资源的体制格局已经被打破，并逐步松动和瓦解，单位对国家和上级单位的依赖性在不断地弱化；与此同时，随着社会化服务的发展以及人们需求满足和利益实现方式和途径的日益多样化，也使得个人及单位成员对单位组织的依赖性在逐步的弱化。国家对单位成员的动员能力，国家对单位、单位对个人的控制和整合的能力，都随着单位对国家依赖性的弱化而弱化。

在改革发展过程中所形成的资源分配的弱化、分散化和市场化的趋势，对单位组织的行为和单位成员的行为都产生了极其深刻的影响。不同单位的组织和不同单位组织中的成员，在资源、利益和社会地位获得等诸方面的方式和差异变得愈来愈大。这同时也说明，单位及单位成员的利益、资源和地位的获得已经不仅仅是国家和政府分配的结果，它同时也可以表现为是市场交易的结果，是能力和需求在市场上相互交换的结果。

在改革以后的单位中，单位成员不再把单位看作为一种朝夕相处的“生活共同体”，而更多地把自己的那份工作看做是职位和工作场所。在这样的组织中，人们的参与行为已经不再以对这种组织的全面依赖作为基础，而更多的是把参与作为一种利益驱动的行为，并以此为基础，来构造自己对组织的认同。

在改革以前，不同的利益矛盾和冲突必须通过单位组织并且也只能通过单位组织来表达、综合和实现，国家对利益冲突的协调和整合也是在单位制度的框架内进行的；而在改革以后的单位组织中，由于依赖的基础发生了根本的变化，使得这种在单位制度框架内的表达和综合得到了很大程度上的弱化。人们利益的实现，往往不仅仅是单位的一级组织和单位领导形成的决议和意见，而同时也表现为与单位领导在非正式互动过程中的协商，以及在这个基础上通过制度化的方式所形成的决议。

按照社会学理论，当一个社会系统在其行为的过程中不再仅依赖于某一个环境系统，而同时依赖于多个环境系统，与多个环境系统发生社会互动关系的时候，那么这个社会系统就能够在较大程度上支配自己的行为，进而从依赖的关系和情境中解脱出来，获得自身行为的自主权和较大的自由度。如果我们据此来思考在中国城市社区中产生的单位对国家、个人对单位的依赖性不断弱化这样两个基本事实的原因的时候，我们就会感到，这并不是因为依赖关系的消失，而主要是因为人们对环境的依赖由一元变成了多元，即资源、利益和社会地位获得的多元化。正是在这种多元依赖的过程中，人们才获得了自身行为的自主权和较大的自由度。

（三）

在分析了单位制度发生的一些变化以后，我们还需要指出，还有哪些根本的东西没有发生实质性的变化。

从产权上看，这种类型的社会组织在名义上仍然是属于国家或者集体所有，在这种类型的社会组织中的任何一位领导者都仅仅只是国有或集体资产的管理者，而不是所有者。尽管现在对经济组织有了推行股份制，实现藏股于民、还股于民的尝试，但占大头的仍然是国家或集体。在这里，有两个问题始终没有得到圆满解决。一个是产权模糊。任何一级地方政府都可以代表国家，但同时又都不是国家法人；任何一个集体所有制组织的财产都可以属于这种集体组织的“大家”和成员，但具体到每一个成员的时候，却又谁都说不清具体是什么东西，具体哪一部分是属于自己的份额和财产，所谓“看得见，摸不着”，反映的就是这种状态。国家和集体的财产仍然还是处于一种虚置的状态，“归谁所有，谁来负责”这个根本性的问题仍然没有得到彻底的解决。另一个问题是权利、责任和义务的模糊。一方面我们要求每一个组织的领导者和成员都要有负责的精神，“以厂为家”、“当家作主”，但是在具体的行为过程中，特别是在一些组织的重大决策问题上，却总是被一些说不清、道不明的行政隶属关系束缚着，既当不了家，也作不了主；即使在一些问题上可以当家作主了，也不是为自己，而只是为那个含糊不清的国家与集体当家作主。由于替“别人”当家，也就很难像为“自己”当家那样尽职尽责，于是，“公家的东西坏得快”的现象就会时有发生，甚至会变得熟视无睹，慷国家之慨的偏差行为也就会趋于不可避免之势。在这种类型的社会组织中，社会集团购买力不断失控的状况从一个侧面说明了这个问题的严重性。

由于这种类型的社会组织的产权仍属于国家或集体所有，从管理正规化的角度出发，自然也就把他们纳入了正统的行政序列之中，这就使得每一个这种类型的社会组织有了各种不同的、或高或低的行政级别。尽管在改革过程中对组织的行政级别问题作了若干的变动和革新，比如有的城市按企业组织固定资产的大

小，生产产值和年创利税的高低来确定企业组织的行政级别和享受的政治待遇，从而改变以往完全按照行政隶属关系来认定组织的行政级别的状况，但始终还是没有跳出按照正统的行政序列的方式管理国有或集体所有社会组织的传统思路。由于这种类型社会组织行政级别的高低直接关系到获取资源、利益和机会的大小和多少，所以在行政级别上尽可能地实现趋升避降，这仍然是目前大多数这种类型社会组织的领导者在事实上所具有的强烈的内在冲动和行为动机。

这种类型的社会组织纳入正统的行政序列、具有行政级别这一事实同时还意味着，他们必须要隶属于一定的“上级单位”，必须要接受“上级单位”的领导，这种类型组织的领导也总是要受到“上级单位”的任免和管辖，上级任命仍然是作为合法化的主要形式。为了实现趋升避降，必须以服从作为代价。从另一方面来看，尽管改革开放以后，一些物资性的资源、利益和机会被逐步放开，国家管得越来越少，但是，一些非物资性的短缺资源、利益和机会，比如像入党提干、晋职晋升、出国进修、政治与社会荣誉等方面的资源、利益和机会，仍然部分地或绝大部分掌握在“上级单位”的手中。为了换取这些垄断性或半垄断性的资源、利益或机会，也必须以服从作为交换的代价。这种类型组织的领导对“上级单位”是如此，其组织成员对该组织的领导也是如此。只要上述这种状况没有得到根本的改变，这种类型的组织就很难具有彻底的独立性。

改革开放以后，这种类型社会组织功能多元化的状况有了很大程度的改观。基本的事实是，从全国一般的情况分析，在这种类型的社会组织中，所有制层次愈低，功能分化的程度就愈高；反之，所有制层次愈高的那些社会组织，特别是那些国家事业单位，功能多元化的状况基本没有多大的变化。即便是那些功能多元化的状况有了较大改观的地方，也主要只是把那些非专业性社会服务功能小部分或大部分地转移出去，比如像医疗和退休保险，以及诸如像食堂、澡堂、理发、托儿所、幼儿园、学校一类的后勤保障服务功能。另外的一些比较重要的社会功能，比如政治功能、对组织成员的档案管理和社会控制仍然留在了这种类型的社会组织之中。从某种意义上说，组织功能分化的一个目的就是为了给组织成员创造这样的条件，那就是他们在获取各种资源、机会和利益的时候，不仅仅只是依赖于他们所工作的那一个社会组织，而同时可以通过其他的社会组织和社会途径满足和实现自己不同层次上的需要。组织成员在行为过程中的自主与自由，很大程度上是取决于他对他人或组织的依赖是否表现为一种多元的状态，也就是说，取决于组织成员同时部分地依赖于各种不同层次上的个人和各种不同形式和类型的组织。恰恰在这一点上，这种类型社会组织的功能分化还远远不够。这种状况造成的一个起码的后果是，组织成员对其组织以及组织领导的全面依赖性还远没有从事实上解脱出来。即使在今天，一些维系人们基本的政治、经济、社会生活所需要的主要资源，仍然主要通过单位的分配才能够得到。资源的单位所有与个人所求两者之间供不应求的状况，仍然是目前中国单位社会的一个普遍的典型特征，也是单位作为一种制度的政治经济基础。

改制完成以后，人们似乎突然发现，在中国目前的这种特定的政治、经济、文化的制度条件下，简单的市场化似乎仍然不能解决企业发展的根本问题。就改制的国有企业而言，这里的一个根本问题是，中国目前的国有经济，乃至以国有经济形式存在的国有企业以及国家所有的事业和行政单位，除了具有和其他西方国家所具有的国有经济的一般特征以外，还具有中国所独有的制度性特征，那就是中国国有经济制度中所具有的政治功能。在中国的国有经济制度中，任何一个单位都会有党的组织存在，都必须要努力地去贯彻党的指示，都必须要努力地去实现这种政治功能。这样的一些单位，就不仅仅是一种单纯的经济组织，其同时还体现着一种统治，或者说，是统治的一种制度化的形式。在这里，国家与政府处于了一种两难的境地：一方面，要维持中国共产党的领导和统治，那么，党的组织就不能够和不应该从国有经济的基层单位中退出；另一方面，市场经济的一般要求又强调经济组织在产权上必须是单纯的经济性质，因而从根本上要求国有经济不应该承担实现经济功能以外的其他社会功能。所以，在这个意义上，如何使国家所有的制度与自由的市场经济有机地结合在一起，就成为当今制度选择与社会发展过程中的重要命题。改制后的其他所有制类型的企业，在其经济行为的过程中，仍然要严肃面对和认真考虑这样的一种特定的政治、经济和文化的制度环境。改革开放以后，除去“非单位组织”大量涌现以外，另外一个引人注目的现象是出现了大量的“社会团体”。有人统计，到20世纪末，这种社会团体在我们国家已达20万个以上。这种类型的社会组织，既不属于私人经营的典型的非单位组织，也不属于典型的单位组织，因为他们毕竟被冠之以“社会团体”或“民间组织”，与国家所有的单位组织始终保持着一种若即若离的关系。一种有意义的分析认为，这种组织的不断发育，可能会导致传统单位组织的逐渐变形乃至创新。当然，单位组织的制度路径与制度环境，仍然深刻影响着这种组织的发育和创新。比如，体制等级的强约束，使相当一部分社团如果离开他们的上级组织，如果没有了挂靠单位，其组织的行为就会变得举步维艰。

改革开放以后，随着人们经济生活水平的大幅度提高，出现了有房阶层。小区中的业主维权和在维权过程中形成的相应的社会团体，似乎也在形成一种有别于传统单位组织的制度化与组织化方式。通过这种方式，人们尝试着利益的表达、利益的综合和利益的实现。这样的一种组织化和制度化的方式可能会在一定程度上推动国家、市场与社会之间关系在某种程度上的重建，也可能会形成传统单位演变的另外一种模式，但是，当制度化的环境没有发生根本性变化的时候，当主流制度化的传统和压力始终还深刻地影响与制约人们行为取向的时候，这种变迁的过程仍然会显得非常艰难和缓慢。

近30年来，我们可以明显地观察到的另外一个事实是，由于大部分非专业性的社会服务功能从单位转移到了社会和社区，很多由于退休或下岗的单位人主动或被动地到了社区，从而逐渐在原本的陌生人中间创造着一种熟人的组织空间。在社区和街道，是党员的在那里过组织生活，不是党员的在社区活动站进行联谊和社交。在这里，一方面人们相互之间是陌生的，因为在很多情况下，毕竟原来不是在一个单位工作；另一方面，人们又被一种熟悉的、属于“单位所有”的组织原则联系在了一起，从组织的价值观念和行为规范上有了相当的认同感和亲近感。在人们的印象里，这样的一种社区似乎是一种很松散的“社团”或“准组织现象”。但是，在21世纪初发生的“非典”灾难，却彻底颠覆了人们的这种印象，使人们逐渐地感觉到被弱化的单位组织在社区中出乎意料地得到了强化，被弱化的单位社会控制在社区中也得到了强化。这种“制度的意外”，恰恰说明了深深根植于人们观念之中的单位意识与单位行为惯性的强大，也恰恰在这个意义上，今天不少的中国社区，仍然深深地打着中国单位社会的制度烙印。

（四）

根据以上的分析，我们比较容易得出这样的判断：尽管随着改革开放的深入，单位对国家、个人对单位的依赖性会逐渐地弱化，国家与单位两极构造所形成的中国社会的基本结构会松动和逐渐消逝，但是，这种以单位组织为主导的基本结构格局在短时期内还不会彻底改变，单位组织和非单位组织并存，两种社会组织行为规范并存，且相互作用、相互影响、相互制约的状态还会维持相当长的一段时间。而这种状态可能产生的一个重要社会后果是，不同组织中的社会成员在相互比较的过程中会产生出一种不平等和不公正的感觉，从而使不同社会成员、不同群体和不同组织之间的矛盾趋于激化，导致社会失控，中国单位制度变迁与创新的社会环境也会随之恶化。从社会学理论上说，一个社会的不平等和不公正并不直接影响社会的整合与控制，也并不会直接导致冲突和影响社会的稳定，只有在人们的相对剥夺感、地位的不一致性和不满意度变得越来越高、社会的基本价值取向和行为规范发生动摇和混乱，以及政府不作为的条件逐步递进并不断强化的情况下，才有可能导致一个社会的不稳定，影响中国单位制度的创新与变迁，进而从整体上影响国家对社会的整合与控制。

为了最大限度地避免这种状况的发生，为了使中国的单位制度在比较的过程中顺利地实现创新与变迁，有必要在此强调要充分利用单位组织中现有的制度资源。这种资源突出地表现在以下三个方面。

首先，“支部建在连上”是我们一种特有的制度文化，在几十年革命和建设的过程中，通过这样的一种制度安排，为坚持我们党的领导，实现有效的社会控制与整合，在我们这样的一个大国起到了极其重要的作用。在制度创新和变迁的过程中，发挥党员的作用，发挥基层党组织这种宝贵的制度资源的作用，就会大大地降低改革引发社会危机与动荡的风险，大大地减少制度创新与变迁的社会成本，有助于缓解不同利益群体之间的矛盾，有助于高效率地实现我们社会的整合与控制。

其次，工会、共青团和妇联这样的群众组织，按照“支部建在连上”的方式，直接深入到了中国社会基层组织的方方面面。如何发挥这些组织的作用，使他们真正成为不同社会群体利益表达的制度化载体，从而在社会变迁的意义上实现制度创新，这对于正确处理好政府与社会的关系，实现社会的整合与稳定，起着非常重要的作用。

再次，是要充分发挥意识形态的作用。人总是要有信仰的，当人们通过意识形态的作用能够相信一种新的制度结构更合理和更公正的时候，当人们能够逐渐地相信这种新的制度结构可以给自己和他人带来更多的利益和好处的时候，或者说，当人们把这种规范和信仰最终当作了一种习惯逐步渗透到自己的行为方式中去的时候，他就会情不自禁地努力地为之奋斗，这样所激发的热情和带来的效益都会是巨大的。恰恰在这个意义上，意识形态同时表现为一种特殊的生产力，一种能够激励人们创造、降低制度创新成本的生产力。从另外一个角度来理解，可以说新的制度通过意识形态的过程使其得到合法化，而意识形态则通过制度而转变为一种特定组织结构的一部分。制度规范行为，组织中乃至社会上的整合与控制，在一定的程度上是能够通过意识形态的作用来实现的。人们也是在意识形态宣传的帮助下实现对新的制度安排的内化与社会化。意识形态不仅在制度变迁的过程以及人的社会化过程中都起到了重要的作用，而且，也成为制度变迁与创新过程中保持稳定与和谐的一个重要的前提条件。

十九

改革开放30年：社会政策的变化

李培林

社会政策的概念有广义和狭义的区分，狭义的社会政策，主要是指社会保障和社会福利方面的政策；而广义的社会政策是指相对于政治、经济、文化的社会领域的政策。本文所阐述的改革开放30年的社会政策变化，是从广义上使用社会政策的概念，主要包括就业、社会保障、收入分配、教育、医疗、反贫困、环保等方面的政策。

（一）改革开放后社会政策的重大调整

中国改革开放以后，实行了两个重大转变：一是工作重点的转移，即从“以阶级斗争为纲”转移到“以经济建设为中心”上来；二是经济体制的转轨，即从高度集中的计划经济转向社会主义市场经济。与这两个转变相适应，在社会政策方面，也进行了两个方面的重大调整，以便调动人民群众参与改革开放和进行社会主义建设的积极性，这就是在阶级阶层政策和分配政策上进行的重大调整。

1. 阶级阶层政策的调整带来社会关系的深刻变化

实际上，改革的序幕或者说真正的起点，是放弃和否定“以阶级斗争为纲”的路线，所以改革首先进行的，是围绕着“拨乱反正”对阶级阶层政策进行了一系列的重大调整。其中包括：第一，给一大批历史上的冤假错案平反，为几百万人摘掉了“反革命”、“走资派”、“修正主义分子”、“黑帮分子”的帽子，恢复了他们的名誉；第二，摘掉了知识分子在“文化大革命”中的“臭老九”帽子，重申知识分子是工人阶级的一部分，改正了1957年绝大多数被错划为“右派分子”的案件；第三，从1979年1月起，摘掉地主、富农分子的帽子，给予他们人民公社社员的待遇，其子女的个人成分一律定为“社员”；第四，从1979年1月起，落实对国民党起义、投诚人员以及在大陆的台湾同胞亲属政策，此外还宽大释放了原国民党县团级以下党政军特人员；第五，在20世纪80年代初，为原86万工商业者中的70万人恢复了劳动者身份，并随后明确规定，原工商业者已经成为社会主义社会中的劳动者，其成分一律改为干部或工人。

这些为了“团结一致向前看”而进行的阶级阶层关系的重大调整，调动起各个社会阶层投身改革开放和社会主义建设的积极性，扩大了改革的群众基础。

随后的经济体制改革，带来阶级阶层结构和利益格局的深刻变化。这种巨大变化的特点主要表现在三个方面：一是所有制结构的深刻变化使非公有制经济快速成长，由此产生了私营企业主、个体工商户、外资和私营企业高级管理人员和技术人员等新的社会阶层；二是工业化和城市化的推动使2亿多农民转变了职业身份，成为“新工人”；三是与现代经济社会相联系的社会中间阶层的人员规模快速扩大了，而且社会流动大大加快。

工业化、城市化的快速推进，推动着中国从传统的城乡二元结构向现代社会结构转变。这种社会结构转变的人口规模之大、速度之快和程度之深，在世界现代化历史上是空前的。数以亿计的农民离开土地向非农产业的迅速转移，乡村人口向城市的大量集中，为中国的社会结构转型带来强大动力，极大地改变了人们的生活方式、就业方式和整个社会的面貌。

2. 分配政策的调整带来利益格局的深刻变化

分配政策的改革是中国改革开放以后社会政策调整的主要方面，改革一开始就是从破除平均主义着手，要求打破大锅饭、拉开收入差距、引进竞争机制和提高资源配置效率。

在改革初期，收入分配的改革要排除的主要障碍就是“平均主义”的倾向。1984年《中共中央关于经济体制改革的决定》强调指出，“历史的经验告诉我们：平均主义思想是贯彻执行按劳分配原则的一个严重障碍，平均主义的泛滥必然破坏社会生产力”，并且提出“鼓励一部分人先富起来的政策，是符合社会主义发展规律的，是整个社会走向富裕的必由之路”。

1987年十三大报告，提出“在促进效率提高的前提下体现社会公平”的分配政策。这一政策后来在十四大报告中被概括为“兼顾效率和公平”；在十五大报告中被概括为“效率优先、兼顾公平”；十六大报告在重申“效率优先、兼顾公平”原则的同时，进一步提出，初次分配注重效率，再分配注重公平。

分配政策的调整带来利益格局的深刻调整，各种相对独立的利益主体的产生形成复杂的利益格局。与此同时，从20世纪80年代后期开始，中国在城乡之间、地区之间、行业之间、单位之间以及社会成员个人之间的收入差距快速扩大，并在一些领域产生了严重的分配不公问题。

随着社会主义市场经济的深入发展，收入差距的扩大趋势引起社会的强烈不满和国家的高度重视。2003年十六届三中全会的决定，提出“整顿和规范分配秩序，加大收入分配调节力度，重视解决部分社会成员收入差距过分扩大问题”。2004年十六届四中全会的决定，提出“切实采取有利措施解决地区之间和部分成员之间收入差距过大问题”。2005年中共十六届五中全会的建议进一步提出，“更加注重社会公平，使全体人民共享改革发展成果”。2006年十六届六中全会的决定，把“促进社会公平正义”作为构建社会主义和谐社会的一个着力点，写入构建社会主义和谐社会的指导思想，提出“必须加紧建设对保障公平正义具有重大作用的制度”，要求“在经济发展的基础上，更加注重社会公平，着力提高低收入者的收入水平、逐步扩大中等收入者比重、有效调节过高收入、坚决取缔非法收入，促进共同富裕”。十七大报告，提出“要坚持和完善按劳分配为主体、多种分配方式并存的分配制度，健全劳动、资本、技术、管理等生产要素按贡献参与分配的制度，初次分配和再分配都要处理好效率和公平的关系，再分配更加注重公平。”

（二）改革开放以来社会政策变化的基本内容

在中国特色社会主义理论体系的指导下，中国已经形成了一套比较系统的社会政策，这个体系主要由人口政策、就业和劳动关系政策、收入分配政策、社会保障政策、城乡管理政策、科技和教育政策、社会治安政策、环境保护政策等组成。

社会政策涵盖的领域比较广泛，本文仅从以下几个主要方面来分析和描述改革开放以来中国社会政策发生的一些重要变化。

1. 人口政策的变化

中国在20世纪下半叶的半个多世纪中，发生了人口增长方式的历史性转变，由高出生率、高死亡率、低增长率，过渡到高出生率、低死亡率、高增长率，再转变到目前的低出生率、低死亡率和低增长率。促使这种人口转型的主要因素是经济发展、社会转型和人口控制政策，特别是人口控制政策，在这种人口转型中发挥了重要作用。

中国在20世纪70年代初期开始实行计划生育政策，人口数量控制措施由宣传教育和节育转变为国家计划，成为历次“五年计划”进行指标限制的重要内容。1978年10月，在中共中央批转的《关于国务院计划生育领导小组第一次会议的报告》中，提出“提倡一对夫妇生育子女数最好一个、最多两个”。同年，第一次将“国家提倡和推行计划生育”写入《宪法》。

1980年，中国确定了经济发展翻两番的战略方针，即到2000年工农业总产值比1980年翻两番，达到小康生活水平。为实现这个目标，一方面要大力发展社会生产，在经济建设上有所成就；另一方面也需要进一步控制人口数量，从而在经济总量既定的前提下增加人均占有的份额。从20世纪80年代初期开始，在城市户籍人口中开始严格实施“一对夫妇一个孩子”的生育政策，这些政策所追求的目标，就是力争在20世纪末将总人口控制在12亿之内。但是，在2000年将总人口控制在12亿之内的目标，还是被一再突破，1987年就改为“控制在12.5亿之内”，“七五”和“八五”计划进而改为“在2000年将总人口控制在13亿内，在2010年将总人口控制在14亿内”。尽管如此，中国的计划生育还是取得了重大成就。到2005年底，计划生育政策执行30年来，已经使中国少生了4亿多人。到2007年，中国总人口达到13.2129亿人，出生率降低到12.10‰，死亡率降低到6.93‰，自然增长率降低到5.17‰。

但是，与此同时，人口老龄化、出生性别比偏高的问题凸显。根据预测，到2015~2016年，15~64岁劳动力人口的供给将出现负增长，社会负担系数（老人负担系数+少儿负担系数）将开始提高。未来几十年，中国将先后迎来劳动年龄人口、总人口、老年人口三个高峰，据测算，2016年15~64岁的劳动年龄人口将达到10.1亿人左右的峰值；21世纪30年代总人口将达到15亿人左右峰值；40年代65岁以上老年人口将达到3.2亿人的峰值。

中国目前的人口政策是，优先投资于人的全面发展，稳定低生育水平，提高人口素质，改善人口结构，引导人口合理布局，保障人口安全，促进人口大国向人力资源大国转变，促进人口与经济社会资源环境的协调和可持续发展。

2. 就业和劳动关系政策的变化

在计划经济体制下，中国实行的是就业“大锅饭”制度，不允许解雇，也不存在日常的失业统计和失业保险。改革开放以后，在国有企业的改革中，逐步放松了对解雇的限制，各种非公有制经济发展，则实行了市场化的就业制度。1986年，为了配合国有企业改革和劳动制度改革，国务院颁布了《国营企业职工待业保险暂行规定》，明确规定对国营企业职工实行职工待业保险制度，这个暂行规定的出台，标志着中国失业保险制度的建立。

到20世纪90年代后期，为了深化国有企业改革，解决很多国有企业普遍存在的人浮于事、效率低下、债务沉重、亏损严重等问题，实行了“减员增效”的重要措施。“减员增效”措施的正式提法，在正式文件中较早见于1997年《国务院批转国家经贸委关于1997年国有企业改革与发展工作意见的通知》，这个通知提出了对国有企业实行“鼓励兼并、规范破产、下岗分流、减员增效、实施再就业工程”的改革方针。随后，在1998～2002年，这一政策作为改革的重要手段在国有企业中全面铺开和执行。在1998～2003年，中国国有企业累计下岗2818万人。

1999年1月，中国发布《失业保险条例》，进一步完善了失业保险制度。与此同时，为了防止大规模的失业带来的社会动荡，中国对国有企业的减员采取了“下岗”的过渡性办法。在有下岗职工的国有企业，当时普遍建立再就业服务中心，为下岗职工发放基本生活保障金，代缴养老、医疗等社会保险费，并为他们提供再就业服务。从2000年开始，中国加速了就业体制市场化改革，实行下岗与失业的体制并轨。到2005年底，下岗和失业的体制并轨工作结束，“下岗”从此成为一个历史性概念。从2006年起，企业新裁减人员都通过劳动力市场实现再就业，没有实现再就业的，通过失业保险和城市居民最低生活保障来保障基本生活。

就业政策另一个大的方面是农民工的就业政策。1984年以前的改革初期，中国农村劳动力向非农产业转移的主要方式是通过乡镇企业，其主要特点是“离土不离乡、进厂不进城”。1984年，国家为了加强城市的副食品供给，放宽了对农民进城的限制，允许农民自理口粮到城市落户，从此拉开了农民大规模进城务工经商的序幕。2000年中国第五次人口普查数据表明，全国流动人口为12107万人，其中从乡村流出的为8840万人。2006年国务院制定下发了《国务院关于解决农民工问题的若干意见》，当年全国进城农民工总量达到1亿多人。20世纪90年代以来，中国对农民工进城实行“公平对待、合理引导、完善管理、搞好服务”的方针，对农民进城就业加强引导和服务，建立了劳务协作制度、就业服务制度、重点监控制度等有效的管理服务制度，建立健全劳务用工信息网络，加强农村劳动力职业培训。从2007年开始，中国全面建立工资支付保障制度，从根本上解决拖欠农民工工资问题，全面推行劳动合同制度，使各类企业与农民工签订劳动合同。

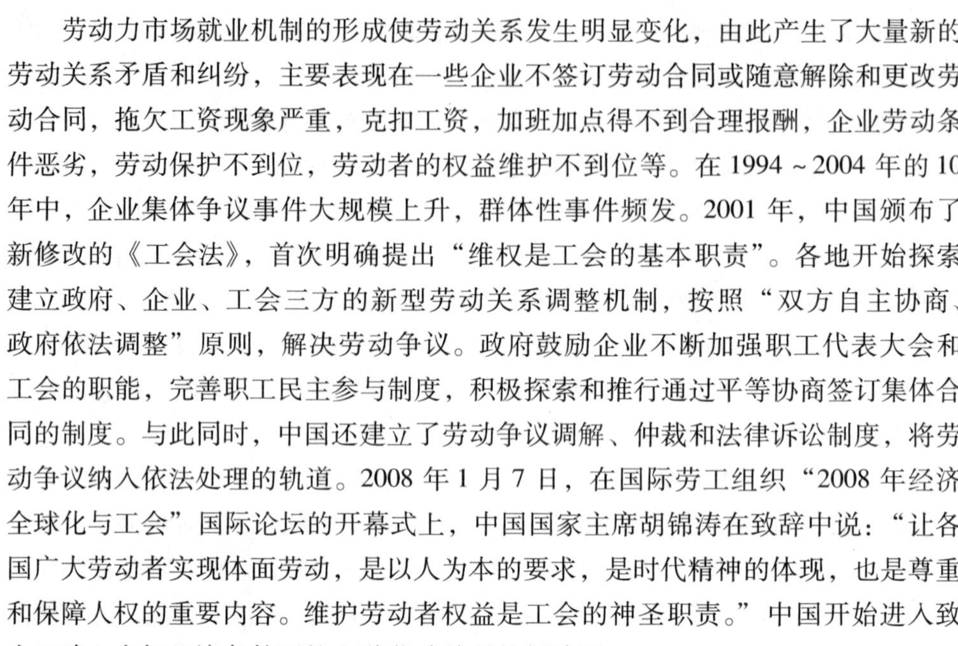

劳动力市场就业机制的形成使劳动关系发生明显变化，由此产生了大量新的劳动关系矛盾和纠纷，主要表现在一些企业不签订劳动合同或随意解除和更改劳动合同，拖欠工资现象严重，克扣工资，加班加点得不到合理报酬，企业劳动条件恶劣，劳动保护不到位，劳动者的权益维护不到位等。在 1994 ~ 2004 年的 10 年中，企业集体争议事件大规模上升，群体性事件频发。2001 年，中国颁布了新修改的《工会法》，首次明确提出“维权是工会的基本职责”。各地开始探索建立政府、企业、工会三方的新型劳动关系调整机制，按照“双方自主协商、政府依法调整”原则，解决劳动争议。政府鼓励企业不断加强职工代表大会和工会的职能，完善职工民主参与制度，积极探索和推行通过平等协商签订集体合同的制度。与此同时，中国还建立了劳动争议调解、仲裁和法律诉讼制度，将劳动争议纳入依法处理的轨道。2008 年 1 月 7 日，在国际劳工组织“2008 年经济全球化与工会”国际论坛的开幕式上，中国国家主席胡锦涛在致辞中说：“让各国广大劳动者实现体面劳动，是以人为本的要求，是时代精神的体现，也是尊重和保障人权的重要内容。维护劳动者权益是工会的神圣职责。”中国开始进入致力于建立市场经济条件下的和谐劳动关系的新阶段。

3. 社会保障政策的变化

中国在计划经济条件下形成的社会保障制度，部分照搬苏联的模式，部分带有供给制的性质。其主要的体制缺陷，一是覆盖面小，实施范围窄；二是社会化程度低，保障功能差；三是社会保障受地区财政能力的影响，抚恤救济标准长期不变；四是管理体制分散、政出多门。

改革开放以后，针对当时社会保障制度存在的一些突出不合理的问题，从 1984 年开始，进行了一些初步的改革探索，这为社会保障制度由计划经济条件下的国家负责、单位包办、封闭运行的制度安排，转向社会主义市场经济条件下的责任共担、社会统筹的制度安排，奠立了基础。1993 年，中国正式提出建立社会主义市场经济体制，明确了中国社会保障体系的基本内容，提出了建立社会统筹与个人账户相结合的多层次养老保险和医疗保险制度，以及政事分开、统一管理的社会保障管理体制。此后，社会保障制度改革不仅作为国有企业改革的配套措施，而且是新的经济体制的重要组成部分，社会保障改革全面铺开，改革的重点是实现养老保险、医疗保险和失业保险等，探索建立适应社会主义市场经济发展要求的社会保障制度。1994 年，中共十四届三中全会通过了《中共中央关于建立社会主义市场经济体制若干问题的决定》，提出了比较系统的社会保障体制改革的方案和框架。1998 年以后，中国的社会保障体制逐步转向社会统筹与

个人账户相结合的制度，以便与经济体制的改革相适应，与劳动力跨行业流动扩大的情况相适应，与社会保障基金的需求日益增长的状况相适应。党的十六届六中全会和党的十七大，提出以基本养老、基本医疗、最低生活保障制度为重点，加快建立覆盖城乡居民的社会保障体系。

至2007年底，全国基本养老保险和基本医疗保险参保人数均突破2亿人，各项社会保险保障范围持续扩大；农村社会保障体系的建立有了突破性进展，全国31个省区市都已经建立了农村最低生活保障制度，3452万农村居民得到政府最低生活保障；全国86%的县（区、市）中已经有7.3亿的农村居民参加了新型农村合作医疗制度，这个数字已超过农村常住人口的90%以上；有1000多万被征地农民被纳入基本生活或养老保障制度。

提出建立“覆盖城乡居民”社会保障体系，这是一个重大的社会政策抉择。取消农业税结束了农民2600多年来种粮纳税的制度，而建立覆盖城乡居民的社会保障体系，则将结束中国数千年来农民没有社会保障的状况。

4. 反贫困政策的变化

反贫困是中国社会政策的一个重要方面，也是取得了明显成效的一个方面。改革开放以来，随着经济的增长和反贫困政策的实施，中国数亿人摆脱了贫困，为全球反贫困事业作出了重要贡献。1978～2006年，中国农村绝对贫困人口数量从2.5亿人下降到2148万人，减少了2.28亿多人；农村绝对贫困发生率由30%下降到2.3%。世界银行认为，如果没有中国的贡献，全球贫困人口将呈增加趋势。中国也成为目前全球唯一提前实现联合国千年发展目标中贫困人口减半目标的国家。

在计划经济时代，中国政府的反贫困政策，主要表现为社会救济项目。这种反贫困的方式，被后来的一些研究者们称为“输血机制”，但是这种“输血”并没有在贫困地区产生有效的自我“造血”能力。自20世纪80年代以来，政府改变了扶贫政策，开始实行了以经济增长为目标的扶贫开发战略。

为了加快反贫困的步伐，中央和国务院在1984年发布《关于帮助贫困地区尽快改变面貌的通知》。到1986年，全国贫困县为664个，其中430个贫困县分布在18个集中连片贫困地区。1986～1993年，中国政府开始了全国范围内有计划、有组织、大规模的扶贫开发工作。全国农村贫困人口由1985年的1.25亿人减少到8000万人，平均每年减少640万人，贫困发生率从1985年的14.8%下降到1993年的8.22%。到20世纪90年代中期，为了进一步解决农村贫困问题，缩小东西部地区的差距，实现共同富裕的目标，国务院决定，1994～2000年，力争用7年时间，基本解决全国农村8000万贫困人口的温饱问题，为此制定了《国家八七扶贫攻坚计划》。经过7年的扶贫攻坚，全国农村没有解决温饱的贫困人口由原先的8000万人减少到了3000万人，占农村人口比重下降到3%左右。进入21世纪后，中国的农村扶贫开发工作进入一个新阶段，制定了《中国农村扶贫开发纲要（2001～2010年）》，继续开展大规模的农村扶贫行动。截至2007年底，中国农村尚未解决温饱问题的绝对贫困人口1479万人，低收入人口2841万人。

中国在“十一五”期间（2006～2010）减少贫困的政策是：基本解决农村贫困人口的温饱问题，并逐步增加他们的收入，基本完成592个扶贫重点县的14.8万个贫困村（覆盖80%左右的贫困人口）的整村推进扶贫规划，进一步加大对扶贫开发和农村社会保障工作的支持力度，提高对农村基础设施和基本社会服务等公共物品的供给能力，在继续致力于减少绝对贫困人口的同时，缩小城乡差距，缩小地区间差距，缩小低收入群体与全社会的差距，从而实现全社会的平衡增长。

5. 教育政策的变化

改革开放以来，中国教育政策的变化，集中体现在四件大事上：一是恢复高考制度；二是实行九年义务教育制度；三是实行大学扩招；四是大力促进教育公平。

1977年8月，刚刚复出工作的邓小平主持召开了国务院科学与教育工作座谈会，决定恢复自1966年起被废止11年的统一高考制度。于是，“文化大革命”十年积累的未能上大学的学生同时报名考试，1977年冬天有570万考生走进了期盼多年的考场，实际录取不到30万人，1978年夏季又有590万考生参加考试，两季考生共有1160万人，是迄今为止世界上规模最大、竞争最为激烈的一次考试。这两次考试产生了中国教育史上有名的“七七级”、“七八级”大学生，他们日后成为中国改革开放的中坚力量。恢复高考是中国教育乃至中国历史上的一件大事。现在30多年过去了，邓小平当年做出的决策，其意义早已超出高考本身。恢复高考以及随后的历史发展表明，它不仅改变了一代人的命运，也改变了一个国家和一个民族的命运。30多年来，中国共有近6000多万高中毕业生参加了高考，1000多万人被高校录取，其中培养出3万多名博士生和30多万名硕士生。

中国从1986年起实行九年义务教育制度。1985年5月，中共中央《关于教育体制改革的决定》提出，我们完全有必要也有可能把实行九年制义务教育当

作关系民族素质提高和国家兴旺的大事突出地提出来，动员全党、全社会和全国各族人民，用最大的努力，积极地、有步骤地予以实施。1986年4月12日第六届全国人民代表大会第四次会议通过并颁布《中华人民共和国义务教育法》（以下简称《义务教育法》），同年7月1日施行。这是建国以来最重要的一次教育立法，标志着中国已确立了义务教育制度。2006年6月29日，全国人大常委会审议通过了新义务教育法，于2006年9月1日实施。新修订的《义务教育法》进一步明确了我国义务教育的公益性、统一性和义务性，并明确规定所谓公益性就是"不收学费、杂费"。

1999年的"大学扩招"，堪称中国教育史上一件大事。1999~2001年的三年内，中国的高考升学率由36%增加到57%。而1999~2007年的八年中，大学新生从扩招前的108万人，激升至2007年的567万人。大学扩招最明显的效果是快速提高了大学毛入学率：2000年中国的大学毛入学率达到15%，2006年达到21%，2007年达到23%，中国大学已进入大众教育阶段。与此同时，中国的高等教育也获得前所未有的大发展，1998~2006年，全国普通高等学校从1022所发展到2311所。

构建社会主义和谐社会目标的提出，使教育公平问题成为人们讨论的热点问题。党的十七大报告提出，教育公平是社会公平的重要基础。促进教育公平的一个举措是促进教育均衡发展，大力发展农村教育。随着政府把义务教育经费全面纳入公共财政保障范围，长期困扰农村的义务教育要向农民收费的问题得到解决。

（三）中国社会政策面临的问题和选择

中国社会政策的选择要面对现实发展中出现的新特点和新态势，要回应发展中的新问题和新挑战。从社会政策的角度来分析，这些问题和挑战大体上可以概括为以下几个方面。

第一，城乡关系问题和反贫困问题的考验。中国在人均GDP超过2000美元之后，中国的农民数量以及农业从业人员的比重还如此众多，城乡居民的收入和生活差距越来越大，这是中国的特殊情况。尽管政府采取了包括取消农业税这种罕见的坚决措施，但在农民户均耕地规模不足半公顷的约束下，农业劳动比较收益依然过低。中国减贫取得巨大成就，但农村的绝对贫困问题依然严重。目前，我国农村按国际绝对贫困标准（按购买力平价计算每人每天收入或消费不低于1

美元），贫困人口依然众多。中国的城乡一体化可能要经历比一般现代化过程更长的时间，但这又是中国的现代化所必须经历的结构转换。因此，破除城乡二元结构，使农民普遍富裕起来，是中国走向现代化必须完成的艰难任务。

第二，收入差距扩大趋势的挑战。在推进市场化改革的过程中，中国的收入差距也不断扩大。在全球化竞争背景下，中国不同产业的比较收益差距扩大，非实体经济的飞速发展使财富积累速度加快，产业集群化的现象使投资向特定区域更加集中，体力劳动的充分供给和竞争过度造成低位劳动工资水平停滞不前，加之腐败和非法收益的存在，这些都成为导致收入差距进一步扩大的影响因素。应当注意到，体制转变时期出现的机会不平等和权钱交易现象，会使社会成员对造成差距的原因产生强烈不满，从而使贫富差距问题在人们心理上放大，成为一个产生社会问题的深层影响因素。

第三，就业问题和劳动低成本时代的逐步跨越。由于技术和资本对劳动的替代，中国经济增长的就业弹性在不断降低。改革初期，经济每增长 1 个百分点能够带动近 0.4% 的就业增长，但目前这一拉动作用降低到只有 0.1%。近几年 GDP 每增长 1 个百分点实际只能新增城镇就业 80 万 ~ 100 万人。另外，每年新生劳动力的供给还在增长，农业劳动力向非农产业转移的压力还非常巨大，大学生就业难的问题逐步凸显。与此同时，随着人民币的升值、生活成本的提高、工人权益保护的加强，中国将逐步跨越劳动低成本时代。“中国制造”必须从现在开始，认真考虑在低价制造之后如何保持比较优势和竞争力的问题。

第四，老龄化和社会保障的压力。无论是按照 65 岁以上老人占总人口 7% 的标准还是按照 60 岁以上老人占总人口 10% 的标准，中国都已经跨入了老龄化社会的门槛。但与一些国家人口先富裕后老化的规则不同，中国由于人均寿命延长和严格的人口控制，在国家还没有真正普遍富裕起来的时候人口就过早地出现了老龄化的问题。人口老龄化给中国的养老保险体制提出新的挑战，因为至今中国的基本养老保险体制所能覆盖的人群，还相当有限。面对家庭的小型化趋势和独生子女的新一代，中国千百年来的家庭养老模式和社会伦理规范，也面临着各种新的问题。中国显然需要使社会保障安全网能够逐步覆盖到农民和农民工，但中国有限的财力支撑，又不可能允许其把福利国家的模式或者已有的城市基本社会保险的模式推广到乡村。中国一方面要努力建设广泛覆盖的规避社会风险的社会安全网，另一方面又要防止福利和保障体制成为经济增长的沉重负担，要处理好社会保障水平刚性增长与经济发展周期波动的矛盾。

第五，环境、资源与快速发展的矛盾。无论有怎样的资源和能源支撑，中国这样庞大人口的现代化，都不可能复制其他发达国家高消费的生活方式。随着环境保护意识的增强，人们对治理环境的巨大代价也有了新的认识，但环境的变化曲线与收入分配的变化曲线一样，都还很难预测什么时候出现总体状况改善的拐点。不过，在环境、资源条件的硬约束下，我们必须建立资源节约型和环境友好型社会。

进入新世纪新阶段，中央提出科学发展观和构建社会主义和谐社会的重大战略思想，社会政策受到空前的重视，特别是与民生相关的社会政策，得到极大的加强。十七大报告提出，贯彻落实科学发展观，要积极构建社会主义和谐社会，加快推进以改善民生为重点的社会建设，并部署了发展教育、扩大就业、深入收入分配体制改革、加快建立覆盖城乡居民的社会保障体系、建立基本医疗卫生制度、完善社会管理等六大民生任务。

改革开放 30 年来，随着经济体制的深刻变革和社会主义市场经济的深入发展，社会领域也发生了深刻变化。在新的形势下，正确处理政府、市场、社会三者之间的关系成为需要重点解决的问题。加强社会建设，加快社会体制改革，建立有利于推动科学发展、促进社会和谐的社会政策体系，努力协调好各种不同的社会利益关系，已经成为落实科学发展观和构建社会主义和谐社会的突出任务。

二十

中国经济学研究30年

中国社会科学院经济学部课题组*

改革开放30年来，中国经济学处于繁荣发展的新时期。广大经济理论工作者坚持马克思主义经济学基本原理，紧密联系中国特色社会主义实践中的重大经济问题，吸收借鉴当代西方经济学的有益研究成果和分析工具，积极探索社会主义现代化建设的经济规律，大力推进马克思主义经济学中国化，与党的理论创新和实践创新紧密结合在一起，取得了丰硕的学术成果，发挥了巨大的实践作用。

（一）社会主义初级阶段理论的形成和发展

正确认识我国社会所处的历史阶段，是建设中国特色社会主义的首要问题，也是进行经济学研究的基本前提。20世纪70年代末80年代初，经济理论界对我国社会主义所处历史阶段的研究趋于活跃，提出了我国社会主义处于初级阶段即不发达阶段的论点，产生了重大社会影响。党的十一届六中全会通过的《关于建国以来党的若干历史问题的决议》第一次提出了“我们的社会主义制度还是处于初级的阶段”的论断，并对我国社会的主要矛盾作了规范的表述：“在社会主义改造基本完成以后，我国所要解决的主要矛盾，是人民日益增长的物质文化需要同落后的社会生产之间的矛盾。”十二大报告正式提出“我国的社会主义社会现在还处在初级发展阶段”，并首次将“物质文明还不发达”作为社会主义初级阶段的基本特征。十三大报告全面阐述社会主义初级阶段的基本含义、基本特征和基本任务，标志着社会主义初级阶段理论作为一个比较完整的理论体系被正式提出。

---

* 该文由常欣执笔。

党的十三大之后，社会主义初级阶段理论成为经济学界研究的一个重大课题，一些有价值的研究成果先后问世。从党的十四大到十七大，都重申和强调了社会主义初级阶段问题，并不断丰富和发展这一理论。这其中也包含着经济理论界的不懈努力。

社会主义初级阶段理论是改革开放以来经济理论研究最重要、最突出的成果之一，是对马克思主义经济学关于社会主义发展阶段理论的重大贡献和发展。它使我们对我国的基本国情有一个准确的把握，从而成为现阶段我国研究各种经济问题和制定经济政策的重要理论依据。

（二）经济体制改革理论研究的重大突破

30年来，经济体制改革理论研究基本是沿着对社会主义经济制度的重新认识这条线索展开的，集中反映在对传统社会主义经济理论关于社会主义经济的三大基本特征（计划经济、生产资料公有制、按劳分配认识）的逐步深化和重大突破上。

计划与市场关系认识的重大突破。20世纪70年代末80年代初，经济理论界就计划与市场的关系问题展开了热烈讨论。一些学者在总结过去的经验教训时，提出应更多地发挥价值规律的作用；还有一些学者肯定了市场调节在社会主义经济中的地位，认为市场调节是一种经济调节手段，和资本主义没有必然的联系，可以用来为社会主义经济服务。十二大报告正式提出“计划经济为主、市场调节为辅”的改革原则，打破了长期以来将计划与市场视为水火不相容的传统认识和计划经济的绝对垄断地位。之后，越来越多的学者开始认同社会主义经济也是商品经济的观点，强调市场调节与计划体制的相容性。十二届三中全会通过的《中共中央关于经济体制改革的决定》确认我国社会主义经济是公有制基础上的“有计划的商品经济”，强调要按经济规律尤其是价值规律办事，充分运用市场机制发展社会主义经济。这打破了将计划经济与商品经济对立起来的传统认识，是社会主义经济理论的一次重大突破。在此基础上，经济理论界又就计划和市场孰为基本机制的问题展开了讨论。越来越多的学者认为，市场机制是社会主义经济内在的运行机制，社会主义经济不能离开市场和价值规律的作用，市场的作用范围是覆盖全社会的，而不仅仅是作为计划机制的补充。十三大报告强调了社会主义有计划商品经济中计划与市场的内在统一性，提出在社会主义有计划商品经济中“国家调节市场，市场引导企业”的新型经济运行机制，这就将市场的地位进一步提高。1992 年邓小平同志的南方谈话提出，“计划多一点还是市场多一点，不是社会主义与资本主义的本质区别”。这就从根本上破除了计划经济和市场经济属于社会基本制度范畴的陈旧观念，使多年来关于计划与市场问题的论争摆脱了意识形态的束缚，为形成社会主义市场经济理论扫清了障碍。不久，党的十四大确定，把社会主义市场经济体制作为经济体制改革的目标模式。这是社会主义经济理论的又一次重大突破，是对马克思主义经济学的重大发展。此后，社会主义市场经济理论围绕社会主义市场经济体制的建立和完善而不断充实和发展。

所有制理论的重大突破。经济理论界对所有制理论的探索贯穿于经济体制改革的全过程。首先是重新确立了生产力标准，否定把“一大二公”作为判断所有制先进与否的标准，为所有制问题研究清除了思想障碍。其次，理论界在所有制问题上的认识不断深化，主要在三个方面取得了重大突破。一是在所有制结构方面，突破了社会主义只能是单一公有制的传统观念，提出要发展多种经济成分，发展非国有经济特别是非公有制经济。十五大报告确定公有制为主体、多种所有制经济共同发展是我国社会主义初级阶段的基本经济制度，非公有制经济是社会主义市场经济的重要组成部分。这是对传统社会主义所有制理论的重大突破，是对马克思主义所有制理论的重要发展。二是在公有制的含义和实现形式方面，突破了公有制只有国家所有制和集体所有制两种形式以及公有制的实现形式只是国有企业和集体经济组织的传统观念，提出公有制可以有多种形式；同时公有制与公有制实现形式也应区别开来，股份制应成为公有制的主要实现形式。三是在国有经济的地位和作用方面，突破了主要从国有经济的数量比重上去考虑国有经济主导作用的传统观念，主张应主要从国有经济的控制力与质量上去考虑国有经济的主导作用，认为国有经济应主要控制关系国民经济命脉的重要产业和关键领域，在此基础上提出从战略上调整国有经济布局。此外，所有制问题研究还深入到微观企业财产组织形式层面，先是提出了所有权和经营权“两权分离”的理论，之后又深入研究了国有企业产权制度改革和国有资产管理体制改革问题，为党关于国有企业改革的重要部署特别是建立现代企业制度和现代产权制度进行了必要的理论准备。

分配理论的重大突破。分配理论的突破性进展主要反映在由否定按要素分配到确认按劳分配与生产要素按贡献参与分配相结合。改革开放后，理论界再次掀起了关于按劳分配的大讨论，特别是集中讨论了商品经济条件下能否实现按劳分配和按劳分配的特点等问题。党的十三大报告提出了“以按劳分配为主体，其他分配方式为补充”的分配原则。此后，理论界将研究的焦点转向从理论上阐明以按劳分配为主的多种分配形式，特别是研究了非劳动要素参与收入分配的问题。随着社会主义市场经济体制的建立，市场经济中通行的按生产要素分配的主张得到越来越多的认同。党的十四届三中全会通过的《关于建立社会主义市场经济体制若干问题的决定》，确立了“以按劳分配为主体，多种分配方式并存”的分配制度，明确提出允许属于个人的资本等生产要素参与收益分配。十五大报告进一步提出允许和鼓励资本、技术等生产要素参与收益分配，同时提出把按劳分配和按生产要素分配结合起来。十六大报告确立了劳动、资本、技术和管理等生产要素按贡献参与分配的原则。这是社会主义分配理论的重大突破，打破了长期以来将按生产要素分配与按劳分配对立起来的观点，对生产要素参与收入分配给予了肯定。此外，经济学界对公平与效率关系的认识不断深化，为党确立不同阶段的分配原则提供了重要的理论支持。

（三）发展、稳定、开放问题研究的重要进展

30年来，经济学界对发展、稳定、开放等问题进行了深入研究，取得了重要进展。

发展问题研究的重要进展。发展转型同体制转轨都是我国面临的历史性任务。围绕发展问题，30年来经济学界主要研究了三个问题。一是为什么发展的问题。党的十一届三中全会作出了党和国家工作中心转移的重大战略部署，强调以经济建设为中心，不断解放和发展生产力。这主要是基于对社会主义本质的认识和对社会主义发展阶段的把握，以及对社会主要矛盾的判断。经济学研究为此提供了重要理论支撑。二是什么是发展的问题。最初，发展理论研究主要关注经济总量的增长，把发展等同于经济增长，但实践中“无发展的增长”却表明发展与增长之间存在巨大差异。随着社会利益格局的深刻变动，随着人口、资源、环境压力的增大，随着伦理原则逐步被纳入发展的视野，越来越多的学者开始关注社会结构与社会问题，关注代际协调问题，关注人的自由发展、人的能力提高和人的潜力发挥问题。这样，由以物为中心到以人为中心，由单一经济发展向包括经济发展、社会发展、人与自然关系协调发展以及人自身全面发展在内的“四位一体”发展拓展，关于发展内涵的认识不断深化。三是如何发展的问题。首先是关于工业化和城镇化的研究。经济理论界注重从国际发展理论和各国发展实践中寻找工业化和城镇化的一般规律，研究产业结构高度化进程，研究劳动力转移和人口集聚过程，探索从二元经济结构向现代经济结构转变的路径。其次是关于

经济发展方式转变的研究。这是与发展理念的转变相呼应的。在这方面，理论界论证了从“又快又好”到“又好又快”的转变，研究了经济发展方式如何由粗放向集约、由不平衡向平衡、由不可持续向可持续转变，特别是经济增长如何由主要靠生产要素（包括自然资源）的大规模投入转向依靠经济结构和资源配置的优化，以及技术创新和人力资本的积累。经过长期探索，我们党提出了科学发展观。

稳定问题研究的重要进展。保持稳定包括经济稳定，是改革和发展顺利推进的保证。30 年来，经济理论界围绕宏观经济稳定问题进行了大量探索，突出反映在两个问题的研究上。一是通货膨胀和通货紧缩问题。20 世纪 80 年代中后期和 90 年代初期的两次经济过热，都曾使宏观经济失衡，通货膨胀形势严峻，影响了经济稳定。90 年代后期，又出现了通货紧缩趋势。经济理论界围绕通货膨胀和通货紧缩的定义、类型、成因、测度及其与经济增长的关系等问题进行了深入研究，取得较大进展。二是经济周期波动问题。社会主义经济周期问题曾长期是一个理论禁区，而现实经济的波浪式发展又迫切需要经济学界作出阐释。改革开放后，一批中青年理论工作者在这个领域进行了研究探索，在经济周期的含义，社会主义经济周期的性质，中国经济周期的特点、成因和机理，以及如何应对经济周期等方面，形成了一批有影响有价值的成果。此外，关于完善宏观调控体系特别是财政政策和货币政策问题的研究，也取得了重要进展。

开放问题研究的重要进展。对外开放是与经济体制改革紧密相连的。随着开放实践的发展，对外开放理论研究不断拓展和深化。改革开放初期，经济学界摆脱闭关自守思想的束缚，从理论上论证发展对外经济关系的必要性和必然性，在对外贸易和引进外资的理论基础等方面开展了富有成效的研究。之后，经济学界将关注的焦点从要不要开放转向如何开放，相应开展了开放战略的研究，如对外贸易发展战略、利用外资战略、区域开放战略等，形成了一些有影响的研究成果。随着对外开放广度和深度的拓展，研究的焦点进一步转向如何提高对外开放的质量方面。20 世纪 90 年代以来，如何认识和应对经济全球化趋势，既充分利用国内国际两个市场和两种资源，又注意维护国家经济安全，防范和化解境外金融危机对国内的冲击和影响，成为新的研究课题，经济学界在资本项目开放、服务贸易自由化、汇率制度选择等方面提出了许多有价值的见解。我国加入世界贸易组织后，进一步融入经济全球化进程，我国经济和世界经济的相互联系越来越紧密，相互影响也越来越深，全球经济中的“中国因素”受到越来越多的关注。在此背景下，内外平衡和国际政策协调等问题开始进入研究者的视野，并取得一些阶段性研究成果。

二十一

中国社会学研究30年

中国社会科学院社会学所课题组*

改革开放的30年，是中国社会深刻变革的30年。社会学作为研究社会结构与社会变迁的学科，在改革开放和社会主义现代化建设过程中获得自身发展的动力和机遇，同时也为推动改革开放和社会主义现代化建设事业作出了贡献。

(一)

改革开放以后，根据邓小平同志社会学“也需要赶快补课”的指示，社会学恢复重建。在改革开放事业和社会实践需求的大力推动下，社会学已经成为一个学科体系完整、门类齐全、专业教学和研究人员众多的一级学科。30年来，中国社会学对中国巨大社会变迁中的一系列理论和现实问题进行了广泛深入研究，取得了丰富的学术成果。

基础理论研究取得重大进展。20世纪80年代初，中国社会学刚刚恢复重建，社会学的基础理论研究主要是大量译介国外社会学的重要著述，组织力量编写社会学概论性著作和教材，并在此过程中对中国社会学的逻辑起点、研究对象、研究方法、概念和范畴以及学科体系进行探讨，产生了一批有一定影响的教材和论著，对中国社会学的学科重建作出了贡献。90年代以后，国外社会学著述译介和国内学者的社会学原理性著述进一步增多，同时对中国社会发展的理论研究更加深入，逐步形成了内涵丰富的中国社会转型理论，对中国社会从农业社会转向工业社会、从农村社会转向城市社会、从传统社会转向现代社会的过程、动力、机制、趋势等问题进行了理论上的探讨。

---

* 该文由李培林、陈光金执笔。

应用社会学研究广泛开展。社会学从某种意义上说是一门以社会行动为逻辑起点来研究社会结构和社会变迁的经验科学。30 年来，中国社会学工作者运用社会学的理论和方法，对与社会发展和社会主义现代化建设事业相关的大量现实问题进行了研究。20 世纪 80 年代，影响较为突出的有农村工业化和乡镇企业问题研究，小城镇与城市化问题研究，城乡婚姻家庭变迁问题研究，青少年问题研究，老年问题研究等；90 年代，社会分层和社会流动问题，就业和城镇下岗失业问题，村落组织和村民自治问题，贫困问题和农民负担问题，城市化和农民工问题，犯罪和社会失范问题等，成为中国社会学研究的主要问题。进入 21 世纪以后，社会分层和社会流动问题、就业问题、农民工问题、城乡贫困问题等继续成为中国社会学应用研究重点；同时，社会保障问题、社区和社会组织发展问题、社会心态与社会认同问题、和谐社会建设问题等，日益成为中国社会学应用研究的重大课题。

理论创新取得重要成果。30 年来，中国社会学学者力图在社会学理论与社会现实之间建立联系，用理论解释现实，用现实变迁来验证或创新理论。在中国特色社会主义理论体系的指导下，在中国社会结构巨大变迁和改革开放丰富实践的推动下，中国社会学在社会建设和社会发展理论方面进行了积极探索。20 世纪 80 年代，中国社会学努力探索中国乡土社会工业化和城市化道路，提出了小城镇发展理论，总结了“苏南模式”、“温州模式”、“珠江模式”等乡村工业化路径，对实践产生了广泛影响。90 年代，中国社会学提出社会转型问题，探讨在经济体制转轨和市场经济深入发展的条件下社会结构变化的机制和规律，回答城乡结构、区域结构、阶级阶层结构、就业结构、消费结构、生活方式、价值观念等方面变化提出的一系列新问题，大力倡导经济和社会协调发展，提出在经济快速发展的同时，要把社会发展摆在重要的位置。进入 21 世纪，中国社会学努力研究新世纪新阶段社会发展的新趋势、新特点、新挑战，研究新的历史时期社会建设和社会管理的规律，探讨调节社会利益关系和化解社会矛盾的体制机制，探索推动社会协调发展、促进社会和谐的理论和实践道路，使中国社会学的理论创新提高到新的水平。

（二）

回顾中国社会学恢复重建 30 年来的发展历程，可以看到以下几个鲜明的特点。

社会学理论在反思与重建方面有了突破性进展。中国社会学已经跨越了单纯引进和译介西方社会学理论的阶段，在中国特色社会主义理论体系指导下，努力从中国的巨大社会变迁和改革开放的实践中汲取理论营养，根据中国的国情和社会需求进行理论建设，初步形成了有中国气派和本土特色的社会学理论发展方向，提高了社会学理论对中国现实问题的阐释力。同时，中国社会学研究加强了自身的理论反思和建构，在逻辑起点和研究对象、学科体系与学科取向、学科规范与学科功能等方面的研究取得了突破性进展，使社会学逐步成为一门具有理论深度的日益规范的学科。

社会调查和社会统计分析方法不断完善。注重社会调查和经验验证是社会学的学科传统。在不断完善社会学的参与观察、案例研究、类型分析等质性调查研究方法的同时，随着计算机技术和应用统计软件的发展，以大规模问卷抽样调查和数据模型分析为特点的量化研究方法快速发展。中国社会学对社会变迁的描述、分析和追踪能力不断提高，使社会学越来越成为专门化程度较高、分析和验证能力较强的学科。规范的社会统计定量研究和质性分析，有助于形成可比较、可积累的研究资料和研究成果，也适合“大范围”、“远距离”和“追踪性”研究，推动了中国社会学研究成果的学术积累。

跨学科研究领域不断增多。随着社会学研究的分工化和专门化，大量跨学科、多学科、边缘学科或综合学科纷纷涌现。社会学的一些传统研究领域如家庭、婚姻、组织、犯罪、社区、青年等，已经不再像以往那样仅仅属于社会学研究的领域，经济学对社会行为和组织制度的研究，人口学对人口结构和生育行为的研究，法学对社会法和习惯法的研究，历史学对社会史的研究，心理学对人际交往和社会心态的研究，人类学对多元文化和小传统的研究等，都对社会学的相关研究带来重大启发；同时，社会学研究也超越了传统的研究边界，在社会治理、区域发展、市场网络、生态环境等新领域中取得了成绩。

社会学相关工作日益专业化和职业化。现代社会的职业分化日益要求社会学职业化，中国社会的发展也要求社会学研究具有较强的应用性。例如，在就业与劳动力培训、社会保障与社会福利、社会组织与社会事业、城市发展与社区服务、家庭与婚姻生活、社会安全与社会风险、社会工作与社会救助、慈善事业与志愿团体、社会心态与心理健康等领域，社会学越来越多地担负起培养职业人员和专门人才的责任。这种专业化和职业化的趋势，要求社会学教学和研究提供更加实用的知识和更加专业的技能。

把服务于改革开放和社会主义现代化建设事业作为学科责任。中国社会学是应中国改革开放的需要而恢复重建并随着改革开放的进程而发展的。服务于国家改革开放和现代化事业是中国社会学自觉承担的一项使命。中国社会学对一系列社会发展和民生问题的研究，都曾经在不同时期对国家制度改革和政策创新产生了重要影响。

（三）

中国社会学研究在取得丰富成果的同时，也面临种种挑战，需要在不断完善学科体系和加强社会学研究队伍建设等方面下工夫。当前，在社会学研究中需要着重解决好以下几方面问题。一是全面总结改革开放 30 年的实践经验，在把握中国国情和中国经验的基础上，深入探讨中国这样发展中的人口大国走向现代化的规律，积极参与中国特色社会主义社会建设理论的建构和完善。二是注重研究中国社会发展的新特点、新问题、新趋势，密切跟踪研究社会发展的重大现实问题，注重从生活实践中汲取学术营养。三是重视知识积累，减少或者避免低水平重复研究，加强学科内部和学科之间的学术对话，积极开展学术争鸣和国际交流，推动中国社会学形成繁荣活跃的发展格局。四是坚持一切从实际出发，注重社会调查和把握国情的学科传统，实现理论发展与现实关注的统一。

二十二

中国社会分层研究30年

李春玲

在我国社会学研究恢复的30年里，社会分层研究是成果最多和发展最快的研究领域之一，它在社会学研究领域中占据重要的地位。最近十年来，社会分层研究发展更为迅速，它不仅成为社会学研究领域的重点研究项目，而且也成为理论界、政策制定者和社会公众关注的热点问题。总体上，社会分层研究可分为四个阶段。

（一）社会分层研究起步阶段（1979～1989年）：传统阶级理论的反思与新的分层原则的提出

1979～1989年是我国社会学的重建时期，同时也是社会分层研究的起步阶段。社会学者之所以在这个时期开始关注社会分层问题，主要是由于伴随经济改革而来的社会层面的变化逐渐显现出来：首先，出现了一些新的社会群体——个体户和私营企业主及其雇工等；其次，社会群体之间的收入差距开始拉大；再次，工人阶级和农民阶级内部也出现了明显的分化。这一系列社会结构层面的变化，对传统理论以及相关的意识形态化的理论观念提出了挑战。如何解释日趋凸显的社会分化现象？社会主义社会是否应该允许收入差距的拉大？新出现的私营企业主是否意味着一个新的资产阶级的产生？这一系列的问题在理论界引发了激烈争论。针对这些问题，我国社会学者借鉴了一些西方社会学的社会分层理论观点和研究方法，提出了某些理论解释思路，对传统意识形态及阶级理论提出一些质疑，并在实证研究的基础上，对当时我国社会的分层现象进行了初步研究。

这一时期最主要的研究成果体现在理论层面而非经验层面。20世纪80年代，我国社会分层研究刚刚起步就不可避免地遭遇了教条化的阶级理论的禁锢，社会学者很快就发现传统的阶级理论难以解释当时的社会分层现象，必须冲破这些理论禁锢，才能推进社会分层研究。因此，20 世纪 80 年代后期社会分层研究的重点是对传统阶级理论和意识形态化的社会结构观念进行反思和批判，并在此基础之上寻求或创建一种新的、对于当时社会分化现象具有解释力的社会分层理论。大多数的社会分层研究者主张，在讨论当代我国社会分层问题时应该以功能论取向取代冲突论取向，以“阶层”概念取代“阶级”概念，因为“阶级”意味着相互之间的利益冲突和争夺，而“阶层”之间虽然存在差异或等级分化，但并不一定是冲突关系而有可能是合作或妥协关系。另外，社会分层研究者还主张以多元分层取代一元分层，特别强调了德国社会分层理论家韦伯提出的三元分层观——经济分层、声望分层和政治分层。他们认为，经济改革之前的我国社会主要是以政治标准来进行分层或阶级分类，而经济改革以来，随着社会分化现象的发展，我国社会将趋向于经济分层。

（二）波折后的重新起步（1990～1995 年）：对社会分化现象的系统描述和分析

1989 年之后，社会分层研究成为一个政治敏感性主题，不过这并不能抑制社会学家对于社会分层问题的强烈兴趣，社会分层研究仍然是我国社会学领域的一个重要研究主题。

在这一时期，社会经济的分化仍在全面推进。1992 年邓小平同志南方谈话之后，经济改革的步伐进一步加快，与此相伴随的现象是收入差距明显拉大，职业和阶层分化日益明显。在非公有经济领域，个体经营者的数量迅速增加，构成一个具有相当规模的个体工商户群体，其中一些个体经营者成长为私营老板，并逐步形成一个私营企业主群体。与此同时，这一时期我国大量引进外资，一些跨国公司、外资企业进入我国，其中高层管理人员、专业技术人员形成了一个高收入的白领群体。在公有制经济领域，收入差距也开始拉大。一些有特权的部门、有行业垄断权的单位和新兴行业的企业工作人员收入增长很快，而一些没有“实权”的部门以及传统、衰落行业的企业工作人员收入增长缓慢，导致单位之间的收入差距迅速拉大。另外，在同一个单位中工作人员的收入差距也在拉大，首先是白领工作人员与蓝领工作人员的收入差距扩大，其次是领导干部或管理人员与普通工作人员的收入差距扩大。总之，收入差距在城乡社会和公有制与非公有制经济领域全面扩大，经济不平等程度明显增加。面对剧烈的社会经济变迁和急速的社会经济分化，社会分层研究者并没有多少时间进行理论思考或者理论总结，而是把主要精力放在了观察、记录和描述社会分化过程上，试图弄清楚社会分层领域到底发生了什么变化，这些变化会产生什么后果，以及未来的趋势是什么。

这一时期社会分层研究的突出特点是：针对社会公众和政府决策者关心的问题收集调查资料，并基于相关调查资料对这些问题进行描述和分析。基于调查资料进行分析成为社会分层研究者的一种主要研究手段。社会分层研究者在这一时期开展的一些大型研究项目主要可以分为两大类。一类是对整个社会的分化现象进行系统描述和分析，通常是与经济改革前的社会分层状况加以比照，观察经济改革开始以后发生了什么变化、如何变化以及变化的原因。许多研究者都注意到经济改革导致了社会分层规则的变化，认为经济改革之前的再分配分层机制正在转变为市场分层机制。有些研究者提出，在计划经济向市场经济的转型过程中，政治权力对于社会分层的影响作用逐渐减弱，因而干部的经济收入和社会地位将逐步下降（相对其他阶级阶层），当市场经济发展到一定程度，干部将会失去在计划经济时期享有的优势地位。然而，后来的发展趋势却与这一观点相反。

另一类研究是针对某一群体或新生阶级阶层的研究，比如农民分化的研究、工人分化的研究以及私营企业主研究。研究者普遍认为经济改革导致了社会结构的重组和社会阶级阶层的全面分化。冯同庆等人的工人阶级分化研究显示，原有的工人阶级已出现了“内部层次分化”，“工资劳动者（特别是工人阶层）与管理者、经营者，在收入、地位、声望诸方面已出现显著的等级差别”，“工人阶层感到自身地位下降”，“工人阶层与管理者、经营者阶层双方利益矛盾增加”。陆学艺、张厚义等人的研究认为原有的农民阶级已分化为8个阶层。研究者还对一些新产生的社会群体（包括私营企业主、个体工商户和雇工）进行了一系列调查研究，其中的一个热点是私营企业主的阶级属性。一些人认为，私营企业主是资产阶级，他们剥削工人的剩余价值。多数学者不赞同这种观点。张厚义等人认为，“私营企业主已经形成了一个新的社会阶层，它成为当代我国社会结构的一个组成部分，是社会主义的帮手，不是新生的资产阶级”。

（三）割裂的社会分层研究阶段（1996～2000年）：本土化、通俗性的分层研究与西方化、学术性的分层研究

1996～2000年是我国社会分层研究发展的第三个阶段，这一时期的研究分

裂为两类非常不同的研究：一类深受西方社会学相关理论和方法影响，追求学术规范化；另一类关注现实问题，但缺乏理论解释和科学方法。这两类研究在关注主题、理论取向和研究方法等方面十分不同。在我国社会学追求学术规范化的大背景下，西方化、学术化的社会分层研究逐步成为主流，为下一阶段的社会分层研究积累了理论知识和方法知识，但由于其研究主题的西方化和研究方法的复杂性，这类研究成果的影响范围有限。

20 世纪 90 年代中后期，我国社会学与西方社会学之间的交流越来越多，逐步接触到各种西方社会学理论和研究方法，于是出现了一种追求学术规范化的运动——提高我国社会学研究的理论和方法水平。社会分层研究在这一运动中处于领先地位，其部分原因是由于有关我国及其他东欧前社会主义国家的社会分层演变的研究成为国际社会学界的热门题目，一些美国社会学家来我国收集调查数据并进行分析，提出了一些理论模型（如市场转型理论等）。这引起我国一批中青年社会学家的强烈兴趣。他们开始学习美国学者的研究方法、借鉴其理论观点，并开展了一系列的类似研究。这类研究包括社会流动、职业声望和精英研究（私营企业主和干部的地位变化研究）等。研究者们得出的结论是：我国社会正处于一个由高封闭度的身份制社会向较为开放的阶层分化的社会转变过程中，同时，工业化和市场化的推进在我国社会已造就了一个相对稳定的等级分层社会结构，蓝领工人与白领工人之间、白领工人内部中高层白领与低层白领之间在权力、声望和经济收入等方面存在着清晰的社会分界线。

与此同时，20 世纪 90 年代后期的社会分化进一步演进，分层现象出现了新趋势。首先，这一时期实施的部分改革（如国有企业改革等）对于资源配置和收入分配的两极分化产生了明显的推进作用。一方面，这一时期大规模推进的国有、集体企业改制，导致了工人阶级的社会经济地位急剧下降，大批下岗失业人员的经济状况恶化，逐步落入社会的底层。另一方面，这一时期产生了一批大、中型私营企业主，其经济财富迅速增加而且社会地位明显提高。其次，这一时期城乡差异和地区差异急速拉大，农民及农民工的收入增长缓慢。社会分化的加剧导致了社会矛盾冲突的激化：在城市，下岗工人的集体抗议行动频繁发生；在乡村，农民与乡村干部之间的冲突事件时常发生。急速扩大的收入差距和日益激化的社会矛盾，使社会公众越来越关注社会分层问题，收入差距、不平等、群体冲突以及阶级、阶层等词汇都成为社会公众热议的话题，人们隐约感受到一个阶级或阶层分化的社会正在出现。尽管多数社会学家并不认为我国社会正在成为某种阶级或阶层社会——社会学家倾向于使用利益群体分类而不是阶级或阶层概念，

但一些非社会学专业的人士（记者、作家或理论家）对当代我国社会进行的阶级阶层分析，在社会上产生了较大反响。这类所谓的阶级阶层分析虽然不被社会学家所承认，但却因其通俗易懂、接近现实生活而受到社会公众的欢迎。

（四）全面深入的社会分层研究阶段（2001年以来）：对现实问题与理论问题的共同关注

2001年以来我国社会分层研究形成一个高潮，成果剧增，研究内容较为广泛和深入，部分研究成果引起社会公众和政府决策者的关注。在这一时期，一方面传统意识形态对社会分层理论的禁锢有所突破，社会分层研究者对于社会公众关注的现实问题和相关议论做出回应，同时也越来越关注政策议题；另一方面，学术性的社会分层研究继续得到发展，在一些专题研究领域取得优异成果。

经历了30年的社会经济分化，我国社会已形成一个与经济改革以前完全不同的分层形态，不仅社会学家意识到一个新的分层结构正在形成，而且普通民众在日常生活的各个方面也感受到这一分层结构的存在。收入差距在这一时期继续拉大，成为引发社会不满情绪的主要根源之一。同时，普通民众对于不平等的感受已不限于收入分配这一个方面，而是扩展到更广泛的社会不公正问题——包括官员滥用权力、对弱势群体（如农民工）的歧视、教育机会的不平等、垄断行业的不公平竞争以及各种腐败行为等。在此情况下，不平等问题和阶级阶层分化问题成为社会大众关注的热点问题，人们迫切需要学者提供相关知识和信息，以解答他们的疑问。此外，政策制定者也对这些问题越来越关注，希望能获得准确的信息和相应的政策建议，以利于制定相关政策，抑制不平等程度的加剧，缓解社会矛盾冲突。在这一时期，政府的决策者以更加客观的态度来看待和处理社会经济分化问题。特别是党中央提出了“三个代表”重要思想、科学发展观、构建社会主义和谐社会等创新理论以及“中等收入群体”和“新阶层”等概念，都体现了决策者与时俱进的态度，这为社会分层研究者的理论探讨提供了一个较开放的空间。在此氛围中，一些社会分层研究者开始涉及敏感的现实问题，客观、实事求是地探讨社会经济分化现象。

当前研究者争论的一个焦点问题是：我国社会是否已形成某种确定的阶级或阶层结构？一些社会学家给予了肯定回答，而另一些社会学家做出了否定回答。前者的一个典型代表是陆学艺等人提出的“中国社会十大阶层”，认为经过20多年的社会经济分化，我国社会已经出现了一个正趋于稳定化的阶层结构，社会成员分化为十个阶层。李路路、孙立平等则比陆学艺等人更进一步，他们采用“结构化”、“定型化”、“常规化”和“再生产”概念来表明当前我国社会已形成稳定的阶级阶层结构，并且这一阶级阶层结构将会延续下去。

李强等人则持相反观点，否认我国社会已形成阶级或阶层结构，强调当前我国社会经济分化的碎片化特征。他们认为，当前的社会分化是一种多元的、相互交叉的分化，并未导致界线分明的阶级或阶层，当然更不可能形成确定的阶级阶层结构，最多出现一些利益群体，而这些利益群体在不同的分化坐标上是相互交叉的，它们之间不存在绝对的、不可逾越的分割界线。传统的几大阶级或阶层——工人阶级、农民阶级和知识分子被分化为许许多多的小群体，如同一个个碎片，但显示出集聚为几大阶级或阶层的迹象。李培林等人有关社会态度的研究所得出的结论部分支持了碎片化观点。他们发现，依据客观地位差异所划分出的阶层与人们的主观地位认同不一致；认为人们仅在主观层面显示出碎片化的特征，而未能形成一致的阶级或阶层意识。

社会分层研究的另一个争论是：我国社会分化的趋势是逐步走向两极分化的断裂社会，还是社会中间层人数增长而逐步形成一个以中产阶级为主的中产社会？“断裂化”论点由孙立平等人提出，认为20世纪90年代中期以来的社会分化导致了一个“断裂社会”的出现，其表现形态为：整个社会分裂为相互隔绝、差异鲜明的两个部分——上层社会和底层社会，经济财富以及其他各类资源越来越多地积聚于上层社会或少数精英分子手中，而弱势群体所能分享到的利益则越来越少，与社会上层精英分子的社会经济差距越拉越大，从而形成与上层社会相隔绝的底层社会。与此完全相反的看法是陆学艺等人提出的“中产化”或“中间层化”论点，认为工业化和城市化的推进导致产业结构和职业结构升级，相应的白领职业迅速扩张而蓝领职业逐步减少，从而向人们提供了越来越多的上升流动机会，随之而来的必然是社会中间层日益发展壮大，而社会顶层和底层都将缩小，整个社会结构的变化趋势是由“金字塔形”转变为“橄榄形”，即以中产阶级或中间阶层为主的“现代社会阶层结构”。

二十三

中国文学研究30年

杨　义

改革开放30年，中国文学研究取得了跨越性发展，在诸多最能代表其成就的领域，无论在研究规模、原创思想和深刻程度上都出现了前所未见的新气象新面貌。改革开放30年所开拓的学术境界、学术深度和学术广度，已经在中国学术史和思想史上占了一个重要位置。一代有一代的学术，中国改革开放30年来的学术包括中国文学研究学术，来势迅猛又非常有底气，充满着高度的创新精神且成果丰硕，说它开创了中国思想学术史上一个新的纪元、一个新的时代，也不为过。只有充分地认识到这一点，我们才能全面地符合实际地理解改革开放30年的巨大成就，理解改革开放以来强调物质文明和精神文明"两手抓，两手都要硬"的有效性成果，才能在现有成果的基础上意气风发地进一步规划和推进建设现代大国文化的总战略。

很难设想有哪一种思想学术能够截然游离于它的时代契机和民族的精神状态。时代赋予思想学术以生成的依据，思想学术反馈时代以提升的灵魂。改革开放作为历史性的关键词，关系着我们民族的生存、发展和命运，开拓了中国人民敞开博大的胸襟和焕发强烈的创造精神欲望的时代。在它告别的那个时代虽然也自力更生，发愤图强，却因受国际冷战格局的限制而难为开放，受极"左"思潮干扰而迷失改革。因而当改革开放成为时代主题词的时候，人们看到的是中国人民受压抑和挫伤的创造热情和智慧奔涌而出，形成难以估量的历史主动力量，既改变了中国，也改变着世界的格局。既然"实践是检验真理的唯一标准"，那么真理的拥有权就不属于那些脱离实际的条条，而属于处在广阔的实践前沿的英姿勃勃的行动者、发明者和思想者。中国在改革开放中振兴的过程，成了千千万万在经济、社会、文化领域中实践探索着的行动者、发明者和思想者追求真理的创造过程。时代这种前所未见的慷慨赋予，使包括文学研究在内的这一代学术，大势所趋地汇入了这个创造实践的总过程之中。

考察这股“汇入”的洪流，我觉得有三项成就和经验值得注意。

第一，改革开放这30年来，中国社会经济全面复兴和崛起，为思想学术注入了日益丰厚的物质支持，涵养其底气，增强和提高了一代学人与时俱进的文化自信心。受民族经济社会全面复兴的激励，我们的学术正在追求一种大国的风范。我们由此增加的自信心不是关起门来称老大的自信心，而是经过了30年的解放思想、打开视野，在吸纳世界上丰富的思想文化思潮的基础上强化主体创造意识的自信心。

改革开放的一个重要贡献，就是更新中国人的观念，给中国人以一幅新的面向世界的精神图谱。改革开放使中国人开了眼，发现外面那个世界和我们关闭起来想象的那个世界很不一样，精神受到震撼之余反生失落感，觉得我们人文社会科学研究的观念过于偏执，方法过于简陋，术语过于陈旧。于是饥不择食，精神亢奋地引进外国20世纪以来的各种知识、思想、潮流，掀起了所谓“观念热”和“方法热”。不到10年时间，长达11卷的《简明不列颠百科全书》翻译出版了，同时翻译出版的还有“诺贝尔文学奖获奖作家丛书”和“外国现代派作品选”。间插着又有拒领诺贝尔文学奖的法国存在主义宗师的“萨特热”，以及地理上有第三世界寻根倾向的拉美魔幻现实主义。至于精神分析、原型批评、现象学、解释学、接受美学，直至后现代思潮中的德里达的反逻各斯中心主义、巴特的解构理论，常常是追新逐异，许多时候是半生不熟地轰炸着人们头脑。甚至不少年轻学人以被轰炸得晕头转向、不亦乐乎为时髦，够刺激，总之是眼界大开，却于烟尘滚滚中未免目迷五色之嫌。直至一阵烟尘散去，有人为这过度追逐而感到精神疲劳，这才出现那些关注中国文化命运的有识之士，发自土地深层的质疑：难道那些不计中国经验和智慧的西方理论的“现代性”，不是一种“有缺陷的现代性”吗？

因此越来越多的深刻的学者开始新的思考和新的精神谱系的建构，在全球化条件下，中国学术和中国文化应该做什么、怎么做。广泛的思想知识和思潮的引入，骚动的标新立异的诱惑，使我们的学术在沉思中出现反求诸己的文化自觉，以丰厚的本土文化资源与之进行深度的对话，铸造出有原创品格的学术合金。尤其是新的科技手段、数字技术的介入，为我们的学术提供了一种新的可能，采取一些“盛世修典”的举措。30年来出现许多大书，如《续修四库全书》，比起清乾隆御修的《四库全书》篇幅增加51%，利用数字技术和国内外公共图书馆、博物馆合作的条件，收入主要是乾隆到宣统年间的书籍5213种，还有不少为清

朝四库馆臣未见的宋元珍本和名家稿本。自清代康熙到嘉庆百余年间修成《全唐诗》、《全唐文》，分别收诗近5万首、文18000余篇之后，历晚清民国近200年，宋元两代文献均无条件汇总。而在改革开放短短30年间，我们编成《全宋文》，收文10万余篇；《全宋诗》，收诗20余万首；《全元文》，收文35000余篇。中国社会科学院文学研究所已经结项并且很快就要出版《全元诗》。原来觉得元代诗人不及唐宋，也不及明清，但经过学者的清理发现，元代有4000多个诗人，大约12万首诗，是诗风很盛的时代，这与印刷术利于保存文献有关系。宋元两代文献总集，都是在很短时间内，由人数不多且利用高科技手段搜集整理出来的，整个学术的底气都是在高科技基础、全球化格局上运行。这30年间编修而成的宋元两代诗文总集的篇幅，大约相当于清朝康熙到嘉庆百余年编成的唐代诗文总集的7倍以上，填补了晚清民国以来的空白，给当代学者的文学规律的总结和文学思想的创新，提供了丰厚的文化资源。

第二，改革开放这30年的思想路线是解放思想、实事求是、与时俱进，为这代学术崇尚原创的追求，提供了很大的精神空间。精神空间的拓展，始于对文学与人的认识。当文学被安置在总是绷得很紧的单一的“以阶级斗争为纲”的弦上时，它的描写和对它的研究，往往陷入了对某种政治概念的公式化的图解和诠释。例如何其芳先生是很有创新勇气和能力的文学所老所长，他重新解释现实主义、典型性、人民性等政治意味较浓的概念，用以抵制文学领域的“左”倾思潮，但广为弥漫的“以阶级斗争为纲”来评判是非的“左”倾思潮，总是不依不饶地纠缠着他的“典型共名说”等新思想，使之难以顺畅地进入更加深广的学理原创的自由空间。新时期以来，人们率先用以人为本的思想代替“以阶级斗争为纲”的框架，在“人性”、“人道主义”等问题上展开争鸣，重述“文学是人学”的基本命题，当时纠缠何其芳的那些“左”倾思想逻辑，也就迎刃而解了。这样人们就可以更深刻地进入文学的内在脉络，体验它的文化生命和意义，分析它的叙事学和诗学的独创性特征，进入了学术思想和文化智慧的新的资源。这些年文学理论和文艺批评的生机也由此启动起来了。

随着精神空间的进一步打开，学者开始思考学理原创、学派创立，人们再也不满足于非原创的描红时代。记得文学所和民族文学所联合开过一次民间文学的讨论会，请钟敬文先生做报告。钟先生很感慨，认为自己一直在描红，先描西方的红，后描苏联的红，描来描去描成了右派，而改革开放才知道应该创立自己的学派，应该有自己的原创性，但是年纪已经大了。老先生的感慨加深了我们对学术的认识，前辈学者的素质、修养、学术根底非常深厚，成就丰硕，但是在20

世纪40年代动荡、50~60年代思想空间相对狭窄的时代，我们对他们表示尊敬的同时又难免有“天下文章未尽才”的惋惜。

经过这30年改革开放的推动，学术研究突破了中与外、古与今、雅与俗等空间界限，逐渐趋于大文化观和大文学观。我们不仅在古典文献领域“盛世修典”，而且在中国文学通史、文学批评通史、文学编年通史，以及断代史、地域史、文学思想史、文学史学史和文体史诸多领域，进行了魄力宏大、根底扎实的研究，出现了一批卷帙浩大的著作和为数不逊于前人的学术精品。文学研究所牵头的“中国现代文学史资料汇编”出至一百余种，中国民间文学包括故事、歌谣、谚语的“三套集成”，在全国省、地、县普遍搜集整理和出版，仅云南卷就涵盖26个民族，搜集民间资料1.3亿字，出版了360余部相关图书。这种田野调查和编纂工程，贯穿着创新的学术理念。更为精深的创新理念，则出现在文学与文化、文学与民族、文学与地理、文学与家族、文学在整个民族共同体生命过程中的价值、文化哲学、文艺美学、文学地图、文化诗学、生态诗学等论题上，不少学科分支、学术理念和研究方法都得到多维的、有时是很有原创性、很深刻地展开。如果不抱偏见，就会发现中国文学研究在全球化环境中跟世界对话的深度、广度和创新程度，开始日积月累地发生了很大的本质性的变化。看不到这一点，就不能真正理解这一代学术的真实品格。

第三，这代学者风雨人生，阅历时变，不少人磨炼出睿智的观察者、思想者的素质。经过“文化大革命”和改革开放正反两方面的对比，他们在民族生存、民族记忆和民族学术反思的切肤之痛中，有可能深入到整个文化的本原和生命本原。所以，文学学术的创新意识空前强化，文史贯通、古今通融的大文学观的出现，以及学科体系、学术观点和研究方法上的全面创新，都给这代学术提供了一个非常开阔的视境。旷世难遇的是这代学者在“文化大革命”和改革开放这两级大断层的推移中，看到了中国学术的翻筋斗，看到了西方学术的变花招，对什么是学术、什么是文学有点大彻大悟，有一种思想者的求真原欲或免疫功能，不太容易进入别人设好的僵硬不合理的或花哨不着边际的套子里边。我们当然要对那些过度挦撦西方术语思潮，迷乱自己文化立场和步伐的作法，加以儆诫和引导。但儆诫引导的有效方法是加强有中国根基的原创，扶植健全原创的学术，弘扬大国文化风范。此间消长的辩证法确实值得认真研究，不可放任自流。正是从这种意义上，我觉得，对于大国风范、原创意识和这代学者的思想家气质所赋予的这代学术的特征、成就及其历史价值，我们的理解和慧识还远远不够，所以在改革开放30周年的时候需要好好清理这个问题，进一步强化我们的文化战略意识。

中国社会科学院文学研究所在2003年建所50周年的时候，主编了一套《文学研究所50周年学术文选（1953~2003）》。原来我们希望老先生应该选年份比较早的最能代表自己学术水平的优秀文章，这样各个年份的选目就比较平衡。但是最后选的结果是前25年（1953~1978）占1卷，后25年（1978~2003）占4卷。我曾希望曹道衡先生的文章选在他的学生刘跃进的文章的前面，但最后却相反，曹先生认为自己最好的文章是1996年的，而刘跃进选的文章是1993年的，这样排起来老学者反而在年轻学者的后面。这是因为，他们认为20世纪五、六十年代带有政治化的批判性口气的文章不能代表自己学术的真本事，而改革开放30年，尤其是经过拨乱反正调整好了学术立场和视角后产生的学术是他们最为称心的精神创造。这说明“三十年河西，三十年河东”，这30年的思想学术已经出现了一种新的创造姿态，进入了一个崭新的境界。

在涵养文学研究的魄力上，改革开放以来的学术开始打破了以往的中国文学史几乎只讲汉族书面文学史的状况，把诸多古民族和少数民族的书面与口传的文学纳入中国多民族文学多元一体的总格局，探讨其丰富多彩的成就和相互关系，探讨其中心的凝聚力和“边缘的活力”，探讨其共同融合成中华民族文化共同体的精神历程。包括蒙古族、藏族、维吾尔族、回族、满族、壮族、哈萨克族、彝族、傣族在内的各民族，都第一次写出自己的专门文学史。尤其是史诗学和各民族文学关系史的研究，取得了突破性进展，从根本上打破了“中国是史诗贫国”的不明家底的缺陷。世界上最长的史诗《格萨尔王传》在西藏、青海地区已搜集艺人说唱录音5000小时，仅桑珠老人的说唱就达2114小时，并陆续编纂其艺人说唱本45部（已出31部）。中国社会科学院重大项目藏文精选本《格萨尔》40卷，已出版17卷18册。蒙古族史诗也编纂出版了《格斯尔全书》5卷、《蒙古族史诗大系》4卷（已出第一卷）和《卡尔梅克江格尔校注》、《汗哈冉贵》等。史诗研究方面完成了《〈格萨尔〉论》、《〈江格尔〉论》、《〈玛纳斯〉论》等一系列著作，卓有成效地开展了“口传诗学”和“史诗类型学”的研究。经过众多学者对汉语文学文献，以及少数民族包括史诗在内的民俗事象的广泛而富有开拓性的研究，绘制的一幅完整的、丰厚的、洋溢着民族全面振兴之魄力的文学文化地图的工程，已打下了深厚的基础。这就有必要借纪念改革开放30周年，反思改革的精神成果，全面清理和总结这一代的学术。只有建立在对这一代学术充分认识的基础上，我们才能充满自信地、充满共识地开创现代大国的文学学术的风度。

应该强调，铸造和养成现代大国的学术文化风范，并在这方面形成广泛的民族共识和良好机制，这是思想文化界总结改革开放30年的经验和成就的关键所在。所以要强调总结的这个关键，是因为它针对着现实中的不足、缺陷甚至误区。这主要一是认识问题，二是体制问题。所谓现代大国的学术文化风范，就是深厚博大，充溢着原创的精神和智慧的魅力。然而深厚博大，须下苦工夫、硬功夫，积学深功，融合中外，审视古今，悟道深湛。原创的智慧，则需要公心慧眼，识其妙处。对此人们认识尚有差距，甚至在一些重要问题上还远远没有到位，迟迟没有到位。现代中国的学术要处理三个重大关系：一是马克思主义指导与学术创新的关系；二是外来思潮与建立中国特色的关系；三是传统文化资源与现代学理发生的关系。如果这些关系处理不好，如果连自己国家的原创性学术见解和学术成果，都不能以坦坦荡荡的胸怀加以承认，加以肯定，总觉得"外来和尚会念经"，中国人都犯了"失语症"，那还有什么大国学术风度可言？漠视自身的学术原创，而对外来一些并不成熟、并无根基的标新立异的说法追逐唯恐不及，这如果不是学风浮躁，就是"西方中心主义"思维积习未改，甚至是文化奴性的体现。这就使得更有必要以站着而不是跪着的姿态，以郑重的而不是空浮的态度，认认真真地检讨一下，这30年哪些学术开创取得了实质性进展？在天下熙熙，"著书多为职称谋"，因而制造出大量平庸的或追风赶潮、究竟没有多少独立的学理发明的文字的岁月，需要立标准，费心思，去辨析哪些学术成果是对整个民族的文化振兴有益的精品力作？哪些学术见解既有思想的萌芽又有迷误？哪些学术智慧是有根底的同时又能产生长远影响的？哪些学术炒作是有泡沫？总结是一种导向，总结得好，就会把学风导向坚实，把学术前景导向光明。尤其是在中国搞学术，在处理马克思主义尤其是马克思主义在中国的最新发展成果与西方现代文艺思潮，以及我们身处其中的本土文化资源的关系中，怎样产生一种新的活力机制，怎样走出一条独特的中国现代文学学术的发展道路，它的经验、教训在哪里，它应该采取怎样的战略，它应该有一个什么样的学术格局，怎样避免僵化和过度西化，怎样才能出现博大精深和蓬勃生机，这些问题都应该在对这30年的研讨中投入智慧，加以思考和总结。总结的结果，还要辨析这30年来有哪些学术是根底深厚又充满解释力的，有没有这样的学派和创新话语，它在理论层面和研究方法上取得怎样进展和突破，它在交叉学科领域进行了哪些有成效的探索，从而推动新的学科分支的产生。这样的总结，实际上成了今后学术开拓的铺设台阶的建设工程。30年已足以构成一代学术，尤其在改革开放、民族精神振奋之时。总结的落脚点是开拓。

反思和总结改革开放30年学术，若要促进大国风范更加坚实和壮阔，关键中的关键在于形成正确评价学术、尊重学术创造的良好的社会机制和社会氛围，此乃当务之急。我在2000年发表的一篇文章中说过，走进21世纪的文学研究要达至“大成”，关键在于要建立一个渊深宏远、胸襟开放又新锐高效的学术创新体制。在学术上，我们应该把一般性的“中国制造”升级为“中国创造”，对外来思潮加以分解消化，选择借鉴，而不能代替自主创造，更不能用它来贬抑自主创造。这种内在的、深层次的精神创造和运思方式，是机械的学术量化考核体制难以胜任的。尤其在金钱可以买书号，媒体可以炒作的市场经济社会，认真挑选公正、高明、负责任的资深专家组成评价机构，就显得更加重要。机制引导着学术，机制成全着学术，建立良好的机制应该慎之又慎，这才能使真人物、好学术脱颖而出。就目前的思想学术国情而言，既然文化自信心已使国学升温，那就要在良好的学术运行和评价体制中，使学者能够潜下心来融通经史诸子，出入“四库之学”和“四野之学”，考究民族与地理，考古与民俗，传统与现代，把国学做深做厚做大，力戒那种纷纷扬扬的公关、抢滩的评价体系，以及热衷炒作的势利行为。研究国学，旨在为我们全面振兴的民族传承文化血脉，充实精神元气，开拓原创学理，发掘民族生命力、凝聚力的根源，发放一张与世界进行堂堂正正的文化对话的“身份证”，在全球化环境中为人类文化多姿多彩的互动提升贡献大智慧。“国学热”不应该是虚热，而应该拿出硬功夫、真货色、大智慧、新境界来。既然讲“国学”，就要对得起此“学”之国，上无愧于五千年的文明积累，下无愧于现代中国的全面振兴。

振兴中国文学学术的根本途径，是进一步增强自主创新的意识和能力。这应该成为我们总结改革开放30年文学研究之后的努力方向。原创性是一个民族的文化身份证的标志所在，如何把文化身份证制作得光亮出彩，近年来学术界由此出现了思想创新的困惑和焦虑问题，值得我们注意。在北京召开的一个图书出版发布会和研讨会上，比较文学界的一位前辈学者讲了撒切尔夫人的一段话。撒切尔夫人曾经认为，中国经济发展了，但成不了超级大国，因为中国没有为世界贡献自己的思想。经过查找发现，中国日报网2006年6月27日登载了类似的一篇文章——《英国前首相撒切尔夫人：中国成不了超级大国》。该文章称这位“铁娘子”认为：“因为中国没有那种可以用来推动自己的权力，进而削弱我们西方国家的具有‘传染性’的学说。今天中国出口的是电视机，而不是思想观念。”那么这段材料到底出现在哪里，经过反复查询，才发现这段话出现在斯坦福大学胡佛研究所网站上的“领袖时空”栏目里边。当然这段话的意思和中国网站所引用的很不一样，撒切尔夫人认为冷战的结束和苏联的解体，中国是一个最大的受益者，可以预见的将来，中国会成为地区性的强大力量但成不了超级大国，中国是不可孤立但可以遏制。为什么我们学者从这段话里解读出中国没有给世界出口思想的意思？这表明我们对思想创造有强烈的追求，也有强烈的忧虑。就是说，作为这么一个现代大国，应该给人类的思想文化贡献自己原创的学说和原创的话语。这一百年的学术我们做了很多有价值的探索，但是用我们民族超越困境、走向全面振兴的标准来衡量，属于中国人百年精神创造的有世界影响的人文社会科学学派，还有待开拓、扶植、推广和弘扬，有待建立完善的对原创学术及其学派加以认证、尊重，并使之有力地走向世界的社会文化机制。中国不仅要成为经济上的巨人，而且要成为思想的巨人。我们要把原创的焦虑变成原创的动力，从而开拓出跟自己的大国身份、跟自己的五千年文明相称的物质文明、制度文明和精神文明协调发展的新纪元。这里一个很重要的契机，就是通过对改革开放 30 年学术的总结，加强文化创造的自觉，使我们的文化知道应该做什么，应该对世界负什么责任，对中国负什么责任，然后创造一种举世瞩目的现代大国学术。将来若干年再来回顾的时候，大家会觉得经过更充分发展了的这代学术，确实气象万千、成就辉煌，它在许多领域的创新、开拓和建树，成为民族引以为荣的记忆，成为现代人类乐于共享的精神财富。这就是我们的期待所在了。

二十四

中国历史学研究30年

张海鹏

改革开放30年来，中国历史学在史学理论创新、研究领域拓宽、学术功能与社会功能结合等方面都取得了显著进步。

（一）在对外开放的大背景下吸收、研究、借鉴国外史学理论

党的十一届三中全会后，中国历史学迎来了繁荣发展的良好机遇。30年来，中国历史学家与世界各主要国家和地区的历史学家建立了广泛的学术联系。中国学者到各国留学、讲学、出席相关学术会议，足迹几乎遍及全世界。从国际历史学会1980年召开的第15届国际历史科学大会起，中国史学会组团积极参加了历次讨论会，从而加强了与国外学术界的联系与交流。各国历史学家有关世界历史、地区史、考古学、中国古代史、中国近代史、史学理论等方面的著作，也被大量翻译成中文，在国内广为传播。各国学者学术研究中的积极成果，也被我国学者广泛借鉴。

在中国历史学研究中，以马克思主义为指导，借鉴国外的史学理论，并开展了对西方史学理论的学术研究和评论，如所谓新康德主义、新黑格尔主义、西方马克思主义、自由主义、生命派的历史理论、分析的历史哲学，所谓文化形态史观、现代化史观、全球化史观，实证主义史学、年鉴学派史学、计量史学、心理史学、社会史学，以及以系统论为代表的自然科学研究方法在史学研究上的应用，乃至后现代史学等。这种引进和借鉴，是改革开放方针在历史学领域的体现。这些西方史学流派和研究方法的引进，对于中国史学家开阔眼界，进一步认识历史的复杂性，开展多方面的史学研究，是有帮助的。

（二）突破政治史、革命史的单线条式叙述，极大地拓宽了研究领域

半个多世纪以来，中国历史学研究，是在唯物史观指导下进行的大量实证研究的基础上，不断取得新的历史认识的。近 30 年来，有关文化史、社会史、经济史、思想史、中外关系史、民族史、边疆历史以及历史地理学研究，甚至人口史、灾荒史等，都有了很大的进展。政治史、革命史的研究也在克服简单化毛病的基础上不断前进。社会历史是十分复杂的，研究文化史、社会史、经济史、思想史、中外关系史、民族史、边疆史与研究政治史同等重要，不可偏废。

在中国古代史研究领域，学者们对中国几千年的历史做了大量深入的实证研究，有了许多新的认识，如有关人类起源问题、中国农业起源问题、中国文明和国家起源问题、中国历史发展中的社会形态问题等。

关于人类的起源，自从 1871 年达尔文发表《人类起源和性的选择》以来，关于人类起源和起源地问题各执一词，但大多数学者认为人类起源于非洲特别是中非的肯尼亚。中国考古学的成就证明，现代人单一起源的说法得不到中国考古学的支持。中国考古学家已发掘的几个点，如北京人、元谋人、繁昌人，人类活动都在 200 万年左右，至少可以证明，人类起源不一定是单一起源，应该是多源的。

关于中国农业的起源，中国考古学家和历史学家在研究了大量古代遗址中的植物遗迹后，已经得出大体接近的认识：距今 1 万年前，中国的栽培稻出现；距今 8000 ~ 9000 年前稻作农业形成；距今6000 ~ 7000 年前，稻作开始在以长江流域为中心的地区普及，稻作农业经济的代表遗址是距今 6000 年左右的河姆渡遗址；距今 7500 ~ 8000 年的遗存中，粟、黍已在华北地区广泛栽培了；距今 6000 ~ 7000 年前的仰韶文化时期，华北地区旱作农业建立。考古资料证明，我国极有可能是世界上粟、稻、黍等几种主要农作物的起源地，至少是起源地之一。这一认识也有别于欧洲学者中国农产品西来说的早期认识。

关于中国文明的起源，20 世纪中叶以前，欧美学者坚持中国文明西来说，赞成者众多。随着 20 世纪下半叶以来中国考古发掘提供的大量实物资料，中国学者开始依据地下发掘的实物资料和历史文献，实事求是地研究中国文明的起源。近 20 年来，大量的考古发现，使中国文明起源与早期发展的多元一体进程在国内学术界得到了相当程度的共识：即中国文明起源是多元的，各地都有自己

向文明社会迈进的过程（即“文明化进程”）；中华文明的形成是一体的，即各个地区的文化相互竞争、碰撞、融合，最终形成了中华文明。有的学者把这种认识概括为“多元起源，中原核心，一体结构”。这一概括得到了多数学者的认同。

这一时期，中国古代史学界还开展了一些大型资料整理和专题研究项目。

为了推动对中国早期历史的研究，“夏商周断代工程”联系了自然科学和人文社会科学各方面学者共同攻关，对中国文明史初期的年代学大体已得出共识，夏的年代在公元前2070～前1600年。这是在研究基础上得出的结论。

为了推动中国历史最后一个封建朝代——清朝历史的研究，政府启动了国家清史编纂工程，计划用10年左右时间，组织一千多位清史学者，以世界历史的广阔视野，创造性地继承中国修史传统，开展全面的清史研究，计划完成100卷大约3000万字的清史工程。这一计划目前正在积极实施中。

为了推动历史学研究，学术界组织了大型史料编纂工作。简帛文书的整理与研究，敦煌吐鲁番文书的整理与研究，徽州文书的整理与研究，晚清与民国史料的整理与研究，社会经济史料的编纂与整理，近代革命史料和中共党史资料的编纂与整理，都在推动着中国历史学研究的深入。为了对先秦以至辛亥革命以前的传统文化典籍进行一次全面、科学、系统的分类整理，国家还推动了极大型类书《中华大典》的编纂。这一极大型类书，在创新《古今图书集成》分类体例的基础上，正在积极实施中。

与中国古代史学科相比，中国近代史是在20世纪初产生、20世纪下半叶发展起来的新兴学科。近代中国的历史，是中国与西方列强猛烈冲撞的历史，也是中国的政治结构、经济结构、社会文化结构发生剧烈变化的历史。换句话说，是中国人民反对帝国主义、反对封建主义，探索中国独立、救亡和富强道路的历史。中国历史学界对中国近代史的时间范围展开过长时间的学术讨论。30年前，中国学术界大多把1919年发生的“五四”运动作为中国近代史和中国现代史的分界点。最近这些年，许多学者认为这样的分期是不科学的。因为，以社会经济形态作为划分历史时期的标准，1840～1949年之间都是半殖民地半封建社会，同一个社会形态分成两个不同的历史时期，显然是不妥当的。

近代中国长期处在内外战争的环境之中，革命势力的成长、革命事业的开展，成为这段历史的基调。学者们以往在处理近代中国的历史时，往往强调了革命史，对于全面的历史研究则照顾不够。最近30年来，学术界作了许多探讨。一些人提出了现代化史观，主张在中国近代史研究中，用所谓现代化范式代替所谓革命史范式。事实上，在近代中国，革命是那个时期社会的基调，革命的目的是为了谋求国家的独立和富强。要独立就要反帝反封建，要富强就要现代化。但是近代中国110年的历史，现代化未能成为时代的基调。另一些人提出现代化史观和革命史史观的区别。学者认为，对于这种区别，不要简单地采取否定或肯定的态度，应该依据唯物史观的基本观点，实事求是地看待历史的过程，既要看到革命史在近代中国历史发展中的基本作用，也要看到现代化进程在近代中国也有一定程度的表现。研究和叙述历史不能简单化。

（三）经济全球化背景下的时代需要，推动了我国世界史学科的发展与繁荣

中国的世界历史研究，作为一门学科也是后起的，20世纪下半叶才逐渐兴盛起来，经历了先介绍外国学者的研究成果，再独立进行研究的过程。中国学者用中国人的眼光观察世界历史的发展进程，对世界历史研究中的“西欧中心论”持质疑态度，并且一直在探讨中国学者所主张的世界史理论体系。一般认为，世界历史在前资本主义时代是孤立发展的，只是经历了15、16世纪以来的一系列重大转折之后，才形成整体的世界史。这个看法的核心是如何从全局上说明历史怎样发展为世界历史，可以把它称之为整体世界史观。这种世界史理论体系，希望突破西欧中心论，写出真正意义上的世界史。也有学者提出了以现代化的世界进程作为世界历史理论体系和架构的观点，并且为此做了大量研究。这一理论模式，在中国世界史学界有相当影响。

在世界史研究和撰写体系中，突破“西欧中心论”，是否意味着世界历史就是各国历史的总和呢？有的世界史学者认为，我国编写的各种世界史教材（包括通史和各种断代史），都是按照社会发展形态进行历史分期，逐一叙述各地区、各国和各民族的历史。这实际上是一种分阶段的各国历史汇编。学者认为，这样一种历史叙述方式不能总揽世界全局，不能从全局考察人类社会的演变过程，不可能成为反映客观历史过程的科学著作。我国学术界应该以一种开放的、包容的、多元的态度，努力构建中国的世界史体系，有鉴别地吸取当代国际史学及社会科学的一切新理论和新方法，考察人类文明形成与发展的整体轨迹，考察人类社会历史的整体发展。由此，有的学者提出了“全球史观”概念，认为“全球史观”概念可以避免用国别史范畴的概念去说明世界史的运行特点和规律的弊病，更加科学地发现和说明整个世界的发展状况及发展规律。

客观地看，从曾经影响世界历史进程的角度说，在15世纪以前，世界历史上不止存在过一个中心。资本主义兴起和发展以后，世界历史的中心变成以西欧为主，但是世界历史的中心也不止一个。按照历史唯物主义的原则，按照实事求是的精神，如何准确把握影响世界历史进程中的重大事件，从这些重大事件与世界的联系中来总体把握世界历史发展的全局，是世界史研究者的责任。中国的和平振兴，中国与世界越来越广泛的多种联系，要求发展中国历史学中的世界历史研究，建立包含面更大的世界史学科。这是时代向中国的世界史研究学者提出的任务。

中国历史编纂学在近代输入西方史学方法后，形成了近代实证史学的传统。1949年后，中国马克思主义史学逐渐由边缘走向主流，成为影响中国历史学发展和中国历史学家的主要思想倾向。近些年来，随着中国社会经济结构的深刻变化，文化思想领域的多元、多变倾向开始形成，对马克思主义史学的挑战随之发生。在纪念改革开放30周年的时候，需要更多关注中国历史学的发展趋势和前景。我们要迎接对马克思主义史学的挑战，在新的时代背景下发展马克思主义史学。在今天的中国历史学界，只有坚持唯物史观的思想指导，坚持学术上百家争鸣的方针，坚持实事求是的历史主义态度，坚持历史研究中的国际视野，中国历史学的发展才能更为平稳、扎实和繁荣，才能取得更高的学术成就，也才能为中国特色社会主义文化的发展繁荣提供历史学的有力支持。

二十五

中国史学理论研究30年

于　沛

在改革开放新时期，我国史学开始走向全面复兴，其重要标志之一就是史学理论方法论研究的加强，并在实践中逐渐形成中国马克思主义史学理论体系。30年过去了，回顾与思考中国史学理论研究所走过的不平坦的道路，不仅有重要的理论意义，而且有重要的现实意义。

(一)

党的十一届三中全会重新确立了解放思想、实事求是的思想路线，历史科学迎来了自己的春天。广大史学工作者打破了“左倾”思潮影响下盛行的种种精神枷锁，拨乱反正，史学理论研究无论在广度上还是在深度上，都达到了前所未有的水平，为繁荣发展新时期中国史学作出了不可替代的重大贡献。

1979年3月在成都召开全国历史学规划会议时，明确提出加强马克思主义史学理论研究的问题，立即得到广大史学工作者的认同。中国社会科学院的有关专家组成历史规划组史学理论小组，自20世纪80年代中期迄今，已召开14届全国史学理论研讨会，先后就历史与现实、历史发展的统一性与多样性、自然科学方法与历史研究、历史学方法论、历史认识理论、社会经济形态理论、外国史学理论的传入及对中国近现代史学的影响、东方历史发展道路、中外马克思主义史学的理论成就、全球化与全球史、中国世界史研究体系建设、西方史学理论研究中的热点问题、新世纪唯物史观面临的挑战和机遇，以及建国以来史学理论研究的回顾与展望等，展开深入研讨。

高等院校历史系普遍开设了“史学概论”课。1983年3月，葛懋春、谢本书教授主编的《历史科学概论》出版，这是我国由国家教委确定的第一部史学

概论方面的教材。现已有白寿彝、陈高华、姜义华、庞卓恒等主编的近 20 种版本的《史学概论》或《史学导论》方面的著作问世，进一步推动了高校史学理论教学和研究工作的开展，有利于从整体上提高我国史学理论方法论研究的科学水平。

1985 年，中国社会科学院世界历史研究所筹备并成立了外国史学理论研究室，主要任务是追踪第二次世界大战后欧美史学发展中的一些前沿性理论问题，进行重点研究。与此同时，中国社会科学院研究生院和北京师范大学等高校开始招收史学理论与史学史专业的研究生，有力地加强了这方面高级专业人才的培养。

1987 年，全国性的史学理论研究专业刊物《史学理论》创名（1992 年改名为《史学理论研究》），在发表史学理论研究优秀成果，团结史学理论研究队伍，培养史学理论研究新人，加强国内外史学理论研究学术交流，及时传达史学理论研究的最新动态等方面作出了积极贡献。中国史学会《中国历史学年鉴》每年都约请有关专家撰写史学理论研究综述。1993 年，经过多年的筹备，成立了全国性的“中国史学会史学理论研究分会”。

2000 年，北京师范大学史学理论与史学史研究中心成立。2003 年，集科研、编辑和教学三位一体，依托中国社会科学院世界历史研究所外国史学理论研究室的史学理论学科，被批准为“中国社会科学院重点学科建设工程项目”。2005 年 7 月，中国社会科学院史学理论研究中心成立。

我国史学理论研究中的一个重要内容，是中外历史学家在史学理论层面上的内容广泛的学术交流。1980 年，第 15 届国际历史科学大会在布加勒斯特举行，中国历史学家组团参加，就第二次世界大战史等问题与各国参会代表进行了研讨，标志着中国史学界结束了与国际历史学界彼此相互隔绝的状况。此后，中国史学家代表团出席了后来历届国际历史科学大会，通过不断密切的学术交流活动，加深了中外史学家的相互了解。在国内，各种类型的史学理论国际学术会议也不断增加，例如，2007 年 11 月，“全球视野下的史学：区域性与国际性”国际学术研讨会在上海召开，10 余个国家和地区的学者参加了会议。

（二）

邓小平说：“一个党，一个国家，一个民族，如果一切从本本出发，思想僵化，迷信盛行，那它就不能前进，它的生机就停止了，就要亡党亡国”。他还说，解放思想，独立思考，就“不要固守一成不变的框框”。关于史学理论研究，最大的“框框”之一，就是认为唯物史观既是史学的理论，也是它的方法论，对史学理论方法论如要进行任何其他的研究，都是对唯物史观的干扰、破坏或否定，根本不存在建立或研究唯物史观以外的“史学理论”的问题。

所谓“史学理论”，既包括史学自身发展中的理论问题，也包括人类历史进程中提出的一系列重大理论问题。20 世纪 80 年代初期，广大史学工作者就史学理论与唯物史观的关系进行深入的研讨，解放思想，百家争鸣，逐渐有了这样的共识：“不能把历史唯物主义的一般原理等同于马克思主义史学理论。无疑，辩证唯物主义和历史唯物主义是马克思主义史学理论的基础，是我们进行史学理论研究的指南，但它终究不能代替后者，正像马克思主义哲学不能代替任何一门自然科学学科本身的理论、方法论一样。历史科学如果本身没有理论和方法论，那它就很难成为一门独立的学科”。从上述认识出发，有力地推动了我国史学理论研究的繁荣发展。

研究史学理论，并不是要将这一理论与唯物史观对立起来，恰恰相反，研究史学理论，是在坚持唯物史观理论指导下开展的。因此，加强对唯物史观的研究，应是我国史学理论研究的重要内容之一。苏联解体、东欧剧变后，唯物史观面临着来自诸多方面的挑战，西方垄断资产阶级的代表宣布“历史已经终结”，欢呼“资本主义已经战胜了社会主义”；世界资本主义正致力于建立一种新的即资本主义的世界秩序。在此背景下，国际上出现了攻击、否定马克思主义的社会思潮，作为在国内历史研究领域的反映，出现了否定唯物史观基本原理的错误倾向。在研究实践中，少数人主张“指导思想多元化”，否认唯物史观的指导地位，但遭到大多数研究者的抵制和批评。我国史学界的主流观点是：唯物史观是马克思主义哲学的重要组成部分，是关于人类社会发展一般规律的科学，是科学的历史观和认识社会、改造社会的一般方法论；唯物史观传入中国之后，使中国历史学发生了深刻变化；中国马克思主义史学自诞生之日起，即以唯物史观为理论基础，马克思主义史学对中国史学的发展，产生了并将继续产生无可替代的重要影响。

在经济全球化的背景下，马克思的“世界历史理论”受到史学理论研究者的普遍关注，近年研究的主要内容是：马克思主义的世界历史整体观；全球化视野中的世界历史理论；“世界历史”与资本主义——《资本论》语境中的“世界历史”思想；马克思“世界历史”理论的系统分析；马克思的世界历史理论与全球化历史进程的实际；马克思恩格斯关于历史向世界历史转变机制的理论及方

法论启示等。研究者认为，马克思的世界历史理论，从全球性的视角论述了人类历史发展的必然趋势，是从民族性的、地方性的历史转向普遍性、世界性的历史，在这个过程中，人类自身也同时从地域性的封闭条件下的个人，转变为世界历史性的、全面而自由发展的个人。世界历史的未来是共产主义。马克思的世界历史理论，不能简单地等同于全球化理论，但在看到两者之间区别的同时，我们仍可从“世界历史”理论与今天全球化的现实的联系中，认识这一理论的现代意义。马克思“世界历史”理论形成的重要理论来源之一，是黑格尔的历史哲学。在批判地研究、改造黑格尔历史哲学思想的过程中，逐渐形成了马克思的世界历史理论。在标志着马克思从唯心主义转向唯物主义、从革命民主主义转向共产主义的《〈黑格尔法哲学批判〉导言》中，马克思的视野投向了“世界历史进程”，明确使用了“世界历史”这个概念。在这里，“世界历史”被认为是与“民族史”、“国别史”和“地区史”相区别的人类整体的历史。

30年来，在史学理论研究方面展开热烈讨论或争鸣的主要问题还有：历史发展的统一性和多样性；历史发展的必然性、偶然性和选择性；地理环境在历史发展中的作用；阶级观点与历史主义；历史的创造者和历史发展的动力；历史科学的社会功能；历史人物评价标准；如何认识爱国主义与民族英雄；关于中国封建社会长期延续问题；中国文化的结构；乾嘉学派的评价；中国近代史的基本线索与分期；洋务运动的性质、作用及代表人物的评价；戊戌维新的性质、辛亥革命的性质；中国近代史的学科体系和历史分期等。这些讨论和争鸣进一步培养了广大史学工作者的历史理论思维能力，有效地提高了研究成果的科学理论水平，为深入研究中国历史进程中的重大问题奠定了坚实的理论基础。

关注历史学自身发展中的理论问题的研究，是近20年来我国史学理论研究的一个重要特点。历史认识论的研究原来基本上是空白，近年的研究已有一定的基础，并不断得到发展。历史认识的一些主要问题，如历史认识的主体和客体以及两者之间的辩证关系、历史认识过程的一般特点、历史学家的主体意识、历史认识的模糊性、历史认识的相对性、历史思维、历史记忆、史料的自然属性和社会属性等都进行了较深入的研究，且近年历史认识论的研究不断向纵深发展。研究者在较广泛地汲取国内外学者最新的研究成果的基础上，重点探讨了历史认识中的价值判断、价值认识，历史认识和社会认识等。

30年来，人们在研究史学自身发展中的重大理论问题的同时，开展中外历史进程中的某些基本理论问题和重大理论问题的研究。这些问题主要是：历史发展规律与五种生产方式、历史的创造者、历史发展的动力、“亚细亚生产方式”、

“地区历史”和“世界历史”的范畴等。

史学方法方面，在坚持马克思主义理论指导的前提下，将呈现出多元的局面，这是和史学理论研究的深化及史学实证研究的进步紧紧联系在一起的。中国传统史学的目录学、辑佚、辨伪和校勘、诠释、考证的方法，中国马克思主义史学的历史与逻辑的统一、历史主义、矛盾分析、从具体到抽象再从抽象上升为具体的方法，以及整体地、联系地考察历史的方法等，将继续应用，并在历史研究的实践中得到发展。与此同时，当代史学特别是国外史学常用的比较、计量、心理分析、系统方法与跨学科、历史宏观与微观研究方法，以及种种新出现的历史学分支学科的方法，如社会学、人口学、文化学、民族学和政治学方法等，也将会被广泛采用。

史学方法的多元化，不是用什么新的方法代替或削弱马克思主义的史学方法，而是进一步丰富和完善它，使之在历史科学研究中发挥更大的作用。对这些方法的研究并不是要用这些方法取代以往行之有效的史学方法，而是作为一种补充，在原有诸种方法的基础上，进一步丰富和完善史学方法。方法是和理论联系在一起的，在历史研究的过程中，任何一种史学方法都是一定理论指导下的方法，而不是抽象、空洞的方法。

（三）

在建设当代中国史学理论的过程中，汲取、借鉴外国史学的有益内容，是不可缺少的重要环节。“文化大革命”后中国史学复兴时期，出现了介绍和研究外国史学理论的热潮，介绍、研究的深度和广度是空前的。经过必要的准备和精心组织，一批外国史学理论研究名著的中译本已相继出版，为深入研究外国史学理论创造了必要条件。

30年来，外国史学理论研究在不少方面都取得了显著成果。首先是对有影响的外国史学理论的整体性研究。这些研究是在近30年专题研究的基础上完成的，较全面地体现出我国学者对外国史学理论研究的水平。何兆武等主编的《当代西方史学理论》（中国社会科学出版社，1996）是我国第一部比较系统地评介西方史学理论100年发展史的专著，内容包括历史哲学和史学流派两大部分，重视理论评析，不少篇章达到了较高水平。何兆武还主编有《历史理论与史学理论——近现代西方史学著作选》（商务印书馆，1999）。陈启能主编《二战后欧美史学的新发展》（山东大学出版社，2005），系国家社科基金重点项目

最终成果。

二战后外国史学发展的重要特点之一，是历史研究的整体化趋势不断加强。这是和历史研究课题的日趋复杂化紧紧联系在一起的。在这个过程中，产生了不少历史学分支学科，原有的一些分支学科也被赋予了崭新内容，对西方史学的发展产生了重要影响。于沛主编的《现代史学分支学科概论》（中国社会科学出版社，1998）是一部较全面系统的现代史学分支学科导论，就社会史、文化史学、心理史学、城市史学、家庭史学、政治史学、口述史学、计量史学和比较史学的产生、发展、主要代表人物、代表作，以及主要的理论、方法及原则等，进行了深入分析。大量西方史学理论、史学思潮被介绍到中国，难免鱼龙混杂、泥沙俱下。因此，仅仅是介绍显然是不够的，需要对其基本理论、原则和方法的本质内容，作出马克思主义的回答。庞卓恒主编的《西方新史学述评》（高等教育出版社，1992）在这方面进行了积极努力。该书对西方社会史学、人口史学等进行评析时，重视理论分析。编者认为，“必须引起注意的是，确有极少数主张‘全盘西化’的人，趁着西方学术大量引进而人们还来不及咀嚼和鉴别的时机，专门热衷于从其中挑选那些最集中地宣扬资产阶级世界观、社会历史观和价值观的糟粕来大肆褒扬，借以否定马克思主义的世界观、社会历史观和价值观在各门社会科学中的指导地位，引起人们的思想混乱，从而动摇马克思主义的社会科学的根基。历史学也是他们进行这种破坏活动的领域之一。对此，我们决不能置若罔闻”。

西方史学史和史学思想史研究有多种成果问世，主要有郭小凌编著的《西方史学史》（北京师范大学出版社，1995），张广智、张广勇著的《现代西方史学》（复旦大学出版社，1996），晏绍祥著的《古典历史研究发展史》（华中师范大学出版社，1999）。

西方历史哲学是西方史学理论研究的重要内容之一。20世纪80年代中期是我国历史哲学研究的发展时期，21世纪初则开始进入成熟期。这主要表现为我国学者在进行历史哲学反思的同时，开始探讨西方历史哲学研究中的前沿问题，如对以波普尔为代表的分析历史哲学的研究，福山历史哲学思想研究，以及关于宗教或神学与历史哲学的关系的研究等。何兆武著的《历史理性批判论集》（清华大学出版社，2001），深入分析了现代西方的历史与思想，兼及中国宋代理学和王国维、梁启超等人的史学思想，从历史哲学的视角进行了深入研究。

对国外马克思主义历史学派，以及马克思主义史学理论研究有了明显加强，一批有一定影响的成果问世。这些成果主要分为两大部分，一是对以英国马克思主义史学为中心的外国马克思主义史学流派的研究，二是对马克思主义经典作家史学思想和理论的研究。这种情况的出现不是偶然的，一方面，苏东剧变之后，资本主义并没有给这些国家带来繁荣，而是使危机更加严重；原来资本主义世界因反对社会主义而掩盖的尖锐矛盾，也逐渐暴露出来。在这种情况下，马克思主义在这些国家中逐渐活跃起来，不可避免地会在我国国内有所反映。另一方面，我国国内强调哲学社会科学研究必须坚持马克思主义的理论指导，也逐渐深入人心。所有这一切，引起人们对马克思主义史学理论的普遍关注。

外国历史学家阐述“全球史观”的著述，近年陆续都有中文本出版，主要是最先明确提出这个问题的英国史学家 G. 巴勒克拉夫的几本著作，即《当代史导论》、《当代史学主要趋势》、《泰晤士世界历史地图集》。作者认为，主要从西欧观点来解释历史已经不够了，因此西方史学需要“重新定向”，史学家应该“从欧洲和西方跳出，将视线投射到所有的地区和时代”；“今天历史学著作的本质特征就在于他的全球性”，世界史研究的重要任务之一是“建立全球的历史观——即超越民族和地区的界限，理解整个世界的历史观”。

吴于廑教授撰写的《中国大百科全书》“外国历史”卷“世界历史”条，集中体现了他的“世界史宏观体系理论”，即反映了中国历史学家主流观点的“全球史观”。他强调，世界历史这一学科的主要内容，是“对人类历史自原始、孤立、分散的人群发展为全世界成一密切联系整体的过程进行系统探讨和阐述”，“研究世界历史就必须以世界为一全局，考察它怎样由相互闭塞发展为密切联系，由分散演变为整体的全部历程，这个全部历程就是世界历史”。

阐发全球史和全球历史观的研究在我国方兴未艾，译著和著作每年都有新品问世，包括斯塔夫里阿诺斯著《全球通史》，斯特恩斯特等著《全球文明史》、《新全球史：文明的传承与交流》。2007 年，中国社会科学院重点学科建设工程丛书《全球化和全球史》（于沛主编），由社会科学文献出版社出版。

外国史学理论研究注重理论与实际、历史与现实的结合，体现出鲜明的时代精神，如对美国历史学家魏特夫的代表作《东方专制主义》的批判。《东方专制主义》是冷战政策的产物，作者提出“治水社会”理论，杜撰出所谓的“东方专制主义”概念，不仅攻击马克思主义基本理论，歪曲古代中国、古代希腊等历史，而且污蔑社会主义国家是“东方专制主义的变种”。为了揭露这部“学术著作”的欺骗性和反动性，《史学理论研究》杂志于 1995 年开辟专栏，组织国

内学者撰写多篇学术论文进行深入批判。1997年，由李祖德主编的《评魏特夫的〈东方专制主义〉》（中国社会科学出版社，1997）系统揭露了该书在理论上、史实上的原则错误，以及政治上的反动政治意图。

30年来，我国史学理论研究发生了巨大变化，成就卓著，但也存在着一些亟待改进的问题。例如，史学理论研究如何体现出鲜明的时代精神和民族精神；史学理论研究如何和历史研究实践建立起更加密切的联系，理论联系实际，不断提高历史研究的理论水平；如何在唯物史观理论指导下，在史学理论研究中建立起自己独立的理论、原则和方法。

二十六

中国民族学研究30年

郝时远

改革开放30年来，中国民族学研究事业在继承和发展的进程中突出了以下几个特点：立足本土，发展理论，关注现实，尊重差异，展开视野。这些特点构成了中国民族学研究事业不断增强和彰显的中国特色。

（一）立足本土：从中国统一的多民族国情实际出发

在漫长的历史发展进程中，中国形成了统一的多民族国家格局。文化多样性及其多民族的载体，是中国历史和现实最重要的基本国情之一，也奠定了中国民族学研究事业立足这一国情的现实和未来发展的本土基础。

改革开放以来，作为中国民族学研究传统的基础性学科——民族历史研究，在完成从20世纪50年代开始的中国少数民族简史这一工程之后，展开了更加广泛深入的研究。从80年代开始，民族史学界从理解历史上的“中国”概念及其“五方之民”的互动关系入手，开展了中国历史上民族关系的研究。在这一主题下，对历史上的中国及其各民族的互动关系、民族同化与融合、各民族共同建立统一的多民族国家等重要的史实和理论进行讨论，撰写了大量论著，推出了翁独健主编的《中国民族关系史纲要》等奠基性著作。进而在历史与现实的族别史研究基础上，开展了中华民族凝聚力研究，产生了费孝通先生概括的中华民族“多元一体”理论。这一理论不仅有助于深化认识中国统一的多民族国家的历史国情，而且对于我们把握中国的现实国情和构建多民族、多宗教、多文化的和谐社会具有重要的现实意义。

总体来看，改革开放以来，民族史研究的重要特点是研究视野的全方位拓展。在对中国民族史进行断代、贯通和综合性研究的基础上，专门史的研究受到广泛重视。其中，古代各族别的源流及其迁徙、离散、融合、发展，各民族政治、法律、经济、文化以及社会生活史的研究，历朝各代中央王朝的民族政策与边疆开发治理之道的研究，包括汉学、蒙古学、藏学、西夏学等国际化程度很高的专门学问，多种古代文字的释读及其文献整理等，都取得了前所未有的成就。由此展开的丰富多样的中国各民族互动发展的历史图景，揭示了中华民族凝聚力内在的深厚历史基础。同时，民族学视野中的近代中国，即步入现代民族国家时代的民族史研究，则为“中华民族”从局限于汉族到代表中国各民族总称的转变过程，提供了理论与实践的发展脉络。在这方面，除了清末民初中国仁人志士的思想探索和孙中山领导“五族共和”的辛亥革命影响外，中国共产党把马克思主义基本原理与中国多民族国情实际相结合的实践，为国家统一、民族团结和实现中华民族伟大复兴奠定了自立于世界民族之林的现实基础。

（二）发展理论：坚持马克思主义民族理论的中国化

对马克思主义民族理论及其基本原理的研究，一直是民族学研究领域中的重要学科，也是直接为我国民族工作实践提供理论支持和引导民族学研究各学科深入发展的重要依托。从改革开放之初理论上的正本清源，到在实践中恢复和完善党和国家的民族政策，民族理论研究都发挥了重要作用。在批判和消除理论界一度流行的“民族问题的实质是阶级问题”等错误命题及其影响的基础上，民族理论研究一方面致力于完整、准确和科学地理解马克思主义经典作家关于民族问题的基本观点，另一方面则全面、系统地开展了中国共产党成立以来在不同历史时期处理和解决民族问题的思想观点与政策实践，其中包括对党和国家几代领导人有关民族问题和民族工作论述的研究。

马克思主义经典作家的民族理论研究方面，在较为系统地选编马克思、恩格斯、列宁、斯大林有关民族问题论述的基础上，结合中国民族工作的实践，学术界展开了以“民族”概念及其应用、民族与阶级、民族与国家等基本理论的研究。这些直接关系到马克思主义民族理论基本原理的研究，离不开这些理论在苏联和东欧等社会主义多民族国家的实践，也始终与中国解决民族问题的实践直接相关，其中包括在这一理论指导下发展的民族学研究的学科理论。马克思、恩格斯在探索人类社会民族现象及其发展规律的过程中，吸收和借鉴了西方民族学、人类学的许多研究成果，因此我们对马克思主义民族理论的研究也离不开对民族学、人类学、历史学、政治学等多学科理论和实证的研究。

民族理论研究发展的主流方向，一是继续深化对马克思主义经典作家民族理论基本原理的系统研究，取得了新的进展；二是在总结苏联、东欧等国家解决民族问题失败的教训方面，切实从相关国家的国情及其解决民族问题的历史背景、制度模式、政策实践出发，揭示其背离马克思主义基本原理的教训；三是通过深化对中国统一的多民族国家基本国情的历史和现实认识，阐释马克思主义民族理论的基本原理与中国实际相结合产生的理论发展和实践经验；四是针对西方的相关概念及其理论进行了一系列基础性研究，对这些概念体系和理论的本土化引进作出学理分析；五是通过对中国传统思想和历史实践的研究，发掘本土的传统知识体系和智慧，为各种学术理论的吸收借鉴提供立足国情实际的基础。

民族理论研究始终与民族工作的实践联系在一起。中国解决民族问题的制度安排、法律保障和政策体系，是民族理论研究十分重视的课题。民族区域自治制度是我国的基本政治制度之一，也是巩固和发展社会主义民族关系的制度保障。民族区域自治制度的核心是自治权问题。自 1985 年《中华人民共和国民族区域自治法》颁布以来，对这一制度的学理、法理及其实践的研究推动了民族法学、民族政治学的发展。随着新世纪西部大开发战略的启动和 2001 年《中华人民共和国民族区域自治法》的修订，坚持和完善民族区域自治制度成为这方面研究的根本要求，取得了显著成绩。

民族理论研究及其与民族工作实践的结合，为丰富和发展马克思主义民族理论提供了学术思想资源。马克思主义民族理论的中国化进程也随着对党和国家几代领导人有关民族问题、民族工作论述的研究而取得了显著成绩。这些成果，不断被吸收到指导我国民族工作实践的思想体系和工作方针之中。

（三）关注现实：巩固和发展平等团结互助和谐的社会主义民族关系

民族学研究是一个基础性、应用性兼具的综合性学术领域，正如中国最早阐释民族学特性的蔡元培先生所说，民族学与地理学、历史学、语言学、经济学、心理学、宗教学等学科“均有关系”，而民族学研究所遵循的基本原则，“就是事实要从考察上得来”。因此，在民族学关注现实的发展进程中，多学科理论和方法的借鉴都是通过民族学的基本研究方法——田野调查实现的，这也使走向改革开放广阔“田野”的民族学研究，围绕着各民族共同团结奋斗、共同繁荣发展这一主题，呈现了多学科、综合性和应用性的发展趋势。

我国少数民族人口虽然只有1亿多人，但是其聚居分布地区（民族区域自治地方）占到国土面积的64%，在两万多公里长的陆路边界线地区基本上都居住着少数民族。因此，经济地理意义上的西部地区，事实上主要是少数民族地区。在西部大开发进程中，西部地区的发展，特别是加快少数民族和民族地区的经济社会发展，不仅面临着经济基础薄弱等历史因素，而且涉及我国陆路边疆地区的现代化进程、社会稳定、边防巩固、民族团结、社会和谐等一系列重大问题。

正是基于这一认识，民族学界在先东部、后西部的经济社会发展战略中，展开了持续不懈的以少数民族聚居的西部、边疆地区的经济社会发展调查和政策实践研究。其中，20世纪90年代初中国社会科学院主持的"中国少数民族现状与发展调查"项目，不仅突出了多学科、综合性的学术研究特点，而且推动了学术界对少数民族地区乃至整个西部地区经济社会发展的关注。这种深入少数民族聚居地区的田野调查工作，在自治区、自治州、自治县、民族乡和自然村寨等不同的经济社会单元不断展开，涉及农村、牧区、山区、林区等多种经济生活类型。这些调查研究对进一步把握中国各民族在经济文化和社会生活方面的多样性以及历史形成的发展差距，提供了丰富的实证案例；对在东部率先发展造成的东西部差距扩大的态势及其对民族关系的影响，提供了可资参考的对策建议。

各民族共同团结奋斗、共同繁荣发展，离不开各民族、各地区之间的互助。汉族离不开少数民族，少数民族离不开汉族，少数民族之间也相互离不开，这既是中国形成统一的多民族格局的历史动因，也是中国实现中华民族伟大复兴的现实动力。互助关系的基础是平等，保障是团结，目的是共同繁荣发展。在这方面，民族学界开展的研究一方面遵循了加快少数民族地区经济社会发展需要国家的大力扶持、东部地区的对口支援和少数民族地区自力更生的原则，另一方面也加强了少数民族地区在自然资源、特别是能源的开发和利用对东部地区乃至全国发展的战略接续作用的研究。

这些方面的研究，在实施西部大开发战略的进程中视野更加开阔，其中少数民族地区的生态环境保护、文化多样性资源及其旅游业的开发、少数民族传统经济生产方式和特色产业的发展、人口流动和城镇化、少数民族地区教育、人口素质和人力资本、少数民族干部队伍建设等一系列关系到以人为本、全面协调可持续发展的问题，受到了学术界的广泛关注。对西部少数民族地区经济社会发展潜在优势及其对整个国家现代化发展具有重大战略意义的研究，不仅进一步整合了全国一盘棋的"共同"意识，而且显著地提高了少数民族地区立足当地实际加快发展的自信心。因此，以探索少数民族地区加快发展、跨越式发展模式为主导的研究，也更突出了因地制宜的取向。这一点正是巩固和完善民族区域自治制度的实践基础，也是全面贯彻落实科学发展观的实践要求。

（四）尊重差异：保护和传承中国文化多样性的资源

对于当代中国民族学研究来说，对现实的关照不仅扩展到了各民族社会生活的各个方面，而且始终面对着如何处理传统与现代的关系问题，这也就是如何对待文化多样性的差异问题。

中国作为一个统一的多民族国家，文化多样性不仅具有深厚的历史渊源，而且具有丰富的现实依托。正如当今世界在全球化推动的现代化发展进程中，人类社会普遍遇到了生态和文化问题一样，生物多样性和文化多样性及其相互之间的密切关系正在为人们重新认识。在中国改革开放特别是实施西部大开发战略的进程中，包括民族学研究在内的诸多学科在研究西部地区发展劣势的同时，也揭示了西部地区特别是少数民族地区的潜在优势。这种优势不仅在于矿产、能源、森林、草地、水源等自然资源，而且还在于生物多样性、文化多样性。生物多样性依托于不同的生态环境基础，文化多样性则依托于独具特色的各个民族。在西部少数民族地区加快经济社会发展的进程中，因地制宜发展模式的基本要素就包括了对生态、文化这两种资源的保护和传承。

改革开放以来，中国民族学研究的学科发展的重要推动力，是与民族学同源发展的社会文化人类学。田野调查和民族志文本的同一性，使这两个孪生学科在中国改革开放的巨大“田野”中形成了相辅相成、相得益彰的交融发展态势。事实证明，中国的西部地区是文化多样性资源最丰厚的地区，也是中国文化宝库中最具斑斓色彩的资源。这些依托于各个少数民族的文化资源，表现在语言文字、宗教信仰、文学艺术、民间史诗、饮食、服饰、医药、建筑、生产技术等社会生活的各个方面，蕴含了丰富的传统智慧和生活经验。保护、利用和传承这些文化，不仅是中国民族政策的题中应有之义，而且也是西部大开发的重要任务。通过实地调查的田野工作，利用包括影视等科技手段记录、采集那些濒危的文化资源，是极其紧迫的重要任务。正因为如此，民族学、社会文化人类学对少数民族地区文化多样性的研究，已经成为西部大开发进程中最重要的课题，这些研究的意义不仅在于重新认识和全面把握基本国情，而且在于从文化多样性资源中去提炼那些经年继世传承于民间社会的传统智慧。例如，改革开放以来，少数民族语言学研究在完成起始于20世纪50年代全国少数民族语言文字调查的成果——

《中国少数民族语言简志丛书》的基础上，展开了更加深入的田野调查，完成了前所未有的反映中国各民族语言资源的“中国的语言”课题，揭示了到目前为止中国已发现的语言达到129种的基本国情；而对各个少数民族游牧、游猎、刀耕火种等传统生产方式的生态——文化解读，不仅揭示了其中所蕴含的人与自然和谐共生的朴素经验和传统智慧，而且对现代化进程中实现人、自然、经济、文化和社会协调发展提供了古老的启示。对少数民族多样性文化中人与自然和谐相处等传统知识和智慧进行发掘、提炼、升华，是实现创新性发展不可忽视的本土资源。这方面的研究及其所产生的思想影响，为党和国家的民族工作打开了新视野、提供了新观念。

改革开放以来，随着市场经济和城镇化进程的加速，少数民族聚居格局也呈现出人口流动、劳动力转移和各民族散、杂居化的态势，民族关系的民间化、社会化发展日益显著，各民族之间的语言文化、宗教信仰、价值观念、行为方式等关涉社会生活方方面面的相互适应问题也不断扩大，这种发展不可避免地使族际互动中的矛盾、摩擦相应增多。这些问题不仅为民族学、社会文化人类学展开了城镇化的“田野”，而且预示了中国各民族在现代化进程中族际关系日益密切的发展趋势。

我们党在构建社会主义和谐社会进程中提出了一个重要观念，即“尊重差异、包容多样”。这不仅是出于对我国社会生活领域阶层、利益、思想等多样性的现实认知，而且也是对多民族、多宗教、多文化国情的深刻把握。这一重要观念的提出，无论对国内的多样性而言还是对世界的多样性来说，都具有重大的现实意义。因为这一重要观念的内涵突出了在差异中求和谐、在多样中求统一的基本理念。这也正是民族学、社会文化人类学研究对多民族的中国和多样性的世界作出的理解。

（五）展开视野：吸收和借鉴人类社会解决民族问题的经验

中国的改革开放事业是一个不断融入国际社会的过程，在民族学研究领域，突出体现在对民族大千世界和各国民族问题与民族政策等研究方面。改革开放以来，世界民族研究经历了20世纪80年代以“情况、问题、理论”为主的学术积累，随着苏联解体和东欧剧变及其引发的世界范围民族、宗教意识的高涨，进而转向了地区性、国别性民族问题与民族政策的研究。

20世纪90年代，随着苏联解体和东欧剧变，国际形势和我国周边环境发生变化，民族问题的国际性交互影响加剧。针对这一态势，学术界在开展苏联解体、南斯拉夫内战以及东欧相关国家剧变的动因研究中，将民族问题及这些国家解决民族问题的理论误区、政策失误都纳入了研究视野。同时，源自苏联和东欧的民族分裂、国家重组的波澜很快向西欧、北美乃至全球蔓延，学术界有关20世纪的三次世界范围的民族主义浪潮研究成为热点。民族主义问题成为民族学、政治学、国际政治等诸多学科持续开展的研究课题，其中包括对中国当代民族主义问题的研究。

对世界范围的民族问题开展研究，不仅是中国融入世界所必需的，而且也是中国改革开放吸收和借鉴人类社会文明成果的重要途径。世界民族问题研究一方面为我们提供了对民族大千世界及其文化多样性认识的基础，另一方面也为我们提供了处理民族问题的丰富资源。在这方面，学术界所展开的系统性、地区性、国别性和专题性研究，已经取得了丰富成果。

在世界民族问题研究方面，全球化所推动和影响的许多重大现象和问题都引起学界的关注。比如国际移民现象、现代化进程中的文化认同问题、国际恐怖主义及其民族宗教问题的背景等，都为民族学研究事业的繁荣发展提供了更加宽广的研究领域和多学科合作的平台。

我国是人文资源极其深厚、丰富的多民族国家，也具有历史悠久的民族志传统。改革开放以来，我国的民族学研究事业在学科体系和学术研究方面取得了长足的发展。我们也必须看到，目前我国还不是一个民族学等相关学科发达的国家。其重要原因之一，是我们还没有形成立足本土、符合国情实际的学科理论体系及其全面的学术规范。在引进、吸收和借鉴西方民族学以及人类学理论、方法和规范方面，还存在缺乏立足国情和本土资源的理论鉴别工具和对话能力。这正是我们在继续推动民族学研究事业繁荣发展中需要着力解决的问题。

第二篇

高举中国特色社会主义伟大旗帜
学习实践科学发展观

一

深入学习实践科学发展观
加快哲学社会科学创新体系建设*

陈奎元

今天，我们在这里召开中国社会科学院深入学习实践科学发展观活动动员大会，主要任务是按照中央精神和要求，对我院的学习实践活动进行全面动员和部署。中央决定，从2008年9月开始，用一年半左右的时间，在全党分批开展深入学习实践科学发展观活动。中央发出了《中共中央关于在全党开展深入学习实践科学发展观活动的意见》等一系列文件。9月19日，胡锦涛同志在全党深入学习实践科学发展观活动动员大会暨省部级主要领导干部专题研讨班上发表重要讲话，从战略和全局的高度，科学分析了世情、国情、党情的发展变化，深刻阐述了在全党开展深入学习实践科学发展观活动的重大意义，全面阐述了学习实践活动的指导思想、主要原则和目标任务，明确提出了确保学习实践活动取得实效的基本要求。讲话高屋建瓴，内涵丰富，思想性、理论性、针对性都很强，是指导全党搞好学习实践活动、把贯彻落实科学发展观提高到一个新水平的全面部署和根本依据。

根据中央的总体部署，我院参加第一批学习实践活动。我院学习实践活动领导小组将认真接受中央指导检查组的指导和督查，与指导检查组密切合作，共同把我院的学习实践活动组织好，学出新水平，改出新面貌，切实推动我院科研工作、党的建设、人才队伍建设和其他各项工作。

下面，我代表院党组讲几点意见。

---

* 该文系陈奎元同志2008年10月14日在中国社会科学院深入学习实践科学发展观活动动员大会上的讲话稿，收入本书时略有删节。

（一）充分认识开展深入学习实践科学发展观活动的重大现实意义和紧迫性

党的十六大以来，以胡锦涛同志为总书记的党中央，高举邓小平理论和“三个代表”重要思想伟大旗帜，立足社会主义初级阶段基本国情，总结我国发展实践，借鉴国外发展经验，适应新的发展要求，提出了科学发展观这一重大战略思想。党的十六届三中全会首次明确提出“科学发展观”的概念，强调要坚持以人为本，树立全面、协调、可持续的发展观，促进经济社会和人的全面发展；十六届四中、五中、六中、七中全会在经济、政治、文化、社会、党建等各领域全面贯彻落实科学发展观，使科学发展观在理论和实践上全面展开。党的十七大全面阐述了科学发展观的时代背景、历史地位、科学内涵、精神实质和根本要求，把科学发展观写入了党章。党的十七大作出在全党开展深入学习实践科学发展观活动的战略决策。为了把这次学习实践活动开展好，十七大召开后，中央部署在23个单位进行了试点工作，积累了宝贵经验，探索了有益做法。这次中央部署在全党开展学习实践活动，就是为了把学习贯彻十七大精神引向深入，把贯彻落实科学发展观提高到一个新的水平。

我们要充分认识在全党开展深入学习实践科学发展观活动的重大现实意义和紧迫性，切实把思想和行动统一到中央决策、要求和部署上来。中央文件和胡锦涛总书记的重要讲话对这次学习实践活动作出了深刻的阐述和全面的部署。胡锦涛总书记讲话中提出三个迫切需要，从全局上阐明了这次学习实践活动的重大意义。深入学习实践科学发展观，是用中国特色社会主义理论体系武装全党的重大举措，是“三个代表”重要思想学习教育活动和保持共产党员先进性教育活动的继续，是深入推进改革开放、推动经济社会又好又快发展、促进社会和谐稳定的战略决策，是提高党的执政能力、保持和发展党的先进性的必然要求，是更好地实现党的十七大提出的宏伟蓝图和行动纲领的需要。这次学习实践活动的目的，就是进一步用中国特色社会主义理论体系武装头脑，不断增强贯彻落实科学发展观的自觉性和坚定性，坚定不移地把科学发展观贯彻落实到经济社会发展的各个方面，为全面推进社会主义经济建设、政治建设、文化建设、社会建设以及生态文明建设，全面推进党的建设新的伟大工程，实现全面建设小康社会的宏伟目标，进一步奠定重要的思想基础、政治基础和组织基础。

中国社会科学院是党中央直接领导的国家哲学社会科学研究机构，是党的思

想理论战线的重要部门，理应率先学习和领会科学发展观，研究和宣传科学发展观，用科学发展观指导科学研究、建设理论研究队伍，因此应当更加自觉地参加学习实践科学发展观活动，并以此为契机推动自身的改革发展。全院同志要从党和国家事业发展全局出发深刻认识学习实践活动的重大意义和紧迫性，要紧密结合我院特点和实际，结合建设哲学社会科学创新体系的任务，深刻认识我院开展学习实践活动的重要性和必要性。

第一，深入学习实践科学发展观，以中国特色社会主义理论体系指导理论研究，努力推动哲学社会科学事业的繁荣发展。以胡锦涛同志为总书记的党中央，高度重视意识形态工作，重视哲学社会科学事业的发展繁荣，高度重视中国社会科学院的工作。党中央要求中国社会科学院要努力建设成为马克思主义的坚强阵地，努力建设成为我国哲学社会科学研究的殿堂，努力建设成为党中央国务院重要的思想库。对照这样的要求，我们必须以马克思主义科学理论和中国特色社会主义理论武装头脑，积极参加改革开放的伟大实践，全面贯彻落实科学发展观。当前，时代和实践发展一日千里，中国特色社会主义理论和制度创新的步伐不断加快。面对新形势新任务，要求我们更加自觉地以中国特色社会主义理论体系为指导，用科学发展观统领哲学社会科学研究工作，全面推动我院学科体系和理论体系创新；要求我们把科学发展观真正融入基础理论研究和应用对策研究各领域各学科中去，使我们推出的研究成果、提出的对策建议符合科学发展观的要求，保证哲学社会科学研究沿着正确方向健康发展；要求我们更加自觉地立足国情，立足当代，以重大现实问题为主攻方向，更好地服务于发展中国特色社会主义的大局；要求我们更加自觉地推进学科体系、学术观点、科研方法创新，出精品成果，出拔尖人才。这次开展深入学习实践科学发展观活动，必将对我院哲学社会科学研究事业的繁荣发展产生重大而深远的影响。

第二，深入学习实践科学发展观，进一步深化我院管理体制机制改革，加快推进哲学社会科学创新体系建设。当前，全院上下正在推进管理体制的改革工作，改革的目的在于推动科研，激励人才，优化服务，为我院哲学社会科学创新体系建设提供强有力的体制机制保障。这次学习实践活动，对体制机制改革创新提出了新的更高要求，我们要在学习实践活动的过程中进一步明确改革的方向和任务，树立符合科学发展观要求的思想观念，建立符合科学发展观要求的体制机制。通过学习实践活动，使全院人员进一步增强改革自觉性，形成改革合力，推动科研管理体制和人事管理体制等关键环节的改革取得新的实质性进展，以更充分地调动各方面积极性和创造性，进一步解放和发展科研生产力，进一步建立健全有利于优秀人才脱颖而出的竞争激励机制，进一步建立健全适应我院创新体系建设的服务保障体系。我们还要以科学发展观为统领，在深化管理体制机制改革创新的基础上，全面推进哲学社会科学体系的改革创新，使这两方面的改革创新相辅相成，为我院各项事业的发展提供创新活力和发展动力。

第三，深入学习实践科学发展观，加强我院党的建设和领导班子建设。这次学习实践活动必将极大促进党的思想建设、组织建设、作风建设、制度建设和反腐倡廉建设。这对于我院加强党的建设和领导班子建设，提供了宝贵的机遇。我院是党中央领导下的马克思主义的重要阵地，是国家社会科学研究的重要机构，院党组和各级党组织必须自觉地同党中央保持一致，必须在此次学习实践科学发展观的活动中高标准、严要求，全面改进和加强自身的建设，切实纠正中央指出的与科学发展观不相适应、不相符合的种种问题。广大党员干部特别是院所领导干部要严格对照中央的要求，认真检查理想信念是否坚定？坚持马克思主义的立场观点方法，运用中国特色社会主义理论研究问题解决问题是否自觉？自己的思想言论和行为能否自觉地同中央保持一致？是否认真学习全面领会十七大精神，自觉地坚持“一面旗帜、一条道路、一个理论体系”的要求和科学发展观的要求？学风、工作作风和领导作风存在不存在脱离实际、脱离群众、形式主义和官僚主义等不良倾向？领导班子是否做到团结共事、专心谋事、有能力干事？职能部门有没有牢固树立为科研一线服务、为全院职工服务的意识？等等。总之，要通过这次学习实践活动，真正发现问题、解决问题，使我院党员干部的思想政治素质、工作和领导水平、学风和工作作风，都有一个大的改进。

（二）按照中央要求，我院开展深入学习实践科学发展观活动的指导思想、目标要求和主要原则

《中共中央关于在全党开展深入学习实践科学发展观活动的意见》明确提出了学习实践活动的指导思想、主要原则、目标要求。我院要全面正确把握，认真贯彻落实。

1. 我院开展学习实践活动的指导思想

《中共中央关于在全党开展深入学习实践科学发展观活动的意见》提出的指导思想是：全面贯彻党的十七大精神，高举中国特色社会主义伟大旗帜，以邓小平理论和“三个代表”重要思想为指导，组织广大党员特别是各级领导班子和

党员领导干部深入学习实践科学发展观，紧紧围绕党员干部受教育、科学发展上水平、人民群众得实惠，进一步解放思想、实事求是、改革创新，切实增强贯彻落实科学发展观的自觉性和坚定性，着力转变不适应、不符合科学发展要求的思想观念，着力解决影响和制约科学发展的突出问题以及党员干部党性党风党纪方面群众反映强烈的突出问题，着力构建有利于科学发展的体制机制，提高领导科学发展、促进社会和谐的能力，使党的工作和党的建设更加符合科学发展观的要求，把全社会的发展积极性进一步引导到科学发展上来，把科学发展观贯彻落实到经济社会发展各个方面。

中央提出的指导思想是此次学习实践活动的行动指南和总体要求，这个指导思想要在整个活动中一以贯之。结合我院实际，院党组认为我院还要着力提高广大党员干部、研究人员以科学发展观指导科学研究的意识和水平，进一步改革不适应学科体系、理论体系创新的障碍，提高同国内外敌对势力在意识形态领域的渗透作斗争的意识和能力，大力提高领导干部和领导班子贯彻落实科学发展观、推进我院哲学社会科学事业繁荣发展的能力和水平，努力把我院建设成为马克思主义的坚强阵地、我国哲学社会科学研究的最高殿堂、党和国家重要的思想库和智囊团体。

2. 我院开展学习实践活动的目标要求

根据《中共中央关于在全党开展深入学习实践科学发展观活动的意见》和胡锦涛总书记提出的要求，我院的学习实践活动要达到以下目标要求。

（1）提高思想认识。紧密联系我院党员和干部的思想实际，提高广大党员、学者、干部特别是处室以上领导干部对开展学习实践活动重大意义的认识，科学发展观不仅是当代中国马克思主义理论，同时又是我国经济社会发展的重要指导方针，是治国理政必须坚持和贯彻的重大战略思想。不但要学习好，还必须自觉地贯彻执行。因此各级领导干部和广大党员应当增强参加学习实践活动的自觉性和主动性；加深广大党员、学者、领导干部对科学发展观的理解，增强贯彻落实科学发展观的自觉性和坚定性，把思想认识统一到科学发展观的要求上来。

（2）解决突出问题。紧密联系我院贯彻落实科学发展观的工作实际，努力解决影响和制约我院理论创新、人才建设、服务大局、创新发展的突出的思想问题；努力解决影响和制约我院哲学社会科学创新体系发展的管理体制机制上突出的实际问题；努力解决我院党员干部党性党风党纪和学风工作作风方面群众反映强烈的突出的作风问题。

（3）创新体制机制。紧密联系我院正在推进的深化管理体制机制改革实际，进一步深化和完善我院管理体制机制改革方案，破除妨碍我院管理体制机制创新的思想观念，破除影响和制约发展科研生产力的体制机制障碍，建立健全有利于青年科研人员快速成长，拔尖人才脱颖而出，科研成果自然涌现的科研强院、人才强院的管理体制机制。

（4）坚持正确方向。紧密联系哲学社会科学在意识形态领域的使命，在国家政治生活中的地位和作用，必须高度重视坚持正确的政治方向，进一步巩固和加强马克思主义在哲学社会科学领域的指导地位，坚持“二为”方向和“双百”方针，加强基础研究，以重大现实问题和理论问题为主攻方向，围绕中心，服务大局，以全面贯彻落实科学发展观作为应用对策研究的中心。

3. 我院开展学习实践活动的主要原则

中央文件提出了“坚持解放思想、突出实践特色、贯彻群众路线、正面教育为主”的原则。

（1）坚持解放思想。解放思想是研究新情况、解决新问题、开拓新局面的重要前提。在学习实践活动中，要以解放思想为先导，首先要下工夫学习中央指定的学习文件，使全院各级领导干部及广大党员的思想和行动更加符合实事求是的思想路线，更加符合哲学社会科学发展规律，更加符合党和人民事业需要，使我院各项工作和党的建设更加符合科学发展观的要求。

（2）突出实践特色。我院的学习实践活动在实践方面，把大力推进我院管理体制机制改革作为主要实践载体。要把学习实践活动与贯彻党的十七大一系列重大战略部署结合起来，与实现中央关于建设具有中国特色、中国气魄、中国风格的哲学社会科学的要求结合起来，与加强和改进我院党的建设和领导班子建设结合起来，与推动我院改革和各项工作结合起来，通过学习推动实践，在推进实践中深化学习。

（3）贯彻群众路线。要广泛开展调查研究，充分发扬民主，吸收群众全程参与。要认真听取群众意见和建议，虚心向群众学习，正确对待和真诚接受群众的批评和监督，把群众满意作为评价活动成效的重要依据，切实把这次学习实践活动办成群众满意工程。

（4）正面教育为主。这次活动重在教育党员干部取得实际效果，要实事求是地查找存在的问题，深刻剖析产生问题的原因，客观总结经验教训。认真开展批评和自我批评，进一步明确努力方向。查找和剖析问题既坚持高标准、严要求，又不搞人人过关，注意保护党员、干部的积极性。

（三）紧密结合我院实际，切实解决在贯彻落实科学发展观方面存在的突出问题

结合实际，查找问题，解决问题，是保证学习实践活动取得实效的关键所在。我们要按照中央的要求，紧密联系我院贯彻落实科学发展观的思想实际和工作实际，认真查找并着力解决贯彻落实科学发展观方面存在的突出问题。

我院各级党组织和大多数党员干部，拥护党的理论和路线，努力贯彻落实科学发展观，坚持正确的政治方向、理论方向和科研方向。近年来正在推进哲学社会科学创新体系建设，建立健全有利于出成果、出人才的体制机制，加强和改进党的建设，各方面工作都在稳步扎实地推进。为贯彻中央的决策思想，我们成立马克思主义研究院，组建学部，开展国情调研，制定了“十一五”事业发展规划，推进管理体制机制改革等。这些决策和举动，都是贯彻落实科学发展观的成果。在肯定成绩的同时，我们必须清醒地看到，我们对科学发展观的学习理解还不够深入，贯彻落实还不够自觉，改革创新的思路不宽、力度不足，在许多方面还存在着不适应、不符合科学发展观要求的问题。主要表现在：

一是一些党员和干部对科学发展观的学习不够深入，有的态度还没有端正。科学发展观不是一个普通命题，也不仅是一个科学结论，科学发展观是对我党三代领导集体关于发展的重要思想的继承和发展，是既一脉相承又与时俱进的科学理论，是马克思主义关于发展的世界观和方法论的集中体现，是经济社会发展的重要指导方针，是必须坚持和贯彻执行的重大战略思想。有相当多的同志没有从这样的广度和深度认识、对待科学发展观。对科学发展观内涵缺少全面深入的理解，对“发展”这个第一要义、“以人为本”这个核心、“全面协调可持续”这个基本要求、“统筹兼顾”这个根本方法等内容理解浅尝辄止；有的同志对科学发展观还存在片面认识，甚至把它混同于西方的发展理念；有的同志认为科学发展观同社会科学院某些领域的研究工作距离较远，没有把科学发展观视为哲学社会科学事业繁荣发展的根本指针，在真学、真信、真懂、真用上还存在差距，不能把科学发展观真正融入科研工作中去，等等。

二是一些党员和干部贯彻落实科学发展观、推进我院哲学社会科学创新体系建设的自觉性不够高。我院的科学研究，特别是为重大现实服务的应用对策研究，要不要以马克思主义为指导，要不要高举中国特色社会主义的旗帜，要不要贯彻落实科学发展观，在思想认识上并没有完全一致。这是学科体系建设和理论

体系建设上根本性的问题，这次活动中要着重解决这个问题。

三是一些领导干部在思想作风和能力素质上与贯彻落实科学发展观、推进我院发展的要求不相适应。有的领导干部不关心政治，不注意大局，埋头于学术研究和通常的业务工作，缺少政治敏锐性和鉴别力；有的长期脱离实际，不注意国际国内各种复杂关系的变化，思想、工作滞后；有的迷信思想盛行，把西方的主流意识、价值观念、学术观点奉为普世价值；有的作风漂浮，工作不实，缺乏为群众服务、为科研一线服务的意识，存在着形式主义、做表面文章等问题。

四是保障我院哲学社会科学创新体系建设的管理体制机制还不完善，还存在一些明显弊端。我院现行的领导管理制度和体制机制改革的力度不够，在一定程度上存在着体制机制守旧、照旧章办事、整体创新能力不强等明显弊端。科研管理、人事管理、网络管理、外事管理、图书管理、行政管理和后勤保障服务等方面的制度建设，还不能适应新形势新任务的要求，与我们所肩负的使命和应当发挥的作用不协调。

用科学发展观来衡量我院存在哪些主要的弊端，请大家在学习实践活动中共同查找，我今天提到的这些问题，不全面，也不一定准确。这是我们在开展学习实践活动之前和开头阶段的认识。要坚持从实际出发，看哪些问题已具备条件，在学习实践过程中就可以解决；哪些问题是长期的、难度较大的，需要创造条件、循序渐进地解决。总之，我们要按照中央精神和部署，凡是符合科学发展观要求的就全力以赴去做，凡是不符合科学发展观要求的就毫不含糊地去改。

我院在开展深入学习实践科学发展观活动中，要在以下方面作出认真扎实的努力。

第一，努力在用科学发展观武装全院党员干部特别是领导干部的头脑上下工夫，在对科学发展观的认识上有新的提高。全院党员和干部在学习实践活动过程中，要认真学习领会毛泽东、邓小平、江泽民同志关于科学发展的重要思想和党的十六大以来我们党关于科学发展的一系列重要论述，系统掌握科学发展观所体现的马克思主义立场观点方法。把学习科学发展观同学习十七大精神结合起来，同总结改革开放30年的经验结合起来，同推进我院哲学社会科学创新体系建设、深化改革的实际工作结合起来。通过学习，更加深入全面地把握科学发展观的科学内涵、精神实质和根本要求，增强高举中国特色社会主义伟大旗帜、贯彻落实科学发展观的自觉性和坚定性，增强用科学发展观统领哲学社会科学工作的能力。

第二，努力在实施科研强院和人才强院战略上下工夫，在推进学科体系和理

论创新体系建设上有新的突破。我院学习实践科学发展观活动的成效，归根到底体现在推进创新体系建设、实施科研强院和人才强院战略上，体现在落实“六大战略任务”和“十二项工作”上。要始终坚持以科研为中心，积极探索哲学社会科学发展规律，努力使我们的科研成果能够有力地提升我国的软实力，增强我国哲学社会科学在国际舞台上的话语权。要坚持基础理论研究和应用对策研究并重，既要巩固和发扬基础研究的传统优势，又要使应用对策研究向战略高度提升。在全局性、战略性、前瞻性重大项目研究上，为中央决策提供有价值的调查和研究的成果。要牢固树立人才兴院、人才强院的理念，积极探索哲学社会科学人才成长规律，努力抓好人才的培养和使用。要培养学术“大家”和领军人物，培养学术带头人和青年科研骨干。要千方百计地为人才成长创造有利条件，营造良好环境。

第三，努力在深化管理体制机制改革上下工夫，在构建有利于我院创新发展的体制机制上有新的进展。目前，全院管理体制机制改革工作已经进行了近三个月，总体上正在顺利推进，各项方案在实践中正在不断完善。学习实践科学发展观活动，需要以体制机制改革为实践依托，同时也向改革提出了新的更高要求。我们要乘着学习实践活动的东风，进一步明确改革的方向和思路，用科学发展观的要求检验和促进我院的改革。院所两级领导干部都要高度重视改革，带头推进改革，勇于担负改革重任。全院总体改革方案和各方面管理体制机制改革方案已经出台，要在学习实践活动中不断修改完善。每个研究所也要结合自己的实际，确定本所改革重点，选准突破口，提出本单位有针对性的改革措施。全院上下必须真抓实干，务求实效，下力气推进改革向纵深发展。

第四，努力在解决科研人员和干部职工反映强烈的影响和制约科学发展的突出问题上下工夫，使我院各项工作有新的局面。在学习实践活动中如何查找和解决实际问题，要从本单位的性质、职能、任务出发，要抓准主要矛盾。我们要按照中央要求，主要解决好用科学发展观武装头脑，统一思想，为党和国家的社会主义现代化建设搞好研究服务的问题；解决好党性、党风、党纪方面违背科学发展观的突出问题。同时也要努力解决好我院群众最关心、最直接、最现实的利益问题。我院在学习实践活动中要解决的实际问题与党政领导机关要着力解决的发展问题、民生问题有不同的着眼点和立足点，我们要解决的实际问题有改革的问题，也有日常工作的问题；有政治方面的问题，也有学术方面的问题；有人才培养方面的问题，也有物质待遇生活条件方面的问题；有在职员工的问题，也有离退休老同志的实际问题。要根据实际情况，全力以赴，尽力而为。总之，要尽力办好自己的事情，并为国家的长远发展贡献力量。

第五，努力在讲党性、重品行、作表率上下工夫，提高各级领导干部素质，在坚持方向、端正学风、转变作风、维护纪律、强化服务意识上有新的成效。要把开展学习实践活动与促进党员干部讲党性、重品行、作表率紧密结合起来，按照中央提出的“八个坚持、八个反对”的要求，加强和改进党员干部的思想作风、学风、工作作风、领导作风。党员领导干部首先要牢固树立马克思主义世界观、人生观、价值观，牢固树立正确的权力观、地位观、利益观。要坚持正确的政治方向，坚持为最广大人民谋利益的根本宗旨。要加强工作作风建设，进一步抓好治“散”治“粗”的问题，增强管理部门为科研一线服务的意识，推进管理工作的规范化、制度化、科学化，转变作风，提高效率。大力加强党的思想、作风、组织、制度和反腐倡廉建设。

（四）加强组织领导，确保学习实践活动顺利进行并取得成效

开展深入学习实践科学发展观活动，是全党政治生活中的一件大事。中央要求全党把学习实践活动摆上重要日程，高度重视，精心组织，把深入学习、提高认识贯穿始终，把解放思想、改革创新贯穿始终，把解决问题、完善体制机制贯穿始终，把依靠群众、发扬民主贯穿始终，把领导带头、典型示范贯穿始终，坚持进度服从质量，确保活动取得实效。根据中央的部署，院党组制定了开展学习实践活动的实施方案。我们要严格按照中央部署高质量完成各个阶段的任务。这里，我代表院党组提出几点要求。

一是学好文件，领会精神。学习实践活动要从认真学习文件、准确领会精神入手。全院各级领导干部和广大党员要认真学习胡锦涛总书记在全党学习实践活动动员大会上的重要讲话，认真学习《中共中央关于在全党开展深入学习实践科学发展观活动的意见》等文件和中央领导讲话，深刻领会在全党开展学习实践活动的重大意义、目的任务和基本要求。要认真学习党的十七大报告，认真学习《毛泽东邓小平江泽民论科学发展》、《科学发展观重要论述摘编》和《深入学习实践科学发展观活动领导干部学习文件选编》等学习材料。我们现在对科学发展观的学习和领会还普遍地较为浮浅，真正掌握它的真谛，用以思考问题、指导言行还差得很远。必须要把学习活动同进行解放思想的讨论紧密结合，同我院开展的国情调研紧密结合，同我院深化改革的实践紧密结合，边学习，边实

践，边探索，边总结，努力做到学习理论、解放思想、把握实际、推动工作的有机统一。

二是端正态度，领导带头。这次学习实践活动不是一般的理论学习，是为实现十七大所确定的全面建设小康社会的奋斗目标奠定思想基础、政治基础、组织基础的重大战略措施。我院各级党组织必须以同党中央保持高度一致的严肃态度，增强搞好学习实践活动的责任感和使命感。根据胡锦涛总书记的要求，领导干部要做到“五个带头”，即带头学习、深入学习，带头调查研究，带头坚持解放思想、实事求是，带头分析检查，带头整改落实，从而带动全院同志积极投身学习实践活动，努力在全院上下形成深入学习实践科学发展观的热潮。

三是理清思路，制订方案。院属各部门各单位要根据院党组关于开展学习实践活动的部署，制定本单位学习实践活动的实施方案和实施细则，并报院领导小组办公室备案。要紧紧围绕推动我院哲学社会科学研究事业繁荣发展这一主题，充分运用深化管理体制机制改革这一主要实践载体，进一步理清本单位本部门的改革发展思路。要注意选准突破口和切入点，结合本单位深化体制机制改革的方案和措施，制定切实可行的学习实践活动方案。

四是针对实际，解决问题。解决问题是突出实践特色的集中体现，能否切实解决我院履行职责、服务大局以及自身发展中的突出问题，是衡量这次学习实践活动成功与否的重要标志。要下决心切实解决查找出来的、通过努力能够解决的突出问题。要把正在开展的管理体制机制改革作为学习实践活动的重要突破点和主要实践载体，坚持边学边改、边查边改、边整边改，把“改”字贯穿学习实践活动的全过程，切实改出成效来，改出新面貌来。解决问题要突出重点，坚持什么问题突出就重点解决什么问题，全院有共同的突出问题，各单位也有各自突出的问题，都要下大力气解决。

五是搞好宣传，及时总结。要充分发挥我院各期刊、《院报》、《社科党建》、网站等媒体和《学习实践活动简报》的作用，宣传开展学习实践活动的重大意义，宣传学习实践科学发展观的先进典型，宣传学习实践活动的经验和成效，为学习实践活动的顺利开展营造良好氛围。院学习实践活动领导小组办公室要分阶段认真总结，组织交流各单位的做法和经验，及时向中央学习实践活动领导小组、指导检查组、中央国家机关工委等报送学习实践进展情况。在学习活动基本结束时，院党组要组织召开我院学习实践科学发展观活动总结交流会。

六是加强领导，落实责任。根据中央要求，院党组全面负责我院的学习实践活动，院党组书记为第一责任人。院党组决定成立深入学习实践科学发展观活动领导小组，由我担任组长，伟光同志和慎明同志任副组长，其他党组成员为领导小组成员。领导小组下设办公室，具体负责我院学习实践活动的日常组织和协调工作，慎明同志兼任办公室主任，秋芳同志兼任办公室副主任，院职能部门有关负责同志为办公室成员。这次学习实践活动时间紧、任务重，院学习实践活动领导小组成员和办公室的同志要首先认真学好文件，切实承担起领导和组织协调的职责，确保这次学习实践活动获得显著成效。各单位也要成立相应的领导机构和工作机构，落实责任。党委书记和主要负责人要负起本单位学习实践活动第一责任人的职责，领导班子成员要认真履行直接责任人的职责。党员领导干部要充分发挥示范带头作用，积极参加领导班子和所在支部的活动，结合各自工作分工，建立联系点。各单位要将学习实践活动的进展情况及时向院领导小组汇报。院里还将派出 6 个指导检查组，负责指导和督促检查院属各单位的学习实践活动。

同志们，我院深入学习实践科学发展观活动已经全面展开。让我们更加紧密地团结在以胡锦涛同志为总书记的党中央周围，高举中国特色社会主义伟大旗帜，坚持以邓小平理论和“三个代表”重要思想为指导，深入贯彻落实科学发展观，圆满完成学习实践活动的各项任务，确保取得实实在在的成效，努力实现中央提出的各项目标要求。要以这次学习实践活动为难得机遇和强大动力，加快推进我院改革和哲学社会科学创新体系建设，为繁荣发展我国哲学社会科学事业作出新的更大贡献。

二

全面贯彻落实科学发展观 大力推进中国特色社会主义伟大事业

王伟光

（一）发展中国特色社会主义必须坚持和贯彻的重大战略思想

新中国成立以来的历史大体可以分为两个时期，第一个时期是在毛泽东领导下社会主义建设道路的探索阶段，一方面取得了伟大成就，另一方面走了曲折道路，有成功经验也有沉痛教训。毛泽东关于中国特色社会主义建设道路的探索是中国特色社会主义的实践和理论前提。

第二个时期就是社会主义改革开放的新时期，即邓小平开创的、以江泽民同志为核心的党的集体领导成功推向21世纪的、十六大以来以胡锦涛同志为总书记的新一届党中央继续推进的30年。经过改革开放，我们找到了中国特色社会主义的正确道路，开创了中国特色社会主义建设新局面，形成了中国特色社会主义理论体系，解决了由“穷”到“富”的问题，经济持续快速发展。我国连续近30年经济增长年均达到9.7%，创造了世界奇迹。近五年来，经济更是高速增长，创造了低通胀、高效益的良好局面。2003～2007年，国内生产总值年均增长10.6%，财政收入年均增长22.2%，规模以上工业企业实现利润年均增长35.7%。2005年，我国GDP超过法国、英国，居世界第四位。2006年人均GDP超过2010美元，步入中等收入国家行列。

经济快速增长为全面建设小康社会，全面推进社会主义经济建设、政治建设、文化建设和社会建设提供了强大雄厚的经济基础和财力支持，使我们有能力进一步解决人民群众最切身、最迫切、最现实的利益。但同时，改革开放发展到今天，又遇到一系列新的矛盾和问题，我国经济社会发展正处于改革开放转折的关节点。一是由经济持续快速增长向在坚持经济增长的前提下实现经济社会全面发展转折。增长与发展是两个不同的范畴，增长是指物质财富量的增加，发展则是包括经济增长在内的政治、文化、社会发展的全面提升。二是由效率优先向在追求效率的前提下全面追求社会公平正义的转折。前阶段我国关于效率优先、兼顾公平原则的讨论，正是这一转折的反映。三是由 GDP 的快速增长向坚持 GDP 快速增长前提下的实现“四位一体”建设任务转折。四是由经济增长方式向经济发展方式、实现国民经济又好又快发展转折。经济发展模式主要是通过调整需求结构、产业结构，提升生产力综合因素，来实现经济社会又好又快发展。我国正处于工业人口加速发展阶段，以扩大工业规模为主的增长模式带来的问题是能源、原材料消耗巨大；资源、环境压力大；增长过度依赖投资和出口，拉动作用不断下降；农业生产方式落后；第三产业发展滞后。目前，我国经济对钢材、铝材、水泥、能源、淡水的消耗分别占全球的40%、25%、45%、16%、15%以上，而污染物排放居世界第一。我国 GDP 居世界第四，电力消耗居世界第三，能源利用率仅为30%，比发达国家低10%。这就进一步提出经济发展方式转变的新的战略要求。

当前我国正处于由经济增长向经济社会和人的全面发展转折，是改革开放发展转折的关键阶段。在这个转折阶段，我们遇到了新的矛盾，新的问题，新的情况。科学发展观正是立足于我国初级阶段的基本国情，适应新世纪新阶段的发展要求，并在借鉴国外发展经验的基础上，为实现我国经济社会又好又快发展提出来的，有鲜明的现实针对性。这一重大战略思想的提出，表明我们党从新的历史起点出发，开始了中国特色社会主义更有广阔发展前景的新征程。面对纷繁复杂的矛盾，只有抓住科学发展观这个纲，我们的工作才能高屋建瓴，势如破竹；才能引导我们排除险难，不断走向新的胜利。

胡锦涛同志在十七大报告中高度概括了科学发展观的科学内涵和精神实质，指出其第一要义是发展，核心是以人为本，基本要求是全面协调可持续，根本方法是统筹兼顾。这四句话是对科学发展观的内涵所作的最全面、最深刻而又最鲜明的新概括，对我们深刻认识和深入贯彻落实科学发展观，具有重大指导作用。

按照科学发展观的要求，必须坚持把发展作为党执政兴国的第一要务，做到聚精会神搞建设、一心一意谋发展，实施科教兴国战略、人才强国战略、可持续发展战略，对内实现和谐发展，对外实现和平发展；必须坚持以人为本，把实现好、维护好、发展好最广大人民的根本利益作为党和国家一切工作的出发点和落脚点；必须坚持全面协调可持续发展，实现速度和结构、质量、效益相统一，经济发展与人口资源环境相协调，必须坚持统筹兼顾，统筹城乡发展、区域发展、

经济社会发展、人与自然和谐发展、国内发展和对外开放。除了五个统筹外，还要统筹国内国际两个大局，这是党在我国全面参与经济全球化、与世界依存度日益加深的大背景下，提出的新的统筹兼顾的理念。我们必须树立世界眼光，加强战略思维，善于从国际形势发展变化中把握发展机遇、应对风险挑战，营造良好国际环境。

科学发展观对社会主义经济建设、政治建设、文化建设和社会建设的指导意义，主要体现在科学发展观提出的以人为本，发展的目的是为了人民，发展要依靠人民，发展成果要由人民共享的核心观点上。生产的目的是满足人的需要，而人的需求不仅包括物质方面的需求，而且包括政治参与、权益保障和文化等方面的需求，这就需要不仅通过加强经济建设，还要通过加强政治建设、文化建设和社会建设来实现人们需求的满足。实现全面协调可持续发展，应当包括中国特色社会主义总体布局中经济、政治、文化、社会的全面发展；不仅要实现经济与社会的协调发展，而且要实现经济、政治、文化、社会的协调发展，使四者之间能够相互促进，相得益彰；不仅是经济持续增长，还要实现社会公正、公平、正义的社会目标。总之，政治局面的活跃和稳定，人的素质的全面提高，是实现可持续发展的重要保障和支撑条件。

总之，科学发展观是对党的三代中央领导集体关于发展的重要思想的继承和发展，是马克思主义关于发展的世界观和方法论的集中体现，是同马克思列宁主义、毛泽东思想、邓小平理论和“三个代表”重要思想既一脉相承又与时俱进的科学理论，是我国经济社会发展的重要指导方针，是发展中国特色社会主义必须坚持和贯彻的重大战略思想。

（二）中国特色社会主义理论体系的最新成果

我们党在改革开放新时期面临三个重大问题需要回答。第一个问题是“什么是社会主义，怎样建设社会主义”，这是中国特色社会主义的首要的基本问题，邓小平科学地破解了这个难题，是中国特色社会主义理论体系的开篇；第二个问题是“建设一个什么样的执政党，怎样建设执政党”。邓小平在20世纪80年代初就提出了“执政党应该是一个什么样的党，执政党的党员应该怎样才合格，党怎样才叫善于领导”的问题。以江泽民同志为代表的第三代党的中央领导集体在进一步回答“什么是社会主义，怎样建设社会主义”问题的同时，创造性地回答了这一问题，提出了“三个代表”重要思想，这是中国特色社会主义理论体系的第二篇答卷；第三个问题是在新阶段“实现什么样的发展，怎样发展”，这就是以胡锦涛同志为总书记的党中央所要回答的第三个问题，科学发展观是中国特色社会主义理论体系的第三篇答卷，是中国特色社会主义理论体系的最新成果。

中国特色社会主义理论博大精深，内容十分丰富。它的哲学基础和精神实质是解放思想、实事求是的观点和生产力标准的观点；解决的主题是中国特色社会主义；核心问题是发展与改革；主要理论依据是中国特色社会主义理论体系的发展观和改革观。这是马克思主义中国化最新成果一以贯之的共同的时代主题、哲学依据和理论基础。

中国特色社会主义理论的哲学依据最主要的是两个基本支撑点，一是解放思想、实事求是的观点，二是生产力标准的观点。邓小平提出解放思想、实事求是的观点，奠定了中国特色社会主义理论的思想路线基础。江泽民同志把解放思想、实事求是的观点概括为与时俱进这一马克思主义的理论品质，进一步丰富和发展了党的基本路线。胡锦涛同志继承了解放思想、实事求是、与时俱进的思想路线，特别强调求真务实，再三强调解放思想是党的思想路线的本质要求，继承了党的思想路线的真谛。我们党从邓小平、江泽民到胡锦涛，之所以不断把中国特色社会主义理论发扬光大，就是因为不断地在实践中继承和发扬光大党的实事求是的思想路线。

生产力标准是马克思主义唯物史观的最基本的观点。正是根据生产力标准的观点，邓小平提出了一系列改革开放的重大决策，并在改革开放的关键时刻，就如何判断改革成败的问题，提出了“三个有利于”的判断标准，“三个有利于”判断标准是生产力标准的继续和深入。有了这个标准，我们就把握住了对改革是非、改革成败判断的根本标准，就可以冲破姓“社”姓“资”的思想束缚，就可以大胆解放思想，大踏步改革，不断取得中国特色社会主义改革的成功。江泽民同志提出“三个代表”重要思想，把代表先进生产力作为第一个代表，同时提出代表先进文化、代表人民根本利益，这是对生产力标准和“三个有利于”标准的丰富和发展。胡锦涛同志强调科学发展观第一要义是发展，也是坚持生产力标准的体现。

思想路线是辩证唯物主义的基本问题，生产力标准是历史唯物主义的基本问题。辩证唯物主义和历史唯物主义是我们党全部理论的哲学基础，构成了中国特色社会主义的哲学基石。中国特色社会主义理论体系回答的主要问题是发展和改革，其理论基础一是发展观，二是改革观。

邓小平发展思想是邓小平理论的重要内容。邓小平十分强调发展、首先是发展生产力的重要意义。为什么中国特色社会主义理论那样强调发展问题？这是由中国特色社会主义现阶段即初级阶段的基本国情和历史方位决定的。邓小平指出，我国目前还处于社会主义的初级阶段，考虑一切问题都要从这个基本国情出发。我国社会主义初级阶段的主要矛盾是人民群众日益增长的物质文化需求和生产力不能满足这种需求的矛盾，解决这个矛盾就必须大力发展生产力。发展生产力是社会主义的根本任务，经济建设是中心任务。因此中国特色社会主义建设的主题可以归结为发展。

江泽民同志提出“三个代表”重要思想，第一个代表就是代表先进生产力，也就是要不断地解放和发展生产力，并把它提高到了党的性质、党的建设的高度来认识，把发展生产力同党的执政理念、党的执政能力建设联系在一起。“三个代表”重要思想进一步丰富和发展了邓小平发展思想，提出了“发展是党执政兴国的第一要务”，并且十分强调要全面理解发展问题；提出要正确处理社会主义现代化建设中的若干重大关系；提出要把握好发展、稳定和改革的关系，处理好建设与效益、数量与质量的关系；提出关键要更新发展思路，要实现增长方式的转变，由粗放型转变到集约型。这不仅从理论上丰富了邓小平发展思想，而且对中国的发展思路作了战略调整。

以胡锦涛同志为总书记的新一代中央领导集体在总结国际国内发展经验的基础上，提出了“科学发展观”，提出“科学发展、和谐发展、和平发展”的发展新理念，把中国特色社会主义发展理论推向一个新的高度。科学发展观是解决中国发展所必须遵循的基本原则。

关于改革的思想也是邓小平理论的重要内容。改革是中国特色社会主义理论体系的另一个重要内容。社会主义的根本任务是解放和发展生产力，要解放和发展生产力，就必须不断改革。这是因为社会主义基本矛盾特点决定了必须要进行改革。社会主义制度建立后，我国的社会基本矛盾是适应前提下的不适应，也就是存在体制上的不适应：一是以往形成的僵化的经济政治体制，严重阻碍了生产力的发展；二是社会主义不是一成不变的，即使适合的体制，随着经济社会的发展，也需要不断地进行体制创新，以适应经济发展的需要。因此，邓小平率先提出“革命是解放生产力，改革也是解放生产力，改革是第二次革命”。只有破除旧的体制，才能解放和发展生产力。改革是社会主义不断向前发展的动力。这就是邓小平改革思想立论的根据。邓小平改革思想在马克思主义发展史上是一个创举。

以江泽民同志为核心的党的第三代领导集体丰富和充实了邓小平改革思想，明确提出建立社会主义市场经济体制的改革目标，强调把社会主义市场经济同社会主义基本经济制度结合在一起，建立这种经济体制就是要使其在国家宏观调控下对资源配置起基础性作用。为实现这个目标，必须坚持以公有制为主体，各种经济成分共同发展的方针，必须进一步转换国有企业制度，建立现代企业制度。江泽民同志勾画了社会主义市场经济体制的基本框架，规定了国有企业改革的方向。在党的十五大上，江泽民同志又就社会主义初级阶段的所有制结构和公有制实现形式问题作了论述，进一步从理论上加以突破。他指出，我国经济成分可以多样化，公有制形式可以多样化；公有制为主体主要体现在控制力上；非公有制经济是社会主义市场经济的重要组成部分；股份制是现代企业的一种资本组织形式，资本主义可以用，社会主义也可以用。这些论述为我国的经济体制改革扫清了道路。

以胡锦涛同志为总书记的新一代中央领导集体，突出强调体制创新，强调改革问题上的创新，把体制改革和落实科学发展观结合起来。胡锦涛同志指出："推进体制创新，是解决经济社会诸多矛盾和问题的必由之路，也是贯彻和落实科学发展观的必然要求。必须通过深化改革，努力形成一套有利于科学发展的体制机制。"他指出，第一，以转变政府职能为重点，推进行政管理体制改革；第二，继续深化国有体制改革；第三，鼓励、支持和引导非公有制经济发展；第四，进一步破除垄断，加强现代市场经济体制建设；第五，提高对外开放水平。科学发展观创造性地解决了在新阶段"中国实现什么样的发展，怎样发展"的问题，充实和丰富了中国特色社会主义理论体系的改革观。

近30年的实践证明，能不能坚持发展和改革，坚持什么样的发展和改革，关系到我们事业的兴衰成败。科学发展观和正确改革观成为中国特色社会主义理论体系的主要内容。可以说，坚持科学发展，坚持正确改革，也就是坚持了中国特色社会主义。坚持科学发展观，坚持正确改革观，也就是坚持中国特色社会主义理论体系。

（三）在新的认识高度上全面贯彻落实科学发展观

在改革发展的新阶段，必须解决"实现什么样的发展，怎样发展"的问题，这是发展中国特色社会主义伟大事业的根本性问题。要解决这个问题就必须全面贯彻落实科学发展观。

胡锦涛同志提出了深入贯彻落实科学发展观的四个方面的基本要求，即：要始终坚持“一个中心，两个基本点”的基本路线、积极构建社会主义和谐社会、继续深化改革开放、切实加强和改进党的建设。落实这四个方面的基本要求，实际上就是为深入贯彻落实科学发展观提供政治保证、社会环境保证、体制机制保证和组织保证。我们只有深刻理解和全面贯彻这些基本要求，才能奋力开拓中国特色社会主义更为广阔的发展前景。

胡锦涛同志号召全党全面把握科学发展观的科学内涵和精神实质，增强贯彻落实科学发展观的自觉性和坚定性，把科学发展观贯彻落实到经济社会的各个方面。为此，必须破除思想认识上的若干误区。

一定要从政治高度认识科学发展观。认为科学发展观只是单一解决经济发展的指导方针的片面认识，是对科学发展观的误解。科学发展观实际上要解决四个可持续发展问题：一是实现经济发展的可持续性，通过新型的经济发展模式，走出一条有中国特色的低成本、低代价的经济发展道路；二是实现政治发展的可持续性，通过建设社会主义政治文明，走出一条中国特色的民主政治发展道路；三是实现人文社会发展的可持续性，通过社会主义精神文明建设，走出一条中国特色的文化繁荣道路；四是实现生态环境、人口、资源的可持续发展，通过生态文明建设，走出一条中国特色的资源节约型和环境友好型的建设道路。在经济、政治、文化、社会、人的全面发展和党的建设的各个方面，全面落实科学发展观。

一定要从全局高度认识科学发展观。有的同志认为科学发展观好是好，但“在我这个地方不适合”。甚至在个别领导干部看来，与其加大财政投入搞环保、搞公共设施和文化设施建设，不如集中财力搞见效快的经济项目，才算有政绩，这也是对科学发展观的误解。在这种误导下，一些地方仍然违规上高污染、高耗能项目，违规使用土地，对环境问题、资源问题、社会和人的全面发展问题重视不够。推进经济社会和人的全面发展是全局性的问题，不注意治理局部发展带来的诸矛盾和问题，势必影响全局发展，有害于全局。不能强调局部的特殊，一定要克服片面性，以大局为重，全面落实科学发展观。

一定要从意识形态高度认识科学发展观。认为科学发展观针对的是硬的、实的、物质的、经济的发展问题，从而忽视了软的、虚的、精神的、文化的、政治的、人文的发展问题，又是对科学发展观的误解。实际上科学发展观不仅解决的是硬的、实的、物质的、经济的发展，而且还要全面解决软的、虚的、精神的、文化的、政治的、人文的发展。一定要在意识形态的建设和领导方面，全面体现和落实科学发展观。因此，要全面理解和贯彻落实科学发展观，以科学发展观统领软实力、文化力、精神力、道德力、政治力的建设，强化党在意识形态领域的领导和控制能力。

一定要从改革创新的高度认识科学发展观。认为贯彻落实科学发展观就不能推进和深化改革，把科学发展观与改革相对立的观点，这是对科学发展观的误解。其实，在改革中出现的某些问题和偏颇，恰恰需要按照科学发展观的要求，积极推进改革才能解决。问题不是改革造成的，而恰恰是不按科学发展观推进改革而造成的。当前在改革问题上的某些迟疑、争论、观望和停滞，正是在改革问题上没有正确认识和理解科学发展观所致。科学发展观要求我们必须坚定不移地坚持改革开放，坚持社会主义市场经济的改革取向。只有按照科学发展观的要求，继续加强和深化改革，才能解决发展中的问题。

一定要从战略的高度认识科学发展观。认为科学发展观是应急的措施，是解决眼前发展中诸多矛盾和问题的权宜之计，同样是对科学发展观的误解。科学发展观既立足于解决当前发展中存在的诸多矛盾和问题，更着眼于长远发展，着眼于解决长远发展中有可能产生的矛盾和问题。这就要求领导干部在落实科学发展观的实践中不搞短期效应，不搞短期化行为，不搞所谓的“形象工程”、“面子工程”，不仅讲眼前，而且讲长远，一定要把科学发展观作为一项前瞻性的、长远性的、根本性的战略思想加以落实。

中国建设、改革的全部历程告诉我们，中国特色社会主义是当代中国发展进步的旗帜，只有高举这面旗帜，才能不断推进我国经济社会的全面发展和各项事业的全面进步。坚持和发展中国特色社会主义，走中国特色社会主义道路，关键要始终不渝地坚持以邓小平理论和“三个代表”重要思想为指导，深入贯彻落实科学发展观，坚定不移地坚持解放思想，坚定不移地推进改革开放，坚定不移地落实科学发展与社会和谐的基本要求，坚定不移地为全面建设小康社会而奋斗。

三

贯彻科学发展观
坚定不移发展社会主义民主政治*

李慎明

发展社会主义民主政治是我们党始终不渝的奋斗目标，是中国特色社会主义伟大事业的有机组成。党的十七大站在新的历史起点上，从党和国家抓住国内外前所未有机遇、应对国内外前所未有挑战的全局高度，对深入贯彻落实科学发展观，切实推进民主政治建设，作出了全面部署。

结合学习十七大精神，我就贯彻科学发展观，坚定不移发展社会主义民主政治讲几点体会。

（一）贯彻科学发展观对民主政治建设提出了新的更高的要求

我们党从成立之日起，就以发展社会主义民主政治为已任，并为之进行艰苦卓绝、坚持不懈的奋斗。在革命战争年代，我们党带领人民前赴后继、浴血奋战，推翻了帝国主义、封建主义、官僚资本主义的反动统治，建立了人民当家作主的国家政权和社会制度，中国人民的政治地位和政治面貌发生了翻天覆地的变化，开辟了中国历史的新纪元。在社会主义建设和改革时期，我们党带领人民积极探索适应时代潮流和本国国情的社会主义政治发展道路，坚持和完善社会主义政治制度，人民的各项权益得到保障，安定团结的政治局面得到巩固。进入新世纪新阶段，我们积极稳妥地推进政治体制改革，社会主义民主政治不断发展，依法治国基本方略扎实贯彻；与此同时，随着人民群众的民主法制意识不断增强，政治参与的积极性不断提高，我国的民主法制建设与扩大人民民主和经济社会发

* 该文系李慎明同志在中纪委组织录制的“科学发展观高层论坛”的讲稿。

展的要求还不完全相适应，迫切需要继续深化政治体制改革，不断发展中国特色社会主义民主政治。

十六大以来，以胡锦涛同志为总书记的党中央适应国内外形势的新变化，适应人民当家作主的新期待，坚持用科学发展观统领经济社会发展全局，在全面推进经济建设、文化建设和社会建设的同时，切实加强社会主义民主政治建设。

作为马克思主义关于发展的世界观和方法论的集中体现，作为发展中国特色社会主义必须坚持和贯彻的重大战略思想，科学发展观既是推进社会主义经济建设、文化建设、社会建设必须坚持的重要指导方针，也是推进社会主义政治建设必须坚持的重要指导方针。

以人为本的科学发展观，为巩固人民当家作主的政治地位奠定了更为坚实的理论基础，同时为实现以人民民主为本质内容的社会主义政治建设指明了前进方向，注入了强大动力。

人民是推动历史发展的根本动力，这是历史唯物主义的最基本原理；坚持以人为本，就是我们党依据这一基本原理提出来的。

它蕴涵着发展的主体是人民群众，发展的动力是人民群众的需要，发展的尺度是人民需要满足的程度，发展的目的是最大限度地满足人民群众的物质文化需要，发展的最终目标是实现人的全面发展等思想观点。

这集中体现了我们党全心全意为人民服务的根本宗旨和立党为公、执政为民的执政理念，集中体现了我们党坚持以最广大人民群众的根本利益为基本出发点和落脚点的政治立场。

科学发展观中的“以人为本”是与“以物为本”、“以 GDP 为本”、“以少数人利益为本”等错误思想根本对立的。所谓“以物为本”，就是见物不见人，只知发挥物（即机器、设备和资本等“死劳动”）的有限效用，不知道人是生产力中最活跃最革命的因素，不知道人是第一可宝贵的，因而不能充分发挥最广大人民群众的积极性、主动性、创造性，不能充分发挥人这一“活劳动”的最大效用。“以 GDP 为本”也就是以“眼前利益为本”。持此“本”者，往往杀鸡取卵、竭泽而渔，甚至不惜破坏生态环境和子孙后代的根本利益，以牺牲最广大人民群众整体和长远的利益为代价，谋取局部的、短暂的利益。“以 GDP 为本”从一定意义上讲就是以个人升迁荣辱为本的不正确的政绩观的反映。“以少数人利益为本”就是为少数人或特殊利益集团说话做事，唯资本的马首是瞻。坚持以人为本，就要反对“重物轻人”、“GDP 崇拜”、“以资本为本”等错误倾向，真正以最广大人民群众的根本利益为本，尊重人民主体地位，发挥人民首创精神，

保障人民各项权益，走共同富裕道路，促进人的全面发展，做到发展为了人民，发展依靠人民，发展成果由人民共享。

坚持以人为本，是指导我国经济社会发展的一个核心理念，也是必须贯穿于社会主义政治建设的一个根本原则。科学发展观明确地规定了中国特色社会主义政治建设的根本价值取向，这就是：必须实现和维护人民当家作主，尊重和保障人权。

全面协调可持续的科学发展观，还要求我国的政治建设必须与经济建设、文化建设、社会建设相适应，进而有力地推动社会主义物质文明建设、精神文明建设与和谐社会建设。马克思主义昭示人们，政治与经济、文化、社会既有各自的特殊领域和规律，又有不可分割的紧密联系。政治建设为经济建设、文化建设和社会建设提供政治保障，经济建设、文化建设和社会建设又分别为政治建设提供物质基础、精神支撑和社会条件。从本质上看，中国特色社会主义是经济、政治、文化和社会建设相辅相成、共同进步的社会。21 世纪头 20 年，建设惠及十几亿人口的更高水平的小康社会，实现经济更加发展，民主更加健全，科教更加进步，文化更加繁荣，社会更加和谐，人民生活更加殷实的宏伟目标；进而到 21 世纪中叶把我国建设成为富强民主文明和谐的社会主义现代化国家，都需要我们进行长期的艰苦奋斗。依据科学发展观的要求，我们的政治建设必须按照中国特色社会主义事业“四位一体”的总体布局，有序扩大公民政治参与，充分发扬社会主义民主，深入落实依法治国基本方略，更好地保障人民权益，促进现代化建设各个环节、各个方面相协调，促进生产关系与生产力、上层建筑与经济基础相协调，推动整个经济社会的全面协调可持续发展。

（二）坚持走中国特色社会主义政治发展道路是贯彻科学发展观的根本前提

科学发展观是中国特色社会主义的发展观。从其丰富的内涵看，科学发展观首先是一种注重效率的发展观，而社会主义制度的一个显著的优越性就是效率高，能够做到全国一盘棋，集中力量办大事。

其次，科学发展观强调公平正义，要求发展的成果惠及全体人民。而做到这两点，关键是坚持公有制经济占主体、多种所有制经济共同发展的经济制度，坚持人民民主专政的国家制度和民主集中制的组织原则，加强党的先进性建设和执政能力建设，不允许少数利益集团垄断生产生活资料、控制国民经济命脉、左右国家政策法规。

贯彻科学发展观，推动经济社会又好又快发展，必须坚持走中国特色社会主义政治发展道路，充分发挥我们党和国家的政治优势。

一个国家选择什么样的政治发展道路，只能从本国国情和实际出发。中国特色社会主义政治发展道路是中国共产党带领全国人民，通过长期奋斗和实践才找到的正确道路。

这就是坚持党的领导、人民当家作主、依法治国有机统一，坚持和完善人民代表大会制度、中国共产党领导的多党合作和政治协商制度、民族区域自治制度以及基层群众自治制度，不断推进社会主义政治制度自我完善和发展。

这条道路既有科学的指导思想又有严谨的制度安排，既有明确的价值取向又有有效的实现形式，集中体现了中国特色社会主义民主政治的特点和优势。

坚持中国特色社会主义政治发展道路，最根本的是坚持党的领导、人民当家作主、依法治国有机统一。党的领导是人民当家作主和依法治国的根本保证，人民当家作主是社会主义民主政治的本质和核心，依法治国是党领导人民治理国家的基本方略。

从一定意义上讲，人民当家作主是我们的根本目的，而党的领导和依法治国则是达到人民当家作主这一目的的手段，我们在任何时候都必须牢牢记住这一点。党的领导、人民当家作主、依法治国的有机统一，是对中国特色社会主义政治文明的本质特征和发展规律的科学概括，反映了当代中国共产党人在长期实践探索的基础上，初步找到了适合我国具体国情的社会主义政治建设的基本框架。这个框架既不同于西方资本主义的政治制度模式，又超越了过去苏联式的社会主义政治制度模式，具有鲜明的时代特征和中国特色，是社会主义政治文明在当代中国的新发展。

坚持党的领导、人民当家作主、依法治国有机统一，最重要最关键的是坚持党的领导。而要坚持党的领导，其根本前提和先决条件，是必须始终保持党的先进性。如何始终保持党的先进性呢？我认为，最主要的有四条：一是始终坚持党是中国工人阶级的先锋队，同时是中国人民和中华民族的先锋队的性质；二是始终坚持全心全意为人民服务的宗旨；三是始终坚持以马克思列宁主义、毛泽东思想、邓小平理论和“三个代表”重要思想作为自己的行动指南的指导思想，深入贯彻落实科学发展观；四是始终坚持党的最高理想和最终目标是实现共产主义这一党的最高纲领，并始终坚持党的最低纲领和党的最高纲领的有机统一。从一定意义上讲，无论是坚持党的领导，还是保持党的先进性，或是提高党的执政能

力，如果离开了上述四条，都会成为一句空话，甚至还可能走上邪路。中国共产党是中国最广大人民根本利益的忠实代表者和坚定维护者，是中国特色社会主义事业的领导核心。这不仅体现在党的理论、纲领、路线、方针、政策上，而且体现在党的各项实际工作中。

坚持党的领导对于政局稳定和经济社会发展的极端重要性，已经被国际共运史的经验教训所证明。苏联作为世界上第一个社会主义国家和唯一能够与美国相抗衡的超级大国，之所以在20世纪90年代初，在没有强敌入侵的情况下，在所谓加快“改革”的过程中土崩瓦解，其根本原因就在于苏联共产党发生了蜕变并放弃了对国家及改革的领导。苏联解体15年之后，戈尔巴乔夫在谈到苏共垮台时说的一番话发人深省：“我深深体会到，改革时期，加强党对国家和改革进程的领导，是所有问题的重中之重。在这里，我想通过我们的惨痛失误来提醒中国朋友：如果党失去对社会和改革的领导，就会出现混乱，那将是非常危险的。我们在没有做好准备的情况下，使苏联社会大开放。在残酷的国际竞争下，国内工业受到了致命打击。极少数人一夜暴富，敛财数额之巨仅次于美国的大亨，而赤贫的人数却远远超过了苏联时期。”①

与苏共垮台和苏联解体形成鲜明对照的是，我们党所领导的改革开放和现代化建设取得了举世瞩目的成就，中国共产党变得更加坚强，社会主义中国变得更加繁荣。这一点，不仅得到国内广大人民群众的认同，而且得到国外不少有识之士的肯定。例如，美国运营资产长话公司的共同创始人及前总裁、《纽约时报》等多家报刊的撰稿人彼得·巴恩斯，在2007年10月在其《资本主义3.0——讨回公共权益之指南》一书中文版序言中写道：“较之美国，中国有两个优势：其一，中国加入自由市场游戏的时间较美国短，尽可吸取我们的经验教训；其二，中国政府尚未像美国那样已被强大的私有企业所垄断。这意味着，中国可能有机会为其经济发展另辟蹊径，从而在享有市场经济的要义精髓的同时，避免资本主义的弊端。”

坚持中国特色社会主义政治发展道路，还必须坚持和完善我国的社会主义政治制度。

建国60年来，我们党领导人民在长期实践中，逐步建立起一套适合国情的社会主义政治制度，包括人民代表大会制度、中国共产党领导的多党合作和政治

① 转引自李慎明主编《2006年：世界社会主义跟踪研究报告》，社会科学文献出版社，2007，第269页。

协商制度、民族区域自治制度以及基层群众自治制度。

这套具有中国特色的社会主义政治制度，根本不同于西方的议会民主制、多党制、普选制以及三权鼎立等资本主义政治制度。它摆脱了少数资产者对政治的操纵，而将国家的一切权力交还到人民的手中。

这套新型的政治制度能够保障人民群众依法行使民主权利，在充分发扬民主的基础上使党和政府正确集中各方意见，协调社会矛盾，科学做出决策，维护人民的根本利益。

实践已经证明，这套政治制度有利于解放和发展生产力、增强综合国力、改善人民生活；有利于维护国家统一、增进民族团结、促进社会和谐；有利于巩固党的执政地位，增强党和国家的活力，实现经济社会又好又快发展。胡锦涛同志强调：我们要借鉴人类政治文明的有益成果，但绝不能照搬西方政治制度的模式。世界上一些发展中国家盲目照搬西方政治制度模式，导致了严重的社会政治后果，这方面的教训我们一定要引为警戒。发展社会主义民主政治、建设社会主义政治文明，就必须坚持好、发展好人民代表大会制度，中国共产党领导的多党合作和政治协商制度，民族区域自治制度以及基层群众自治制度，充分发挥我国社会主义民主政治的特点和优势。

（三）贯彻科学发展观，发展社会主义民主政治，必须划清与资产阶级民主政治的界限

民主问题是一个十分重大的理论和实践问题。它在各种不同的理论体系，其中包括在马克思主义理论体系中都占有十分重要的位置。它是当前国际国内意识形态斗争或争论的一个十分重要的焦点。

1850 年，马克思在《新莱茵报》发表评论说：“民主是什么呢？它必须具备一定的意义，否则它就不能存在。因此，全部问题在于确定民主的真正意义。如果这一点我们做到了，我们就能对付民主，否则我们就会倒霉。”① 这就充分说明了区分各种不同性质民主的极端重要性。

人民民主或社会主义民主与资产阶级民主相比较而存在。不讲清楚资产阶级民主，就无法讲清楚人民民主或社会主义民主。因此，在贯彻科学发展观、发展社会主义民主政治中，就必须划清与资产阶级民主政治的界限。

---

① 《马克思恩格斯全集》第 7 卷，人民出版社，1959，第 304 页。

在马克思主义看来，民主与自由、平等、人权一样，都是在人类历史发展一定阶段形成的概念。所以，只要一说到民主，我们往往是指在一定社会形态下一定社会发展阶段上的民主；而绝没有抽象的纯粹的普适或普世的民主。无论是在阶级社会，还是在从阶级向无阶级社会过渡的相当长的历史阶段里，在世界上依然存在霸权主义和强权政治的情况下，根本就不可能有什么全人类共同享有的抽象的纯粹的普适或普世的民主。

有同志说民主的实质是人民当家作主，这就是民主的定义。我认为，这是对人民民主或社会主义民主的定义，并不是对各类不同性质民主的共同定义。如果必须给民主下一个马克思主义的定义的话，我认为，是否可以这样说，即民主属于上层建筑的范畴，是国家形态的一种，是由经济基础决定并为经济基础服务的。

有同志说，不同类型间的民主，往往有不少共通或共同的东西，这些共通和共同的东西，就是民主的普适性或普世性，如都承认一人一票的选举制度，承认少数服从多数的原则等。但这仅仅是从形式上看问题，没有把这种形式与各种不同类型民主的实质联系起来看。

我们应当看到，在民主问题上，资本主义一是有口号上的平等。比如1776年美国《独立宣言》一开始便宣称："我们认为这一真理是不言而喻的：人人生而平等，造物主赋予他们若干不可剥夺的权利，其中包括生命权、自由权和追求幸福的权利"。这就是著名的"天赋人权"说。而实际上，当时签署宣言的却是清一色的白种男人绅士，他们笔下和心目中的人，并不包括黑人与妇女。谁都知道，美国黑人直到1965年才真正具有投票资格。资产阶级在宪法的旗帜上讲的是民主这一套，而在宪法的细节里却是赤裸裸的专政；在宪法这个母法里讲的是民主这一套，而在子法即工厂法典中却通过私人立法确立了对工人的专制。专制社会里的奴隶监督者的鞭子被监工的罚金薄代替了，一切处罚都简化成为罚款和扣工资。在资本主义国家，往往是，你可以游行示威，可以骂总统，但你对你的老板却必须绝对服从。无论是在传统还是现代意义上的工厂或公司里，老板或总裁总是对工人或职员实行专制的"奴隶主"或"皇帝"。二是有形式上平等。比如一人一票选举制的平等。但这种平等也仅仅是停留在形式上。现在美国的大选往往参选率仅有一半多一点，实质上剥夺了近半数人的参选资格。特别是这种形式上的平等又往往掩盖了经济的不平等和随之而来的社会不平等。美国目前的百万富翁超过800多万人，但生活在贫困线以下的多达几千万人。整日花天酒地与整日沿街乞讨的人能说是平等的吗？三是垄断资本为了达到自己的目的，有时在表面和形式上就抛弃了所谓的民主和平等，显露出“独裁”和“霸道”的“风采”。让我们以英国1979年的大选为例。英国为了防止各个小党派联合执政，在其选举制度上做出了极其不平等的规定：保守党只需4万张、工党只需4.2万张选票即可获得一个议员的席位，而其他小党联盟则需40万张选票才能获得一个议员的席位，其难度相当于保守党与工党的10倍。现在，这一极不合理的状况不仅没有弱化，反而更趋恶化。我们也可以明显地看出，国际垄断资本为了进一步实现在全球的联合，进而巩固其在全球的统治地位，已开始在全球范围内削弱各国的多党制，推行垄断资本内部的诸如美国十分成熟的两党制。

让我们再打一比方，来进一步说说一人一票的选举制度。对于无产阶级和广大劳动人民来说，在资本主义国家所享有的民主，就像在一个偌大的股票市场里的一个个股民。在股票市场里，从形式上看，任何一个股民都有权利决定在任何情况下进出股市，这在形式上看十分平等；而实质上，股市往往是大资本“坐庄”，往往是大资本掌控着小股民，小股民往往被大资本洗劫得倾家荡产。在股市里，中小散户与大资本之间，绝对是不平等的。在资本主义条件下，一人一票的普选制，形式上看，如同股民自由进出股市一样绝对平等，但实质上候选人只能在垄断资本事先圈定好的两个之间进行选择。即使在两人中间进行抉择，看似自由，其实也极不自由。实际上，垄断资产阶级早已通过舆论掌控了人们的思想，从而掌控了人们投票的手。

为了说明这点，我在这里引用爱因斯坦早在1949年发表的《为什么要社会主义?》一文中的一段话：“私人资本趋向于集中到少数人的手里……这些发展的结果造成私人资本的寡头政治，它的巨大权力甚至连民主组织起来的国家也无法有效地加以控制。事实的确如此，因为立法机构的成员是由政党选出来的，而这些政党要不是大部分经费是由私人资本家提供的，也是在其他方面受他们影响的，他们实际上就把立法机构和选民隔离开来了。结果是，人民的代表事实上不充分保护人民中无特权的那一部分人的利益。此外，在目前的条件下，私人资本家还必然直接或间接地控制情报和知识的主要来源（报纸、广播电台、教育）。因此，一个公民要达到客观的结论，并且理智地运用他的政治权利，那是极其困难的，在大多数场合下实在也完全不可能。”① 爱因斯坦绝不仅仅是一个伟大的物理学家。他上述这段话，把资本主义社会中资本的权力和所谓民主的

① 《爱因斯坦文集》第3卷，商务印书馆，1979，第272页。

关系讲得清清楚楚。正是在这个意义上，美国著名戏剧家帕迪·查耶夫斯基讲："电视是最丑恶的民主。"①

2008 年 5 月，我们到布鲁塞尔的欧盟总部访问，与其议员和研究机构交谈，进一步认识到，在现代的西方社会，垄断资本往往是通过金钱和所谓的公关公司、游说集团等控制立法、行政、司法机构，通过控制第四种权力即各种新闻媒介来控制社会舆论和民众意识。

从现象上看，选举时，民众都有所谓的人人平等的一票，但实质上，事先已经有一双"看不见的手"即被灌输的意识在操纵着民众，去投垄断资本事先已经选定好的代理人；民众的所谓权力与自由，只不过是在他们事先设定好的资本统治集团内部少数不同代理人甚至仅在其两人之间进行选择罢了。这种极其有限的在几个人之间选择自己权力代议人的民主在选举完结之后，便把民主又还给了辞典。

列宁把这称为"资本主义的基本特点之一"，并说这"是资产阶级的拥护者自由派用谎言掩盖着的而小资产阶级民主派却不了解的一个特点"②。只要生产资料的私有制占统领地位，任何声称所谓的自由、平等、民主和人权属于全体公民，都是欺骗人民的弥天大谎。换句话说，如果不把平等理解为消灭阶级，平等就是句空话。因此，我们说，没有抽象的民主，只有具体的历史的民主。不同社会形态有着不同类型的民主。有没有现在一些人所说的普世民主？即以为"民主"具有绝对的、超阶级的内容呢？列宁说："这种错误观念的根源就是从资产阶级那里继承下来的偏见"，"从无产阶级看来，问题只能这样提：是不受哪个阶级压迫的自由？是哪一个阶级同哪一个阶级的平等？是私有制基础上的民主，还是废除私有制的斗争基础上的民主？如此等等"。③ 任何民主，和任何政治上层建筑一样，这种上层建筑要在阶级消灭之前，在无阶级社会建立之前，是必然存在的。在此之前，讲什么所谓的普世民主，就必然是愚弄人民的谎言。正如列宁在批判考茨基鼓吹的"纯粹民主"的言论时所说："如果不是嘲弄理智和历史，那就很明显：只要有不同的阶级存在，就不能说'纯粹民主'，而只能说阶级的民主。"④ 因此，一旦承认民主具有"普世性"或"普适性"，即是承认有考茨基所说的"纯粹民主"，就会是重复一些人企图用来愚弄人民的谎言。

---

① 〔美〕丹尼尔·B. 贝克：《权力语录》，江苏人民出版社，2008，第 44 页。

② 《列宁全集》第 38 卷，人民出版社，1986，第 203 页。

③ 《列宁全集》第 37 卷，人民出版社，1985，第 277 页。

④ 《列宁全集》第 37 卷，第 243 页。

资产阶级是打着自由、平等、民主和人权的旗号上台的，他们的政府从来都把自己标榜成为全体公民的代表。但是其实践却早已揭穿了资产阶级的这类谎言。在资本主义社会里，有了资产阶级的自由、平等、民主和人权，就决不会有无产阶级的自由、平等、民主和人权。当然，马克思主义决不排斥也决不能排斥自由、平等、民主和人权这些口号本身。但是也必须把握和揭示这些口号的内涵与实质，以利广大工人阶级和劳动人民争取自己的自由、民主和权利。争得这些权利，本来就是无产阶级和社会主义革命的一个重要目标。

资产阶级和社会主义的民主的联系与区别是：都是在旗帜上写着多数人的民主或统治，亦即形式上的多数人的平等。

但在实际的经济政治社会生活中，资产阶级的民主则是形式与内容相对立。从形式上看，比如说，一人一票，所有公民是平等的，但在实际的经济社会中，则是少数人享有民主，而大多数人则处于被剥削被压迫者的地位。

而社会主义的民主则是从形式到内容的相统一，无论从形式，还是从经济社会政治的实际生活内容看，都是人民当家作主。

没有“普世”或“普适”，民主只在其类型上分高下。我们讲，没有民主就没有社会主义。在这里所说的民主，已经不是所谓抽象的、纯粹的民主了，已经是暗含和事先设定了它的属性，即叫社会主义民主，或叫人民民主，或叫最广大人民群众的民主了。

长期以来，党内外、国内外都高度关注我国的政治体制改革。特别是某些西方国家对我国的政治体制改革异常“热心”，给我们开出了各式各样的“药方”，总是希望我们也实行“一、二、三、多和‘两杆子’”，即一个总统、两院制、三权分立、多党制和新闻自由（笔杆子）、军队国家化（枪杆子），妄图把我国政治体制改革引向全盘西化的道路。

毫无疑问，民主是程序，是过程，是手段，是制度，但各种不同形式和性质的民主必然是为其不同的政治目的服务的。列宁曾说过一句名言：“马克思主义的精髓，马克思主义的活的灵魂：对具体情况作具体分析。”因此，我们决不能抽象地谈论民主，也从来没有什么抽象的民主；在阶级或有阶级的社会里，民主总是有属性的，即属于谁的民主。不能程序、过程就是一切，目的是没有的；不能程序、过程走完了，结果不须问，去搞什么“程序拜物教”。从一定意义上说，从表面和形式上看，不同民主的程序和过程的本身，往往没有什么分别，但其本质和所要达到的目的则有着根本不同，关键是看谁去运用、去达到什么目的。资本主义民主的目的是要资本家即少数人当家作主；无产阶级或者社会主义

民主的目的是要绝大多数的人民当家作主。依法、依规的选举的程序与过程，无疑是社会主义民主政治的十分重要的组成，我们必须不断加强和完善，并要十分重视相关制度、法规的设计、改进与实施，以充分发扬民主，充分表达民意。但我们也要清醒地认识到，这决不是社会主义民主政治的全部。只有不断促进经济社会的全面进步，不断提高人们的政治思想觉悟和文化水平，不断促进人的自由全面的发展，才能充分保障最广大人民群众正确行使自己的民主权力，确保人民当家作主这一社会主义民主政治的本质和核心的不断实现。与此相辅相成，确保了人民当家作主这一社会主义民主政治的本质和核心的不断实现，也有助于进一步促进人的自由全面发展最终目标的达到。

江泽民同志曾明确指出，目前的经济全球化，是以美国为主导的全球化。我们国家处在社会主义初级阶段，实行的又是公有制为主体、多种所有制经济共同发展的基本经济制度，所以在国家政治生活中，在社会主义民主政治建设中，也要特别注意防止资本对人民政治权力的事实上的侵蚀，一些地方和单位出现的“贿选”现象值得我们警惕。

西方敌对势力攻击我国“不搞政治体制改革”，原因就是我们搞的政治体制改革与他们所希望的“政治体制改革”截然不同，他们的目的是要从根本上颠覆共产党的领导、人民民主专政和社会主义制度。对此，我们要保持高度的警觉。当然，这也决不能妨碍我们对其他政治体制有益成分的大胆借鉴。

（四）深化政治体制改革，为实现科学发展提供政治保障

党的十七大报告明确提出：“深化政治体制改革，必须坚持正确政治方向，以保证人民当家作主为根本，以增强党和国家活力、调动人民积极性为目标，扩大社会主义民主，建设社会主义法治国家，发展社会主义政治文明。”这是在深刻总结我国政治建设的实践经验、借鉴国外政治领域的经验教训的基础上，对我国政治体制改革做出的战略部署。学习贯彻十七大精神，深化政治体制改革，促进经济社会转入科学发展的轨道，要重点在以下四个方面下工夫。

第一，在坚持和完善党的领导中保证人民当家作主。坚持党的领导，是提高发展社会主义民主政治能力，保证人民当家作主的关键。实践已经证明，新民主主义革命需要共产党的领导。建设中国特色社会主义，是要保证人民当家作主，逐步实现共同富裕的一项十分宏伟艰巨的事业。这就必须继续在最无狭隘性和自私自利性、最有远大的政治眼光和组织性的世界上最先进的无产阶级及其政党即

共产党的领导下，按照社会主义发展的客观规律，有计划、有步骤地进行。只有坚持以马克思主义为指导和全心全意为人民服务作宗旨的共产党才能真正做到坚定地相信群众，紧紧地依靠群众，始终地为了群众，充分地发扬民主以最大限度调动广大人民的积极性、主动性和创造性，依法管理国家和社会事务，管理经济和文化事业，从而确保人民当家作主。实现和保证人民当家作主，是一个需要不断发展、不断巩固的相当长的历史过程。我国现在仍处于并将长期处于社会主义初级阶段，由这一历史阶段的国际环境和我国经济与社会结构的条件所决定，我国社会还存在着阶级和阶层差别，各阶级阶层在根本利益一致的基础上，也存在着一些不同利益和要求之间的矛盾。在这种历史条件下，坚持共产党领导的重要性，还突出地表现在只有中国共产党才能从中国最广大人民的根本利益出发，正确处理社会利益矛盾，协调社会利益关系，正确全面地反映和维护广大人民群众的利益。人民群众的整体利益总是由各方面的具体利益构成的。在正确反映并妥善处理各种利益关系时，应认真考虑和兼顾不同阶层、不同方面群众的利益。但最重要的是必须首先考虑并满足最大多数人的利益要求，优先保证占人口绝大多数的工农基本群众的利益。还需要强调的是，我国社会主义民主政治建设是一项前无古人的全新事业，无论是在理论还是在实践上，都具有极强的探索性。因此，只有在没有任何私利的共产党的统一领导下，才能高屋建瓴、审时度势、统筹全局、把握方向，并结合不断变化着的实际，正确处理党和人大、政府、政协、群众团体的关系，支持各方依法履行职能，做到总揽而不包办，协调而不代替，积极稳妥地推进社会主义民主政治建设。

第二，紧紧依靠最广大人民群众当家作主。抗战胜利前夕的 1945 年 7 月，毛主席在延安与黄炎培那段著名的谈话值得我们永远铭记。20 世纪 50 年代末 60 年代初，毛主席在读苏联《政治经济教科书》的谈话时说，管理国家、管理军队、管理各种企业、管理文化教育，这是社会主义制度下劳动者最大的权利，“没有这种权利，劳动者的工作权、休息权、受教育权等等权利，就没有保证”①。他还说，社会主义民主的问题，首先就是劳动者有没有权利来克服各种敌对势力和它们的影响的问题。像报纸刊物、广播、电影这类东西，掌握在谁手里，由谁来发议论，都是属于权利的问题。掌握在马克思列宁主义者手里，绝大多数人民的权利就有保证了。

这就明确地告诉我们，人人负起责来，就是人民群众自己要为自己当家作

---

① 《毛泽东文集》第 8 卷，人民出版社，1999，第 129 页。

主，而不是在人民范畴之外，选出另外一个管理集团。工人阶级及其政党，是人民群众中最先进的部分。共产党和政府的各级领导是人民中的先进分子，而不是人民范畴之外的“精英集团”。坚决相信、紧紧依靠最广大人民群众当家作主与坚持工人阶级及其政党的领导，具有内在的高度的一致性，这才是彻底的历史唯物主义。

以邓小平同志、江泽民同志为核心的第二、第三代中央领导集体和以胡锦涛同志为总书记的党中央坚持和发展了毛主席的上述思想。胡锦涛同志指出：“相信谁、依靠谁、为了谁，是否始终站在最广大人民的立场上，是区分唯物史观和唯心史观的分水岭，也是判断马克思主义政党的试金石。”这一名言，我们也必须牢牢记取。生产资料公有制和按劳分配是社会主义制度的经济基础。人民当家作主的最根本条件是在经济上当家作主。没有这一条，其他民主权利都无从谈起。所以，我们必须坚持党的“一个中心、两个基本点”的基本路线不动摇，坚持以公有制为主体、多种所有制经济共同发展的社会主义初级阶段基本经济制度不动摇。只有这样，我们才能坚持国家一切权力属于人民，从各个层次、各个领域扩大公民有序政治参与，最广泛地动员和组织人民依法管理国家事务和社会事务、管理经济和文化事业，也才能最大限度地调动最广大人民群众的积极性和创造性，有力地推进改革开放和社会主义现代化建设事业健康快速地发展。我们还要支持人民代表大会依法履行职能，善于使党的主张通过法定程序成为国家意志；保障人大代表依法行使职权，密切人大代表同人民的联系。要支持人民政协围绕团结和民主两大主题履行职能，推进政治协商、民主监督、参政议政制度建设；把政治协商纳入决策程序，完善民主监督机制，提高参政议政实效，发挥政协协调关系、汇聚力量、建言献策、服务大局的重要作用。要坚持各民族一律平等，保证民族自治地方依法行使自治权。要发展基层民主，健全基层党组织领导的充满活力的基层群众自治机制，扩大基层群众自治范围，完善城乡社区和企事业单位的民主管理制度，保障人民依法直接行使民主权利。要推进决策科学化、民主化，完善决策信息和智力支持系统，增强决策透明度和公众参与度，健全决策的制定和实施的规则和程序。总之，要通过健全民主制度，丰富民主形式，拓宽民主渠道，依法实行民主选举、民主决策、民主管理、民主监督，保障人民的知情权、参与权、表达权、监督权，正确反映和切实维护广大人民群众的根本利益，以不断增强党和国家的生机与活力。

第三，正确实施依法治国的基本方略。依法治国是实现党领导人民当家作主的基本途径和法治保证，意义重大。无论是坚持和完善党的领导，还是坚持和完善我国工人阶级领导的、以工农联盟为基础的人民民主专政的国体，坚持和完善我国人民代表大会制度的政体，坚持和完善中国共产党领导的多党合作和政治协商制度，切实保障人民群众的民主权利，都离不开社会主义法治。在当代中国，无论是党的领导还是人民当家作主，都必须得到法治的保障并在法治范围内实施，严格依法办事，任何组织和个人都不允许有超越宪法和法律的特权。因此，必须坚持依法治国这一党领导人民治理国家的基本方略。党的十六届四中全会提出了科学执政、民主执政、依法执政。这三者是一个完整有机的统一体，缺一不可。需要指出的是，依法治国、依法执政、依法办事，是党采用什么执政方式开展执政活动的问题，是实现人民群众当家作主的方式、方法和途径问题，而决不是社会主义民主政治建设的全部内容。我们应继续充分重视和坚决贯彻依法治国这一基本方略，充分重视执政方式的重要性，但不能用“依法治国”这一单项要求，来替代坚持党的领导、人民当家作主和依法治国这三者有机统一以及三者中的其他两项。不能仅讲依法执政，而忽略以科学的思想、制度、方法领导中国特色社会主义事业的科学执政，忽略贯彻全心全意为人民服务的宗旨，坚持为人民执政、靠人民执政的民主执政。法律高于一切，是相对于任何个人和组织而言，但作为统治阶级意志体现的法律，在我们社会主义中国就是为了维护最广大人民群众的根本利益。我们所做的一切包括所制定的法律，都是为了维护人民群众的根本利益。当情况发生了变化，法律需要适应新的重大情况时，党就要通过国家机关依照法律程序，及时地修改或废除相关过时的法律，以更好地维护最广大人民群众的根本利益。所以，从根本上说：人民的利益高于一切；最广大人民群众的利益、需求和呼声，是我们宪法和法律合法性的全部来源，也是其得以永葆活力的动力和源泉。要按照有法可依、有法必依、执法必严、违法必究的方针，维护社会主义法制的统一、尊严、权威。要坚持科学立法、民主立法，完善中国特色社会主义法律体系。要推进依法行政，规范行政行为，健全政府职责体系，建立服务型、法治型政府。要推进公正司法，规范司法行为，保证审判机关、检察机关依法独立公正地行使审判权、检察权，建设公正高效权威的社会主义司法制度。要深入开展法制宣传教育，弘扬法治精神，形成自觉学法守法用法的社会氛围。要尊重和保障人权，依法保证全体社会成员平等参与、平等发展的权利。一切政党和社会组织，所有公民和社会团体，都必须以宪法和法律为准绳，自觉地在宪法和法律规定的范围内活动，牢固树立遵纪守法的良好习惯。要不断提高党委、人大、政府、政协、法院、检察院等党政机关活动的制度化、规范化、程序化水平，尽快形成行为规范、运转协调、公正透明、廉洁高效的党政

领导体制和工作机制。

第四，积极稳妥地推进政治体制改革。完善的中国特色社会主义政治体制，是社会主义民主政治建设的载体。改革开放以来，我们在进行经济体制改革的同时，政治体制改革也已取得一系列成就，社会主义民主政治已显现出强大的生命力和优越性。现在，推进中国特色社会主义政治体制改革，有着不少有利条件，我们仍要继续坚定不移地推进政治体制改革。

但也要清醒地看到，政治体制改革涉及党的领导、政治思想、政治制度、行政管理、法制建设等方方面面，这是一个内容广泛的系统工程，需要我们进行长期的努力。同时，任何民主政治的发展都根本受制于一定社会的经济和文化发展水平。我国正处于并将长期处于社会主义初级阶段，这就决定了中国特色社会主义政治文明建设是一个逐步发展的历史过程。加上政治文明建设和政治体制改革是对各个不同阶级、阶层、集团、群体乃至个人利益关系进行调整的过程，我国又有着地域广阔、人口众多、各民族各地域经济文化发展差异较大等特殊国情，这都需要我们在党的领导下，一切从我国国情出发。

在我国的政治体制改革中，既要有时代的紧迫感，解放思想，勇于创新，又要贯彻落实科学发展观，有科学审慎的态度和稳妥求实的精神；既要大胆借鉴人类文明优秀成果，又决不能照抄照搬西方的政治模式。应根据我们的实际情况，来决定我们改革的目标、内容、方法和步骤，从而保证人民当家作主这一本质的切实实现。

只有这样，才能既坚持解放思想、实事求是、与时俱进，勇于变革、勇于创新，永不僵化、永不停滞，使我国的政治制度更加完善，政治生活更加充满活力，又能保持全国的集中统一，保持社会的政治稳定，推动我国经济社会又好又快发展。

环顾全球，经济全球化深入发展，政治多极化初显端倪，科技革命日新月异，各种新机遇新挑战层出不穷，人类历史加快了自己发展的进程。我们历经磨难并取得辉煌成就的党、国家和人民必将能够及时抓住各种大好机遇，正确应对任何严峻挑战，巍然屹立于世界民族之林。

我们坚信，在贯彻落实科学发展观中，我国的社会主义民主政治建设有着强大的生命力和优越性，有着无比美好的明天。

四

论科学发展观的基本要求及其现实根据

吴元樑

全面协调可持续发展，是科学发展观的基本要求。只有正确全面地理解和把握科学发展观的基本要求，才能全面正确地贯彻落实科学发展观。

（一）全面发展及其根据

在世界历史上，人和社会全面发展的理论是近现代西方进步思想家、特别是科学社会主义创始人马克思和恩格斯在批判资本主义过程中提出和阐发的。至于科学发展观中的全面发展理论，则是我们党根据马克思的人的全面发展和社会全面生产理论、社会结构和社会有机体理论、唯物辩证法的普遍联系和全面性的理论，深化了对当今世界、特别是我国社会现阶段社会领域不断分化又不断整合，社会的有机性、系统性、整体性不断加强的特点和规律的认识之后提出的。全面发展的观点就是要求我们从社会的整体、国家的全局出发认识和处理发展问题，就是发展问题上的全局观点、整体观点。

马克思曾把前市场经济社会称作人的依赖关系的社会形态。整个社会处于以人身依附关系为基础的奴隶主、封建主或宗教的权力的一统之下，而经济、政治、文化等则没有分化为社会的不同领域。

我国从新中国成立之后所开始的社会主义现代化过程，是从传统的农业社会向现代的工业社会转型的过程，生产资料所有制社会主义改造完成后，计划经济体制取代了往昔的市场经济；1978 年进入改革开放新时期之后，又开始了从计划经济体制向市场经济体制的转轨过程，即我国现代化过程除了要实现工业化、现代化，还要实现市场化。这个过程虽然不能完全等同于西方发达国家所曾经走过的现代化过程，但在某些方面还是存在着类似的特点和过程。在现代化过程中，我国社会的结构也经历着新的分化和新的整合过程。

新中国成立以来，我们党的领导人关于我国社会主义现代化建设领域的划分，就是这种新的分化和整合过程的反映。

早在我国新民主主义革命时期，毛泽东根据马克思社会结构理论的基本精神，用经济、政治、文化之间的关系论述了社会结构。他写道："一定的文化（当作观念形态的文化）是一定社会的政治和经济的反映，又给予伟大影响和作用于一定社会的政治和经济；而经济是基础，政治则是经济的集中的表现。这是我们对于文化和政治、经济的关系及政治和经济的关系的基本观点。那末，一定形态的政治和经济是首先决定那一定形态的文化的；然后，那一定形态的文化又才给予影响和作用于一定形态的政治和经济。"① 毛泽东根据这种分析，提出了要建立具有新民主主义经济、政治和文化的新民主主义社会的理论。这些论述后来成为我们党分析社会结构和进行社会主义现代化建设的理论根据。

在社会结构和建设领域划分上，我们党先是区分出经济建设和文化建设的领域，接着区分出政治建设的领域，再接着是社会建设的领域。毛泽东 1949 年在新中国成立时提出和使用了经济建设和文化建设的概念，他说，随着经济建设的高潮的到来，不可避免地将要出现一个文化建设的高潮。邓小平在提出以经济建设为中心的同时，又提出要建设两个文明，即我们要在建设高度物质文明的同时，建设高度的社会主义精神文明。江泽民在党的十五大报告中阐述党的社会主义初级阶段的基本路线和纲领时，提出并阐述了建设有中国特色社会主义的经济、政治和文化，这就在实际上提出了经济建设、政治建设和文化建设的概念。在关于文明建设的提法上，除了继续提物质文明建设和精神文明建设外，江泽民在 2002 年 5 月 31 日的讲话中，又把建设社会主义政治文明作为社会主义现代化建设的重要目标。这样，与三个建设领域划分相对应的是三种文明的建设。胡锦涛于 2005 年 2 月 21 日中共中央政治局第 20 次集体学习时提出，与社会主义经济、政治、文化建设一样，我们要加强对社会主义社会建设的理论研究和实践探索。这样在社会主义建设领域的划分上就变成了由经济建设、政治建设、文化建设和社会建设所组成。随即在文明建设的提法上也加上了社会文明的建设。把社会建设和社会文明建设作为社会主义建设领域提出是有客观依据的，这实际上反映了我国社会随着社会主义市场经济的发展而导致狭义上的社会领域的形成和区分。这个社会在与政府相对而言时是指不是依靠政府的力量，而是依靠民间的力

① 《毛泽东选集》第 2 卷，人民出版社，1991，第 663 ~664 页。

量；在与市场相对而言时是指不是通过市场机制而是通过市场之外的社会机制，是依靠民间力量并通过社会机制去发展社会事业，去解决政府或市场没有解决或没有完全解决的社会问题。

随着建设实际过程的发展，我们党还提出了生态建设的概念。党的十六大报告在论述走新型工业化道路时，提出要搞好生态保护和建设；胡锦涛 2004 年 5 月 5 日在《把科学发展观贯穿于发展的整个过程》一文中指出，要大力宣传生态环境保护和建设的重要性，增强全民族的环境保护意识，营造爱护环境、保护环境、建设环境的良好风气。党的十七大报告进一步明确提出并论述了建设生态环境和生态文明的问题。可见，经济、政治、文化、社会和生态环境这五大子系统之间相互作用与整合，正是现代社会系统的结构特点，也是我国现阶段社会的结构特点；而建设物质文明、政治文明、精神文明、社会文明和生态文明，正是我们社会主义建设所面临的任务。

全面发展究竟如何理解，是需要进一步论述的问题。全面发展当然不是单打一的发展，也不是齐头并进、平均主义式的发展。所谓单打一的发展就是在上述五个领域和方面中只要一个领域和方面的发展而不要其他领域和方面的发展。在这种情况下，单独发展可以在一个时期内实现，但由于失去了其他领域的支持，单独发展就不可能长久进行下去。所谓齐头并进、平均主义式的发展是对上述五个领域和方面平均地使用力量，要求它们同时同等地发展。平均使用力量就发展主体来说，是可以做到的，但那样会出现有些领域投入不够使用，而有些领域的投入又得不到充分有效的使用，实际上不同的领域在对于资金、人力、技术的投入要求上是不同的。同时同等地发展是不可能实现的，即使人为地实现了，那也会实际地破坏各个领域之间的关系。所以，全面发展实际上是在同时避免、否定、扬弃上述两个极端之中得到规定的，是在上述两个极端的张力中得到确定的。全面发展当然包含着同时发展的意思，因为各个方面如果不同时有所发展，那就不是全面发展；但各个方面有所发展并不是各个方面同等地发展，同时同等地发展就变成了平均主义的发展。可见，这个同时发展是根据各个领域之间实际存在的相互关系的同时发展，是每个领域根据它们在全局发展中所处的地位和所起作用而实现的发展，因而是各个领域之间有差别的同时发展。由于在发展的每个阶段上总有某个领域的发展对全局发展起着主导和支配地位的作用，因而这种全面发展也不能排斥某个领域的重点发展。这样，这种全面发展也是在某个领域重点发展基础上实现的。对于长期处于社会主义初级阶段的我国来说，经济建设就是重点、就是中心，因而我们实现的全面发展就是以经济建设为重点、为中心

基础上的全面发展。国外各种发展观之间的争论就是围绕着对增长和发展的理解及其关系而展开的，比较极端的看法，一种是把发展仅仅归结为经济增长，另一种则把发展仅仅理解为社会的全面进步和人的发展。科学发展观针对我国国情和现阶段的发展实际，辩证地理解和处理了增长和发展的关系，提出了有别于上述两种极端理解的新理解。胡锦涛同志指出："增长是发展的基础，没有经济的数量增长，没有物质财富的积累，就谈不上发展。但增长并不简单地等同于发展，如果单纯扩大数量，单纯追求速度，而不重视质量和效益，不重视经济、政治和文化的协调发展，不重视人和自然的和谐，就会出现增长失调、从而最终制约发展的局面。"① 这就是说，科学发展观所理解和规定的发展是在经济增长基础上实现的量和质、速度和效益相统一的经济发展，是在经济发展基础上实现的经济、政治、文化、社会、生态环境等领域的社会全面进步和人的全面发展的不断推进。

重点发展、中心发展和全面发展是相互矛盾和制约的两个方面，丢掉了全面的重点和中心，就会变成唯一，就会变成单打一的发展，这种发展是不可能持久的；丢掉了重点、中心的全面，极容易变为平均主义的发展，那也是不可能持久的。由此可见，科学发展观的全面发展是在深化了对我国现阶段社会系统整体发展的新特点和新规律认识的基础上提出的。

（二）协调发展及其根据

讨论协调发展，就要回答什么是协调发展、为什么要协调发展、怎样实现协调发展等问题。所谓协调发展，就是构成社会系统的各子系统、各领域、各层次、各要素在发展过程中要互相衔接、互相适应、互相配合、互相促进、互相推动地发展，动态平衡地发展，从而实现社会系统在整体上的稳定有序和谐的发展。具体地说，就是要实现经济、政治、文化、社会、生态之间，经济结构、产业结构、就业结构之间，城乡、区域、内外、上下之间，最后就是生产力和生产关系、经济基础和上层建筑、社会利益性结构和社会功能性结构之间的协调发展。

实现协调发展的根据就是因为社会是一个有机体。有一种说法认为事物之间的普遍联系是社会协调发展的根据，这在原则上并没有错，但就是显得太一般和

① 《十六大以来重要文献选编》（上），中央文献出版社，2005，第484页。

太宽泛了。实际上，事物之间的普遍联系直接形成的是相互作用和因果作用，物理、化学系统从简单到复杂的发展过程也是系统内各要素及系统间的相互作用和因果作用的演变过程，相互作用和因果作用演变为协调作用是在复杂的物理化学系统发展为生物有机系统过程中实现的，有机性要求协调性，协调性实现着有机性，只有各要素、各层次、各子系统之间实现了协调发展才能在整体上形成一个有机系统。协调性是有机系统内及系统与环境之间相互作用的一个根本的重要的特点，把协调作用泛化为一般的相互作用，就是把有机系统还原为一般的物理化学系统。因此最切近地说，是社会系统的有机性要求我们实现协调发展。

在当代社会的发展中，社会的不同领域、不同层次之间，社会的各要素、部分、系统之间的互相联系更加紧密、互相制约进一步加强，社会发展的有机性、系统性和整体性出现了许多新的特点和规律。由于当代科学技术的迅速发展，特别是当代信息技术革命的发展，科学、技术、知识密集型的高新技术产业在产业结构中的比重不断加大，传统产业加速改造，新型的服务产业得到迅速发展，产业结构、经济结构不断升级优化，经济发展和国际上的经济竞争愈来愈取决于科学、技术、知识和人才上的发展和竞争。这就是说，经济的发展越来越依赖于文化的发展。不仅如此，现代信息技术为各类精神生产、知识生产、文化生产提供了强大的技术手段，对各类精神、知识、文化的生产方式、活动方式产生着日益巨大的影响，精神、知识、文化生产正在从手工劳动走向机械化、自动化、信息化，正在从自然智能单独进行的状态发展为自然智能和人工智能结合进行的状态。精神、知识、文化生产正在走上社会化、工业化、信息化的发展道路，知识产业、文化产业得到了迅速发展，对国民生产总值的贡献率不断上升，成为现代经济结构、产业结构中的重要组成部分。经济文化化，文化经济化，经济和文化互为前提、互相依赖、互相渗透地发展，是现代社会特别是信息社会发展的一个新的特点和规律。即使没有直接进入市场、没有直接经济效益的公益性的文化事业的发展，从长远来看，也对经济的发展提供着智力支持。经济、文化和政治之间的关系同样出现了许多新的特点和规律。经济、文化的发展使政治的功能和文明程度有了新的发展，政治不仅从人们利益关系的角度调节着经济和文化，而且还从人们功能关系的角度调节着经济和文化，没有政治上的进步，也不可能有经济和文化上的发展和繁荣。我国经济和文化发展过程中出现的许多问题实际上都取决于社会主义政治体制改革和法制建设。市场经济是当代人类社会也是我国当前社会不可超越的发展阶段。有个经济学家说得好，在现阶段就通过调动人们的致富欲望而推动经济的发展来说，任何经济制度都不能与市场经济制度相比。但

市场经济也有它的弊端和失灵的方面。它在带来经济发展效率的同时，也往往带来了一大堆的社会矛盾和问题，它只能带来人们在形式上、规则上、机会上的自由、平等和公正，而造成着人们之间在实际上、结果上的不自由、不平等、不公正，造成着社会上的贫富两极分化。如何在利用市场经济积极作用的同时尽量地避免和缩小市场经济的负面影响，如何在享用市场经济带来的经济发展成果的同时尽可能地解决市场经济带来和造成的各种社会问题和社会矛盾，已成为当代学者和政治家共同面对的历史性课题。因为各种社会问题和社会矛盾的及时恰当的解决既是当代社会稳定和谐的需要，也是经济、政治、文化发展的需要。狭义上社会建设与经济建设、政治建设、文化建设之间同样存在着互为前提、互相依赖、互相制约的关系。

至于在世界范围内，自20世纪中叶以来，由于当代科学技术特别是现代信息技术日新月异的发展，由于交通运输和通讯的迅速发展，人类获得了在全球范围内进行各种活动的条件和手段。工业发达国家的生产、科技、经济出现了世界化、国际化、全球化的发展趋势，国际间的劳动分工从过去的原料生产和成品生产之间的初级分工发展到了在国际间进行现代工业产品、高级产品生产过程的高级分工。生产过程的国际化极大地推动了生产超出国界的区域化、全球化，把世界上不同的地区、民族、国家更紧密地联系在一起。我国与世界在经济、政治、文化等方面的相互联系和影响日益加深。

上面分析表明，当今社会和世界在发展过程中所显示的有机性、系统性、整体性，社会和世界各组成部分、领域、层次之间关系的辩证性，是我们实现协调发展的现实基础。它既提出了实现协调发展的必要性，又提供了实现协调发展的可能性。但今天人们之所以特别重视发展的协调性，还有一个重要的原因，那就是无论就世界范围还是我国国内发展而言，一个突出的特点就是发展的速度空前地快，而且还在以一种加速度发展着。当年马克思恩格斯在《共产党宣言》中曾以惊叹和赞美的语气描述了资本主义建立初期所造成的发展速度，但那时的发展速度是无法同今天世界的发展速度相比的。显然，一个高速变化、运动、发展着的开放系统要比低速变化、运动、发展着的开放系统更需要及时恰当的内外协调，因为它与外部的关系、它内部各组成部分之间的关系都处于快速的变动之中。因此，科学发展观提出的协调发展实际上就是对上述当今社会和世界发展新特点、新规律认识上的把握和深化。

由于现阶段我国社会是一个包含了多领域、多层次的复杂系统，因而协调的内容非常丰富。从社会系统宏观角度来看，首先是要实现经济建设、政治建设、文化建设、社会建设、生态建设之间的协调，还要实现城乡之间、区域之间、国内建设和对外开放之间的协调。说到底，就是要实现生产力与生产关系、经济基础与上层建筑之间、社会利益性结构与社会功能性结构之间、社会发展与生态环境保护与建设之间的协调。

就经济建设来说，要实现生产、交换、分配、消费之间的协调，经济发展与人口、资源、环境之间的协调等；就政治建设来说，要实现人民当家作主、依法治国、党的领导的统一和协调等；就文化建设来说，要实现营利性的文化产业与公益性的文化事业之间的协调等；就社会建设来说，要实现经济发展与社会保险、社会救助、社会福利、慈善事业相衔接的社会保障体系的建立与完善之间的协调等。

总之，要实现好协调发展，首先要搞清楚一个社会是由哪些领域、哪些方面、哪些层次组成的。其次，还要搞清楚各个组成成分在系统整体中处于什么地位、起着什么作用，它们各自同系统整体发生着怎样的关联，彼此之间又发生着怎样的相互关联。我们只有准确地把握系统整体与组成成分的局部之间、各组成成分相互之间的“关联度”，才能符合实际地进行协调，实现或维持系统整体和各组成局部之间、各组成成分相互之间在高速变化、运动和发展中的动态平衡，既使各组成成分各尽其能、各得其所，实现局部发展的优化、合理化，又使系统整体得到最优最合理的发展。

（三）可持续发展及其根据

所谓可持续发展，就是要促进人与自然的和谐，实现经济发展和人口、资源、环境相协调，坚持走生产发展、生活富裕、生态良好的文明发展道路，保证一代接一代地永续发展。

人类社会和其他生命系统一样，与自然生态环境系统进行着物质、能量、信息的交换。但是人类社会又不同于其他生命系统。一般的生命系统只能适应生态环境，被动地接受生态环境的“自然选择”，被动地接受生态平衡规律的调节和制约，人类社会则不同，它可以通过人类实践活动，改造和利用自然界。人类社会随着所掌握的科学技术和生产力的发展，在生态环境的作用面前可以获得越来越大的自主性、独立性和自由度，它对生态环境的反作用具有在实践基础上不断扩大和发展的性质。

人类在地球上诞生之后，就同生态环境发生着相互作用。一方面，生态环境决定制约着人类社会的存在和发展；另一方面，人类通过自己的物质实践活动也对生态环境产生着影响。人类的物质生产活动从生态环境中获取各种资源、能源，把它们改造、加工为能够满足人类各种需要的产品。这个过程既是消费生产资料的过程，同时又是排放各种废物、废能的过程；人类的物质生活活动实现着自身生命体的新陈代谢，这也是一个消费生活资料和排放废物、废能的过程。人类无论是从生态环境中获取各种资源、能源，还是把各种废物、废能排放到生态环境中去，都会对生态环境产生一定的影响。当人类对生态环境的利用、改造超过了生态环境的再生和平衡能力时，就会造成对生态环境的破坏。

在人类历史的初期，一方面，生态环境主宰着人类的命运；另一方面，原始人群的过度采集和狩猎也曾经消灭过居住地区的动植物品种，破坏过居住地的生态环境。农业和畜牧业使人类创造了辉煌灿烂的古代文明，但也造成了以破坏土地为特征的环境问题。工业文明给人类带来的生产和生活条件，与农业文明相比，真是天壤之别。但是工业社会的发展确实造成了空前严重的生态环境问题。不过，直到20世纪60年代以前，人类在生存和发展过程中所造成的生态环境的破坏和污染的问题还带有局部和暂时的性质，因而除了如马克思、恩格斯等先驱者有所察觉外，人类在总体上还没有认识到这个问题的存在。

自20世纪60年代起，环境污染、资源、能源危机等一系列问题成为全球性问题，这才引起了人们的重视，才发现凭借现代科学技术和高度发达的生产力，人类不仅在生态环境面前获得了极大的主动和自由，而且人类活动对生态环境的影响之大，已成为生态环境能否保持平衡的主要因素，人类似乎已经主宰着生态环境的命运。生态环境的存在和发展不仅是其他生命系统所需要的，也是人类社会的存在和发展所不可缺少的，而生态环境的存在和发展又离不开生态平衡规律的作用。如何在人类社会获得发展的同时保护生态环境和遵循生态平衡规律，就成了当代人类发展所面临的一个时代性课题。这就推动了西方发达国家的一些理论家对传统的发展观、发展模式进行反思和检讨。通过对历史经验的总结和对当代人类社会面临的生态环境问题的研究，有些学者就提出了可持续发展和新发展观的概念和理论。因此，可持续发展的概念和理论实际上反映了人们对当代人类社会发展新特点和新规律的认识。

我国发展过程中的资源、能源和环境问题及我国发展的可持续性问题，很早就受到了我国学术界的注意和重视，党和政府还提出并实施了可持续发展战略。但我国的资源、能源和环境问题还是伴随着我国经济增长而变得越来越严重，成为制约我国经济社会进一步发展的瓶颈。据报载，我国能耗是世界平均水平的3

倍，我国GDP只有全世界的5%，但是石油消耗却超过世界的7%、原煤消耗超过世界的30%、水泥消耗超过世界的40%、钢铁消耗约占世界的30%。有的评论者说得好，这些资源有些是用血汗钱买来的，那些本国所有的也不是取之不尽的，是把子孙后代的家当挥霍掉。我国生态环境也恶化到了极为严重的程度，全国水土流失和荒漠面积已达国土的1/3，每年废水排放总量达500亿吨，并且直接排入江河湖泊；二氧化硫排放量超过2000万吨，世界第一；城市空气污染严重，居民呼吸不到新鲜空气。这种状况如不扭转，不要说子孙后代不能永续发展，就是当代经济社会也不能持续发展。

生态环境及生态平衡规律的客观性、人类社会对生态环境的依赖性、当代人类活动对生态环境的巨大影响等情况表明，社会和生态环境之间的协调发展既是人类社会发展的需要，也是生态环境发展的需要，这已成为人类社会存在和发展所必须遵循的客观规律。所谓社会和生态环境的协调发展，就是社会和生态环境之间所进行的物质、能量、信息的交换不仅应该适合社会发展的需要，也应该适应生态环境的发展需要。社会的需求不应超过生态环境的供应能力和再生能力，社会的排放不应超过生态环境的吸收能力和同化能力，就是要把人类实践活动过程中发生的对生态环境的影响过程控制到符合生态环境平衡规律的要求，使社会和生态环境之间的交换过程成为生态环境系统中存在的物质循环和调节过程的一个有机部分和内在环节，人类应该在促进生态环境平衡和发展的前提下实现社会的发展。

地球的物质循环和生态平衡是一种自然过程，各种自然规律发生着作用。在实现社会与生态环境协调发展的过程中，要实现人类生产方式和生活方式从消耗型、污染型、资源利用不可循环型向节约型、清洁型、资源利用可循环型的转变，就要依靠自然科学技术解决其中的技术问题。因此，实现社会和生态环境的协调、平衡，要发展一系列自然科学、技术科学、环境科学。同时，实现社会和生态环境协调发展的过程也是对人们从事各种物质活动的目的、手段、规模、方式的调节过程，也是处理生产力和生产关系、经济基础和上层建筑之间的矛盾以及由这种矛盾引起的人们利益上的矛盾的过程。这是社会系统的自调节、自组织过程，其中起作用的规律是社会规律。实现这方面的协调要依靠各种社会科学、社会技术。这就是说，要实现社会和生态环境的协调发展，必须既遵循自然规律又遵循社会规律，要实现自然规律和社会规律的辩证结合。总之，当代资源、能源、生态环境等一系列全球问题的提出和破解使人们认识到，人们只有遵循社会和生态环境协调发展的规律，才能在实现今天发展的同时，为后代人留下一个可

以继续发展的资源、能源和生态环境，实现人类的可持续发展。

全面发展、协调发展、可持续发展作为科学发展观的基本要求，三者是既相互区别又相互联系的。从区别的角度看，全面发展是从社会系统的整体和全局出发对发展提出的要求，就是要用整体的观点、全局的观点来观察和处理发展问题；协调发展是从社会系统内部各组成领域、层次、要素之间相互关系的角度出发对发展提出的要求，就是要用辩证联系、有机系统的观点善于分析和处理发展过程中出现的各种矛盾和问题；可持续发展是从社会系统和生态环境的相互关系及人类的未来发展出发对发展提出的要求，就是要用人类在地球上世代永续存在和发展的眼光来处理发展过程中发生的资源、能源和生态环境保护问题。从联系的角度看，全面发展和协调发展是互为前提、互相贯通的，全面发展必然要求协调发展，协调发展也一定会导致全面发展；全面发展、协调发展和可持续发展之间也是互为前提、互相贯通的，实现了全面发展和协调发展就可以实现可持续发展，而实现可持续发展必然要求实现全面发展和协调发展。实际上，这三项基本要求既互相制约又互相联结，构成一个有机整体。

五

论科学发展观的理论贡献

罗文东

伟大的实践呼唤科学的理论，科学的理论推动伟大的事业。作为指导发展的科学思想，科学发展观发扬马克思主义与时俱进的创新精神，立足社会主义初级阶段的基本国情，总结我国发展实践，适应新的发展要求，提出了一系列新思想、新观点，形成了系统的马克思主义发展理论，丰富和发展了中国特色社会主义理论体系。党的十七大将科学发展观确立为发展中国特色社会主义必须坚持和贯彻的重大战略思想，并决定在全党开展深入学习实践科学发展观活动。在新的发展阶段继续全面建设小康社会、发展中国特色社会主义，就必须深入贯彻落实科学发展观，着力用马克思主义中国化最新成果武装头脑、指导实践。

（一）科学发展观是社会主义建设实践经验新的理论概括

马克思和恩格斯在《德意志意识形态》中深刻指出："一切划时代的体系的真正的内容都是由于产生这些体系的那个时期的需要而形成起来的。所有这些体系都是以本国过去的整个发展为基础的"①。同样，科学发展观是适应中国这样经济文化落后国家，在社会主义市场经济和对外开放的条件下如何实现经济社会又好又快发展这一根本问题应运而生的，是以世界社会主义运动的历史发展为参考坐标，以我国近现代的整个发展为客观依据，特别是以党的十一届三中全会以来改革开放和社会主义现代化建设波澜壮阔的实践为现实基础的。

大家知道，社会主义在由理论变为现实的过程中，并不像马克思所预言的那

① 《马克思恩格斯全集》第3卷，人民出版社，1960，第544页。

样，首先发生在先进发达的资本主义国家，而是发生在经济文化落后的国度里。这就要求共产党人既坚持科学社会主义基本原则，又从各个历史时期和各国具体国情出发，探索社会主义有效的实现形式。列宁过早去世，来不及解决这个难题，但他已经意识到社会主义在发达资本主义国家“开始困难，继续比较容易”；反之，在经济文化落后国家，则“开始容易，继续比较困难”①。斯大林领导苏联共产党和苏联人民同反对在经济文化落后国家建设社会主义的错误倾向进行斗争，并在实践中构建了第一个社会主义体制模式。这种体制模式对苏联的强大和战胜德国法西斯入侵发挥过积极作用，有其历史的必然性和合理性，但随着时代主题的变化和社会主义建设的推进，越来越阻碍社会主义国家生产力的进一步发展和人民生活水平的提高，其历史的过渡性和局限性日益显露。

近代中国在三座大山压迫下，积贫积弱，民不聊生。新中国成立后，面对长期战乱的创伤和一穷二白的面貌，以毛泽东为主要代表的中国共产党人，在领导社会主义改造和建立社会主义制度的同时，开启了社会主义工业化的进程，并提出“以苏为鉴”，探索中国自己的社会主义建设道路。早在1956年4月，毛泽东在《论十大关系》中就明确地说：“特别值得注意的是，最近苏联方面暴露了他们在建设社会主义过程中的一些缺点和错误，他们走过的弯路，你还想走？过去我们就是鉴于他们的经验教训，少走了一些弯路，现在当然更要引以为戒。”②通过短短十几年的建设，我们党就领导全国人民建立起比较完整的工业体系和国民经济体系，农业生产条件和生产水平有了很大提高，城乡商业和对外贸易都有很大增长，教育、科学、文化、卫生、体育事业也有很大发展。但由于社会主义建设经验不足以及对国内外形势和社会主要矛盾判断失误，我们发生过追求高速度、高积累、高投资的问题，甚至出现了“大跃进”、“文化大革命”、“洋跃进”等严重错误。

十一届三中全会以后，我们党完成了党和国家工作重心的转移，制定了“一个中心、两个基本点”的基本路线，实施现代化建设“三步走”战略，使经济社会走上了快速发展的轨道。随着改革开放和社会主义现代化建设的全面展开和不断推进，我们党正式提出建设中国特色社会主义的概念范畴和理论体系，更加自觉地解决经济文化落后国家如何建设社会主义、如何发展社会主义这个当代的重大课题。到20世纪末，我国的经济实力、综合国力和国际地位显著提高，

① 《列宁全集》第34卷，人民出版社，1985，第343页。

② 《毛泽东文集》第7卷，人民出版社，1999，第23页。

人民生活总体上实现了由温饱到小康的历史性跨越，但也在发展过程中遇到了许多新的矛盾和问题。例如，在积累巨大物质财富的同时，出现了资源消耗过多、生态环境破坏严重的问题；在打破“吃大锅饭”、克服平均主义的同时，出现了城乡差距、区域差距和社会成员收入差距过大的问题；在经济迅速增长的同时，出现了社会发展相对滞后的问题。特别是2003年初的“非典”，充分暴露了经济与社会发展之间的不平衡、城乡发展不平衡等严重问题。

在新世纪新阶段，以胡锦涛同志为总书记的党中央准确把握世界发展趋势，吸取国外发展的经验教训，总结我国发展的实践经验，概括战胜“非典”疫情的重要启示，创立了科学发展观这一新的重大战略思想。建国以来，特别是改革开放的伟大实践，使我们深刻认识到，推进社会主义现代化，必须坚持以经济建设为中心，坚持用发展和改革的办法解决前进中的问题；必须坚持以人为本，切实维护好、发展好最广大人民的根本利益，让广大人民共享改革发展的成果；必须坚持物质文明和精神文明两手抓，重视政治建设和社会建设，促进社会全面进步和人的全面发展；必须统筹城乡发展、统筹区域发展、统筹经济社会发展、统筹人与自然和谐发展、统筹国内发展和对外开放，推进经济、政治、文化、社会建设的各个环节、各个方面相协调；必须节约能源资源，保护生态环境，坚持走生产发展、生活富裕、生态良好的文明发展道路，保证一代接一代地永续发展。从一定意义上说，科学发展观集中反映了我们党对社会主义建设的理论和实践的艰辛探索，凝聚着几代共产党人带领人民建设中国特色社会主义的智慧和心血。

（二）科学发展观是马克思主义中国化的最新理论成果

我们党在20世纪的漫长征途中，坚持把马克思主义基本原理与时代特征和中国国情相结合，不断推进马克思主义中国化，形成了三大理论成果——毛泽东思想、邓小平理论和“三个代表”重要思想。众所周知，马克思、恩格斯在建立无产阶级政党的过程中，就强调“有一个新的科学的世界观作为理论的基础”是无产阶级政党很大的优点。中国共产党从诞生之日起，就把马克思主义确立为根本指导思想，并注重通过党内的马克思主义理论教育，改造和克服各种非无产阶级思想，把广大农民和小资产阶级出身的党员培养和锻炼成坚定的共产主义战士。正如毛泽东同志在党的七大政治报告中所说：我们党从一开始，“就是一个以马克思列宁主义的理论为基础的党”，“因为这个主义是全世界无产阶级的最

正确最革命的科学思想的结晶”[①]。经过延安整风，党的七大将毛泽东思想确立为指导思想，并以之武装全党，为建设一支团结统一、纪律严明、英勇善战的工人阶级先锋队，领导全国人民夺取抗日战争和全国解放的胜利，提供了有力保证。党的十五大又将邓小平理论确立为指导思想，并以之武装全党，为建设一个用中国特色社会主义理论武装起来、能够经受住各种风险考验的马克思主义政党，领导全国人民开创改革开放和社会主义现代化建设的新道路和新局面，提供了有力保证。以江泽民同志为主要代表的中国共产党人，科学判断我们党所处的历史方位，在总结改革开放特别是十三届四中全会以来的实践经验的基础上，创立了“三个代表”重要思想。这一重要思想反映了当代世界和中国的发展变化对党和国家工作的新要求，用一系列新思想、新观点进一步回答了什么是社会主义、怎样建设社会主义的问题，创造性地回答了建设什么样的党、怎样建设党的问题，为保持党的先进性、推进社会主义自我完善和发展提供了强大的理论武器。党的十六大把“三个代表”重要思想确立为党必须长期坚持的指导思想，实现了党在指导思想上的与时俱进。

党的十六大以来，我们党从新世纪新阶段党和国家事业发展的全局出发，又提出了以人为本、全面协调可持续的科学发展观。这一新的重大战略思想根据马克思主义的立场、观点和方法，总结国内外发展的经验教训，进一步回答了什么是社会主义、怎样建设社会主义，建设什么样的党、怎样建设党的问题，创造性地回答了我国为什么发展、怎样发展的根本问题，是马克思主义基本原理与当今时代特征和中国具体实际相结合而形成的马克思主义中国化的最新理论成果。

科学发展观与马克思列宁主义、毛泽东思想、邓小平理论和“三个代表”重要思想关于发展的观点是一脉相承的。马克思恩格斯关于辩证唯物主义和历史唯物主义的世界观和方法论，关于人类社会的矛盾运动和人民群众的历史作用的观点，关于批判资本主义“异化”和畸形发展的观点，关于实现人类解放和每个人自由全面发展的观点等，构成了科学发展观的思想源头和理论根据。列宁在领导俄国建设社会主义的过程中，强调社会主义国家最主要最根本的任务是大大提高社会生产力，创造新的高得多的劳动生产率，同时要加强民主监督和文化建设，争取与资本主义国家和平共处，利用资本主义发展社会主义。这些观点对后人认识和解决社会主义发展问题具有重要的启示和指导作用。毛泽东同志借鉴苏联发展的经验教训，提出要根据本国情况走自己的道路，着眼于最大限度地调动

① 《毛泽东选集》第3卷，人民出版社，1991，第1093页。

一切积极因素，正确处理人民内部矛盾，统筹兼顾各方面的利益。他在读苏联《政治经济学教科书》的谈话中指出："马克思这些老祖宗的书，必须读，他们的基本原理必须遵守，这是第一。但是，任何国家的共产党，任何国家的思想界，都要创造新的理论，写出新的著作，产生自己的理论家，来为当前的政治服务，单靠老祖宗是不行的。""现在，我们已经进入社会主义时代，出现了一系列的新问题，如果单有《实践论》、《矛盾论》，不适应新的需要，写出新的著作，形成新的理论，也是不行的。"① 这些思想观点是党的第一代领导集体探索中国自己的社会主义建设道路所取得的重要成果和宝贵经验，是科学发展观的理论来源。当然，科学发展观更直接地继承了邓小平理论和"三个代表"重要思想关于发展的理论观点。科学发展观与邓小平理论、"三个代表"重要思想不仅在根本观点和根本方法上，而且在基本概念和语言表述中，都具有历史的延续性和逻辑的一致性。例如，邓小平经常使用"全面"、"协调"、"持续发展"等概念，仅"持续"一词在《邓小平年谱》中就出现过 17 次。江泽民同志非常重视全面协调发展的问题，强调"社会主义是全面发展、全面进步的社会"；强调保持国民经济持续、快速、健康发展，并作出了实施可持续发展战略、科教兴国战略、西部大开放战略等重大决策。总之，科学发展观与毛泽东思想、邓小平理论和"三个代表"重要思想一样，都是围绕中国社会主义建设这个主题展开的，都是坚持代表最广大人民根本利益这个马克思主义根本立场的，都是贯穿解放思想、实事求是、与时俱进这个马克思主义活的灵魂的。

科学发展观是对我们党关于发展问题的理论创新，实现了发展思想史上的一次飞跃，形成了系统的马克思主义发展理论。科学发展观，第一要义是发展，核心是以人为本，基本要求是全面协调可持续，根本方法是统筹兼顾。科学发展观中的一些重要概念和基本观点，马克思主义经典作家及毛泽东、邓小平和江泽民同志都有过论述，但提出"科学发展观"这个重要范畴，提出"以人为本"和"统筹兼顾"，并把它们与"全面"、"协调"和"可持续"发展有机结合起来，形成一个完整而严密的关于发展问题的理论体系，这在马克思主义发展史上还是第一次。科学发展观坚持以人为本与尊重客观规律相统一，坚持以经济建设为中心与社会全面发展相统一，坚持各方面尽快发展与整体协调发展相统一，坚持人类社会发展与自然生态环境相统一，开拓了社会主义现代化建设的新思路和中国特色社会主义理论的新境界，赋予马克思主义关于发展的理论以新的时代内容和

① 《毛泽东文集》第 8 卷，人民出版社，1999，第 109 页。

民族形式，实现了我们党在发展问题上的一次重大理论创新。

科学发展观不仅深刻揭示了我国经济社会发展的客观规律，丰富了党的执政理念，而且反映了当今世界和当代中国的发展变化对党和国家工作的新要求，用一系列新思想、新观点丰富和发展了包括辩证唯物主义和历史唯物主义、政治经济学和科学社会主义在内的整个马克思主义理论体系。它作为马克思主义关于发展的世界观和方法论的集中体现，是对马克思主义的唯物论、辩证法、认识论和历史观等基本原理的创造性运用和发展。它关于坚持以人为本，提高自主创新能力，提高开放型经济水平，加快转变经济发展方式，形成有利于科学发展的宏观调控体系等观点，深化了对社会主义市场经济规律的认识，为社会主义政治经济学提供了新的理论基础和时代内容。科学发展观以社会主义建设实践为基础，以研究经济社会又好又快发展为主题，以揭示社会主义发展的本质规律为目的，深化了社会主义建设规律和共产党执政规律的认识，推进了科学社会主义的理论发展。作为马克思主义中国化的最新成果，科学发展观极大地丰富和发展了中国特色社会主义的理论宝库，是中国特色社会主义理论体系的重要组成部分。在当代中国，高举中国特色社会主义伟大旗帜，坚持中国特色社会主义道路和中国特色社会主义理论体系，就必须深入贯彻落实科学发展观。深入贯彻落实科学发展观，是对马克思列宁主义、毛泽东思想的最好坚持，也是对中国特色社会主义道路和中国特色社会主义理论体系的最好坚持。

（三）科学发展观是坚持和发展中国特色社会主义新的理论武器

在新世纪新阶段，我国的改革发展进入了一个整体推进、深化攻坚的关键时期。我国的经济建设和社会发展在取得巨大成就的同时，也面临着各式各样的困难和挑战，存在着越来越多的不确定因素和风险。在这种历史条件下，深入贯彻落实科学发展观，对于解决改革开放和社会主义现代化建设中出现的错综复杂的矛盾和问题，坚持改革的正确方向，提高改革决策的科学性，增强改革措施的协调性，增强走中国特色社会主义道路的自觉性和坚定性，无疑具有重要的理论意义和现实意义。

近年来，全党全国人民树立和落实科学发展观，在建设和改革上取得了新的重大进展。特别是党中央坚持以人为本和“两手抓”，夺取了抗击“非典”疫情和经济发展的全面胜利；针对经济运行中的不健康不稳定因素，采取加强和改善宏观调控的政策措施，保持了经济发展的良好势头；针对社会发展中的不公正不和谐因素，深化社会体制改革，加强社会建设和管理，努力构建社会主义和谐社会；坚持统筹兼顾，共克时艰，发挥全国一盘棋，集中力量办大事的优势，取得了抗击特大冰雪灾害和地震灾害的伟大胜利。实践证明，科学发展观是全面建设小康社会、推动经济社会又好又快发展的重要指导指针，是解决复杂的国际国内矛盾、应对各种风险和挑战的强大理论武器。

科学发展观在十六大以来党的理论创新中，处于核心关键的地位，具有统领全局的作用。党的十七大报告从经济发展状况、经济体制、人民生活水平、发展协调性、民主政治建设、文化建设、社会建设、对外开放八个方面，阐明了我国发展新的阶段性特征。这充分表明我国从生产力到生产关系、从经济基础到上层建筑都发生了广泛而深刻的变化，经济社会发展面临着一系列新矛盾和新问题。与此同时，我们还要看到“两个没有变”：一是我国仍处于并将长期处于社会主义初级阶段的基本国情没有变；二是人民日益增长的物质文化需要同落后的社会生产之间的矛盾这一社会主要矛盾没有变。当前我国发展的阶段性特征，是社会主义初级阶段基本国情在新世纪新阶段的具体表现。科学发展观是我们党既立足社会主义初级阶段基本国情又根据当前我国发展的阶段性特征而提出来的，是着眼于发展这个党执政兴国的第一要务，致力于解决我国经济社会发展中面临的突出矛盾和问题而进行的重大理论创新。贯彻落实科学发展观，就必须立足社会主义初级阶段这个最大的实际，科学分析我国全面参与经济全球化的新机遇新挑战，全面认识工业化、信息化、城镇化、市场化、国际化深入发展的新形势新任务，深刻把握我国发展面临的新课题新矛盾，更加自觉地走科学发展道路，奋力开拓中国特色社会主义更为广阔的发展前景。

党的十七大报告的一个重大贡献，是全面阐述了科学发展观的时代背景、深刻内涵和精神实质，对深入贯彻落实科学发展观，坚持“一个中心、两个基本点”的基本路线，积极构建社会主义和谐社会，继续深化改革开放，切实加强和改进党的建设提出了明确要求。我们要深刻把握科学发展观的科学内涵、精神实质、根本要求，更加自觉地走科学发展的道路。具体说来，贯彻落实发展是第一要义的要求，必须坚持把发展作为党执政兴国的第一要务，坚持以经济建设为中心，坚持走中国特色新型工业化道路，着力把握发展规律、创新发展理念、转变发展方式、破解发展难题，提高发展质量和效益，实现经济社会又好又快发展；贯彻落实核心是以人为本的要求，必须坚持实现好、维护好、发展好最广大人民的根本利益，尊重人民主体地位，发挥人民首创精神，改善人民生活条件，保障人民的各项民主权利，促进人的自由全面发展；贯彻落实全面协调可持续的基本要求，必须按照中国特色社会主义事业总体布局，全面推进经济建设、政治建设、文化建设和社会建设，全面推进党的建设新的伟大工程，努力实现物质文明、政治文明、精神文明、生态文明的全面进步与共同发展；贯彻落实统筹兼顾的要求，必须正确处理中国特色社会主义事业中的重大关系，统筹城乡发展、区域发展、经济社会发展、人与自然和谐发展、国内发展和对外开放，统筹中央和地方关系，统筹局部利益和整体利益、当前利益和长远利益，统筹国内国际两个大局，充分调动各方面的积极性、主动性和创造性，不断开创改革开放和现代化建设的新局面。

中国特色社会主义是开创性的事业，需要我们不断进行理论和实践的创新。科学发展观既坚持科学社会主义的基本原则，又结合我国现阶段发展的具体实际，集中反映了我们党对发展问题的新认识，深刻揭示了我国经济社会发展进入关键时期的新要求。这种客观真理性与直接现实性的品格，决定着科学发展观对于中国特色社会主义事业的普遍和长远的指导作用。只有增强贯彻落实科学发展观的自觉性和坚定性，着力转变不适应不符合科学发展观的思想观念，着力解决影响和制约科学发展的突出问题，着力构建充满活力、富有效率、更加开放、有利于科学发展的体制机制，才能把全社会的发展积极性引导到科学发展上来，在科学发展的道路上夺取全面建设小康社会的新胜利，加快推进社会主义现代化，尽早实现中华民族的伟大复兴。

六

党的十七大的重大意义和历史贡献*

夏春涛

从1921年到2007年，中国共产党先后召开了17次全国代表大会。以1949年建立中华人民共和国、成为执政党为界，前28年共召开7次大会，后58年召开了10次大会。这17次全国代表大会，见证了中国共产党奋斗86年的峥嵘岁月、艰辛历程和光辉业绩。其中，七大是在中国革命关键阶段召开的一次极为重要的大会，十七大是在我国改革发展关键阶段召开的一次极为重要的大会。将这两次大会放在中国共产党86年奋斗史的大背景下进行比较分析，有助于我们更加全面、深入地认识党的十七大的重大意义和历史贡献。

（一）鲜明有力地回答了举什么旗、走什么路的问题

中国共产党自诞生之日起便以马克思列宁主义为指导。不过，马克思主义经典著作着重分析的是在西方资本主义国家进行无产阶级革命的问题；无论是巴黎公社革命，还是俄国十月社会主义革命，都是主要依靠工人阶级在中心城市发起的。而旧中国是一个半殖民地半封建社会，农民占人口的绝大多数，产业工人在五四运动前夕仅有200万人左右。因此，在这样一个东方大国取得革命成功，是一个极为复杂的新课题，无法也不能照搬现成的答案或经验。在进行艰辛探索的过程中，中国共产党体验过胜利的喜悦，也经受了1927年和1934年两次严重失败的痛苦考验，逐渐走出一条中国革命的新路。以遵义会议为转折点，党和红军胜利地完成长征，打开了中国革命的新局面。以毛泽东同志为杰出代表的中国共产党人正确指出：中国革命要分两步走，先进行反帝反封建的新民主主义革命，

---

* 该文系2007年11月中央马克思主义理论研究和建设工程的委托课题。

然后再转入社会主义；中国革命要以农村为根据地，走以农村包围城市、武装夺取政权的道路。鉴于党内在指导思想上仍存在一些分歧，中国共产党在全党范围内开展了一场整风运动，并在六届七中全会上通过《关于若干历史问题的决议》，从而为召开七大做了很好的铺垫。

1945 年春七大召开时，中国革命正站在一个新的历史起点上：抗日战争即将取得胜利，中国在战后面临着两个前途、两种命运的选择。七大系统总结了 24 年来党领导中国革命的历史经验，深刻阐述了新民主主义的基本理论，指出党的路线是“放手发动群众，壮大人民力量，在我党的领导下，打败日本侵略者，解放全国人民，建立一个新民主主义的国家”，确定以毛泽东思想作为党的一切工作的指针。正是通过七大，全党特别是党的高级干部对新民主主义革命的发展规律有了较明确的认识，在马克思列宁主义、毛泽东思想的基础上达到空前团结，标志着中国共产党已成为一个成熟的党①。七大以“团结的大会，胜利的大会”载入党的史册，起了决定性的继往开来的作用，为夺取全国胜利奠定了坚实基础。四年后，新中国应运而生，中国历史从此开辟了新纪元。从这个意义上说，七大是党在新民主主义革命时期最具有里程碑意义的一次大会。

从中国共产党执政 58 年的历史来看，十七大起了七大在新民主主义革命时期相似的作用。

在中国这样一个经济文化发展水平十分落后的东方大国建设社会主义，是世界社会主义发展史上的一个新课题，老祖宗的经典著作中没有现成答案，同样需要中国共产党人自己来摸索。党带领人民迅速医治战争创伤、恢复国民经济，通过过渡时期的社会主义工业化，以及对农业、手工业、资本主义工商业的社会主义改造，建立了社会主义经济制度，从而跨越资本主义发展阶段，直接转入了社会主义建设阶段。在探索社会主义建设道路的过程中，我国建立了独立的比较完整的工业体系和国民经济体系，取得了“两弹一星”等伟大成就，但也经历了不少曲折，尤其是“文化大革命”那样的严重曲折，导致国民经济一度濒临崩溃的边缘。以十一届三中全会为转折点，我们党深刻总结建国以来的历史经验，彻底否定“以阶级斗争为纲”的错误指导思想，果断地将工作重心转移到经济建设上来，作出改革开放的重大决策，吹响了走自己的路、建设中国特色社会主

① 邓小平有云，“从我们党的历史来看，我们全党成熟的标志是第七次全国代表大会”（参见《邓小平文选》第 1 卷，人民出版社，1994，第 344 页）。

义的时代号角。改革开放以来，党带领人民成功走出了一条中国特色社会主义的新路，实现了持续快速发展。我国经济总量在2005年已跃居世界第四，人民生活水平有了显著提高，政治、文化和社会建设也取得举世瞩目的成就。一个崭新的社会主义中国巍然屹立在世界东方。

这种局面的形成和这些成就的取得十分不易，保持这种发展势头更为不易。进入新时期后，在坚持改革开放以及坚持改革的正确方向上，以邓小平同志为核心的党的第二代中央领导集体、以江泽民同志为核心的党的第三代中央领导集体和十六大以来以胡锦涛同志为总书记的中央领导集体是前后一致、旗帜鲜明的，得到了广大党员群众的衷心拥护。不过，在探索前进的过程中，党内难免会有意见分歧，党外也有不同的声音，焦点主要集中在改革上。改革旧的体制机制每前进一步，几乎都会遇到阻力，都会引发争议和分歧。特别是1992年明确建立社会主义市场经济体制后，随着社会经济成分、组织形式、就业方式、利益关系和分配形式日趋多样化，社会思想越来越呈现出多样、多元、多变的特点，各种怀疑、否定中国特色社会主义的声音明显增多。有人因为出现了两极分化等现象而回头看，以困惑的心理留恋以前的旧体制旧时光，甚至误以为我们现在只是名义上在搞社会主义，实际上走的是资本主义道路。也有人赤裸裸地鼓噪向西方看齐，在政治上搞多党制，经济上搞私有化，意识形态上搞指导思想多元化。西方敌对势力则一直不遗余力地对我国进行渗透、施加压力和影响，指望我国改旗易帜。另一方面，当今国内外形势已发生广泛深刻的变化。随着在国际上全面参与经济全球化，以及国内工业化、信息化、城镇化、市场化、国际化的深入发展，我国在拥有巨大发展潜力和动力的同时，也面临着各种困难和风险，难得机遇与严峻挑战并存，改革发展进入关键阶段。基于上述因素，党的十七大在中国未来走向问题上的表态便显得十分紧要，成为党内外、国内外关注的焦点。

党的十七大最重要的历史贡献，便是在这紧要关头高扬中国特色社会主义伟大旗帜，对举什么旗、走什么路这一根本问题作了鲜明有力的回答。

中国特色社会主义是十七大的灵魂，也是贯穿十七大报告的一条主线。报告在论述这个主题时有两个显著特点：一是在总结改革开放近30年历史的基础上作出概括、得出结论，说理性较强；二是言简意赅，所发出的信号十分明确，所包含的信息十分丰富。报告回顾了改革开放的伟大历史进程，概述了改革开放的伟大成就，将其宝贵经验归纳为“十个结合”，据此得出了一个重要历史结论：“改革开放以来我们取得一切成就和进步的根本原因，归结起来就是：开辟了中

国特色社会主义道路，形成了中国特色社会主义理论体系”。这个重要论断还被正式写入了党章。这就告诉我们，只有改革开放才能发展中国特色社会主义，也只有坚持中国特色社会主义才能保证改革开放取得成就。那么，中国特色社会主义道路的内涵究竟是什么呢？报告将这条道路概括为“一个基本路线”（以经济建设为中心，坚持四项基本原则、坚持改革开放）、“一个总体布局”（中国特色社会主义经济建设、政治建设、文化建设、社会建设四位一体）、“一个发展目标”（建设富强民主文明和谐的社会主义现代化国家），并揭示了中国特色社会主义的基本特征，即“既坚持了科学社会主义的基本原则，又根据我国实际和时代特征赋予其鲜明的中国特色”。也就是说，中国特色社会主义坚持了科学社会主义的基本原则，但又不是从本本出发、抱教条主义的僵化态度，而是具有鲜明的实践特色、时代特色、民族特色，是坚持与发展相统一的社会主义。近30年的历史已雄辩地证明，这是一条引领当代中国发展进步、指引中华民族实现伟大复兴的正确道路。只有这条道路，而没有别的什么道路，才能使中国这样一个起点低、起步晚的社会主义发展中大国迅速发展起来，才能使占世界人口1/5的中国人迅速摆脱贫困。当然，在探索中改革发展，不可能不遇到一些问题或曲折。正是针对贫富差距拉大、社会矛盾凸显等现象，党中央及时提出了构建社会主义和谐社会的重大战略思想，强调“社会和谐是中国特色社会主义的本质属性”，将中国特色社会主义事业的总体布局从三位一体发展为四位一体，更加重视改善民生，并召开十六届六中全会对此进行专门研究和部署。这一事实有力地说明，中国特色社会主义没有丢弃科学社会主义的基本原则；只要坚持走这条道路，发挥我们的政治优势，在发展中出现的问题就会逐步得到妥善解决。我们要用全面的、辩证的、发展的观点来看待改革开放，不能因为遇到一些问题便对所选择的发展道路产生动摇，更不能说这条路走错了。所以报告鲜明地指出：“在当代中国，坚持中国特色社会主义道路，就是真正坚持社会主义。”这就将道理讲清楚了。报告的核心论断是：中国特色社会主义伟大旗帜，是当代中国发展进步的旗帜，是全党全国各族人民团结奋斗的旗帜；高举中国特色社会主义伟大旗帜，最根本的就是要坚持中国特色社会主义道路和中国特色社会主义理论体系。这里讲得很明白，中国共产党既不会走“西化”道路，也不会走回头路，而是咬定青山不放松，继续高举中国特色社会主义伟大旗帜，继续带领人民坚定不移地走中国特色社会主义道路。

十七大在历史紧要关头作出这样一个庄严宣示，意义十分重大。它昭示了中国共产党继续推进中国特色社会主义伟大事业的坚定决心，澄清了外界的各种误解和猜测，击碎了那些一厢情愿的幻想，有利于全党全国人民进一步统一思想、凝聚力量、坚定信心、继往开来。还需要指出的是，作为一篇政治宣言，十七大报告用一系列新思想新观点新论断，丰富和深化了对中国特色社会主义的认识。这是十七大的又一大贡献。

（二）创造性提出和科学阐释了中国特色社会主义理论体系，并将科学发展观写入党章

党的七大将毛泽东思想确立为党的指导思想并写入党章；党的十七大创造性地提出“中国特色社会主义理论体系”概念，并将科学发展观写入党章。两次大会均对马克思主义中国化的最新理论成果进行了科学总结和定位，均在推进马克思主义中国化方面作出了特殊贡献，从而在党的历史上写下了极其重要的一页。

能否用科学的态度对待马克思主义，是决定中国革命能否取得成功的关键。在建党初期，由于在理论上准备不足，党走过不少弯路。特别是党内盛行的把马克思主义教条化、将苏联经验神圣化的错误倾向，曾使中国革命几乎陷入绝境。毛泽东思想是在同这种错误倾向作斗争并深刻总结历史经验的过程中逐渐形成和发展起来的，是指引中国革命走向胜利的正确理论。七大的一个重大历史贡献便是把毛泽东思想写在了党的旗帜上，实现了马克思列宁主义同中国实际相结合的第一次历史性飞跃，并且确立了毛泽东同志倡导的实事求是的思想路线。七大通过的党章修正案规定：中国共产党，以马克思列宁主义的理论与中国革命的实践之统一的思想——毛泽东思想，作为自己一切工作的指针，反对任何教条主义的或经验主义的偏向。这对进一步丰富和发展毛泽东思想，对推进马克思主义中国化的历史进程，产生了积极深远的影响。

能否用科学的态度对待马克思主义，是决定中国特色社会主义事业能否开拓前进的关键。以十一届三中全会为转折，我们党深刻总结建国以来正反两方面的经验，重新确立了实事求是的思想路线，在改革开放新时期不断开辟马克思主义在中国发展的新境界，实现了马克思列宁主义同中国实际相结合的新的历史性飞跃。中国特色社会主义道路之所以正确，关键在于有正确理论的指引，这个理论就是邓小平理论、“三个代表”重要思想以及科学发展观等重大战略思想。这三大理论创新成果并非彼此独立，而是一个有机整体。它们均立足于社会主义初级阶段这一基本国情，均紧紧围绕建设和发展中国特色社会主义这一主题，前后连

贯又各有侧重地深入探索和科学回答了三大基本问题，即什么是社会主义、怎样建设社会主义，建设什么样的党、怎样建设党，实现什么样的发展、怎样发展，其内容涉及改革发展稳定、内政国防外交、治党治国治军，从而构成一个完整、科学的理论体系。十七大创造性地用“中国特色社会主义理论体系”这一简明确切的概念来整合三大理论创新成果，揭示了三者之间的内在关系，勾勒出中国特色社会主义理论在新时期产生、丰富和发展的轨迹，消除了人们在理解上的歧异或疑惑。这是十七大在理论上的一大贡献。

党的理论创新步伐在新时期明显加快，在30年时间里，相继推出三大理论创新成果，形成一个理论体系，其根源在于新时期的实践发展得很快，新问题新情况新矛盾层出不穷，迫切要求党紧跟时代发展步伐，及时总结新鲜经验，用新的理论来指导新的实践。所以这个理论体系讲了许多新话，集中体现了其理论精髓。这些新思想新观点新论断在今天已成为共识，但当初每一个重大理论突破，都是在抵御各种错误倾向干扰以及艰辛探索的基础上取得的，十分来之不易，必须倍加珍惜。正如十七大报告所说，这个理论体系是党最可宝贵的政治和精神财富，是全国各族人民团结奋斗的共同思想基础。7300多万党员的执政党，13多亿人口的发展中大国，倘若指导思想不统一、搞乱了，后果不堪设想。迷信西方思想理论的倾向相对容易识别和防范，而对马克思主义抱教条主义态度的做法比较唬人，不那么容易甄别，主要表现为只讲老祖宗说过的话，对新话持怀疑、排斥态度。也有人对老祖宗的话比较熟悉，对新话知之甚少或一知半解。十七大报告明确指出，这个理论体系，坚持和发展了马克思列宁主义、毛泽东思想，凝结了几代中国共产党人带领人民不懈探索实践的智慧和心血，是马克思主义中国化最新成果。报告还精辟指出：“中国特色社会主义理论体系是不断发展的开放的理论体系。《共产党宣言》发表以来近一百六十年的实践证明，马克思主义只有与本国国情相结合、与时代发展同进步、与人民群众共命运，才能焕发出强大的生命力、创造力、感召力。”因此，我们应紧跟党中央理论创新的步伐，自觉地用发展着的马克思主义指导新的实践，而不能在思想上落伍，更不能因为这个理论体系讲了许多经典著作中没有说过的新话，就持怀疑或排斥态度。十七大报告特别强调：“在当代中国，坚持中国特色社会主义理论体系，就是坚持马克思主义。”以如此明快凝练的语言，深刻揭示这个理论体系与马克思列宁主义、毛泽东思想之间既一脉相承又与时俱进的关系，深刻揭示坚持和发展这个理论体系的重要性、必要性。这是十七大在理论上的另一大贡献。

科学发展观在十六大以来党中央提出的一系列重大战略思想中处于核心地位。它继承和发展了党的三代领导集体关于发展的重要思想，集中体现了马克思主义关于发展的世界观和方法论，对中国特色社会主义发展问题作出了独创性理论贡献，是中国特色社会主义理论体系的最新理论成果，也是我们进行理论创新、实践创新的新起点。十七大深刻阐述了科学发展观的时代背景、科学内涵、精神实质、根本要求，以及科学发展与社会和谐的内在统一等，标志着我们党对科学发展观的认识达到了一个新高度。将科学发展观正式写入党章，用这种方式明确科学发展观“是我国经济社会发展的重要指导方针，是发展中国特色社会主义必须坚持和贯彻的重大战略思想”，这是十七大在理论上的又一个重大贡献。大会没有采纳将科学发展观列为党的指导思想的建议，为在实践中进一步完善这一重大战略思想留下了更多时间，为在十八大进行新的定位做了铺垫，体现了审慎而又灵活的态度。

（三）围绕夺取全面建设小康社会的新胜利进行了全面部署，提出了新的更高要求

十七大与七大均站在新的历史起点上，对今后一个时期党的中心工作进行了全面部署，指明了前进方向。

七大科学分析了国内外形势，指出党的任务是为中国争取一个光明的前途，即建立一个新民主主义国家。围绕这一奋斗目标，大会再次提出“废止国民党一党专政，建立民主的联合政府”的口号，并详细阐述了新民主主义国家应该实行的政治、经济、文化等纲领；同时要求全党做好两手准备，一旦国民党发动内战，就用革命的战争打倒反动派，建立新中国。随后数年形势的发展充分印证了七大决策的预见性、科学性。

十七大以“夺取全面建设小康社会新胜利”作为今后一个时期的奋斗目标，将此写入了大会报告的标题。令人瞩目的是，十七大顺应国内外形势的发展变化以及全国人民期盼更好生活的心愿，在报告中对2020年实现全面建设小康社会的既定目标提出了新的更高要求，主要体现在两个方面：一是将单纯的国内生产总值比2000年翻两番，改为在优化结构、提高效益、降低消耗、保护环境的基础上实现人均国内生产总值翻两番，并将生态建设提到新高度，首次提出了“建设生态文明”概念；二是从经济、政治、文化、社会、生态建设的总体布局着眼，提出到2020年时，我国“将成为工业化基本实现、综合国力显著增强、

国内市场总体规模位居世界前列的国家，成为人民富裕程度普遍提高、生活质量明显改善、生态环境良好的国家，成为人民享有更加充分民主权利、具有更高文明素质和精神追求的国家，成为各方面制度更加完善、社会更加充满活力而又安定团结的国家，成为对外更加开放、更加具有亲和力、为人类文明作出更大贡献的国家”。仔细揣摩就会发现，这里面含有不少新要素，要求更高了，“国内市场总体规模位居世界前列”便是一例。大会还围绕促进国民经济又好又快发展、坚定不移发展社会主义民主政治、推动社会主义文化大发展大繁荣、加快推进以改善民生为重点的社会建设作了具体部署，另阐述了国防和军队建设、祖国统一大业以及外交工作的大政方针。总之，十七大报告描绘了一幅全面建设小康社会、加快推进社会主义现代化的宏伟蓝图，贯穿了继续解放思想、坚持改革开放、推动科学发展、促进社会和谐的精神，是指导今后十余年坚持和发展中国特色社会主义的行动纲领，明确传递了中国特色社会主义道路会越走越宽广的重要信息，十分鼓舞人心、催人奋进。这是十七大的又一个重大贡献。

（四）围绕以改革创新精神推进党的建设新的伟大工程进行了全面部署，提出了新的更高要求

十七大与七大都是在历史关键阶段召开的，均在总结历史经验的基础上，对加强党的建设作了极具意义的战略性部署。

七大召开时，党员总数已从 1928 年六大时的万余人发展到 121 万人，力量空前壮大。大会在党的建设上的重大贡献主要体现在以下几个方面。一是深刻总结了作为新民主主义革命“三大法宝”之一的党的建设的经验，把党在长期奋斗中形成的优良作风概括为三大作风，即理论和实践相结合、密切联系群众、自我批评，并特别强调群众路线是党的根本的政治路线和组织路线，强调党内生活必须坚持民主集中制原则，使全党在作风建设等方面得到进一步加强。二是认真分析、批评了党内以王明为代表的“左”倾教条主义错误，突出强调了思想上建党的重要性，在党章上确立了毛泽东思想的指导地位、确立了实事求是的思想路线，使全党在思想上达到空前统一。三是选举产生了以毛泽东同志为核心的党的第一代中央领导集体，使全党在组织上达到空前团结。以七大为标志，已成立 24 年的中国共产党在政治上走上成熟，凝聚力、战斗力空前加强，进而对中国革命的历史进程和党的建设产生了重大深远影响。

新中国成立后，党开始面临执政的考验。八大突出强调了党在执政条件下加强自身建设的重要性，指出党已成为执政党，党的状况对国家的生活已比以前任何时候具有更广泛更直接的影响，告诫全党尤其是领导干部不能脱离群众，要警惕滋长官僚主义作风。[①] 在1980年2月召开的十一届五中全会上，邓小平同志郑重提出了“执政党应该是一个什么样的党，执政党的党员怎样才合格，党怎样才叫善于领导”这一重大命题。他后来又多次作出重要指示，强调“要聚精会神地抓党的建设，这个党该抓了，不抓不行了”，强调中国的事情能不能办好，关键在人，关键是党的内部要搞好。[②] 以江泽民同志为核心的第三代中央领导集体科学分析党的历史方位的变化，将新时期党的建设提到“新的伟大的工程”[③]的高度，明确提出了党的建设两大历史性课题（提高党的领导水平和执政水平，提高党的拒腐防变和抵御风险能力），并作出了一系列重大决策和部署，特别是创立了“三个代表”重要思想。执政问题是江泽民同志探索、思考党建工作的主要着眼点。“三个代表”重要思想之所以是一个系统的、内涵丰富的科学理论，关键就在于该理论没有单纯地就党建论党建，而是将党的建设新的伟大工程与党领导的中国特色社会主义伟大事业结合起来进行研究和阐释，两者的连接点便是党的执政问题。[④] 党的十六大首次提出了“加强党的执政能力建设”这一重大战略任务。以胡锦涛同志为总书记的中央领导集体继续将党的建设推向前进，在理论和实践上有许多新建树，突出体现在以下几个方面。一是将加强党的执政能力建设提到了新高度。十六届二中全会作出了以加强党的执政能力建设作为党的建设的重点的战略决策；十六届四中全会专门研究这一问题，审议通过党的历史上第一份全面总结党的执政经验、指导全党担当执政兴国使命的纲领性文献《中共中央关于加强党的执政能力建设的决定》，丰富和深化了对三大规律特别

---

① 《毛泽东选集》第5卷，人民出版社，1977，第325～326页；《邓小平文选》第1卷，第236、241页。

② 《邓小平文选》第3卷，人民出版社，1993，第314、380、381页。

③ 在1939年10月《〈共产党人〉发刊词》中，毛泽东同志提出建设一个全国范围的、广大群众性的、思想上政治上组织上完全巩固的布尔什维克化的中国共产党，强调这是一项“伟大的工程”。时隔55年，党的十四届四中全会提出“新的伟大的工程”概念，体现了我们党在党建思想上的继承和发展，具有特殊意义。

④ 江泽民同志明确指出：贯彻“三个代表”重要思想，关键在坚持与时俱进，核心在坚持党的先进性，本质在坚持执政为民；我们党要不断巩固自己的执政地位，必须不断坚持“三个代表”；始终做到“三个代表”，是我们党的立党之本、执政之基、力量之源。他还经常将治党与治国并提，强调“治国必先治党，治党务必从严”，也主要是从执政角度说的。

是共产党执政规律的认识。二是提出了“加强党的先进性建设”这一新课题。在全党开展以实践“三个代表”重要思想为主要内容的保持共产党员先进性教育活动是十六大作出的部署，胡锦涛同志在2005年初的专题报告会上第一次明确提出“加强党的先进性建设”，强调先进性建设是马克思主义政党自身建设的根本任务。查“建设”作“创立新事业”解，加上这两个字，意义和分量明显大不一样了。三是逐步明确了以两大建设为重点的党建新格局。党的执政能力必须以党的先进性作为保证，党的先进性主要以党的执政活动作为检验，两者紧密相关、相辅相成。2006年8月，胡锦涛同志在学习《江泽民文选》报告会上的讲话中谈到党建，首次提出“重点加强党的执政能力建设和先进性建设”；在十六届六中全会第二次全体会议上，再次强调“以党的执政能力建设和先进性建设为重点，全面加强党的思想建设、组织建设、作风建设和制度建设”；在随后召开的纪念红军长征70周年大会上，明确提出“以加强党的执政能力建设和先进性建设为重点，继续推进党的建设新的伟大工程”。由此确立了以两大建设为重点的党建新格局，开创了党建新局面。

十七大召开时，中国共产党已在全国执政58年，党员总数发展到7300多万人。在世情、国情、党情不断发展变化的情况下，搞好这样一个发展中大国的执政大党的自身建设，其挑战性和紧要性变得越来越突出，任务越来越繁重。十七大的一个突出贡献便是着力以改革创新精神加强党的建设，并据此对党建工作进行全面部署，提出了“一条主线、五个重点、一个目标、六项任务”。一条主线，即把党的执政能力建设和先进性建设作为党的建设的主线。① 通过这种表述上的变化，将“重点”改为“主线”，进一步讲清楚了执政能力建设、先进性建设与思想建设等之间的关系，使党建格局和思路更加清晰。也就是说，执政能力建设、先进性建设与其他建设不是并列关系，而是处于统领地位；前者以后者为依托，后者服务于前者。五个重点，指加强思想建设、组织建设、作风建设、制度建设、反腐倡廉建设的各自重点。首次将“反腐倡廉建设”与其他四大建设并列提出是其中的一大亮点。这说明此项工作已被放在更加突出的位置，表明了我们党惩治腐败的鲜明态度和坚定决心。一个目标，指通过上述七大建设，使党

---

① 该表述的雏形见于胡锦涛同志2006年6月30日的讲话，内称之所以提出加强党的先进性建设的重大战略思想，其目的之一就是要“更加突出地把党的先进性建设作为党的各方面建设的主线”（参见《十六大以来重要文献选编》（下），中央文献出版社，2008，第527页）。从提出以执政能力建设作为党建重点，到把先进性建设也一并列为重点，从提出以先进性建设为主线，到把执政能力建设也一并列为主线，反映了党中央思路调整、认识深化的脉络。

始终成为“立党为公、执政为民，求真务实、改革创新，艰苦奋斗、清正廉洁，富有活力、团结和谐”的马克思主义执政党。这四句话 32 个字，精辟揭示了党的性质、宗旨、作风和精神风貌。六项任务，即六个“着力”，指“深入学习贯彻中国特色社会主义理论体系，着力用马克思主义中国化最新成果武装全党”，“继续加强党的执政能力建设，着力建设高素质领导班子”，“积极推进党内民主建设，着力增强党的团结统一”，“不断深化干部人事制度改革，着力造就高素质干部队伍和人才队伍”，“全面巩固和发展先进性教育活动成果，着力加强基层党的建设”，“切实改进党的作风，着力加强反腐倡廉建设”。这六项任务是围绕上述七大建设所作的具体铺陈、所提的具体要求，其中有不少新思路新举措，诸如实行党的代表大会代表任期制、改革党内选举制度、扩大干部工作民主等，具有鲜明的时代特征和重大的现实意义。上述总体部署表明，党的建设将全面向前推进。大会在满怀豪情回顾过去、展望未来的同时，始终保持着清醒和冷静。十七大报告科学总结了过去五年所取得的辉煌成就，也指出了工作中所存在的不足、所面临的困难和问题。令人感触尤深的是，报告结语部分还特别强调，前面的路还很长、要奋斗就会有困难有风险；要求全党保持良好的精神状态，一定要居安思危、增强忧患意识，一定要戒骄戒躁、艰苦奋斗，一定要刻苦学习、埋头苦干，一定要加强团结、顾全大局。

还值得关注的是，在十七大召开之前，党内第一次对可新提名为中央政治局组成人员的预备人选进行了民主推荐；大会顺利完成中央领导机构的新老交替；新一届中央政治局常委前四人的职衔依次是党的总书记、全国人大常委会委员长、国务院总理、全国政协主席，延续了自第十五届开始的排序。这些均说明党内民主以及党和国家政治生活的制度化、规范化、程序化在积极稳妥地向前推进。

以上通过与七大比较，从四个方面扼要论述了十七大的重大意义和历史贡献。从中可以看出，十七大与七大相似，其意义和贡献突出体现在继往开来上。七大是党在新民主主义革命时期召开的最后一次、也是最重要的一次全国代表大会。在建国后召开的 10 次大会①中，十七大是最近一次，并且是在改革开放近 30 年、我国改革发展正处在关键阶段召开的，无论在“既往”还是“开来”方面，都体现得更为充分和突出；尤其是后一种意义，将会随着时间的推移显现得

① 党的九大、十大是在“文化大革命”期间召开的。对这两次大会的评价，详参党的十一届六中全会通过的《关于建国以来党的若干历史问题的决议》。

愈加清楚。就此而论，十七大是建国至今最重要的一次党的全国代表大会，将以其特殊的重大意义和历史贡献而载入党的史册。

十七大彰显了党的自信、成熟、智慧和力量，昭示了党的蓬勃生机、旺盛活力、锐意进取精神以及强烈的使命感、责任感，十分鼓舞和振奋人心。历史已经证明并将继续证明，中国共产党是中国特色社会主义事业的坚强领导核心。有这样的党，有 13 亿团结一致、意气风发的中国人民，有中国特色社会主义伟大旗帜的指引，世界上就没有任何力量能够阻挡住我们阔步前进、续写辉煌的步伐。

七

旗帜、道路、理论与党和国家的前途命运

——关于党的十七大报告的主题和精神

王伟光

党的十七大报告开宗明义地在“大会主题”中强调“高举中国特色社会主义伟大旗帜”，并在论述这一主题时明确提出，这面旗帜“是当代中国发展进步的旗帜，是全党全国各族人民团结奋斗的旗帜”。在我们党的历史上第一次郑重鲜明地提出高举中国特色社会主义伟大旗帜，突出了“伟大旗帜”即指导思想、共同愿望、前进道路和奋斗目标，并将其写入党章，这是党的十七大最重要的贡献。学习贯彻十七大精神，最重要的就是紧紧抓住旗帜这一根本问题，深刻把握十七大的主题和灵魂，深刻理解中国特色社会主义旗帜、道路和理论体系。

（一）举什么旗、走什么路、坚持和发展什么理论，这是一个关系党和国家前途命运的根本问题

早在建国前夕，毛泽东同志就说过：“主义譬如一面旗帜，旗子立起来了，大家才有指望，才知有所趋赴。”旗帜就是方向，就是理论指南和指导思想。旗帜体现为道路和理论；正确的旗帜就是引领中国发展进步、团结奋斗，实现中华民族伟大复兴的正确道路和正确理论。

回顾历史，在中国共产党的领导下，中国人民经历了革命、建设和改革这样三个大的历史阶段。

第一个阶段是从1921年中国共产党成立到1949年新中国成立，这是中国共产党领导人民进行中国革命的历史时期。这一阶段的历史雄辩地证明，只有坚持马克思主义，走社会主义道路，才能救中国。中国近代以来，先后发生了旧式的农民战争、不触动封建根基的自强运动和改良主义运动、资产阶级革命派领导的民主革命，这些运动以及照搬西方资本主义的其他种种方案，都不能改变中国半

殖民地半封建的社会性质和人民的悲惨命运。毛泽东同志说，十月革命一声炮响，给我们送来了马克思主义，送来了社会主义。于是发生了1919年的五四运动，1921年又诞生了中国共产党，中国由此进入新民主主义革命的发展阶段。在新民主主义革命的进程中，毛泽东同志提出了中国革命要分两步走的思想：第一步，进行中国共产党领导的新民主主义革命，这不同于孙中山领导下的旧民主主义革命；第二步，新民主主义革命成功以后，不间断地进行社会主义革命。这是以毛泽东同志为核心的党的第一代中央领导集体面对中国向何处去的重大历史关头，对举什么旗、走什么路的问题作出的正确回答。历史的经验雄辩地证明，只有以马克思主义为指导，举社会主义的旗、走社会主义的路，才能够解救中国。这是马克思主义科学社会主义的普遍原理和中国实际相结合所得出的唯一正确的结论。

第二个阶段是1949~1978年，这是社会主义革命和建设时期。在这一阶段中，我们既取得了很大成就，但也走了一段弯路。新中国成立后，党领导全国人民迅速医治战争创伤，一手抓国民经济的恢复，一手抓土地革命和新民主主义革命，取得了肃清反革命、“三反五反”、土地改革、抗美援朝的胜利，实现了国民经济和财政的全面好转。紧接着又进行了社会主义“三大改造”，建立了社会主义制度，中国进入了社会主义建设时期。回顾这段历史，虽然经历了曲折，但初步建立了社会主义的工业体系，实现了农业合作化，社会主义建设取得了伟大成就。

第三个阶段是从十一届三中全会至今，这个阶段是我们进行社会主义改革开放并取得世界瞩目伟大成就的历史新阶段。在这一阶段，我国的GDP平均增长率为9.7%。2006年，我国国民经济总量跃居世界第四位，人均GDP超过2000美元。人民生活实现了小康，城乡居民收入成倍增长，我国的国际地位显著提高，经济建设、政治建设、文化建设、社会建设和党的建设全面推进，中国人民的面貌、社会主义中国的面貌、中国共产党的面貌发生了历史性变化，民族凝聚力显著增强。

从新旧民主革命前后变化的对比中，从改革开放前后的对比中，从国内外的对比中，我们深切体会到，旗帜、道路和理论指南问题是根本问题。中国的革命、建设和改革必须以马克思主义为指导，在中国共产党领导下，高举社会主义旗帜，走社会主义道路，这才是中华民族的正确选择。

（二）举什么旗、走什么路、坚持和发展什么理论，关键是要与本国实际相结合，这是一个根本的道理

胡锦涛总书记在十七大报告中指出：“中国特色社会主义道路之所以完全正

确，之所以能够引领中国发展进步，关键在于我们既坚持了社会主义的基本原则，又根据我国实际和时代特征赋予其鲜明的中国特色。当代中国，坚持中国特色社会主义道路，就是真正坚持社会主义。”中国革命、建设和改革的全部经验证明，我们只有将马克思主义科学社会主义基本原理与我国实际相结合，才能成功地走出一条中国特色社会主义革命、建设和改革的道路。

科学社会主义的普遍原理揭示的是整个人类社会发展的一般规律，具体到每个国家，社会主义革命和建设的道路怎么走，是不可能在马克思主义普遍原理中找到现成答案的，所以，要举社会主义的旗、走社会主义的路，进行社会主义革命，必须从各国具体国情出发，把马克思主义与各国的具体国情相结合，形成有本国特色的社会主义道路。具体到我国，就是要在中国共产党领导下进行中国特色的革命，走中国特色的革命道路。

新民主主义时期，我们在以毛泽东同志为核心的第一代中央领导集体的领导下，走出了一条不同于十月革命道路的、中国特色的“以农村包围城市、最后夺取政权”的井冈山道路，形成了新民主主义的理论、路线、方针和政策。以毛泽东同志为代表的中国共产党人，坚持马克思主义立场、观点、方法，坚持科学社会主义普遍原理与中国实际相结合，实现了马克思主义中国化的第一次飞跃，即形成了毛泽东思想，取得新民主主义革命胜利，建立了新中国。

中国革命成功以后，进入社会主义建设时期，我们同样面临一个如何举社会主义的旗，如何走社会主义的路的问题，仍然要坚持把马克思主义与中国实际相结合，走中国自己的社会主义建设道路。而在这一时期我们之所以走了一段曲折的道路，其教训就是在探索社会主义道路时照抄照搬马克思主义老祖宗的原有结论，照抄照搬别国社会主义道路的模式，犯了理论与实际相脱离的错误。邓小平同志在总结社会主义建设过程中这段历史的经验教训后得出结论：一切从实际出发，走自己的道路，建设有中国特色的社会主义。这是我们党在社会主义建设时期面对举什么旗、走什么路这一重大历史关头，把马克思主义与中国国情相结合，所得出的重要结论。

在30年的改革开放历史新阶段中，我们始终高举中国特色社会主义伟大旗帜，走出了一条中国特色社会主义道路，形成了中国特色社会主义理论体系。中国特色社会主义理论体系是包括邓小平理论、“三个代表”重要思想以及科学发展观等重大战略思想的科学的理论体系，这是马克思主义中国化的又一次重大飞跃。高举中国特色社会主义旗帜，坚持中国特色社会主义理论体系，走中国特色

社会主义道路，建设中国特色社会主义，这是我们改革开放所得出的一个最宝贵的经验，也是胡锦涛总书记在十七大报告中突出强调的主题。

（三）举什么旗、走什么路、坚持和发展什么理论，关键是要坚持从初级阶段的基本国情出发，这是一个根本的经验

中国人民选择并走上社会主义道路，是在经历了许多艰难曲折后做出的历史性的选择，因而它是人民的选择，是符合国情和实际的选择，是正确的选择。一个国家走什么样的道路，关键要看国情。“橘生淮南则为橘，生于淮北则为枳”。为橘为枳，环境使然。国情就是实际，因此国情决定了一个国家究竟应当举什么旗、走什么路。

建国后我国虽然建立了社会主义制度，取得了伟大成就，但教训也十分深刻。其中一条最主要的教训就是没有真正把马克思主义普遍原理与中国具体实际相结合，脱离了中国国情。而离开国情，说到底，是思想路线上出了问题，即背离了实事求是的思想路线。邓小平同志后来在回顾这段历史时说，当时对什么是社会主义，怎样建设社会主义，我们并不很清醒。这种不清醒是思想路线上的糊涂，是脱离实际的，导致了政治上的迷失，使社会主义这部伟大的引擎陷入了空转状态。

正是基于对基本国情的认识，遵循正确的思想路线，邓小平同志后来得出了我国正处于社会主义初级阶段的论断，确定了“一个中心、两个基本点”的基本路线，形成了“一切从实际出发，走自己的路，建设有中国特色社会主义”的正确思路。高举中国特色社会主义旗帜，形成中国特色社会主义理论，走中国特色社会主义道路，这是邓小平同志的伟大贡献。而中国特色社会主义理论之所以能够发扬光大，又是几代中央领导集体的智慧结晶，是全党共同努力的结果，也是全国人民正确选择的结果。党的正确选择体现了人民的利益，必然得到人民的真心拥护，变为人民的自觉行动。

胡锦涛总书记指出，全党同志特别是党的高级干部，必须牢记社会主义初级阶段的基本国情，认清全面建设小康社会、实现我国基本现代化、巩固和发展社会主义制度的重要性、长期性和艰巨性，增强聚精会神搞建设、一心一意谋发展的坚定性，提高想问题、办事情绝不可脱离实际的自觉性。解放思想也好，改革开放也好，科学发展也好，我们所想的一切问题、所做的一切事情，都不能脱离

社会主义初级阶段基本国情，一切从实际出发，就是从中国社会主义初级阶段这个基本国情出发，同时还要看到社会主义初级阶段的长期性和艰巨性。如果脱离了社会主义初级阶段这个基本国情，我们必然会犯“左”的或者右的错误。从认识论角度讲，无论是“左”还是右，其共同特点就是脱离实际，脱离社会主义初级阶段这个最大的实际。因此，一定要统一到对社会主义初级阶段基本国情的认识上来。党的“一个中心、两个基本点”的基本路线就是根据基本国情制定的正确的政治路线。坚持这条路线不动摇，坚持以经济建设为中心，坚持改革开放，坚持“四项基本原则”，这就是从基本国情出发所得出的唯一正确的政治结论。

（四）举什么旗、走什么路，关键是要坚持和发展中国特色社会主义理论体系，这是一个根本的结论

胡锦涛总书记在十七大报告中指出：“改革开放以来我们所取得的一切成绩和进步的根本原因，归结起来就是：开辟了中国特色社会主义道路，形成了中国特色社会主义理论体系。高举中国特色社会主义伟大旗帜，最根本的就是坚持这条道路和这个理论体系。”中国特色社会主义主要体现为正确的道路和科学的理论。

举什么旗、走什么路，说到底，就是坚持以什么样的理论为指南。我们必须始终不渝地坚持和发展中国特色社会主义理论体系。该理论体系既坚持了科学社会主义的基本原理，又根据我国实际赋予其鲜明的中国特色，是科学社会主义原理同中国具体实际相结合的产物，是马克思主义中国化的最新成果，是党的几代中央领导集体带领全党共同努力的结果，是全国各族人民团结奋斗的共同思想基础。

中国特色社会主义理论博大精深，内容十分丰富。它的哲学基础和精神实质是解放思想、实事求是的观点和生产力标准的观点；回答的主题是中国特色社会主义；解决的主要问题是发展与改革；重要理论基础是改革观和发展观。这是马克思主义中国化最新成果一以贯之的共同的时代主题、哲学依据和理论基础。

中国特色社会主义理论的哲学依据最主要的是两个基本支撑点，一是解放思想、实事求是的观点，二是生产力标准的观点。邓小平同志提出解放思想、实事求是的观点，奠定了中国特色社会主义理论的思想路线基础。江泽民同志把解放思想、实事求是的观点概括为与时俱进这一马克思主义的理论品质，进一步丰富

和发展了党的基本路线。胡锦涛同志继承了解放思想、实事求是、与时俱进的思想路线，特别强调求真务实，再三强调解放思想是党的思想路线的本质要求，继承了党的思想路线的真谛。我们党从邓小平、江泽民到胡锦涛，之所以不断把中国特色社会主义理论发扬光大，就是因为不断地在实践中继承和发扬光大党的解放思想、实事求是的思想路线。

生产力标准是马克思主义唯物史观的最基本的观点。正是根据生产力标准的观点，邓小平同志提出了一系列改革开放的重大决策，并在改革开放的关键时刻，就如何判断改革成败的问题，提出了"三个有利于"的判断标准，"三个有利于"判断标准是生产力标准的继续和深入。有了"三个有利于"判断标准，我们就把握住了对改革是非、改革成败判断的根本标准，就可以冲破姓"社"姓"资"的思想束缚，就可以大胆解放思想，大踏步改革，不断取得中国特色社会主义改革的成功。江泽民同志提出"三个代表"重要思想，把代表先进生产力作为第一个代表，同时提出代表先进文化、代表人民根本利益。这是对生产力标准和"三个有利于"标准的丰富和发展。思想路线是辩证唯物主义的基本问题，生产力标准是历史唯物主义的基本问题。辩证唯物主义和历史唯物主义是我们党全部理论的哲学基础，构成了中国特色社会主义理论体系的哲学依据。

中国特色社会主义理论体系是围绕中国特色社会主义这一主题展开的，回答的主要问题是中国特色社会主义如何发展，而解决发展的问题，必须解决改革的问题。解决改革和发展问题，其重要理论根据一是马克思主义的发展观，二是马克思主义的改革观。

首先是发展观。邓小平的发展思想是邓小平理论的重要内容。邓小平同志十分强调发展。中国特色社会主义建设的主题可以归结为发展。而发展首先是生产力的发展，这是由中国特色社会主义现阶段，即初级阶段的基本国情和历史方位所决定的。我国社会主义初级阶段的主要矛盾是人民群众日益增长的物质文化需求和生产力不能满足这种需求的矛盾，解决这个矛盾就必须大力发展生产力。发展生产力是社会主义的根本任务，因此，经济建设是党在现阶段的中心任务。为此，邓小平同志提出了"发展是硬道理"的战略思想和"三步走"的发展战略。

江泽民同志提出"三个代表"重要思想，第一个代表就是代表先进生产力，也就是要不断地解放和发展生产力，并把它提高到党的自身建设的高度来认识，把发展生产力同党的执政理念、党的先进性建设和执政能力建设联系在一起。江泽民同志进一步丰富和发展了邓小平的发展思想，提出"发展是执政兴国的第一要务"，强调要全面理解发展问题，正确处理社会主义现代化建设中的若干重大关系，把握好发展、稳定与改革的关系，处理好建设与效益、数量与质量的关系。还提出关键要更新发展思路，实现增长方式的转变，由粗放型转变到集约型。这不仅从理论上丰富了邓小平的发展思想，而且对中国的发展思路作了战略调整。

以胡锦涛同志为总书记的新一代中央领导集体，在总结国际国内发展经验的基础上，提出了科学发展观等战略思想，形成了“科学发展、和谐发展、和平发展”的发展新理念，把中国特色社会主义发展理论推向一个新的高度。针对我国在新世纪新阶段发展中的新问题、新要求和新任务，党中央提出了以人为本、全面协调可持续的发展观。胡锦涛总书记在十七大报告中指出，“科学发展观，第一要义是发展，核心是以人为本，基本要求是全面协调可持续，根本方法是统筹兼顾。”科学发展观是解决中国发展中各种新矛盾、新问题所必须遵循的战略思想和指导方针。

其次是改革观。改革思想是邓小平理论的又一重要组成部分。社会主义的根本任务是解放和发展生产力，要解放和发展生产力，就必须不断改革。这是由社会主义基本矛盾决定的。我国确定了社会主义制度之后，社会基本矛盾是生产关系和生产力要求相适应前提下的不适应，也就是存在体制上的不适应。一是以往形成的僵化的政治经济体制，严重阻碍了生产力的发展；二是社会主义不是一成不变的，即使适合的体制也要随着经济社会的发展而不断地进行创新。邓小平同志率先提出“革命是解放生产力，改革也是解放生产力，改革是第二次革命”。只有破除旧的体制，才能解放和发展生产力。改革是社会主义不断向前发展的动力。这就是邓小平改革思想立论的根据。邓小平的改革思想在马克思主义发展史上是一个创举。

以江泽民同志为核心的党的第三代中央领导集体明确提出建立社会主义市场经济体制的改革目标。强调把社会主义市场经济同社会主义基本经济制度结合在一起，建立这种经济体制就是要使市场在国家宏观调控下对资源配置起基础性作用。为实现这个目标，必须坚持以公有制为主体、各种经济成分共同发展的方针，必须建立现代企业制度。江泽民同志勾画了社会主义市场经济体制的基本框架，规定了国有企业改革的方向。在党的十五大上，江泽民同志就社会主义初级阶段的所有制结构和公有制实现形式问题作了论述，进一步从理论上加以突破，体现了我们党的又一次解放思想。

以胡锦涛同志为总书记的新一代中央领导集体，突出强调体制创新，把体制改革和落实科学发展观结合起来，把体制创新与深化改革结合起来。他指出

"推进体制创新，是解决经济社会诸多矛盾和问题的必由之路，也是贯彻和落实科学发展观的必然要求。必须通过深化改革，努力形成一套有利于科学发展的体制机制"。正如胡锦涛总书记在党的十七大报告中指出的那样，新时期最鲜明的特点是改革开放，改革开放带来新时期最显著的成就是快速发展，新时期最突出的标志就是与时俱进，改革开放是决定当代中国命运的关键抉择，是发展中国特色社会主义、实现中华民族伟大复兴的必由之路，只有社会主义才能救中国，只有改革开放才能发展中国、发展社会主义、发展马克思主义。30 年来的改革开放的实践证明，能不能坚持发展和改革，坚持什么样的发展和改革，关系到我们事业的兴衰成败。科学发展观和正确改革观是中国特色社会主义理论体系的主要内容。可以说，坚持科学发展，坚持正确改革，也就是坚持中国特色社会主义。

总之，正如胡锦涛同志提出的那样，"马克思主义只有与本国国情相结合、与时代发展同进步、与人民群众共命运，才能焕发出伟大的生命力、创造力和感召力。在当代中国，坚持中国特色社会主义理论体系，就是坚持马克思主义。"

（五）举什么旗、走什么路，关键是要坚持全面贯彻落实科学发展观，这是一个根本的要求

在改革发展的新阶段，党中央提出了要实现经济发展方式的转变，这意味着我们必须解决好"发展什么，怎样发展"这一中国特色社会主义事业发展进程中提出的新课题。针对这一新问题，我们党把马克思主义关于发展的理论运用于中国的实际，提出了科学发展观。

科学发展观对政治建设、文化建设和社会建设的指导意义非常现实和深刻，这主要体现在科学发展观是以人为本，发展的目的是为了人民，发展要依靠人民，发展成果要由人民共享这一核心观点上。生产的目的是满足人的需要，而人的需求不仅包括物质方面的需求，而且包括政治参与、权益保障和文化等方面的需求，这就需要通过加强政治建设、文化建设和社会建设来予以满足。要实现全面协调可持续发展，必然要包括中国特色社会主义总体布局中经济、政治、文化、社会的全面发展；不仅要实现经济与社会的协调发展，而且要实现经济、政治、文化、社会的协调发展，使四者之间能够相互促进，相得益彰；不仅是经济持续增长，还要实现社会公正、公平、正义的社会目标。总之，政治局面的活跃和稳定，人的素质的全面提高，是实现可持续发展的重要保障和支撑条件。

十七大报告指出，科学发展观"是发展中国特色社会主义必须坚持和贯彻

的重大战略思想"，这是完全正确的。以邓小平理论和"三个代表"重要思想为指导，深入贯彻落实科学发展观，是中国特色社会主义建设不断取得新胜利的思想理论保证。

我们必须按照十七大报告提出的要求，认真贯彻落实科学发展观。一是要始终坚持"一个中心、两个基本点"的基本路线，处理好落实科学发展观与坚持党的基本路线的关系。党的基本路线是实现科学发展观的政治保证。以经济建设为中心是兴国之基，四项基本原则是立国之本，改革开放是强国之路，任何时候都不能动摇。二是要积极构建社会主义和谐社会。科学发展和社会和谐是内在统一的：没有科学发展就没有社会和谐，没有社会和谐也难以实现科学发展。既要通过科学发展增加社会财富，为社会公平和社会和谐提供物质基础，又要通过和谐社会建设为发展提供良好的社会环境。三是要继续深化改革开放。四是要切实加强和改进党的建设。

要正确贯彻落实科学发展观，必须克服思想认识上的片面性，为此，我们应从以下五个方面全面理解和把握科学发展观。

一是要从政治的高度认识科学发展观。那种认为科学发展观只是单一解决经济发展的指导方针的片面认识，是对科学发展观的误解。科学发展观实际上要解决四个可持续发展问题：首先，实现经济的可持续发展，通过新型的经济发展模式，走出一条有中国特色的低成本、低代价的经济发展道路；其次，实现政治的可持续发展，通过建设社会主义政治文明，走出一条中国特色的民主政治发展道路；再次，实现人文社会的可持续发展，通过社会主义精神文明建设，走出一条中国特色的文化繁荣道路；最后，实现生态环境、人口、资源的可持续发展，通过生态文明建设，走出一条中国特色的资源节约型和环境友好型的建设道路。要在经济、政治、文化、社会、人的全面发展和党的建设等各个方面，全面落实科学发展观。

二是要从全局的高度认识科学发展观。那种认为科学发展观好是好，但"在我这里不适合"的片面认识，以及那种认为与其加大财政投入搞环保，搞公共设施和文化设施建设，不如集中财力搞见效快的经济项目才算有政绩的片面认识，都是对科学发展观的误解。在这种误导下，一些地方仍然违规上高污染、高耗能项目，违规使用土地，对环境问题、资源问题、社会和人的全面发展问题重视不够。推进经济社会和人的全面发展是全局性的问题，不注意治理局部发展带来的诸多矛盾和问题，势必影响全局发展，有害于全局。我们一定要克服片面性，以大局为重，全面落实科学发展观。

三是要从意识形态的高度认识科学发展观。那种认为科学发展观主要是针对发展中那些有形的、实的、物质的、经济的问题，从而忽视了发展中那些软的、虚的、精神的、文化的、政治的、人文的问题的片面认识，也是对科学发展观的误解。实际上科学发展观不仅解决的是硬的、实的、物质的、经济的发展，而且还要全面解决软的、虚的、精神的、政治的、人文的发展。一定要在意识形态的建设和领导方面，全面体现和落实科学发展观。因此，要全面理解和贯彻落实科学发展观，以科学发展观统领软实力、文化力、精神力、道德力、政治力的建设，强化党在意识形态领域的领导和控制能力。

四是要从改革的高度认识科学发展观。那种认为贯彻落实科学发展观就不能推进和深化改革，把科学发展与改革开放对立起来的观点，也是对科学发展观的误解。在改革中出现的某些问题和偏颇，恰恰需要按照科学发展观的要求积极推进改革才能解决。很多问题并不是改革造成的，而恰恰是不按科学发展观推进改革造成的。当前在改革问题上的某些迟疑、争论、观望和停滞，正是在改革问题上没有正确认识和理解科学发展观所致。科学发展观要求我们必须坚定不移地坚持改革开放，坚持社会主义市场经济的改革取向。只有按照科学发展观的要求，继续加强和深化改革，才能解决发展中的问题。

五是要从战略的高度认识科学发展观。那种认为科学发展观是应急的措施，是解决眼前发展中诸多矛盾和问题的权宜之计的观点，同样是对科学发展观的误解。科学发展观既立足于解决当前发展中存在的诸多矛盾和问题，更着眼于长远发展，着眼于解决长远发展中有可能产生的矛盾和问题。这就要求领导干部在落实科学发展观的实践中不争短期效应，不施短期行为，不搞“形象工程”、“面子工程”，不仅讲眼前，更要讲长远，一定要把科学发展观作为一项前瞻性的、长远性的、根本性的战略思想加以落实。

中国建设和改革的全部历程告诉我们，中国特色社会主义是当代中国发展进步的旗帜，只有高举这面旗帜，才能不断推进我国经济社会的全面发展和各项事业的全面进步；中国特色社会主义是全国各族人民团结奋斗的旗帜，只有高举这面旗帜，才能巩固全党全国各族人民团结奋斗的思想基础，凝聚全体人民一道努力奋斗；中国特色社会主义是实现中华民族伟大复兴的唯一正确道路，只有沿着这条正确道路前进，才能实现全面建设小康社会的宏伟目标。

八

高举旗帜　推动哲学社会科学的创新发展

武　寅

党的十七大报告明确提出："繁荣发展哲学社会科学，推进学科体系、学术观点、科研方法创新，鼓励哲学社会科学界为党和人民事业发挥思想库作用，推动我国哲学社会科学优秀成果和优秀人才走向世界。"这是党的历次代表大会对哲学社会科学论述最多的一次，是我们党从发展中国特色社会主义的全局出发，对哲学社会科学的地位和作用的精辟概括，进一步明确了新形势下哲学社会科学的发展方向和根本任务。哲学社会科学与党和人民的事业息息相关。我们必须认真把十七大精神学习好、研究好、贯彻好，努力推动中国哲学社会科学事业的创新发展，为发展中国特色社会主义作出更大的贡献。

（一）推动哲学社会科学创新发展必须坚持正确的方向

中国社会科学的繁荣发展和不断创新，不能闭门造车、凌空蹈虚，而必须把学术创造的关切点，深深地植根于当代中国波澜壮阔、异彩纷呈的社会实践之中。正如恩格斯所说，"每一个时代的理论思维，从而我们时代的理论思维，都是一种历史的产物"。当代中国正在发生着广泛而深刻的变革，中国特色社会主义在世界东方巍然屹立、举世瞩目。这既为当代中国社会科学的理论研究和学术探索提供了丰富的问题场域和实践蓝本，也对当代中国社会科学的繁荣发展提出了新使命和新要求，更使作为中国发展经验之表达的当代中国社会科学，具有承先启后、世所未有的世界历史性意义。党的十七大鲜明地提出高举中国特色社会主义伟大旗帜，充分表明了我们党继续推进中国特色社会主义伟大事业的坚定决心，充分反映了全党全国各族人民的共同愿望。在当代中国，只有中国特色社会主义旗帜而不是别的什么旗帜，能够最大限度地团结和凝聚不同社会阶层、不同

利益群体人们的智慧和力量，建设我们共同的家园。中国特色社会主义伟大旗帜，是当代中国发展进步的旗帜，是全党全国各族人民团结奋斗的旗帜。中国特色社会主义，既是我们党在改革开放和社会主义现代化建设历史新时期的理论主题，也是实践主题；既是我们党的精神旗帜，也是符合我国国情的发展道路。任何一个伟大的民族，都有一个伟大的梦想。中国特色社会主义，就是中华民族百余年来，在追寻民族独立、国家富强、社会和谐这一伟大梦想的道路上，披荆斩棘、艰辛探索而收获的科学成果。

这一深刻认识要求我们哲学社会科学工作者，必须坚持发挥党和人民事业思想库的作用，立足当代中国国情，以面向世界、面向现代化、面向未来的宏大历史视野，以反思批判的眼光审视我们这个时代所经历的崭新实践，以向时代负责、向历史负责、向党和人民负责的严谨态度，谋划、推动、繁荣当代中国社会科学。繁荣发展中国社会科学，既是一个长期的过程，又是一项艰苦的任务，需要一代一代的哲学社会科学工作者付出辛勤的劳动和进行不懈的探索。在这个过程中，哲学社会科学界要努力坚持三个方向。

第一，要坚持正确的政治方向。坚持正确的政治方向，就是要毫不动摇地高举中国特色社会主义伟大旗帜，始终与党中央保持高度一致，深入研究中国特色社会主义道路和中国特色社会主义理论体系，深入研究党的各项路线、方针、政策，为开辟中国特色社会主义新局面提供强大的精神动力和智力支持。只有坚持这一点，我们的哲学社会科学研究才能沿着正确的轨道前进，才能从根本上体现最广大人民的利益，才能让我们的学术成果真正成为人民的智识、历史的精粹、思想的奇葩。坚持正确的政治方向，是繁荣发展哲学社会科学的前提。

第二，要坚持正确的理论方向。坚持正确的理论方向，就是要坚持以马克思主义为指导，将马克思主义基本原理贯穿运用于哲学社会科学的研究工作中，坚持理论联系实际，坚持解放思想、实事求是、与时俱进、探索创新，推动和引领当代中国哲学社会科学形成新的学科体系、学术观点、研究方法和理论范式，努力构建具有中国特色、中国风格、中国气派的哲学社会科学理论体系。马克思主义理论揭示了自然界、人类社会和思维发展的客观规律，论证了社会主义取代资本主义的历史必然性，指明了实现无产阶级与全人类解放的理想目标和现实道路，实现了人类思想史上划时代的根本变革，开创了现代意义上的社会科学。不管是当前还是今后，我们哲学社会科学界都要毫不动摇地坚持马克思主义的立场、理论和方法，毫不动摇地把马克思主义基本原理与当代中国具体实际相结合，惟其如此，我们哲学社会科学的发展，才能保持长久而旺盛的生命力。

第三，要坚持正确的科研方向。坚持正确的科研方向，就是要坚持两个服务，即坚持为人民服务和为中国特色社会主义服务。人民是历史的创造者，中国人民正在奋力开创的中国特色社会主义事业，是当代中国社会科学成长壮大的理论源泉、内在动力，也是当代中国社会科学繁荣发展的目的所在、希望所在。我们要紧紧围绕建设中国特色社会主义这个主题，准确把握时代特征和中国国情，认真研究和回答我国社会主义经济建设、政治建设、文化建设、社会建设和党的建设面临的一系列重大问题，不断总结实践经验，不断进行学术探索，为党和国家的决策服务，为人民服务，为中国特色社会主义服务。

坚持正确的政治方向、理论方向和学术方向，既不是要否定独立思考，更不是要否定学术研究中“百花齐放、百家争鸣”的方针。我们要努力营造生动活泼、求真务实的学术环境，提倡不同学术流派、学术观点的争鸣和切磋，提倡论证充分的批评与反批评。鼓励大胆探索，在实践中不断认识真理、发展真理。坚持正确的政治方向、理论方向和学术方向，也不是要否定理论和学术的前瞻性，更不是要否定对世界文明成果的汲取和借鉴。对于学术界前沿性的探索，我们应当大力提倡和热心扶助，为它提供和创造良好的研究环境。在全球化浪潮汹涌而来的今天，世界范围内的学术交流和对话不可避免，对于其他国家和民族取得的先进经验和文明成果，我们决不能闭目塞听，而要从世界普遍交往的观点深入反思其他文明形态的学术创造，在学术理念、研究方法、理论范式等方面汲取吸收。

（二）推动哲学社会科学创新发展必须进行科学的评价

科学评价是科学管理中至关重要的一个环节。没有科学的评价，就不可能有科学的管理，就不可能有效地促进科研工作的健康发展。随着科学事业的不断扩大和发展，科学评价对科研规划、队伍建设、机构设置、资源配置、科研项目审批和管理、科研成果的鉴定和验收，以及整个科研活动过程都起着非常重要的作用，越来越引起人们的关注和重视。只有评价工作做好了，才能准确地判断我们的优势和不足，才能找到存在的差距，才能明确努力的目标，才能为科学管理决策提供可靠的依据。因此，我们一定要重视和加强对科学评价的研究，提高科研管理和决策的科学性。

第一，要重视科学评价的导向作用，促进科研工作健康发展。科学评价理论、评价方法、评价指标对科研工作的发展是有导向作用的。提倡什么，反对什么，这些都会在评价政策、评价指标体系，特别是评价结果中体现出来。

科学评价工作必须坚持正确的政治导向。马克思主义、毛泽东思想、邓小平理论和“三个代表”重要思想是我国哲学社会科学研究的指导思想，这一点应当贯穿在科学评价的整个过程，在评价原则、评价指标体系和结果中得到体现。科学评价要正确处理好学术自由与坚持四项基本原则的关系，只有这样才能把握正确的政治导向，推动哲学社会科学沿着正确的方向发展。

科学评价必须把握正确的学风导向，要倡导学术规范，反对学术不端行为。对一项科研成果的评价，除了政治标准外，首先就要看作者是否遵守相关的学术规范，是否尊重他人的劳动，是否准确区分自己和他人的研究成果。要通过科学评价营造健康的学术环境。科学评价要正确处理数量标准和质量标准的关系，倡导精品意识，反对平庸之作。科研成果的数量和质量始终是评价一个机构或者一个学者研究能力与水平的最基本、最主要的两个因素。科学评价不能将这两个因素割裂开来，甚至对立起来。数量多并不一定代表水平高，但也不能武断地认为都是平庸之作；数量少不等于水平低，但也不一定就是精品力作。科学评价要正确处理数量与质量的关系，尤其要下力气研究评定成果质量的方法和指标。创新是科学评价的一项重要指标。判断一项科研成果的价值，要看它在前人研究成果基础上是否有所建树。我们通过科学评价来提高整个学术界的创新意识和精品意识。总之，科学评价要有利于科研工作的健康发展。

第二，学习借鉴国外的先进经验，建立有中国特色的科学评价体系。从世界范围来看，无论是自然科学研究还是人文社会科学研究，各国都在不断加大经费投入力度。在推动科学研究发展壮大的同时，也越来越重视对科学管理的研究，特别是对科学评价的研究，形成了许多面向科研活动过程的监督管理措施和评估办法。我们开展科学评价研究，一定要认真学习其他国家在这方面取得的先进经验，借鉴它们的一些先进的组织方法、先进的指标体系和先进的技术手段。同时也应当指出，人文社会科学的成果评价与自然科学的成果评价有很大区别，中国的国情与国外的情况又有很大不同。自然科学成果的评价有些可以直接引用国外的评价指标和评价方法，而人文社会科学成果的评价则必须考虑许多本土化的因素。因此，我们在吸收借鉴国外先进经验的同时，要积极探索和建立一套符合中国国情、有中国特色的评价标准、评价方法和评价手段，使科学评价更加合理，更加科学。这是需要科研管理部门和研究部门共同努力解决的重要问题。

第三，鼓励学术争鸣，正确对待学术批评。科学评价成果的价值在于它的客观性、公正性和公信度，即得到学术界的普遍认同。但科学评价本身是一件非常复杂的事情，评价的组织程序和评价指标体系对评价结果有着直接的关系，人文社会科学又由于其内在的特殊性，评价的难度就更大。评价的结果往往涉及学者本人以及相关机构的切身利益，甚至影响到一个机构、一个学科、一个刊物、一个学者的发展环境。所以科学评价往往最容易引起人们的争论。大家对评价表示关心和关注是可以理解的。有争论是好事，一套科学评价方法的出台要经得起批评，经得起实践的检验，要去伪存真，不断完善，要根据批评意见和实践的检验不断发展。同时应当指出的是，我国的科学评价研究才刚刚起步，许多科学评价方法、评价指标还处于不断修正和改进之中，学术界要对科学评价研究给予更多的宽容和支持。

（三）坚持科学发展观，进一步提高科研管理水平

推动中国哲学社会科学创新，鼓励哲学社会科学界为党和人民事业发挥思想库作用，中国社会科学院承担着光荣的使命与责任。“十一五”期间，中国社会科学院将在党的十七大精神指引下，认真落实中央领导同志指示精神，全面推进哲学社会科学创新体系建设。

在实施重大课题研究和理论创新工程方面，以雄厚扎实的基础理论研究为依托，紧紧围绕全面建设小康社会和构建社会主义和谐社会进程中的重大理论与实践问题，进一步整合全院科研力量，开展多学科协作攻关，努力推出 100 项左右具有重要社会影响和重大学术价值的科研成果。为大力弘扬理论联系实际的优良学风，切实推进学术观点创新，还设立专门的国情调研项目和专用经费，组织开展国情调研工作，使科研工作建立在正确认识和把握国情的坚实基础之上。

在实施重点学科建设方面，按照“巩固、调整、发展”的原则，根据当代经济社会发展需要和学科发展趋势，适当调整学科结构，努力推动学科体系创新。实施“重点学科建设工程”，形成与课题制相配套的科研组织工作新格局，力争到“十一五”期末，形成 100 个左右在国内外具有重要影响的优势学科和特色学科，其中 1/3 左右的学科在国际学术界具有一定影响。另外，对新兴学科、交叉学科、“绝学”等，也应给予充分的关注。

在人才队伍建设方面，中国社会科学院大胆探索，成立了学部，经过严格的选拔程序，遴选出首批学部委员 47 名、荣誉学部委员 95 名，充分发挥学部的学术指导、学术咨询和科研协调作用，着力培养和吸引优秀学科带头人，加强人才梯队建设，为又好又快发展奠定坚实的人才基础。

在实施网络信息化建设方面，将根据国家信息化工作的总体部署，实施科研信息和成果数字化工程、数字图书馆工程、大型系列科研数据库建设工程，建立中国社会科学院统一的学术期刊电子版数据库，同时整合全国社科院系统学术信息资源，建立全国哲学社会科学数据库。

在国际学术交流方面，进一步贯彻“以我为主”原则，加大对外学术交流的投入。继续实施哲学社会科学“走出去”战略，扩大对外交流范围和规模，提高交流的质量和影响。通过交流与合作，把哲学社会科学优秀成果和优秀人才推向世界。

“十一五”期间，我们将通过实施上述重大建设工程，把中国社会科学院建设成为以马克思主义为指导的人才荟萃、体制完善、机制灵活、学科布局合理、在国际上有广泛影响、在国内位居前列的哲学社会科学研究机构。

当前，我国经济社会发展正处于历史上最好的时期。改革开放30年来，我国经济社会创造了长时期高速发展的奇迹，取得了世人瞩目的成就，为国家哲学社会科学事业的发展打下了雄厚的物质基础。同时，我国哲学社会科学事业也面临着难得的发展机遇。在全面建设小康社会、加快构建社会主义和谐社会的历史进程中，哲学社会科学研究面临着许多重大的时代性课题，哲学社会科学工作者责任重大、使命光荣、探索未有穷期。

让我们更加紧密地团结在以胡锦涛同志为总书记的党中央周围，高举中国特色社会主义伟大旗帜，深入贯彻落实科学发展观，大力推进哲学社会科学创新体系建设，全面提升理论创新能力，努力用高质量的科研成果，为繁荣发展我国哲学社会科学，为在流传不息的人类思想史上永远留下当代中国哲学社会科学的学术探求的足迹而不懈努力。

九

把握反腐倡廉建设的辩证法 促进哲学社会科学创新体系建设*

李秋芳

2004年和2005年，中央先后颁布实施了两个“三号文件”，即《关于进一步繁荣发展哲学社会科学的意见》和《建立健全教育、制度、监督并重的惩治和预防腐败体系实施纲要》。几年来，贯彻中央要求，中国社会科学院科研等各项事业和反腐倡廉建设都取得了重要进展。党的十七大对于建设惩治预防腐败体系和繁荣发展哲学社会科学进一步加以强调。从中国社会科学院实际出发贯彻党的十七大精神，要坚持哲学社会科学创新体系与惩治预防腐败体系协同构建，正确处理好以下几个关系。

（一）努力提供政治纪律与反腐倡廉建设的双重保障，为哲学社会科学事业的发展“保驾护航”

政治纪律和反腐倡廉建设，都是各项事业赖以发展的政治保障。办好中国社会科学院的首要问题是坚持正确的政治方向，反腐倡廉建设的首要任务是维护政治纪律。维护政治纪律，坚持正确的政治方向，加强反腐倡廉建设，都是为了保持党的先进性，提高党的战斗力和凝聚力，保证各项事业沿着社会主义方向前进。政治纪律建设和反腐倡廉建设具有目标的同一性，都服务于中国特色社会主义事业的建设，在中国社会科学院则服务于哲学社会科学事业的发展。

党员干部维护政治纪律和廉洁自律，都要先解决政治方向和理想信念问题。只有正气在胸，才能百邪不侵。如果政治失向、信念崩溃，就可能导致行为失

---

* 该文系李秋芳同志2008年3月27日在中国社会科学院反腐倡廉建设工作会议上的讲话稿，收入本书时略有删节。

控，进而发生违纪违法问题。正如锦涛同志指出的“政治纪律加强了，有利于减少腐败问题的产生”。因此，政治纪律是中国社会科学院全体党员干部首先要遵守的铁的纪律，也是所有社会科学工作者必须遵守的行为准则。任何人都不能对政治纪律持轻视态度，任何时候都不能放松维护政治纪律的工作。

（二）切实完善自律和他律的双重机制，创造党员干部自觉走廉洁人生道路的良好条件

自律与他律，是保证党员干部走廉洁人生道路不可或缺的两条“安全带”。自律需要他律创造外在条件，他律则需要自律发挥内生作用。

必须把道德和法纪自律作为拒腐防变的第一道防线。自律，说到底是用道德法纪管住自身行为，增强自觉抵御腐败风险的“免疫力”。多少人走上腐败道路血泪交织的教训表明：谁对自己的道德行为失控，谁视党纪国法为儿戏，谁就是葬送自己前程的最大敌人。党员干部都要学好马克思主义，形成良好的道德修养，打牢精神支柱，追求廉洁人生。古往今来，品行源于修养，情趣依靠涵养。《礼记·中庸》较早提出“君子慎其独”，朱熹提出“自省吾身，有则改之，无则加勉”。中国社会科学院的党员干部，更要明荣知耻，激浊扬清，使遵守道德和法纪成为一种行为习惯，一种生活方式，一种文化自觉。要注意净化自己的社交圈，坚持择善而交，顶住熟人和利益相关者主动“喂养式”的进攻，自觉抵制拜金主义、享乐主义和极端个人主义的侵蚀。要慎重对待家人的要求和亲朋好友的请托，一旦要求自己利用职务便利及其影响帮助满足其不当利益时，就一定要拒绝。要正确选择个人爱好，经常检点自己的行为，有高尚的追求，不贪图享受，不骄奢淫逸，做到台上台下一个样，工作时间业余时间一个样，有没有监督一个样。一个讲道德、重品行、善自律的人，一定能够获得心理平衡感和廉洁欣慰感。

必须靠管用的制度、到位的监督、严厉的惩处来强化他律。实现他律，一靠制度，二靠监督，三靠惩处。因为，制度健全使人无法腐败，监督到位使人不能腐败，惩处有力使人不敢腐败。要真正做到用制度管权、管事、管人。党员干部要理解、敬畏和遵守制度，使制度成为阻挡腐败侵蚀的“防火墙”。要坚持集体领导，推进决策的科学化、民主化，最大限度地减少以权谋私、权钱交易的制度漏洞。要加强对直接行使人财物管理权力的规制，完善科研、人事、财务、外事、招生、工程建设等制度，坚持在关键环节上不粗疏。要使权力受到有效监督。监督好似经常性“体检”，有利于及时“保健”。每个有成就的党员干部，

都是组织上长期培养和个人多年努力的结果，为谋求事业顺利和人生平安，必须使监督伴随权力行使的全过程。要真诚自觉地接受监督和大力支持监督，千万不要认为群众跟自己过不去，嫌纪检机关麻烦，等到出事后又追悔莫及。要自觉报告个人廉洁自律情况。要增强科研行政管理的透明度，凡与群众利益相关的事项，要尽量公开听取意见，提高工作公信力。要主动推进党务公开，使党员了解党内事务，充分行使参与权、表达权和监督权。加强他律，必须健全腐败发现机制，加大对腐败问题的惩处力度，促使领导干部警醒自励，防微杜渐，增强抵御各种腐败现象侵蚀的能力。

（三）始终坚持廉政建设和勤政建设的双重目标，形成识别评价干部的正确导向

廉政和勤政，是反腐倡廉建设两个相联系的重要目标。清正廉洁、勤政为民，是党员干部安身立命、事业有成的法宝。干部不廉会堕落，廉政守的是行为底线，可以防止权力“错位”；干部不勤会贻误事业，勤政拓展了行为价值空间，可以避免权力“缺位”。中国社会科学院建设哲学社会科学创新体系，要靠廉政勤政两项建设作保障。

要毫不放松地抓好廉政建设。过去都说社科院是“清水衙门”，没有机会腐败。近年来，随着社会上腐败现象向文化教育科研领域的蔓延，社科院也呈现经济案件比例上升情况。十六大以来，共核查经济类案件和问题44件，占总量的66%，其中有3人被司法机关判刑，6人受到党纪政纪处分。其问题主要出在：一是贪污挪用，利用职务之便贪占集体资财，或“借”给家人好友经营，或将公共资金投资企业为个人谋利；二是以权谋私，有的在基建工程中为自家装修住房、添置家具，有的购买办公用品、图书资料时个人拿回扣，有的为家人报销巨额费用；三是收受贿赂，或利用职务便利直接收受贿赂，或接受请托为他人谋取不正当利益收受巨额钱财。可以看出，社科院并不是世外桃源，难免受到社会上腐败现象的影响。胡锦涛同志指出，“如果不加强管理和监督，有些原被认为是清水衙门的部门和单位也很可能成为案件多发地带”。针对存在的问题，中国社会科学院对领导干部和关键岗位干部加大了教育监督力度，但反腐倡廉建设任务仍很繁重，要既着力解决导致违纪违法的老问题，又注重解决滋生腐败现象的新问题，不断拓展从源头上防治腐败的工作领域。全院党员干部要严格执行中央纪委关于廉洁自律的规定，警惕各种诱惑，防止利用职务便利或通过其他国家工作

人员，为自己和特定关系人谋取不当利益。

要持之以恒地抓好勤政建设。一个党员干部尤其是领导干部，如果在其位不谋其政，无所作为，或推诿责任，阻碍工作发展，即便没有不廉洁问题，对于党和人民来说也没多大用处。强调勤政，有利于党员干部保持昂扬向上干事业的精神状态。党员干部要锐意进取，善于抓住机遇创造性地开展工作。要增强事业心责任感，恪尽职守，矫正慵懒作风，始终保持工作热情和活力。要鼓起不怕事、干成事的勇气，摒弃“潜规则”，敢于直面困难，主动采取措施，解决面临的突出问题。勤政建设搞好了，廉政建设才会更有意义。

（四）忠实履行科研业务管理与党风廉政建设的双重责任，形成两手抓、两手都要硬的良好局面

科研行政管理和党风廉政建设，都是各级党员干部的基本职责。十六大以来，中国社会科学院形成了党组统一领导、党政齐抓共管、纪委组织协调、部门各负其责、依靠群众支持参与的党风廉政建设领导体制和工作机制。深化党风廉政建设责任制，要坚持一手抓科研行政业务，一手抓党风廉政建设，都抓好落实、抓出成效。

党风廉政建设与业务工作，如车之两轮，鸟之双翼，互为条件，相互促进。从做好业务工作的角度看，承担党风廉政建设责任，就要熟知法规纪律并贯彻执行，这样可以为业务工作提供政治和法规保障，使所在单位工作不偏离党规国法轨道，使自己不犯或少犯错误，使干部学者不出或少出问题。从承担党风廉政建设责任的角度看，要落实好党风廉政建设责任制，就必须找准切入点和落脚点，把反腐倡廉要求落实到科研行政工作中去。每年落实院工作会议和反腐倡廉建设工作会议精神，各单位要完成好党组提出的“规定动作”，把反腐倡廉工作与科研行政工作一起落实、一起检查，同时从实际出发提出本单位反腐倡廉工作的“自选动作”。只要用心融入和结合，就会在实践中收到科研行政管理和反腐倡廉工作双提高、同受益的效果。

（五）认真担当监督与保护的双重职能，把住纪检组织爱护干部的重要关口

对于纪检组织来说，监督与保护是两项密不可分的重要职责。监督是关心爱

护，是使干部不犯错误至少是少犯错误；保护同样是关心爱护，是使真正干事业的干部受到误解伤害时，组织上能给排除障碍，使其轻装上阵。纪检组织发挥两方面的职责，都需要具有高度的责任感。

纪检组织做好监督工作，要多把工作放在违纪违法行为未发和初发时。十六大以来，中央纪委对监督的要求越来越具体，驻院纪检组对领导干部的监督力度也在加大，监督重点是三个：一是监督政治方向，二是监督权力运行过程，三是监督个人廉洁自律行为。加强监督，最经常性的工作是督促检查，保证中央和党组的重大决策部署得到贯彻落实。监督的重点是领导干部特别是主要领导干部、人财物管理等关键岗位。采取的监督措施主要有廉政谈话、沟通谈话、函询、述职述纪、报告个人事项、经济责任审计等，目的是“防患于未然”。对于“风起于青萍之末”的违纪现象，则通过诫勉谈话、批评教育、轻微处分，早打招呼早提醒，防止小错酿成大错。组织的监督一旦转化为个人严格自律的内在力量，便是对党员干部的最大爱护。

纪检组织要把监督干部同信任保护干部统一起来。监督干部，不是把干部弄得畏首畏尾，而是支持干部发挥积极性做好工作。中国社会科学院党员干部是一支好队伍，纪检组织对大家是充分信任的。近年来，院所两级纪检组织处理信访举报时，查清了半数以上的不实问题，为受到错告、诬告的同志澄清了是非。对于属实的问题，也严格区分缺乏经验出现的不规范操作与违纪违法的界限，一般性错误和违纪违法的界限。纪检组织要通过信访核查工作，进一步形成正确的评价导向，坚决支持干事业的干部，热心帮助工作存在不足的干部，审慎稳妥地处理违纪违法问题。

（六）自觉肩负管“门里事”和当“思想库”的双重使命，发挥社会科学工作者在反腐倡廉建设中的特殊作用

做好中国社会科学院的反腐倡廉工作，需要处理好“小环境”与“大环境”的关系。当前腐败现象在一些地方、部门仍处于易发高发阶段，严重损害了人民利益和党的形象，是巩固党的执政地位和经济社会发展必须下力解决的重大现实问题。由于腐败具有关联性和扩散性，随着中国社会科学院与各界交往的扩大，社会上的腐败现象也难以避免会影响到少数干部学者。抓好反腐倡廉建设，管好“门里事”，可以为社会科学事业“保驾护航”。同时，一个全国风清气正的“大

环境”与社科院廉洁健康的“小环境”是密不可分的。解决我国目前的腐败问题，需要的不是牢骚议论，也不是袖手旁观，而是拿出责任、勇气和实干精神。党的十六大以来，在院党组的领导下，在广大专家学者和纪检干部的参与下，我院积极开展了廉政研究工作，取得了一批有价值的成果，为中央反腐倡廉决策提供了智力支持。落实党的十七大精神，我们要继续完成好中央纪委的分解交办任务，深入开展反腐倡廉研究，这是社科院发挥党中央国务院思想库作用的题中应有之义。廉政研究的政策性、应用性很强，必须具有高度的政治水平，宽阔的理论视野，务实的应对举措。要坚持理论联系实际，广泛深入地开展调查研究，掌握实情，吃透国情，将多学科优势与反腐倡廉实践有机结合，多提管用对策，为全党反腐倡廉建设作出社会科学工作者的有益贡献。

在中国特色社会主义伟大事业中，反腐倡廉建设任务光荣而艰巨。让我们每个有事业心、责任感的党员干部和专家学者，都热情投身到哲学社会科学创新体系和惩治预防腐败体系的建设中，共同创造社会科学事业风清气正的发展环境。

十

高举旗帜　坚定不移

江蓝生

党的十七大在我国改革发展的关键阶段召开，胡锦涛同志所作的十七大报告站在新的历史起点上，对中国共产党将要举什么旗、走什么路，以什么样的精神状态、朝着什么样的发展目标前进，做出了明确的回答：高举中国特色社会主义伟大旗帜，以邓小平理论和“三个代表”重要思想为指导，深入贯彻落实科学发展观，继续解放思想，坚持改革开放，推动科学发展，促进社会和谐，为夺取全面建设小康社会新胜利而奋斗！会议的指导思想和会议主题与十六大一脉相承，是一个承前启后、继往开来的党的代表大会，对中国今后的发展将产生重大深远的影响。十七大报告是走群众路线、充分发扬民主的产物，是全党全国人民智慧的结晶；是我们党团结带领全国各族人民坚定不移地走中国特色社会主义道路、在新的历史起点上继续发展中国特色社会主义的政治宣言和行动纲领。

高举中国特色社会主义旗帜是报告最鲜明的特点。这面旗帜是历史的选择，是中国共产党人长期以来在建设社会主义事业的伟大实践中对马克思主义的丰富和发展。事实已经雄辩地证明这面旗帜、这条道路完全符合我国社会主义初级阶段的国情，它是“当代中国发展进步的旗帜，是全党全国各族人民团结奋斗的旗帜”。既顺应时代潮流，又符合党心民心，全党全国各族人民越来越深刻而真切地认识到这是国家富强、民族振兴的唯一正确道路，倒退和全盘西化都是走不通的。

报告用高度凝练的语言概括了十一届三中全会以来改革开放的伟大历史进程，实事求是地指出了前进中面临的困难和问题。十六大以来的五年，是我国经济社会持续协调快速发展的五年，是群众得到更多实惠、生活明显改善的五年。但是毋庸讳言，在经济连续快速增长的同时，我国经济社会各个层面也暴露出不少令人隐忧的深层次问题，解决得不好，就会面临很大的社会危机。我们党勇

敢、从容地应对国内外各方面的严峻挑战，在理论和实践两方面都创造性地推动了中国特色社会主义事业的前进。

人的正确认识从哪里来？从实践中来。我们党对于建设中国特色社会主义的理论和发展道路的认识是随着改革开放的实践不断深化，不断丰富充实的。一开始提出“加速发展”，后来提出“又快又好”发展，2006 年底调整为“又好又快”发展，更加注重质量和效益，走生产发展、生活富裕、生态良好的文明发展道路。也就是转变经济发展方式，走科学发展道路，这样才能实现长期、可持续的发展。十六大以来，以胡锦涛同志为总书记的党中央，继承党的三代领导集体关于发展的思想，深刻总结我国发展实践，创造性地提出了科学发展观等重大战略思想，确立了社会主义经济、政治、文化、社会建设四位一体的中国社会主义事业总布局，努力解决人民群众最关心、最直接、最现实的利益问题，始终不渝地坚持走和平发展道路，加强党的建设伟大工程，加强执政党的执政能力和先进性建设，展现出我们党作为一个成熟的马克思主义政党的鲜明政治立场、卓越执政能力、开拓马克思主义中国化新境界的巨大理论勇气和巨大政治勇气以及统筹国内国际两个大局的宽广世界眼光。我深深感到，党中央的坚强而正确的领导，是中国人民的福气，是中华民族伟大复兴的根本保障，毫不动摇地沿着这一正确道路前进，中国一定有更加光明的前途。

报告关于高举中国特色社会主义伟大旗帜的深刻论述是有现实针对性的。目前，在社会上，关于如何总结认识十一届三中全会以来的党的路线、党的一系列理论创新和实践创新，如何看待改革开放中出现的各种新问题，是有不同认识的。我个人的想法是，正如报告中三个“我们要永远铭记”所提醒的，不能把以毛泽东同志为核心的党的第一代中央领导集体和以邓小平同志为核心的党的第二代中央领导集体以及以江泽民同志为核心的党的第三代中央领导集体艰辛探索社会主义建设的伟大实践割裂或对立起来，不能把马克思主义、毛泽东思想同邓小平理论和“三个代表”重要思想割裂或对立起来，不能把解放思想、改革开放与坚持党的基本路线、基本纲领割裂或对立起来，不能把建设社会主义初级阶段的社会主义同实现党的最终理想——共产主义割裂或对立起来。面对巨大的历史挑战和前进中层出不穷的严峻问题，是向前看还是向后看，是“照搬西方”还是回到老路，是必须在思想上搞清楚的大是大非问题。在长期的发展道路探索中，我们对西方的历史文化传统和社会制度有了更多更深的了解，“照搬西方”的路子不符合我国国情，根本走不通；苏联和东欧社会主义阵营的剧变和解体也告诉我们，以“阶级斗争为纲”，搞封闭的计划经济体制也走不下去。在当今国际背景下，中国共产党人是没有回头路可走的！如果倒退，中国就将失去最后的发展机遇，中国人民就很难摆脱贫穷、落后的命运，所谓民族的伟大复兴也将成为泡影！在这个问题上我们应该保持清醒的头脑，结合国际国内实际，深入学习报告中有关中国特色社会主义理论体系的深刻论述，把思想统一到十七大报告上来，坚定不移地高举中国特色社会主义旗帜，按照党的十七大描绘的蓝图，一心一意全面建设好我们的国家，让中国人民过上更加美好的生活。

十七大报告用了很大的篇幅论述了推动社会主义文化大发展大繁荣的内容，其中特别提出建设社会主义核心价值体系，增强社会主义意识形态的吸引力和凝聚力的要求，对中国社会科学院文史哲学部的工作有直接的指导意义。社会主义核心价值体系是社会主义意识形态的本质体现，是巩固全党全国各族人民团结奋斗的共同思想基础，学部的学者应该通过自己的学术研究和社会实践，探索用社会主义核心价值体系引领社会思潮，抵制各种错误和腐朽思想。核心价值观是一个民族文化的最深层次体现，也是一个国家软实力的集中表现，文化所产生的精神导向作用和力量不可低估，硬实力是软实力的物质后盾，软实力是硬实力的精神支撑。在大力弘扬中华民族的优秀传统文化，使之与当代社会相适应、与现代文明相协调方面，在增强中华文化的国际影响力方面，中国社会科学院广大文史哲学者都有许多切实的工作要做。我们要在十七大旗帜的引领下，为提高民族素质，振奋民族精神和中华文化的繁荣兴盛作出切实的贡献。

十一

高举中国特色社会主义伟大旗帜

李景源

中国特色社会主义是指引中华民族沿着社会主义道路胜利前进的光辉旗帜。胡锦涛同志在党的十七大报告中明确指出，在当代中国，坚持中国特色社会主义道路，就是真正坚持社会主义；坚持中国特色社会主义理论体系，就是真正坚持马克思主义。我们要深入学习领会这一重要思想，坚持中国特色社会主义道路和理论体系不动摇。

（一）社会主义价值理想是历史的选择

中国特色社会主义理想不是作为观念给予我们的，而是作为社会历史过程给予我们的。要了解中国特色社会主义何以成为中国人民的共同理想，首先要从总体上把握中国的历史走向，弄清近代中国是怎样从亡国灭种的边缘转变成为一个初步繁荣昌盛的国家，深刻领会历史和人民怎样选择了马克思主义、怎样选择了共产党、怎样选择了社会主义道路。这种历史根据是科学社会主义价值理想的深层基础。

第一，社会主义价值理想最初是在资本主义社会内部产生的，是伴随劳动群众不断反抗资本的统治而传播和发展的。马克思创立的唯物史观和剩余价值学说，使这一理想由空想变成科学。马克思用毕生精力阐明了从商品到资本的历史必然性及其内在矛盾，揭示了以资本为本位的社会形态的历史局限性，从根本上解构了资本主义社会，开启了建立社会主义的新时代。

第二，社会主义作为价值理想传入中国并生根结果，是中华民族长期探索并最终选择的结果。一个半世纪的历史表明，封建主义统治，既不能完成内部的根本变革、实现社会转型，也不能坚决抵抗帝国主义侵略、实现民族独立。戊戌维新和辛亥革命的失败，最终证明了以民族资产阶级为主体所追求的资本主义强国之路也无法实现。中国共产党作为工人阶级政党，代表了广大人民翻身求解放的愿望，引导中国走上了社会主义道路，使中华民族实现了解放、独立、富强、民主的百年夙愿。最初，马克思主义的历史观是和科学社会主义学说一起传入中国的，马克思主义的中国化与科学社会主义的中国化就是通过解决中国社会所面临的现实问题而逐步实现的。救亡图存和振兴发展是中国近现代史的主题，新民主主义和中国特色社会主义就是解决这一历史主题的现实选择和社会理想的统一。

第三，在民主革命时期，思想理论界的多次论战使社会主义价值理想在中国得到广泛传播。1919 年 7 月展开的关于问题与主义的论争，1920 年展开的关于社会主义问题的论争，不仅极大地扩大了马克思主义和科学社会主义的影响，而且为我们党的建立准备了思想和干部条件。特别是 1928 年展开的关于中国社会性质问题的论争，以及随后展开的一系列哲学问题论争，促进了唯物史观在中国的传播，为探索马克思主义中国化、科学社会主义中国化提供了重要的思想资料。

（二）中国特色社会主义是重大的理论创新

中国特色社会主义理论凝聚了中国共产党人长期探索所积累的丰富经验。新中国成立后，以毛泽东同志为核心的党的第一代中央领导集体，探索马克思主义与中国实际的“第二次结合”，为创立中国特色社会主义理论提供了重要的历史经验。20 世纪 50 年代中期，毛泽东同志在《论十大关系》中提出了“以苏为戒”，号召我们独立地探索一条有别于苏联模式的中国工业化道路。毛泽东同志号召全党学习和研究社会主义政治经济学，努力把握社会主义建设的规律，提出要“创造新的理论，写出新的著作”。他还针对非洲的社会主义发展迟缓等重要问题，提醒全党深入地研究传统社会主义模式存在的问题。毛泽东同志对社会主义发展道路的理论和实践探索，为后人提供了宝贵的思想资料和理论财富。

中国特色社会主义发展道路，是以邓小平同志为核心的党的第二代中央领导集体带领全党和全国人民开创的。1980 年，邓小平同志在接见阿尔及利亚、坦桑尼亚等非洲国家代表团时说，你们要研究一下，为什么非洲的社会主义越搞越穷？这是继毛泽东同志之后，邓小平同志再一次提出这个问题。1982 年，邓小平同志在党的十二大开幕词中第一次明确提出中国特色社会主义的理论命题：“把马克思主义的普遍真理同我国的具体实际结合起来，走自己的道路，建设有

中国特色的社会主义，这就是我们总结长期历史经验得出的基本结论。”理性认识源于历史，历史昭示未来。中国特色社会主义道路的开辟，是一个艰辛的历史探索过程。唯物史观不仅是思想路线拨乱反正的哲学依据，也是政治路线拨乱反正的理论依据。邓小平同志在十一届三中全会前后，用极大的精力关心理论工作，在发展唯物史观方面作出了重要贡献。

第一，明确提出历史发展两大动力问题，即经济发展是社会发展的动力以及按劳分配是推动生产发展的动力。1975 年，他在主持中央工作期间，明确提出“把国民经济搞上去是根本任务”，现在“批‘唯生产力论’谁还敢抓生产？现在把什么都说成是资产阶级法权，多劳多得是应该的嘛，也叫资产阶级法权吗？搞生产究竟应当用什么东西作动力？”为了进一步批判“四人帮”在生产力问题上的谬论，恢复生产力原理在唯物史观中的核心地位，1977 年 9 月，他批示在《哲学研究》和《经济研究》杂志发表文章，对“四人帮”鼓吹的“批判唯生产力论”的谬论进行拨乱反正。1978 年 3～4 月，邓小平又发动了关于物质利益和按劳分配问题的大讨论，明确提出按劳分配是社会主义的重要原则。随后，在十一届三中全会的主题报告中专门阐述了物质利益和革命精神的关系：“不讲多劳多得，不重视物质利益，对少数先进分子可以，对广大群众不行，一段时间可以，长期不行。革命精神是非常宝贵的，没有革命精神就没有革命行动。但是，革命是在物质利益的基础上产生的，如果只讲牺牲精神，不讲物质利益，那就是唯心论”。

第二，邓小平依据唯物史观，提出了三种革命的理论以及改革是中国的第二次革命的重要思想。1980 年初，邓小平专门论述了阶级革命和生产力革命的关系问题。他说：“革命是要搞阶级斗争，但革命不只是搞阶级斗争。生产力方面的革命也是革命，而且是很重要的革命，从历史的发展来讲是最根本的革命。”此后，他多次讲，改革是中国的第二次革命。历史观要回答的是历史发展的动力问题，这个动力又是有结构和层次的，搞清楚阶级革命、改革、发展生产力这三者之间的关系结构，正是邓小平理论创新的关键所在。邓小平同志提出的三种革命的理论，是对唯物史观的重大发展，它们在邓小平理论体系中占有重要的地位，是邓小平同志提出的“一个中心、两个基本点”思想的理论基石，是邓小平同志关于“不断发展社会生产力的社会主义”、“充满生机和活力的社会主义”、“主张和平的社会主义”三位一体发展目标的哲学基础。这一重大理论成果，是我们党思考国际共产主义运动历史和中国社会主义发展历程所得出的基本结论，是邓小平同志留给我们的最宝贵的精神财富。

“三个代表”重要思想重申了生产力首要地位和人民利益标准，把它作为党的宗旨和执政兴国的总体理念，是对唯物史观的丰富和发展，是保证我们党永远立于不败之地的根本保证。党的十六大以来，以胡锦涛同志为总书记的党中央提出以人为本的科学发展观，立足于对国内外发展经验和教训的科学总结，面向新世纪新阶段党和国家事业发展的全局，明确要求我们把聚精会神搞建设、一心一意谋发展落实到坚持以人为本，实现全面、协调、可持续发展上来。

30 年的改革开放进程表明，中国特色社会主义为中华大地带来了勃勃生机，是民族振兴的康庄大道，只有中国特色社会主义才能发展中国。

（三）全面理解中国特色社会主义理论体系

中国特色社会主义不仅是中国自近代以来发展的合乎逻辑的产物，更获得了改革开放实践和现实的证实。中国特色社会主义的理论体系既体现了历史观和价值观的统一，合规律性与合目的性的统一，又体现了共性和个性的统一、人类发展的普遍规律和民族发展道路的统一。立足于这个理论体系，中国才能走自己的发展道路。

第一，党的思想路线是中国特色社会主义理论体系的灵魂。实事求是在中国化的马克思主义哲学中，是贯通唯物论、辩证法、历史观、认识论和方法论的总体性范畴。善于运用实事求是思想路线来解决革命、建设和改革中的重大问题，是我们党带领人民群众不断走向辉煌的卓越领导艺术。在民主革命时期，为了反对党内的教条主义，毛泽东同志创造性地提出了把马克思主义普遍原理和中国革命的具体实际相结合的原则，创立了新民主主义理论，实现了马克思主义中国化的第一次历史性飞跃。在改革开放新时期，邓小平同志以解放思想、实事求是为武器，破除新的教条主义，批判“两个凡是”，实现了思想路线上的拨乱反正，为政治路线的拨乱反正、党的工作重心的转移奠定了思想基础，成功地开辟了在经济文化落后的国家建设社会主义的新道路，提出了中国特色社会主义的新命题。30 年的改革开放实践证明，解放思想、实事求是、与时俱进是反对各种“左”的和右的思想倾向，使我们党永远保持蓬勃生机与活力的法宝。

第二，唯物史观是中国特色社会主义理论体系的核心。生产力是社会发展的根本动力，生产力决定生产关系的原理是把握人类社会发展史的钥匙，对一定历史条件下生产力与生产关系矛盾运动的分析，是马克思主义说明该社会经济、政治制度和体制产生、发展和变革的根本依据。唯物史观是无产阶级政党从事革

命、建设和改革的根本指导思想。邓小平同志根据唯物史观的生产力原理提出了“三个有利于”标准。从邓小平同志的“三个有利于”标准到江泽民同志提出的“三个代表”重要思想，再到以人为本的科学发展观、和谐社会理论，生产力的首要地位和人民群众的主体地位相统一的思想一以贯之。唯物史观作为中国特色社会主义理论体系的核心，是我们党执政理念的哲学基础。“三个代表”重要思想是我们党的立党之本、执政之基、力量之源，这里的“本”、“基”、“源”，说到底就是人民群众的支持和拥护。胡锦涛同志多次强调，马克思主义政党必须以最广大人民的根本利益为出发点和落脚点，是否始终站在最广大人民的立场上，是区分唯物史观和唯心史观的分水岭。深入理解唯物史观在党的历史奋斗中的指导作用，对于自觉高举中国特色社会主义伟大旗帜至关重要。

第三，开拓创新是高举中国特色社会主义旗帜的关键。马克思主义的生命力在于它是随实践的发展而发展的。党的思想路线、政治路线都是关于发展的路线，党的“一个中心、两个基本点”的基本路线和“三个代表”重要思想，是适应我国发展的阶段性特征而提出的发展理念。科学发展观继承了改革开放以来的重点发展论和辩证发展论的核心理念，把社会理解为自组织的有机整体，重视整体存在和发展的基础条件。“不谋万世者不足以谋一时，不谋全局者不足以谋一域”。这里的“万世”、“全局”是谋一时、一域的前提。我们要以科学发展观为指导，坚持以人为本，坚持全面协调可持续发展，坚持统筹兼顾，科学认识和妥善处理中国特色社会主义建设中的重大关系，把中国特色社会主义伟大事业不断推向前进。

十二

中国特色社会主义道路越走越宽广*

姜　辉

党的十七大报告提出，要长期坚持和不断发展中国特色社会主义道路和中国特色社会主义理论体系。十七大标志着中国特色社会主义理论与实践发展到了新阶段和新境界。

（一）

十七大高扬中国特色社会主义伟大旗帜，向世人昭示：在当代中国，坚持中国特色社会主义道路，就是真正坚持社会主义；坚持中国特色社会主义理论体系，就是真正坚持马克思主义。

高举中国特色社会主义伟大旗帜，就是坚持马克思主义基本原理与中国具体实际相结合，坚持社会主义普遍性和特殊性的统一，不断推进马克思主义中国化进程。十七大报告指出："中国特色社会主义道路之所以完全正确、之所以能够引领中国发展进步，关键在于我们既坚持了科学社会主义的基本原则，又根据我国实际和时代特征赋予其鲜明的中国特色。"这是对马克思主义关于社会主义普遍性和特殊性相统一原理的科学表达，是对中国特色社会主义本质的深刻诠释。

离开中国实际和时代特征来谈马克思主义和社会主义，离开指引我们取得伟大成功的中国特色社会主义理论去另外寻找别的什么主义，都是没有前途和意义的。建设中国特色社会主义，是前无古人的创造性事业，必须以不断发展的马克思主义为指导，坚持一切从实际出发，立足中国国情，在实践中不断探索，不断

---

* 该文以中国社会科学院邓小平理论和"三个代表"重要思想研究中心名义，刊《求是》2008 年第 2 期。

积累经验和升华理论，从而不断推进马克思主义中国化进程。

高举中国特色社会主义伟大旗帜，是对我们党长期以来尤其是改革开放30年来的历史和实践经验的总结，是在新的历史阶段开拓中国特色社会主义更为广阔的发展前景的需要。30年来改革开放波澜壮阔的历史进程，是中国共产党人孜孜求索中国特色社会主义建设规律的历史进程。我们党在新的时代条件下带领人民进行的这场新的伟大革命，使中国社会主义建设取得了举世瞩目的伟大成就，同时也积累了无比丰富和宝贵的历史经验。十七大把这些经验深刻、精辟地概括为“十个结合”，丰富了中国特色社会主义理论，深化了对共产党执政规律、社会主义建设规律和人类社会发展规律的认识，在中国特色社会主义伟大旗帜上书写了浓墨重彩的一笔，在全世界面前成功地树立起了新的历史阶段“党的运动水平的里程碑”。这表明，同30年前相比，我们对什么是中国特色社会主义、怎样建设中国特色社会主义的认识，更加丰富和深刻，也更加成熟和自觉。

（二）

十一届三中全会以来的历史，就是我们党开创中国特色社会主义道路并不断前进的历史。十七大总结改革开放的宝贵经验，总结十六大以来的新进展新经验，立足推动科学发展、促进社会和谐的新形势新任务，对中国特色社会主义道路的内涵和任务等，作了全面、系统的阐述，提出了实现全面建设小康社会奋斗目标的新要求。按照十七大的精神和战略部署，在新世纪新阶段全面推进中国特色社会主义，就要努力做到以下几方面。

第一，必须始终坚持党在社会主义初级阶段的基本路线。十七大报告结合当前我国经济社会发展的实际，提出了一个“重大变化”、两个“没有变”的论断，指出：“经过新中国成立以来特别是改革开放以来的不懈努力，我国取得了举世瞩目的发展成就，从生产力到生产关系、从经济基础到上层建筑都发生了意义深远的重大变化，但我国仍处于并将长期处于社会主义初级阶段的基本国情没有变，人民日益增长的物质文化需要同落后的社会生产之间的矛盾这一社会主要矛盾没有变”。这是我们党对我国的历史方位和发展阶段的科学判断和清醒认识。十七大从党和国家前途命运的高度，提出和进一步阐释了“党的基本路线是党和国家的生命线”，“以经济建设为中心是兴国之要”，“四项基本原则是立国之本”，“改革开放是强国之路”等论断。我们要按照十七大的要求，牢记社会主义初级阶段基本国情，毫不动摇地坚持党的基本路线，并结合新的理论和实践赋予其新的时代内涵。要从实现科学发展的高度认识和推进经济建设，从党的理论创新和制度创新的高度认识和坚持四项基本原则，从发展中国、发展社会主义、发展马克思主义的高度认识和推进改革开放。这样，才能毫不动摇地把以经济建设为中心同四项基本原则、改革开放这两个基本点统一于发展中国特色社会主义的伟大实践。

第二，必须深入贯彻落实科学发展观。十七大报告对科学发展观的时代背景、实践基础、科学内涵、精神实质和重大意义作了全面、系统的概括。深入贯彻落实科学发展观，就是坚定不移地走中国特色社会主义道路。要按照十七大的要求和部署，全面把握科学发展观的科学内涵和精神实质，增强贯彻落实科学发展观的自觉性和坚定性，着力转变不适应不符合科学发展观的思想观念，着力解决影响和制约科学发展的突出问题，把科学发展观贯彻落实到经济社会发展的各个方面。

第三，必须按照“四位一体”的总体布局推动全面发展。实现中国特色社会主义事业“四位一体”总体布局的奋斗目标，是开拓中国特色社会主义更为广阔发展前景的长期任务。要按照十七大的要求和部署，加快转变经济发展方式，完善社会主义市场经济体制；积极稳妥推进政治体制改革，使社会主义民主政治展现出更加旺盛的生命力；坚持社会主义先进文化前进方向，推动社会主义文化大发展大繁荣；加快推进社会建设，着力保障和改善民生。通过经济建设、政治建设、文化建设、社会建设的全面推进，把我们国家建设成为富强民主文明和谐的社会主义现代化国家。

第四，必须继续推进党的建设新的伟大工程。十七大报告强调，要使我们党成为中国特色社会主义事业的坚强领导核心，就必须以改革创新精神加强党的自身建设，就必须全面加强党的思想建设、组织建设、作风建设、制度建设和反腐倡廉建设。党的建设“五位一体”的布局，创新了党的建设的总体框架和思路，拓宽了党的建设的范围和途径，是对马克思主义党建学说的丰富和发展。十七大报告对党的建设作出全面而又有重点的部署，这些新要求新举措，为继续推进党的建设新的伟大工程指明了方向，并使其同中国特色社会主义伟大事业更加紧密地结合起来。

第五，必须坚持和发展中国特色社会主义理论体系。由邓小平理论、“三个代表”重要思想和科学发展观等重大战略思想组成的中国特色社会主义理论体系，坚持和发展了马克思列宁主义、毛泽东思想，是马克思主义中国化的丰硕成果。中国特色社会主义理论体系的科学内涵和丰富内容，涵盖了党和国家事业的

各个方面，涉及经济建设、政治建设、文化建设、社会建设和党的建设各个领域，包括中国社会主义发展道路、发展阶段、根本任务、发展动力、外部条件、政治保证、战略步骤、党的领导和依靠力量等一系列重大问题。要使中国特色社会主义道路越走越宽广，就必须始终坚持和发展中国特色社会主义理论体系，坚持解放思想、实事求是、与时俱进，不断推进理论创新、实践创新，不断深化对中国特色社会主义建设和发展规律的认识，让当代中国马克思主义放射出更加灿烂的真理光芒。

十三

不断深化对中国特色社会主义理论体系的研究和探索*

徐崇温

党的十七大报告指出，改革开放以来我们取得一切成绩和进步的根本原因，归结起来就是：开辟了中国特色社会主义道路，形成了中国特色社会主义理论体系。高举中国特色社会主义伟大旗帜，最根本的就是要坚持这条道路和这个理论体系。中国特色社会主义理论体系，是包括邓小平理论、“三个代表”重要思想以及科学发展观等重大战略思想在内的科学理论体系，凝结了几代中国共产党人带领人民不懈探索的智慧和心血。

(一)

对适合中国国情的社会主义道路的探索，始于以毛泽东为核心的党的第一代中央领导集体。早在20世纪50年代中期，我国社会主义改造基本完成、开始全面建设社会主义的时候，毛泽东就提出，现在是社会主义革命和建设时期，我们要进行马克思主义与中国实际的第二次结合，找到在中国进行社会主义革命和建设的正确道路。毛泽东的这种探索进行得艰难曲折，但也取得了一些积极的思想成果，其中以《论十大关系》、《关于正确处理人民内部矛盾的问题》等论著中提出的一些重要思想最为突出。

在1956年4月发表的《论十大关系》讲话中，毛泽东提出“以苏为鉴”，论述了正确处理社会主义经济建设和社会发展中的十个重大关系，并在重、轻、农以及中央和地方等一系列问题上明确指出了苏联模式的弊端和缺陷。后来，毛

* 该文以中国社会科学院邓小平理论和“三个代表”重要思想研究中心名义，刊《求是》2008年第6期。

泽东在谈到这个讲话时曾多次指出，十大关系是基本观点，就是同苏联比较。除了苏联的办法以外，是否可以找到别的办法能比苏联、欧洲各国搞得更快更好。他还指出，在社会主义建设的一系列关系中，斯大林只强调一面：强调搞工业，忽视搞农业；强调集中，忽视分散；强调大型的，忽视中小型的。我们从提出十大关系起，开始找到自己的一条适合中国的路线。这里所说的“适合中国的路线”，它的一个基本方针，就是要把国内外一切积极因素调动起来，为社会主义事业服务。

然而，由于1957年下半年在国际、国内出现的一些复杂形势和重大事件的冲击，再加上对新生的社会主义社会的发展规律缺乏充分的认识和把握，毛泽东对国内阶级斗争形势作出了与客观实际日益相悖的错误估计，在指导思想上发生了“左”的偏离，使他对中国社会主义道路的探索离开了正确的方向。尽管如此，毛泽东对适合中国国情的社会主义道路的艰辛探索，毕竟为我们党实现马克思主义同中国实际相结合的第二次飞跃创造了前提和基础。

（二）

面对“文化大革命”造成的危难局面，以邓小平为核心的党的第二代中央领导集体首先重新确立了解放思想、实事求是的思想路线，冲破“两个凡是”的思想禁锢，科学评价毛泽东和毛泽东思想，彻底否定“以阶级斗争为纲”的错误理论和实践，把党和国家的工作重心转移到经济建设上来，实行改革开放，在领导党和人民进行社会主义建设的伟大实践中，创立了邓小平理论，开辟了建设中国特色社会主义的新道路。

邓小平理论包含一系列具有开创性的思想，其中最首要的就是在深刻总结历史经验的基础上，第一次比较系统地初步回答了“什么是社会主义、怎样建设社会主义”的问题，揭示了社会主义的本质是解放生产力，发展生产力，消灭剥削，消除两极分化，最终达到共同富裕，从而把对社会主义的认识提高到新的科学水平。邓小平理论强调只有社会主义才能救中国和发展中国，但社会主义必须是切合中国实际的有中国特色的社会主义。而当代中国最大的实际就是中国现在正处于并将长期处于社会主义初级阶段。在这个阶段，人民日益增长的物质文化需要同落后的社会生产之间的矛盾才是社会的主要矛盾。一切都要从这个实际出发，根据这个实际去制订规划。邓小平把社会主义社会改变生产关系和上层建筑中不适应生产力发展和经济基础需要的部分叫改革，并看做是一场社会主义制度自我完善和发展的革命，提出了判断改革得失成败的“三个有利于”标准。与此同时，邓小平又以马克思主义的宽广眼界观察世界，作出了实行对外开放的科学决策。他指出：搞社会主义，中心任务是发展社会生产力，一切有利于发展社会生产力的办法，包括利用外资和引进先进技术，我们都要采用。在思考用什么方法才能更有效地发展生产力的时候，邓小平还提出了社会主义也可以搞市场经济的思想，从根本上破除了把计划和市场看做是社会基本制度的思想束缚，为社会主义市场经济理论的形成奠定了坚实基础。正是因为有了这些历史性的理论贡献，邓小平理论开创了中国特色社会主义理论体系，实现了马克思主义同中国实际相结合的第二次飞跃。

（三）

20 世纪 80 年代末 90 年代初，国际国内发生严重的政治风波，世界社会主义运动遭遇严重挫折，我国社会主义事业面临新的巨大困难和压力。在这个重大历史关头，以江泽民为核心的党的第三代中央领导集体，高举马克思列宁主义、毛泽东思想、邓小平理论伟大旗帜，坚持改革开放，与时俱进，提出了“三个代表”重要思想，带领全党全国人民捍卫和发展了中国特色社会主义事业，并成功地把它推向 21 世纪。

“三个代表”重要思想紧密结合时代发展的新形势、我国广大人民群众的新要求、中国改革开放和社会主义现代化建设的新实践，在邓小平理论的基础上，从改革发展稳定、内政外交国防、治党治国治军等各个方面，在建设中国特色社会主义的发展道路、发展阶段、发展战略、根本目的、根本任务、发展动力、依靠力量、国际战略以及新时期党的建设等问题上，用一系列联系紧密、相互贯通的新思想、新观点、新论断，进一步回答了什么是社会主义、怎样建设社会主义的问题，创造性地回答了在新的历史条件下建设什么样的党、怎样建设党的问题。

之所以说“三个代表”重要思想继承发展了中国特色社会主义，并成功地把它推向 21 世纪，是因为它反映了世纪之交世情、国情、党情方面的新的发展变化及其对党和国家工作提出的新要求。就世情来说，进入新世纪，和平与发展作为时代主题并没有改变，但在总体趋向和平、缓和、稳定的同时，局部却出现战争、紧张、动荡。经济全球化进程加快，但随着它的负面影响的日益扩散，许多发展中国家被进一步边缘化。科学技术进步日新月异，越来越成为经济社会发

展的重要决定性因素。世界各大国之间的关系，集中表现为包括经济实力、科技实力、国防实力和民族凝聚力在内的综合国力的较量和竞争。西方敌对势力加紧对我实施西化、分化的战略图谋不会改变，我们同它们之间的渗透和反渗透、颠覆和反颠覆的斗争将是长期的、复杂的，有时甚至是十分尖锐的。在这场国际斗争中，我们既要坚持原则立场，又要讲究斗争艺术，然而最根本的是要坚定不移地抓住机遇，加快发展，增强忧患意识，迎接挑战，特别是要集中力量把国内的事情办好。就国情来说，随着改革开放的深化和社会主义市场经济的发展，我国社会生活中出现了社会经济成分的多样化、利益主体的多样化、社会组织方式和社会生活方式的多样化、就业岗位和就业形式的多样化，这种变化向我们党提出了新的更高的要求：既要代表广大人民群众的根本利益，又要正确处理和调整不同利益群体之间的矛盾。就党情方面来说，我们党从一个在建国前为夺取政权而奋斗的党，变成建国以后掌握全国政权并长期执政的党，在对外开放和发展社会主义市场经济条件下领导国家建设的党。这种地位和环境的变化，要求我们党必须坚持党要管党、从严治党的方针，进一步解决提高党的领导水平和执政水平、提高拒腐防变和抵御风险的能力这两大历史性课题。

之所以说“三个代表”重要思想继承发展了中国特色社会主义，并成功地把它推向21世纪，更重要的是因为它的科学内涵和精神实质随着时代和形势的变化而不断得到丰富和发展。实践证明，贯彻“三个代表”重要思想，关键在坚持与时俱进，核心在坚持党的先进性，本质在坚持执政为民。

（四）

在新世纪新阶段，我国的社会主义现代化建设在取得了举世瞩目巨大成就的新的历史起点上，既面临着可以大有作为的战略机遇期，又面对着由于以高投入、高消耗、高排放、低效率、低产出为特征的粗放经济增长方式，与能源、资源、环境的矛盾日益突出以及在发展过程中贫富差距不断拉大等严峻挑战。以胡锦涛同志为总书记的党中央从党和国家事业发展的全局出发，总结我国发展实践，借鉴国外发展经验，适应新的发展要求，提出了科学发展观等重大战略思想，进一步回答了实现什么样的发展和怎样发展等重大问题，赋予马克思主义关于发展的理论以新的时代内涵和时代特色，进一步丰富和发展了中国特色社会主义理论体系。

科学发展观的第一要义是发展。它是用来指导发展的，不能离开发展这个主题，所以要牢牢抓住发展这个党执政兴国第一要务，聚精会神搞建设，一心一意谋发展，着力把握发展规律，创新发展理念，转变发展方式，破解发展难题，提高发展质量和效益。科学发展观的核心是以人为本。要以实现人的全面发展为目标，始终把实现好、维护好、发展好最广大人民群众的根本利益作为党和国家一切工作的出发点和落脚点，尊重人民主体地位，发挥人民首创精神，切实保障人民群众的经济、政治和文化权益，走共同富裕的道路，让发展的成果惠及全体人民、由人民共享。科学发展观的基本要求是全面协调可持续。要以经济建设为中心，全面推进经济建设、政治建设、文化建设、社会建设，实现经济发展和社会全面进步。科学发展观的根本方法是统筹兼顾，要正确认识和处理中国特色社会主义事业中的一系列重大关系，统筹城乡发展、区域发展、经济社会发展、人与自然和谐发展、国内发展和对外开放，统筹中央和地方的关系，统筹个人和集体、局部和整体、当前和长远利益，充分调动各方面的积极性。统筹国内国际两个大局。既要总揽全局、统筹规划，又要抓好牵动全局的重要工作、事关群众利益的突出问题，着力推动、重点突破。在国内推进保障和改善民生、促进社会公平正义的和谐社会建设，在国际上和各国人民携手努力推动持久和平、共同繁荣的和谐世界建设。

胡锦涛同志指出："中国特色社会主义理论体系是不断发展的开放的理论体系。"对中国特色社会主义理论体系形成和发展的历史回顾，清楚地说明，推动着这个理论体系得以形成和不断发展的不竭动力，是一代又一代的中国共产党人为在社会主义建设问题上把马克思主义和中国实际结合起来而进行的坚持不懈、与时俱进的探索；而这个理论体系之所以能够引领中国社会发展进步，关键在于它坚持了科学社会主义的基本原则，又根据我国实际和时代特征赋予其鲜明的中国特色。在当代中国，中国特色社会主义理论体系是全党全国各族人民团结奋斗的共同思想基础，坚持这个理论体系，就是真正坚持马克思主义。

十四

中国特色社会主义理论体系的实践意义

吴 波　张晓敏

中国特色社会主义理论体系，是我们党对科学社会主义的一个重大理论贡献。这一科学体系对于中国特色社会主义事业，对于世界社会主义运动，对于人类进步事业，都必将产生重大而深远的影响。

（一）中国特色社会主义理论体系对中国特色社会主义事业的指导意义

中国特色社会主义理论体系以其对中国社会主义建设特殊规律的科学揭示适应了改革开放以来中国社会主义伟大建设实践的需要，是中国社会主义现代化建设事业取得伟大胜利的思想保证。任何一次马克思主义的理论创新都是与社会主义的实践要求紧密联系在一起的。马克思主义基本原理与中国具体实际相结合的过程，就其实质而言，就是中国共产党人不断回答和解决社会主义实践提出的问题的过程。改革开放以来我们党提出的一系列新思想、新观点和新论断决非喃喃自语，而是有的放矢，这个“的”就是中国社会主义现代化建设事业。马克思曾深刻指出：“一切划时代的体系的真正的内容都是由于产生这些体系的那个时期的需要而形成起来的。所有这些体系都是以本国过去的整个发展为基础的，是以阶级关系的历史形式及其政治的、道德的、哲学的以及其他的后果为基础的。”① 中国特色社会主义理论体系，坚持和发展了马克思列宁主义、毛泽东思想，凝结了几代中国共产党人带领人民探索实践的智慧和心血，是我们党最可宝贵的政治和精神财富。可以认为，中国特色社会主义理论体系的形成，是我们生

① 《马克思恩格斯全集》第3卷，人民出版社，1960，第544页。

活的这个时代最重大的理论创新、最高的社会科学成就。正是由于集中体现了当今世界和当代中国发展变化对党和国家工作的新要求，集中体现了全党全国各族人民的意志，集中体现了当代中国马克思主义的实践特色、民族特色、时代特色，中国特色社会主义理论体系构成了全党全国人民发展中国特色社会主义的共同思想基础。“理论一经掌握群众，也会变成物质力量。”① “理论在一个国家实现的程度，总是决定于理论满足这个国家的需要的程度。”② 30 年中国改革开放和社会主义现代化建设伟大成就，证明了中国特色社会主义理论体系对于改革开放和社会主义现代化建设的健康发展的重大指导意义。

中国特色社会主义理论体系以其对中国社会主义建设特殊规律的科学揭示向全中国人民展示了中国社会主义建设的正确道路，这是实现社会主义现代化和中华民族伟大复兴的唯一正途。实现现代化，复兴中华民族，是中国人民选择社会主义道路的根由所在。中华民族曾经有过汉唐盛世的辉煌，为人类文明的发展作出过巨大的历史贡献，但近代以来，随着被动地卷入西方主导的现代化进程，中华民族在西方资本主义列强蹂躏和掠夺下逐渐沦为半殖民地半封建社会，陷入了衰落的境地。走独立自主的现代化道路，实现中华民族的伟大复兴，成为一百多年来中华民族仁人志士们不懈的追求和理想。中国人民最终选择社会主义道路，是历史的必然，人民的选择，是社会条件本身塑造的历史进步的唯一可能性。同时，新中国成立以来的社会主义实践也从客观上赋予马克思主义一种特殊的使命，要求从中国的具体国情出发为其发展提供一条正确的道路和一种合理的模式。新中国成立以来的全部历史，就是中国共产党人领导全国人民努力实现社会主义现代化的历史，就是中国共产党人领导全国人民探索引领中国发展进步的社会主义发展道路的历史。正是在这一意义上，改革开放以来的 30 年历史，也就是中国共产党人探索中国社会主义发展新道路的历史。经过 30 年风风雨雨的艰辛探索，以中国特色社会主义理论体系的形成为标志，我们可以自信地说，我们终于找到了中国社会主义建设的正确道路。这条道路，就是在中国共产党领导下，立足基本国情，以经济建设为中心，坚持四项基本原则，坚持改革开放，解放和发展社会生产力，巩固和完善社会主义制度，建设社会主义市场经济、社会主义民主政治、社会主义先进文化、社会主义和谐社会，建设富强民主文明和谐的社会主义现代化国家。沿着这条道路走下去，社会主义现代化和民族复兴的双

---

① 《马克思恩格斯选集》第 1 卷，人民出版社，1995，第 9 页。

② 《马克思恩格斯选集》第 1 卷，第 11 页。

重理想一定会实现。

中国特色社会主义理论体系以其对中国社会主义建设特殊规律的科学揭示为中国特色社会主义更为广阔的发展前景竖立起一面前行的旗帜，是开拓中国特色社会主义事业新局面的科学指南。中国特色社会主义是一面旗帜。在这面旗帜的指引下，我们已经走了30年改革开放和社会主义现代化建设的历程。我们要在中国特色社会主义道路上继续前进。在新的历史起点上坚持和发展中国特色社会主义理论体系，奋力开拓中国特色社会主义更为广阔的发展前景，是当代中国共产党人的庄严责任。科学发展观是我国经济社会发展的重要指导方针，是发展中国特色社会主义必须坚持和贯彻的重大战略思想。在新的发展阶段，深入贯彻落实科学发展观，是对中国特色社会主义理论体系的最好实践。我们应自觉地用中国特色社会主义理论体系指导客观世界和主观世界的改造，全面把握科学发展观的科学内涵、精神实质、根本要求，不断增强贯彻落实科学发展观的自觉性和坚定性，着力转变不适应不符合科学发展观的思想观念，着力解决影响和制约科学发展的突出问题，把全社会的发展积极性引导到科学发展上来，切实把科学发展观贯彻到社会主义现代化建设的各个领域、各个方面，努力使贯彻落实科学发展观的过程成为推动经济社会又好又快发展的过程。中国特色社会主义理论体系是不断发展的开放的理论体系，它排斥任何绝对化、教条化的态度。实践永无止境，创新永无止境。在改革开放和社会主义现代化建设新的征途上，我们要根据不断变化了的实际，坚持解放思想，不断解决新课题、实现新突破、开拓新境界。随着中国特色社会主义实践的不断深化，中国特色社会主义理论体系在实践中必将不断得到丰富和发展，中国特色社会主义道路必将越走越宽广。

（二）中国特色社会主义理论体系对世界社会主义运动的重大影响

作为科学社会主义基本原则同当代中国实际相结合的产物，中国特色社会主义理论体系既有社会主义的特殊，又有社会主义的一般。就其一般性而言，中国特色社会主义理论体系所回答和解决的问题，也是当前各个社会主义国家共同面临的问题。只要在经济文化落后国家建设社会主义，就不能回避且必须直面这些问题。正是从这一意义上，中国特色社会主义理论体系的形成，所回答和解决的已经不仅仅是关于中国社会主义建设的问题，也回答和解决了在经济文化相对落后国家如何建设、巩固和发展社会主义，如何实现现代性的内在超越这一重大课题。因此，中国特色社会主义理论体系不仅对中国社会主义事业的健康发展具有重大的指导意义，也必将越出一国的范围而对世界社会主义运动产生积极的影响。

对于具有世界历史眼光的邓小平来说，改革开放的意义，从来就不仅仅局限于中国自身。他指出："现在我们干的是中国几千年来从未干过的事。这场改革不仅影响中国，而且会影响世界。"① "我们的改革不仅在中国，而且在国际范围内也是一种试验，我们相信会成功。如果成功了，可以对世界上的社会主义事业和不发达国家的发展提供某些经验。"② 中国特色社会主义理论体系所蕴涵的改革经验对于世界上其他社会主义国家以及第三世界国家的改革来说，无疑具有重要的启示。党的十七大用"十个结合"集中概括中国改革开放的历史经验，即把坚持马克思主义基本原理同推进马克思主义中国化结合起来，把坚持四项基本原则同坚持改革开放结合起来，把尊重人民首创精神同加强和改善党的领导结合起来，把坚持社会主义基本制度同发展社会主义市场经济结合起来，把推动经济基础变革同推动上层建筑改革结合起来，把发展社会生产力同提高全民族文明素质结合起来，把提高效率同促进社会公平结合起来，把坚持独立自主同参与经济全球化结合起来，把促进改革发展同保持社会稳定结合起来，把推进中国特色社会主义伟大事业同推进党的建设新的伟大工程结合起来。可以说，这"十个结合"为经济文化落后的社会主义国家建设社会主义、巩固和发展社会主义事业开辟了现实的道路。

越南、古巴等社会主义国家借鉴中国经验，通过改革和革新，探索反映时代特点和符合本国情况的社会主义发展道路，取得了一定的成效。比如，越南在革新开放的过程中借鉴中国特色社会主义理论体系的"社会主义初级阶段"、"社会主义市场经济"等重要论断，将自己所处的历史阶段定位于"社会主义过渡时期的初级阶段"，提出要建立"社会主义定向的市场经济"。越南在对中国共产党的党建经验进行广泛而深入研究的基础上，提出要"突破固有的思维"，"在党的领导下，不断革新管理的角色、职能以及方法"。正是借鉴了中国的成功经验，越南在一定程度上减少了内部争论对改革的阻碍，也避免了因政策失误导致的巨大损失，少走了弯路。在中国共产党十一届三中全会以来的重要文献西班牙文译本出版发行后，菲德尔·卡斯特罗就指出："中国改革经验对古巴很重

① 《邓小平文选》第3卷，人民出版社，1993，第118页。

② 《邓小平文选》第3卷，第135页。

要”。古巴正加大改革力度，以推动经济发展为工作重心，进一步关注民生问题，以满足民众对经济发展的要求。无论在改革理论和政策还是改革思路和方法上，中国特色社会主义理论体系的世界意义正在逐步显示出来。

进一步而言，我们有充分的理由坚信，随着中国特色社会主义事业的不断发展，中国特色社会主义理论体系对于21世纪世界社会主义运动复兴的重大而深远的意义，必将不断地展现出来。20世纪末的苏联解体、东欧剧变，使世界社会主义运动遭受了严重挫折，“历史终结论”甚嚣尘上，世界上所有关心社会主义前途命运和人类进步事业的人们对中国都投以期待的目光。作为中国特色社会主义理论体系和中国特色社会主义道路的开创者，邓小平对中国社会主义前途命运的思考，始终是与对世界社会主义运动前途命运的思考联系在一起的。他明确宣称：“中国的社会主义是变不了的。中国肯定要沿着自己选择的社会主义道路走到底。谁也压不垮我们。只要中国不垮，世界上就有五分之一的人口在坚持社会主义。我们对社会主义的前途充满信心。”① 他说，“一些国家出现严重曲折，社会主义好像被削弱了，但人民经受锻炼，从中吸收教训，将促使社会主义向着更加健康的方向发展。”② 历史的发展证明了这一预见的科学性。在世界社会主义运动陷入低潮的不利条件下，社会主义中国不仅顶住了重重压力，一直发挥着世界社会主义运动的中流砥柱的作用，而且披荆斩棘，开拓奋进，不断开拓社会主义理论和实践双重探索的新境界。30年中国改革开放和社会主义现代化建设事业的伟大成就，不仅以铁一般的事实证明了中国特色社会主义理论体系的科学性，而且以铁一般的事实证明了社会主义道路的正确性。这一成就的取得必将有助于各国共产党人坚定对马克思主义的信仰、对社会主义的信念，努力探求适合本国国情的社会主义理论和社会主义发展道路，从而推动世界社会主义运动走出低潮，走向复兴。

（三）中国特色社会主义理论体系对人类进步事业的深远影响

随着生产力的不断发展和科学技术的不断进步，全人类对自身和社会发展的观念也在不断地调整。可持续发展观念的提出并在世界范围内达成普遍的共识，

① 《邓小平文选》第3卷，第320~321页。

② 《邓小平文选》第3卷，第383页。

是人类面对生存环境危机对自身发展道路反思的结果。1992 年在巴西首都里约热内卢召开的联合国环境与发展大会，标志着发展问题已经越过环境问题的边界而扩大为对社会、经济和自然问题的全面关注。坚持以人为本，全面、协调、可持续发展，既是 13 亿中国人民为实现社会主义现代化作出的自觉选择，也是作为世界上人口最多、发展速度最快的发展中国家为实现人类可持续发展作出的郑重宣言，是对全球可持续发展的共同声音的积极呼应。

在全球共同声音的背后，应该看到中国特色社会主义理论体系所倡导的发展观与西方所倡导的可持续发展理念的根本差异。从实质上说，西方的发展观是资本主导下意识形态的反映，服务于资本增值的需要。资本主义市场经济不可能逾越资本主义生产方式的框架。资本所追求的只是可持续增殖，决非经济社会和自然环境的可持续发展。马克思对资本主义现代性的内在矛盾进行了深刻的揭示："在我们这个时代，每一种事物好像都包含有自己的反面。我们看到，机器具有减少人类劳动和使劳动更有成效的神奇力量，然而却引起了饥饿和过度的疲劳。财富的新源泉，由于某种奇怪的、不可思议的魔力而变成贫困的源泉。技术的胜利，似乎是以道德的败坏为代价换来的。随着人类愈益控制自然，个人却似乎愈益成为别人的奴隶或自身的卑劣行为的奴隶。甚至科学的纯洁光辉仿佛也只能在愚昧无知的黑暗背景上闪耀。我们的一切发现和进步，似乎结果是使物质力量成为有智慧的生命，而人的生命则化为愚钝的物质力量。"① 以往人类历史上任何一个时代不能想象的工业和科学的力量和人与人、人与自然之间的畸形关系两者并行不悖地统一于资本主义生产的全部过程之中。只要资本主义生产方式不发生实质性的变革，在资本主义制度构架内，不论其发展理念如何美好、发展模式如何创新，人类在发展过程中面临的种种现代性问题都无法得到彻底的解决，其所作出的努力只具有改良性的意义。正如美国学者理查德·布隆克所指出的："我们的结论是，自由市场这看不见的手，尽管它一样有不可怀疑的力量，但是它仍不足以确保许多牵涉到人类幸福以及能让人们对人类进步抱乐观态度的社会目标的实现。"②

科学发展观是立足于社会主义初级阶段基本国情，总结我国发展实践，借鉴国外发展经验，适应新的发展要求提出来的。但就其所蕴涵的一般性而言，无论在发展本质、发展目的还是在发展所依托的制度和体制方面，科学发展观都以其

① 《马克思恩格斯选集》第 1 卷，人民出版社，1995，第 775 页。

② 〔美〕理查德·布隆克：《质疑自由市场经济》，江苏人民出版社，2000，第 5 页。

所蕴涵的鲜明的社会主义价值属性和所依托的社会主义制度保障与西方发展观从根本上区别开来，是对西方发展观的历史性超越。正如胡锦涛同志所强调的，遵循人类社会发展规律并依照马克思主义价值观建立起来的社会主义制度，其本质就是要求经济社会和自然环境的全面、协调、可持续发展并为之提供切实的制度保障。科学发展观强调的“以人为本”，是蕴涵社会主义发展主体、发展动力、发展目的的总体性概念。它所明确的是社会主义的发展一定要充分尊重人民群众作为发展主体的历史地位，人民群众是发展的根本动力，人民的利益是一切工作的出发点和落脚点，不断满足人民群众的多方面需求和促进人的全面发展是我们追求的最高目标。作为社会主义发展观的一次新概括和新总结，科学发展观坚持以人为本与尊重社会发展规律相统一，坚持以经济建设为中心与社会全面发展相统一，坚持人的发展与尊重自然相统一，开拓了马克思主义发展观的新境界。可以认为，中国特色社会主义理论体系在对什么是发展、为什么发展、怎样发展，发展为了谁、发展依靠谁、发展成果由谁享有等重大问题上所取得的丰硕理论成果，使我们党对发展问题的认识达到了新的高度，标志着人类一种崭新发展模式的创立，昭示了人类发展的新途径，是中国共产党人和中国人民对人类进步事业作出的重大贡献。

中国的发展离不开世界，世界的繁荣稳定也离不开中国。随着经济全球化的深入发展，中国的前途命运日益紧密地同世界的前途命运联系在一起。中国共产党人高扬起中国特色社会主义的旗帜，向全世界人民昭告自己的理论创新成果，所显示的是一份自信，是一份社会主义的自信；所展示的是一个启示，一个关于人类未来选择的启示。中国特色社会主义的成功实践以铁一般的事实向全世界昭告：当今世界，马克思主义的基本原理从来没有过时，社会主义仍然是迄今为止人类社会最先进的社会制度，社会主义取代资本主义仍然是人类社会发展的必然趋势。我们有充分的理由相信，随着科学发展观的深入贯彻，随着中国特色社会主义事业的不断发展，中国特色社会主义理论体系对于人类进步事业的意义必将越来越多地展现出来。正如邓小平所指出的：到 21 世纪中叶，中国基本实现社会主义现代化，“这不但是给占世界总人口四分之三的第三世界走出了一条路，更重要的是向人类表明，社会主义是必由之路，社会主义优于资本主义”①。

① 《邓小平文选》第 3 卷，第 225 页。

十五

伟大的抗震救灾精神坚定了中国特色社会主义共同理想

辛向阳

2008 年 6 月 30 日，胡锦涛同志在抗震救灾先进基层党组织和优秀共产党员代表座谈会上发表重要讲话，全面系统地阐述了伟大抗震救灾精神的科学内涵和重要意义。他强调，万众一心、众志成城、不畏艰险、百折不挠、以人为本、尊重科学的伟大抗震救灾精神，是爱国主义、集体主义、社会主义精神的集中体现和新的发展，是我们党和军队光荣传统和优良作风的集中体现和新的发展，是中华民族精神在当代中国的集中体现和新的发展。伟大抗震救灾精神的意义很多，但从根本上讲，伟大抗震救灾精神更加坚定了中国特色社会主义的共同理想。

（一）伟大抗震救灾精神是万众一心、众志成城的行动结晶

很长一段时间以来，在社会上流行着一种看法，说中国人“太现实了”、“太讲究实际了”，是“抬头向钱看，低头向钱看，除了向钱看，还是向钱看”，已经没有多少理想可言了，更谈不上什么“共同理想”；还有一种看法说，改革已经使共识都不复存在，谈共同理想已没有实际意义。在抗击“5・12”汶川特大地震中形成的伟大抗震救灾精神有力地回击了这些片面的说法。

十几万人民解放军、武警官兵带着“人民利益至上”的信念来了，他们忠实履行人民军队的革命职责，发扬不怕吃苦、不怕牺牲的子弟兵精神，奋不顾身，为共同理想打下了牢固的基础；几十万各行各业的救援队伍带着“时间就是生命”的信念来了，他们利用自己的专业知识，发扬“一分希望百倍努力”的职业精神，日夜奋战，为共同理想夯实进新的因子；上百万的志愿者带着“生命高于一切”的信念来了，他们利用自己的特长，发扬人道主义精神，无怨无悔，为共同理想抹上了绚丽的色彩。我们为什么能够万众一心、众志成城？因

为我们有中国特色社会主义共同理想。中华民族为什么能够在多难中兴邦？因为我们有中国特色社会主义共同理想。中国共产党为什么能够在多难中砺党？因为我们有共产主义崇高理想和中国特色社会主义共同理想。没有共同理想，就不可能万众一心，更不可能形成伟大抗震救灾精神。

伟大抗震救灾精神证明13亿中国人是有共同理想的。共同理想的存在首先是由于我们有共同的利益基础，共同的利益就是中华民族在社会主义基础上的伟大复兴，这一共同利益把我们紧紧联系在一起。其次，共同理想的形成与我们党的重视是分不开的。高度重视共同理想，这是由我们党从事的事业的崇高性质所决定的，也是我们党在长期的革命、建设和改革的历程中总结出来的宝贵经验和优良传统。中国共产党从诞生之日起，就以实现国家的独立和富强、民族的解放和振兴为己任，为实现共产主义这一人类最崇高的事业而奋斗。要完成这一历史使命，就必须动员、组织千千万万的中国人民为之共同奋斗，而要动员、组织千千万万的中国人民，就必须高扬起共同理想的旗帜，高度重视共同理想教育，用共同理想凝聚人心、鼓舞斗志。中国革命之所以能够度过那些无比艰辛的岁月而最终取得胜利，很重要的原因就在于“革命理想高于天”。邓小平指出：“为什么我们过去能在非常困难的情况下奋斗出来，战胜千难万险使革命胜利呢？就是因为我们有理想，有马克思主义信念，有共产主义信念。我们干的是社会主义事业，最终目的是实现共产主义”。① 历史的经验和现实的发展告诉我们，发展中国特色社会主义是全国各族人民实现自己的利益、创造美好生活的共同事业，是亿万人民群众广泛参与的创造性事业。因此，我们党始终高度重视共同理想教育，坚持用中国特色社会主义共同理想凝聚全国各族人民，保证了最广大人民群众在政治上、思想上、行动上的团结一致，克服了重重困难，化解了各种风险，扫除了前进道路上的障碍，才取得了举世瞩目的成就。

（二）伟大抗震救灾精神是中国特色社会主义优越性的逻辑展开

我们有共同理想，但这是一种什么样的共同理想呢？有人讲，抗震救灾是伟大的人道主义理想的胜利，还有的人讲是人权主义理想的胜利。毋庸置疑，这次抗震救灾处处闪耀着人道主义、人权理想的光辉，但抗震救灾取得决定性胜利的

① 《邓小平文选》第3卷，人民出版社，1993，第110页。

根本原因在于中国特色社会主义制度。伟大抗震救灾精神的形成是中国特色社会主义制度优越性的逻辑展开。

社会主义可以集中力量办大事。中国特色社会主义更是如此，它具有一种强大的社会动员力量，具有无可比拟的制度优势。

利用中国特色社会主义制度优势，党和政府在最短的时间内动员了最广泛的人力，上百万的救援力量在48小时内就到达了救援现场。党中央国务院以最快的速度及时作出了抗震救灾的部署，胡锦涛总书记在第一时间作出重要指示，温家宝总理在第一时间赶到受灾第一现场进行现场指挥，并将抗震救灾指挥部设到抗震救灾第一线。海陆空全体解放军、武警战士、公安干警、卫生救援队、消防救援队、地震救援队、防疫专家、心理专家、媒体记者等，以最快的速度赶赴灾区，并迅速投入到第一线的抗震救灾战斗，为救助每一个有生存机会的生命，争分夺秒，拼尽全力，永不放弃。3天内，来自数千里外不同方向，挂着北京、广州、青岛、沈阳等不同牌子的白色救护车，已按划定分工出现在灾区各县、各镇。

利用中国特色社会主义制度优势，党和政府在最短的时间内调运了最大限度的物资，各种救援物资及时地运抵灾区。2008年5月12日当日中央政府就调拨帐篷5000顶，10天后又在全国再增调90万顶。据民政部报告，截至7月3日12时，全国接收国内外捐赠款物总计557.28亿元，实际到账款物553.33亿元，已向灾区拨付捐赠款物合计200.57亿元；向灾区调运的救灾帐篷共计157.97万顶、被子486.69万床、衣物1410.13万件、燃油165.1万吨、煤炭352.6万吨。而这些数字每天还都在增加。

利用中国特色社会主义制度优势，党和政府在最短的时间内动用了最大数额的财政资金，上百亿的资金迅速拨付灾区。5月22日全国人大专门召开委员长会议，听取汶川大地震抗震抢险救灾工作的汇报。吴邦国委员长明确表示，这件事情一定要一切从抗震救灾工作的实际情况出发，根据特事特办的原则，需要多少就给多少。同时，他也强调要加强对这笔资金使用情况的审计和监督，此外，还要为明后两年恢复重建资金提前做好安排。据财政部报告，截至7月3日12时，各级政府共投入抗震救灾资金548.66亿元，其中中央财政投入497.48亿元，地方财政投入51.18亿元。这个数字每天都在刷新。

利用中国特色社会主义制度优势，党和政府在最短的时间内高效地制定出相关的法律，确保了灾区重建的规范化。6月3日国务院抗震救灾总指挥部召开第16次会议，讨论《国家汶川地震灾后重建规划工作方案》。6月9日新华社授权

发布《汶川地震灾后恢复重建条例》，一共5章52条，分为总则、过渡性安置、调查评估、恢复重建规划、恢复重建实施等，为地震灾后恢复重建提供了明确的法律支持。6月30日发布实施《国务院关于支持汶川地震灾后重建政策措施的意见》，规定了灾后重建的基本原则、政策措施支持范围等内容，使灾后重建有了更加具体的制度支持。7月3日国务院发布《关于做好汶川地震灾后恢复重建工作的指导意见》，提出尽快恢复灾区正常的经济社会秩序，力争用3年左右时间完成灾后恢复重建的主要任务，使灾区群众的基本生活生产条件达到和超过灾前水平，并为可持续发展奠定坚实基础。

利用中国特色社会主义制度优势，党和政府在最短的时间内制定了对口支援机制，体现了“全国一盘棋”、“一方有难，八方支援”的制度优越性。6月11日，距地震发生还不到一个月，国务院就发布《汶川地震灾后恢复重建对口支援方案》，提出坚持一方有难、八方支援，自力更生、艰苦奋斗的方针，组织粤、苏、沪、鲁等19个省市，按照“一省帮一重灾县”的原则，对口支援四川省北川县、汶川县、青川县、绵竹市等18个县（市），以及甘肃、陕西两省受灾严重地区。对口支援期限按3年安排。各支援省市每年对口支援实物工作量按不低于本省市上年地方财政收入的1%考虑。6月30日，“地震灾区恢复工业生产和扩大就业座谈会”在四川成都召开，19个对口支援省市与受灾三省签订了20份就业援助协议，承诺9月底前，向灾区提供10万个就业岗位，帮助17.5万人实现就地培训就业。这种支援是实实在在的，又是可以持续长久的，这就是社会主义制度的优越性所在。

利用中国特色社会主义制度优势，党和政府在国际社会赢得了广泛的支持，地震发生后国际救援力量迅速向中国集结。中国特色社会主义是开放的经济，这种开放对世界作出了巨大贡献。当世界发展的重要贡献者遇到困难时，国际社会的各种救援人力、物力、财力纷纷涌来。

（三）伟大抗震救灾精神进一步坚定了中国特色社会主义共同理想

万众一心、众志成城的伟大抗震救灾精神告诉我们，中国特色社会主义共同理想不是虚无缥缈的乌托邦，而是建立在世情、国情、党情基础上的现实要求。中国特色社会主义共同理想是立足于基本国情和发展的阶段性特征基础上的理想，反映了13亿中国人民共同的发展要求。中国特色社会主义共同理想是广大人民群众从自己身边发生的变化中来认识、认知、认同、认可的理想。中国特色社会主义道路是实现中国人民理想的唯一道路。新中国成立初期，在老百姓中流传的朴素理想是“一亩地两头牛，老婆孩子热炕头”；到了20世纪六、七十年代，则是“楼上楼下，电灯电话”；80年代的理想是“多打粮多种树，尽快成个万元户”；现在的理想是“小洋房大别墅，带着车队娶媳妇”。这些朴素的理想，在中国特色社会主义道路上都得到了实现或者正在实现。这次汶川特大地震的救灾过程说明，离开了中国特色社会主义道路，别说“带着车队娶媳妇”是一个梦，就是“老婆孩子热炕头”这样安稳的日子也过不上。

不畏艰险、百折不挠的伟大抗震救灾精神告诉我们，中国特色社会主义共同理想是我们战胜各种艰难险阻的强大力量。在革命战争年代，无数革命先烈、仁人志士抛头颅、洒热血，在生死考验面前威武不屈、英勇无畏，就是因为他们有崇高的理想和坚定的信念；在和平建设时期，崇高的理想和坚定的信念激励着共产党员为党和人民事业鞠躬尽瘁、死而后已；在抗震救灾斗争中，广大共产党员和许许多多的干部群众大灾面前不低头、大难面前不弯腰，以大爱化解苦难，以大义鼓舞斗志，充分显示了理想信念的强大力量。这种强大的力量源自于中国特色社会主义共同理想所内含的自我牺牲精神。“不畏艰险、百折不挠”是伟大抗震救灾精神的基本内涵，也是实现中国特色社会主义共同理想的内在要求。理想是美好的，但实现理想的过程并不总是凯歌行进的，会有无数的艰难险阻。必须树立自我牺牲的精神，把这种精神牢牢地内化于中国特色社会主义共同理想之中。实现中国特色社会主义共同理想是一个崭新的伟大事业，需要自我牺牲精神和革命英雄主义精神。伟大抗震救灾精神正体现了这一点。

以人为本、尊重科学的伟大抗震救灾精神告诉我们，建设中国特色社会主义是全社会的共同理想，反映了全体中国人民的根本利益和共同愿望，揭示了民族振兴、国家富强、人民幸福、社会和谐的必由之路，是所有阶层的共同价值诉求、共同的精神家园。

第三篇

若干重大问题研究（上）

一

关于民主与普世民主的相关思考

肖黎朔

近来，在各种报刊、杂志和互联网上，各种研讨会、报告会上，关于普世价值、民主和普世民主的讨论十分热烈。美国乃至全球金融危机的发生，使这一讨论和大家对这一讨论的关注被冲淡。但随着美国金融乃至经济危机在全球的蔓延，人们在寻求全球这一重大经济现象的深层次根源时，却很自然地又与普世价值、民主和普世民主联系在一起。

（一）关于探讨民主与普世民主的重要意义

1850 年，马克思在《新莱茵报》发表评论，批驳英国作家托马斯·卡莱尔“不管我们怎样设想普遍民主，它是我们这个时代必不可免的事实”的观点时说：“民主是什么呢？它必须具备一定的意义，否则它就不能存在。因此，全部问题在于确定民主的真正意义。如果这一点我们做到了，我们就能对付民主，否则我们就会倒霉。”① 这充分说明，研究、弄懂民主问题并区分各种不同性质的民主，具有极端重要的意义。

1917 年，列宁在《国家与革命》中明确指出：“民主是国家形式，是国家形态的一种。”② 我认为，这一定义包含两个方面。一方面民主是国家形式，是指民主意味着在形式上承认公民一律平等，承认大家都有决定国家制度和管理国家的平等权利；另一方面，民主是国家形态的一种，是指民主在实质内容上是在一定的阶级和有阶级的社会里一个阶级对另一个阶级、一部分居民对另一部分居民

① 《马克思恩格斯全集》第 7 卷，人民出版社，1959，第 304 页。

② 《列宁全集》第 31 卷，人民出版社，1985，第 96 页。

有系统地使用专政。

遵循“民主是国家形式，是国家形态的一种”这一理论逻辑，我们还可以从下面列宁关于国家的相关论述中，进一步认识探讨民主问题的极端重要性。1919 年 7 月 11 日，列宁应邀到斯维尔德洛夫大学作关于国家问题的讲演。他在演讲中开始便说：“国家问题是一个最复杂最难弄清的问题，也可以说是一个被资产阶级的学者、作家和哲学家弄得最混乱的问题。”① “这是全部政治的基本问题，根本问题”；“这个问题所以被人弄得这样混乱，是因为它比其它任何问题更加牵涉到统治阶级的利益（在这一点它仅次于经济学中的基本问题）。国家学说被用来为社会特权辩护，为剥削的存在辩护，因此，在这个问题上指望人们公正无私，以为那些自称具有科学性的人会给你们拿出纯粹科学的见解，那是极端错误的”。他还说：对国家问题“必须再三研究，反复探讨，从各方面思考，才能获得明白透彻的了解”。②

当前，国内外意识形态领域在民主问题上的争论，本质上都是从民主是国家形式和国家形态的一种这个层面和内涵上展开的。本文所涉及的民主，也主要是从其作为国家形式和国家形态的一种而展开的。在探讨民主之时，有时可能会涉及与民主相关的自由、人权等概念。

今天，经济全球化深入发展，政治多极化初显端倪，科技革命日新月异，各种新机遇、新挑战层出不穷。在这样一种情势之下，我们又面临着“全部问题在于确定民主的真正意义”和“必须再三研究，反复探讨，从各方面思考”民主“这个时代必不可免的事实”。

一是从国内看。改革开放 30 年来，我国的经济建设取得了令人瞩目的成就与辉煌。与此同时，我国的社会主义民主政治建设也有得到广泛公认的发展与进步：我们党带领人民积极探索适应时代潮流、符合中国国情的社会主义民主政治发展道路，坚持并不断完善社会主义民主政治制度，人民的各项民主权利得到保障，安定团结的政治局面得到巩固等。我国成功举办 2008 年奥运会及残奥会、神七载人航天飞船成功发射并返回等举世公认的巨大成就，无疑向世人展示了我国日益增强的综合国力，从一定意义上讲，也充分彰显了中国特色社会主义民主政治的优越性，并使其具有一定的世界意义。例如，在北京奥运会开幕前夕，一位美国学者便惊叹我国各项准备工作的周密和完美程度：“人们不得低估中国的

① 《列宁全集》第 37 卷，人民出版社，1984，第 59 页。

② 《列宁全集》第 37 卷，第 60～61 页。

意识和能力，特别是当中国全民一致、共同努力的时候”，“北京奥运会的信息是，中国的政治制度不仅使其可以游刃有余地化解国际事务危机，而且，‘中国道路’甚至应当认为高于民主制度。中共坚持不懈的努力无疑将会带来持续的经济增长、确保政治稳定并且产生重大的全球支持”。[①]

但我们也要清醒地看到，我国的社会主义民主政治建设与经济社会发展的要求还不完全相适应，还需要我们继续深化政治体制改革，进一步完善中国特色社会主义的根本政治制度和基本政治制度，努力探索社会主义民主的实现形式，不断扩大党内民主和人民民主。这是因为，随着我国经济体制从计划经济向市场经济转变，我国社会日益呈现出多元化的发展趋势，各种不同的利益群体越来越期望党和国家能为其提供更加有效、畅通的利益表达机制和利益博弈机制，维护和扩展自身的经济利益，深化政治体制改革逐步成为各个阶层普遍的政治诉求。随着社会各阶层发育渐趋成熟，各种不同的政治诉求也正在沿着两个根本不同的方向演进：一方面，积极借鉴西方政治制度中的有益成分，积极稳妥地推进我国政治体制改革，不断完善中国特色社会主义根本政治制度和基本政治制度，继续走中国特色社会主义民主政治发展道路，进一步巩固人民当家作主的地位；另一方面，希望建立和实行西方民主政治体制，在我国全盘推行私有化，与西方社会“全面接轨”，让资本甚至让国际垄断资本在我国“当家作主”。在这其中，我们也必须充分看到，绝大多数希望学习借鉴西方政治制度，来纠正或者改变中国现行体制中一些弊病和不足的人的用心是好的，但对于其中重大问题的认识却往往不甚清楚。而那些主张与西方社会“全面接轨”，让资本甚至让国际垄断资本在我国“当家作主”的人是极少数。但对于这极少数人的能量我们却不能低估。

二是从国际看。随着我国经济实力的不断壮大和综合国力的明显增强，国内外敌对势力对依靠“硬实力”在我们国内要达到他们目的的希望越来越渺茫。因此，他们越来越把希望寄托在运用民主、自由、人权和新自由主义等“软实力”上。2008 年 8 月，我们在欧洲访问时，与英国国家战略研究所负责跨国威胁和政治风险事务的负责人交谈。我曾请教说，能否用简洁的语言告诉我们，美国对中国的战略是什么？他本不愿回答，后来在我们执意追问下，他说，可以用这样简洁的语言表述：中国若“硬实力”崛起，美国则十分欢迎；中国若“软实力”崛起，美中之间将可能发生直接全面的激烈冲突。我认为，他的回答意味深长，值得我们认真思考。我还认为，他所说的“软实力”，主要是指政治制

① 〔美〕爱德华·弗里德曼：《北京夺金牌》，2008 年 8 月 4 日《韩国时报》。

度、文化观念、发展模式和社会价值观念，当然也包括民主、自由、人权等这些政治意识形态。

长期以来，国内外、党内外都高度关注我国政治体制改革问题。特别是某些西方国家对我国的政治体制改革异常“热心”，给我们开出了各式各样的“药方”，总是希望我们也实行“一、二、三、多和‘两杆子’”，即一个总统、两院制、三权分立、多党制和新闻自由（笔杆子）、军队国家化（枪杆子），妄图把我国的政治体制改革引向全盘西化的道路。

江泽民同志曾明确指出，目前的经济全球化，是以美国为主导的全球化。我们国家将长期处于社会主义初级阶段，实行的又是公有制为主体、多种所有制经济共同发展的基本经济制度，所以在国家政治生活中，在社会主义民主政治建设中，要特别注意防止国内外资本利用各种形式对人民政治权力的侵蚀，譬如，一些地方和单位特别是基层民主选举过程中出现的“贿选”现象，尤其在西部偏远地区，国外资本已经通过各种非政府组织等形式向我们的基层民主选举渗透。这值得我们高度警惕。西方敌对势力不断攻击我们不搞政治体制改革，原因就是我们搞的政治体制改革与他们寄予“期望”的政治体制改革截然不同。他们所希望的改革，目的就是要从根本上颠覆共产党的领导、人民民主专政和社会主义制度，实行西方发达资本主义国家的政治制度和政治体制。对此，我们要保持高度的警觉。当然，我们反对照抄照搬其他国家的政治制度和政治体制，并不妨碍我们对其属于人类文明发展成果的有益成分的吸收和借鉴。

三是从理论界到人民群众的认识和理解看。由于民主及自由、人权等与国家的发展前景和人们的日常生活息息相关，所以一直是理论界和人民群众关注的热点和焦点问题之一。近年来，关于民主及自由、人权等问题的学术论文和专著汗牛充栋，这既为我们深入研究这些问题提供了较充足的资料，也使我们在中国民主政治建设的方向性认识上产生了分歧。如，在中国的民主政治建设问题上，学术界就分为本土派和引进派，这两个派别的区别不在于要不要民主，而是在于民主是否具有普世性尤其是美国的民主制度是否具有普世性，民主的存在是否要以资产阶级的“三权分立”、“多党制”为前提等。这一系列问题，都是关乎中国民主政治建设进程的路径、方向和前途的重大问题。我国社会具有复杂性、利益主体具有多元性。而利益主体越是多元，各种呼声也就越是多样。在广大干部群众中，对民主本身的理解，也出现了多样的认识及多样的认同。比如，一说“民主是个好东西”；二说“讲民主是个好东西，但不是说民主没有问题，没有局限性”，即说“民主是个不坏的东西”；三说“民主是个好东西，但搞不好是个坏东西”；四说“对当代中国来说，人民民主是个好东西，资产阶级民主是个坏东西”。这四种说法，都各自有着不同的认同群体，但哪一种或几种更为科学呢？

最近一个时期，理论界和媒体上关于民主、自由、人权是否属于“普世价值”的争论比较热烈。持赞同态度的人中，有的说，“民主是人类的普世价值，但实现这种价值的道路却不是唯一的”；也有的说，“民主、法治、自由、人权、平等、博爱，是整个世界在漫长的历史过程中共同形成的文明成果，是人类社会共同追求的普世价值，不是资本主义所特有的”，“从英国、美国推行民主以来，全世界三分之二的地区都实现了民主，可见其普世程度”，“人类文明的普世价值是永恒的，而民族特色是会变化的……普世价值不应该成为迁就民族特色的祭品”；还有的说，“民主政治作为普世价值已经成了世界的潮流和政治文明的标杆”，“现代民主政治往往是一种各个党派自由竞争的政党政治”，“民主政治是普世的价值，既然是普世的价值，这就意味着民主政治是可以移植的”，“西方民主可以移植到世界各地”，“文化差异和国情不能成为抗拒民主政治的理由”，“要民主就必须搞资本主义”等。

还有人认为，“第三次大解放思想，就是要确立到普世价值上来”，并把党中央提出的“以人为本”归结为“普世价值”；有人说：“以人为本是个纲，要贯彻这个纲，就需要民主、自由、人权等一整套普世价值，就是需要价值观的转变。普世价值不能确立起来，就不会是以人为本。所以价值观问题是决定中国命运的一个基础性问题”；还有的人说，资产阶级的自由、民主、平等和博爱等意识形态，是“人类文明的核心，是人类在长期进化发展中形成的具有普遍世界意义的价值准则，以及由这些准则所规定的基本制度”，是“最高文明境界”，是“任何民族最终的制度进化归宿”。

因此，无论从国内或是从国际，或是从理论界和人民群众对西方民主和社会主义民主政治建设的认识、理解和把握上看，真正弄清民主、自由和人权等，以大力宣传中国特色社会主义民主政治理论和政治制度，都是一项紧迫而重要的政治任务。

胡锦涛同志在党的十七大报告中明确指出：“人民民主是社会主义的生命。发展社会主义民主政治是我们党始终不渝的奋斗目标。……政治体制改革作为我国全面改革的重要组成部分，必须随着经济社会发展而不断深化……深化政治体制改革，必须坚持正确政治方向，以保证人民当家作主为根本，以增强党和国家活力、调动人民积极性为目标，扩大社会主义民主，建设社会主义法治国家，发展社会主义政治文明”。胡锦涛同志的讲话，一方面把民主作为社会主义的生命提到了前所未有的高度，表示了我党支持人民当家作主的坚强决心；另一方面，强调政治体制改革必须坚持正确的方向，表示了我党对中国特色社会主义民主模式的认同和信心，从而否定了中国政治体制改革的资本主义方向。

可以说，民主及其相关问题是一个十分重大的理论和实践问题。它在各种不同的理论体系包括马克思主义理论体系中都占有十分重要的位置。它也是当前国际国内意识形态领域争论的一个焦点。

（二）我所认为的民主的马克思主义定义

可以从不同角度和不同方面对民主下定义。但是，本文所探讨的主要是从政治制度和政治意识形态层面下的定义。

如本文开始所说，本文所探讨的民主，是指社会政治制度层面上的民主，亦即列宁所说的作为国家形式或国家形态的一种。它不是指人民权利层面的广义的民主权利或管理层面的民主管理原则，不是指思想观念层面的民主精神或民主观念，也不是指行为方式层面的民主作风和民主的工作方法等。现在理论界所争论不休的民主，其实质都是从社会政治制度和政治意识形态层面展开的。

马克思说："'民主的'这个词在德语里意思是'人民当权的'"；① "国家是抽象的东西。只有人民才是具体的东西。"② 恩格斯说："民主这个'概念'……每次都随着人民的变化而变化"；"资产阶级统治的彻底形式正是民主共和国"。③ 马克思又指出："显而易见，如果主权存在于君主身上，那么谈论同它相对立的存在于人民身上的主权就愚蠢了。因为主权这个概念本身不可能有双重的存在，更不可能有对立的存在"；"二者之中有一个是不真实的，虽然已是现存的不真实。"④

列宁把无产阶级革命理论付诸实践，成功建立了苏维埃政权。他对民主有过大量精辟的论述。他认为，"任何民主，和任何政治上层建筑一样（这种上层建筑在阶级消灭之前，在无阶级社会建立之前，是必然存在的），归根到底是为生产服务的，并且归根到底是由该社会中的生产关系决定的。"⑤ "民主就是承认少

① 《马克思恩格斯选集》第3卷，人民出版社，1995，第312页。

② 《马克思恩格斯全集》第3卷，人民出版社，1960，第38页。

③ 《马克思恩格斯选集》第3卷，第661～662页。

④ 《马克思恩格斯全集》第3卷，第38页。

⑤ 《列宁全集》第40卷，人民出版社，1985，第276页。

数服从多数的国家，即一个阶级对另一个阶级、一部分居民对另一部分居民有系统的使用暴力的组织。"[①] 列宁还进一步论述说，民主"同任何国家一样，也是有组织有系统地对人们使用暴力，这是一方面。但另一方面，民主意味着形式上承认公民一律平等，承认大家都有决定国家制度和管理国家的平等权利"。[②] 但是，"只要有不同的阶级存在，就不能说'纯粹民主'，而只能说阶级的民主"[③]；"资产阶级民主无论在何时何地都保证公民不分性别、宗教、种族、民族一律平等，但是它无论在什么地方也没有实行过"[④]；"极少数人享受民主，富人享受民主——这就是资本主义社会的民主制度。"[⑤] "无产阶级民主（苏维埃政权就是它的一种形式）在世界上史无前例地发展和扩大了的，正是对大多数居民即对被剥削劳动者的民主。"[⑥]

毛泽东说："实际上，世界只有具体的自由，具体的民主，没有抽象的自由，抽象的民主。在阶级斗争的社会里，有了剥削阶级剥削劳动人民的自由权利，就没有劳动人民不受剥削的自由，有了资产阶级的民主，就没有无产阶级和劳动人民的民主"。[⑦]

江泽民说："世界上的民主，都是具体的、相对的，而不是抽象的、绝对的。任何一种民主的本质、内容和形式，都是由本国的社会制度所决定的，并且都是随着本国经济文化的发展而发展的。"[⑧]

马克思主义上述关于这种狭义民主的含义，主要揭示的是在阶级或有阶级的社会里，以国家形态所表现的民主的特殊本质。因此，民主的本意应该是多数人的统治，即"少数服从多数的国家"，这就揭示了民主与国家在本质上的一致性。它一方面是有组织有系统地对人们使用暴力，另一方面也意味着在形式上承认公民（人民）一律平等。"民主"这两个字中，关键在"民"字，就是我们通常所说的人民或公民。在不同的历史时期，在相同历史时期的不同历史阶段，人民具有不同的规定性。在奴隶民主制下，奴隶在法律上是物品，并不是人，只有奴隶主才是享有充分权利的公民。在封建民主制下，农民已不算地主直接占有的

① 《列宁全集》第31卷，第78页。
② 《列宁全集》第31卷，第96页。
③ 《列宁选集》第3卷，人民出版社，1995，第600页。
④ 《列宁选集》第3卷，第700页。
⑤ 《列宁选集》第3卷，第189页。
⑥ 《列宁选集》第3卷，第605页。
⑦ 《毛泽东著作选读》（下），人民出版社，1986，第760页。
⑧ 《十五大以来重要文献选编》（上），人民出版社，2000，第687页。

物品，他可以把一部分时间放在自己的土地上为自己劳动，但他们不享受其他社会权利，只有地主才是享有充分权利的公民。在资产阶级民主制下，从形式上看，无产阶级和其他劳动大众都是“民”，实行的是“一人一票”的选举制，是多数人当家作主，但实质上是有产者少数人当家作主。资产阶级民主的实质“就是容忍被压迫者每隔几年决定一次究竟由压迫阶级中的什么人在议会里代表和镇压他们!”[①] 这就是资产阶级民主制下形式与内容、名与实的严重背离，是资产阶级民主制不可克服的内在矛盾，也是一切私有制条件下的民主制度不可克服的内在矛盾。

只有在真正的社会主义条件下，民主的多数人的统治才能变为现实，从而也才能实现民主的形式与内容、名与实的高度有机统一。

有人说，民主的实质是人民当家作主，这就是民主的定义。我认为，这是对民主的一般意义上的定义。这里并没有讲清它实质性的内涵，即没有讲清其中的关键，即“人民”的具体内涵。我认为，可以对民主下这样一个定义，任何民主，和任何政治上层建筑一样（这种上层建筑在阶级消灭之前，在无阶级社会建立之前，是必然存在的），归根到底是为生产服务的，并且归根到底是由该社会中的生产关系决定的。民主制的实质是在统治集团内部承认少数服从多数的国家，是在整个社会上一个阶级对另一个阶级、一部分居民对另一部分居民有系统地使用暴力的国家。世界上从来没有抽象的、纯粹的民主，而只有具体的、历史的民主。不同的社会形态，有着发展着的不同社会类型和程度不同的民主。

广义民主的含义，指的是各种社会形态下社会生活各个领域民主所具有的基本特征，它适用于国家形态的民主，也适用于非国家形态的民主，还适用于国家形态下各个不同阶级内部的民主。原始社会没有国家形态的民主，但是有非国家形态下的民主的存在。恩格斯曾明确肯定原始社会有过“古代自然形成的民主制”[②]。列宁也明确肯定过人类历史上曾经存在过的“‘原始的’民主制”[③]。现在我们常说的党内民主、企业民主、村民自治、小区民主、学术民主、军事民主等都是广义民主中国家形态下的人民内部民主精神的体现。

我们通常所说的建设中国特色社会主义民主政治，既包括国家形态的民主，

---

① 《列宁全集》第31卷，第84页。

② 《马克思恩格斯选集》第4卷，人民出版社，1995，第103页。

③ 《列宁选集》第3卷，人民出版社，1995，第148页。

也包括非国家形态的民主，而注意力是在国家制度上。

民主是国家形式和国家形态的一种，其实质就是阶级的统治，是社会上层建筑中最核心的部分。而所谓的自由、人权都是在一定国家形式形态下公民权利的特定表现。所以，从一定意义上说，在民主、自由、人权的关系中，民主是前提，是核心。只有有了民主，才可能有自由和人权。这就如同民主是棵大树的树干，自由与人权是这棵树干上的枝杈，枝杈是附依于树干的，自由与人权是附依于民主的。只有有了一定的国家形式或形态，其阶级或个人的自由和人权才有可靠的保障。所以，只要讲清楚了一定的民主，自由、人权等也就顺理成章，也就比较容易讲清楚。

民主、自由和人权，都是在人类历史发展一定阶段形成的概念。无论是在阶级社会，还是在从阶级向无阶级社会过渡的相当长的一个历史阶段里，或是在世界上依然存在霸权主义和强权政治的情况下，根本就不可能有什么全人类共同享有的民主、自由、平等与人权。资产阶级是打着民主、自由、平等和人权的旗号上台的，它们的政府从来都把自己标榜为全体公民的代表。但是，实践早已揭穿了资产阶级的这类谎言。在资本主义社会里，有了资产阶级的民主、自由、平等与人权，就决不会有无产阶级的民主、自由、平等与人权。当然，马克思主义决不排斥抽象思维中的认识论意义上的民主、自由、人权的一般。但是，必须准确把握和揭示民主、自由、人权的内涵与实质，以利广大工人阶级和劳动人民争取自己的民主、自由与人权。争得这些权利，本来就是无产阶级和社会主义革命的一个重要目标。

（三）关于普世价值与普世民主

综上所述，民主如同自由与人权一样，都是在人类历史发展一定阶段形成的概念。在不同社会形态里，不仅民主发展程度的高下不同，而且民主的性质也有着根本的不同，从来不可能有什么全人类所共同享有的、抽象的、纯粹的或曰“普世的”民主，在阶级社会或从阶级社会向无阶级社会过渡的历史阶段尤其如是。要讲清有无普世的民主，首先需要厘清有无普世的价值。

关于普世。能否达成如下共识：一是这里指的是人类社会和人的世界。动物不能跻身我们这里所说的“人的世界”。二是天地四方曰宇，古往今来曰宙。也就是说，从横向上说，在天地四方的空间里，从纵向上说，在古往今来的时间里，不分种族、民族、国家、阶级及阶层、文化、宗教等异同，凡是有人群的地方，都应该被普世价值中的“普世”所覆盖。

关于价值。政治经济学对价值的定义是凝结在商品中无差别的人类劳动。马克思曾说：“‘价值’这个普遍的概念是从人们对待满足他们需要的外界物的关系中产生的”，是“这些物能使人们‘满足需要’的这一属性”。[①] 马克思在这里所谈到的价值，显然是商品“使用价值”概念的直接延伸。因此，从这个意义上可以说，价值是指客体对于人或人类这一主体所具有的意义和作用。

那么，从上述意义上讲，一些人所说的所谓普世价值，就应该是指古今中外概莫能外的历史上和现实中所有的人都普遍需要和适用的东西。

根据马克思主义经典作家的相关论述，笔者认为，价值观这一范畴不是抽象的，而是具有特定的社会属性。一切以往的价值观、道德观归根到底都是当时的社会经济状况的产物；在阶级或有阶级的社会里，人们自觉或不自觉地总是从他们阶级地位所依据的实际关系中，汲取并形成自己的价值观和道德观。

马克思、恩格斯说：“对资产者来说，只有一种关系——剥削关系——才具有独立自主的意义”，“这种利益的物质关系表现就是金钱，它代表一切事物，人们和社会关系的价值”。[②] 恩格斯还说，在资本主义社会里，“金钱确定人的价值”。[③] 因此，我们不仅应避免把政治经济学对价值的定义简单地引入政治和意识形态领域，更应该避免把资产阶级的金钱即价值、有用即真理的极端自私自利和庸俗实用的价值观作为我们共产党人的价值观。真正的共产党人的价值，应该是眼前利益与长远利益、局部利益与全局利益、国家利益与全人类利益、最低纲领与最高纲领的有机统一。我们的最低纲领，是建设中国特色社会主义，我们的最高纲领是实现共产主义，是实现一切人的自由而全面的发展。我们共产党人没有自己所追求的特殊利益，在现阶段，我们的利益是与最广大人民群众的根本利益即根本价值相一致的；从最高目标看，我们的根本利益即根本价值就是要与传统的所有制关系和传统的所有制观念实行最彻底的决裂，最终实现共产主义，实现每一个人的自由而全面的发展。

因此，在当今时代，资本主义和社会主义、资产阶级与工人阶级和最广大人民群众是不可能有统一的普世的价值观念的。

有人说，有；比如吃喝、食物与水、空气等对所有人都具有普世价值。马克

---

① 《马克思恩格斯全集》第19卷，人民出版社，1963，第405~406页。

② 《马克思恩格斯全集》第3卷，第480页。

③ 《马克思恩格斯全集》第2卷，人民出版社，1957，第565页。

思说："吃、喝、生殖等等，固然也是真正人的机能。但是，如果加以抽象，使这些机能脱离人的其它活动领域并成为最后的和惟一的终极目的，那它们就是动物的机能。"① 恩格斯也说"人来源于动物界这一事实已经决定人永远不能完全摆脱兽性。"② 应该说，认为吃喝、食物与水、空气等对所有人都具有普世价值，这是犯了基本的常识性错误。因为"吃、喝、生殖"等只是人和动物共通的生理机理，是全人类一切人与一切动物一样所具有的生物性，这并不是人类一切人所特有的普遍属性，也不是人世间所特有的"普世价值"。如果承认了吃、喝、生殖等对所有人都具有"普世价值"，就是让动物跻身于人类，或者是说让人类降低到动物的水平。

有人说，如果人类没有一个普世的价值，那不同民族、不同阶级的人为何能产生一见钟情的"纯真爱情"？这里需要弄清四点。一是不同民族、特别是不同阶级的人产生的一见钟情的"纯真爱情"，往往是活跃在文学作品之中。我们知道，文学作品应当尤其是那些反映社会生活本质的经典名著也都是来源于生活而高于生活的，这比普通的实际生活更高，更强烈，更有集中性，更典型，更理想，因此就更带普遍性。这就是为什么即使我们读的不是与我们同一时代或同一种文化的作品时，却依然能够从中发现自己生活的影子，这也是这一作品能够打动我们的根本原因。但有的文学作品却是误解甚至歪曲了社会生活的本质，是作者脱离现实社会生活的情感抽象或寄托，而涉世不深的少男少女也往往从这类文学作品中寻找或寄托着自己的梦想。二是这种脱离现实社会生活的情感抽象，在社会生活中有时可能会变成一瞬间的现实。但是，在阶级或有阶级的社会里，这种男女双方所谓一见钟情的"纯真爱情"，一旦置身现实社会，就往往要受到自身所处的一定的社会经济文化条件的根本性制约，便往往与社会现实生活发生种种碰撞而发生衰变、裂变甚至异化，一见钟情时所立下的"山无陵，江水为竭，冬雷震震，夏雨雪，天地合，乃敢与君绝"的海誓山盟便往往不能兑现，很难爱它个地老天荒。三是不排除个别有挣脱上述制约，把这种"纯真爱情"进行到底的现象，但套用马克思所说，如果对不同民族特别是不同阶级之间所谓的"纯真爱情"加以抽象，使性爱等这些机能脱离人的其他活动领域并成为最后的和唯一的终极目的，那往往仍然是动物的机能。有人往往把这种动物的机能误认成"纯真爱情"。四是爱情与性爱尽管有联系，但决不能画等号。爱情是只有人

① 《马克思恩格斯选集》第1卷，人民出版社，1995，第44页。

② 《马克思恩格斯选集》第3卷，第442页。

类才具有的高尚情感，很难设想动物也具备这种情感。我们也决不否认人世间有上述冲破社会经济文化等根本性制约的樊篱而要获得自己希冀爱情的“爱情至上主义”现象，但这种现象在现实的社会生活中毕竟是极少数，也根本不具备普世的意义。

有人说，人类中杰出人物所创造的一些非意识形态的如自然科学、语言文字、形式逻辑、山水画、无标题音乐等反映人类社会生活与精神现象的东西，也可以为全人类一切人共同学习或欣赏等。人类社会是以能制造生产工具从事生产劳动相区别于动物社会的。从能制造生产工具从事生产劳动这一点上说，这是人区别于动物的“一切人共有的东西”的“现实普遍性”。[①] 人都能制造生产工具，并能共同欣赏如自然科学、语言文字、形式逻辑、山水画、无标题音乐等一些反映人类社会生活与精神现象的非意识形态的东西，这在形式上看，似乎有了一定意义上的普世性。但是，“一切人共有的”“现实普遍性”决不能脱离人的社会性即一定社会的生产关系和交换关系而单独存在。随着阶级社会的诞生，随着人的社会性的增强，“一切人共有的”“现实普遍性”便会被稀释，有时甚至荡然无存。比如，随着剥削的产生，少部分人由于逐渐脱离了生产劳动领域，进入了专事压迫剥削他人的食利者阶层行列，这样便使其区别于动物的从事生产劳动的能力逐渐蜕化。比如，在现实生活中，无论从作者创作和受众的角度讲，也确实存在不少毫无任何意识形态色彩的山水画、无标题音乐等文艺作品，这也可以被称之为“一切人共有的”“现实普遍性”。但也要看到，也有不少从形式和表面上看确实存在的毫无任何意识形态色彩的一些山水画、无标题音乐等文艺作品，作者在创作时，有时却是带着强烈的感情色彩甚至是强烈的意识形态色彩的。不同的受众，会从相同的作品中，读出不同的情感甚至意识形态的色彩来，这就叫“一百个读者有一百个哈姆雷特”。无论从作者还是受众角度讲，这都可以叫做“托物言志”。比如，由于所有制的关系不同和分得的多寡不同，人们所接受教育的程度便有所不同，同为一部小说或喜或悲这些共通或相似的情感和认知，是要建立在不是文盲或有闲读书这一共同的基础之上的。另外，维也纳金色大厅新年音乐会上的无标题音乐并不是所有愿意聆听的人都能购得起昂贵的门票的。“喜怒哀乐，人之情也”，从形式上，这也是一切人的“普遍性”或叫“普世性”。但是，鲁迅说得好：“然而穷人决无开交易所折本的懊恼，煤油大王哪会知道北京捡煤渣老婆子身受的酸辛，饥区的灾民，大约总不去种兰花，像阔人的

① 《马克思恩格斯全集》第3卷，第52页。

老太爷一样，贾府上的焦大，也不爱林妹妹的。”① 鲁迅虽然讲的是旧中国，但对试图把资产阶级统治者的价值观作为普世价值的人，是不是一个有力的回答呢？这能不能说，名称上同曰为喜怒哀乐，穷国与富国、穷人与富人往往有着实质内容的不同，有时甚至有截然相反的内涵呢？

有人说，人类除了各自的个性和特定群体的共性外，还存在着超越于一切差别的共同性，就是通常说的“人性”，例如珍惜生命、同情他人、尊老爱幼、“和而不同”、“己所不欲、勿施于人”等，正是这些共同的本性，产生了对社会生活的共同追求：民主、自由、平等、博爱等这些普世价值。我们说，有时在讨论一些抽象的理论时，往往费下很多口舌无法理论清楚，但此时一回到现实，问题往往便不难解决。说是珍惜生命、同情他人、尊老爱幼、“和而不同”、“己所不欲、勿施于人”是人类的普世价值云云，我们看两个事例。一是一个个体：2008 年 5 月我国四川汶川大地震中的“范跑跑”只是珍惜自己以及女儿的生命，连其老人和妻子的生命也全然不顾，谈何尊老，谈何同情他人。二是一个国家：从 2003 年伊拉克战争开始到 2008 年 7 月 8 日，美国为征服伊拉克，美军死亡人数为 4114 人，这还不包括死亡数万人的雇佣军；截止 2007 年底，战争还造成近 70 万伊拉克平民死亡。请问，美国当局和而不同了吗？飞机枪炮勿施于人了吗？同情珍惜本国士兵与伊拉克人民的生命了吗？“己所不欲、勿施于人”，美国当局并不希望自己的国土遭受炮火连天，可是，冷战结束之后，美国却放开手脚，在海外其他国家连续发动海湾、南联盟、阿富汗、伊拉克四场规模较大的战争。可以说，珍惜生命、同情他人、尊老爱幼、“和而不同”、“己所不欲、勿施于人”等，或仅仅是部分国家或人们的优秀文化传统，或仅仅是一些人的良好愿望，或仅仅是少数人企图使他人甘受奴役的麻醉剂而已。但绝不是全人类各个国家各个阶级各个人所共同承认并遵循的所谓“普世价值”。

有人说，解决环境污染、反对恐怖主义、贩毒吸毒等全球性问题可以被称之为“普世价值”或“全人类所共有的价值”。说到底，人们或国家的价值观念，是由人们或国家的经济利益所决定的。治理大气污染，无疑涉及全人类和各个国家乃至每个个人的共同利益。1985 年人类开始认识到二氧化碳的增温作用。但由于各个国家的经济利益并由此带来占主导地位的价值观念的不同，使其在采取实际行动时，这一“普世价值”往往被虚化和虚幻。美国以占全球 5% 的人口消

① 《鲁迅全集》第 4 卷，人民文学出版社，1973，第 164 页。

费着全球25%的能源，在过去的20年，美国的人均碳排放量是中国的9倍。中国每年的人均二氧化碳排放量仅为2吨，而美国每年人均却多达9吨。但美国却“果断”地拒绝加入全球任何就减排达成一致的国际协议，也不签署将于2012年到期的《京都议定书》。至于“反恐怖主义”，现在各个国家及各个阶级对其定义都极不统一甚至截然相反。有的实质上是世界上最大的恐怖主义国家，但以反恐为名公然到处践踏联合国宪章和公认的国际关系法准则，肆意侵犯他国主权甚至赤裸裸入侵他国。至于贩毒吸毒，之所以成为全人类肌体上很难愈合的顽疾，同样是由于特定国家的社会制度及特定集团、人群的特殊利益所决定的。至于绝大多数国家和绝大多数人在经济社会生活中形成的共有利益和共有价值观念，这无疑在现实社会生活与观念形态中存在，但这与有的人所说的普世价值也有着根本的不同。在存在霸权主义和强权政治为主导的经济全球化的时代里，在阶级和有阶级的社会里，为一切国家和一切阶级、一切人所共同接受的普世价值是从根本上就不存在的。

有人说，奥运会倡导的“更高、更快、更强”的奥林匹克精神和北京奥运会确立的“同一个世界，同一个梦想”的主题超越了国家政治的局限，具有普世价值。实际上，奥运会的上空总弥漫着浓厚的政治对立空气。且不说1916年的柏林奥运会、1940年的东京奥运会和1944年的伦敦奥运会因为两次世界大战被取消，1936年柏林、1956年墨尔本、1968年墨西哥、1972年慕尼黑等奥运会都没有摆脱被政治化的命运。1980年莫斯科奥运会的政治化达到顶峰，美国带头对这届奥运会进行抵制，而四年后洛杉矶奥运会时，苏联则率领东欧社会主义阵营国家进行抵制，奥运会成为冷战的延伸战场。北京奥运会圣火在境外传递屡遭干扰。奥运会前夕西方大媒体上铺天盖地的是对中国所谓“西藏问题”、“人权问题”喋喋不休的指责。北京奥运会举办前，各国报名到北京参加报道的记者达万人之多，其中有相当数量是因为预测北京奥运会举办期间将会发生各种重要事件的西方记者；当预测北京奥运会可能会举办得十分成功时，来到北京参加奥运会报道的记者却只有三、四千人。由此可见，一些西方记者对报道奥运会运动场内任何一项打破世界纪录的精彩赛事和“更高、更快、更强”的奥林匹克精神并未有多大兴趣。2008年8月8日，北京奥运会开幕的日子，也应当是世界休战日，格鲁吉亚正是选择在这一天对南奥塞梯发动进攻。北京奥运会的开幕式上布什与普京“谈笑风生”，而却在数千公里之外暗暗进行着政治军事的角力。“同一个世界，同一个梦想”的口号，集中体现了奥林匹克精神，充分反映了中国和世界各国广大人民的共同理想和强烈愿望，但却未成为当今国际世界的普世价值。

因此，我们完全可以说，在阶级社会和阶级社会向无阶级社会过渡的相当长的历史阶段内，具体的人、集团和阶级总是在不同的所有制形式和生存的社会条件下产生不同情感、价值观念、思想方式和世界观的。其经济、政治、文学、哲学和道德等社会意识形式的内容主体和本质属性，都反映着一定社会的经济基础、利益结构和社会关系，都具有鲜明的阶级性、时代性和社会形态的质的规定性，根本不存在所谓的“普世价值”。普世价值的争论实质上是普世价值观的争论。如果有人一定要讲“普世价值”，其实质是要想把他们的特定价值定为普世价值。有人引用胡锦涛同志指出的“中国共产党85年的历史，就是为中华民族的独立、解放、繁荣，为中国人民的自由、民主、幸福而不懈奋斗的历史”的讲话，企图证明自由、民主、幸福是全人类的普世价值，这是没有道理的。胡锦涛同志在讲话中明确作出了“中国人民的自由、民主、幸福”的质的规定。这对有的人论证全人类的普世价值的存在不仅毫无裨益，反而恰恰说明了“自由、民主、幸福”的阶级和国家的本质属性，是对“自由、民主、幸福”所谓普世性的否定。

在阶级社会和阶级社会向无阶级社会过渡的相当长的历史阶段内，探讨清楚了并不存在所谓的普世价值，那么，作为从形式到内容完全具有强烈意识形态色彩的国家形式或形态的民主也就更加失去了所谓的普世性。

关于民主的普世性，现在媒体上讨论得极为热烈。其中一种观点认为，各种不同民主政治的历史背景、阶级属性、实现形式有着很大甚至根本的不同，但是，它们之间总是存在着一些具有共性的东西，也就是所谓民主的一般特征，亦即民主的普世性或普适性。这些特征包括：①主权在民，即人民当家作主；②在自由与平等的基础上进行协商；③按照多数人的意志进行决定；④程序化；⑤保护少数。当然，民主还有其他各种原则，譬如代议制原则、权力制约的原则、选举的原则等。而上述几个原则，则是其中最主要的原则，是民主普世性或普适性的集中体现。

笔者认为，上述说法似乎有一定道理，但值得商榷。

其一，任何事物都是形式与内容的有机统一。形式是我们区别客观世界各种现象的外部标志之一，是事物运动的外在方式。而内容，就是事物矛盾运动的本身，是构成这一事物的一切要素的总和。事物的性质，本质上是由其内容所规定的。相同的事物，可能有不同的外在表现形式；不同的事物，也可能有相同的外在表现方式。在人类进入阶级社会以来的历史中，各种不同民主政治的历史背景、阶级属性、实现形式有着很大甚至根本的不同，但是，不同民主的外在表现形式上也存在着一些相同的东西。我们也可以把这称之为各种不同民主的外在形式的一般特征，但还不能称之为民主的普世性或普适性。因为，任何形式与内容都紧密联系在一起并须臾不可分离。而且，更为重要的是，内容决定形式，内容决定事物的性质。离开民主的根本性质，仅凭性质根本不同的民主在形式上的某些相似之处，就把某种特定时代、特定阶级、特定国家的民主视为全世界普遍适用的民主制度，是很不妥当的。

我们可以按照马克思主义对“个别和一般”的思想方法来看一下“普世民主”。当我们把各种不同形式和形态的民主概括在民主这一概念下的时候，我们是把它们的质的差异撇开了。因此，民主这一概念本身与各种不同形式与形态的、特定的、实存的民主不同，它在社会历史的实际生活中并不是感性的存在。民主一般仅仅是民主的一切时代有某些共同标志、共同规定性的一个合理的抽象。经过比较而抽出来的民主一般的共同点，本身就是有许多组成部分的、分为不同规定的东西。其中有些属于一切时代，另一些是几个时代共有的。有些规定是最新时代和最古时代共有的。没有它们，任何民主都无从设想；但是如果说最发达的民主和最不发达的民主具有一些规律和规定，那么，构成民主发展的恰恰是有别于这个一般和共同点的差别。对民主一般适用的种种规定所以要抽出来，也正是为了不致因为有了统一而忘记本质的差别。那种证明现存的某种民主制度具有“普世性”并将永存的人、集团或国家，就在于忘记了这种本质的差别。正是从这个意义上说，一切时代民主所共有的、被思维当做一般规定而确定下来的规定，是存在的，但是所谓一切民主的一般条件，不过是这些抽象要素，用这些抽象要素不可能理解任何一个现实的历史的民主。因此，一说到民主，应该总是指在一定社会发展阶段上的历史的、具体的民主。

比如说，所谓“普世性民主”中的“主权在民”的第一个原则，是在公元前六世纪初开始的雅典民主制中逐渐确立的。创立这一民主制的伯里克利明确宣称：“我们的政治制度之所以被称为民主政治，是因为政权是在全国公民手中，而不是在少数人手中”。[①] 毫无疑问，古希腊民主是人类古代民主的灯塔，但它的民主制的辉煌成就是建立在奴隶制基础上的。据相关统计，在伯罗奔尼撒战争发生时，雅典成年公民为4万人，其家属14万人，异邦人7万人，奴隶在15万~40万人之间。其家属、异邦人和奴隶是不享受公民权的，真正享有公民权的仅

① 〔古希腊〕修昔底德：《伯罗奔尼撒战争史》，谢德风译，商务印书馆，1960，第130页。

有十几分之一。[①] 古希腊哲学家柏拉图在《理想国》中曾明确指出："民主……是一种迷人的政府形式，变化多端、杂乱无章，给同等者和不同等者都分配以某种形式的平等"。[②] 此后的法国资产阶级启蒙思想家鲁索又提出了"人民主权"理论，但他又说："从民主这个词的严格意义上说，真正的民主从未存在过，而且永远也不会存在。"[③]

现在，多数人也都认为民主是多数人的统治。我们从民主的构词上也可以看出，民主的本质是人民自己作主，它的对立面不仅仅是君主，而且还有资本主义民主即资本主导下的民主。这就是说，在资本主义制度下，主权在民即人民当家作主原则，体现和实现的实际上是资产者作主的原则；在自由与平等的基础上进行协商、按照多数人的意志进行决定等原则，主要是在资产者内部实现的。在这里，无产阶级和广大劳动人民这个"绝大多数"实际上没有任何地位。至于整个社会中有时候真正多数人享有的民主权利，并不是天赋的，也不是别人恩赐的，而是靠工人阶级和广大劳动者自己的斗争争得的，比如，八小时工作制、"三八"妇女节、"五一"劳动节等。也可能会有同志说，他们有"选举中的神圣一票"。其实，这神圣的一票仅是表面和形式上的。笔者在后面将专门论及这个问题。

资本主义虽然有口号上与形式上的平等，但要看到，资本主义既有一人一票这样的形式上的平等，又有经济上的实际不平等和随之而来的社会的不平等。列宁把这称之为"资本主义的基本特点之一"，并说"这是资产阶级的拥护者自由派用谎言掩盖的而小资产阶级民主派却不了解的一个特点"[④]。口头上主张竞争自由、贸易自由、金融自由和信仰自由、宗教自由的人与国家，是否就不独裁和专制了呢？我们作判断，决不能依据他们口头上说什么，而更要看他们做什么。正因如此，列宁明确指出："在最民主的资产阶级国家中，被压迫群众随时随地都可以碰到这个惊人的矛盾：一方面是资本家'民主'所标榜的形式上的平等，一方面是使无产阶级成为雇佣奴隶的千百种事实上的限制和诡计。"[⑤] 他们形式上有"选举中的神圣一票"，但选举之后，便千方百计排斥他们，千方百计地把他们排除在管理国家之外。资产阶级议会对劳动人民群众来说，是资产者压迫无

① 应克复等：《西方民主史》，中国社会科学出版社，1997，第48页。

② 〔美〕丹尼尔·B. 贝克：《权力语录》，凤凰出版传媒集团，江苏人民出版社，2008，第21页。

③ 〔美〕丹尼尔·B. 贝克：《权力语录》，第23页。

④ 《列宁全集》第38卷，人民出版社，1986，第203页。

⑤ 《列宁选集》第3卷，第605页。

产者的工具。这是资产阶级民主的实质内容。列宁在批判谢德曼派和考茨基派总是谈论“一般‘民主’”时，曾尖锐地指出：“剥削者营垒总是把资产阶级民主冒充为一般‘民主’而一切庸人，一切小资产者，直到……社会民主党的大部分领袖，都跟着这个营垒随声附和”；[①]“他们一谈到‘多数’时，总以为选票的平等是被剥削者同剥削者平等，工人同资本家平等，穷人同富人平等，饥饿者同饭食者平等”；“善良、诚实、高尚、和气的资本家，从来就没有利用过财富的力量、金钱的力量、资本的权力、官僚政治和军事独裁的压迫，而真正是‘按多数’来决定事情的!”列宁还说，他们如此对资产阶级民主进行粉饰，“一半是由于虚伪，一半是由于几十年从事改良主义活动所养成的极端愚蠢。”[②] 列宁当年对考茨基等“一般‘民主’”、“纯粹民主”的批判，对于我们今天讨论“普世民主”难道没有强烈的现实意义吗?

其二，和任何其他事物一样，民主也具有普遍性和特殊性，或者说共性和个性。共性寓于个性之中，并通过个性体现出来。民主的共性是从各种民主的国家管理形式或国家管理制度中抽象、概括出来的。但这种共性与个性一样，都是同时存在于每一种具体民主的历史形态之中的。如资产阶级民主和社会主义民主，既包含有某些共同的特点，但更具有根本不同属性的个性；前者反映了民主形式的某些普遍性或共性，后者反映了民主本质的特殊性或个性。不能因为民主形式的某些普遍性而否认民主本质的特殊性，也不能因为民主的本质特殊性而否认民主形式的某些普遍性。需要强调的是，“普遍性”和“普世性”也不是一回事。“普遍性”是哲学用语，是自在的、内生的，存在于事物内部普遍性与特殊性相统一的客观存在的规律性；而普世性从概念的来源看，是个宗教用语，它强调的是社会及人类的共同价值观念。从原意上理解，是超越尘世，其真理性来自上帝赋予的启示。因此，是一个不需要前提和证明的虚幻。但它会被现实中的一些人、集团、国家所利用，它不仅是虚幻的主观意愿，而且更是想把这一愿望变成所谓“普度众生”的现实。因此，是否可以说，以美国为首的西方国家极力鼓吹的所谓“民主的普世性”，实际上是新帝国主义对外侵略扩张和西化、分化、规制化中国并最终把我们殖民化的政治主张和理论武器?

因此，我们决不能把需要借鉴和汲取的各种具体民主的形式中的某些普遍性，误认成需要把这种民主从形式到内容都要全部、整体地照抄照搬过来。资产

---

① 《列宁全集》第 37 卷，人民出版社，1984，第 203 页。

② 《列宁全集》第 37 卷，第 207 页。

阶级的民主，在形式上汲取了奴隶制民主和封建制民主的精华，并在其民主的形式上进行变革创新，以适应资产阶级自身的需要。对西方资产阶级民主的形式中包含的所有精华，我们应大胆吸收和借鉴。在这上面，我们决不能重犯“左”的错误。由于其历史的局限性和阶级的狭隘性，资产阶级民主根本不具有“普世价值”。我们不能简单地否认各种不同具体民主形式上的普遍性，更不能承认西方民主从形式到内容的“普世价值”，否则，我们在民主问题上，就会出现偏差而陷入被动，甚至如马克思所说，“就会倒霉！”

列宁在批判考茨基的所谓“纯粹民主”时还说：“考茨基迷恋于民主的‘纯粹性’，无意中犯了一切资产阶级民主派常犯的那个小小的错误：把形式上的平等（在资本主义制度下彻头彻尾虚伪骗人的）当作事实上的平等！”①

邓小平曾说：“我们在宣传民主的时候，一定要把社会主义民主同资产阶级民主、个人主义民主严格地区分开来，一定要把对人民的民主和对敌人的专政结合起来，把民主和集中、民主和法制、民主和纪律、民主和党的领导结合起来。”②

邓小平还说：“关于民主，我们大陆讲社会主义民主，和资产阶级民主的概念不同。……我们一定要切合实际，要根据自己的特点来决定自己的制度和管理方式。”③ 因为，“资产阶级日甚一日地消灭生产资料、财产和人口的分散状态。它使人口密集起来，使生产资料集中起来，使财产聚集在少数人的手里。由此必然产生的结果就是政治的集中。”④ 财产集中必然带来政治集中，政治集中必然带来意识形态的集中。这就是从经济基础集中到上层建筑集中的必然路径。本来，民主是要彰显各类个性，结果却来了个“普世民主”的“统一”。一些国家为了推行“普世民主”，甚至不惜动用战争手段。民主虽然是一个颇为动听的词汇，但在西方民主的辞典里，民主就是反共。从一定意义上甚至可以讲，“普世民主”就是专制或专政，是与民主的本义完全相悖的。

人民民主或社会主义民主是与资产阶级民主相比较而存在的。不讲清楚资产阶级民主，就无法讲清楚人民民主或社会主义民主。资产阶级民主和社会主义民主都在自己的旗帜上写着多数人的民主或统治，都倡导多数人的平等。但在现实的经济政治社会生活中，资产阶级民主却是少数人享有的民主，大多数人处于被剥削被压迫者的地位。而社会主义民主从内容到形式都是人民当家作

---

① 《列宁全集》第35卷，人民出版社，1985，第253页。

② 《邓小平文选》第2卷，第176页。

③ 《邓小平文选》第3卷，第220~221页。

④ 《马克思恩格斯选集》第1卷，第277页。

主，都是多数人之间的平等。我们讲，没有民主就没有社会主义，在这里所说的民主，已经不是所谓抽象的、纯粹的民主了，而是有着其具体的规定性，是对社会主义民主的省略或约定俗成。这里的本意与实质所指是社会主义条件下的人民民主或最广大人民群众的民主。如果不省略，这句话的全部表述是：没有人民民主就没有社会主义。美国等西方发达国家的民主，主要是垄断资产阶级的民主，是垄断资本主导下的民主，与我们的人民民主或社会主义民主的性质是完全不同的。

对工人阶级和劳动大众而言，说资产阶级民主虚伪，也就是说，他们在政治旗帜上写的是“人民民主”，而在现实的经济和政治生活中，工人阶级和劳动大众却被排斥在民主之外，处于被剥削和被压迫的地位。如1960年，戴维·布尔克利在美国民主党全国代表大会的讲话中说：“这是空间时代的首次大会——在这个时代，竞选者能够向月亮作出承诺，并能兑现承诺”。[①] 再如，1989年1月20日，曾担任过美国政府驻中国联络处主任的乔治·布什在就任美国总统后发表就职演说时明确表示，他在担任总统期间要“为人民服务”。[②] 乔治·布什的此“为人民服务”与毛泽东的彼“为人民服务”在字面上是完全相同的，但其本质内涵是完全不同甚至是截然相反的。这就正如同资产阶级的“民主”与我们的社会主义的“民主”一样。这里还需要指出的是，我们说资产阶级民主是虚伪的，是指对于工人阶级和劳动大众的虚伪，而对于资产阶级本身来说确是真实的。当然，资产阶级的共和制、议会和普选制，从全世界社会发展来看，同农奴制和君主制相比，毫无疑问是一大进步。但是，在资本占统治地位的国家，不管怎样民主，都是资本主义国家，而且这种共和国愈“民主”，资本的统治就愈隐蔽、愈巧妙、愈厉害也就愈无耻。

如果承认了一些人所说的“普世民主”，也就等于承认了存在绝对的、超阶级的民主。列宁曾经指出：“这种错误观念的根源就是从资产阶级那里继承下来的偏见”，“从无产阶级看来，问题只能这样提：是不受哪个阶级压迫的自由？是哪一个阶级同哪一个阶级的平等？是私有制基础上的民主，还是废除私有制的斗争基础上的民主？如此等等”。[③] 任何民主，与任何政治上层建筑一样，这种上层建筑在阶级消灭之前，在无阶级社会建立之前，是必然存在的。在此之前，

---

① 〔美〕丹尼尔·B. 贝克：《权力语录》，第44页。

② 张海涛：《再说美国》，北京出版社，1991，第67页。

③ 《列宁全集》第37卷，第277页。

讲什么所谓的普世民主，就必然是愚弄人民的谎言。正如同列宁在批判考茨基鼓吹的“纯粹民主”的言论时所说：“如果不是嘲弄理智和历史，那就很明显：只要有不同的阶级存在，就不能说‘纯粹民主’，而只能说阶级的民主。”① 因此，一旦承认民主具有“普世性”或“普适性”，即是承认考茨基所说的“纯粹民主”，就是有意无意重复一些人企图用来愚弄人民的谎言。

笔者认为，民主没有抽象的“普世性”，但在其类型上分高下。奴隶民主制是对原始社会“古代自然形成的民主制”的进步，封建君主制是对奴隶民主制的进步，资本主义民主制是对封建君主制的进步，社会主义民主制又是对资本主义民主制的进步。社会主义民主制是人类历史上新的更高类型的民主。而一些人在社会主义问题上，总是否定其共性，而高扬其个性；在民主问题上，却总是否定其个性，而大肆彰显其共性。这实质是在理论逻辑上的双重标准。

有人说，“民主是人类政治文明发展的成果，也是世界各国人民的普遍要求”。正因为民主没有抽象的“普世性”，但在其类型上分高下，因此，上述这句话，是否可以改为这样的表述：民主是人类在不同地域、不同民族、不同国家，在社会发展的不同阶段上共同创造和积累的政治文明的成果，追求新的更高的民主也是世界各国人民的普遍要求。

（四）以美国为首的西方强国的民主制度没有普世性

有人所说的“普世价值”，实质上是指美国的民主制度具有“普世价值”。

我们应当看到，在私有制条件下，以美国为首的西方强国的资产阶级民主政治具有以下几个明显的不可克服的内在矛盾。

一是资产阶级民主政治口号上标榜平等但是实际上不平等。比如1776年美国《独立宣言》一开始便宣称：“我们认为这一真理是不言而喻的：人人生而平等，造物主赋予他们若干不可剥夺的权利，其中包括生命权、自由权和追求幸福的权利”。② 这就是著名的“天赋人权”说。而实际上，当时签署宣言的却是清一色的白色男人绅士，他们笔下和心目中的人，并不包括黑人与妇女。1920年美国妇女才有选举权，1965年美国黑人才真正拥有投票资格。资产阶级在宪法的旗帜上讲民主，而在宪法的细节里却是赤裸裸的专政；在宪法这个母法里讲

① 《列宁全集》第37卷，第243页。

② 陆镜生：《美国人权政治》，当代世界出版社，1997，第126页。

民主，而在子法即工厂法典中，却通过私人立法确立了对工人的专制。同样是专制社会，只是奴隶监督者的鞭子被监工的罚金薄代替了，一切处罚都简化成为罚款和扣工资。在资本主义国家，情况往往是这样，即你可以游行示威，可以骂总统，但你对你的老板却必须绝对地服从。无论是在传统还是现代意义上的工厂或公司里，老板或总裁总是对工人或职员实行专制的“奴隶主”或“皇帝”。

在奴隶和封建专制社会，在熊彼特所说的“精英民主”的资本专制社会，它们有着共同的普遍性，这就是对少数人的民主，对多数人的专政，即是对统治集团内部少数人的民主，而对其他或是广大奴隶或是广大农民或是广大无产阶级的专政。只有在社会主义社会，民主才是对工人阶级和最广大劳动人民的多数人的民主，是对敌视破坏社会主义事业的少数人的专政。当然，也不排除一些打着社会主义招牌实质是少数人对多数人的专政的情况出现。只要稍有政治常识的人，都会承认，在阶级或有阶级的社会里，不是对绝大多数人的专政，就是对极少数人的专政，所谓全民国家和所有成员的民主是不存在的。在现代资本主义社会，从本质上讲，多党制不过是统治集团内部民主表现形式、权力分配方式与所谓“普世民主”的点缀而已。在美国，仅仅是数万甚至是数千万富有的人或是他们的代理人在管理着美国。不过在美国共和党的背后主要是军工、石油、制造等“传统商业”的支撑，而民主党的背后主要是金融、电信、传媒等“新兴商业”的支撑。

二是资产阶级民主政治形式外壳上平等但实际内容上不平等。比如一人一票选举制的平等，也仅仅停留在形式上而已。现在美国的大选往往参选率仅有一半多一点，无论何种原因，这在实质上就是剥夺了近半数人的参选资格。此外，这种形式上的平等又往往掩盖着经济的不平等和随之而来的社会不平等。美国目前的百万富翁超过800多万人，但生活在贫困线以下的多达几千万人。整日花天酒地和每天沿街乞讨的人之间，能说是平等的吗？另外，美国的联邦法律规定实行普选制，但又通过“选举人”制和州法律的“胜利者得全票”制即通吃制暗度陈仓地改变和相当程度地削弱了普选制。

让我们再打一比方，来进一步说说一人一票的选举制度。资产阶级民主制度下的无产阶级和广大劳动人民，就像一个偌大的发育不健全的股票市场里的一个个股民。在股票市场里，从形式上看，任何一个股民，都有权利决定在任何情况下出入股市的“民主权力”；而实质上，大资本却有操控股市“坐庄”的“民主权力”，从表面和形式上看，小股民与大资本，各自有各自的“民主权力”，似

乎并行不悖，十分平等；但在这表面十分平等的形式下，小股民有时会被大资本洗劫得倾家荡产。股市中这种表面上的平等，掩盖着大资本掌控小股民命运的实质上的不平等。在资本主义条件下，一人一票的普选制，形式上看，如同股民自由进出股市一样绝对平等，但实质上候选人只能在垄断资本事先圈定好的两个之间进行选择。即使在两人中间进行选择，看似自由，其实也极不自由，实际上垄断资产阶级早已通过舆论操纵了人们的思想，从而也无形地掌控了人们投票的这只手。这在后面将专门论及。

三是资产阶级民主政治本质上是金钱政治。曾帮助威廉·麦金利在1896年赢得美国总统大选胜利的马克·汉纳说过："要赢得选举，需要两个东西。第一是金钱，第二我就记不得了。"① 美国一位作家兼评论家也说："无论民主制度在理论上怎么讲，在实践上人们有时倾向于把它定义为标准化的商业情节剧。"②从1789～1797年担任美国首届总统的乔治·华盛顿，到2004～2008年的第55届总统乔治·布什，绝大部分担任美国总统的人出身富豪，可以说总统职位是富人的"专利"。许多人印象中的"平民总统"其实都不贫穷。华盛顿去世后，传记作家试图把他描绘成出身卑微的农民，但是他实际上成长于拥有49个奴隶、占地一万多英亩（约40.5平方公里）的庄园。《福布斯》杂志说，华盛顿在任期间就已跻身"美国400富豪"之列。美国第七任总统安德鲁·杰克逊被认为是美国历史上第一位"平民总统"。但实际上杰克逊在南卡罗来纳一处庄园长大，庄园里拥有多名奴隶。第16任总统亚伯拉罕·林肯经常说自己年轻时穷困潦倒，但他出生时，他的父亲托马斯·林肯拥有两个占地600英亩（约2.4平方公里）的农场和几块城镇地皮，还有大量的家畜和马。林肯五岁时，他的父亲已成为肯塔基地区最富有的农场主之一。

美国共和党是1854年成立的，1860～2004年，美国"驴象两党"先后进行39次总统选举。其中，绝大多数是竞选开支超过对方的一方获胜。1860年大选，共和党人林肯竞选费用为10万美元，而民主党人道格拉斯为5万美元，林肯胜出。2008年美国总统选举，同样是创美国总统选举历史上个人筹款纪录、筹款多达6.41亿美元的奥巴马当选，而筹款仅3亿多美元的麦凯恩败北。美国总统竞选的费用在近些年不断刷新纪录。1980年的总统竞选耗费资金仅为1.62亿美元，到1988年翻了一番，达到3.24亿美元。到了2000年，竞选费用总额猛涨

---

① 费利佩·萨阿贡：《美国的民主癌症》，2000年8月16日西班牙《世界报》。

② 《权力语录》，第35页。

到5.29亿美元，而2004年再创新高，达到8.81亿美元，其中两党候选人布什和克里筹到的竞选费用总额就超过了5亿美元。2008年的美国总统选举本身更是创下24亿美元新高。[①]

让我们再来看看美国的游说集团。建国伊始，麦迪逊在《联邦党人文集》中的第十篇阐明的主要论点是：美国人生活在利益集团的迷宫之中；废除冲突利益集团的斗争会损害自由；鉴于使全体人民拥有相同的意见、情感和兴趣又绝无可能，因此形成派别或利益集团也在情理之中；问题的关键是要把利益集团的可能造成的负面影响控制在可接受的水平。[②] 为达到此目的，美国直到1946年才制定了《联邦管制院外游说活动法》。但就是这唯一的一部相关法律，也只是对利益集团的活动予以规范，而并非是要限制。比如该法律要求游说公司到国会秘书处登记，定期呈报活动记录报告和收支情况等。这部法律的最大弱点或漏洞，在于未责成任何机构负责该法的实施，以及对游说活动与议员关系的规定含混不清。这一切使得该法对利益集团活动的约束力大打折扣。[③]

被称作“旋转门”的机制，也是我们了解美国腐败的最便捷的切入点。所谓“旋转门”，指的是个人在公共部门和私人部门之间双向转换角色、穿梭交叉为利益集团牟利的机制。大体而言，“旋转门”机制可以被归为两类。第一类是由产业或民间部门进入政府的“旋转门”，这主要是指公司高级管理人员和商业利益集团游说者进入联邦政府并担任要职。在政策制定和实施的过程中，这就可能为他们曾经代表的团体谋取特别的好处。第二类是由政府进入私人部门的“旋转门”。以前的政府官员充当游说者后，也可以利用自己与政府的联系来为现在所代表的团体谋取特别的利益。在当今的美国，“旋转门”司空见惯，而且运转良好，并且已经成为当代美国腐败的加速器。这种深深植根于美国政治文化传统的、以游说来达到一己之私的现象或存在，便是被称作除行政、立法和司法之外的美国“第四权力中心”。它不仅开创了一种腐败文化，而且为官商勾结、权钱交易的腐败行径披上了合法外衣。金钱是进入上述两种“旋转门”的入场券。很多团体在游说上每年都要花费上百万美元甚至更多。

四是资产阶级的民主政治是金钱操纵舆论、舆论操纵民主的“民主”。为了进一步说明这一点，笔者在这里引用爱因斯坦早在1949年《为什么要社会主

---

① 《美国大选共花费53亿创新高》，2008年10月24日《今日美国报》网站。

② 〔美〕汉米尔顿、杰伊、麦迪逊：《联邦党人文集（一）》，九州岛出版社，2007，第117~133页。

③ 李道揆：《美国政府和美国政治》，商务印书馆，2004，第310~312页。

义?》一文中所说的较长的一段话："私人资本趋向于集中到少数人的手里……这些发展的结果造成私人资本的寡头政治，它的巨大权力甚至连民主组织起来的国家也无法有效地加以控制。事实的确如此，因为立法机构的成员是由政党选出来的，而这些政党要不是大部分经费是由私人资本家提供的，也是在其它方面受他们影响的，他们实际上就把立法机构和选民隔离开来了。结果是，人民的代表事实上不充分保护人民中无特权的那一部分人的利益。此外，在目前的条件下，私人资本家还必然直接或间接地控制情报和知识的主要来源（报纸、广播电台、教育）。因此，一个公民要达到客观的结论，并且理智地运用他的政治权利，那是极其困难的，在大多数场合下实在也完全不可能。"①爱因斯坦绝不仅仅是一位伟大的物理学家，他上述这段话，把资本主义社会中资本的权力和所谓民主的关系讲得清清楚楚。正是在这个意义上，美国著名戏剧家帕迪·查耶夫斯基讲："电视是最丑恶的民主"。②

事实的确如此。2008年5月，笔者到布鲁塞尔的欧盟总部访问，在与其几个议员和研究机构交谈时进一步认识到，在现代西方社会，垄断资本往往是通过金钱和所谓的公关公司、游说集团等控制立法、行政、司法机构，通过控制各种新闻媒介控制社会舆论和民众意识。在近几次的美国大选中，有些主要电视台播出的竞选广告，平均每分钟竟达上亿美元。从表面上看，选举时，民众都有所谓的人人平等的一票，但实质上，事先已经有一双"看不见的手"即被灌输的意识在操纵着民众，去投垄断资本事先已经选定好的代理人。民众的所谓权力与自由，只不过是在他们事先设定好的资本统治集团内部少数不同代理人甚至仅在其两人之间进行选择罢了。这种极其有限的在几个人之间选择自己权力代理人的民主，在选举完结之后，便把民主又还给了辞典。

美国首先以从海外攫取的大量合法、非法超额利润即金钱，在其国内建立所谓"福利社会"的"示范效应"，以从根本上增强美国所谓民主制度的吸引力、向心力和凝聚力。其次投入大量金钱兴办各类媒体，在其国内特别是世界上大肆宣扬其"民主、自由、人权"等价值观念，拼命诋毁他们企图颠覆的国家的执政者，用名目繁多的罪名指责发展中国家"独裁"、"专制"、"暴政"、"侵犯人权"、"自闭"等，使广大发展中国家和人民丧尽自尊，无颜自立；然后，使其所谓的"民主"、"自由"、"人权"、"新自由主义"等价值观念和政治法律制度

① 《爱因斯坦文集》第3卷，商务印书馆，1979，第272页。

② 《权力语录》，第44页。

及政策在发展中国家畅通无阻，从而既达到了西方国家和国际垄断资本对发展中国家残酷剥削压迫的目的，同时又能用这些巧妙动听的语言掩饰它们残酷剥削压迫的实质。当金钱所垄断的媒体在世界铺天盖地都是一种声音和价值观念的时候，普通群众是很难区分对错的。再次拨出专款在对象国收买、培植代理人和所谓的“民主自由斗士”，筹建、资助、利用各种非政府组织，使它们成为推行所谓“民主自由”的先锋。最后利用对外援助，诱使对象国自觉自愿地进行所谓的“民主改造”，并同西方民主制“接轨”。这种援助，在它们的“民主价值观大潮”兴盛之际，往往会减少投入；而在“民主价值观”受到置疑之时，往往会加大投入。冷战结束后的1995～2000年期间，国际经济合作与发展组织/发展援助委员会（OECD / DAC）成员国净官方发展援助（ODA）总值逐年下降，从587.8亿美元下降到了537.49亿美元。随着美国等西方国家“硬实力”的碰壁，他们又开始重视发挥“金钱外交”的“软实力”的作用。后冷战时期的“援助疲劳症”至此不治而愈。自2002年起，世界主要援助国普遍增加了对外援助拨款，年均增幅在100亿美元以上，其中美国在2001年以后对外援助的增幅，超过了“马歇尔计划”以后的任何历史时期。

五是资产阶级民主政治是少数人统治多数人的政治。我们还应注意，竞选费用正在扶摇直上，但是民众参选率却是江河日下（见图1）。

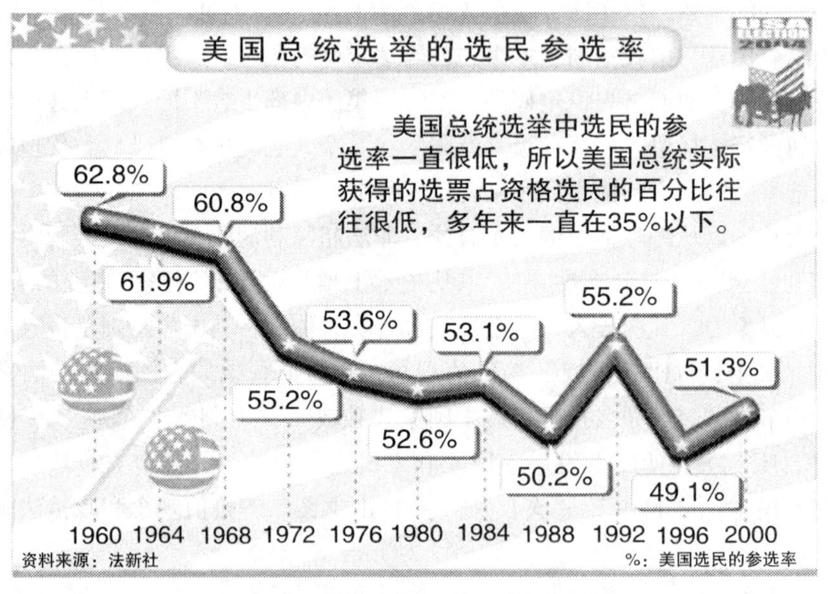

图1　美国总统选举选民参选率低

2004 年选举受到选民的高度关注，据统计，60% 的选民（1.2 亿人）参加了投票。布什获得 51% 的选票连任，实质是只占全体选民 30% 多一点。这 30% 多一点的赞成票中，实质也有不少是对方的反对票。2008 年美国总统大选中民众的参选率可能比较高，原因主要是美国民众对美国金融危机出路的关切和有黑人血统的奥巴马的参选。奥巴马的当选，无疑也是美国资本主义民主的一次进步。

六是资产阶级民主政治往往对内“仁慈”而对外野蛮，有时对内为了达到自己的目的，甚至连表面和形式上的所谓民主与平等都要抛弃，而显现出“独裁”和“霸道”的“本色”。

马克思在《不列颠在印度统治的未来结果》中说：“当我们把自己的目光从资产阶级文明的故乡转向殖民地的时候，资产阶级的极端伪善和它的野蛮本性就赤裸裸地呈现在我们面前，它在故乡还装出一副体面的样子，而在殖民地它就丝毫不加掩饰了。”[①] 西方资本主义强国以从海内外攫取的大量合法、非法的超额利润，除了被少数垄断集团攫取外，拿出少量在国内建立所谓的“福利社会”，这一方面是其国内长期稳定、长期统治的需要，另一方面是为在全世界“示范”西方强国的政治、经济制度的优越，以向全球更加有效地输出自己的民主政治。实际上，美国等西方强国的民主制，与希腊、罗马的民主制是一样的，是建立在对外征战和奴隶的基础之上的，它们对内表现得分外“仁慈”，而对外却特别残酷。因此，美国经济增长的真正奥妙并不在于高科技，而是通过金融、高科技、军事和文化等手段，企图在全球范围内对所有劳动领域的劳动者的绝对控制。近 40 年来，美国的香蕉公司、银行和石油公司通过种种管道每年对哥伦比亚进行几千万甚至多达数十亿美元的军事援助，从而在哥伦比亚政府军的保护下掠夺其廉价资源，剥削该国的劳动力。

就是在对内“仁慈”的表面下，美国政府对人民来说，实质上没有民主，而本质上是赤裸裸的专政。近几年，美国国务院常常是每年度都要发表对别国的人权报告，对包括中国在内的世界 190 多个国家和地区的人权状况进行指责，却对自身的人权问题只字不提。为了让世界人民了解美国真实的人权状况，响应美国国务院对中国人权状况的肆意歪曲和无理指责，敦促美国反思其所作所为，中国国务院新闻办公室连续第九年发表美国的人权纪录。2008 年 3 月 13 日发表的《2007 年美国的人权纪录》指出，美国暴力犯罪上升，严重危及人民的生命、自由和人身安全。2006 年，美国全国暴力犯罪为 141 万起，比 2005 年增加了

① 《马克思恩格斯选集》第 1 卷，第 772 页。

1.9%。美国拥有私人枪支达2.5亿支，美国每年约有3万人死于枪击。美国执法、司法部门滥用职权，严重侵犯公民人身自由权利。美国监狱的虐囚现象很普遍。2006年，美国监狱共关押了超过226万名犯人，人口仅占全世界人口的5%，而囚犯占全球囚犯总数的25%。美国公民享有的个人自由和权利正在逐步缩小。美国公民的经济、社会和文化权利没有得到应有的保障。到2006年底，美国贫困人口有3650万人，几乎相当于每8个美国人中就有1人生活在贫困中。美国家庭组织称，实际上，在65岁以下的美国人中，有近9000万人在2006～2007年之间（或其中某些时间段）没有医疗保险，占总数的34.7%。[①] 透过此类事实和数据，我们还能够说美国的民主制度是我们应该仿效的普世民主吗？

西方强国的垄断资本为了达到自己的目的，有时在国内的选举中，甚至在表面和形式的选举程序上，所谓的民主与公正都会被抛弃，而显现出规章制度上的“独裁”和“霸道”。让我们以英国1979年的大选为例：英国为了防止各个小党派联合执政，在其选举制度上就做出了极其不平等的规定。保守党只需4万张，工党只需4.2万张选票即可获得一个议员的席位，而其他小党联盟则需40万张选票才能获得一个议员的席位，其难度相当于保守党与工党的10倍。[②] 现在，这一极不合理的状况不仅没有改变，反而有恶化的趋势。我们也可以明显地看出，国际垄断资本为了进一步实现在全球的联合，进而巩固其在全球的统治地位，它们已开始在全球范围内削弱各国的多党制，企图推行垄断资本内部的诸如美国十分成熟的两党制。

美国的总统选举，不过是统治集团内部各个不同派别代表人物的角逐。在他们内部，有时会斗得你死我活，甚至无所不用其极。尼克松在美国政坛上活跃几十年，曾竞选过联邦众议员、参议员、州长、副总统和三次总统。当他离开白宫之后，在其《领导者》一书中，谈到竞选中的黑暗时，曾转引丘吉尔对政坛用语，三番两次说，资本主义国家的竞选“粗野而肮脏”。[③] 美国总统选举中，肮脏内幕的极端，就是对竞选对手的暗杀。1968年，罗伯特·肯尼迪参选被暗杀身亡；1972年，乔治·华莱士参选，被暗杀致残；1974年，杰拉尔德·福特参选也曾被暗杀过。现在，一些预言家预言，不排除奥巴马在任期内遭到美国极端种族主义势力的暗杀。

① 国务院新闻办公室：《2007年美国的人权纪录》，http：//news.xinhuanet.com。

② 应克复等：《西方民主史》（修订本），中国社会科学出版社，2003，第325页。

③ 〔美〕理查德·尼克松：《领导者》，世界知识出版社，1998，第386页。

资产阶级民主共和国虽然许诺并且宣告政权属于大多数人，但是它从来没有实现过。它与封建制度相比，只是改变了经济奴役的形式。封建制度是封建国家奴役制或依附农民租佃制，[①] 资本主义民主制则是雇佣奴隶制。只是后者对其奴役作了特别漂亮的装饰，但并未改变也不会改变这种奴役的实质。

有人说，实行美国式的民主制度，贫穷国家的经济就能得到大发展。美国经济学家瑟罗曾统计了 1870～1988 年这 118 年的历史跨度中，按人均 GDP 计算，全世界前 20 名最富裕国家排名几乎没有变动，而只有一个日本跻身其中。[②]瑟罗没有谈到，即日本的崛起，其主要原因是美国为冷战之需要，在东亚培植同盟的结果。现在世界上有 220 多个国家和地区，除极少数社会主义国家外，其余几乎都是按照西方民主制在搞资本主义和所谓新一轮的“民主化”。但比较富裕的依然是那 20 几个国家，其余 190 多个国家和地区不仅面貌依旧，甚至更加动荡频仍和贫穷有加。即使是西方的民主制，在他们自己的金融甚至经济危机面前，也显得苍白无力，这是我们认识西方民主制所谓“优越性”的绝妙教材。

有人说，实行美国式的民主制度，就可以有效地防止腐败。陈水扁的民进党靠反国民党腐败上台，但陈上台之后，洗钱横跨全球，比国民党更有过之。意大利曾经有三届总理、361 个内阁成员全部都是腐败分子。在所谓最“民主”的美国，前几年因党派之争，美国国会山上游说集团涉及政府腐败内幕的冰山一角，但一旦发现继续揭露将可能伤及美国政体乃至国体，这刚刚开始的相互揭露便戛然而止。在现代金融高度垄断的资本主义社会，现代金融隐匿运行加上经济高度虚拟，在客观上造成普通百姓与现代大资本所拥有的信息会越来越不对称，大资本侵蚀普通百姓权益的腐败现象会愈加容易发生。所谓“实行民主之初腐败难以避免，待民主逐渐稳定后必然清廉”说，也是没有道理和不符合事实的。

还有人说，实行美国式的民主制度，国家就不会分裂。苏联按照西方开出的方子实现了所谓的民主制度，结果分裂为 15 个国家。2008 年 2 月，科索沃在西方国家支持下，从塞尔维亚独立出来。

所谓实行美国式的民主制度，经济就能得到大发展、可以有效地防止腐败、就能防止国家分裂等，无非是想进一步论证美国民主制的普世性。

---

① “民可使由之，不可使知之”，就是典型的封建制度要为民作主，而不是由人民自己作主。

② 〔美〕莱斯特 · 瑟罗：《21 世纪的角逐》，社会科学文献出版社，1992，第 213～214 页。

（五）以美国为首的西方国家推行民主、自由、人权等战略的由来、实质和后果

在我国，名实之争已有几千年历史。看问题，不能仅听名词如何。举个可能不太恰当的例子，美国最大的国家担保的非银行住房抵押贷款公司“房利美”和“房地美”，仅从名字上听，很动人。但其所经手的抵押贷款总额为5.3万亿美元，几乎占美国住房抵押贷款总额的一半，绝大部分贷款无法回收，这是引起美国金融危机的主要祸根之一。“民主”、“自由”、“人权”等，这些语词听起来也很动人，但这些语词的本身并没有什么阶级性，而使用这些语词的不同的人、阶级、利益集团或国家，往往是站在不同的立场上，赋予了它们不同的甚至截然相反的含义。所以，在政治哲学领域和民主政治理论方面，我们对西方发达资本主义国家经常使用的一些词句和用语，既不要犯过去“左”的错误，一切都草木皆兵，一概予以批判和排斥；但也不能完全放松警惕，不作任何分析地全盘照抄照搬，陷入西方主导的话语体系之中。笔者认为，正确的态度应当是，进行深入研究和辩证分析，弄清其确切含义，然后再确定哪些可以直接借鉴和使用，哪些需要加以辨析和改造，哪些需要拒斥和抵制。特别是对“民主”、“自由”、“人权”等这样一些基本概念，我们更要如此。在这些基本概念的具体内涵里，实质上都直接或间接地涉及资产阶级或马克思主义的所有重大基本理论。

长期以来，美国是我们这个地球上最大的经济、政治、文化、科技和军事实体，在政治、经济、文化等诸多方面，一些话语体系也往往是由美国发明、主导与垄断。对于这一点，我们必须有一个清醒的认识。

让我们回溯一下资产阶级民主、自由、人权理论的起源及发展历程，这将有助于我们认识当今以美国为首的国际垄断资产阶级的民主、自由、人权的理论，也有助于认识所谓“民主的普世性”。

可以说，以美国为首的当今国际垄断资产阶级的民主、自由、人权理论，是对自由资本时代资产阶级的自由、平等、博爱等理论的继承和发展。自由、平等、博爱，是18世纪法国资产阶级在其革命时期提出的政治口号。实质上，这是资本主义商品生产中自由贸易、等价交换原则在政治领域中的反映。当时，这一口号对摆脱封建王权和神权束缚、争取政治自由、民主平等具有重大意义。它不仅在法国资产阶级革命时期起到了号召、激发、团结革命群众向封建统治发动进攻的作用，而且产生了广泛的世界性的影响。但是，这一口号也具有很大的阶

级局限性，它本身也是不真实、不科学的。因此，马克思在指出“自由、平等、博爱”这一口号具有反封建的进步意义的同时，总是不断地指出这一口号的极大欺骗性，指出这一口号的实质是资产阶级为了追求自身的利益，是为了保护和扩大资产阶级的私有财产，巩固资产阶级所赖以生存的政治和经济制度。

随着自身的不断发展壮大，各国资产阶级相继走上了侵略扩张之路。它们在扩张领土、建立殖民地、拓展利益范围的同时，也进行着政治制度和意识形态的扩张。资产阶级的民主、自由、平等、博爱等思想观念，以及由此制定的资产阶级政治和经济制度，也随之走向世界。

美国是上述侵略扩张行为的“后起之秀”。对外进行政治制度和意识形态渗透，并不仅仅是美国某些统治者的特殊癖好，而是有着其深厚的经济、政治和文化根源。绝大部分的美国人都自称或都是基督徒。艾森豪威尔曾说：“承认上帝的存在是美国精神的第一个也是最基本的一个表现。没有上帝就不会有美国式的政体，也不会有美国的生活方式。”① 在全世界流通的美元货币上，也印着“我们相信上帝”这样的语句。所以，除了华盛顿第二次就职时的两段简短演说以外，几乎所有美国总统的就职演说都谈到了上帝。这从根本和实质上说，所谓“上帝”，就是为美国资产阶级垄断集团根本经济利益和国体、政体服务的奴仆，这是美国国家意识形态的一个显著特点。其另一个特点是，美国各界上层也都深信美国是“新的耶路撒冷”，美国人是“上帝的挑选”和“天之骄子”，承担着上帝赋予的把他们自己的价值观与政治制度推广到全球的神圣使命。

早在第一次世界大战时，美国总统威尔逊便宣称：“‘民主’是一个重要的指导原则，因为它代表着一种全新的国内秩序，由此当然也能普及于国际秩序”；“新的自由民主”将是美国“重要输出品之一”；要“确保民主在全世界通行无阻”。②

二战结束后，美国中央情报局局长乔治·凯南和国务卿杜勒斯先后提出“和平演变”的理论，但美国当局重视不够。美国在经历主要运用“硬实力”的朝鲜战争和越南战争失败之后，便进一步知晓“民主、自由、人权”等“软实力”的重要性。

美国对外战略从崇拜“硬实力”到着力运用“软实力”的转变是被迫的。这一转折发生在尼克松政府时期。1968 年底，尼克松当选为美国第 37 届总统。

① 〔美〕塞缪尔·亨廷顿：《我们是谁?》，程克雄译，新华出版社，2005，第 87 页。

② 孔华润主编《剑桥美国对华关系史》（上），新华出版社，2004，第 40 页。

此时的美国在世界上30个国家驻军100万人，对全世界近100个国家提供军事或经济援助。特别是加上已陷入近6年的越南战争，使其财政经济状况逐渐衰落，国际收支发生危机，美国不堪重负。1969年初，尼克松在其就职演说中说："经过一段对抗时期，我们正进入一个谈判时代"，"历史所能赐予我们的最大荣誉，莫过于和平缔造者这一称号"，"我们邀请那些很可能是我们对手的人进行一场和平竞赛"。[①] 严峻的形势迫使尼克松政府采取"和平竞赛"即"和平较量"的三项重大举措，一是决定与新中国关系逐步实现正常化；二是逐步从越南撤军；三是结束布雷顿森林金融体系，放弃固定汇率制度，放任美元充当国际货币。可以说，这三项"和平较量"的举措，是美国运用其"软实力"拯救和重振美国霸权地位的关键之举。从一定意义上讲，结束布雷顿森林金融体系，放任美元"自由"的充当国际货币，对长达几十年的美国经济繁荣起到了至关重要的作用。

尼克松虽因"水门事件"于1974年辞职，但他的继任者福特却继承其思想遗产。1975年7月底，35个国家（33个欧洲国家加上美国和加拿大）在芬兰首都赫尔辛基召开欧洲安全与合作会议，通过了欧安会最后文件，又称《赫尔辛基协议》。该协议是美、苏缓和与妥协的产物，两国的政策目标在协议中都得以实现。《赫尔辛基协议》规定，二战后形成的欧洲边界现状不可破坏，这就意味着美欧对苏联"硬实力"的承认，但同时美欧也提出了苏联要对西方"软实力"即"人权和基本自由，包括思想、道德、宗教或信仰自由"的"尊重"，并扩大东西方阵营的人员往来。对苏联而言，这实质上是使美国利用所谓"人权"等问题干涉苏联内政、支持和扶植苏联社会内部的反对势力合法化。至此，西方国家利用协议中规定的条款，给予苏联"持不同政见者"以多方的支持。这种支持有物质和金钱的，也有"荣誉"和所谓"道义"的。在一定意义上甚至可以说，这就为日后苏联解体和苏共垮台打开了一条关键的通道。

1977年卡特政府上台后，则把"人权"明确作为一个国家外交政策的主要目标，并以所谓维护"人权"的名义，大肆干涉别国特别是社会主义国家的内政。

冷战结束后，美国称霸全球成为可能。处于冷战向后冷战过渡时期的老布什，对美国"对外人权理论"作了"创新和发展"。布什说："促进自由、民主的政治体制的发展，作为人权以及经济和社会项目的最可靠的保障"。[②] 1989年

① 《理查德·尼克松第一次就职演讲（译文）》，2006年3月25日东方博客。

② 周琪：《美国人权外交政策》，上海人民出版社，2001，第9页。

1月20日，布什在其第二任就职演说中强调："我们的愿望多过了我们的钱袋子，但我们需要愿望"。这一矛盾如何解决，布什又说："如果美国不致力于高尚的道德原则，那她就永远不是完整的美国。今天的美国人民有这样一个目标，那就是让国家的面孔更和善，让世界的面孔更慈祥。"① 此后，布什政府把支持民主和鼓励市场经济作为他们对外政策所追求的两个目标。

苏东剧变、苏联解体，充分说明了"民主、自由、人权"等"软实力"对于美国实现其战略的极端重要性。

克林顿政府上台后认为，卡特政府的人权政策是以个人为目的的，而冷战结束后，则应当从民主这个更基本层面上促进人权。据此出发，克林顿政府即把提高美国安全、发展美国经济与在国外促进民主作为国家安全的三大目标，从而进一步明确把在国外促进民主上升到了国家安全战略的高度。

为适应美国推行强权政治和霸权主义的需要，历经老布什和克林顿两任政府对其实践认识的升华，美国政府及学者的主流对人权的定义也就作了实质性的修改，"人权属于主权范围内的事务"的观点逐渐让位于"人权高于主权"的主张。因此，在冷战结束后，人权则更进一步被看做是美国在全世界推行民主战略的一个重要工具。

应该看到，冷战结束后，新一轮更大规模的经济全球化席卷全球。这就使得为竞争自由、贸易自由和金融自由服务的"民主"、"自由"、"人权"和"新自由主义"表面具有更广泛的所谓"普世性"。因此，也就重新唤起了美国对"硬实力"的崇拜。结果，美国在海湾、南联盟、阿富汗和伊拉克接连打了四场较大的局部战争。前三场，较为顺利，第四场开始也十分顺利。2002年1月20日，小布什在其第一个任期刚刚就职时，颇具"血气方刚"之势。他在就职典礼上说："美国有强大的国力作后盾，将会勇往直前"；"如果我们不领导和平事业，那么和平将无人来领导"。② 此时的美国，想通过"硬实力""让大家分享""民主"，结果碰得头破血流。

崇拜"硬实力"的教训，使得小布什回归到对"民主"等这类"软武器"的重视。从一定意义上讲，"软武器"的传递者是曾因从事协助苏联犹太人偷渡以色列而被判处九年监禁的苏联犹太人纳坦·夏兰斯基，他曾是当年很"著名"的持不同政见者。夏兰斯基写过一本名叫《论民主：以自由的力量征服暴政和

① 《权力语录》，第105页。

② 《布什第一任总统就职演讲全文》，2007年12月12日百度博客。

恐怖》的书。书中宣扬的主要观点是，世界分为两大类：一个是“自由社会”，一个是“恐惧社会”；前者是“推动和平的力量”，后者是“战争与恐怖的根源”。民主是一种普世价值，只要可以选择，没有任何一个民族的人民会选择生活在独裁者的统治下。“恐惧国家”、“专制政权”不能靠自身的变化走向民主，西方国家必须把西方价值观的理想与西方国家的外交政策、经济援助挂起钩来，才能取得“胜利”。为了自由世界的安全，应采取任何必要手段来支持民主。夏兰斯基在书中一开始就开宗明义地写道：“现在我们已经进入了有些人称为的‘第四次世界大战’，我们必须重振曾帮助我们不发一枪一弹赢得上次世界大战的鲜明道义”。据说，布什在第一任期即将结束之际拿到该书，嗣后便如饥似渴地阅读，读后对本书阐述的观点大加称赞：“如果你想搞清楚我在外交政策上的想法，你该去读读夏兰斯基的书，这家伙可是个英雄人物，这真是一部伟大的著作”。[①] 夏兰斯基还被邀请到白宫做客，布什也把此书推荐给国务卿赖斯，以至这本书在白宫和美国政界军界迅速走红。这使美国的政治家们颇有一种迷航之舟得到罗盘的感觉，使懵懵懂懂的单边主义乱闯一下子获得了“精神的指导”和“震动后的动力”。

看过该书后，布什还立刻对他的第二任就职演说和国情咨文做了修改。2005年1月20日，布什在仅有20分钟的第二任期就职演讲中就塞进了40多个“民主”、“自由理念”、“民主权利”、“自由世界”等字眼。他说：“我们已明了自身的弱点，我们也深知其根源”；“我们受常识的指引和历史的教诲，得出如下结论：自由是否能在我们的土地上存在，正日益依赖于自由在别国的胜利。对和平的热切期望只能源于自由在世界上的扩展”；“有鉴于此，美国的政策是寻求并支持世界各国和各种文化背景下成长的民主运动，寻求并支持民主的制度化。最终的目标是终结世间的任何极权制度”；“那些面对着压制、监狱和流放的民主变革的参与者应该知道，美国知道你们的潜力：你们是自由国家未来的领袖。”[②] 美国等西方国家主要以“民主、自由、人权”作武器、仅花费了46亿美元便在格鲁吉亚、乌克兰、吉尔吉斯斯坦“成功改造”中亚三国的实践，使得美国更加重视“民主、自由、人权”等“软实力”。

2008年8月7日，美国总统布什在动身参加北京奥运会之前，在泰国曼谷

---

① 刘见林：《评〈论民主：以自由的力量征服暴政和恐怖〉》，2007年6月15日 http://www.360doc.com。

② 《布什第二任总统就职演讲全文》，2007年12月12日百度博客。

就美国对亚太国家和地区的态度发表讲话时说："我已通过明确、坦率和一贯的方式告诉中国领导人，我们高度关注宗教自由和人权"，"美国认为中国人民应该享有基本自由，这是全体人类的天赋权利"，"我对中国的未来表示乐观。在商品自由交易的环境下成长的年轻人最终会要求交流思想的自由，尤其是在不受限制的因特网上自由交流的思想"，"最终，只有中国才能决定它将走什么样的道路。美国及其伙伴采取现实的态度，为各种可能性作好准备"。①

美国等西方国家拼命对外推销其民主、自由、人权等思想观念，说到底，仍然是为了维护和扩大它们的经济和政治利益。

二战结束以后直至20世纪70年代初期，西方世界有一个所谓黄金时期。这一时期，发达国家作为整体，年均经济增长高达4.4%，其后20年（从70年代初到90年代初）的年均经济增长率为2.2%。这使经济学界产生过很多乐观想法，例如劳资矛盾解决了，资本主义的经济周期被熨平了甚至是消失了，经济将实现自动和无限的增长。这就形成一个奇怪的循环，各国出口赚美国人的钱，然后又购买美国股票和债券，借钱给美国人花，美国人花钱又支撑了美国和各国经济的增长。美元源源不断流向世界，世界又把美元送回美国的债市和股市。1948年，全球国际储备为478亿美元，到布雷顿森林货币体系解体前的1970年增长到932亿美元，22年间年均增长3%。从1971年初的932亿美元，增长到2007年底的64892亿美元，其间36年增长约70倍，年均为12%。而与此同时，全球GDP仅增长16倍。过去10年，美元货币印刷总量超过过去40年印刷总量，全球官方储备增长更是达到了惊人的2倍之多。面额为100美元的一张纸钞过去印刷成本为3美分，现在为6美分。美国用3或6美分的成本，到海外购买100美元的东西，发展中国家拿到这100美元，还舍不得花掉，往往又反存到美国。自1994年以来，美国贸易逆差逐年升高，1999年达3000多亿美元，而2006年对外贸易赤字已攀升到8830亿美元，经常项目赤字8567亿美元；1980年，美国财政赤字为762亿美元，而从2008年10月开始的2009财年预算赤字将高达4820亿美元。这就是美国长期以来能够张着大嘴吃世界的根本奥妙。美国当局总是把这一现象解释为美国民主制度的优越，以进一步维持他们金融帝国的统治。

以美国为主导的经济全球化和他们所鼓吹的民主及自由、人权和新自由主义，也造成了全球范围内贫富的极端悬殊与国家民族的分裂。现在世界上最富有国家的人均收入比最贫穷国家的人均收入高出330多倍；世界南方欠世界北方的

---

① 《美国总统布什8月7日在泰国曼谷的讲话（全文）》，2008年8月8日哲学人生网。

外债总额已经从1991年的7940亿美元急增至目前的3万多亿美元，短短十多年，翻了4倍多。根据联合国《2005年人类发展报告》数据，现在世界上最富有的500人的收入总和大于4.16亿最贫穷人口的收入总和。通过民主及自由、人权与新自由主义等手段，最终弱化第三世界国家，是西方强国最基本的战略手法。一战结束时，世界上有30多个国家；二战结束时，世界上50多个国家；冷战期间，特别是冷战结束后，现在世界上有220多个国家和地区，世界仍在分裂。可以说，美国拼命对外宣介和推销民主、自由、人权，竭力西化、分化世界，以进一步巩固其霸权主义和强权政治，从经济上掠夺世界的目的正在实现。

但是，美国采用的空手（美元）套白狼（物美价廉的商品）的战略，是不可能长久维持下去的。如此下去，美国的债务越来越多，贸易逆差越来越大，世界经济的总需求越来越低迷。这一恶性循环的唯一可能结果，就是一场世界经济大萧条。人们常常混淆市场经济与新自由主义的关系，以为一国范围内无障碍市场经济行得通，国际范围内的无障碍市场经济也应该行得通。然而一国范围内的市场经济成功的前提，是政治上的一人一票可以制约经济上的一钱一票，使该国的地区差距与贫富差距得以有效调节，有足够的财政资金建设道路、桥梁、港口、机场，能实施内在协调一致的经济和民事、刑事法律，并且可以用凯恩斯主义的财政与货币政策调节经济周期。失去这一前提，市场经济将带来两极分化，假冒伪劣盛行（劣币驱逐良币），经济动荡、秩序混乱，以致社会无法存在下去。在缺乏一个由全世界人民投票选举的世界政府的前提下，在跨国公司不受民主力量制约的前提下，拆除各国对本国经济的保护，取消各国的经济主权，听任弱肉强食的经济逻辑无障碍通行，只能导致世界范围的两极分化和社会动荡。从2008年9月开始的美国金融乃至经济危机，现在不正是在全球范围内蔓延吗？

（六）对关于民主的几个问题的思考

1. 民主是目的还是手段

恩格斯说：“无产阶级为了夺取政权也需要民主的形式，然而对无产阶级来说，这种形式和一切政治形式一样，只是一种手段。但是，如果在今天，有人把民主看成目的，那他就必然依靠农民和小资产者，也就是依靠那些正在灭亡的阶级”。[①] 毛泽东说：“民主这个东西，有时看来似乎是目的，实际上，只是一种手

① 《马克思恩格斯选集》第4卷，人民出版社，1995，第662页。

段。马克思主义告诉我们，民主属于上层建筑，属于政治这个范畴。这就是说，归根结蒂，它是为经济基础服务的。”① 在国家范畴之内讲民主，民主就是国家，就是一个阶级压迫另一个阶级的工具和手段，民主是手段，是政体，是国家形态，专政是目的，在这里民主的本质是专政，是政治制度，是一个阶级对另一个阶级的专政。在党内讲民主，民主是手段，是作风和方法，集中是目的，在这里，民主的本质是集中制，是为了集中正确意见。在这里，民主集中制不是什么“政治制度”，而是党的组织原则，党内没有一个阶级对另一个阶级的专政。

有一种观点认为，民主只是手段。民主既然是一种国家形态，那么按照历史唯物主义原理，上层建筑要为自己的经济基础服务，民主属于上层建筑范畴，它依附、作用于一定的社会经济，归根结底是为经济基础服务的。从这个意义上讲，民主是统治阶级用来达到自己基本目的的一种手段。当然，民主这种手段是要达到一定目的的，没有目的，这种手段也就失去其作用，但不能把民主的目的性误认为民主就是目的。

另一种意见认为，民主既是手段也是目的。理由是，民主不是一个狭小的概念，民主的性质、作用和与社会生活各方面所发生的必然联系，决定了它具有多方面的含义。马克思主义也是从各种角度、多种意义来考察和解释民主的含义的。比如，民主是一种国家制度，民主是无产阶级人民群众享有的管理国家的权利，民主是正确处理人民内部矛盾的方法，民主是共产党的工作作风等。由此可见，“民主只是手段”的论断是从一定角度出发，就民主的某一种意义而言的。如果从无产阶级解放世界的历史使命出发考察民主，就可以看出民主也是目的。民主是手段和目的的有机统一。作为手段，民主体现了自身所包含的工具性价值；作为目的，民主则是人们对生存理想状态的一种价值追求。

2. 民主是国体还是政体

其一，政体论。在马克思、恩格斯那里，虽然没有直接地给民主下过定义，但他们是把民主看做一种政体的。1891 年，恩格斯在《爱尔福特纲领草案批判》中明确指出：“如果没有什么是毋庸置疑的，那就是，我们的党和工人阶级只有在民主共和国这种政治形式下，才能取得统治。”② 恩格斯在这里所说的“政治形式”，就是指政治统治形式，也就是政体。在这里，恩格斯不仅把民主共和国当作了一种政体，而且把建立这种民主的国家政体看做是无产阶级取得政治统治

① 《建国以来毛泽东文稿》第 6 册，中央文献出版社，1992，第 321 页。

② 《马克思恩格斯全集》第 22 卷，人民出版社，1965，第 274 页。

的前提。也就是说，无产阶级只有建立了民主的政治形式并使这种政治形式正常运转的条件下，才能说无产阶级真正取得了政治统治。由此可见，恩格斯也是在国家形式即政体的意义上使用民主这个概念的。

其二，既是国体也是政体。列宁曾明确指出："民主是一种国家形式，一种国家形态。"列宁说的"国家形式"即政体，"国家形态"即国体，都是指国家政治制度。民主作为国体，是指这个国家的阶级实质，即它是属于哪个阶级的，是哪个阶级在国家中掌握政权，占据统治地位。这是和专政紧密联系在一起的。民主作为政体，是指在国家中占据统治地位的阶级采取何种政权形式来管理国家，实现自己的统治。作为政体的民主，是专制独裁的对立面。我国的社会主义民主是国体和政体的统一。从国体来说，我国的社会主义民主是对人民实行民主和对敌人实行专政的统一，现阶段的民主制度是人民民主专政的社会主义国家政治制度。从政体来说，是全体人民通过自己选出的代表组成国家机关，行使管理国家的权力。

3. 民主与少数服从多数是不是一个东西

列宁在《国家与革命》中明确指出："民主和少数服从多数的原则不是一个东西，民主就是承认少数服从多数的国家（'国家'二字特别用黑体字予以强调），即一个阶级对另一个阶级，一部分居民对另一部分居民有系统地使用暴力的组织。"[①] 党内民主和国家民主本质上不是一个东西，因此不论是直接民主还是代表民主，两者仍然不是一个东西。同名同姓的人有的是，难道就是一个人吗？民主和民主价值观念不是一回事。少数服从多数是民主的基本原则，但不是民主的全部，民主不等于简单的"少数服从多数"。在许多人心目中，所谓"民主"，就是"投票"，就是"少数服从多数"。但是，"民主"是一整套社会制度的一部分，而绝不只"少数服从多数"一条。民主对于它的主权者之间是非暴力的，民主制度本身设计了定期改选等自我纠错机制。

少数服从多数的民主原则，实质是决策主体行动的原则，不是思想的原则；是决定行动方案，不是讨论思想统一。少数服从多数的民主原则的价值取向是"合理"，而不是"正确"。少数服从多数的民主原则最精彩部分是民主讨论的过程，民主原则的精髓是尊重不同意见。少数服从多数的民主原则是有适用边界的，并不是所有场合都适用，更不能泛化。因此，在贯彻少数服从多数的原则中，必须要尊重保护少数。我们现在视为常识的思想，往往是前辈无数经验乃至

---

① 《列宁选集》第3卷，第184页。

流血教训的反复积累。在我们的实际生活中，有时往往是错误走得很快，真理常常落到错误的后面。在古雅典的民主中，曾把主张太阳是团燃烧的物质，月亮光借自太阳，并提出月食的正确理论的优秀哲学家、科学家阿那萨哥拉先是监禁，后又流放；也曾在公众法庭上，以 281 对 220 票通过，把著名的哲学家苏格拉底判处了死刑。通过民主的方式，对真理宣判死刑的历史没有终结。我们要尽量避免这种悲剧重演。

4. 民主的形态

根据摩尔根的研究，在原始社会，有过氏族社会民主制事实上的存在。这种民主制与进入阶级社会后的民主制有着根本的不同。如上所述，恩格斯曾明确肯定原始社会有过“古代自然形成的民主制”。[①] 列宁也明确肯定过人类历史上曾经存在过的“‘原始的’民主制”。[②] 但列宁又说过：“发展的辩证法（过程）是这样的：从专制制度到资产阶级民主；从资产阶级民主到无产阶级民主；从无产阶级民主到没有任何民主。”[③] 列宁说：“国家的消灭就是民主的消灭，国家的消亡就是民主的消亡”。笔者认为，从广义上讲，人类社会产生依赖的民主可分三种形态：一是原始社会民主，二是国家形态民主，三是未来共产主义社会民主。三者都有其特殊性，因此构成了不同形态的民主。第一、第三种民主，形式上更有相似之处，是全部落或全社会所有成员之间都有平等的经济、政治和文化权利，因而可以说是“完全的民主”。我们现在经常说的民主，主要是指第二种即国家形态的民主，在国家形态的民主中，有奴隶制民主、封建制民主、资本主义民主和社会主义民主。通常所争论的，主要是资本主义民主和社会主义的民主。上述民主，都不是全体成员的民主，因而也都是“不完全的民主”。从这个意义上讲，这是奴隶制民主、封建制民主、资本主义民主和社会主义民主的“共性”。

马克思主义认为，狭义的民主首先是一种国家形态。国家形态的民主是统治阶级的政治国家的民主，就是对统治阶级内部实行民主，而对被统治阶级实行专政的民主。在以往剥削阶级占统治地位的国家里，民主制度都是建立在生产资料私有制的基础之上的，其实质在于确认和保障剥削阶级即统治阶级在国家生活中的主体地位及其各种权利，是占人口极少数的剥削阶级的民主。奴隶制民主的实

① 《马克思恩格斯选集》第 4 卷，第 103 页。
② 《列宁选集》第 3 卷，第 148 页。
③ 《列宁全集》第 31 卷，第 156 页。

质是奴隶主阶级的民主，封建制民主的实质是地主阶级的民主，资本主义民主的实质是资产阶级的民主。

在社会主义社会里，情况则发生了根本的变化。由于建立了以生产资料公有制和按劳分配为主体和基本特征的社会主义经济制度，建立了无产阶级专政（或人民民主专政）的社会主义国家制度，工人阶级和其他劳动人民不仅成了生产资料的主人，而且成了国家和社会的主人。社会主义国家是民主国家。社会主义民主是“更高类型的民主制”。社会主义民主的本质和核心，就是人民当家作主，真正享有各项公民权利，享有管理国家和企事业的权力。因此，毛泽东认为，就其实质而言，社会主义民主就是人民民主。社会主义在本质上是民主的。社会主义民主的核心内容和根本原则是一切权力属于人民。

马克思所主张的社会主义民主，就是这种国家不再是统治因素的真正的民主，即社会形态的民主。社会形态的民主在原始社会就存在。在原始社会时期，还不存在作为国家形态的民主制度，但却存在原始氏族社会形态的民主。社会形态的民主是以社会个人的经济自由和政治自由为基础的；国家形态的民主是以代表人民公意的统治阶级国家的自由为基础的。科学社会主义的民主就是让每个人都获得自由的社会形态的民主，区别于以国家自由代替个人自由的国家形态的民主。现在我们常说的党内民主、企业民主、村民自治、小区民主、学术民主、军事民主等，同样也是非国家形态的民主。

当人类社会进入共产主义阶段，完全消灭了雇佣劳动所有制关系，因而也就消灭了阶级和阶级统治的国家；随着国家消亡时期的到来，国家形态的民主也会随之逐步消亡。从那时开始，人类社会就只有社会形态的民主了。

5. “资产阶级民主不具备普世性，社会主义民主或马克思主义民主才具有普世性”

这实质上是混淆了马克思主义真理的普遍性与所谓阶级民主的普世性的界限。马克思主义揭示了客观存在的自然界、人类社会与人的思维中最一般的规律，是对客观存在的事物矛盾及其展开过程的把握，并且这些最一般的规律始终是随着事物的不断发展变化而不断前进和发展着，这是无产阶级和最广大人民群众认识世界和改造世界的世界观与方法论。无产阶级和最广大人民群众运用这一世界观与方法论，来认识世界和改造世界的最终目的，是要与一切传统的所有制关系和传统观念实行最彻底的决裂，实现共产主义即每一个人的自由而全面的发展。这一具有鲜明阶级立场的世界观方法论，决不会为任何企图维护剥削制度的资产阶级所承认，更不会被他们所接受。

（七）贯彻落实科学发展观，坚定不移地发展中国特色社会主义民主政治

……①

我们的党、国家和人民已历经了种种磨难，取得了辉煌的成就，无论是在当代世界还是在当代中国，历史自身都加快了前进的步伐。我们深知，在阶级和有阶级的社会里，特别是在目前以美国为主导的经济全球化的时代里，对民主与普世民主的探讨、争论甚至较量都不会终结。可以断言，在阶级和国家存在着的相当长的历史时期内，对这一问题的回答，不会有一个统一的答案。但历史自身的发展终将会给人们一个满意的答复。我们对此应深信不疑。我们也坚信，有马列主义、毛泽东思想和中国特色社会主义理论的指引，在贯彻落实科学发展观中，我们也必将能够及时抓住各种大好机遇，正确应对任何严峻挑战，巍然屹立于世界民族之林。我国的社会主义民主政治建设有着强大的生命力和优越性，有着无比美好的明天。

① 省略部分从四个方面阐述了深化政治体制改革的问题。

二

关于马克思主义与儒学关系的三点看法

方克立

1. 马克思主义与儒学的关系是社会主义意识形态建设中不可回避的问题，是当前意识形态论争的前沿问题之一

儒学是在中国两千多年封建社会中长期占统治地位的意识形态，马克思主义则是当今中国的主导意识形态。二者在同一个国度里先后居于主导意识形态的地位，它们之间有没有关系？是什么关系？这个问题的实质是马克思主义怎样对待传统的思想文化，也涉及马克思主义本身的本土化即中国化的问题。

当代中国马克思主义十分重视发掘和批判继承儒学中的精华，包括道德价值、人文理想、民本主义、社会和谐思想等，注意研究马克思主义与儒学的相容相通问题。这是当前中国思想界的主流。

但是也有极少数人继续持一种二者不相容、不两立的观点。他们自称“儒家”或“新儒家”，把马克思主义看做是一种非我族类、入主中国的外来文化，坚持“华夷之辨”的立场，明确提出了“以儒学取代马克思主义”、“儒化共产党”、“儒化中国”的口号。他们的典型言论是“要马统则不能有儒统，要儒统则不能有马统，两者不可得兼”；还有人提出“鹊巢鸠占”说，意思是中国的国家意识形态这个位子，本来应该是儒学的，现在被外来的马克思主义占领了，所以他们极力要恢复儒学在古代的那种“王官学”地位，希望重新回到“独尊儒术”的时代。要与马克思主义争夺主导意识形态的地位，这就不是一个简单的学术问题了，反映了当今中国意识形态领域斗争的复杂性和尖锐性，也说明马克思主义与儒学的关系已成为思想斗争的前沿问题之一。

2. 马克思主义与儒学的关系是主导意识与支援意识的关系，马克思主义的一元主导地位越明确、越巩固，就越能以开放的胸襟吸收传统文化和外来文化的精华为我所用，综合创新，与时俱进

当代中国马克思主义已经从理论和实践上找到了一条解决马克思主义与儒学

关系问题的正确途径，不论是中国特色社会主义理论体系还是社会主义核心价值体系，都从包括儒学在内的中国传统文化中吸取了不少思想资源。不过有一个重要前提，就是必须坚持以马克思主义为指导。马克思主义与儒学的关系是主导意识与支援意识的关系。

除了前面提到的两种把马克思主义与儒学绝对对立起来的观点之外，大多数学者都认为二者是可以并存、相容、互补的，特别是要推进马克思主义的中国化，自然就会把研究的重点放在“异中之同”上。但具体观点差别也很大。肯定二者有相容性，还有一个以哪一种思想学说为主导的问题。

有人明确提出了“儒体马用”论，用海外新儒家一个代表人物的话来说，就是儒学要取得“文法”的地位而不只是“词汇”。

有人以儒学发展史来涵盖甚至代替整个中国思想史，认为马克思主义不过是儒学发展的一个阶段。在他们看来，儒学是“常理”、“常道”，是神圣天道的体现，其他思想学说都不过是它的一个分殊形态。这是我们最常见的一种唯心主义思想史观，在今天仍有一定市场。

在主张二者可以并存的学者中，还有人提出了“现代社会基本价值体系二元化”的理论，认为马克思主义作为国家意识形态和儒学作为民族主体价值可以二元并存、相辅相成，不存在谁为主导的问题。这与我们党倡导的社会主义核心价值体系一元化理论显然是不相应、不一致的。

主张马克思主义与儒学可以相容、相通、相结合的学者很多，有人还以“合则两利，离则两伤”来说明二者的关系，但论证的角度各不相同。比如一位美籍华裔学者就主要是从哲学认识论和辩证思维方法方面去找二者的相似性、结合点；有的学者则主要是以中国古代“均贫富”、“天下为公”的大同社会理想来接引马克思的共产主义学说；有的学者认为马克思主义要在中国生根和发展，就不能不重视儒学主张入世、崇尚道德、追求社会和谐、以人为本、重视经世济民的人文价值取向；有的学者则更加注重儒学中的某些具有普遍意义和超越性的思想内容，认为这些是可以与马克思主义相契合的主要之点。我认为这些研究和探讨都是有意义的，前提是对儒学采取有“扬”有“弃”的分析态度，继承和发扬其中能够“与当代社会相适应、与现代文明相协调”的那部分思想内容，而不是肯定儒学的整个思想体系。

在讲马克思主义与儒学结合的文章中，还有一种抽象地谈论“马克思主义儒学化”和“儒学马克思主义化”，认为二者是同一个过程的观点。我认为这种观点显然是不可取的，有混淆二者界线之嫌。马克思主义与儒学有相容相通之处，并不能否定二者各有其本质的规定性，不能抹杀二者之间的本质区别和界线。马克思主义中国化不等于马克思主义儒学化，马克思主义要是儒学化了，它就不是马克思主义了，就失去了其本真面目。同样，儒学也不可能马克思主义化。用马克思主义观点研究儒学是分析儒学、解构儒学，取其精华，古为今用，同时也要批判其中的封建主义糟粕。大概不能把这叫做儒学马克思主义化。

"主导意识与支援意识关系"说主要是从古今关系立论，从坚持先进文化的前进方向立论，强调立足现实，顺应历史发展规律，而又不割断历史，将有价值的历史资源转化为支援意识，古为今用。"通古今之变"就要有历史发展的观点，思想意识形态的更替首先要从社会存在去找原因，不是"天不变道亦不变"，而是世异则道变，"洪荒无揖让之道，唐虞无吊伐之道，汉唐无今日之道"，社会主义时代也不可能继续沿用封建时代的主导意识形态。用这样的观点来看今日马克思主义与儒学的关系，我认为将其定位为主导意识与支援意识的关系是符合实际的。不是把儒学看成是完全消极过时的负面意识，而是把它的积极内容转化为支援意识，这对社会主义意识形态建设是有利的。

3. 能不能把中国特色社会主义说成是"儒家社会主义"，或者用所谓"儒家社会主义"来提升甚至取代我国现行的社会主义制度，是中国思想界必须正视和严肃回答的一个重要理论问题，也是马克思主义与儒学关系研究中现实性最强的一个问题

经过30年的探索和实践，中国特色社会主义道路和理论体系已深入人心，中国特色社会主义这面旗帜也成了各种思潮争夺和曲解的对象。有人把它曲解为"民主社会主义"，已有不少文章进行辨析和批评；也有人把它说成是"儒家社会主义"，而有关讨论和辨析的文章却很少，说明这个问题还没有引起足够的重视。

从《礼记·礼运》篇到康有为的《大同书》，中国历史上确有不少空想社会主义或农业社会主义的思想资料，但这些思想与科学社会主义都不可同日而语。近年来利用这些思想资料讲"儒家社会主义"的人很多，情况也比较复杂。除了对这个问题进行历史考察的学术论析文章之外，大都有强烈的现实关怀，可以将其区分为三种类型。

一是把中国特色社会主义直接解释为儒家社会主义。其论证逻辑一般是：所谓"中国特色"就是中国历史文化特色，中国传统文化是以儒学为主体，所以中国特色社会主义实质上就是儒家社会主义。这种论证在逻辑上的不周严是很明显的，特别是对中国经济、政治、文化、社会的近现代走向视而不见，怎么能把“中国特色”讲清楚呢?

二是自由左派的“儒家社会主义共和国”说。提出要“通三统”，即打通以孔夫子为代表的中国古典文明传统、毛泽东时代的平等和正义传统、邓小平时代的市场和自由传统，形成“新改革共识”；并认为中国的“软实力”在于儒家和社会主义，“中华人民共和国”的含义就是“儒家社会主义共和国”。他们的“新改革共识”带有批评只强调市场、效率、自由和权利的“旧改革共识”的意义，所以要用社会主义的平等、公正原则和儒家的“和谐”理念来补正；其整合三种传统的“儒家社会主义”也不同于党的十七大报告中讲的改革开放以来形成的中国特色社会主义理论体系。还有，“中华”这个概念本来包含地域、民族、历史、文化等多方面内容，把它诠释为“明贵贱，别同异”、“严华夷之辨”的儒家，能够得到56个民族和社会各阶层的一致认同吗?

三是大陆新儒家的“儒家社会主义”论。其代表人物在“政治儒学”中提出了“通儒院”、“庶民院”、“国体院”三院制的“王道政治”方案，并主张重建以儒教为国教的“政教合一”国家，他明确说这不是中国现行的社会主义制度，但又自称接近马克思的社会主义理想。其中还有人写了“一论”、“二论”、“三论”儒家社会主义；另有人写了《从马克思到孔夫子：中国历史必然的选择》等文章，也自称“儒家社会主义者”。还有一个外国人，在清华大学当教授，写了《中国的新儒家》一书，力挺复兴儒学、重建儒教的活动，可称其为“左派儒学”。他在研究了中国当前的意识形态格局后作出了这样的政治预言：“在未来几十年，中国共产党被贴上中国儒教党的标签并不完全是天方夜谭”，为“儒化共产党”、“儒化中国”大造舆论。

上述三种“儒家社会主义”论中，在舆论界影响最大的是第三种，与社会主义最不沾边的也是第三种，其现实目的和理论实质是什么，值得认真研究。从其代表人物发表文章对马克思主义和我国的社会主义政治、经济、文化、教育制度进行全面攻击，到他们提出“复古更化”的系列主张，包括在三院制中，“通儒院”议长要由儒教公推之大儒担任、终身任职，“国体院”议长由孔府衍圣公世袭，议员由衍圣公指定的历代圣贤后裔、历代君主后裔等人士担任等，听起来像是隔世之梦话，但又确实是他们梦寐以求的“儒士共同体专政”的重要内容。如果这就是所谓“儒家社会主义”的话，那么很容易叫人想起马克思恩格斯在《共产党宣言》中对“封建的社会主义”的评论：“其中半是挽歌，半是谤文；

半是过去的回音，半是未来的恫吓……它由于完全不能理解现代历史的进程而总是令人感到可笑。”可笑的是还有人把它叫做“左派儒学”！

目前全党全国都在认真学习中国特色社会主义，我们不仅要从正面认识它作为旗帜、道路、理论体系和实践运动的深刻意义，而且也要看到它在思想战线上遇到的来自两个方面的严峻挑战：一个是“民主社会主义”论，另一个是“儒家社会主义”论。从事思想理论工作的共产党员，有责任根据科学社会主义原理和中国的实际，有力地回应这些挑战，捍卫党的创新理论。

三

比较视野下的中国特色社会主义

吴元樑

胡锦涛同志在党的十七大报告中指出，中国特色社会主义伟大旗帜，是当代中国发展进步的旗帜，是全党全国各族人民团结奋斗的旗帜。他要求全党高举这一伟大旗帜，为夺取全面建设小康社会新胜利而奋斗。显然，我们只有科学地认识、理解、把握这一伟大旗帜，才能提高高举这面旗帜的自觉性，才能在实践中更好地坚持和发展这面旗帜。

（一）

自从我们党举起中国特色社会主义旗帜之后，无论是在国内还是国外，围绕究竟什么是中国特色社会主义的争论从来没有间断过。胡锦涛同志在党的十七大报告中通过对我国改革开放历史进程的回顾和总结，对这个问题做出了新的回答。他在报告中指出，中国特色社会主义道路，就是在中国共产党领导下，立足基本国情，以经济建设为中心，坚持“四项基本原则”，坚持改革开放，解放和发展社会生产力，巩固和完善社会主义制度，建设社会主义市场经济、社会主义民主政治、社会主义先进文化、社会主义和谐社会，建设富强民主文明和谐的社会主义现代化国家。中国特色社会主义道路之所以完全正确、之所以能够引领中国发展进步，关键在于我们既坚持了科学社会主义的基本原则，又根据我国实际和时代特征赋予其鲜明的中国特色。在当代中国，坚持中国特色社会主义道路，就是真正坚持社会主义。

学习胡锦涛同志的上述论述，理解可以概括为三句话：第一，中国特色社会主义坚持了科学社会主义的基本原则，但它不是马克思恩格斯当年所设想的社会主义；第二，中国特色社会主义借鉴了发达资本主义国家发展市场经济和组织现代化大生产的文明成果，但它不是欧美国家的资本主义或别的什么主义；第三，中国特色社会主义就是中国特色社会主义，是科学社会主义基本原理与当今时代特征和我国国情相结合的产物，是一种特殊的社会形态。它凝结了几代中国共产党人带领人民不懈探索实践的智慧和心血，是马克思主义中国化的最新成果。

首先我们来说明第一句话。

马克思和恩格斯创立的科学社会主义与空想社会主义的不同之处就在于，他们对资本主义社会的批判不是建立在道德谴责的基础上，而是建立在运用唯物史观对资本主义社会自身固有的矛盾及其在人类发展史上的历史地位的科学分析基础上。因此，他们主张在未来的社会主义社会中，资本主义的占有方式应该让位于那种以现代生产资料的本性为基础的占有方式，即一方面由社会直接占有生产资料，另一方面由个人直接占有生活资料。他们还多次明确指出：一旦社会占有生产资料，商品生产就将被消除，商品交换和价值规律将退出历史舞台；社会的生产无政府状态应该让位于按照全社会和每个成员的需要对生产进行的社会的有计划的调节。他们认为，社会主义是共产主义社会的低级阶段，实行按劳分配的原则，在共产主义社会高级阶段则实行按需分配的原则；社会主义社会就是以自由人的联合体代替以往建立在阶级对立基础上的资产阶级的旧社会，人类实现了从必然王国进入自由王国的飞跃。①

将社会主义实践的苏联模式与马克思恩格斯当年设想的社会主义作一比较可以看出：就所有制来说，苏联模式中的全民所有制和集体所有制作为社会主义公有制是符合马克思恩格斯的设想的；就分配制度来说，苏联模式实行了按劳分配的制度，这也符合马克思恩格斯当年的设想；就交换制度来说，苏联模式没有完全按照马克思恩格斯当年的设想，而是同时实行了计划经济和商品经济，并且为了和资本主义商品经济划清界限，还明确规定生产资料和劳动力不能进入市场，价值规律只在消费领域中起作用，在生产中起作用的主要是有计划按比例发展的规律。在政治上层建筑方面，根据马克思恩格斯当年的设想，过渡时期结束后，无产阶级专政的国家机器应该消亡，但由于内外斗争的需要，苏联的无产阶级专政的国家机器不但没有消亡，而且得到了加强。这本来是事出有因的，可以理解的。但是后来发生了对党和国家最高领导人的个人崇拜及党和国家最高领导人破坏民主与法制、肃反扩大化等严重问题，这显然是不符合马克思恩格斯当年设想的社会主义的根本精神的。马克思恩格斯所设想的自由人的联合体在苏联模式中

---

① 《马克思恩格斯选集》第3卷，人民出版社，1995，第753~758页。

并没有真正实现。

我们再将中国特色社会主义与马克思恩格斯当年设想的社会主义作一比较。中国特色社会主义坚持唯物史观基本观点，遵循实事求是的思想路线，坚持公有制、按劳分配原则、工人阶级及其他劳动人民当家作主的政治制度、马克思主义的指导地位等，都表明了它坚持了科学社会主义的基本原理。但我们还必须看到，在中国特色社会主义中，就所有制来说，除了公有制经济外，还存在着其他各种所有制经济，所建立的是社会主义公有制为主体、多种所有制经济共同发展的基本经济制度；就分配制度来说，按劳分配在分配制度结构中占主体地位，但不是唯一的分配方式，还存在其他多种分配方式。就全社会整体来说，实行的是按生产要素分配的原则和制度，劳动只是作为其中的一个要素参与分配；就交换制度来说，则完全突破了当年马克思恩格斯的设想，认为在我国现阶段，市场经济还是一个不可超越的历史阶段，经济体制改革开放的目标就是要建立社会主义市场经济体制，使市场在国家宏观调控下对资源配置起基础性的作用。事情变得非常清楚，我们到现在所建立的中国特色社会主义社会确实不是马克思恩格斯当年所设想的作为共产主义低级阶段的社会主义，也与苏联模式根本不同，我们今天搞的社会主义市场经济完全突破了斯大林当年设定的界限。

马克思恩格斯当年对社会主义的设想是同他们对当时的资本主义的分析联系在一起的，斯大林建立的社会主义苏联模式也是同他对资本主义的分析联系在一起的。但是，马克思恩格斯逝世以来，资本主义世界发生了极大变化。特别是20世纪20年代末30年代初，西方资本主义发达国家发生了经济大危机，为了应对危机局面，美国总统罗斯福实行了新政改革，同时经济学家凯恩斯针对市场调节存在的问题，提出了国家对市场经济进行宏观调控的理论，后来逐渐形成了市场调节和国家宏观调控相结合的调节机制。这种新的调节机制不仅使西方发达国家走出了那次经济大危机，而且使资本主义缓和了社会基本矛盾，重新获得了继续发展的活力。从20世纪下半叶以来资本主义实际发展过程来看，资本主义确实存在着通过自我调节而获得发展的潜力和空间。今天，就世界范围而言，不仅时代主题已从20世纪50年代以前的“战争和革命”转变为“和平与发展”，而且就时代的本质而言仍然是资本在发挥巨大历史作用的时代。

对于西方发达国家发生的上述变化，斯大林没有觉察到。他在1952年的《苏联社会主义经济问题》中仍然认为“世界资本主义总危机的进一步加深”①。

① 《斯大林文选》（下），人民出版社，1962，第593页。

毛泽东也没有认识清楚，在1957年莫斯科世界共产党工人党会议上，他提出了“东风压倒西风”的论断，后来更认为50年内外到100年内外将是社会主义在全世界的胜利和资本主义在全世界的崩溃。当然，我们应历史地看待和理解当年斯大林、毛泽东在资本主义新变化问题认识上的局限性。第二次世界大战中反法西斯战争的胜利、二战后许多国家在共产党领导下建立了人民民主政权、1949年中国革命的胜利及胜利后顺利地恢复了国民经济的发展等，使他们基本上根据马克思恩格斯当年的设想建立了一种排斥资本和市场的社会主义实践模式，并且反对试图引进资本和市场的任何改革尝试。邓小平通过总结我国社会主义建设正反两面历史经验以及苏联等社会主义国家兴衰成败的历史经验，并深刻分析资本主义发达国家发展现实、态势和矛盾，才真正洞察到了当代资本主义的新变化、洞察到了资本还在发挥历史作用的现实。对此，邓小平虽然没有明说，但从他有关资本主义发达国家还在继续发展的论述；关于巩固和发展社会主义制度，还需要我们几代人、十几代人甚至几十代人坚持不懈地努力奋斗的论述；关于社会主义要赢得与资本主义相比较的优势，就必须大胆吸收和借鉴人类社会创造的一切文明成果，吸收和借鉴当今世界包括资本主义发达国家在内的一切反映现代社会化生产规律的先进经营方式、管理方法的论述；关于时代主题的论述，都可以体会到邓小平的这种洞察。邓小平关于资本还在发挥历史作用的洞察，或者说关于我们的时代实际上是资本还在发挥历史作用的时代的洞察，其在历史上的地位、作用和影响完全可以与马克思当年宣布资本的丧钟敲响了、列宁宣布帝国主义是垂死的资本主义相提并论。从马克思的论断，到列宁的论断，再到邓小平的洞察，这是多么巨大的变化。这种变化正反映了自马克思恩格斯逝世以来世界所发生的巨大变化、资本主义世界所发生的巨大变化。正是由于有了对时代主题的认识和对时代本质的这种洞察，邓小平才不断要求我们不要陷入姓“资”姓“社”的抽象争论，才提出判断改革开放成败得失的“三个有利于”标准。正是在邓小平的这些新思想、新理论、新洞察的指导下，我国改革开放才能突破马克思恩格斯当年设想的理论上的社会主义模式和社会主义实践的苏联模式。

至于第二句话，我想是不难理解的，因而没有必要再费笔墨了。

第三句话，中国特色社会主义就是中国特色社会主义，它强调和表达了这样一种思想，即建设社会主义，必须从中国的国情和特点出发，当然我们在此过程中完全有必要也有可能参考、学习和借鉴别国的经验，但如果照抄照搬国外的某个主义或模式，或者要在中国特色社会主义身上贴上国外某个主义或模式的标签，那就完全是错误的了。对于这些错误的观点和做法，最有力的回答就是：中国特色社会主义就是中国特色社会主义。

总之，中国特色社会主义是马克思主义的基本原理与中国实际及当今时代特征相结合的产物，是中国社会主义初级阶段上的社会主义，是改革开放的社会主义，是资本和市场存在并发挥重要作用的社会主义，是在共产党领导下利用资本主义来进行现代化建设的社会主义。

（二）

现在我们来看看中国特色社会主义理论、道路、模式解决了什么问题，还没有解决什么问题。

党的十一届三中全会以来的30年，既是中国特色社会主义理论形成和发展的30年，也是这一理论指导中国特色社会主义实践的30年。30年来，我们在经济建设上取得了举世瞩目的伟大成就，加速了我国的工业化、现代化、市场化、社会化的历史进程。1995年，中国还处于工业化初期；整个“九五”期间，处于工业化初期的后半阶段；“十五”期间，进入了高速增长阶段；到2005年，从全国看，中国刚刚进入工业化中期的后半阶段。到2015～2018年，中国工业化将基本实现，这与我们到2020年长期的现代化战略目标要求是相符合的。我们不是说实践是检验真理的唯一标准吗？30年来我们在改革开放和社会主义现代化建设上所取得的成绩充分证明了中国特色社会主义理论的正确性，也证明了这是我国实现工业化、现代化、社会化、市场化的唯一正确道路。但应清醒地看到，我们在取得巨大成就的同时也面临着许多问题和挑战。为了解决这些问题、应对这些挑战，以胡锦涛为总书记的党中央在十六大以来，提出了科学发展观和构建社会主义和谐社会等一系列重大战略思想，强调必须把科学发展观贯彻到发展的全过程和各个方面，实现以人为本，全面协调可持续的发展；强调社会主义和谐社会就是经济增长、人民富裕、民主法制、公平正义、诚信友爱、安定团结、人与自然和谐相处的社会，是经济、政治、文化、社会、生态全面协调发展的社会。党的十七大又明确提出，面对新形势新任务，我们要坚持以邓小平理论和“三个代表”重要思想为指导，深入贯彻落实科学发展观，继续解放思想，坚持改革开放，推动科学发展，促进社会和谐，为夺取全面建设小康社会新胜利而奋斗，这就将邓小平理论、“三个代表”重要思想和党自十六大以来提出的一系列新的战略指导思想有机地整合起来，进一步丰富和完善了中国特色社会主义理论体系。我们有理由相信，党的十七大所提出的奋斗目标一定能够实现，中华民族伟大复兴的目标也一定能够实现。

现在我们换一个角度来讨论问题，这就是我们在实现了社会主义初级阶段的目标之后，如何过渡到社会主义的高级阶段，如何实现马克思恩格斯当年所设想的社会主义社会的目标，如何实现共产主义理想？我们之所以要这样提出问题，原因有两个。一是我们党从改革开放以来，一直把今天所从事的事业看做是实现马克思主义理想的一个阶段。邓小平同志在 1987 年 4 月曾说，“马克思主义的理想是实现共产主义”①，1987 年 8 月又进一步明确指出，“社会主义本身是共产主义的初级阶段，而我们中国又处在社会主义的初级阶段，就是不发达的阶段。一切都要从这个实际出发，根据这个实际来制订规划”②。虽然当时讲话的重点是强调指出我国现在还处于社会主义初级阶段，强调我们当前的一切工作都要从这个实际出发，要纠正以前超越我国社会主义初级阶段的“左”的错误，但还是把它视为实现共产主义理想的漫长历史过程中的一个阶段。既然这样，我们当然就要追问社会主义初级阶段目标实现之后，如何走上社会主义高级阶段乃至共产主义的问题。二是从社会主义的计划经济体制到社会主义市场经济体制的转轨过程、从突破传统社会主义模式到在实践中逐步形成和建立中国特色社会主义模式的过程，是一个改革开放的过程，是一个不断解放思想的过程，是一个不断学习、吸收、借鉴乃至引进资本主义发达国家的经验、技术、资本、人才的过程。原来没有真正意义上的市场，现在包括劳动力市场、资本市场在内的市场体系建立起来了；原来没有生产资料意义上的私人资本，现在有了，而且不仅有小资本，还有大资本，不仅有民族资本，还有外国资本；过去，资产阶级是作为一个阶级被消灭了，现在资本是我们社会主义现代化建设所不可缺少的资源，资本所有者我们称之为社会主义建设者，他们中贡献大、符合条件的、自己有要求的，还可以加入中国共产党；原来大家的收入差别不大，现在一部分人先富了起来，贫富差别不仅出现，而且拉大的趋势明显，社会不公正问题突出。党的十六大以来，党和政府提出了一系列举措，都旨在消除社会不公、缩小贫富差距，但真正要解决这样的问题，还有相当长的路要走。坦率地说，科学发展观与构建和谐社会的理论还没有回答马克思恩格斯当年提出的如何消灭私有制、消灭剥削、消灭阶级的问题。这样，处于社会主义初级阶段的中国特色社会主义社会究竟怎样过渡到社会主义的高级阶段，就成了需要研究和回答的问题。而这一问题和当代资

---

① 《邓小平文选》第 3 卷，人民出版社，1993，第 228 页。

② 《邓小平文选》第 3 卷，第 252 页。

本主义发达国家如何走向未来的社会主义、共产主义社会是同类性质的问题。

人们也许会说，从资本主义社会如何过渡到社会主义、共产主义社会的问题不是早已被马克思恩格斯解决了吗？唯物史观、剩余价值理论和科学社会主义不就是解决这个问题的理论吗？是的，这个问题在当年是被马克思恩格斯从理论上科学地解决了。但马克思恩格斯逝世以来，世界发生的变化实在太大了。随着历史条件的变化，马克思恩格斯当年提出的科学社会主义理想面临如下挑战。①马克思恩格斯当年认为无产阶级是实现科学社会主义的阶级基础和社会力量，但是当年的无产阶级在今天作为蓝领工人，其数量在迅速减少。虽然受雇佣、领工资的人数在社会成员中比例上还是占了大多数，但形成了不同阶层，他们的社会地位、思想行为都存在着很大差别，是否同属一个阶级是一个需要研究的问题。②无产阶级革命如何进行？当年马克思恩格斯虽然设想过和平的方式，但认为主要还是要通过暴力革命，用武装的革命反对武装的反革命。但在反对恐怖主义成为世界各国的共同呼声和普遍舆论的今天，武装斗争和暴力革命还能行得通吗？现实的情况是，在西方发达资本主义国家，可以经常听见某个时期反对某届政府或某个领导人的声音，但以整个资本主义制度为对象的政治革命尚未见端倪。③当年马克思恩格斯谈论生产资料社会所有制时，没有涉及所说的社会究竟有多大，现在全世界人口已达60多亿人，在这样一个范围内，生产资料社会所有即全世界所有，究竟怎么实行，无疑是一个没有解决的问题。④当年马克思恩格斯设想生产力高度发展、财富源泉充分涌流的时候，全球性的环境资源问题没有凸显，而现在这一问题越来越严重。在这种情况下，马克思恩格斯设想的生产力高度发展、财富充分涌流如何实现？⑤资本、市场如何退出历史舞台？马克思恩格斯当年的设想是无产阶级在革命成功后利用国家政权的力量废除资本与市场。社会主义的第一个实践模式就是这么做的，但现在重新恢复资本和市场。根据唯物史观，资本、市场不可能永远存在，资本主义也不可能是历史的终结，然而，如何进入新的社会形态，以及进入一个什么样的新社会形态，或者说马克思恩格斯当年所设想的共产主义社会形态要不要有新的理解和新的论证，这也是需要研究的问题。⑥马克思恩格斯当年设想的自由人联合体究竟该怎样理解，又该怎样实现？必须看到，无论是苏联社会主义政治制度还是我国社会主义政治制度，在实际的运行过程中都曾发生过党和国家的最高权力破坏民主法制的情况，表明这种社会主义政治制度还很不成熟、很不完善，它同样存在着理论与实践、普遍与特殊、形式与实质的矛盾。这些问题的存在，表明当代社会的变化已经超出了马克思恩格斯当年的预想。当代社会发展的新特点、新规律，人类社会在21世纪及以后向何处去，成为一个需要重新研究的重大问题。

我们共产党人、马克思主义者不能回避这个事关人类前途命运的重大问题。我们党过去要人们树立共产主义的理想信念，现在要人们树立中国特色社会主义的理想信念，人们自然要问这两种理想信念之间是个什么关系，我们党叫共产党，就是因为它奋斗的最终目的、它的最高纲领是实现共产主义，解放全人类。我们既没有理由、也不应该有意无意地回避或取消这个问题，也不应该无视 160 年世界历史所发生的深刻变化，无视这种变化对马克思主义理想和哲学所提出的严峻挑战，盲目地认为这个问题已被马克思恩格斯解决而不存在了。我们应该以历史唯物主义的态度正视现实、面对问题，发扬马克思恩格斯那种终生都在批判现实、捕捉问题、进行学术积累，不断自我超越的科学精神、科学态度，勇于探索、深入研究和回答今天我们面临的时代性课题。既然马克思恩格斯当年是在破解历史之谜的过程中创建了唯物史观、创建了马克思主义哲学，那么，今天自称为马克思主义者的我们，就有理由有责任破解当代人类发展的历史之谜，在中国特色社会主义旗帜指引下，坚持解放思想、开拓创新，通过实践探索和理论研究，开创一条在未来实现马克思恩格斯理想的新道路，同时在这个过程中丰富、发展唯物史观和马克思主义哲学，推进马克思主义哲学现代化、中国化的历史进程，构建马克思主义哲学的当代中国化形态，让马克思主义哲学真正成为当今时代精神的精华，重新焕发出它的吸引力、号召力、凝聚力，成为工人阶级及其他劳动人民乃至全人类求解放的精神武器。

四

从“瑞典模式”看欧洲社民党社会民主主义“转型”的实质

何秉孟

“社会民主主义转型”一说，出自德国社民党的著名理论家托马斯·迈尔教授。他在20世纪90年代所撰写的探讨欧洲社民党应如何适应正在深刻变化的世界经济、政治形势，同时又保持自己的“身份特征”，以迎接21世纪的专著，书名便是《社会民主主义的转型——走向21世纪的社会民主党》。2008年9月访欧期间，笔者就“社会民主主义的转型”及其实践问题，同迈尔教授作了深入交流。迈尔教授把欧洲各社民党（社会党、工党）推动社会民主主义转型和实践“转型”的社会民主主义的情况分为三类：以瑞典社民党为代表的北欧三国社民党为一类，以德国社民党和法国社会党为一类，以英国工党和爱尔兰、荷兰社民党为一类。他认为，比较而言，瑞典等北欧三国社民党推进社会民主主义转型和实践“转型”的社会民主主义最为成功。托马斯·迈尔的看法，在欧洲社民党内具有一定的代表性。瑞典社民党实践“转型”的社会民主主义，被欧洲社民党理论界称为“瑞典模式”。下面，我们根据考察了解到的情况，通过分析“瑞典模式”看欧洲社民党“社会民主主义转型”的实质。

（一）“瑞典模式”的基本内容

“瑞典模式”是瑞典社民党在60多年的执政实践中构建的。瑞典社民党成立于1889年，20世纪初起开始参政，1932～2007年的75年中单独执政长达65年，在欧洲诸社民党中算得上首屈一指。

在长期的执政过程中，瑞典社民党根据“转型”的社会民主主义，建设了一个在欧洲颇负盛名、在全球也小有名气的“瑞典模式”。在瑞典访问期间，我们同方方面面的人士进行深入交流、探讨，对“瑞典模式”的基本内涵形成以下概念。

第一，“瑞典模式”的政治层面（即上层建筑层面）由四个要素构成：

①实行资产阶级的民主制，也即资产阶级议会制、多党制，三权分立；

②通过选举，赢得议会多数，成为执政党；

③以不断“转型”的社会民主主义为基本价值观念；

④由社会民主党政府主导的国家公共部门、全国总工会同私人企业及其组织全国雇主协会三者间通过协商，维持政治上的平衡。

第二，“瑞典模式”的经济层面（即经济基础层面），实行混合经济即资本私有+市场经济+政府调控+经济民主。具体构架是：

①基本经济制度是资本主义私有制（据有关专家研究，90%以上的制造业、80%以上的商业为私人资本）；

②通过立法、宏观调控、相关政策对资本剥削进行限制，对私人企业经营进行指导，使之服务于或符合社民党所理解的“社会主义价值观”——自由、公平、团结互助；

③通过征收高额累进税，集中相当部分国民收入，由政府主导的公共部门投资于社会福利和公共服务部门，实行再分配，进一步缩小收入差距，实现公平分配的目标；

④经济民主。主要包括两个方面，一是通过立法保障工人参与企业管理，限制雇主解雇工人的权力、强制雇主改善工人劳动条件等，二是社民党政府支持工会参与企业重大决策，通过立法规定企业的一切重大决策必须听取工会的意见，以限制雇主的权力。

第三，“瑞典模式”的社会层面：

建设高福利制度——实行全面的社会保障，即实行覆盖所有人、人生全过程（从出生到死亡）的社会保障体系。

从上可见，“瑞典模式”有两个显著特征。其一，“瑞典模式”的基本制度属性是资本主义制度。这一点，是我们此次在瑞典访问过程中同瑞典各界座谈、交流时所获得的明确信息。如瑞典社民党乌普萨拉分部协调人伯蒂尔·金努南在座谈时明确地说：“一个月以前，我访问了曼谷，参加一个关于亚洲进步政治人物的会议。会上一些人并不那么了解瑞典的情况。他们问我瑞典是否是一个社会主义国家？在很大程度上，那些住在很远地方的人有一种观念：瑞典是一个社会主义国家。但是我想说的是，瑞典无疑是一个资本主义国家，……我们的经济是资本主义的。……我们并不是一个社会主义国家。”瑞典乌普萨拉大学副校长拉

尔斯·芒努松也认为：“瑞典实行的是资本主义制度。瑞典是一个有很多调控措施的资本主义国家，对市场进行调控，对大企业的行为进行调控等。这是一种‘植根社会的资本主义’，也就是福利资本主义。从根本上讲，瑞典是一个资本主义国家，因为大多数企业为私人所有。”瑞典总工会负责人莫德·杨森女士说：“我希望我可以说我们处于一个社会主义的世界，但实际上市场的东西、资本主义的东西越来越多。……对此，我感到遗憾，但这是事实。”

其二，瑞典的基本经济社会制度虽然是资本主义制度，但它是一个社会主义因素较多的改良的资本主义制度。这些社会主义因素，主要体现在经济层面的收入分配、经济民主和社会层面的社会保障方面。应该说，其中有不少方面值得我们借鉴。

（二）“瑞典模式”是瑞典社民党实践“转型”的社会民主主义的结果

社会民主主义是欧洲社民党的基本价值理念。一百多年来，这一理念经过多次修正主义浪潮（在欧洲社民党眼中，“修正主义”是褒义概念），其性质已发生根本性变化。托马斯·迈尔曾经说过，欧洲社会民主主义历史上出现过两次修正主义浪潮，不断推动社会民主主义转型。所以，迈尔说：“在社会民主主义的历史中有过四个先后相继并且部分地也是同时描述这里所涉及的事物的名称：社会主义，民主社会主义或自由社会主义，社会的民主主义和社会民主主义。”①而且，他还认为：“作为概念，‘社会民主主义’和‘社会的民主主义’明确无误地把历史责任与民主和公正的内在的、不可分割的联系结合起来，这是用任何其他方式都做不到的。因此，这两个概念在目前同用‘社会主义’组成的一组概念相比，更不容易引起误会和错误的解释以及遭到滥用。”② 此次访德期间，同迈尔教授进一步就这几个概念的关系进行探讨。我问他：“您是不是认为‘民主社会主义’这个概念目前对于欧洲各国的社民党来说已经过时了”？迈尔教授说：“是的，我现在倾向于使用‘社会民主主义’这个概念。我要说的是，在过去很长的时间里，我也喜欢‘民主社会主义’这个概念。但是自从 1989 年以

① 〔德〕托马斯·迈尔：《社会民主主义的转型——走向 21 世纪的社会民主党》，北京大学出版社，2001，第 1 页。

② 〔德〕托马斯·迈尔：《社会民主主义的转型——走向 21 世纪的社会民主党》，第 1 页。

来，世界形势发生了深刻、巨大的变化，我认为‘民主社会主义’这个概念已不可能准确地描述社会民主主义的原则和方法。这并不是因为社会民主主义的方法发生了基本的变化，而主要是因为政治主题发生了改变。在我们的新党纲中，不再坚持那种在生产资料社会化意义上的社会主义了。我们的原则与方法的基础就是基本的经济社会权利。我们倡导的社会民主主义，就是以实现社会、经济基本权利为基础的民主。但是，如果今天你说：‘我非常喜欢社会主义’，那么，你说它的时候也许只用一分钟，但你却要花费一周的时间来解释你所说的社会主义是什么或不是什么。现在‘社会主义’这个词已不是一个表达希望的概念，而是一个表示疑惑的概念。这个概念的意义已被滥用，你使用了它，你就会处于被动防御的地位，就不得不去解释：我说的不是俄国的那种，不是这里的那种，等等。所以，各种原因都表明，现在已不适宜使用‘社会主义’的概念。”由此我们似乎可以认为，迈尔的这一概括，是在欧洲社民党“一般”的意义上说的。实际上，由于欧洲各国的具体国情、各国社民党的历史传统不同，各国社民党“修正”社会民主主义还有着各自的特点。在这方面，瑞典社民党的作为就非常独特。

瑞典社民党的全称为瑞典社会民主主义工人党。同一百多年前欧洲其他社民党一样，它当时信奉的社会民主主义同科学社会主义在不少方面是相通的，两者常常混用。1897 年瑞典社民党在其第四次代表大会上通过的该党首份“党纲”宣告：“社会民主党不同于任何其他政党，旨在彻底改造资本主义社会的经济组织，实现工人阶级的社会解放。”从这里我们可以看到：第一，瑞典社民党是工人阶级的政党；第二，该党主张消灭资本主义的剥削制度，以社会主义制度取而代之；第三，该党主张推翻资产阶级的政治统治，使工人阶级成为统治阶级。这几点均符合科学社会主义的基本原理。

随着马克思、恩格斯的先后去世，在 19 世纪末 20 世纪初，欧洲社民党、社会民主主义遭受了修正主义浪潮的第一次冲击。

19 世纪七、八十年代，以自由竞争为特征的资本主义向垄断资本主义过渡，促进了世界资本主义的平稳发展。面对资本主义的这一发展变化，伯恩斯坦不是运用马克思主义的立场、观点和方法去研究资本主义的新变化，沿着正确的方向去发展马克思主义，而是全面阉割马克思主义的革命灵魂，“修正”科学社会主义理论。伯恩斯坦对科学社会主义的阉割，集中反映在以下三个方面：一是否认马克思主义关于资本主义制度必然被社会主义制度所取代的原理；二是主张“和平过渡”到社会主义，反对无产阶级夺取政权，“炸毁”旧的国家机器，推翻资产阶级的统治；三是主张放弃科学社会主义的原理和社会主义的最终目标。

对于伯恩斯坦的“修正”，托马斯·迈尔做过这样的解读：“欧洲社会民主主义历史上出现过两次修正主义浪潮。……第一次修正主义浪潮是与伯恩斯坦联系在一起的，目标是达成这样的认识：资本主义已经变得十分复杂，而且斗争越来越复杂，对于这样一个社会不可能通过一次革命实现变革。”托马斯·迈尔的话还没有说完，后面应该还有两句：于是放弃革命，进行改良。

伯恩斯坦对马克思主义的科学社会主义革命灵魂的阉割，给世界社会主义运动和工人运动造成巨大危害。这种危害最突出地表现在两个方面：一是分裂、削弱了世界社会主义运动和工人运动；二是使欧洲的社会民主党逐步脱离了马克思主义的指导，社会民主主义走上了“转型”的轨道。瑞典社民党虽然是一个小国的党，但在这种“转型”过程中却颇有声色。20 世纪初在伯恩斯坦主义的影响下，瑞典社民党开始步入议会斗争，1914 年成为瑞典议会第一大党，三年之后与自由党组成联合政府，开始了执政生涯；20 年代又曾单独三次组阁，但因其在议会中没有多数，根本无法实现其党纲规定的关于生产资料国有化的目标。这样，就在理论与实践上出现尖锐矛盾。面对这种理论与现实的矛盾，在当时的党内引起反思和激烈争论，推动社会民主主义进一步“转型”，主要标志是该党理论家尼尔斯·卡莱比于 1926 年推出专著《面对现实的社会主义》。卡莱比在书中指出，所有权是“国家通过法律所规定的对某一物品的支配形式”，国家可通过立法剥夺它，也可通过修改法律来限制或改造它，关于八小时工作制的立法、劳动保险法等，以及有关社会政策的某些内容，都是对“作为资本主义基础的私人财产绝对主权和自由竞争制度的一种废除”。也就是说，在卡莱比看来，所谓“社会主义”，不一定是以生产资料公有制为基本特征的经济社会制度意义上的社会主义；国家通过立法或相关的经济、社会政策对私人资本进行限制、引导，以使其符合“自由、公平、团结互助”等社会主义价值观的要求，也是“社会主义”。因此，卡莱比主张社民党政府可通过立法对私人资本进行限制；通过税收和财政政策对地租、资本利润进行再分配；利用社会政策提升工人阶级的地位，如通过教育、培训等措施增加高级职业机会，减少低级职业岗位，以实现经济平等……①卡莱比上述见解的最核心之处在于，将实行生产资料公有制，彻底改造资本主义私有制，以社会主义制度取而代之的精神，从社会民主主

① 参见高锋《瑞典社民党的理论、政策创新与瑞典历史变迁》，《当代世界社会主义问题》2002 年第 4 期。

义中剔除掉，而代之以通过立法等手段实现社会主义的“自由、公平、团结互助”的功能。他的这些见解，被后人归结为“功能社会主义”。这里的“功能”，无非就是“自由、公平、团结互助”的所谓“社会主义价值观”而已。这样，从形式逻辑上看，用“功能社会主义”改造与科学社会主义相通的社会民主主义，使瑞典社民党摆脱了理论与现实严重脱节的困境。此次我们同瑞典社民党负责理论工作的领导人比扬座谈时，就卡莱比的“功能社会主义”进行了探讨。比扬认为，卡莱比的“功能社会主义”对瑞典社民党的社会民主主义的“转型”起了奠定理论基础的作用。

1932 年秋，在世界性资本主义经济大危机之中，社民党再次在大选中获胜，并依靠农民协会的支持单独组成政府，开始实践以“功能社会主义”进行“修正”的、“转型”的社会民主主义，并实施依靠国家借贷、开办公共工程，以减少失业、刺激经济回升的“反危机纲领”。在此期间，社民党政府还支持工会与雇主协会谈判，解决工人的工资和劳动条件问题，维护工人合法权利；资助工会建立失业基金，实施产妇补贴、儿童补贴、建房贷款制度，通过人民养老金法案等有关社会保障的法案，解决社会公平问题。这些措施不仅使瑞典较快走出了经济危机，而且对“瑞典模式”的构造进行了摸索。

1944 年，瑞典社民党召开代表大会，讨论工人运动的“战后纲领”。“战后纲领”根据社民党单独执政 12 年来实践“转型”的社会民主主义的经验，对战后进一步实践已经“转型”的社会民主主义作了部署。“纲领”指出：“社民党的目标是改造资本主义社会的经济组织，使生产的决定权掌握在人民手中”，社民党政府的“首要任务是协调各种经济活动”，使之成为在社会领导下的“计划性经济”；主张将某些私人垄断部门收归国有，但其他“私人企业只要能够完成所给予的任务——在全面而有效地使用劳动力和生产资料情况下，给广大群众以技术上所能允许的最大好处，就可以像以往一样存在下去”，否则政府将采取“计划性措施对其进行干预”。“战后纲领”还提出了充分就业、公平分配、经济民主以及社会福利等战后的经济政策目标。

瑞典社民党的“战后纲领”与其首份“纲领”的最大不同在于：没有提“实现工人阶级的社会解放”；也不再反对资本主义私有制，不仅在“改造资本主义的经济组织”的前面删去了“彻底”二字，而且明确提出可以有条件地允许私人资本存在下去。这表明，瑞典社民党已放弃了通过社会主义革命夺取政权、打碎旧的国家机器，用社会主义制度代替资本主义制度，而是致力于改良资本主义。这样，就以党纲的形式肯定了 20 世纪 20 年代尼尔斯 · 卡莱比的理论观

点，完成了社会民主主义最本质的一次“转型”。这次“转型”在理念上为“瑞典模式”奠定了基本框架。

1944～2007年的63年中，瑞典社民党执政53年；期间曾三次失去执政地位，在野时间共约10年。在长达53年的执政期间，瑞典社民党专注于实践“转型”的社会民主主义，实施“战后纲领”所确定的理念、方针和政策，对资本主义制度进行改良，也就是在基本不触动资本主义经济制度的基础上，通过立法、宏观调控乃至行政干预等手段，来“限制”资本剥削，实现“自由、公平、团结互助”等社会主义的价值观目标。如20世纪50年代，实施“团结工资政策”，社民党政府支持总工会实行全国统一劳动谈判，强调工人工资只能取决于工作的性质、要求，不是取决于企业的利润多少，在不同行业、不同地区、不同企业同工同酬；1957年，政府又在全国建立再就业培训中心，对占总劳动力2%的失业者进行免费培训后转入技术密集型产业就业，既实现充分就业，又减少低收入岗位，增加高收入岗位；1972年，在社民党支持下，议会通过了《股份公司和经济组织中职工代表权法案》，规定超过25人的企业理事会中必须有职工代表。之后又通过了《就业保护法》、《劳动环境法》，对雇主解雇职工权力进行了限制，强化了工会在工作条件上的发言权；1976年议会通过《劳动生活中的共决权法案》，规定企业的重要决策事先必须听取职工意见，对资本的权力进行了限制等。应该说，瑞典社民党依据他们所理解的社会主义的“自由、公平、团结互助”的价值观，对资本主义实施一系列改良措施所构造的“瑞典模式”颇有特色，也有一定的进步意义。

然而，即便作为一种改良的资本主义制度，“瑞典模式”在当代资本主义体系中的存在前景并不十分乐观，因为这种模式的存在是以瑞典社民党执政为前提的。而一方面，社民党对资本主义制度的某些改良措施，在一定程度上触犯了资本家的利益，资产阶级特别是其右翼对此心存怨恨；另一方面，社民党为了争取中小资产阶级的支持，保留资本主义制度，允许剥削，模糊了它的“工人政党”的“身份特征”，失去了部分工人群众的支持。这正是社民党在20世纪70年代中期以后三次大选失利、丢掉执政地位的重要原因之一。社民党一旦败选，失去执政地位，“瑞典模式”就很难生存。比如，1991年秋社民党竞选失败下台后，以保守党主席为首相的中右翼四党联合政府一上台，便着手实施其“改换制度”的竞选纲领，立即宣布撤销大中资产阶级痛恨的职工社保基金、股票交易税；降低资产税、财产税、能源税和雇主税；宣布将34个大中型国有企业私有化等。仅两年时间，中右翼政府便将社民党几十年苦心经营的“瑞典模式”损毁得千疮百孔。值得庆幸的是，1994 年秋社民党胜选上台，才挽救了“瑞典模式”，否则，“瑞典模式”中对资本主义的改良因素将可能荡然无存。2006 年社民党再次下野，胜选的中右政党尽管在选举中为争取中左选民而再三声明“我们喜欢瑞典现有的东西”，承诺不改变现行模式，但上台伊始即着手对“瑞典模式”实施手术。“瑞典模式”是否还会有 20 世纪 90 年代初那么好的运气，瑞典社民党能否在近期又胜选上台，难以预料。“瑞典模式”当前是存亡未定、前景难卜！

（三）瑞典社民党对“瑞典模式”的最新理论概括

在 1944 年至 21 世纪初的 60 余年中，世界经历了从冷战到后冷战的变化；特别是 20 世纪 70 年代发生的以“滞胀”为特征的世界性资本主义经济危机及随后出现的以信息技术的发明和广泛应用为主要标志的第四次科技革命，推动资本主义由国家垄断向国际垄断过渡，经济全球化迅速发展，适应国际垄断资本需要的新自由主义在全球泛滥……。这种变化，不仅严重冲击了社会主义运动，也使曾与科学社会主义有过历史渊源的社会民主主义（民主社会主义）受到株连。1976 年、1991 年，瑞典社民党两次败选下野。面对“执政—下野”、“下野—执政”这种频繁的交替局面，瑞典社民党不断地进行“反思”，并在“反思”中实现社会民主主义的进一步“转型”。2001 年 11 月召开的瑞典社民党第 34 次全国代表大会讨论并通过第八份党纲，集中反映了瑞典社民党社会民主主义“转型”的最新情况。

关于党的性质：瑞典社民党在成立早期曾将自己定位为“工人阶级的政党”。但第八份党纲对党的阶级属性讳莫如深，即使在“新的阶级模式”一章也未对此作出回答，仅在“经济民主”一章含蓄地宣示：“在资本与劳动的冲突中，社会民主党始终代表劳动的利益。社会民主党现在是，而且永远是反对资本主义的政党，始终是资本对经济和社会进行统治的反对者”。但近年来，在社民党领导人的讲话中，多次强调自己是跨越阶级与集团利益的多元化的“现代政党”，放弃了工人阶级政党的传统立场。①

关于目标：党纲指出，“社会民主党致力于建立一个以民主理想和人人平等为基础的社会”，并指出：自由、平等的人们生活在一个团结的社会里，是民主社会主义的目标。可见，所谓“民主社会主义”并不是一种经济社会制度，而

① 参见唐海军《瑞典社会民主党的性质及主张》，《当代世界与社会主义》2005 年第 6 期。

是“自由、平等、团结互助”等理念。

关于指导思想和基本价值观：党纲在涉及指导思想时，仍并用“民主社会主义”和“社会民主主义”。党纲还指出：“民主社会主义理想来自先辈的文化遗产。经过后代人经验的改造，它又成为当前和未来政治斗争的推动力。社会民主主义理想的最深的根源是对人的价值相同和不受侵犯的信念”。此处的“民主社会主义”，其蕴含是因经过后代人的“改造”而有别于提出这一概念的“先辈”所赋予的内涵的，而“社会民主主义”则是“以自由、平等和团结等为出发点”的一种价值观。也就是说，不论是“民主社会主义”，还是“社会民主主义”，均已经与马克思主义的科学社会主义没有多少关联。

关于实现目标的途径：党纲在“改良与革命”一节中对“革命”进行了抨击：“有一派人，革命的一派，从资本主义的垮台将是历史的终结的思考出发，认为人们不必等待资本主义的最终危机，一批觉悟的革命者可以促进这个进程，通过武力夺取政权，使发展走上历史决定的道路。这一思考发展成为共产主义派或无政府主义派。他们都反对用民主方式进行社会变革”。“其结果必然是专制，……它是共产主义的原教旨主义思想的产物。”与此相反，党纲对改良主义路线推崇备至，认为“它是建筑在民主参与和多数民众支持的改革基础上”的。

如何对资本主义进行“改良”或“改革”呢？党纲认为，决定性的因素是政治民主和经济民主，“政治民主提供了经典理论未曾预见到的维护工人利益的可能。在它的影响下，社会和经济结构都出现了与理论阐述不同的发展。私人所有制仍然存在，但利润考虑高于一切的私人资本主义生产秩序发生了某些决定性的变化。当生产中其他方面的利益加强对资本利益的地位时，劳动组织和生产成果的再分配都改变了。权力由所有者转移到公民、工薪者和消费者方面”。“这种变化产生于立法和经济政策，产生于工会的力量，产生于省、市的地方政策，产生于受到党和民众运动支持的、为新的民主形式提供内容的整个社会参与。”所以，党纲认为，“夺取生产资料的所有权不再是决定性的因素”，“决定性的因素是民主控制而不是所有权”。

关于经济民主与混合经济：党纲针对资本垄断权力的弊端，“提出了民众利益主导的经济理论”，也即关于“经济民主”与“混合经济”的构想，其要点是：

——致力于建立这样一个经济秩序：这里每个人作为公民、工薪者和消费者都有权力和机会影响生产的方向和生产成果的分配，以及劳动生活的组织和劳动条件（的改善）；

——民主社会拥有确定经济生活条件和结构的最高权力。如果经济和劳动的某些组织形式不能满足人民利益，民主社会始终有权力改变其条件和形式。经济利益决不能限制民主，相反民主却有权对市场和经济利益划定界限；

——民主经济没有对人的剥削和对环境的掠夺。民主经济是一个不同利益间互相合作的、资本服从于民主的经济；

——满足人们对经济生活的多样化要求，既不能仅依靠政府，也不能完全依靠市场机制。这里需要一个建筑在社会干预、市场机制、强大的工会组织与活跃的、有觉悟的消费者相结合的基础上并得到强有力的消费立法支持的混合经济。

此外，第八份党纲还根据上述经济民主和混合经济的原则，对社会福利以及就业、环保等问题阐述了瑞典社民党的具体政策主张。

由此可见，这份党纲是瑞典社民党继 1944 年的“战后纲领”之后，推动社会民主主义进一步向“右”的重要“转型”。由于这次“转型”进一步模糊了自己的“身份特征”，不仅未能帮助瑞典社民党走出“下野—执政—下野”的“怪圈”，相反，加速了该党“下野”的步伐。在 2006 年的大选中，由于该党的向右“转型”，失去了相当部分工人群众的支持，选民支持率比上届下降 4.7%，所获议会议席比上届少 14 席，被认为是过去 80 年中大选表现最差的一次。社民党第三次沦为在野党，再次将“瑞典模式”抛进了经受存亡考验的陷阱。

（四）欧洲社民党社会民主主义“转型”的实质

在一定意义上，2001 年通过的威斯特罗斯“党纲”，是瑞典社民党近百年“修正”社会民主主义之集大成。从中我们可以缕析出近百年来包括瑞典社民党在内的欧洲社民党推动社会民主主义“转型”的基本脉络，主要集中在以下五个方面。

第一，关于社会民主党的阶级属性定位问题。欧洲主要的社会党或社民党大多成立于 19 世纪下半叶，成立之初均定位为工人阶级政党。进入 20 世纪中期后，随着生产力的提高，资本主义的发展和经济社会现代化进程的推进，欧洲发达国家的阶级结构发生变化，传统产业工人队伍萎缩，中间阶层也就是所谓中产阶级兴起，为适应资产阶级议会民主、议会选举、争取选民的需要，欧洲各社民党纷纷对自己的阶级属性重新定位。1959 年，在欧洲有广泛影响的德国社会民主党的“哥德斯堡纲领”宣称：“社会民主党已经从一个工人阶级政党变成了一个人民党”。此后，其他社会民主党纷纷跟进。应该说瑞典社民党在这方面属于

动作较慢的一个，直到2001年的威斯特罗斯“党纲”，仍没有明确改变该党的阶级属性定位，只是近年来其领导人才开始在讲话中强调“自己是跨越社会各阶层和集团的党”，逐步调整其工人阶级政党的传统定位。

第二，关于指导思想问题。在社民党成立之初，其指导思想社会民主主义同马克思主义有相通之处，故经常交叉、混用。19世纪末20世纪初，在伯恩斯坦主义影响下，国际共产主义运动出现分裂，社会民主主义演变为社会改良主义，从而与科学社会主义渐行渐远。1959年德国社民党的“哥德斯堡纲领”不提马克思主义，将“民主社会主义意愿的基本价值”仅仅归结为“自由、公正、团结互助”，将其来源归结于“西欧的基督教伦理、人道主义和古典哲学”，彻底割断了同马克思主义的联系。

同德国社民党相比较，瑞典社民党的马克思主义传统似乎保留得多一些：该党2001年“党纲”对唯物主义历史观给予了充分肯定，指出“唯物主义历史观，……是卡尔·马克思的中心思想之一”，“唯物主义历史观对于人们正确认识社会发展已经作出了重要贡献，并影响了社会辩论和社会科学”。但同时又宣称：“他们（指马克思、恩格斯——引者）的理论的其他部分已被证明是片面的或错误的。”这里的“其他部分”，主要是指科学社会主义。

第三，关于“社会主义”的内涵问题。欧洲社会党或社会民主党在成立初期信奉的社会民主主义，均在不同程度上主张废除资本主义私有制，用公有制取而代之，以消灭剥削。因此，这一时期的社会民主主义同科学社会主义是相通的。随后，受伯恩斯坦修正主义思潮的影响，瑞典社民党的理论家尼尔斯·卡莱比将社会主义由一种基本的经济社会制度“转型”为“自由、公平、团结互助”的功能；2001年瑞典社民党“党纲”虽然保留了“民主社会主义”的提法，但其内涵仅仅是“自由、公平、团结互助”的价值观追求。而在德国社民党内，甚至有人主张连“民主社会主义”也应淡出，完全由以“改良资本主义”为内涵的社会民主主义取而代之。著名学者托马斯·迈尔就强烈地主张这种观点。

第四，关于如何对待旧的国家机器的问题。直至19世纪末，欧洲诸社会民主党均主张工人阶级用革命的手段夺取政权，推翻资产阶级的统治，打碎旧的国家机器，使无产阶级成为统治阶级。伯恩斯坦借口资本主义已经变得十分复杂，不可能通过一次革命实现变革，主张在社民党的理论中取消用无产阶级社会代替资产阶级社会的提法。在伯恩斯坦这一修正主义思潮的影响下，欧洲各社民党先后走上了认同资本主义的“民主制度”，保留旧的国家机器，通过所谓“议会斗争”在资本主义现行的国家框架内实行改良的道路。

第五，关于社会主义必然取代资本主义的客观规律认同问题。马克思、恩格斯所揭示的资本主义制度必然被社会主义制度取代的历史发展的客观规律，是科学社会主义的核心内容。对于这一客观规律，早期的社会民主党的社会民主主义是认同的。19 世纪末 20 世纪初，伯恩斯坦对马克思主义揭示的这一客观规律予以否认，并进而宣称社会主义的最终目标是“微不足道的”。此后，欧洲各社民党将伯恩斯坦的这一修正主义言论奉为圭臬。瑞典社民党 2001 年党纲中的所谓“他们（马克思、恩格斯）的历史发展遵循某些法则的理论在现代科学中找不到任何依据”，是一种“宿命论”云云，就是源自伯恩斯坦主义。

综上所述，关于欧洲社民党社会民主主义“转型”的实质，我们可以得出如下结论：社会民主主义经过社民党近百年的“修正”，已由当初同科学社会主义相通的、工人阶级的理论武器逐步蜕变为资产阶级左翼和小资产阶级的“改良”资本主义的思潮。对于这一点，拉尔斯·芒努松副校长同我们座谈时有一段精彩评价：“从社民党 20 世纪的改革方式看，它是在建设一种福利资本主义。实际上，从某种意义上，社民党和右翼政党都是资本主义的政党。不同的是社民党更多地主张政府干预，更多地试图减弱资本主义的消极影响。”

当然，我们还必须看到，正因为是“改良”资本主义的思潮，所以其中有一些因素还是具有积极意义的。从我们访问德国、瑞典特别是实地考察“瑞典模式”的感受来看，也确有不少地方值得我们借鉴。比如，在经济领域，坚持宏观调控，坚持通过立法、政府的有关政策等限制资本剥削，实行充分的就业政策，支持工会同雇主协会就工资待遇、劳动条件进行协商、谈判，通过高额累进税集中部分国民收入，用于实行全面社会保障等再分配政策以进一步缩小收入差距等。

五

《共产党宣言》中的“主义之辨”及其当代意义

——纪念《共产党宣言》发表160周年

姜　辉

160年前，马克思和恩格斯这两位划时代的思想家撰写的《共产党宣言》（下文简称《宣言》）的发表，向世界郑重提交了科学社会主义理论和国际共产主义运动的“出生证”，无私无畏地宣告了登上政治舞台的工人阶级及其政党“自己的观点、自己的目的、自己的意图”。[①] 尽管当时科学社会主义仅是形形色色的社会主义思想中的一种，尚未成为工人运动的主要指导思想，尽管社会主义和共产主义运动还是被各国统治者痛恨、污蔑并欲联合“围剿”的“幽灵”。此后的160年，社会主义经历了从理论到实践再到现实社会制度的发展，其中既有辉煌的成就和宝贵的经验，也有巨大的挫折和惨痛的教训。但无论如何，岁月的风雨无法涤荡和销蚀掉这部划时代著作的历史意义和改变世界的巨大威力，这甚至是马克思主义的敌人也不得不公开或缄默承认的。正如马克思在写作《宣言》以前所说的：“那最好是把真理比作燧石——它受到的敲打越厉害，发射出的光辉就越灿烂。”[②] 本文仅从《宣言》中的阶级观点和阶级分析方法及“主义之辨”的内容，展示马克思主义的科学真理性、鲜明阶级性和与时俱进的品格及其在当代的重要意义。

（一）一部关于“主义之辨”的杰作

《宣言》运用新的唯物史观和阶级分析方法，透彻分析了资本主义社会两大

---

① 《马克思恩格斯选集》第1卷，人民出版社，1995，第271页。

② 《马克思恩格斯全集》第1卷，人民出版社，1956，第69页。

阶级的对立、斗争及其发展趋势，科学揭示和证明了“资产阶级的灭亡和无产阶级的胜利是同样不可避免的”。所以这里讲《宣言》的“主义之辨”，一方面是资产阶级与无产阶级、资本主义与共产主义的之分之辨，这是《宣言》的主旨。但另一方面与此密切相关的“主义之辨”，也是《宣言》的重要内容，即科学社会主义同其他种种以“社会主义”冠名的思潮流派之辨。马克思恩格斯在写作《宣言》的时候，把自己称为共产主义者，《宣言》是共产主义宣言，“我们不能把它叫作社会主义宣言。在1847年，所谓社会主义者，一方面是指各种空想主义体系的信徒，……另一方面是指形形色色的社会庸医，他们凭着各种各样的补缀办法，自称要消除一切社会弊病而毫不危及资本和利润。”① 而在称为“共产主义”的思想流派中，主要是“还没有很好加工的、只是出于本能的、往往有些粗糙的共产主义”，即空想的共产主义。因而在当时的历史条件下，《宣言》之所以对各种反动、错误的思潮进行辨析和批判，是因为在西欧主要国家的工人阶级群众中，有影响的、起主导作用的还是那些小资产阶级的、资产阶级的或空想的社会主义派别。马克思和恩格斯承担着阐明科学社会主义理论的任务，同时还必须在批判各种错误思潮的过程中，争取用科学的理论武装工人阶级，使刚刚独立登上政治舞台的工人阶级斗争朝着正确的方向发展。正如恩格斯后来忆述共产主义者同盟的历史时所说：“我们有义务科学地论证我们的观点，但是，对我们说来同样重要的是：争取欧洲无产阶级，首先是争取德国无产阶级拥护我们的信念。”② 因而《宣言》的第三部分“社会主义的和共产主义的文献”，也同前面的第一、二部分那样有着重要的意义。

在《宣言》的第三部分，马克思恩格斯列举了三大类六种非科学社会主义的思想流派，即反动的社会主义、保守的或资产阶级的社会主义、批判的空想的社会主义和共产主义，其中反对的社会主义包括封建的社会主义、小资产阶级的社会主义和德国的或“真正的”社会主义。我们今天读起来，最感到受启示和有吸引力的不是关于这些流派主张的叙述，而是分析和批判这些流派所运用的唯物史观和科学分析方法。正如恩格斯生前所说的那样，“对于社会主义文献所作的批判在今天看来是不完全的，因为这一批判只包括到1847年为止”。③ 然而，这部分中关于唯物史观和阶级分析方法的精湛运用，直到今天也

① 《马克思恩格斯选集》第1卷，第256页。

② 《马克思恩格斯选集》第4卷，人民出版社，1995，第197页。

③ 《马克思恩格斯选集》第1卷，第249页。

是经典杰作。这里对详细内容不作赘述，只是揭示其中蕴含的很有启示意义的三点。

第一，透过表面相似的现象洞察背后的阶级本质。《宣言》中列举的几种思潮流派都自诩为“社会主义的”或“共产主义的”，都批判资产主义，大多宣称自己是为了无产阶级的利益。比如，封建的社会主义“把无产阶级的乞食袋当作旗帜来挥舞”，小资产阶级的社会主义则“从小资产阶级的立场出发替工人说话”，资产阶级的社会主义的论断是“资产者之为资产者，是为了工人阶级的利益”，空想的社会主义则是求助“资产阶级的善心和钱袋”来拯救受苦最深的无产阶级。《宣言》则透过各种华丽诱人的辞藻，深刻地揭示了各种思潮的阶级实质。封建的社会主义对资本主义的批判实质上是维护已衰亡的封建阶级的利益；小资产阶级的社会主义是为了维护被大生产日渐吞没的小资产者的利益；资产阶级的社会主义是为了使资产阶级更好更稳固地统治下去；空想的社会主义则代表“无产阶级对社会普遍改造的最初的本能的渴望”，不符合已独立登上政治舞台进行斗争的无产阶级的利益。总之，《宣言》运用的阶级本质分析方法，至今仍然是社会阶级分析的典范。

第二，以是否适应生产力和社会的发展作为客观的评判标准。对阶级本质的揭示与更为根本的经济根源分析紧密相连，阶级利益的尺度与生产力和社会发展的尺度相辅相成，这是《宣言》评析各种思潮的显著特色。封建的社会主义“完全不能理解现代历史进程”而企图螳臂挡车，使历史车轮倒转；小资产阶级的社会主义则“企图恢复旧的生产资料和交换手段，……或者是企图重新把现代的生产资料和交换手段硬塞到已被它们突破而且必然被突破的旧的所有制关系的框子里去”；资产阶级的社会主义则是“愿意要现代社会的生存条件，但是不要由这些条件必然产生的斗争和危险”；空想的社会主义或共产主义的意义，“是同历史的发展成反比的”。可见，对各种思潮的评价标准，不仅仅是感情好恶，而且是作为社会发展根源的生产力尺度和客观的历史尺度，这也是最彻底的历史唯物主义尺度。

第三，批判错误思潮的目的在于发展科学的理论。科学社会主义同非科学社会主义思潮的对立和斗争，不是像有人褊狭认为的那样是由于马克思“好勇斗狠”的性格造成的，也不是有人说的那样是争占上风的无谓舌战，而恰恰是马克思主义的阶级本质和革命性所决定的。正如列宁深刻指出的：“马克思的学说直接为教育和组织现代社会的先进阶级服务，指出这一阶级的任务，并且证明现代制度由于阶级的发展必然要被新的制度所代替，因此这一学说在其生命的途程中每走一步都得经过战斗，也就不足为奇了。”① 同错误的思想辩论和斗争，是坚持和发展马克思主义的一个必然途径，是马克思主义理论和原则得以巩固、发展和深入人心的契机。这就是我们常说的：真理越辩越明。《宣言》对待各种思潮，既客观地评价其积极的内容和因素，又深刻揭示其错误及其实质。那种不分青红皂白全盘否定的批判，为了斗争而斗争的想法和做法，或那种毫无原则地迁就妥协、任由错误思想泛滥，一提起批判和斗争的字眼就怕被说成是“左”的想法和做法，都是错误的、有害的，都不是马克思主义的科学态度。这一点，也是《宣言》的“主义之辨”给我们的重要启示。

（二）阶级观点和阶级分析方法

《宣言》是科学社会主义的奠基之作，也是阶级观点和阶级分析方法的奠基之作。正是这样的观点和方法的运用，使科学社会主义同其他种种思潮流派区分开来。否定了这些，也就抽去了马克思主义的精神实质。160 年来，马克思主义随着时代、实践和科学的发展而发展，不断与时俱进，得到了极大的丰富和发展，但马克思主义的精神实质没有变，基本立场、观点和方法没有变，阶级的观点和阶级分析的方法当然也不会脱离马克思主义而成为另类的东西，它们是内在于马克思主义中的基本要素。尽管一个半世纪多以来，许多人诋毁和否定这一观点和方法，或者曲解、淡化它们，但无论如何，阶级观点和阶级分析方法始终是理解人类文类史的一把钥匙，是区分和评判各种政治思想流派的科学标尺。这是我们应从《宣言》的“主义之辨”中读懂读透的。

在当前国内外理论界，经常有否定、歪曲或淡化阶级观点和阶级分析方法的现象。有的把马克思主义简化为“单纯斗争”的学说而大肆诋毁；有的想通过去除阶级和阶级分析的内容而把马克思主义变成所谓“人道的”和“科学的”；有的借口时代变化、任务变化而认为不应再提阶级、阶级斗争和阶级分析，只谈自由、平等、博爱等价值；有的则试图用其他的标准来完全取代阶级，比如用财富、职业、地位等标准划分社会人群等。由此，评判各种“主义”、各种思潮，也就没有了阶级的标准，而是“价值的”标准，或种种实用主义的标准。正如马克思在《宣言》中评判“真正的”社会主义那样：“他们不代表真实的要求，而代表真理的要求，不代表无产者的利益，而代表人的本质的利益，即一般人的

① 《列宁选集》第 2 卷，人民出版社，1995，第 1 页。

利益，这种人不属于任何阶级，根本不存在于现实界，而只是存在于云雾弥漫的哲学幻想的太空。"① 历史的发展表明，只要阶级社会还存在，马克思主义的阶级观点和阶级分析方法就有重要的现实价值和意义，仍然是理解人类社会的有效工具，仍然是评判各种"主义"和思潮的根本依据。否则，我们就不能通过纷繁复杂的社会现象抓住本质，就会迷失于笼罩历史和现实的云雾之中。正如列宁所说的："只要人们还没有学会透过任何有关道德、宗教、政治和社会的言论、声明、诺言，揭示出这些或那些阶级的利益，那他们始终是而且会永远是政治上受人欺骗和自己欺骗自己的愚蠢的牺牲品。"②

我们今天纪念《宣言》的发表，重新审视马克思主义的阶级观点和阶级分析方法，要采取《宣言》所采取的历史唯物主义态度。那就是：既要坚持马克思主义的基本原理和立场观点方法，又要结合变化了的情况和条件正确运用和发展马克思主义。

一方面，不管一个半世纪多以来世界发生了怎样的变化，阶级观点和阶级分析方法正如《宣言》中阐释的那样，直到现在还是完全正确的。面对当前经济全球化条件下国际垄断资本主义的扩张，面对发达资本主义国家日益严重的贫富分化现象和种种社会不平等不公正，那种认为阶级划分和阶级斗争已经消失的观点是站不住脚的。甚至西方的一些严肃的学者和有识之士也清醒地看到这一点。比如英国学者理查德・斯凯思就认为："阶级对于深入理解西方资本主义社会的动力机制依然是关键的。尽管极少数对阶级相关过程的日常描述是清楚的，但资本主义国家潜在的结构性力量重新肯定了社会阶级作为一种主要的解释性社会过程的价值——得出此结论的前提条件是必须从特定的马克思主义分析和经验角度去考察和理解社会阶级。"③ 美国学者迈克・霍特根据当今发达资本主义的社会结构和日益发展的不平等，批判了西方理论界流行的"阶级是一个过时的概念"、"社会阶级正在死亡"的观点，指出"资本主义社会里以阶级为基础的不平等的继续存在，意味着在可见的未来，阶级的概念必将也应该在社会学研究中发挥重要的作用。"④ 在经济全球化、政治多极化、文化思想多样化不断发展的当今世界，面对不断出现的新情况、新矛盾和新问题，马克思主义关于阶级的观

① 《马克思恩格斯选集》第1卷，第299页。

② 《列宁选集》第2卷，第314页。

③ 〔英〕理查德・斯凯思：《阶级》，雷玉琼译，吉林人民出版社，2005，第5页。

④ 〔美〕迈克・霍特等：《后工业社会中阶级的继续存在》，见戴维・李等主编《关于阶级的冲突》，姜辉译，重庆出版社，2005，第75页。

点和阶级分析方法继续发挥着巨大的理论阐释威力。

另一方面，我们必须根据发展变化了的实际，科学对待和正确运用阶级观点和阶级分析方法。正如《宣言》中指出的，科学社会主义原理的实际运用，“随时随地都要以当时的历史条件为转移”。《宣言》发表160年来，世界发生了复杂而深刻的巨大变化。随着生产力发展和经济结构的变化，社会阶级构成和阶级模式的复杂性与多样性已完全不同于马克思和恩格斯生活的时代，阶级分析赖以进行的历史条件和社会状况也发生了巨大改变。比如在发达资本主义国家，原来的体力工人数量大幅度减少，所谓“中间阶级”人群成为社会的大多数，工人阶级的内部构成、收入状况、生活状态和思想意识等方面变化很大。资产阶级的统治方式和管理方法也发生了变化，资本主义生产关系和上层建筑不断变化调整，阶级矛盾的表现形式和程度也与过去有很大不同。从理论分析上看，许多现代的社会分层和社会分析方法也不断出现，为阶级分析的发展提供了借鉴。所有这些，都要求我们科学运用历史唯物主义的观点和方法，根据新的时代条件和社会状况，正确运用和不断发展马克思主义的阶级理论和阶级分析方法，使之更加有效地解释当今时代和世界。

（三）对正确认识和评判当今诸种社会主义思潮流派的意义

当今世界，各种思想文化相互激荡，各种观点、理论、思潮和流派层出不穷。意识形态领域的形势错综复杂，哲学、经济学、政治学、社会学等各学科领域诸种“主义”、学说此伏彼起。马克思主义和科学社会主义既面临着诸种思想学说的竞争和挑战，同时也是其理论创新和发展的关键时期。如何正确认识和处理科学社会主义同其他社会主义思潮流派的关系，是一个十分重要的问题。我们今天纪念《宣言》发表160周年，是为了从中得到理论和方法的启示，以更好地推动科学社会主义理论的发展和创新。

当前，除了中国、越南等共产党执政的社会主义国家结合本国实际继续坚持和发展科学社会主义，在发达资本主义国家和其他发展中国家，还存在着诸种以“社会主义”为名称的思想流派。比较有影响的有民主社会主义（苏东剧变后又多改称为社会民主主义）、新马克思主义的社会主义、市场社会主义、经济民主的社会主义、生态社会主义、女权社会主义、宗教社会主义、后工业社会主义、自由社会主义以及地区或民族的社会主义等。民主社会主义（社会民主主义）

主要是西方社会民主党、社会党、工党所信奉的思想体系的总称，以上列举的其他思潮或是发达资本主义国家一些左翼人士的所谓“新社会主义”，或是带有浓厚民族或地区色彩的社会主义理论（例如当前委内瑞拉总统查韦斯倡导的“21世纪的社会主义”等）。

我们应怎样正确处理科学社会主义同其他社会主义思潮流派之间的关系呢?160年前马克思和恩格斯在《宣言》中对待种种非科学社会主义思想的态度和方法，在今天仍是我们应该坚持和借鉴的。关键在于，一切从实际出发，坚持实践是检验真理的唯一标准。既要坚持马克思主义的基本立场、观点和方法，认清科学社会主义同其他社会主义思潮流派之间的根本区别，又要解放思想，实事求是，坚持马克思主义的开放性和包容性，对各种社会主义思潮流派作具体分析，采取积极扬弃的态度，挖掘和汲取积极有益的成分，为科学社会主义的理论创新服务。

一方面，科学社会主义同其他社会主义思潮有着实质的区别。否定了这一点，实际上就是否定了马克思主义的科学性和阶级性。比如前一段时间国内关于民主社会主义的争论，有人提出“只有民主社会主义才能救中国”、“民主社会主义是社会主义的正统”等，实际上是混淆或抹杀科学社会主义同民主社会主义的根本区别，甚至用后者否定或取代前者。这在理论上是错误的，在实践上是有害的。民主社会主义（社会民主主义）是一种试图改良资本主义的思潮，其表现就像《宣言》中所揭示的“保守的或资产阶级的社会主义”那样，“社会主义的资产者愿意要现代社会的生存条件，但是不要由这些条件必然产生的斗争和危险”，这种社会主义所理解的变革，不是要彻底改变资本主义生产关系，“而是一些在这种生产关系的基础上实行的行政上的改良，因而丝毫不会改变资本和雇佣劳动的关系”。[1] 民主社会主义政党在本国执政或参政时期，推行了一些有利于劳动者的措施，比如福利和社会保障、经济和社会民主等，在一定程度上改善了人民群众的物质生活条件，扩大了一定程度的民主权利等，但这没有根本改变资本主义的生产关系和权力结构，没有改变和消除资本主义固有的矛盾。民主社会主义无论在历史上还是在今天，其改良主义的性质和目标没有变，尽管在理论形式和具体做法上有不断的变化。苏东剧变之后，西方一些社会民主党甚至回避“社会主义”一词，而更名为“社会民主主义”，可以说甚至自己都不承认是社会主义的。德国社会民主党理论智囊人物托马斯·迈尔就说：“现在‘社会主

① 《马克思恩格斯选集》第1卷，第301、302页。

义’这个词已不是一个表达希望的概念，而是一个表示疑惑的概念。这个概念的意义已被滥用，你使用了它，你就会处于被动防御的地位。……各种原因都表明，现在已不适宜使用‘社会主义’的概念。”可见，那种把科学社会主义同民主社会主义混淆或等同的想法和做法，是既不了解科学社会主义在当代的创新和发展，也不了解民主社会主义在当代的变化和表现。在当代中国，唯有科学社会主义基本原理同我国实际相结合的中国特色社会主义，才能真正引领国家富强、民族振兴和人民幸福。除此而外，没有什么别的主义、别的道路，能够解决当代中国的问题。

再如，西方的一些所谓“新社会主义”理论和思想，尽管对现存的资本主义制度持批判态度，试图运用温和或激进的方式改造资本主义，在资本主义社会的政治“光谱”中属于左翼的范畴，但是他们在批判资本主义的过程中，不能科学地揭示出资本主义的基本矛盾，不能正确地了解社会主义代替资本主义的客观规律。有的重于实用，没有长远谋略；有的偏爱“价值”，把社会主义简单地归结为一种永无止境的价值追求过程，不注重根本的生产方式和经济基础的变更；有的眼界狭窄，把社会主义的变革局限于片面的经济机制问题或科技发展问题，不去主要解决资本主义的基本矛盾；有的又过于宽泛，只是根据宏观的时代转换抽象地泛谈未来社会主义等。概而言之，这些“新社会主义”不能科学地指出超越和替代资本主义的正确方向和道路，达不到科学社会主义的理论和实践境界。

另一方面，马克思主义和科学社会主义又是开放的、发展的，不是离开人类文明发展的大道而故步自封的宗派学说。当代社会主义理论的创新和发展，必然要吸收和借鉴其他社会主义思潮和流派的有益探索成果和经验。比如，一些西方国家的社会主义思想流派，以其独特的学理和逻辑分析，以“精神批判”的方式揭示自己所处的资本主义社会的弊端，憧憬和设计各种各样的关于社会主义的理论和模式。它们在当代世界社会主义的深刻反思和积极探索阶段，声明仍以社会主义为价值取向和目标。尽管其代表人物有着各自的立场局限和理论局限，但他们关注问题视野广阔，提出了许多富有启示价值的思想和观点，对于科学社会主义理论的创新是有积极意义的。比如，民主社会主义（社会民主主义）倡导的关于社会保障、福利国家、受社会需求约束的市场经济的政策和主张；市场社会主义论述了关于社会主义与市场相结合的多种形式、模式和制度设计；生态社会主义揭示了资本主义社会生态危机的根源，深刻批判了生态殖民主义，设想了社会主义的生态观和生活方式；后工业社会主义考察了科技革命与社会主义前途

之间的关系，提出了根据时代发展重新审视人与人、人与自然的关系以及人的价值、人类解放等；经济民主的社会主义关注民众的经济权力与权利，提出“把民主从政治领域延伸到工作场所和社会领域”的观点等。可以说，这些思想观点，也是科学社会主义理论创新发展过程中必须关注的。各种社会主义思想流派中积极合理的因素和成分，对于我们发展马克思主义，发展科学社会主义，对于建设和发展中国特色社会主义，都有参考借鉴意义。从思想史上看，科学社会主义也正是同各种社会思潮流派的对话交流中发展起来的，这是马克思主义的开放性和包容性的具体体现。我们今天纪念《共产党宣言》发表160年，不正是为了在新的时代条件下丰富和发展马克思主义，推动中国特色社会主义的发展和世界社会主义的振兴吗？

六

科学社会主义的产生及其在当代的发展

吕薇洲

160年前科学社会主义的创立绝不是偶然的，它是资本主义不断发展、资本主义基本矛盾不断演进的必然结果。科学社会主义的诞生，为无产阶级的解放斗争提供了强大的思想武器。尽管震惊世界的苏东剧变使世界社会主义运动步入了低谷，使科学社会主义理论遭到了质疑，但事实表明，失败的只是苏东国家的社会主义实践，而决非作为整个社会主义实践根本指导思想的科学社会主义理论。在现有社会主义国家的改革实践中，在西方国家共产党对社会主义目标的不懈追求下，在国外左翼学者对社会主义模式的积极探索下，科学社会主义理论得到了进一步发展和完善。

（一）科学社会主义的产生

科学社会主义的产生既有其深刻的社会历史条件和阶级基础，又有其丰富的思想文化基础和主观因素。

1. 产业革命的发展为科学社会主义的产生提供了经济条件和阶级基础

产业革命是人类社会发展到资本主义阶段所经历的一次科学技术上的变革，是新兴的资产阶级为了追逐更多的利润，不断改进生产技术的结果。这次以蒸汽机的发明和应用为主要标志的产业革命首先发生在18世纪60年代的英国，随后扩展到了欧美其他一些主要资本主义国家。

产业革命是一场巨大的生产技术变革，它使资本主义社会生产力出现了惊人的发展。正如恩格斯指出的："大工业创造了像蒸汽机和其他机器那样的手段，使工业生产在短时间内用不多的费用便能无限地增加起来。"① 产业革命的发展，

---

① 《马克思恩格斯选集》第1卷，人民出版社，1995，第236页。

使资本主义社会生产力以前所未有的速度和规模发展起来，使资本主义生产方式得以最终确立起来，并迅速扩大生产，显示出资本主义在上升时期的历史进步性。

产业革命也是一场深刻的社会变革，它使整个社会日益分裂为资产阶级和无产阶级。随着机器的使用，人与人之间的阶级结构发生了剧烈的变化，整个社会日益简化为资产阶级与无产阶级两大对立的阶级。资本家利用机器对工人进行残酷的剥削，使无产阶级陷入贫困、失业和饥饿的境地，从而造成了两大阶级之间矛盾的日益加剧。新生的工业“排挤了小资产阶级，并把居民间的一切差别化为工人和资本家之间的对立”①。

第一次产业革命造成的一个直接后果是：形成了一个人数众多、日益贫困化且逐步觉悟、日渐成熟的工业无产阶级。其标志是1831年和1834年的法国里昂工人起义、1836～1848年的英国宪章运动以及1844年的德国西里西亚工人起义。虽然这三大工人运动都以失败告终，但无产阶级第一次在运动中提出了自己的政治主张，并把矛头直接指向整个资产阶级和资本主义制度。这表明无产阶级作为独立的政治力量登上了历史舞台，为科学社会主义的诞生奠定了阶级基础。

2. 人类先进的科学文化成果，为科学社会主义的产生提供了重要的思想来源

人类社会一切先进的科学和文化成果，尤其是19世纪上半叶人类对自然界与社会历史认识的主要成果，为科学社会主义的产生提供了丰富的思想来源。诚如列宁指出的：马克思主义是在“吸收和改造了两千年来人类思想和文化发展中一切有价值的东西”的基础上提出来的。②

19世纪三、四十年代，随着生产力的发展，自然科学达到了前所未有的新水平。自然科学领域中的三大发现，即细胞学、能量守恒转化定律以及达尔文的进化论，提高了人们认识客观世界的能力。“这些自然科学的伟大成就，有力地打击了唯心主义和形而上学，为马克思、恩格斯清理社会科学遗产、创立辩证唯物主义和历史唯物主义，进而创立科学社会主义学说奠定了坚实的基础。”③

社会科学也在这一时期获得了新的突破和发展。其中空想社会主义学说成为科学社会主义的直接思想来源，德国古典哲学尤其是黑格尔辩证法的“合理内核”与费尔巴哈唯物主义的“基本内核”，英国古典政治经济学，特别是亚当·

① 《马克思恩格斯全集》第2卷，人民出版社，1957，第296页。

② 《列宁选集》第4卷，人民出版社，1995，第362页。

③ 黄宗良等：《世界社会主义的历史和理论》，中央编译出版社，1995，第27页。

斯密和大卫·李嘉图的劳动价值论，都是科学社会主义产生的重要思想来源。“如果不是先有德国哲学，特别是黑格尔哲学，那么德国科学社会主义，即过去从来没有过的唯一科学的社会主义，就决不可能创立。”①

正是在批判性地继承人类一切先进的文化成果的基础上，马克思恩格斯创立了科学社会主义。

3. 马克思恩格斯政治立场和世界观的转变是科学社会主义产生的重要前提

经济政治以及科学文化条件只是为科学社会主义的产生提供了客观条件和可能性，这种可能性只有通过人的主观努力才能变成现实。因此，科学社会主义创始人的主观因素也是科学社会主义产生的一个重要前提。“没有前人的理论贡献，就不会有科学社会主义的产生，这是客观条件。除此之外，还有科学社会主义创始人的主观因素。这首先是马克思恩格斯的天才和勤奋，是他们伟大的理论创造，其次，更为重要的是他们的立场和世界观的转变，即从唯心主义转向唯物主义，从革命民主主义转向共产主义。”②

马克思和恩格斯都曾是青年黑格尔派的成员，在哲学信仰上基本是唯心主义的，在政治上则是革命民主主义者。要创立科学社会主义，首先要实现自身世界观和政治立场的转变。

马克思 1841 年大学毕业后开始投身于实际的政治斗争，恩格斯也在 1842 年服完兵役后到英国纺织工业中心曼彻斯特工作。在这期间，他们一方面积极投身于当时的革命活动，与工人阶级中的进步人士保持密切的接触，了解社会状况，总结工人运动的经验；另一方面深入进行科学理论研究，包括研究各种社会主义学说和资产阶级经济学家的著作，尤其是重点研究了费尔巴哈的著作。这些活动和研究，使他们很快摆脱了青年黑格尔派的影响，完成了在世界观上由唯心主义向唯物主义的转变，在政治立场上由革命民主主义向共产主义的转变。在1843 ~ 1844 年发表的《论犹太人问题》和《〈黑格尔法哲学批判〉导言》中，马克思不仅提出了把人类从一切社会和政治压迫下解放出来的社会主义革命思想，还提出了无产阶级是实现社会主义革命的社会力量，并公开申明自己的哲学是为无产阶级服务的，这标志着马克思彻底完成了世界观和政治立场的转变。恩格斯撰写的《政治经济学批判大纲》和《英国状况——评托马斯·卡莱尔的〈过去和现在〉》，不仅指出经济在历史发展中起着决定性作用的思想，而且还提出了无产

① 《马克思恩格斯选集》第 2 卷，人民出版社，1995，第 635 页。

② 《靳辉明文集》，上海辞书出版社，2005，第 198 页。

阶级的社会地位、历史使命以及社会主义革命等思想，标志着恩格斯世界观和政治立场的根本转变。

通过不同途径相继完成了世界观和政治立场转变的马克思和恩格斯，1844年8月在巴黎第二次会面①，共同的革命事业和理想追求把他们紧密联系起来。他们开始一起参加工人运动，共同研究理论问题，为科学社会主义的创立奠定了基础。

4. 唯物史观和剩余价值学说为科学社会主义的产生奠定了理论基础

科学社会主义的创立离不开必要的理论支撑，社会主义要真正从空想变成科学，就必须进行理论论证。这一点科学社会主义创始人非常清楚：共产主义对于资产阶级的“真正危险并不是共产主义思想的实际试验，而是它的理论论证”②。基于此，马克思和恩格斯从1844年开始进入从经济学和哲学上论证共产主义的阶段，并在论证中发现了唯物史观和剩余价值学说。

在《1844年经济学哲学手稿》中，马克思对资本主义经济关系进行了初步剖析，对无产阶级的科学世界观作了初步探讨。他指出：“宗教、家庭、国家、法、道德、科学、艺术等等，都不过是生产的一些特殊的方式，并且受生产普遍规律的支配。”③ 马克思恩格斯合作完成的《神圣家族》进一步考察了无产阶级和资产阶级、雇佣劳动和私有制之间的矛盾及其发展和解决的途径等问题，指出财产关系和占有关系，“是人的实物存在”，“是人对人的社会关系”④ 尽管此时的表述仍比较隐晦，但已“接近”唯物主义历史观的基本思想，它“奠定了革命唯物主义的社会主义的基础”。⑤ 在《德意志意识形态》中，马克思恩格斯第一次提出了“唯物主义历史观”的概念，比较完整地阐述了历史唯物主义的基本理论，消除了以往历史理论的根本缺陷，揭示了人类社会历史发展的终极原因和真正动力，明确提出了生产力和生产关系的矛盾是历史发展的真正动力。唯物史观的创立，为科学社会主义的诞生奠定了第一块理论基石。

19世纪40年代下半期，马克思恩格斯开始运用唯物史观研究经济史和资本主义社会的经济现状。他们从劳动价值理论出发，揭示了资本主义雇佣劳动制度的本质以及资本剥削的秘密，论证了资本主义被社会主义代替的历史必然性，并

---

① 双方第一次会面是在1842年11月，恩格斯在赴英途中到《莱茵报》编辑部访问马克思。

② 《马克思恩格斯全集》第1卷，人民出版社，1956，第416页。

③ 《马克思恩格斯全集》第42卷，人民出版社，1979，第121页。

④ 《马克思恩格斯全集》第2卷，第52页。

⑤ 《列宁选集》第1卷，人民出版社，1995，第90页。

进而明确了无产阶级在资本主义制度下的地位以及无产阶级解放的途径，为科学社会主义的创立奠定了第二块理论基石。

唯物史观和剩余价值学说，第一次揭示了资本主义灭亡和必然为社会主义代替的客观历史发展规律，找到了推翻资本主义和实现社会主义的革命力量、途径和道路，将社会主义置于现实的基础之上。

5.《共产党宣言》的发表标志着科学社会主义的正式诞生

历史唯物主义和剩余价值学说的创立，为马克思和恩格斯阐明科学社会主义的基本原理提供了哲学和经济学的理论基础。在此基础上，马克思恩格斯批判地吸收了空想社会主义尤其是19世纪三大空想社会主义者的思想成果，最终完成了“社会主义由空想到科学的发展”。1848年2月《共产党宣言》的问世，标志着科学社会主义的诞生。

作为国际共产主义运动第一个纲领性文献，《共产党宣言》第一次全面系统地阐述了科学社会主义的基本原理，分析了生产力与生产关系、经济基础和上层建筑的矛盾，分析了阶级和阶级斗争，特别是资本主义社会阶级斗争的产生和发展过程，论证了资本主义灭亡和社会主义胜利的历史必然性，以及无产阶级作为资本主义掘墓人所肩负的历史使命；《共产党宣言》明确指出，无产阶级在夺取政权后，必须在大力发展生产力的基础上，逐步地进行巨大的社会改造，进而达到消灭阶级对立和阶级本身的存在条件；《共产党宣言》还详细阐述了作为无产阶级先进队伍的共产党的性质、特点和斗争策略，以及为党的最近目的而奋斗与争取实现共产主义终极目的之间的联系。上述严谨的分析和详细的阐述，使世界各国的无产阶级看到资本主义的本质和弊端，明确了自己的地位和使命。

正如列宁所说：“这本书篇幅不多，价值却相当于多部巨著：它的精神至今还鼓舞着、推动着文明世界全体有组织的正在进行斗争的无产阶级。”①《共产党宣言》的发表具有划时代的伟大意义，从此，无产阶级有了认识世界和改造世界的强大思想武器，无产阶级的解放斗争有了科学理论的指导和明确的斗争目标。

（二）科学社会主义在当代的发展

正如马克思恩格斯强调的：“我们的理论是发展的理论，而不是必须背得烂

① 《列宁选集》第1卷，第93页。

熟并机械地加以重复的教条。"① "我们没有最终目标。我们是不断发展论者，我们不打算把什么最终规律强加给人类。"② 自1848年诞生以来，科学社会主义在无产阶级反对资产阶级的斗争中，在各国社会主义革命和社会主义建设的实践中，在与各种非科学、反科学的社会思潮或流派的斗争中，得到了不断丰富和发展。尤其是苏东剧变后，面对资本主义在经济、政治和意识形态等诸多方面的发展变化，世界各国的共产党和左翼人士对国际共运和苏联模式进行了深刻反思，并依据本国的现实环境，程度不同地进行了理论和政策调整，从而进一步丰富和发展了科学社会主义理论。

1. 现有社会主义国家共产党对科学社会主义的坚持和发展

苏东剧变使社会主义阵营的大多数成员走上了资本主义道路。目前世界上仅剩下中国、越南、老挝、古巴和朝鲜五个社会主义国家，这些国家不仅经受住了"多米诺骨牌"效应的考验，而且采取了一系列重大的理论政策调整，并在理论探索和政策变革中获得了程度不同的发展。

早在苏东剧变余波尚未平息之时，越南就对苏东国家的经验教训进行反思，提出了改革社会主义经济政治体制的任务。原越共中央政治局委员阮德平指出："尽管世界变了，但时代没有变。我们党、我国人民和我们国家，依然坚持走时代之路——社会主义道路。"③ 在坚持马克思主义和社会主义方向不动摇、坚决反对资产阶级"自由化"和西方"多党制"的前提下，越南全面推进了其社会主义革新事业，实现了政治和社会的基本稳定。

苏东剧变也使朝鲜进入了"国内外形势最为复杂和尖锐的时期"④，面对严峻而复杂的国际国内局势，朝鲜更加坚定了走"朝鲜式社会主义"道路即"主体社会主义"的决心。正如有学者所指出的：在20世纪八、九十年代，"世界社会主义的面貌发生了很大变化，但朝鲜式的社会主义在这一世界历史的转折时期并未发生历史转折。朝鲜劳动党仍继续坚持其朝鲜式的社会主义"⑤。金日成逝世后，在金正日领导下，朝鲜在坚持原来的思想路线和大政方针基本不变的前

① 《马克思恩格斯选集》第4卷，人民出版社，1995，第681页。

② 《马克思恩格斯全集》第22卷，人民出版社，1965，第628~629页。

③ 〔越〕阮德平：《继续坚定、创造性地走社会主义道路》，《世界社会主义研究动态》2007年第56期。

④ 转引自肖枫主编《社会主义向何处去——冷战后世界社会主义运动大扫描》，当代世界出版社，1999，第409页。

⑤ 黄宗良等：《世界社会主义的历史和理论》，第384页。

提下，根据新的形势调整了其具体的政策。

苏东剧变后的老挝顶住各种冲击和压力，在坚持党的领导和社会主义方向不动摇的基础上，对其社会主义理论和政策进行了反思和调整。老挝人民革命党认为，目前本国还不具备社会主义的物质条件，仍处在“向社会主义过渡的初级阶段”。1991 年老挝人民党“五大”确定了“有原则的全民革新”路线；2001 年老挝人民党“七大”进一步强调，老挝将继续推行“有原则的全面革新”路线，坚持党的领导和社会主义方面。目前，向社会主义“方向”前进的“革新开放”正在老挝全面展开。

作为西半球唯一的社会主义国家，古巴顶着苏东剧变后极其困难和危险的环境，反复强调社会主义和党的领导是古巴的唯一选择。在 1991 年古巴共产党“四大”上，古共决定把马蒂思想增加到党的指导思想中，并于 1992 年宪法中把国家的指导思想改为“马蒂思想和马克思、恩格斯、列宁的政治社会思想”。尤其自 1993 年卡斯特罗在“7 · 26 讲话”中宣告古巴要改革以来，古巴采取了一系列经济改革措施，意欲通过稳步的改革开放来巩固和发展社会主义，并取得了明显成效，初步制止了经济继续下滑，缓解了群众的生活困难。

作为世界社会主义的中流砥柱，中国在苏东剧变以来的十几年间，更是取得了堪称奇迹的巨大成就。这些成就的取得，是我们党在坚持马克思主义的思想路线基础上，不断推进马克思主义中国化的结果。正如胡锦涛在十七大报告中指出的：“中国特色社会主义道路之所以完全正确、之所以能够引领中国发展进步，关键在于我们既坚持了科学社会主义的基本原则，又根据我国实际和时代特征赋予其鲜明的中国特色。”中国特色社会主义理论体系的创立，第一次比较系统地回答和解决了像中国这样的经济文化落后国家，如何建设社会主义、如何巩固和发展社会主义这个基本问题。

现有社会主义国家建设本国特色社会主义的实践，成功地解决了社会主义从单一模式到多样化发展的历史任务。尤其是中国特色社会主义理论体系的创立，为社会主义向着民族多样性的方向发展树立了一个成功的榜样，是科学社会主义理论发展到现阶段最重要的思想成果。

2. 西方国家共产党对社会主义的新探索

作为世界社会主义运动的一支重要力量，西方国家共产党在苏东剧变的冲击下，有的惨遭解散，有的被迫更名，更多的则是遭遇党员数量锐减、生存环境恶化的危机，但她们大都顶住来自各方面的压力，顽强地生存下来。为适应新的社会实践的需要，十几年来，她们结合全球化时代资本主义在经济、政治和意识形

态等方面的发展变化，依据本国现实情况，对其党纲、党章和理论政策进行了程度不同的调整，虽然其中一些理论主张不能划入科学社会主义的范畴，有的甚至是对科学社会主义的背弃甚至颠覆，但其研究探索却为人们认识当代资本主义和社会主义提供了特殊的视角，对社会主义理论创新具有一定的积极意义。

一是从本国实际出发探索社会主义发展道路。苏东剧变后，西方国家共产党非常注重把马克思主义基本原理同本国具体实际相结合，积极探索适合本国国情的发展道路和社会主义模式。美国共产党指出：社会主义没有固定和万能的模式，美国必须根据本国的“传统、历史、文化、环境”，走一条不同于世界上其他国家、主要反映美国发展和特殊环境的社会主义道路，并将其社会主义界定为“权利法案社会主义”。日本共产党也明确表示在不偏离科学社会主义理论基础的前提下，采取更加符合日本国情的方针政策，争取在全面继承和发展自由和民主的基础上，实现“日本式的社会主义”。欧洲各国共产党为了有效应对资产阶级的联合进攻，加强了欧洲内部各国共产党之间以及共产党同左翼党之间的交流，使欧洲各国共产党倡导的社会主义不免带有一些区域色彩。如法共提出的“新共产主义”理论就直接或间接地影响着欧洲地区其他国家社会主义的理论和实践。但欧洲各国共产党仍注重探索独具本国特色的社会主义，力图从本国实际出发重新确立社会主义的目标任务和实践形式。譬如，葡萄牙共产党就明确提出：“在葡萄牙建设社会主义的蓝图必须经过实践检验，并且根据人民的意志进行修改和完善。葡萄牙的社会主义制度将不可避免地带有葡萄牙的特色和独创性。”①

二是把民主界定为社会主义的本质特征。苏东剧变后，西方国家共产党普遍将“民主”摆在了特别突出的位置。这固然同其浓厚的民主传统有一定的关联，但更多的是基于对斯大林模式社会主义的反思和对新的斗争形势的认识。西方国家共产党一致认为：苏联模式社会主义的“专制”和“集权”扼杀了自由和民主，要取得社会主义的最终胜利，就必须充分实现民主，加强党的民主建设。美国共产党明确将恢复和扩展“民主”作为其倡导的“权利法案社会主义”的一个重要内容。日本共产党将拓宽和发展宪法赋予的自由和民主作为一项根本任务，宣称要在全面继承和发展自由和民主的基础上实现“民主而富裕的社会主义”。欧洲各国共产党，无论是传统色彩较浓的希腊共产党、葡萄牙共产党，还是革新意识较强的法国共产党、西班牙共产党、意大利重建共产党，都普遍强调

① 转引自肖枫主编《社会主义向何处去——冷战后世界社会主义运动大扫描》，第563页。

民主的重要性。

三是强调通过和平方式实现社会主义。苏东剧变后，西方国家纷纷提出通过和平方式实现社会主义。目前，只有极少数共产党仍主张通过武装革命夺取政权的形式推翻资本主义。大多数共产党主张放弃暴力斗争方式，不再提无产阶级专政，并不同程度地主张在现有资本主义社会的框架内，通过议会斗争和其他合法的斗争方式，改造现行资本主义社会，逐步走向社会主义和共产主义。美国共产党认为，在美国可以不通过暴力的手段，而是通过和平途径，利用民主立宪的方式实现社会主义。日本共产党明确指出：当前日共的政权目标不是立即去实现社会主义，而是要根据广大国民的利益与要求，通过团结包括保守层无党派在内的革新、民主力量，“在资本主义框架内进行民主改革”，力争在21世纪早期实现“重塑日本，建立民主联合政府”的目标。欧洲各国共产党也都程度不同地强调通过发展民主的方式来变革、改造现有资本主义社会，进而实现社会主义和共产主义。法共提出了“超越资本主义”的理论，主张通过公民参与、运用议会斗争方式对资本主义政治、经济、文化等各个领域进行变革，从而最终消灭剥削、消除异化，建立一个“每个人的自由发展是一切人的自由发展的条件”的共产主义。

四是坚持社会主义必胜信念但也同时认识到实现社会主义的曲折性。利用其身处资本主义社会的条件，西方国家共产党认真分析了全球化时代资本主义的发展变化。它们普遍认为，随着科学技术的迅猛发展和经济全球化的不断深入，资本主义确实发生了许多深层次的变化，不断显示出了其强劲的调节能力和适应性。但随着经济全球化的发展，资本主义已经变成了全球性的资本主义，其垄断性、掠夺性、侵略性更加明显。资本主义的这些本性加剧了阶级和社会矛盾，使资本主义固有的矛盾以新的形式向全球扩展，资本主义的危机是不可避免的，资本主义内部矛盾日趋尖锐、制度危机不断加深，亟待一个更好的制度——社会主义去取代它。美国共产党认为，资本主义发展中新的对抗性矛盾不仅在美国而且在世界范围内迅速蔓延，世界资本主义正陷入一场经济危机。日本共产党指出：20世纪90年代以来的经济全球化使资本主义固有矛盾日益深化，为在21世纪超越资本主义、建设社会主义创造了更加成熟的条件。意大利重建共产党指出：资本主义“已进入全球化的新阶段”，然而，恰恰是资本主义全球化本身，使该制度固有的包括贫富差距、社会不公、劳动异化、人格丧失等诸多弊端日益加剧。当然，在坚信“社会主义是资本主义制度的最佳代替物”，并声言以社会主义、共产主义作为自己奋斗目标的同时，西方国家共产党也认识到，在新形势下超越资本主义，实现社会主义、共产主义的道路，要比科学社会主义创始人所预想的更加漫长、复杂和曲折。

3. 国外左翼学者对社会主义的新构想

国外左翼学者倡导的社会主义思潮流派对科学社会主义都有程度不同的修正乃至攻击，与科学社会主义有着本质的区别，有的甚至还对世界社会主义运动造成过负面影响。但是，这些思潮流派在对资本主义的批判、对现实问题的分析、对社会主义的设想中，都提出过许多值得关注的新课题和积极合理的思想观点。苏欧剧变虽使社会主义事业遭到了巨大冲击，但丝毫没有削减国外左翼学者对社会主义的研究热情。针对苏东剧变的原因，欧美发达国家的左翼人士得出了"自由主义不能救欧洲"、"私有制挽救不了社会主义"的结论，掀起了"复兴社会主义"、"重构社会主义理论模式"的浪潮，提出了各种各样的未来社会主义发展的理论模式，促进了国外社会主义理论流派的大发展。

一是生态社会主义的新发展。苏东剧变、传统社会主义受挫后，一些左翼学者把社会主义的前途命运同生态问题、生态运动结合起来，从而使生态社会主义在20世纪90年代发展到了"红绿交融"的阶段，即欧洲的一些共产党、社会党采取与绿色运动结盟的政策，解体后的共产党组织的不少成员加入了绿色组织，出现了"红"色绿化的现象，从而使这一阶段的生态社会主义者能够更多地以马克思主义、社会主义改造生态运动，解救全球生态危机。

二是市场社会主义的新高潮。在苏东剧变后掀起的市场社会主义研究新热潮中，以罗默、巴德汉、施韦卡特为代表的西方左翼人士纷纷提出了自己所倡导的市场社会主义模式。这些模式的倡导者主张全面、辩证地总结当代世界经济发展的经验教训，按照效率与平等相结合的原则，重新构建社会主义的蓝图。他们提出并详细描述了种种与苏联模式完全不同的社会主义未来模式，其目的在于建构一种相对于现代资本主义国家具有更高效率和更大公平的经济制度。

三是"第三条道路"思潮的兴起。苏东剧变后，社会（民主）党人为了能够存活和复兴，结合现实世界的诸多新变化，对自己传统的理论政策和价值观念进行反思。在反思中他们认识到，由于其过分强调自己与右翼的界限和区别，一味顽守阶级政治和"左"、"右"两分法的逻辑，从而使自己陷入了僵化的思维定式之中，无法有效团结各种政治力量、尤其是大量的中间力量，以致错过了一个个执政良机，长期处于在野地位，故而决定采取一种"积极的中央"或"断然的中间立场"，即超越于"老左派"和"新右派"的"中左"立场，亦即"第三条道路"。

国外左翼学者倡导的理论流派在世界社会主义运动处于低谷时期，重新焕发起了人们对“社会主义”的憧憬，客观上回击了各种“社会主义失败论”、“历史终结论”。有的左翼学者还明确提出：“把苏联的进退维谷看作社会主义整体的失败，或否定社会主义的现实可能性，这无论在理论上和现实上都是不准确的”，并认为“社会主义在21世纪会有前途”，这更增强了人们对社会主义的信念。同时，国外左翼学者还提出了许多因时代发展变化而产生的值得关注的新课题。这些理论创新对世界社会主义运动的发展具有启发作用。譬如，市场社会主义提出了社会主义应当而且必须利用市场的思想，打破了长期以来把市场与计划、社会主义与市场截然对立起来的传统观念，改变了传统的社会主义理论和实践把中央计划视为社会主义唯一经济运行模式的看法，丰富和发展了科学社会主义学说。再如，生态社会主义正确揭示了造成生态危机的根本原因，认为造成生态危机的根本原因是资本主义生产的无政府状态。并对“生态殖民主义”（发达资本主义国家将一些有害于人类健康和生态环境的技术、工业甚至垃圾转移到第三世界国家）进行了严肃抨击，将生态问题作为反对资本主义和建立社会主义的重要依据，从而发展了马克思主义关于环境保护的观点。

（三）结语

科学社会主义理论自1848年正式创立以来，在160年的曲折发展中，得到了不断的丰富和完善。尽管科学社会主义理论指导下的世界社会主义运动目前仍未走出低谷，但是现有社会主义国家都在改革中获得了新的发展，西方发达国家的共产党都在理论政策调整中得到了不断恢复，全球范围内的左翼学者都在积极思考社会主义的前途命运，所有这些都不容争辩地表明：科学社会主义基本原理是富有生命力的，科学社会主义揭示的“资本主义必然灭亡、社会主义必然胜利”的历史规律是不容置疑的。当前，既坚持科学社会主义基本原理，又同各国国情相结合、与时代发展相适应的社会主义理论，正在焕发出强大的生命力和感召力，它必将为处于低潮中的社会主义运动注入新的活力，并指导世界社会主义运动实现全面复兴。

七

坚定不移地走中国特色社会主义政治发展道路*

夏春涛

党的十七大报告指出："要坚持中国特色社会主义政治发展道路，坚持党的领导、人民当家作主、依法治国有机统一，坚持和完善人民代表大会制度、中国共产党领导的多党合作和政治协商制度、民族区域自治制度以及基层群众自治制度，不断推进社会主义政治制度自我完善和发展。"可以说，中国特色社会主义政治发展道路，概括起来就是一个基本方针、四项政治制度：坚持党的领导、人民当家作主、依法治国有机统一是发展社会主义民主政治的基本方针；人民代表大会制度等四项政治制度则是这一基本方针的制度载体，或者说是实践层面的具体体现。深入学习贯彻党的十七大精神，在当代中国发展社会主义民主政治，就必须坚持走这条由我们党领导人民经过长期艰辛探索开辟出来的新路。

（一）

事实胜于雄辩。十七大报告在回顾过去五年工作时，从"政治体制改革稳步推进"等方面，概述了我国民主政治建设取得的新进步；在总结改革开放伟大历史进程时，指出政治建设"取得举世瞩目的成就"。这些结论是实事求是的，我们可以结合具体事实作一分析。

人民代表大会制度是我国的政体和根本政治制度，中国共产党领导的多党合作和政治协商制度是我国的基本政治制度。进入新时期，人民代表大会制度、中国共产党领导的多党合作和政治协商制度不断得到巩固和完善。直接选举人大代

* 该文以中国社会科学院邓小平理论和"三个代表"重要思想研究中心名义，刊2008年1月22日《光明日报》。

表的范围扩大到县，实行普遍的差额选举制度，全国人大常委会的组织建设迈上新台阶，已设有9个专门委员会，并设立了专职常委等。作为民主协商机构和爱国统一战线组织，人民政协的组成已增加到34个界别，包括各民主党派、各人民团体和各族各界人士，与各方面群众包括新的社会阶层有着广泛联系，能够及时、集中地反映社情民意。人大以投票方式对关系国计民生的重大问题作出决策，以及通过政协进行充分协商达成共识，这是我国两种重要的民主形式，体现了我国社会主义民主的广泛性、丰富性。

我国是各族人民共同缔造的统一的多民族国家，民族区域自治制度是我们党妥善解决民族问题的一大创举。该制度实施几十年来，有力地巩固和发展了平等、团结、互助、和谐的社会主义民族关系，使“汉族离不开少数民族，少数民族离不开汉族，各少数民族之间也相互离不开”的思想日益深入人心，呈现出各民族共同团结奋斗、共同繁荣发展的喜人局面。民族和宗教问题是当今困扰许多国家的敏感问题，而我国在总体上一直保持着政通人和、民族团结、社会稳定的良好局面，这充分说明我们的民族区域自治制度和民族、宗教政策是正确的，是经得起考验的。

十七大报告将基层群众自治制度正式纳入我国政治制度范畴，适应了不断推进社会主义政治制度自我完善和发展的需要。改革开放以来，我们党十分重视发挥基层群众的首创精神，积极推进基层民主。基层群众自治机制不断完善，自治范围不断扩大，民主管理制度不断健全。通过民主选举、民主决策、民主管理、民主监督，人民直接行使民主权利，实行自我管理、自我服务、自我教育、自我监督，这在中国历史上是前所未有的尝试。通过这种民主实践，广大人民群众增强了主人翁意识和民主法制意识，提高了有序政治参与的水平和能力，夯实了我国社会主义民主政治建设的基础。

新时期以来我国立法力度明显加大，立法工作取得显著成绩。30年来，全国人大制定了现行宪法和四个宪法修正案，全国人大及其常委会制定了200多件现行有效的法律，国务院制定了700余件现行有效的行政法规。在立法程序上，重视推进立法的科学化、民主化，法律草案均经过反复研究论证，并通过公示、听证等形式，广泛听取各方面意见，使人民群众有序参与立法工作，保证了立法质量。目前，我国已基本形成以宪法为核心的中国特色社会主义法律体系，在政治、经济、文化和社会生活等各个方面基本上做到了有法可依。

与立法工作相对应，依法行政、公正司法也在不断向前推进。围绕建设法治型、服务型政府，各级政府以转变政府职能、深化行政管理体制改革为重点，从

规范政府行为、推进政务公开、降低行政成本、提高行政效率入手，进行了积极探索和改革。围绕维护司法公正、促进社会和谐，不断推进司法体制改革，规范司法行为，努力保证审判机关、检察机关依法独立公正地行使审判权、检察权，并初步建立了司法救助和法律援助体系。

为了保证把人民赋予的权力真正用来为人民谋利益，我国现已形成一整套对权力运行进行全方位、多层次制约和监督的机制。比如，党内监督是中国共产党的自我监督，其形式有同级纪律检查委员会对党委和党员的专门监督，上级党委对下级的巡视制度，以及体现民主集中制原则的各种工作制度等，此外还有中国共产党与各民主党派的相互监督。人大作为国家权力机关的监督是最高层次的监督，其形式主要为听取、审议、批准政府工作报告和计划、预算报告，以及两院的工作报告，有权撤销“一府两院”作出的与宪法和法律相抵触的决议或决定。《监督法》的出台标志着人大常委会行使监督权步入了法制化轨道。各级人大常委会则接受本级代表大会和代表的监督，人大代表接受选民和原选举单位的监督。此外还有适用于任何组织和个人的司法监督、社会监督和舆论监督等。

可以看出，进入新时期以来，正是沿着中国特色社会主义政治发展道路，我国在发展社会主义民主政治建设上取得了显著成就。这是有目共睹、不容置疑的客观事实。

（二）

某些西方国家不得不承认我国在经济建设上的成就，但却一直在民主政治问题上诋毁我国，一个重要方面就是说我们是一党制，不民主。国内也有极少数人在这个问题上存在着模糊认识。这种认识是错误的，其根源在于不了解或曲解了我国民主政治发展的历史与现状。

中国共产党自诞生之日起就以实现和发展人民民主为己任。在发展民主政治方面，我们党从来都是主动而不是被动的，是积极而不是消极的。早在新民主主义革命时期，我们党便进行了可贵的民主实践，在江西创建的中华苏维埃共和国，在陕甘宁边区按照“三三制”建立的民主政权，以及后来在各解放区建立的民主政府，均贯彻了人民民主原则。正是我们党带领人民经过28年艰苦卓绝的斗争，才实现了民族独立和人民解放，建立了人民当家作主的国家政权。社会主义基本制度的建立，为当代中国民主政治的发展进步奠定了根本政治前提和制度基础。执政半个多世纪以来，几代中国共产党人将科学社会主义基本原则与中国具体实际相结合，带领人民不懈探索，积极实践。特别是改革开放30年来，我们党将政治体制改革作为我国全面改革的重要组成部分，不断将中国特色社会主义民主政治建设推向深入。继十一届三中全会提出健全社会主义民主和加强社会主义法制的任务后，十二大提出要把我国建设成为高度文明、高度民主的社会主义国家；十三大提出要把我国建设成为富强、民主、文明的社会主义现代化国家，并正式提出了政治体制改革的任务；十四大提出要积极推进政治体制改革，使社会主义民主和法制建设有一个较大发展；十五大提出要继续推进政治体制改革，进一步扩大社会主义民主，健全社会主义法制，依法治国，建设社会主义法治国家，并把依法治国确立为党领导人民治理国家的基本方略；十六大把坚持党的领导、人民当家作主、依法治国有机统一确立为我国发展社会主义民主政治的基本方针，并把发展社会主义民主政治、建设社会主义政治文明，确立为全面建设小康社会的重要目标之一；十七大提出要坚定不移发展社会主义民主政治，并把“人民享有更加充分民主权利”列为2020年实现全面建设小康社会目标的标志之一。总之，中国共产党是中国民主政治建设的倡导者、发起者和组织者。没有中国共产党，也就没有当代中国民主政治的发展进步。

说我们是一党制，因而不民主，这是以西方政治制度模式为标准得出的结论。世界上从来就没有单一或统一的民主模式。即便是国体相同的国家，其政体也会因具体国情不同而有差异。文明多样性是人类社会的基本特征，各国都有自主选择社会制度和发展道路的权利。中国不是没有尝试过走资本主义道路，但事实证明此路不通。近代以来，不少先觉之士试图通过学习西方来挽救日益深重的民族危机，但“先生老是侵略学生”，中国的主权和领土完整受到西方列强的粗暴侵犯，人权被肆意践踏。辛亥革命结束了在中国延续几千年的君主专制制度，意义非凡，但“无量头颅无量血，可怜购得假共和”。民国初年，中国照搬西方的政治制度，设国会、搞多党竞选，但不久便闹出袁世凯、张勋复辟帝制和曹锟贿选等丑剧，陷入军阀混战四分五裂的境地，民主成了镜花水月，国力衰微，民生凋敝。中国共产党是民主、法治、自由、人权等价值观的执著追求者和真正捍卫者。在风雨如晦的旧中国，为了推翻三座大山的压迫和统治，无数共产党人前仆后继、慷慨捐躯。中国人民正是在中国共产党成为执政党后，才真正掌握了自己的命运，并在党的领导下，卓有成效地展开了社会主义民主法制建设的伟大实践。历史有力地说明，在中国这样一个幅员辽阔、人口和民族众多、其前身是半殖民地半封建社会的发展中大国，只有中国特色社会主义政治发展道路，而没有别的什么道路，能够引领中国民主政治不断发展进步。党的领导、人民当家作

主、依法治国有机统一和人民代表大会等四项政治制度，是我国民主政治的特点和优势，符合中国国情，符合全体人民的利益和意愿，符合中国特色社会主义事业的发展要求。走中国特色社会主义政治发展道路，是历史的选择、人民的选择。

改革开放以来，中国社会发生了历史性巨变。我国经济总量已跃居世界第四，进出口总额位居世界第三，外汇储备规模世界第一，人民生活总体达到小康，农村贫困人口从2.5亿减少到2000多万。之所以能够创造出这一经济发展奇迹，之所以能够在保障人民的生存权和发展权方面取得如此巨大成就，其重要原因之一就在于我们通过民主政治建设调动了全国各族人民的积极性、主动性和创造性，增强了党和全社会的活力，维护了国家统一、民族团结和社会稳定，为改革开放和社会主义现代化建设提供了强有力的政治保证和法律保障。如果承认中国经济发展的成就，那就应当承认中国的政治制度是合理有效的。倘若照搬西方政治制度模式，中国就不会取得今天的经济成就，甚至会是完全相反的结局。

（三）

我国正处于并将长期处于社会主义初级阶段。建设高度的社会主义政治文明，赢得与西方资本主义政治文明相比较的优势，需要一个漫长的历史过程，不可能一蹴而就。毋庸讳言，我国社会主义民主政治建设仅有50多年历史，还不够成熟和完备，仍存在不少亟待解决的问题。但我们坚信所选择的政治发展道路是正确的，前景是无限光明的。正如胡锦涛同志在十七大报告中所说："社会主义愈发展，民主也愈发展。在发展中国特色社会主义的历史进程中，中国共产党人和中国人民一定能够不断发展具有强大生命力的社会主义民主政治。"历史已经证明并将继续证明，中国特色社会主义政治发展道路是我国发展社会主义民主政治的正确之路、成功之路、必由之路。

八

对发展党内民主的若干思考

王一程

（一）党内民主的现状

我们党一贯重视发扬和发展党内民主。因为发扬和发展党内民主，始终是我们党保持革命性和先进性，排除各种艰难险阻，克服各种错误倾向，战胜各种敌对势力，推动党的事业不断发展和前进，实现党的宗旨和奋斗目标的重要动力和组织保证。

我们有必要和有充分的理由肯定，尽管党也曾经历过一些曲折，但是，总的来说，我们的党内民主建设无论在理论上还是实践上，都是成功的和行之有效的，是随着党逐步壮大和成熟不断健全和完善的。其中有许多宝贵经验应该认真总结和坚持，也有一些深刻教训需要正确分析和记取。

21 世纪初进入全面建设小康社会阶段，全党上下比以往更加关注和重视党内民主建设。一方面，这是由于我们党所处的国内外环境发生了重大而深刻的变化，党的自身建设和党领导的中国特色社会主义事业面对着一系列新情况、新问题、新矛盾提出的错综复杂的挑战。在这种形势下，要把中国特色社会主义事业继续推向前进，必须进一步解决提高党的领导水平和执政水平、提高拒腐防变和抵御风险能力这两大历史性课题。要成功地解决这两大课题，就需要在新的历史条件下通过进一步发扬和发展党内民主，坚持和健全党的民主集中制，提高党科学执政、民主执政、依法执政的能力。另一方面，由于改革开放以来党内民主建设虽然不断有新的进展，但目前的现状与应对新挑战、完成新任务的要求仍存在较大差距，既面对着不少需要继续抓紧解决的老问题，也面临着不少亟须引起高度重视切实解决的新问题。

据有关课题组在调研中发现，改革开放以来，特别是近 10 余年来，各级党

组织在发扬党内民主、坚持和健全民主集中制方面与时俱进，做了大量工作，有不少新的建设性探索，并取得了一些成效。同时有许多同志认为，现在党内的民主不够、集中不够依然存在，但主要是民主不够。例如：

——保证各级党代会和党代表充分履行职责、行使民主权利的制度和机制不完备。

——要求党的各项工作严格遵守民主集中制原则、接受党内民主监督的文件、程序规则和具体条例不少，但流于形式，难以有效贯彻实施，重大决策和政策提法由个别领导或少数几个人说了算，家长制、一言堂的问题依然存在。

——各级领导和党政机关对事关群众日常切身利益和社会稳定的问题能比较注意听取群众意见，但对涉及全党、全国、全民长远利益的重大理论和现实问题的决策，征求意见的范围则较窄，往往只重视和征求少数高层次领导干部、专家学者、民主党派和社会强势群体代表人士的意见，而大多数普通党员、党的基层干部特别是工农群众和弱势群体中的党员，则很少有向上级和高层领导充分反映真实情况和直接表达意见的机会。

——不少党员包括领导干部，在党的会议上不敢或不愿讲真话、心里话，却在会下随心所欲地发表议论。

——相当数量的基层党组织涣散，不按党章规定开展组织生活，形同虚设。大量脱离原单位、原居住地流动就业的党员游离于党组织之外，无法过组织生活。部分党员只关心自己的个人利益，不积极参与党内政治生活。

上述问题说明，在新的历史条件下，强调以发展党内民主为重点，坚持和健全党的民主集中制，进一步推进党内民主建设，是十分必要和正确的。

（二）如何认识党内民主

如何认识党内民主，是一个关系到我们应发展什么样的党内民主和怎样发展党内民主的重要问题。近年来谈论党内民主问题的文章很多，认识有同有异。值得注意的是目前党内流行着如下一些观点：

——“党的民主性质，是指党的纲领，党的组织原则和党务活动，党与民众、社会、国家之间的关系，遵循自由、民主和平等的价值观念”。

——党内民主制度建设要“以‘天赋人权’、人人生而平等的理念为理论基础”，在设定组织目标时“把个人当作目的”，“充分考虑个体的要求、意愿，从而体现以人为本的精神”。

——党内民主不能脱离一般民主，推进党内民主建设，就要“破除政治领域姓‘资’姓‘社’的束缚”，敢于与世界上其他国家的民主理论沟通和接轨，如“对多党制背景下的党内民主做法，如西方政党的选举制度，也不应一概加以否定和排斥”。

——“对干部实行有竞争性的选举是党内民主的核心”，“真正的选举过程是一个自下而上的民主过程，即候选人的产生，由选民推荐，候选人之间公开展开竞争，争取选民的支持，让选民选择，最后通过投票，赢得多数票者当选”。

在近30年世情、国情、党情都发生了深刻复杂变化的当前环境和背景下，党内外出现上述看法是一种正常和必然的现象。问题在于这些观点是否正确。

我们认为，要求我们的党内民主也应“遵循自由、民主和平等的价值观念”，“以‘天赋人权’、人人生而平等的理念为理论基础”；要求党“充分考虑个体的要求、意愿”，“把个人当作目的”而不是把“组织目标”作为“党的制度设计和价值追求的目标”；主张以有没有“真正的选举”、是否“对干部实行有竞争性的选举”作为党内民主的核心和判断标准等，这些观点既不符合我们党的党内民主理论和党内民主性质，也不符合我们党发展党内民主的原则和目的。

民主是具体的、历史的，世界上从来不存在抽象的一般的民主，也不存在任何永恒不变、“普世”或“普适”的、绝对的民主模式。历史和现实生活中存在的各种民主，虽然在形式和内容上确有某些相同或相似之处，但都有其鲜明的阶级性、国家、民族和历史特点。西方的民主与我们的社会主义民主属于不同性质的民主，西方的政治制度与我国的政治制度存在本质区别，西方政党的民主性质和制度与我们党的民主性质和制度有着根本不同的实质、政治和社会功能。如果用西方的价值观，用西方的民主理念和政党模式来衡量、评价和要求我们的政治制度和党内民主，无疑会给党和国家带来灾难性的后果。

我们的党内民主是由我们党的阶级性质、历史使命和党员的党性和权利义务决定的。

党章对党的性质和历史使命的规定是：中国共产党是中国工人阶级的先锋队，同时也是中国人民和中华民族的先锋队。党的最高理想和最终目标是实现共产主义。党除了工人阶级和最广大人民群众的利益，没有自己特殊的利益。中国共产党人追求的共产主义最高理想，只有在社会主义社会充分发展和高度发达的基础上才能实现。我国正处于并将长期处于社会主义初级阶段。中国共产党在社会主义初级阶段的基本路线是：领导和团结全国各族人民，以经济建设为中心，

坚持四项基本原则，坚持改革开放，自力更生，艰苦创业，为把我国建设成为富强、民主、文明的社会主义现代化国家而奋斗。

党章对党员的党性和权利义务的原则规定是：中国共产党党员是中国工人阶级的有共产主义觉悟的先锋战士。必须全心全意为人民服务，不惜牺牲个人的一切，为实现共产主义奋斗终生。中国共产党党员永远是劳动人民的普通一员。除了法律和政策规定范围内的个人利益以外，所有共产党员都不得谋求任何私利和特权。

党章的这些规定说明，我们的党内民主是以马克思主义为指导的无产阶级性质的民主；核心价值是尊重和实现广大党员在党内政治生活中的主人和主体地位；根本目的和功能是为中国工人阶级及其他劳动人民和全人类彻底解放的事业服务。

我们的党内民主基本内涵是：每个党员和党组织都有按党章规定的党性和党的奋斗目标，参与、决定和管理党内事务的义务和权利。所有党员在党章面前一律平等，在党内政治生活中一律平等。党员的权利包括行使表决权、选举权，有被选举权；在党的会议上有根据地批评党的任何组织和任何党员，向党负责地揭发、检举党的任何组织和任何党员违法乱纪的事实，要求处分违法乱纪的党员，要求罢免或撤换不称职的干部；对党的决议和政策如有不同意见，在坚决执行的前提下，可以声明保留，并且可以把自己的意见向党的上级组织直至中央提出。

我们党内的现实生活和部分党员、包括部分领导干部的现状，确实存在着不少与党的性质和党章规定不符的现象，而且有些现象十分严重。我们发展党内民主，正是为了通过进一步落实党章赋予各级党组织和广大党员的权利和义务，依靠各级党组织和广大党员充分履行自己的权利和义务，克服和消除各种与党的性质和党章规定不符的现象，从而保持党的先进性，提高党的执政能力，在新的历史条件下完成好自身作为工人阶级执政党的历史使命。

总之，充分依靠和调动全体党员的党性觉悟和主人翁责任感，发挥各级党组织和广大党员履行职责和权利义务的主动性、积极性和创造性，保证党的路线方针政策的制定、调整和执行的正确性，维护党的团结和统一，为完成党肩负的历史使命不懈奋斗，是我们党发展党内民主的真正目的和内容实质。

（三）党内民主与民主集中制的关系

民主集中制是我们党的根本组织制度和领导制度，是民主基础上的集中和集中指导下的民主相结合的制度。以民主集中制为根本组织制度和领导制度，是我们党作为马克思主义政党区别于其他政党的显著标志和优势之一。但是，在如何认识党内民主与民主集中制的关系问题上，目前也存在一些观点分歧。如认为：

——民主集中制只是党内民主的一个重要内容。与民主集中制相区别，党内民主涵盖的内容更宽，是更基本、更重要的概念。

——讲党内民主就没有必要强调集中。因为民主并不是无政府主义，它本身就包含着权威和集中。“有民主就会有集中，而有集中未必有民主”。

——“民主制组织原则与集中制的组织原则，是根本对立的”，“民主制与集中制的对立，实际是民主与专政的对立”；“民主集中制的实质只能是民主制，而不是集中制或专制”；民主制强调党员的民主权利，强调党的权力中心在党的代表大会；集中制强调领导的权力和意志，强调权力中心在领袖个人，或者在一个领袖集团，一个班子，如中央委员会和各级党委。

——党的民主制与民主集中制是一回事，发扬党内民主就是为更好地贯彻民主集中制原则。

我们认为，对发扬和发展党内民主与坚持和健全民主集中制的关系问题，有必要在全党统一认识。如果在这个问题上认识发生偏差，就会导致党内民主建设走入误区，危害党的团结统一，削弱党的凝聚力和战斗力。

我们党无论过去、现在和将来，都既需要党内民主，也需要党内集中。党内民主和党内集中缺一不可。没有党内民主，广大党员的党性、主人翁责任感、积极性、主动性和创造性就会窒息，党就会丧失生命力和发展动力；没有党内集中，广大党员的党性、主人翁责任感、积极性、主动性和创造性就发挥不出应有的作用，党就会失去战斗力和凝聚力，不能保持集中统一，以致四分五裂，一盘散沙。党内民主与党内集中的必要性和作用，正如邓小平同志的概括：“没有民主，就没有集中统一；没有集中统一，党就没有战斗力。我们党要永远保持集中统一。这样的党，才真正有战斗力。但是，只有在民主基础上，在充分发扬民主的基础上，才能够建立这样一个统一的党，有纪律的党，有战斗力的党。”

从保证党的路线方针政策的制定、调整、贯彻执行的正确性角度看，党内民主是反映和形成正确意见的基础和前提，党内集中是正确意见产生和发挥作用的途径和结果。党内政治生活的这两个方面既相区别又相联系，是相辅相成和内在统一的。没有民主，就没有正确意见的集中；没有正确意见的集中，就不能形成正确的路线方针政策，不能形成全党的统一意志。所谓正确意见，就是符合党性原则、党的宗旨和实现党的奋斗目标要求的意见。

从党的组织和领导制度建设的角度看，党内民主需要有制度保证，党内集中也需要有制度保证。在我们党的政治生活中，民主和集中是党的根本组织制度和领导制度不可分割的组成部分。它们之间并不是相互对立和排斥的关系，而是有机结合和辩证统一的关系。党的民主集中制就是实现党内民主原则和集中原则有机结合和辩证统一的制度保证。坚持和健全民主集中制，就是要继续完善我们党的这一根本组织制度和领导制度。

我们党在推进中国革命、建设和改革事业的历史进程中，根据不同历史时期客观形势和阶段性任务的不同特点和要求，有时需要突出强调集中的重要性，重点加强民主基础上的集中；有时需要突出强调民主的重要性，重点发展集中指导下的民主。以历史唯物主义的观点看，这种侧重大都属于可以理解的、具有一定历史必然性和合理性的正常现象，尽管其中也有因主观认识不符合客观实际、强调过头或做错了的情况。

但是，我们决不可以因为历史上有过民主过度或集中过度的失误，就否定民主集中制，而只要集中不要民主，或者只要民主不要集中；也不应把民主集中制同过去高度集中的计划经济体制等同起来，以计划经济体制变成市场经济体制为由，就主张取消民主集中制，甚至宣扬应允许“党组织实行自治”、允许建立不同派别进行合法竞争的党内机制和制度等错误观点；更不应鼓吹以西方“现代政党”的理念和多党制模式，取代我们党的民主集中制和共产党领导的多党合作和政治协商制度。

邓小平同志曾经指出，“民主集中制是党和国家的最根本的制度，也是我们传统的制度。坚持这个传统制度，并且使它更加完善起来，是十分重要的事情，是关系我们党和国家命运的事情。”“民主集中制执行的不好，党是可以变质的，国家也是可以变质的，社会主义也是可以变质的，干部也是可以变质的，个人也是可以变质的。”

针对各级党组织中依然较为普遍存在的“家长制”、“一言堂”，对领导班子特别是一把手难以进行有效监督等突出问题，必须把继续努力克服封建专制主义的残余影响，作为加强党内民主思想教育和制度建设的一个重要方面。

同时必须看到，在对外开放和发展社会主义市场经济的条件下，我国的所有制和分配结构、阶级阶层结构发生了重大变化，形成了多元化的社会利益主体。不同的利益主体价值观不同，对民主的诉求也必然不同。近年来，主张个人利益至上、金钱至上，要求以个人的权利和自由为本位重构我国的政治和法律制度等错误观念，在一定范围内流行、泛滥，这种现象的出现不是偶然的，还会在相当长一段时期继续存在。大量事实证明，国内外敌对势力正在不断加紧对我国意识形态领域进行西化和自由化思想渗透，境内的一些自由主义学者也在不遗余力地宣传、吹捧西方资本主义民主理念和制度模式及其所谓“普世价值”。这种情况反映到党内生活中，必然会对我们的党内民主理论和制度建设造成干扰，对其影响不可低估。

党内有的同志指出，“中国经历了两千多年的封建专制主义统治，而没有经历资产阶级民主的发展阶段，没有什么民主的传统，封建专制主义的影响根深蒂固”，“由于它根深蒂固，以至在共产党组织内，也难以避免”。这个问题确实存在，是推进党内民主建设、发展社会主义民主政治必须不断努力加以克服的问题。但又同时断言，“在我国实行资产阶级民主，既没有经济基础，也没有阶级基础”，“我国不存在资产阶级民主制度同社会主义民主制度的实际矛盾，只是思想认识和政治主张上的矛盾”，因而就对这一矛盾视而不见，并把认为需要警惕资产阶级民主理念和政治主张的影响和危害，斥之为是所谓“谈‘资’色变”。我们认为，这种说法并不符合当前思想政治领域的实际情况，也不符合东欧剧变、苏联解体的“前车之鉴”给我们提供的事实教训。

总之，发展中国共产党的党内民主，推进中国特色社会主义民主政治建设，必须坚持正确政治方向，既要不断克服和排除封建主义思想残余的影响，也要高度警惕和抵制西方资本主义思想通过各种渠道的干扰和渗透。强调这一问题，并不意味着我们不需要科学借鉴人类政治文明、包括西方政治文明的有益经验和做法；而是由于我们要发展社会主义民主，但在“思想认识和政治主张上”，国际国内都确有一些势力在极力诱导和鼓吹，企图让中国照搬西方资本主义的民主价值理念和制度模式，我们不能上他们的当！

九

论中国特色社会主义文化发展观

赵剑英

（一）中国特色社会主义文化发展观的提出

关于文化在经济社会系统运行发展中的地位和作用，马克思主义经典作家曾经有许多论述。马克思和恩格斯在人类思想史上第一次摆脱了唯心史观的束缚，科学说明了物质与意识以及经济、政治、文化之间的关系，精辟指出“不是意识决定生活，而是生活决定意识”等。也就是说，从根本上来讲，人们的精神生产和文化活动是由物质生产实践决定的。在确认这一点的同时，马克思和恩格斯也强调了精神生产和文化活动对于物质生产和经济活动的反作用。

20 世纪 40 年代初，毛泽东在论及新民主主义文化时，曾经下了一个著名的定义：“一定的文化（当作观念形态的文化）是一定社会的政治和经济的反映，又给予伟大影响和作用于一定社会的政治和经济；而经济是基础，政治则是经济的集中的表现。这是我们对于文化和政治、经济的关系及政治和经济的关系的基本观点。”① 毛泽东这里的界定，清晰地指出了文化对于社会经济和政治发展的巨大反作用。反观人类文化史，正是人类在物质生产实践中生发出来的各种文化创制和文化精神，有力地改变着人类的精神世界、思维方式、文明面貌、心灵境界和理性认知，从而作为动力之一推动着人类社会历史不断阔步前进。

党的十一届三中全会以来，以邓小平同志为核心的党的第二代领导集体和以江泽民同志为核心的党的第三代领导集体坚持马克思主义这一基本观点，正确认识和处理经济建设和文化建设、物质文明与精神文明的关系，提出要建设有中国特色社会主义的文化。一方面社会主义文化建设要围绕经济建设这个中心，离开

---

① 《毛泽东选集》第 2 卷，人民出版社，1991，第 663 ~ 664 页。

经济建设的中心另搞一套文化建设，不仅文化建设搞不好，而且对经济建设也会造成严重破坏。这方面在我国社会主义建设的历史上已有沉痛教训。另一方面，经济建设不能代替文化建设，文化建设能为经济发展和社会全面进步提供强大的精神动力和智力支持。1979 年，邓小平指出，“我们要在建设高度物质文明的同时，提高全民族的科学文化水平，发展高尚的丰富多彩的文化生活，建设高度的社会主义精神文明”①。1980 年，他又说，“我们要建设的社会主义国家，不但要有高度的物质文明，而且要有高度的精神文明。所谓精神文明，不但是指教育、科学、文化（这是完全必要的），而且是指共产主义的思想、理想、信念、道德、纪律……”②。在党的十二大上，邓小平又强调，“不加强精神文明的建设，物质文明的建设也要受破坏，走弯路。光靠物质条件，我们的革命和建设都不可能胜利。过去我们党无论怎样弱小，无论遇到什么困难，一直有强大的战斗力，因为我们有马克思主义和共产主义的信念。有了共同的理想，也就有了铁的纪律。无论过去、现在和将来，这都是我们的真正优势。这个真理，有些同志已经不那么清楚了。这样，也就很难重视精神文明的建设。”③ 1992 年南方谈话又指出：“广东二十年赶上亚洲‘四小龙’，不仅经济要上去，社会秩序、社会风气也要搞好，两个文明建设都要超过他们，这才是有中国特色的社会主义。”④

以江泽民同志为核心的党的第三代领导集体在推进建设中国特色社会主义的伟大实践中，坚持并发展了邓小平关于要正确处理两个文明建设、文化建设与经济建设相互关系的思想。江泽民同志在建党 70 周年的讲话中，明确提出“有中国特色社会主义是社会主义经济、政治、文化的统一整体”，我们不但要建设有中国特色社会主义的经济、政治，同时要建设有中国特色社会主义的文化。在党的十四大以及十四届三中全会、十四届六中全会上，他多次阐述了重视精神文明建设和文化建设问题。在党的十五大上，又系统论述了党在社会主义初级阶段建设有中国特色社会主义的文化纲领，明确把建设有中国特色社会主义的文化作为党在社会主义初级阶段基本纲领的一项基本内容；提出有中国特色社会主义文化是综合国力的重要标志的重要论断。党的十六大报告进而指出：“当今世界，文化与经济和政治相互交融，在综合国力竞争中的地位和作用越来越突出。文化的力量，深深熔铸在民族的生命力、创造力和凝聚力之中。全党要深刻认识文化建

① 《邓小平文选》第 2 卷，人民出版社，1994，第 208 页。

② 《邓小平文选》第 2 卷，第 367 页。

③ 《邓小平文选》第 3 卷，人民出版社，1993，第 144 页。

④ 《邓小平文选》第 3 卷，第 378 页。

设的战略意义，推动社会主义文化的发展繁荣。”① 这些重要判断表明我们党充分认识到了文化与经济和政治越来越紧密联系的发展趋势，对文化在当今时代的特殊地位和作用予以了深刻揭示。

党的十六大以来，以胡锦涛同志为总书记的党中央坚持以辩证唯物主义和历史唯物主义为指导，根据人类实践发展的新特点和新趋势，不断深化关于文化在经济社会发展中的地位和作用的认识，对发展社会主义先进文化提出了一系列新观点和新论断，在进一步丰富和完善科学发展观的同时，也深化了我们对中国特色社会主义文化发展观的认识。

胡锦涛同志指出，一个没有文化底蕴的民族，一个不能不断进行文化创新的民族，是很难自立于世界民族之林的。这一论断把文化建设与文化创新联系了起来，把民族的文化素质、文化底蕴、文化创新提到了实现中华民族伟大复兴的高度。此后，我们党对文化建设日益重视，并且采取了更加明确、得力的措施来切实地推动社会主义文化建设的展开。党的十六届三中全会明确把文化体制改革纳入完善社会主义市场经济体制的重要任务，进一步确定了深化文化体制改革的总体思路和目标。十六届四中全会通过的《中共中央关于加强党的执政能力建设的决定》提出了深化文化体制改革，解放和发展文化生产力的观点。十六届五中全会强调要构建公共文化服务体系，积极发展文化事业，大力发展文化产业，创造更多适应人民群众需要的优秀文化产品。中共中央、国务院发出的《关于深化文化体制改革的若干意见》则进一步提出要“树立新的文化发展观”，指出在全面建设小康社会、实现中华民族伟大复兴的历史进程中，繁荣和发展社会主义先进文化具有全局性战略性地位和作用。必须从全面落实科学发展观、构建社会主义和谐社会的高度，从巩固马克思主义在意识形态领域指导地位的高度，从加强党的执政能力建设的高度，充分认识文化体制改革的重要性和紧迫性，增强责任感和使命感，抓住重要战略机遇期，深化改革，加快发展，为建设社会主义先进文化注入强大动力。李长春同志指出，“坚持解放思想，转变观念，树立新的文化发展观”，强调“当前，解放思想，转变观念，最重要的是全面领会党的十六大以来中央关于发展社会主义先进文化的一系列新观点新论断，牢固树立新的文化发展观”②。

在党的十七大报告中，胡锦涛同志更加明确地指出：“当今时代，文化越来

① 《十六大以来重要文献选编》（上），中央文献出版社，2005，第29页。

② 李长春：《全面落实科学发展观深入推进文化体制改革》，《求是》2006年第1期。

越成为民族凝聚力和创造力的重要源泉、越来越成为综合国力竞争的重要因素，丰富精神文化生活越来越成为我国人民的热切愿望。要坚持社会主义先进文化前进方向，兴起社会主义文化建设新高潮，激发全民族文化创造活力，提高国家文化软实力，使人民基本文化权益得到更好保障，使社会文化生活更加丰富多彩，使人民精神风貌更加昂扬向上。”为了实现这一目标，十七大报告明确了四个方面的工作任务，一是建设社会主义核心价值体系，增强社会主义意识形态的吸引力和凝聚力；二是建设和谐文化，培育文明风尚；三是弘扬中华文化，建设中华民族共有精神家园；四是推进文化创新，增强文化发展活力。

胡锦涛同志 2008 年 1 月 22 日在全国宣传思想工作会议上强调指出，文化发展要按照“高举旗帜，围绕大局，服务人民，改革创新”的总要求，以更深刻的认识、更开阔的思路、更有效的政策、更得力的措施，着力建设社会主义核心价值体系，着力巩固壮大主流思想舆论，着力推进改革创新，推动社会主义文化大发展大繁荣，提高国家文化软实力，为继续解放思想、坚持改革开放、推动科学发展、促进社会和谐营造良好氛围，为夺取全面建设小康社会新胜利、开创中国特色社会主义事业新局面提供强大思想文化保证。

以上这些精辟论断构成了中国特色社会主义文化发展观的理论框架和精神实质，也是我们推进社会主义文化发展的指针。

（二）中国特色社会主义文化发展观的基本内涵

在当代，包括文化在内的综合国力的竞争越来越激烈，文化在国家综合国力中的地位越来越突出，文化的交流和传播越来越成为各国相互关系的重要内容，文化的矛盾和冲突也越来越成为国际竞争和国际冲突的一个方面。由新科技革命推动的全球化、信息化发展趋势，使文化作为一种新的实践力量“异军突起”：文化生产力既是一种“硬实力”，是生产力；又是一种“软实力”，是民族国家的凝聚力；同时，文化还是一种创新力，是民族国家发展的强大动力。文化生产力正在给当代中国社会发展注入新的更加强大的动力，文化凝聚力使我们的经济社会发展更好更快、更加和谐，使中华民族的向心力和凝聚力空前提升；文化创新力使国家和人民的主体性和创造力日益蓬勃地爆发出来。对当代文化这一特质的崭新认识，应当成为中国特色社会主义文化发展观的核心和灵魂。

1. 文化是一种硬实力，是生产力

在人类社会漫长的农业文明和工业文明时代，第一产业以及第二产业构成了现实的生产力，而包括文化发展在内的第三产业尚未进入经济进步的视野。然而，随着新科技革命的深入发展，第三产业在人类社会的产业结构中发挥着日益重要的作用。同时，文化与经济的交融日益深入，文化经济化的发展结果是，以满足人们精神心理需求的消费品的生产及其服务活动逐渐成为一门产业。文化开始变为硬实力并直接成为生产力，其表现形式就是文化产业。文化产业是高新技术与文化紧密结合的产物，是一个集中代表现代经济、社会和文化发展的全球性趋势的新兴产业。用联合国教科文组织对文化产业的定义，文化产业是按照工业标准生产、再生产、储存以及分配文化产品和服务的一系列文化活动。20 世纪 70 年代以来，以知识化、信息化、全球化、智能化、国际化、网络化、创新化为特征的“新竞争时代”的来临，使文化产业的发展逐渐成为一种世界潮流。文化产业作为新兴的朝阳产业，在各国经济发展中具有越来越重要的地位，已成为发达国家国民经济的支柱产业。可以说，当今时代，文化产业日益勃兴，一个国家的文化资源和文化优势正在取代自然资源优势，它不仅直接体现与催生着民族国家的生产力和硬实力，而且也有力地推动了文化的繁荣与发展。

中国正处在完善社会主义市场经济体制、全面落实科学发展观、构建社会主义和谐社会的关键时期。如何在我国改革与发展的关键时刻适应世界发展的新形势？如何在新一轮国际竞争中立于不败之地？发展文化产业至关重要。

解放和发展文化生产力，既是繁荣社会主义先进文化的必由之路，也是推动经济持续、稳定、快速、协调发展的一个重要途径。这是我们党关于文化地位和作用认识的一个新收获。进入 20 世纪 90 年代后，随着我国社会主义市场经济体制的建立和发展，文化领域面向市场改革步伐明显加快，文化产业加速发展。进入 21 世纪以来，我国文化产业发展势头更加迅猛，在经济社会生活和国民生产总值中的比重也愈益重要。2000 年 10 月，党的十五届五中全会通过的《中共中央关于制定国民经济和社会发展第十个五年计划的建议》，第一次在中央正式文件中提出了“文化产业”这一概念，标志着我国对于文化产业的提法及其地位的认可，反映了我们对于文化自身发展规律的认识越来越深刻。这既是建立社会主义市场经济体制对文化发展的客观要求，也是坚持社会主义先进文化前进方向的必然要求。2002 年召开的党的十六大，第一次将文化分为文化事业和文化产业，强调要积极发展文化事业和文化产业。2003 年 8 月，中央政治局第七次集体学习的主要内容就是“世界文化产业发展状况和我国文化产业发展战略”。2003 年 11 月，党的十六届三中全会通过的《关于完善社会主义市场经济体制若干问题的决定》明确提出了文化产业的发展目标，要求完善文化产业政策，鼓励多渠道资金投入，促进各类文化产业共同发展，形成一批大型文化企业集团，增强文化产业的整体实力和国际竞争力。党的十七大报告进一步强调，要大力发展文化产业，实施重大文化产业项目带动战略，加快文化产业基地和区域性特色文化产业群建设，培育文化产业骨干企业和战略投资者，繁荣文化市场，增强国际竞争力。

2. 文化是一种软实力，是民族国家的吸引力和凝聚力

文化不仅直接体现为生产力，而且是一种软实力，是民族国家吸引力和凝聚力的集中体现。国家的实力既包括经济总量、科技水平和国防力量及相关的设施在内的硬实力，也包括核心价值观、国民素质、政治经济制度和国家形象等软实力，而且软实力在国家综合力量中的比重在不断增加。文化及其影响力则是构成国家形象和国家软实力的最重要组成要素。美国哈佛大学教授约瑟夫·奈将综合国力分为硬实力与软实力两种形态。硬实力是指支配性实力，包括基本资源（如土地面积、人口、自然资源）、军事力量、经济力量和科技力量等；软实力则分为国家的凝聚力、文化被普遍认同的程度和参与国际机构的程度等。约瑟夫·奈把软实力概括为导向力、吸引力和效仿力，是一种同化式的实力——一个国家思想的吸引力和政治导向的能力，具有超强的扩张性和传导性，超越时空，对人类的生活方式和行为准则产生巨大的影响。这一提法对我们认识文化的软实力作用有很大启发意义。

具体说来，我认为，文化软实力主要体现为两个方面。

一方面，文化软实力体现为导向力、吸引力和效仿力。文化是人类主观世界见之于客观世界的灿烂奇葩，构成了民族国家最富有感召魅力的独特品牌。优秀的文化能够不断丰富人们的精神世界，增强人们的精神力量，实现升华思想、激扬精神、醇化道德、陶冶灵魂的特殊导向功能；优秀的文化可以形成强大的吸引力，使得人们陶醉其中，心驰神往，流连忘返；优秀的文化还可以对域外其他文化构成巨大的效仿力，成为其他文化学习、模仿、汲取吸收的对象。在我国灿烂悠长的文化史上，盛唐时期的中华文化就是如此。经过魏晋南北朝时期的社会振荡和多元、异质文化的冲突与交流，唐代的文化成果，举凡文学艺术、音乐歌舞、书法绘画、佛教文化、工艺美术、史学地理等，均呈现出百花齐放、绚烂多姿的瑰丽景观。唐文化不仅以远迈前朝的辉煌成就使华夏文明达到了一个空前的高度，而且以强大的力度、开阔的胸襟、丰沛的内涵、深刻的意蕴，远播异域，泽及世界，在世界文化史上留下了浓墨重彩的一笔。当时的日本社会就以前所未有的规模吸纳中华文化。在与印度、阿拉伯世界甚至非洲国家的文化交流中，唐文化同样以其强劲的对外辐射力和吸引力、效仿力，有力地推动着中华文化在世界上的传播和交流。

在经济全球化的条件下，文化软实力的导向力、吸引力和效仿力作用愈益明显和强大。一个国家没有自己强盛的文化，迟早会成为别人的附庸。不仅如此，一个国家被俘获的文化还会以巨大的力量渗入该国的经济体制、政治体制、社会秩序乃至社会成员的精神世界、价值观念、理想信念之中，使其彻底成为强大国家的殖民区。正是在这一意义上，钱穆先生在《中国文化传统之演进》一文中指出："文化也就是此国家民族的生命。如果一个国家没有了文化，那就等于没有了生命。"① 这里从"生命"的高度突出强调了文化之于一个民族、一个国家的重要意义和价值。正因如此，我认为，文化的软实力作用首先体现为民族国家强大的导向力、吸引力和感召力，这种力量构成了一个国家的文明魅力和政治导向能力。

另一方面，文化的软实力还体现为认同力、亲和力和凝聚力。文化是一种具有高度认同作用的"黏合剂"，它是人类理性认知和感情联系的纽带，是一个国家和社会和谐稳定、相互认同的内在条件。一般来说，文化认同是由共同的语言、民族血统、宗教信仰、价值观、伦理道德体系、历史地理、经济环境等因素相互作用形成的，是民族国家确立其存在正当性的重要依据，民族国家的凝聚力是建立在全民认同的国家利益、文化传统和相对一致的社会道德价值观基础上的。我特别赞同这样的说法，文化认同就是以柔克刚的"军队"，文化认同就是最坚固的"国防"。

文化的软实力还鲜明地体现为亲和力和凝聚力。以中华文化为例。中华民族历久磨难，但一直生生不息，其原因是多方面的。从外部原因上说，是由于与外界相对隔绝的大陆性地域、自给自足的农业经济格局、宗法社会组织结构的相互影响和制约，形成了一个稳定的生存系统。但主要的原因则是源于内部，即中国传统文化本身所蕴含的多样性的生机力、统一性的同化力、包容性的融合力、伦理性的亲和力、变易性的创造力和民族历史意识的延续力等，构成了中华文化强大的生命力之源。在全球化浪潮汹涌而来的今天，文化越来越多地成为一个国家的"名片"，也越来越成为一个国家秉持守护的精神家园。文化是民族之根，精神是国家之魂。正是由于此，文化的亲和力、认同力和凝聚力将永远闪烁着耀目的光彩，肩负着沉重的使命。

① 姜义华等编《港台及海外学者论中国文化》，上海人民出版社，1988，第1页。

近年来，我们党对文化软实力的意义作用的认识不断深入，重视不断加强。2006年11月10日，胡锦涛同志在中国文联第八次全国代表大会、中国作协第七次全国代表大会上提出“提升国家软实力，是摆在我们面前的一个重大现实课题”。在中共中央政治局第38次集体学习时，胡锦涛同志又指出，加强网络文化建设和管理“有利于增强我国的软实力”。党的十七大报告则鲜明地提出了“提高国家文化软实力”的要求。由此，加强社会主义先进文化建设被赋予了双重意义。一方面，文化建设对于和谐社会的构建意义重大。胡锦涛同志在省部级主要领导干部提高构建社会主义和谐能力专题研讨班上的讲话中指出：一个社会能否和谐，一个国家能否长治久安，很大程度上取决于全体成员的思想道德素质，没有共同的思想信念，没有良好的道德规范，是无法实现社会和谐的。要切实加强社会主义先进文化建设，不断增强人们的精神力量，不断丰富人们的精神世界。另一方面，进入新世纪，文化软实力在综合国力竞争中的地位和作用越来越突出，成为国家核心竞争力的重要因素。随着经济全球化的深入发展，世界范围思想文化交流、交融、交锋更为广泛，越来越多的国家把提高文化软实力作为重要战略。我国作为一个发展中的社会主义大国，要在激烈的国际竞争中赢得主动，有效抵御西方思想文化渗透，就必须采取更加切实有效的措施，推动社会主义文化发展繁荣，不断增强我国文化的总体实力和国际竞争力，切实提高国家文化软实力。

社会主义意识形态是社会主义先进文化的核心，社会主义核心价值体系是社会主义意识形态的本质体现。因此，大力建设社会主义核心价值体系，就成为不断增强社会主义先进文化吸引力和凝聚力的根本途径。

3. 文化是一种创新力，是民族国家发展的强大动力

人类社会是在不断解决人与自然、人与社会之间的矛盾中开辟前进的道路的。这个解决矛盾的过程就是一个不断创新的过程。创新是人的本质力量的集中体现，人类的创造性活动是人类区别自然界的根本标志。创新是人类得以生存和发展的基本方式。

文化的起点和标志是人类为满足自身的生活需要，运用和制造工具改造自然的劳动。普列汉诺夫就此指出：“社会的人是动物长期发展的产物。但是，只有当人不满足于坐享大自然的赐予，而开始亲自生产他所需要的消费品时，人类的文化史才开始了。”① 在人类的物质生产实践和文化创制活动中，文化实际上构

① 《普列汉诺夫哲学著作选集》第2卷，汝信等译，商务印书馆，1959，第227页。

成了一种巨大的创新力，强烈地改造着实践主体的知识结构和精神面貌，并进而推动人类更加有力地改造客观物质世界。文化是人的创造性活动的集中体现，是人的本质力量的表征和反映，是人类区别自然界的根本标志。关于文化的定义可能有200多种，但概括而言，文化是指人的目的及其行为过程，是人的价值观、思维方式和行为方式（生活方式）的融合。正是通过这一内在融合过程，人的本质力量得以增强，不断发现、发明更加强大的改造世界的方式，从而把主观世界和客观世界的改造、同化过程不断推向新的境界。朱谦之先生提出，“一切文化都是现代的文化”，“现在的文化就是个无始常新的文化流，常有所创，常有所生”①。这实际上表明，文化是一种不断创新、不断嬗变的创造力，人类文化发展史就是一条不断积累、不断创新，革故鼎新、新陈代谢的历史长河。

发展的趋势越来越表明，文化创新在当代已成为一个民族国家创造力的范型和基础，是决定一个民族国家创造力的一块“短板”，事关民族复兴的全局。江泽民同志指出：“创新是一个民族进步的灵魂，是一个国家兴旺发达的不竭动力。”“通过理论创新推动制度创新、科技创新、文化创新以及其他各方面的创新”，“这是我们要长期坚持的治党治国之道”。② 针对我国发展面临新的阶段性特征，胡锦涛同志明确提出我国到2020年进入创新型国家行列的宏伟目标。为实现这一目标，他强调要“发展创新文化，努力培育全社会的创新精神”。党的十七大报告明确提出，要在时代的高起点上推动文化内部形式、体制机制、传播手段创新，增强文化发展活力。

总之，在当代，文化力是一种根基性的、渗透性的、全面性的和导引性的力量，文化是生产力、吸引力、凝聚力和创新力。

（三）中国特色社会主义文化发展观的理论意义

1. 中国特色社会主义文化发展观丰富了马克思主义生产力形态理论

中国特色社会主义文化发展观是立足人类实践的新发展，是对马克思主义创始人关于生产力形态思想的创造性阐发和运用。关于生产力形态，马克思曾精辟指出：“一切生产力即物质生产力和精神生产力。”③《德意志意识形态》一书将

① 朱谦之：《文化哲学》，商务印书馆，1990，第13、19页。

② 《江泽民文选》第3卷，人民出版社，2006，第537～538页。

③ 《马克思恩格斯全集》第46卷（上），人民出版社，1979，第173页。

人类的生产分别称为“自己生命的生产”（人的物质生活资料的生产）、“他人生命的生产”和“思想、观念、意识的生产”的思想，并对精神生产作了较集中的论述。《巴枯宁〈国家制度和无政府状态〉一书摘要》中还提出了“精神方面的生产力”问题，并把语言、文学、技术包括在此种生产力之列。

马克思和恩格斯的以上论述，直接提出了精神生产和精神生产力的概念，揭示了精神生产的内涵，即以创造精神文化产品为直接目的的活动。在严格意义上讲，精神生产主要是指精神生产者有意识、有目的地创造各种社会意识形式（如科学、艺术、教育、道德、宗教、政治、法律等）和创造实践观念（如方针、政策、计划方案等）的生产活动，以及精神产品的分配、交换、消费即精神交往关系与过程。精神生产的主体主要是脑力劳动者，但不限于脑力劳动者，某些体力劳动者也在进行精神生产。

在科学技术已成为“第一生产力”的当代社会，马克思的这一思想越来越显示出真理的光辉。当今，人的精神文化创造活动不仅仅是物质生产力的一个要素，而且已蔚然成为一个独立的、重要的生产实践形态；精神文化创造活动不仅在创造精神生活产品，满足人的精神生活需要上发挥着不可替代的作用，而且也成为创造和发展生产力，推动经济发展和社会进步的强大推动力。显然，我们已不能停留在以往把精神文化活动及其作用作为物质生产（力）的一个从属的因素，去理解精神及其活动的作用和物质生产与精神生产的关系。物质生产是人类社会存在发展的基础，当然也是精神文化创造活动、精神生产得以可能、得以存在的基础，这一点是不能动摇的。但是，撇开这一角度，从人类生产实践分化的历史和发展的趋势看，我们可以说，精神文化创造活动（精神生产）突出地体现了人类作为自由自觉的创造性存在物的本质，它正越来越成为人类生产活动的重要领域，是人类不懈地、积极地追求的高级的实践活动形态。在当今，文化力是一种根基性的、渗透性的、全面性的和导引性的力量。完全有理由这样说：继精神生产力形态之后，文化已成为一种新的生产力形态。

2. 中国特色社会主义文化发展观拓展了唯物史观对社会动力观的理解

社会动力观是唯物史观的重要组成部分。依据唯物史观，社会基本矛盾即生产力与生产关系、经济基础与上层建筑的矛盾，在归根结底的意义上推动着社会前进发展。

然而，需要注意的是，在马克思和恩格斯确立社会动力观基本思想之后，一直存在着将这一思想曲解为经济决定论的认识。这种理解在马克思和恩格斯在世时就已经出现了。恩格斯在 1890 年 9 月致约・布洛赫的信中，对之进行了严肃

批判。恩格斯说："根据唯物史观，历史过程中的决定性因素归根到底是现实生活的生产和再生产。无论马克思或我都从来没有肯定过比这更多的东西。如果有人在这里加以歪曲，说经济因素是唯一决定性的因素，那么他就是把这个命题变成毫无内容的、抽象的、荒诞无稽的空话。"① 按照这种理解，对历史活动的研究和对历史时期嬗变的说明，"就会比解一个最简单的一次方程式更容易了"②。恩格斯进而指出："经济状况是基础，但是对历史斗争的进程发生影响并且在许多情况下主要是决定着这一斗争的形式的，还有上层建筑的各种因素：阶级斗争的政治形式及其成果——由胜利了的阶级在获胜以后确立的宪法等等，各种法的形式以及所有这些实际斗争在参加者头脑中的反映，政治的、法律的和哲学的理论，宗教的观点以及它们向教义体系的进一步发展。"③ 恩格斯在这里实际上是肯定了生产关系和上层建筑对生产力和经济基础的反作用，强调了理解社会历史发展的合力观。

但是，应当承认，较长一段时间以来，我们在实践中对马克思主义社会动力观没有予以深刻的理性把握，总是强调生产力在经济社会发展中的基础性推动作用。这本身并没有错，但错在我们进而没有很好地把握和运用马克思主义的辩证文化观，而总是习惯地认为，相对于经济发展来说，文化是软性的东西，是相对次要的领域。这就导致有的地方、部门和领导以 GDP 挂帅，长期把文化工作置于边缘地位，认为搞文化工作"出不了政绩"。实际上，将文化与经济二元分离，是片面的和错误的。这里既有片面的政绩观（背后是价值观）作祟，更反映出历史观上的片面性。在当前文化活动和文化产业日益迅捷发展，推动社会经济发展阔步前进的情况下，文化活动，尤其是文化创新已经真切地成为社会发展的强大动力系统。中国特色社会主义文化发展观在继承唯物史观基本原理的基础上，深化了唯物史观关于社会动力观的理解，正由于此，我们应当紧紧把握我国当前经济社会发展的现实状况与时代特征，营造社会主义文化百花园姹紫嫣红、争奇斗艳的繁荣局面，推动社会主义文化大发展大繁荣。

3. 中国特色社会主义文化发展观是中国特色社会主义理论体系的重要组成部分

中国特色社会主义文化发展观，是改革开放以来我们党在建设中国特色社会

① 《马克思恩格斯选集》第4卷，人民出版社，1995，第695~696页。

② 《马克思恩格斯选集》第4卷，第696页。

③ 《马克思恩格斯选集》第4卷，第696页。

主义实践中逐步形成的一个重要理论成果，它坚持和继承了马克思主义经典作家关于文化的基本思想和观点，坚持和继承了毛泽东思想中关于文化的基本思想和观点，并结合新的时代条件和社会主义现代化建设的实际，赋予马克思主义文化发展观以新的鲜活因素，生动而具体地发展了马克思主义。作为马克思主义同中国实际相结合的第二次历史性飞跃的重大理论成果，中国特色社会主义理论体系回答了什么是社会主义、怎样建设社会主义，建设什么样的党、怎样建设党，实现什么样的发展、怎样发展等三大基本问题。中国特色社会主义文化发展的形成，是对实现什么样的文化发展和怎样发展中国特色社会主义文化的一次集中回答。它以一系列新思想、新观点、新论断为奋力开拓中国特色社会主义文化建设更为广阔的发展前景提供了科学的指导思想，具有重大的理论意义和实践价值。

十

社会主义和谐社会理论的新进展

李培林

改革开放以来，历次党的代表大会报告都有重大理论命题。党的十三大报告提出了“社会主义初级阶段”理论和党的“基本路线”，党的十四大报告提出了“中国特色社会主义理论”和“建立社会主义市场经济”，党的十五大报告确立了“邓小平理论”和党的“基本路线和纲领”，党的十六大报告确立了“三个代表”重要思想和“全面建设小康社会”。这四次党的代表大会提出和论述的重大理论命题，都对马克思主义中国化的理论建设和中国特色社会主义的实践产生了重大影响。党的十七大报告，全面总结了改革开放以来的发展经验，立足于社会主义初级阶段的基本国情和新世纪新阶段我国发展呈现出的一系列新的阶段性特征，从中国特色社会主义总体布局和全面建设小康社会的全局出发，科学分析了当前我国面临的新形势、新课题和新任务，提出了“中国特色社会主义理论体系”和“深入贯彻落实科学发展观”的重大理论命题，这对于在新世纪新阶段排除各种干扰，坚持中国特色社会主义道路，推进理论创新和实践探索，统一思想认识和明确前进方向，都具有重大意义。

党的十六大报告曾提出“三个坚持”，即坚持党的“基本路线、基本纲领、基本经验”，这次党的十七大报告，增加了一个坚持，即“坚持并丰富党的基本理论、基本路线、基本纲领、基本经验”。提出坚持并丰富党的“基本理论”，这意味着，一方面经过30年改革开放的实践检验和经验总结，我们已经形成了一个比较完整的、系统的和科学的中国特色社会主义理论体系，另一方面这个理论体系是开放的、不断发展着的，要随着实践的探索不断丰富创新。

中国特色社会主义的科学理论体系，从历史发展脉络看，凝聚着党的几代领导集体带领人民不懈探索实践的智慧，包括邓小平理论、“三个代表”重要思想以及科学发展观等重大战略思想；从发展领域的总体布局来看，包括了社会主义市场经济理论、社会主义民主政治理论、社会主义先进文化理论、社会主义和谐社会理论；从不同发展阶段具有较强现实针对性的思想理论来看，主要包括了社会主义初级阶段理论、社会主义市场经济理论以及社会主义和谐社会理论等。

在党的十七大报告中，构建社会主义和谐社会作为深入贯彻落实科学发展观的基本要求，从大社会着眼，将和谐社会建设的执政理念、奋斗目标、基本原则、制度建设、精神支撑、国际战略等各个方面贯穿全文，形成了比较系统的认识；同时从小社会着手，对加快推进以改善民生为重点的社会建设进行了全面的工作部署。

党的十七大报告进一步推进了构建社会主义和谐社会重大战略思想在理论、战略和政策上的建设。在理论进展上，党的十七大报告深刻阐明了科学发展和社会和谐的辩证关系。社会发展、社会和谐是发展中国特色社会主义的基本要求；社会和谐是中国特色社会主义的本质属性；深入贯彻落实科学发展观要求我们积极构建社会主义和谐社会；没有科学发展就没有社会和谐，没有社会和谐也难以实现科学发展，要通过发展增加社会物质财富、不断改善人民生活，又要通过发展保障社会公平正义、不断促进社会和谐。实现社会公平正义是中国共产党人的一贯主张，是发展中国特色社会主义的重大任务。在宏观战略部署上，党的十七大报告围绕科学发展、社会和谐，在经济方面，提出要促进国民经济又好又快发展，加快转变经济增长方式，统筹城乡发展，加强能源资源节约和生态环境保护；在政治方面，提出要发展社会主义民主政治，扩大人民民主，发展基层民主，保障人民享有更多更切实的民主权利，建设服务型政府，完善制约和监督机制，保障人民赋予的权力始终用来为人民谋利益；在文化方面，提出要推动社会主义文化大发展大繁荣，建立社会主义核心价值体系，建设和谐文化，建设中华民族共有精神家园；在社会方面，提出加快推进以改善民生为重点的社会建设，推进社会体制改革，扩大公共服务，完善社会管理，促进社会公平正义。在社会建设的政策措施上，党的十七大报告在发展教育、扩大就业、深化收入分配制度改革、建立覆盖城乡居民的社会保障体系、建立基本卫生医疗制度、完善社会管理等诸多方面，都作出了具有现实针对性的工作部署。

社会主义和谐社会理论是科学发展观等重大战略思想的重要组成部分，也是中国特色社会主义理论体系的重要内容。这一理论是在党的十六大以后逐步形成的。2002 年，党的十六大在阐述全面建设小康社会的奋斗目标时，明确提出社会更加和谐的要求；2004 年，党的十六届四中全会从加强党的执政能力建设的高度，明确提出构建社会主义和谐社会；2006 年，党的十六届六中全会通过了

《中共中央关于构建社会主义和谐社会若干重大问题的决定》，形成了构建社会主义和谐社会的思想体系和战略部署。

这一理论也同样凝聚了党的几代中央领导集体的智慧和探索，凝聚了他们对社会主义本质的思考。早在改革开放初期，邓小平同志提出建设“中国特色社会主义”的命题，并一直在反复思考“什么是社会主义，怎样建设社会主义”的问题。1990 年 12 月 24 日邓小平在与中央几位负责同志的谈话中强调，“共同致富，我们从改革一开始就讲，将来总有一天要成为中心课题。……社会主义最大的优越性就是共同富裕，这是体现社会主义本质的一个东西”。到 1992 年，邓小平同志在视察南方的重要讲话中明确完整地提出，“社会主义的本质，是解放生产力，发展生产力，消灭剥削，消除两极分化，最终达到共同富裕”。许多全面发展的思想和战略，最早都是由邓小平同志提出来的。比如，他提出“收入分配问题大得很”、“教育是一个民族最根本的事业”，自然环境的保护与经济建设一样“都很重要”，“限制人口增长应该立法”等。以江泽民同志为核心的党的第三代中央领导集体，继续深化了这方面的认识。江泽民同志在 1991 年“七·一”讲话中明确提出了促进“社会的全面进步”的目标。2000 年在考察广东的讲话中提出，在对外开放和发展社会主义市场经济条件下，我们党如何更好地做到始终代表中国先进生产力的发展方向，代表中国先进文化的前进方向，代表中国最广大人民群众的根本利益，“是一个需要全党同志特别是党的高级干部深刻思考的重大课题”。在这种思考的基础上，江泽民同志提出了“社会主义是全面发展、全面进步的社会”的论断。这一时期，中央还实施了一系列关于全面发展的重大战略举措，如 1994 年提出可持续发展战略，1995 年提出科教兴国战略，1999 年提出西部大开发战略等。以胡锦涛同志为总书记的党中央，在新世纪新阶段开始实施全面建设小康社会的宏伟计划，基于对我国发展呈现出的一系列新的阶段性特征的深刻认识，强调要统筹城乡、区域、经济和社会、人和自然、国内和国外的发展。2003 年 8 月胡锦涛同志在江西考察工作时，明确使用了“科学发展观”概念。随后，在党的十六届三中全会上，胡锦涛同志对这一概念作了深入阐述，形成了“坚持以人为本，树立全面、协调、可持续的发展观”的完整表述。在 2006 年党的十六届六中全会上，胡锦涛同志提出了“社会和谐是中国特色社会主义本质属性”的重大论断，为社会主义和谐社会理论奠定了基石，并提出了公平正义、民主法治、诚信友爱、充满活力、安定有序、人与自然和谐相处的构建社会主义和谐社会的总要求。

构建社会主义和谐社会重大思想的提出，也是基于对我们党长期执政的历史经验的科学总结，是对党的执政规律、社会主义建设规律和人类社会发展规律提出的新认识。建设社会主义是人类历史上一项全新的事业，我国建设社会主义的探索，既不是像马克思主义创始人设想的那样在资本主义高度发展的基础上建设社会主义，也不同于其他社会主义国家的实践。

新中国建立后，我们党为促进社会和谐进行了艰辛探索。早在 1956 年，毛泽东同志就提出了“社会主义革命的目的是为了解放生产力”的论断。随后，党的八大提出，我国社会的主要矛盾，是落后的生产力不适应人民群众日益增长的物质文化需要的矛盾，解决这个主要矛盾的根本途径就是发展生产力以满足人民群众不断增长的物质文化需要。1957 年毛泽东同志又提出，我国要建设一种“又有集中又有民主，又有纪律又有自由，又有统一意志又有个人心情舒畅的政治局面”。为此，毛泽东同志全面阐述了关于正确处理人民内部矛盾的思想和关于正确处理十大关系的思想。

在建设社会主义的实践过程中，我国取得了重大成就，但也经历了多次曲折。党的十一届三中全会以后，我国从“以阶级斗争为纲”转移到“以经济建设为中心”的轨道上来，从利益关系调整入手，正确处理干部、工农群众、知识分子、工商业者的关系，调动起广大人民群众社会主义建设的积极性，开创了改革开放的新时期，现代化建设取得了巨大成就。但“什么是社会主义，怎样建设社会主义”，并不是一个可以一劳永逸解决的问题，而是一个需要在长期的实践过程中不断探索、不断深化认识的问题。

中国特色社会主义建设的历史经验表明，什么时候我们能够正确处理人与人、人与社会、人与自然的关系，正确处理各种人民矛盾，社会就比较和谐，人民群众的积极性就能够更加充分地调动起来，经济社会发展就比较顺利；什么时候利益矛盾处理不好，社会严重不和谐，人民群众的积极性就会受到挫伤，经济社会发展就会出现波折。

构建社会主义和谐社会贯穿中国特色社会主义事业全过程，这意味着它不仅贯穿全面建设小康社会的历史时期和整个社会主义初级阶段，还将贯穿整个中国特色社会主义现代化建设过程和整个中国特色社会主义道路，需要几代人、十几代人甚至几十代人坚持不懈地努力奋斗。当前，我们要以民生问题为重点，扎扎实实地做好各项工作，在实践的探索中不断加深对和谐社会建设规律的认识，用实践和发展成果来不断丰富、完善和检验社会主义和谐社会理论。

十一

关于构建和谐世界的思考

张蕴岭

（一）“和谐世界”释义

中国已明确提出构建和谐世界的主张。那么，什么是和谐世界？“和谐”的含义是什么？是目标还是手段？对此，国内外有很多的讨论。

依我的理解，“和谐”指的是一种行为方式，作为这种行为方式的结果，可以形成一种秩序。从国际关系的角度来说，它是各国共处的一种方式，即以协商、合作而不是武断、对抗的方式来处理相互间关系和具有相关利益的事务，从而形成一种以协调、合作为主的国际关系秩序，而这种秩序的结果就是和平。

构建和谐世界的一个重要基础是寻求、创建相关者的“共享利益”。如果没有这样的利益基础，协商、合作是不可能的。从这个意义上说，和谐是一种构建、一种动态追求，也可以说是一种理想。在现实世界中，不和谐是客观存在，和谐是对不和谐的一种纠正，是减少和避免不和谐的一种努力。中国提出构建和谐世界体现了中国的思想理念、行为方式和政策取向。

从古至今，中国就有着追求和谐的传统思想和文化。比如，古代关于“和为贵”的思想影响至深，是中国思想文化的重要组成部分，这一思想在当代得到了继承与发展。再比如，新中国成立之后，我们就提出了“和平共处五项原则”。在改革开放取得成功之后，中国宣称“强大了也不称霸”，“始终不渝地走和平发展的道路”。

和谐已经成为指导中国处理对外关系的一种行为方式，我们可以从改革开放后中国的对外政策中找到例证。比如，在处理领土、领海争端中，中国倡导和推动“搁置争议，联合开发”；在冷战结束后提倡和推动不同于传统结盟关系的“新安全观”；在发展与邻国的关系中倡导和推动“以邻为伴，与邻为善”以及

“睦邻、安邻、富邻”的新关系；在国际事务中倡导和推动“国际关系民主化”等。显然，中国处理对外关系的一个指导原则是追求“和与合”。在中国文化里，“和”有“和气”、“和好”、“和睦”、“和平”等多层含义，而“合”也有“合一”、“合意”、“合作”等多层含义。“和合主义”是中国新对外政策的一个重要特征。

追求和谐成为中国构建长期和平发展国际环境的一个政策工具。作为一个发展中的大国，中国的现代化之路还很长，因此需要一个长期的和平发展环境。和平的对立面是战争、冲突和动乱。维持和平，就是要提高防止和处理威胁和平因素的能力。对于像中国这样的大国来说，和平至少包含两种直接的含义：一是不发生针对中国的战争、冲突和动乱；二是不在与中国利益攸关的地区发生战争、冲突和动乱。因此，中国创建一个自己所需要的长期和平发展环境，和谐世界是最理想的结构。

当然，构建和谐世界并非只求一团和气、无原则的“和稀泥”，甚至为追求和谐牺牲本身应得的利益。构建和谐世界要能保证中国的最大利益诉求。因此，追求本国利益不应与构建和谐相冲突。事实上，只有中国自身得到发展，力量和影响得到极大提高，才能使自己的理念、原则、政策得到落实。因此，自身实力和影响力的提升不应该因构建和谐而受到压抑。

（二）中国的实践

中国提出构建和谐世界，并不是要把旧世界打个落花流水。当代中国的发展是处在现行的秩序之中，是依托而不是推翻现行秩序实现发展和复兴的。因此，维持现行秩序主要构架的稳定符合中国的利益。但同时，中国对现行的秩序并不太满意。其原因，一是因为以往中国并没有作为一个利益相关者参与它的构建；二是因为中国作为一个后起上升者，要求对现行秩序进行适时调整和改变。

显然，中国并不想也不可能推翻现有的秩序，而只能对它进行改良、改造。中国对现行国际秩序进行改良、改造的方式，一是参与其中，提出自己的主张，靠分量和影响的增加使其进行改变和调整；二是联合其他利益相关者，发展不与现行制度相对抗的新机制。中国从提倡建立国际经济、国际政治新秩序，到转而推动更加合理的国际经济、国际政治秩序，这个变化更能体现其“和合主义”的理念和政策。

中国为推动构建和谐世界已经作出了积极努力，这突出体现在以下几个方面。

其一，推动联合国成为解决国际事务的主要机构。二战以后，国际事务先是由两个超级大国主导，形成两个分裂的世界，从而导致两大集团的对抗。冷战结束以后，美国试图创建“美国治下的和平”，主导世界事务。从美国的做法来看，无论是进一步加强军事上的联盟，加大武力干预，提倡先发制人，还是在世界推行民主、搞颜色革命，都有这样一个清晰的轨迹。这是不符合中国利益的。因而，中国几乎在所有这些领域都持异议。当然，中国的做法不是自己去直接对抗，或拉别人结盟反对，而是力图把解决问题的轨道拉回到联合国机制上来，如提出国际关系民主化的主张。当然，联合国的力量是有限的。联合国是一个软机制，在多数情况下，决议效果有限，但是在一些情况下，它起到了阻止事端向更坏方向发展的作用，至少是对美国单边主导、干预主义的一个重要牵制。

其二，推动国家间尤其是大国之间的伙伴关系。冷战结束以后，中国在如何处理对外关系上面临新的挑战。中国所采取的对策是首先推动大国之间各种定位的伙伴关系的建立。伙伴关系不同于传统的结盟关系，它是一种建立在寻求合作利益基础上的动态共处关系，没有固定的模式，比较灵活，因此叫法也比较多。应该说，这是中国处理当代复杂国际关系的一个创造，有助于冷战后国际关系、尤其是大国关系向非对抗方向的转型。像中美关系、中俄关系、中印关系、中日关系等，都在这种伙伴关系框架下得到比较稳定的发展。

其三，用自己的力量，推动用谈判而不是用动武的办法解决分歧。冷战结束后的世界在转型过程中出现了许多新的冲突。面对复杂的形势，中国用自己的努力和影响尽力推动协商谈判，降低发生更大冲突的风险。比如，中国在朝核问题上反对美国动武，推动六方会谈，并取得了进展，使包括美国在内的国际社会认可了会谈的方式；在伊朗核问题上，中国尽力防止美国动武，坚持通过谈判解决问题；在苏丹达尔富尔问题上，中国也是积极斡旋，推动谈判和联合国介入。在这几个案例中，中国的作用是具有影响力的。当然，中国的力量还是有限的，在科索沃、阿富汗、伊拉克等问题上，尽管中国反对动武，但还是发生了武力干涉，造成了恶果。

在推动和谐世界的建设中，中国的对外关系理念、方式也在发生变化。中国变得更愿意斡旋，更愿意听取意见，更愿意参与承担责任。

（三）面临的挑战

在一个很不和谐的世界构建和谐是一件很不容易的事情，单靠中国自己的力量不行。正因为如此，胡锦涛总书记才在党的十七大报告里提出“各国人民携手努力，推动建设持久和平、共同繁荣的和谐世界”的主张。

构建和谐世界，必须取得世界各国的充分理解和大力支持，即大家愿意与中国一道，共同做出努力。应该说，在这方面还面临着很多挑战。

如何取得其他国家的充分理解和大力支持是至关重要的。构建和谐世界是一个反现实和反传统（当今占支配地位）的理念。这一方面是由于现实与理念存在巨大的差距，可能会使人们对理念本身缺乏信心；另一方面，人们也需要时间对中国提出构建和谐世界的意图进行理解，许多国家可能会采取“听其言，观其行”的观望态度。没有其他国家的大力支持，则“孤掌难鸣”，构建和谐世界就很艰难。

中国是一个上升的大国，在上升过程中会产生许多新的问题。比如，对现有大国利益、现有国际秩序的冲击，由新的竞争所造成的新矛盾，由发展所引起的新问题（如资源、环境、气候），还有棘手的台湾问题，未解决的领土、领海、岛屿、专属经济区争端等。中国如何处理这些问题，对构建和谐世界的进程会产生重要影响。从这个意义上说，构建和谐世界需要中国做出榜样。如果做不到这一点，就可能会失去公信力，进而引发其他国家对中国的责难。

同时，中国国内构建和谐社会与构建和谐世界之间有着直接的联系。中国的现代化是复杂、长期的过程，在这个转变过程中充满矛盾，也会产生许多新的问题。如果中国的和谐社会建设进展缓慢，那么中国领导构建和谐世界也就得不到响应。形象和榜样是一种软实力，在构建和谐世界的进程中，软实力的因素具有重要作用。中国本身的发展能否提供一种新的榜样和共识，中国的价值文化能否越来越为人们所接受，是构建和谐世界能否取得进展的一个重要保证。

和谐世界的构建不是一场革命，而是一种创新性的努力，是推动世界向一种新关系和新秩序发展的长期进程。这个进程将是艰难、复杂又曲折的。

十二

通向和谐世界的和平发展之路

张宇燕

党的十七大报告指出，中国将始终不渝地走和平发展道路；走和平发展道路是中国政府和人民根据时代发展潮流和自身根本利益做出的战略选择。十七大报告明确地把走和平发展道路作为我国对外政策的方针大略，既展现了我们党对当今世界格局和未来世界发展趋势的深刻理解与科学把握，也展现了我们党对经济全球化进程中如何最大限度地实现我国国家利益和世界人民利益的深入思考与战略定位。

十七大报告进一步指出，当今世界正处在大变革大调整中，和平与发展仍然是时代主题，求和平、谋发展、促合作已经成为不可阻挡的时代潮流。时至今日，和平之所以还是一个问题，是因为世界仍然很不安宁，因为霸权主义和强权政治依然存在，因为局部冲突和热点问题此起彼伏，因为传统安全威胁和非传统安全威胁相互交织。和平对人类福祉的重要意义，还在于它是经济发展的前提条件。在一个一艘战略核潜艇拥有的核打击能力及其可能造成的破坏超过两次世界大战之和的时代，和平的价值尤其珍贵。值得欣慰的是，在包括中国在内的众多国家的共同努力下，国际力量对比正朝着有利于维护世界和平的方向发展。

经济全球化是当今世界的一个重要特征。经济全球化主要体现在以下五个方面：商品和服务贸易快速增长；资本跨境流动规模巨大；技术在全球范围内迅速传播和扩散；全球问题与全球治理问题日趋紧迫；国际规则的适用范围和执行力度均得到了显著的拓展和强化。经济全球化的一个自然结果，便是世界各国及地区之间的相互依存度大大提高。也正是在经济全球化这样一个大背景下，当代中国同世界的关系发生了历史性变化，从而使得中国的前途和命运日益紧密地同世界的前途命运联系在一起。

把中国人民的利益和世界各国人民的利益统筹考虑，力争寻求中国与世界各国的共赢，是十七大报告反复强调的一项主张，一种理念，一个目标。当今与未来世界机遇与挑战并存，世界各国自身的国家利益与全人类的利益已经交织在一起。在协调国家利益和全球利益关系问题上，十七大报告明确指出，坚持把中国人民的利益同各国人民的共同利益结合起来。共同分享发展机遇，共同应对各种挑战，推进人类和平与发展的崇高事业，事关各国人民的根本利益。鉴于此，我们便看到了中国外交政策的宗旨，即维护国家主权、安全、发展利益，维护世界和平、促进共同发展，推动建设持久和平、共同繁荣的和谐世界。

推动建立和谐世界，是十七大报告的一大亮点。“和”在中国古语里指的是木制乐器，“谐”讲的是乐队演奏时各种乐器之间的配合。作为一个组合词，“和谐”至少包含了以下四种含义。一是多样性。组成乐队的应该是多种乐器而非单一乐器。这其中体现的是对多样性的肯定与包容。二是平等。在一个乐队中，每一种乐器都有自己独特的功能，各位演奏者之间的关系是互补的，这里不存在上下级或谁重谁轻的问题。这其中蕴含的是对平等的崇尚。三是共同利益。对任何一位乐队成员而言，演奏出优美的旋律赢得听众的赞赏是目标所在。这其中展现的是对利益的分享与追求。四是合作。拥有共同利益并不意味着共同利益的自然实现，除非大家精诚团结、相互配合。这其中凸显出对团队精神的敬重。

今天我们在使用“和谐”这一概念时，其内容得到了进一步丰富。十七大报告用精当的语言全面地勾勒出了和谐世界蓝图本身，即在国际关系中全面体现出了民主、和睦、协作、共赢精神。而推动建立和谐世界的路径具体说就是在政治上相互尊重、平等协商，共同推进国际关系民主化；在经济上相互合作、优势互补，共同推动经济全球化朝着均衡、普惠、共赢的方向发展；在文化上相互借鉴、求同存异，尊重世界多样性，共同促进人类文明繁荣进步；在安全上相互信任、加强合作，坚持用和平方式而不是战争手段解决国际争端，共同维护世界和平与稳定；在环保上相互帮助、协力推进，共同呵护人类赖以生存的地球家园。实际上，上述五个方面的政策主张和行为目标，也同时构成了和平发展道路的基本内涵。

十七大报告特别把互利共赢作为和平发展道路的一项重要内容。当人们谈论发展或增长时，主要说的是人均收入的增长。从长期看，人均收入的增长，关键在于劳动生产率的提高；而劳动生产率的提高又主要取决于分工和专业化；分工和专业化程度的高低则又决定于市场规模的大小。换言之，一国经济的发展或增长和市场规模大小高度相关。这样一种经济发展或长期增长的逻辑，便是亚当·

斯密在《国富论》里提出的著名论断。此论断在经济学界被广为接受，并成为经济全球化的理论支柱。中国坚定地奉行互利共赢的开放战略，按照通行的国际经贸规则，扩大市场准入，依法保护合作者权益，推进贸易和投资自由化、便利化等，其最终结果便是通过市场规模的扩大而实现互利共赢。

对从事国际问题研究的人员而言，对和平发展道路与和谐世界这两个范畴的深入理解与准确把握，不仅应当成为理论思考的基本坐标，而且还直接关系到我们研究成果的质量。

十三

世界格局大变动与中国战略选择*

房　宁

如果我们的判断是合乎逻辑的，能够被历史证明的话，我们认为新帝国主义时代已经来临。伊拉克战争的结束就意味着美国下一次进攻的开始，它会把伊拉克变成它的出发阵地，我们会有机会目睹一系列的，从1492年肇始的历史重演。美国要把所有敢于反抗，所有不服从它的国家和民族铲除。布什宣布的所谓的邪恶轴心，宣布的流氓国家，都是它的一种宣示。和平与发展的时代作为一种历史现象要结束了。也许有人会说，现在还没有世界大战。这个观念要更新了，今后也不会有世界大战，有的将是更多我们所看到的这种波谲云诡的伊拉克战争、科索沃战争。俄罗斯人在伊拉克战争中有个很好的说法，他们说这不仅是对萨达姆的考验，也是对世界的考验，对大国的考验，对大国结盟能力的考验。坦率地说，我认为从伊拉克战争中，我们中国人，我们的党、军队和人民应该反思三个问题。第一，我们究竟处于什么样的时代，这是总的前提性的问题。第二，应当反思我们的策略，就是韬光养晦问题。韬光养晦在20世纪90年代初提出的时候是个正确的抉择，尽管那时候国际格局已经开始变化，但变化并没有如此之剧烈，如此之深刻，如此之广泛，特别是它没有近在眼前。第三，就是发展经济与国防现代化的关系问题。

1999年5月初，在美国轰炸中国大使馆之前，北约秘书长说了句耐人寻味的话，让我们这些在和平与发展中生活了很长时间的人颇感意外和不解。当时，他说北约东扩不止于欧洲。科索沃战争时，我们反对美国的霸权主义行径，但是毕竟我们实际的心态是隔岸观火。因为我们知道科索沃战争是美国进一步地削弱俄罗斯，围困俄罗斯，使其能够在苏联、东欧社会主义阵营垮台以后在欧洲确立

---

* 该文原刊《领导文萃》2008年第2期。

它的主导地位的一场战争。但是，没想到北约东扩，不止于将苏联东欧集团的国家更多地拉进去。那下面的目标是哪里呢？实际上再往远看就是中国了，那就意味着把同中国毗邻的中亚国家拉入美国的麾下。美利坚民族喜爱拳击，善于拳击。拳击的高境界是打组合拳。当1999年5月7日八国外长会议召开时，就是俄罗斯放弃了原来的盟友，跳到了美国的战壕里，希望美国安排科索沃停战后的利益分赃问题之时，科索沃战争在逻辑上就已经结束了。紧接着美国就不失时机地把炸弹扔到了中国大使馆。1999年我们在《全球化阴影下的中国之路》中分析指出："北约东扩、西进，会师中国。"现在美国的铁蹄已经踏到中国的大门口。如果美国下一个目标是朝鲜的话，它就完成了对中国的战术包围。

伊拉克的战争给世界各国都上了一课，所有美国宣布的流氓国家、邪恶轴心国，都在吸取教训。萨达姆政权之所以垮台，伊拉克被美国占领，恰恰不是因为它有大规模杀伤性武器，而是正好相反的原因。朝鲜已经指出，伊拉克自毁长城，自己削减军备。在美国开战的前几天，伊拉克还在销毁自己的导弹，真是很可悲。现在大家都明白了，没有任何余地，没有任何选择，该做什么就要抓紧了。

伊朗启动了自己的核反应堆，朝鲜退出了核不扩散条约，都属于美国侵略伊拉克引起的连带反应。现在大家遇到的都是毛泽东所说的，武松在景阳冈上遇到的问题。美国现在对俄罗斯、中国这样的大国，还比较客气，但美国人自己其实很清楚，真正能够威胁美国绝对安全的并不是那些"流氓"小国。现在俄罗斯、法国、德国、中国都意识到了美国对世界和平的威胁，但都在韬光养晦。能够韬光养晦最好，但是问题是，大家都希望自己韬光养晦，希望别人能为自己抗御风寒，为自己火中取栗，恐怕这正是美国所最希望看到的。

伊拉克战争使我们思考。我们关心伊拉克问题，对伊拉克人民、对阿拉伯人民寄予深切同情，也同时更加关心我们自己的命运，我们社会主义现代化建设，全面实现小康的事业，关心我们的国际环境，关心我们的国家安全。现在有一种强烈的声音，强调要和美国保持一种和平、友好的战略伙伴关系。当然，我们一定要维持世界和平，一定要保证我们国家社会主义现代化建设和发展的良好的国际环境，这是邓小平同志为我们确立的党和国家的基本国策。我们都由衷地希望能够和美国和平共处。但这不是问题，而只是一种愿望。现在真正的问题是，怎么样能够保持和平共处关系。

提到保持和平共处，就很自然联想到了历史上的外交思想，包括我们在中外历史上的绥靖主义的理论和实践。在历史上，在处理国家与国家、民族与民族的争端当中，绥靖主义是一种非常重要的理论和实践。第二次世界大战以后，绥靖主义成了贬义词，但实际上绥靖主义从历史上看不失为一种策略，它在历史上既有失败的教训，也不乏成功的经验。比如说中国历史上，在汉朝的初年，结束了严重的社会动荡，对于当时活跃于西北边境的匈奴，汉王朝长期采取了绥靖主义的政策，起了非常好的效果，为汉朝赢得了非常宝贵的发展机遇和空间。所谓小不忍则乱大谋，当时采取和亲、发展贸易关系的宁边的策略，确实取得了效果。南宋的绍兴议和，也使南宋得以在相当长的一段时间内稳定和发展。

但是，对于绥靖主义，我们不应该被表面的历史现象所牵动，仅从表面去考虑问题，关键要搞清楚绥靖主义背后的历史条件是什么，在什么条件下绥靖主义可以作为一种策略使用，在什么条件下不能使用；在什么条件下可能成功，什么条件下可能失败。绥靖主义在我国历史上也同样有许多失败的例子。1848 年以后琦善和耆英的讨好外交，抗日战争中汪精卫的曲线救国，都是失败的典型。

绥靖主义作为政策是有条件的，这个条件就是对手对你的利益欲求是有限的还是无限的。这是根本问题。在外交斗争中，在国与国的斗争中，矛盾的性质是什么？如果对手只寻求有限利益，绥靖主义就不失为一种可以选择的策略。历史上，我国西北部的游牧民族对中原农耕地区的野心一般情况下是有限的，它的行为方式是游击式的，强掠式的，打一下就回去了，不是要住在这个地方，不像美国对伊拉克。

绥靖主义策略不可能实行的条件是什么？就是对手对你的企图是无限的，不光是要你的钱，也要你的命，要全部地占领你的地方。这种情况下，无论怎么妥协都不行。中国历史上导致绥靖政策失败的都是这种情况。因此，我们首先要做的就是确认对手和对手的意图。与此相关的还有对手的实力。有人说，弱国无外交。其实这话没有什么实际的意义。这句话，反过来说，强国无外交。因为强国本无须外交，如今天的美国，大不了蛮干就是了。应当说，弱国恰恰要有外交，弱国更需要斗争，敢于斗争，善于斗争，才能保存自己，发展自己。弱国如果一味地妥协、退让，只能加剧困境，加速灭亡。

十四

关于加强“世情”研究的几点看法

张顺洪

胡锦涛总书记的十七大报告是一个理论创新的报告，提出了一系列新思想、新论断、新概念。报告的第十二部分提出了“世情”这一科学概念，并指出“世情、国情、党情的发展变化，决定了以改革创新精神加强党的建设既十分重要又十分紧迫”。报告把“世情”、国情、党情并列，而且把“世情”放在国情、党情的前面，充分表明了“世情”的重要性和党中央对“世情”的高度重视。

十七大报告强调，“当代中国同世界的关系发生了历史性变化，中国的前途命运日益紧密地同世界的前途命运联系在一起”。报告对“世情”进行了精辟分析和高度概括，指出：“当今世界正处在大变革大调整之中。和平与发展仍然是时代主题，求和平、谋发展、促合作已经成为不可阻挡的时代潮流。世界多极化不可逆转，经济全球化深入发展，科技革命加速推进，全球和区域合作方兴未艾，国与国相互依存日益紧密，国际力量对比朝着有利于维护世界和平方向发展，国际形势总体稳定”。同时，报告也指出：“世界仍然很不安宁。霸权主义和强权政治依然存在，局部冲突和热点问题此起彼伏，全球经济失衡加剧，南北差距拉大，传统安全威胁和非传统安全威胁相互交织，世界和平与发展面临诸多难题和挑战”。

贯彻落实十七大精神，一项重要工作就是要加强“世情”研究。世界正在发生广泛而深刻的变化，要了解“世情”，就需要对不断发展变化的世界形势进行深入研究。中国是世界的一个重要组成部分，国情也是“世情”的一个重要组成部分；国情和“世情”相互联系，不可分割，国情深受“世情”制约。只有深入了解“世情”，才能准确把握国情。也只有深入了解“世情”，才能敏锐地感知我们面临的机遇和挑战，更好地利用机遇和应对挑战。

加强“世情”研究，第一要继续解放思想，排除“西教条”的束缚。在改革开放的历史进程中，对外学术交流不断加强，促进了我国哲学社会科学的发展。但是，在学术领域，近些年来“西教条”盛行，一些人对西方学术思想盲目崇拜，奉为圭臬，照抄照搬。这不仅对社会造成不良影响，也阻碍了我们自身的学术进步。教条主义曾经给我们的事业带来极大的危害，而今天在我们的学术界却刮着一股强劲的教条风。这是值得我们特别警惕的。我们必须坚持解放思想，打破“西教条”束缚，敢于向西方学术“权威”挑战，从实际出发，从国情、“世情”出发，推进学术上的“自主创新”，树立更多自己的具有民族特色和世界影响力的品牌。推进学术“自主创新”，就要着力构建自己的学术概念体系和学术思想体系。对西方的概念和思想观点，我们要消化吸收，变成自己的营养，而不能生吞活剥。否则，不但有碍学术创新，而且可能落入西方“学术陷阱”。照抄照搬别人的东西，就不能形成自己的话语体系。而只有构建自己的话语体系，才能在国际学术界乃至整个国际事务中更好地掌握话语权。

第二，要坚持科学严谨的学风，扎扎实实地做好研究工作。近些年来，学术界泛起一股浮躁风，急功近利，浅尝辄止，粗制滥造，华而不实。这样的学风不利于深入研究和了解“世情”。面对市场经济大潮的诱惑和冲击，我们要有坚持坐冷板凳的精神，克服浮躁情绪，大力提倡科学严谨的学风，扎扎实实、深入细致地做好各项研究工作，推出一流成果。要做到潜心研究，心无旁骛，持之以恒；不仅要及时掌握学术动态，走在学术前沿，而且要深入广泛地掌握第一手研究资料；还要勇于创新，不断探索新的研究方法和研究视野。

第三，要从历史角度出发，深入研究世界事务发展变化的规律，把握其发展变化趋势。历史与现实不可分。要了解世界现实，就要了解世界历史；只有了解世界历史，才能更好地了解世界现实，了解当今“世情”。因此，我们研究世界形势，研究“世情”，必须重视对世界历史的研究，培养深邃的历史眼光，把当今的“世情”放在世界历史发展长河中来分析和把握。在改革开放、经济全球化日益深入的今天，我国世界史研究远不能满足时代发展的需要。我们亟须加强世界史研究工作，增强研究力量，扩大研究领域，提高研究水平。研究当代国际问题的专家学者，也应加强对相关历史的了解和研究。掌握历史背景是研究国际问题的基本要求。缺乏世界史知识这个基本功，研究国际问题，很难出一流成果，很难成为学术大家。

第四，要促进全面的对外学术交流，提高对外学术交流的水平，科学地吸收借鉴国外哲学社会科学研究成果。既要重视与发达国家的学术交流，也要重视与发展中国家的学术交流；既要了解西方主流学派的观点，也要了解非主流的观点。这样才能比较全面地了解国外学术，才能更好地吸收借鉴。对国外学术成果，要在吃透的基础上消化利用，决不可照抄照搬。近些年来，我国哲学社会科学界在对外交流中，重欧美发达国家，轻亚非拉发展中国家。在与发达国家交流中，又重主流学派，轻非主流学派。但是，有不少非主流学者，如“左翼”学者，对西方社会进行了非常深刻的分析和批评，对世界事务有许多真知灼见，对我们全面观察了解西方社会和世界形势具有重要的参考作用。加强与西方非主流学者的学术交流，有利于我们全面认识西方社会和西方学术，有利于吸收借鉴国外优秀学术成果。

胡锦涛总书记强调，“世界仍然很不安宁”，“挑战也前所未有”。总书记的讲话高屋建瓴，微言大义。哲学社会科学工作者要做好科学阐释工作。要对世界形势进行深入研究，弄清在这个仍然很不安宁的世界，我们在政治、经济、文化、军事等各个领域究竟面临哪些前所未有的挑战，又该如何应对。

例如，在政治方面，要加强对西方民主制度和人权问题的研究和评析。今天推行霸权主义和强权政治的人热衷于挥舞民主和人权大棒，不断向中国和其他发展中国家施加压力。我们要深入研究西方民主制度、人权理论和人权状况，阐述其历史的进步性，剖析其阶级的、时代的局限性，揭露西方敌对势力利用民主人权问题干涉他国内政谋求自身利益的虚伪本质。同时，也要深入研究西方民主模式在发展中国家的实践情况，剖析为什么在许多发展中国家西方民主模式不能成功，反而导致严重的社会问题。

在经济方面，要加强研究发达国家和发展中国家的经济关系，尤其要下工夫研究国际财富和资本流动的方向和渠道，从历史和现实的角度进行深入探讨，揭示全球经济失衡加剧、南北差距拉大的深层原因。要重视对现阶段世界经济秩序的不合理性的研究，分析由发达资本主义大国主导的经济全球化对发展中国家构成的挑战，积极寻找对策，为构建公正合理的世界经济秩序提供学术支持。

在文化方面，要深入研究西方敌对势力进行文化渗透的策略和手法，寻求应对之策。当前西方敌对势力采取各种方式对我国进行文化渗透，不断发起意识形态挑战。这不仅牵涉到国家文化建设问题，更重要的是关系国家能否长治久安，关系中华民族能否实现伟大复兴。哲学社会科学工作者要加强对西方文化渗透问题的研究，为有力地抵制各种错误和腐朽思想的影响献计献策。要以科学态度来对待西方文化，既不盲目崇拜，也不一味排斥，而要分析鉴别什么是精华，什么是糟粕。这样，才能做到更好地吸取其精华，拒绝其糟粕，推动我国社会主义文化的大发展大繁荣。

在军事方面，要深入研究世界军事情势的发展变化趋势。重点研究世界军事格局的变化、军事集团的演变、各国特别是大国的军费开支和军事变革。尤其要注意研究北约的发展变化趋势。北约是当今世界最大的军事集团，对这个庞然大物的走向没有清醒认识，就不能做到深入了解“世情”。军事是政治的最高表现形式。军事挑战是最严峻的挑战，军事较量是最高形式的较量。研究任何国际问题，绝不能脱离世界军事情势。我们要把世界军事情势放在“世情”的重要位置，把世界经济、政治、文化等问题与军事问题结合起来考察和分析，力求全面地而不是片面地、整体地而不是局部地把握“世情”。

十五

生态文明观及其在中国的确立

王秀奎

（一）全球生态文明观的提出

生态文明观是在全球生态环境危机和生态环境受到农业文明、工业文明冲击的背景下形成的。农业文明和工业文明在追求企业利益最大化的同时，将环境成本外部化，因此带来了资源破坏、环境污染、沙漠化、“城市病”等一系列全球性难题。人类越来越深刻地认识到，物质生活的提高是必要的，但不能忽视精神生活；发展生产力是必要的，但不能破坏生态；人类不能一味地向自然索取，而必须保护生态平衡。生态文明作为对农业文明和工业文明的超越，代表了一种更为高级的人类文明形态。

20 世纪七、八十年代，在世界范围内开始了关于“增长的极限”的讨论，各种环保运动逐渐兴起。1972 年 6 月，联合国在斯德哥尔摩召开了有史以来第一次“人类与环境会议”，通过了《人类环境宣言》，从而揭开了全人类共同保护环境的序幕。1983 年 11 月，联合国成立了世界环境与发展委员会，1987 年该委员会在其报告《我们共同的未来》中，正式提出了可持续发展的模式。1992 年联合国环境与发展大会通过的《21 世纪议程》，更是高度凝结了当代人对可持续发展理论的认识。至此，人们对生态文明有了比较清晰的认识。所谓生态文明，是人类文明的一种高级形式。它以尊重和维护生态环境为主旨，以可持续发展为根据，以未来人类的继续发展为着眼点。生态文明观强调人的自觉与自律，强调人与自然环境的相互依存、相互促进、共处共生。生态文明地提出，是人们对可持续发展问题认识深化的必然结果。

生态文明观为人类可持续发展提供了地球进化的生态伦理依据和社会发展

的生态文明路线。生态文明观认为：生态文明是实现人口与资源、生态环境协调发展的社会范型，是人类为了可持续生存与发展，在经过农业文明、工业文明两次选择后进行的第三次文明模式选择。人类已走出完全依靠土地资源的农业文明，又即将走出依靠自然资源的工业文明，现在正站在生态文明的门槛上。信息化为全球化资源管理提供了手段，同时也提高了发展中国家的参与能力，因此，生态文明是生态与信息相统一的文明模式。建设生态文明社会要充分利用信息资源，在最少耗费物质和能量的前提下，发展生态产业，在高度信息化的前提下进行资源的优化配置。生态文明社会要通过资源增值和信息增值来实现。资源增值的意义在于建立生态文明的物质基础，途径是发展生态产业并开发节约型替代产品；信息增值的意义在于建立生态文明的精神基础和管理体系，途径是发展信息产业并提高对生态环境、资源的管理能力，促进社会的全面进步。

（二）生态文明观在中国的确立

因为资源短缺和生态环境容量不足，中国不能再重复西方发达工业国家的老路，而要利用信息革命带来的契机，走跨越式发展的道路：既要利用工业文明的积极性、建设性的成果，又要避免工业文明带来的生态灾难，为我国众多的人口营造最基本的生态环境，以满足人民群众的最基本的生态需求，为地球的可持续存在和全人类的可持续发展作出贡献。在这样的背景下，中国对生态文明观的理论研究和实践经历了艰苦的探索。

中国从 1953 年“一五”计划开始搞工业化，走了半个多世纪工业文明的道路。从 1995 年十四届五中全会提出“加快国民经济信息化进程”开始搞信息化，走了 10 多年信息文明的道路。在肯定成绩的前提下，也应认识到生态问题的严峻性。在农村，“白色污染”已经成为一大灾难，过去的不少青山绿水变成了秃山污水，不少地区沙漠化严重。在许多城市，大气污染严重，人们已很少能呼吸到清新的空气。在资源方面，由于一些地区多年来乱开乱采，加之大量浪费，致使资源枯竭。至于江河或者断流，或者发生洪水灾害，都与生态环境的破坏有着直接关系。

工业文明把人类社会经济发展摆在首位，把经济价值放在首位，注重物质资源与能量资源，重视物质享受；信息文明把社会价值放在首位，注重信息资源与知识资源，重视教育，重视研究与发展，虽然为合理利用资源提供了强有力的手

段，但因为信息业的劳动对象是信息与知识，不是物质与能量，所以不能从根本上解决工业文明造成的资源枯竭与环境污染问题。在科技革命、经济全球化与结构调整三股浪潮冲击下，要树立科学发展观，建设和谐社会和社会主义新农村，就必须从更深的层次思考中国的发展道路和发展模式问题。建立社会主义生态文明可以说是势在必行的选择。

生态文明体现了社会主义的基本原则。社会主义生态文明首先强调以人为本的原则，同时反对极端人类中心主义与极端生态中心主义。极端人类中心主义制造了严重的人类生存危机，极端生态中心主义却过分强调人类社会必须停止改造自然的活动。生态文明则认为人是价值的中心，但不是自然的主宰，人的全面发展必须促进人与自然的和谐。另外，在可持续发展与公平公正方面，生态文明也与当代社会主义的原则基本一致。

生态文明应成为社会主义文明体系的基础。社会主义的物质文明、政治文明和精神文明离不开生态文明，没有良好的生态条件，人不可能有高度的物质享受、政治享受和精神享受。没有生态安全，人类自身就会陷入不可逆转的生存危机。中国传统文化中固有的生态和谐观，为实现生态文明提供了坚实的哲学基础与思想源泉。生态文明的理念符合党和国家提出的落实科学发展观、建设社会主义和谐社会与环境友好型社会等一系列新的发展理念。有鉴于此，1996 年国家社科基金在“九五”规划中设立重点课题“生态文明与生态伦理的信息增值基础”，使生态文明在理论研究、政策分析、规范建制、价值导向、实践探索等方面更加深入。2000 年召开“全国首届生态文明与生态产业高级研讨会”，综合探索生态文明与中国的发展道路。

2003 年中共中央、国务院在《关于加快林业发展的决定》中提出“建设一个山川秀美的生态文明社会”。生态文明观从“生产发展、生活富裕、生态良好”扩展到“建设一个山川秀美的生态文明社会”。党的十七大报告明确提出“建设生态文明”，将全民牢固树立生态文明观，提到一个前所未有的高度。

生态文明与物质文明、精神文明、政治文明是一脉相承的，物质文明、精神文明、政治文明为实现生态文明提供了基础条件，生态文明反过来又可以对前三个文明产生有力的促进作用。在生态文明下的物质文明，将致力于消除经济活动对大自然自身稳定与和谐构成的威胁，逐步形成与生态相协调的生产、生活与消费方式；生态文明下的精神文明，更提倡尊重自然，建立人类全面发展的文化氛围，避免人们对物欲的过分追求；生态文明下的政治文明，尊重利益和需求多元化，避免由于资源分配不公、人或人群的斗争以及权力的滥用而造成对生态的破坏。生态文明是对现有文明的超越，它将引领人类放弃工业文明时期形成的重功利、重物欲的享乐主义，摆脱生态与人类两败俱伤的悲剧。

党的十七大提出的“建设生态文明”，也为我国现代农业建设指明了基本方向，即必须用生态文明观统领产业结构、增长方式和消费模式，走具有中国特色的节约能源资源和保护生态环境的生态农业发展道路。

第四篇

若干重大问题研究（中）

一

正确看待经济增速回落　搞好宏观调控

陈佳贵

（一）正确看待当前我国经济增速回落

2003~2007 年，中国积极应对复杂多变的国际环境，围绕解决宏观经济运行中的突出矛盾和问题，正确地把握宏观调控的方向、节奏和力度，综合运用多种宏观调控手段和方式，既注重保持政策的连续性和稳定性，又根据形势的变化适时适度地调整政策，促进了经济的平稳快速发展，避免出现大的起落。

5 年来的宏观调控内容丰富，成效显著。中国综合国力显著增强，社会事业全面发展，人民得到更多实惠。2007 年国内生产总值超过 24 万亿元，比 2002 年增长 67%，年均增长 10.8%，从世界第六位上升到第四位；全国财政收入达到 5.13 万亿元，增长 1.71 倍；进出口总额达到 2.17 万亿美元，从世界第六位上升到第三位。

宏观调控不是一劳永逸的。2007 年下半年，根据当时中国经济运行中的问题，特别是经济增长由偏快转为过热的压力较大，价格上涨的压力较为突出，2007 年底的中央经济工作会议提出了“双防”目标，即防止经济增长由偏快转为过热，防止物价由结构性上涨转为明显通货膨胀。

进入 2008 年，美国次贷危机不断加深，世界经济增长放缓，许多国家面临较大的通货膨胀压力。国内接连发生历史罕见的低温雨雪冰冻灾害、特大地震灾害和洪水灾害，灾区人民的生命财产遭受重大损失。适应形势变化，7 月份中央及时提出了“一保一控”方针，即把保持经济平稳较快发展、控制物价过快上涨作为宏观调控的首要任务。

尽管国际经济形势发生了重大变化，对中国经济的发展产生了较多的不利影响，但由于我们高度重视农业特别是粮食生产，综合运用多种政策工具，较好地把握了宏观调控的重点、节奏和力度，中国经济总体上保持了增长速度较快、价格涨幅趋缓、结构有所改善的较好态势。

但是，由于美国金融危机的影响蔓延加深，对我国经济影响逐步加大，外部冲击使正在抑制经济过热、减缓增长速度的中国经济增速回落步伐加快。经济增速从 2007 年第二季度的 12.7% 下降到了 2008 年第二季度的 10.1%，下降了 2.6 个百分点。第三季度只有 9%，下降近 3 个百分点。从年度看，可能下降 2 个多百分点。

2008 年出现经济增长速度放缓，主要有四方面的原因：一是经过长达 5 年的 10% 以上的高速增长，积累了不少矛盾，我国经济已进入一个新的调整期；二是政府出台的宏观调控措施起作用的结果；三是受奥运的影响，特别是北京及其周边地区，受到了较大影响；四是受外部环境变化的冲击，这是最主要的。因为 2005~2007 年货物及服务净出口对我国 GDP 增长的贡献率上升到了 20% 左右，拉动 GDP 增长 2.2~2.6 个百分点左右，而 2008 年净出口对 GDP 的贡献率预计将转为负值。增速回落本来正是宏观调控的预期方向，从 2008 年看，经济增长速度仍在合理区间内，我国经济快速发展的基本面没有改变，但由于 2008 年以来，美国金融危机不断加深，影响不断加剧，国内宏观调控因素与国际经济不利因素两者叠加，使我国经济增速回落步伐过快。对此，我们既应该高度重视，又不要反应过度。这既是挑战，又是调整经济结构、深化改革的大好时机。

（二）关于 2009 年的经济形势

当前，美国金融危机仍在进一步发展，2009 年的世界经济具有很大的不确定性。国际货币基金组织（IMF）在 2008 年 10 月 9 日的《世界经济展望》报告中预计，2008 年全球经济增幅仅为 3.9%；该组织 7 月份发布的预期增幅为 4.1%。IMF 还将 2009 年全球经济增长预期由 3.9% 下调至 3%，为 2002 年以来的最低水平；将美国 2008 年经济增长预期由 7 月份时的 1.3% 小幅上调至 1.6%，将 2009 年美国经济增幅预期由之前的 0.8% 下调至 0.1%；将欧元区 2008 年经济增长预期由 7 月份的 1.7% 下调至 1.3%，并将 2009 年经济增幅预期由 1.2% 下调至 0.2%。IMF 预计，经物价因素调整后，日本经济 2009 年将增长 0.7%，低于 2008 年 7 月份预计的 1.5%。IMF 还将日本 2009 年的经济增长预期由 1.5% 下调至 0.5%。IMF 对中国 2008 年 GDP 增长率的预期维持在 9.7% 不变，但将 2009 年增幅预期从 2008 年 7 月份时的 9.8% 下调至 9.3%。

受次贷危机影响，2008 年及 2009 年发达经济体的内需将进一步下降，进而对新兴市场和发展中国家造成影响。美国是中国的主要出口市场，根据中国正式加入世贸组织以来的近期数据（2002 ~ 2007 年）粗略测算，中国出口增长率与美国 GDP 增长率之间存在着较强的正相关关系，美国 GDP 增长率每下降 1 个百分点，中国出口增长率平均将下降 5. 2 个百分点。次贷危机对中国出口的影响程度将主要取决于世界经济减速的程度。2007 年美国 GDP 增长率为 2. 2%，受次贷危机影响，如果 2008 年美国 GDP 增速下降到 IMF 所预测的 1. 6%，则 2008 年中国出口增长率将比 2007 年下降 3. 1 个百分点左右；如果 2009 年美国 GDP 增速下降到 IMF 所预测的 0. 1%，则 2009 年中国出口增长率将比 2008 年下降 7. 8 个百分点左右。

当前国际环境中不确定不稳定因素增多，国内经济运行中的一些矛盾也比较突出，保持经济平稳较快发展面临的挑战和困难增大。初步判断，2009 年虽然仍然存在重大的不确定因素，但是只要我们宏观调控措施及时得当，在外需增长显著减缓的条件下，积极扩大内需特别是消费需求，稳定投资，适度增加非生产性投资力度，加快推进社会主义新农村建设，加快转变经济发展方式，加快关键性领域改革步伐，则 2009 年 GDP 增长率虽然可能将继续有所回落，但仍有望保持 9% 以上的增长，同时可以把通货膨胀率控制在 5% 以下。

（三）采取灵活审慎的态度搞好当前的宏观调控

在新形势下，为了促进经济继续又好又快发展，应采取灵活审慎的态度和方法搞好当前的宏观调控。调控的重点应由主要防通胀转为主要保持经济适度快速增长。为此，财政政策要从稳健转为适度扩张，货币政策要由从紧转为适度放松，并注意两者之间的协调配合作用。防通胀虽然仍是宏观经济政策要考虑的重要问题，但要处理好以下几个关系。

第一，处理好经济增长速度与控制通货膨胀的关系。虽然在不同国家、不同时期，经济增长与通货膨胀之间的关系具有明显的多样性和差异性，但在中国这样的发展中国家和这样的发展阶段，经济增长与通货膨胀之间确实存在一定程度的相关性。当经济增长速度持续过高时，通货膨胀率会上升；相反，如果要把过快的经济增长速度迅速降下来，通货膨胀率肯定也可以降下来。但是，在目前美国次贷危机加深、国际经济不确定性显著加大的情况下，我们不能让经济增长速度回落过快，因此，我们只要能够把通货膨胀率控制在可承受的范围内即可，不必苛求把通货膨胀率过快降下来。

从改革开放以来我国宏观调控的实际情况来看，把我国经济增长速度控制在9%左右较为合适。经济增长速度过高会加剧许多结构性矛盾，并可能引发通货膨胀；经济增长速度过低不利于增加就业，不利于全面建设小康社会，并可能引发通货紧缩。在充分吸取以往历次宏观调控经验和教训的基础上，今后我们应更好地处理经济增长速度与控制通货膨胀的关系，保持经济适度的平稳较快增长，防止出现大起大落。

第二，处理好农民增收与控制通货膨胀的关系。千方百计增加农民收入是全面建设小康社会的重点和难点，是落实扩大内需方针的必然要求。近几年来，中央把促进农民增收作为农业和农村工作的中心任务，采取了一系列重大措施，扭转了农民收入一度低迷徘徊的局面，呈现快速增长的态势。但是，2008年以来农业生产资料价格大幅上涨，农业生产比较效益持续下降影响了农民增收。

受石油价格高企推动的谷物燃料化、新兴国家粮食需求上升、美元贬值等因素的影响，2007年以来国际粮食价格已显著上涨。虽然近几年我国粮食价格也有一定程度的上涨，但在限制粮食出口等政策的作用下，目前我国粮食价格仍然显著低于国际市场价格。粮食食品价格上涨有合理性的一面，有利于农民增收。我国农产品价格显著低于国际市场价格为我们进一步理顺粮食等主要农产品的价格提供了外部条件。逐步理顺农产品价格，兼顾消费者承受能力和生产者利益，使农产品价格保持在合理水平，一个重要的方向就是要在通货膨胀压力趋缓时，逐步提高粮食价格。因此，要处理好粮食涨价与控制通货膨胀之间的关系，把两者更好地结合起来。粮食涨价后，对城镇低收入者的影响可通过加大补贴力度来解决。

第三，处理好理顺资源要素价格与控制通货膨胀的关系。2008年初开始实施的价格管制是应急的措施，对成品油、电力实施的价格管制以及对食品、钢材、水泥等商品实施的临时价格干预措施对于短期抑制高通胀起到了一定的作用。但长期持续的价格管制，不仅不利于消除通胀压力，而且还会导致供给短缺与资源配置不当。在全球化的环境中，资源要素价格扭曲相当于我国对全世界的补贴。从长期来看，一旦通货膨胀压力趋缓，应抓住机遇，理顺资源要素价格机制。

理顺资源要素价格、逐步消除价格扭曲，是实现节能减排的内在要求。当前，要处理好理顺资源要素价格与控制通货膨胀之间的关系，把两者更好地结合起来。在通货膨胀压力趋缓时，应继续有步骤、分阶段地理顺电力、煤炭、液化

气、天然气等资源要素价格，不断完善反映市场供求关系、资源稀缺程度、环境损害成本的生产要素和资源价格形成机制，不断增强我国经济的可持续发展能力。

此外，在防止经济增速过多过快下滑，保持平稳较快增长时，还必须十分重视转变经济发展方式。在经济高速增长时期，就业较为充分，居民、企业、政府的收入增加较多，许多结构性问题和深层次问题被掩盖下来。当经济增长速度持续过快发展时，即使总量供给能够满足需求扩张的需要，结构性供需矛盾也能产生通货膨胀问题。为了抑制通货膨胀的加剧而采取的紧缩性政策将使经济增长速度放慢，进而使原先在高速增长时期被掩盖下来的结构性矛盾逐步暴露出来。因此，经济增长速度的适度减慢是解决经济增长过快时期积累的问题的机遇。在经济增速减缓时期进行积极的结构调整，可以为经济的长期可持续发展创造条件、积蓄能量。我们应该积极主动地利用增速减缓时期价格涨幅同时减缓的条件，进行经济结构调整，转变经济发展方式，使经济增长速度一定程度地减慢具有积极意义。

在目前外需有所放缓的条件下，处理好转变经济发展方式与保持经济平稳较快增长的关系具有尤其重要的现实意义，要坚持扩大国内需求特别是消费需求的方针，要采取有效措施，促进经济增长由主要依靠投资、出口拉动向依靠消费、投资、出口协调拉动转变，由主要依靠第二产业带动向依靠第一、第二、第三产业协同带动转变，由主要依靠增加物质资源消耗向主要依靠科技进步、劳动者素质提高、管理创新转变。

我们还必须充分认识到，深化改革是保持经济长期平稳较快增长的制度和机制保证。对于宏观经济运行中出现的短期波动问题，可通过不同宏观调控政策的组合来加以解决，但是对于宏观经济运行中长期或反复出现的一些问题和经济现象，仅仅依靠宏观调控政策的运用是很难起作用的。这些深层次问题之所以难以解决，并延续了一段时期，一个重要原因在于经济领域中的一些关键性改革不到位，比如财税体制改革和垄断性行业改革滞后。深层次问题难以单靠宏观调控来解决，必须通过深化关键性领域改革、完善社会主义市场经济体制来解决。

总之，我们应采取灵活审慎的态度和有效的宏观经济政策，努力保持经济平稳较快增长，同时不失时机地理顺农产品价格、理顺资源要素价格、转变经济发展方式、深化关键性领域改革，为经济长期可持续发展创造更为有利的条件。

二

加快转变经济发展方式*

汪同三

加快转变经济发展方式，关系全面建设小康社会、加快推进社会主义现代化全局。党的十七大报告明确提出，加快转变经济发展方式，推动产业结构优化升级。我们一定要按照中央要求，大力推进经济结构战略性调整，更加注重提高自主创新能力、提高节能环保水平、提高经济整体素质和国际竞争力。

(一)

改革开放以来，我国经济持续快速增长，综合国力明显增强，人民生活水平大幅度提高，社会主义现代化建设取得举世公认的伟大成就。2007 年以来，我国经济社会发展保持增长较快、结构优化、效益提高、民生改善的良好态势，宏观调控成效继续显现，农业稳定发展、农民持续增收，节能减排工作力度加大，企业经济效益明显改善，财政收入大幅增长，体制改革取得新突破，开放型经济水平进一步提高，社会事业加快发展，城乡居民收入快速增长，人民群众得到更多实惠。可以说，当前，促进经济社会又好又快发展的有利条件很多。在看到成绩的同时，我们也要清醒认识到，进入新世纪新阶段，我国发展呈现一系列新的阶段性特征，比如，经济实力显著增强，同时生产力水平总体上还不高，自主创新能力还不强，长期形成的结构性矛盾和粗放型增长方式尚未根本改变；人民生活总体上达到小康水平，同时收入分配差距拉大趋势还未根本扭转，城乡贫困人口和低收入人口还有相当数量，统筹兼顾各方面利益难度加大；协调发展取得显

* 该文以中国社会科学院邓小平理论和“三个代表”重要思想研究中心名义，刊于 2008 年 2 月 4 日《经济日报》。

著成绩，同时农业基础薄弱、农村发展滞后的局面尚未改变，缩小城乡、区域发展差距和促进经济社会协调发展任务艰巨；对外开放日益扩大，同时面临的国际竞争日趋激烈，发达国家在经济科技上占优势的压力长期存在，可以预见和难以预见的风险增多，统筹国内发展和对外开放要求更高。突出表现在经济增长的资源环境代价还相对较大；城乡、区域、经济社会发展仍然不平衡；在一些地方劳动就业、社会保障、收入分配、教育卫生、居民住房、安全生产等方面关系群众切身利益的问题仍然较多等。

我们必须始终保持清醒头脑，深刻把握我国发展面临的新课题新矛盾，更加自觉地走科学发展道路，加快转变经济发展方式，推动产业结构优化升级，促进经济增长由主要依靠投资、出口拉动向依靠消费、投资、出口协调拉动转变，由主要依靠第二产业带动向依靠第一、第二、第三产业协同带动转变，由主要依靠增加物质资源消耗向主要依靠科技进步、劳动者素质提高、管理创新转变。

（二）

加快转变经济发展方式，推动产业结构优化升级，这是关系国民经济全局紧迫而重大的战略任务。我们一定要按照中央的有关要求，切实做好以下各项工作。

第一，促进经济增长由主要依靠投资、出口拉动向依靠消费、投资、出口协调拉动转变。长期以来，我国投资增长速度明显高于 GDP 增长速度，明显高于消费增长速度，资本对经济增长的贡献率不断增加，而最终消费对经济增长的贡献率则有较大幅度下降。一方面我们要努力保持投资对经济增长的拉动作用；另一方面我们又必须密切注意投资增长与消费增长的不协调状况，防止投资的过快增长，努力调整消费与投资的比例结构关系。

促进消费与投资的结构调整，关键是要努力扩大消费需求。近几年我国社会消费品零售额增长均超过了 10%。但是与投资增长速度相比，消费增长速度依然相对偏低，消费与投资增长依然不协调。提高国内消费需求的关键，是努力提高居民收入水平。要通过深化收入分配制度改革，逐步提高居民收入在国民收入分配中的比重，更加重视收入分配制度中促进社会公平的举措，努力提高国内消费需求，协调消费与投资对经济增长的拉动关系。

同时，我们还要协调国内需求与国外需求对经济增长的拉动关系。从 20 世纪 90 年代中期以来，我国对外贸易一直保持顺差，使得外需对经济增长的贡献率明显上升。保持贸易顺差总体上是有利的，但是，对中国这样一个大国来说，经济增长主要还是要依靠内需拉动。因此，我们在注意协调消费与投资对经济增长的拉动关系的同时，也必须注意协调好内需与外需对经济增长的拉动关系。

第二，促进经济增长由主要依靠第二产业带动向依靠第一、第二、第三产业协同带动转变。产业结构问题是影响经济可持续发展的一个主要问题。很长一段时间以来，我国经济增长一直主要依靠工业增长带动，三次产业结构不协调的问题比较突出。

农业在国民经济中的基础地位，丝毫不能动摇。农业的稳定发展，不仅是宏观经济持续稳定快速增长的根本，是社会稳定的基石，也是提高农民收入水平的基本途径。改革开放以来，农业在 GDP 中的比重逐步下降，这一变化是与产业结构升级的趋势相适应的。但是我国农业基础薄弱的现状没有改变。近年来，强农、惠农措施力度不断加大，有效地调动了农民的生产积极性，使农业生产和农民收入都有了明显提高。现在我们面临的问题是，继续保持农业较快增长和农民收入较快增加的难度加大了。我们必须继续扎实推进社会主义新农村建设，夯实农业基础。

加快发展服务业，是当前调整产业结构的重要任务之一。近年来，虽然第三产业增长速度有所加快，但是与第二产业相比，仍然是滞后的。在目前状况下，我们必须立足优化产业结构促进发展，加强农业基础地位，使农业生产由弱变强；提高工业生产水平，使工业增长由大变强；加快发展服务业，使服务业发展由慢变快。

第三，促进经济增长由主要依靠增加物质资源消耗向主要依靠科技进步、劳动者素质提高、管理创新转变。经济增长的投入要素有物质要素、劳动要素和包括管理在内的技术进步要素。我国长期以来，经济增长过多地依靠物质要素投入增加和简单劳动的扩大，而技术进步、劳动者素质提高、管理创新等对经济增长的贡献不足。

在物质要素投入方面，一方面物质资源消耗较大，综合利用效率较低；另一方面环境成本较高。我国人均资源占有量远低于世界平均水平，许多重要的矿产资源相对贫乏。虽然 2007 年我国的节能减排工作取得了重要进展，但是全面完成“十一五”规划纲要制定的节能减排任务，仍然难度很大，任重道远。

实现我国经济发展方式转变的一个关键环节，是增强自主创新能力，尽快扭转目前我国自主创新能力不强，缺乏核心技术，缺少自主知识产权的现状。提高自主创新能力，建设创新型国家，是国家发展战略的核心，是提高综合国力的关键。经过多年努力，我国科技创新取得明显成效，但自主创新不足，转化水平不高，劳动生产率和经济效益与国际先进水平相比还有较大差距的问题依然存在。不论是从国际科技竞争加剧的趋势看，还是从国内低成本竞争优势减弱的现实看，我们都到了必须更多地依靠科技进步、劳动者素质提高和管理创新带动经济发展的阶段。只有全面提高自主创新能力，才能逐步形成以科技进步和创新为基础的新竞争优势。我们一定要坚持走原始创新、集成创新、引进消化吸收再创新的中国特色自主创新道路，把增强自主创新能力作为科学技术发展的战略基点和调整产业结构、转变经济发展方式的中心环节，并贯彻到现代化建设的各个方面。

提高自主创新能力，必须与产业结构优化升级紧密结合。要大力推进信息化与工业化融合，促进工业由大变强，振兴装备制造业，淘汰落后生产能力。要提升高新技术产业，发展信息、生物、新材料、航空航天、海洋等产业，发展现代产业体系，增强国际竞争力。

三

当前宏观经济形势下的就业问题*

蔡 昉

判断宏观经济形势和进行调控政策的决策，需要把就业变化作为重要的参考变量。尽管迄今为止就业形势没有发生重大的异常，但是，2008 年下半年以及 2009 年经济形势对就业的冲击风险仍然是存在的。我们现在面临一个两难选择。投资和出口是两个多年以来最重要的拉动经济增长的需求因素，在其增长大幅度减速的情况下，需要扩大内需来弥补。有人建议采取刺激需求的政策手段来提高内需。但是，这与治理通货膨胀的政策目标又有矛盾，因为防止通货膨胀通常需要抑制需求。不过，通过保持就业稳定，保障普通劳动者和低收入家庭的收入水平，至少可以取得化解通货膨胀对居民生活的不利影响，保持内需增长势头的积极效果。

（一）当前的就业形势判断

如果按照 2007 年以前就业市场的趋势，2008 年本来应该是一个空前好的就业形势。但是，由于 2008 年的宏观经济形势存在着以下一系列因素，从理论上讲，不可避免地会对中国的非农产业就业产生不利的影响甚至冲击。

一是人民币升值、经济增长速度减缓、实际投资增长率降低和出口的下降。按照一般的宏观经济理论判断，这应该导致就业减少或至少增长率下降。据报道，商务部部长陈德铭认为，中国外贸出口每波动 1 个百分点，将影响中国 18 万～20 万人的就业。2008 年出口下降显然不是几个百分点的问题。

二是全国普遍出现的实际工资上涨导致企业用工成本提高，大量中小企业（其中包括许多“血汗工厂”）缩减生产或者倒闭，以及部分企业对《劳动合同

---

* 该文原刊《中国党政干部论坛》2008 年第 10 期。

法》实施做出的不恰当反应，预期会产生对就业增长的不利影响。

三是雪灾、震灾、水灾等自然灾害产生的冲击。例如，四川全省有115.2万农民失去生产资料，他们中的80%成为就业困难人员，零就业家庭增加5.1万户。当然，这个因素只是局部的和区域性的，还不致产生全国性的影响。

虽然从2008年上半年的实际情况看，就业形势并不像预期的那样悲观，但是对下半年以至2009年的就业形势做判断的话，可以预计，就业形势会逐季地变得更加严峻。虽然我们的统计体系还不能提供及时的就业变化信息，仍然有以下现象可以作为证明。

第一，从劳动力市场供求信息看。截至2008年第一季度，劳动力市场上供需两旺，与2007年第一季度相比，劳动力需求增长了48%，劳动力供给增长了47%，两者的匹配水平还略有提高，意味着劳动力市场整体状况没有发生大的异常。与此相对应的是，2008年第一季度登记失业率为4%，保持了2007年的下降趋势。

第二，把第二季度的情况考虑进去进行分析。2008年上半年新增就业640万人，完成全年计划1000万人的64%。其中下岗失业人员再就业282万人，困难群体就业77万人。新增就业比2007年同期完成人数多了11万人，但由于2008年计划数比2007年高，所以完成的比例略低于2007年。登记失业人数835万人，比2007年增加了5万人，登记失业率为4.05%，与2007年同时期持平。但与2008年第一季度相比，第二季度显然已经显示出不利趋势。

第三，政策效果显示，存在一个时间差。随着宏观调控政策的持续，特别是货币政策作用的继续发挥，在通货膨胀压力逐渐缓解的同时，投资增长率、经济增长率等指标还会继续趋缓。一般来说，从实施总量调控政策到通货膨胀得到控制，大约需要1至1年半的时间差，所以政策效果显示之前，周期仍然朝着走低的方向发展。这些都会成为2008年下半年乃至2009年不利于就业的因素。宏观经济形势影响就业表现为“菲利普斯曲线”显示的通货膨胀率与失业率之间的消长关系。我们的研究表明，中国也存在这样的关系。

迄今为止，中国的价格上涨是结构性的，在防止其转变为明显通货膨胀的政策手段中，起作用的也是结构性的措施，因此，宏观经济调控没有产生对就业的负面影响。CPI在2008年5月份开始得到缓解，没有看到就业的明显下降，这也表明，这样的调控力度是可行的，已经初见成效。但是，即使在已经开始向“一保一控”政策转变的情况下，以从紧的货币政策为代表的总量调控政策，仍然会在一个较大的时间差之后，对就业产生不利影响。

（二）宏观调控中要高度关注就业

总体来说，经济增长率和出口增长率放缓的因素，除了是宏观调控所要达到的预期目标之外，还受到国际经济形势的影响。这方面可以改变的余地较小。我们主要分析宏观经济形势影响就业形势的传导机理，以便找出在稳定宏观经济调控政策的同时，又能最大限度地不伤害就业的政策手段。

1. 企业成本提高的化解方式

从2007年开始显示出来的制造业成本提高（有人称其为成本正常化），逐渐演化为所有工业部门的成本提高趋势，主要表现在能源、原材料和劳动力成本的提高。通常，这需要通过两个出口来解决，一个是靠通货膨胀外部消化，即产品涨价；另一个是靠挤压企业利润内部消化。实际中两种情形都发生了，但针对不同行业的企业来说，消化的方式和产生的效果是不一样的。由于上游行业垄断性强，依靠通货膨胀消化的可能性大一些。同时，上游行业劳动密集程度低，受劳动力成本提高的影响也比较小。下游行业多是竞争性的，又是劳动密集程度比较高的部门，受冲击比较大，主要得靠挤压利润来消化。

以下两个事实表明了这种趋势：①目前PPI有所提高而尚未传导到CPI，意味着下游企业承受生产成本的提高，却没有能够通过价格的提高加以消化；②至2008年5月份同比，规模以上工业企业的利润下降了21.2个百分点，但上游的一些部门利润却大幅度上升，意味着下游企业利润下降幅度更大。大体上按照上下游来对部门和企业进行排列的话，恰好吸纳就业最多的企业大多在下游，其利润减少就意味着其中的一部分企业已经难以为继，表现为许多中小企业倒闭。这就必然表现为就业的损失。从这个意义上说，利润下降通常是就业冲击的先导，劳动密集型中小企业利润下降所导致的缩减生产甚至倒闭，则直接表现为就业减少。处在上游的部门受到的伤害较小，但是由于其劳动密集程度低，所以也无助于就业的扩大。

2. 总量控制政策的有效范围

当前宏观经济形势十分复杂，要做到清醒认识、准确判断和正确决策，需要有正确的观察和分析问题的认识论出发点。我认为首先需要针对宏观经济形势的性质，准确把握中央提出从“两防”到“一保一控”任务转变的内涵。我认为，中央关于“两防”的这个表述实际上包含了双重目标，即第一，在讲到“防止结构性价格上涨转变为明显的通货膨胀”时，既包含治理结构性价格上涨的任

务，也包含防止形成明显通货膨胀局面的任务。第二，在讲到“防止经济增长从偏快转为过热”时，包含了控制经济偏快局面的治理任务和防止经济过热的任务。做出这样的区分后，我们可以更加清晰地判断形势，把握政策实施的力度、节奏和平衡。既然治理的任务已经达到既定目标，转向保增长、控通胀就是水到渠成的事。

许多经济学家认为价格水平的变动原因、方向和幅度，是货币存量变化的结果，对“结构性价格上涨”的说法不以为然，认为其违背了弗里德曼“通货膨胀归根结底是货币现象”这个原理。问题在于，这个理论对我们面临的问题，以及解决问题的政策缺乏操作意义。因为货币存量与通货膨胀变动的关系，需要在比较长的时间里才能显示出来，而应对通货膨胀带来的负面效果，既需要着眼于长期治本，也需要着眼于短期治标。如果政策力度不适当，有可能在没有完成防止通货膨胀任务之前，就伤害了经济增长速度，伤害了就业，后果可能比结构性的价格上涨还要严重。

从 2007 年至今的价格变化趋势看，结构性价格上涨这个事实是存在的，也具有与全面的通货膨胀不尽相同的成因，因此可以成为一项独立的调控目标，采取头痛医头、脚痛医脚的办法。即结构性政策手段着眼于“治”，总量手段着眼于“防”，这样也就把保增长和控通胀统一了起来。

（三）宏观调控中保持就业的政策建议

把就业纳入视野的宏观经济政策，需要考虑以下几个方面，制定有针对性的政策，实现宏观经济调控代价的最小化。

1. 降低自然失业率

在治理结构性价格上涨的过程中，充分利用缩小自然失业率的办法消化可能产生的就业损失。做出经济增长速度放缓会导致失业率上升的判断，依据的是美国经济学家奥肯所概括的所谓“奥肯定律”。根据这个定律，目前美国的经验是，1 个百分点的失业率下降与 2 个百分点产出增长率相联系。我们的研究表明，由于中国的失业率主要不是周期性因素，而是摩擦性和结构性因素所导致，所以不存在明显的奥肯关系。

在通货膨胀发展的一定阶段上，存在治理结构性价格上涨的机会窗口，而不至于伤害经济增长和就业。自 2002 年以来，城镇调查失业率已经逐年下降，并且已经越来越接近自然失业率的水平。我的不精确估计是，城镇总体失业率大约为5%，其中自然失业率大约为4%，周期性失业率仅为1%。

由于自然失业率可以通过改善劳动力市场功能得到降低，因此，加强政府劳动力市场服务职能，可以用自然失业率的降低来抵偿经济增长速度减缓可能导致的周期性失业率上升。有经济学家估算，出口增长率从20%下降到6%~8%，可能造成2~2.5个百分点的GDP增长率损失。即使按照美国经验，导致1个百分点的失业率上升（实际上在中国不太可能有那么大的影响），则需要想方设法从降低自然失业率中获得补偿。2008年是《就业促进法》实施的第一年，如果能够把其中一些法律规定执行好，降低1个百分点的自然失业率也是有可能的。

2. 缓解企业成本压力

在“一保一控”的过程中，允许下游企业释放一部分由于能源等投入品价格上涨所导致的成本提高的压力，以保持适度的经济增长速度和就业的稳定。对于那些竞争比较充分行业中的中小企业，由于其没有能力通过涨价来消化生产成本上升的压力，应该通过一定的财政手段（目前可行的如减税）给予一定的扶持。

有人认为《劳动合同法》是造成企业劳动成本上升的原因，认为工资上涨趋势必然导致相当一批企业倒闭，中国经济由此进入低增长期。这个判断是不正确的。近年来的工资上涨是供求关系的反映，而不是《劳动合同法》实施所导致。由于人口结构变化和农村剩余劳动力的减少，如果工资继续保持不变，劳动力需求的增长得不到满足，导致近年来劳动力短缺现象，反过来推动普通劳动者的工资增长加快，其幅度大致相当于甚至高于《劳动合同法》可能提高用工成本的幅度。作为供求关系反映的工资上涨，不会伤害就业增长。

即使在工资上涨的情况下，中国仍然保持劳动力成本的优势。第一个证据是工资增长还没有赶上劳动边际生产率的增长。根据测算，2004年制造业工资只是劳动边际生产力水平的25%，工资增长率只是劳动边际生产力增长率的32%。第二个证据是，我们根据过去几年正规部门工人和农民工工资增长率，以及人民币升值的速度，估计了若干国家和地区的制造业工资水平，2007年中国大陆正规部门制造业工资，仍然只是美国的4.4%，韩国的10.9%，新加坡的16.7%，中国香港的17.1%，中国台湾的21.6%和墨西哥的32.6%。如果以农民工作为非正规部门劳动者的代表，其工资水平比正规部门低接近一半，因而与上述国家和地区的差距也扩大了近1倍。中国工资仍然处于很低的水平，远远没有到达失去竞争力的程度。

3. 保护农民种粮积极性

为了保持农产品特别是粮食供给的稳定，短期内需要通过政府保护价敞开收购，在恢复库存的同时保持粮价的稳定和适度上涨；长期则应该着眼于建立一种机制，使国内粮食价格在一定程度上与国际市场接轨，保持农民种粮积极性，重建中国粮食的比较优势。同时，财政补贴措施适度地从种粮补贴向低收入家庭的消费补贴转移。因为粮价对农民的增收效果要远远大于补贴支出的增加。例如，2008 年对农民种粮的各种直接补贴已经超过 1000 亿元，如果有同样的一笔钱用于补贴消费者，即使假设需要补贴的城乡低收入人口数量为 1 亿人，每个人的平均补贴额也可达到 1000 元，而 2006 年城镇居民中 10% 最低收入户全年的粮食消费只有 219 元，而农村居民 20% 最低收入户全年的食品支出也才只有 805 元。

四

坚持走中国特色农业现代化道路*

张晓山

农业、农村、农民问题关系党和国家事业发展全局。只有坚持把解决好农业、农村、农民问题作为全党工作重中之重，坚持农业基础地位，坚持社会主义市场经济改革方向，坚持走中国特色农业现代化道路，坚持保障农民物质利益和民主权利，才能不断解放和发展农村社会生产力，推动农村经济社会全面发展。

（一）建设现代农业，要遵循当今世界农业发展的一般规律，并要结合我国的国情，顺应经济发展的客观趋势

在工业化和现代化的进程中，随着经济的发展，农业占国民经济的比重将越来越低，二、三产业占国民经济的比重逐步上升，这就使一个国家有能力为农业提供现代化的先进物质技术装备和服务手段，为传统农业向现代农业过渡创造条件。但从现在情况看，我国的城镇化进程尚滞后于工业化进程，农业现代化进程尚滞后于工业化和城镇化进程。实现农业现代化将是一项长期、艰巨的历史任务。

世界农业的发展经历了三个阶段，即原始农业、传统农业和现代农业阶段。目前，在世界范围内可以看到农业的几个阶段同时并存，发展很不平衡。发达国家已处于现代农业阶段，生产水平高；而发展中国家多还停留在传统农业阶段。

我国走农业现代化道路要因地制宜，实事求是。我国地域辽阔，不同的地区

---

* 该文以中国社会科学院邓小平理论和“三个代表”重要思想研究中心名义，刊2008年10月27日《经济日报》。

资源禀赋具有多样性，经济社会的发展处于不同阶段，各地农业的发展也同样处于不同的阶段，并在同一时点并存。在我国，既能看到根基深厚、源远流长的传统农业，也能看到粗具雏形的现代农业，农业经济的区域发展尚不平衡，这就使我国实现农业现代化的任务具有艰巨性、复杂性和多样性的特点。

随着世界各国农业的发展，农业的多功能性日益突出。各国的实践证明，农业不仅基本满足了人们对食物和工业原料的需求，而且在消除贫困、吸纳就业、保护环境等方面的功能更加明显，支撑着各国经济社会的发展。我国发展现代农业，要不断深化对农业重要性的认识，同时注重开发农业的多种功能，促进农业结构不断优化升级。要积极运用新技术革命的成果，按照高产、优质、高效、生态、安全的要求，加快转变农业发展方式，推进农业科技进步和创新，加强农业物质技术装备，健全农业产业体系，提高土地产出率、资源利用率、劳动生产率，增强农业抗风险能力、国际竞争能力、可持续发展能力。要明确目标、制订规划、加大投入，集中力量办好关系全局、影响长远的大事。要确保国家粮食安全、推进农业结构战略性调整、加快农业科技创新、加强农业基础设施建设、建立新型农业社会化服务体系、促进农业可持续发展、扩大农业对外开放。要加强农业标准化和农产品质量安全工作，严格全程监控，切实落实质量安全监管责任，杜绝不合格产品进入市场。同时，要吸收借鉴发达国家发展现代农业的经验教训，努力形成资源节约型、环境友好型农业生产体系。

（二）提高土地产出率、资源利用率、劳动生产率，促进现代农业的发展

发展现代农业要确保主要农产品的基本供给。近年来，城乡居民和以农产品为原料的工业产业对农产品的需求持续增长。促进粮食稳定发展、确保国家粮食安全仍然是我国经济社会发展中的一个艰巨的任务。未来相当长一段时期，一种可能的情况是人类将面临不断快速增长的对农产品的需求和不断上扬的农产品价格。因此，我们在发展现代农业时，必须立足于国内，通过技术创新和制度创新，提高农业的土地产出率、资源利用率、劳动生产率，保护耕地资源，不断增强我国农业的综合生产能力，确保主要农产品的基本供给。

一是通过不同形式实现生产要素的优化配置，提高土地产出率、资源利用率、劳动生产率。只有实现劳动、土地、资金等生产要素的优化配置，土地产出率、资源利用率和劳动生产率才能得到提高，农产品生产者收入增加、农业增

效、农产品增产的长效机制才能真正建立起来。实现生产要素的优化配置主要有两种形式，一种形式是在大田作物种植中，根据有关规定，扩大专业农户的土地经营规模，使单位劳动时间有更多的产出，提高资源的利用率和劳动生产率，这是一种外延式的规模经营；另一种形式是在土地经营规模没有较大增长的情况下，通过增加物质和技术的投入，降低劳动投入的比重，生产高附加值的农产品，使产出有较大幅度增长，同样提高了劳动生产率，增加了收入，这是内涵式的、与集约化经营相结合的规模经营。两种不同的生产要素优化配置的形式可以因地制宜、灵活应用，共同促进现代农业的发展。

二是通过制度创新和组织创新，促进新型农民的成长。发展现代农业需要培育新型农民。随着城镇化工业化进程的加速，由于农业的比较利益相对较低，大批农村劳动力转移到城镇或就地从事非农产业，一些地区已经出现了农村人口老龄化和农业生产兼业化的倾向。但也要看到，在不少地区也涌现出了许多种植业、养殖业和农产品营销业的专业农户，甚至专业大户。现代农业的发展需要在农村中培养和发育农业企业家，促使一部分有能力、懂技术、会经营的农民能在农业中创业、致富和发展，发展规模经营和集约经营，使他们成为发展现代农业的主力军。

此外，要在经济全球化的格局中，拓展我国发展现代农业的国际空间。发展现代农业，要在经济全球化深入发展过程中，通过农产品进出口贸易，使我们有比较优势的部分劳动密集型产品能够“走出去”，以发挥我国农业的竞争优势、提高我国农产品的国际竞争力。同时，必须立足于国内，确保我国农业的综合生产能力和农产品的有效供给。

五

如何认识城市经济转变发展方式

裴长洪

我国国民经济活动的主要区域和空间载体在城市，城市经济在很大程度上决定国民经济数量与质量的变化，因此转变经济发展方式的关键是城市，尤其是城市中心区在转变经济发展方式中处于最前沿的位置。认识和探讨城市中心区的经济发展规律，对于探索我国整体经济发展方式的转变具有重要意义。

（一）现代大都市中心区的经济特征

现代大都市的形成，是工业化和城市化发展成熟的标志。现代化早期，城市与工业经济有着密切的联系。随着经济的成熟，土地价格急剧上升，住房价格上涨，城市生活成本提高，加上环境保护意识的增强，各种条件逐渐不利于工业生产，要求城市经济与社区形态转型，城市经济逐渐从以工业经济为主转向以服务经济为主，服务业成为城市经济的主导产业。因此，现代大都市是以服务经济为主体形态的人类经济活动空间，它的基本特征有如下几个方面。

1. 第三产业在经济结构中的比重上升，服务业就业人口的比重也随之上升

现代大都市早已不再有第一产业的生产活动，第二产业的生产活动也基本退出了都市区，能够保留下来的只能是占用土地空间很少的一些高科技工业企业，第三产业成为都市区的基本经济活动。世界许多现代化大都市，以及我国的北京、上海、广州这样的大都市，其中心城区的第三产业都占经济结构的80%以上，如果把政府管理活动也作为第三产业统计，那就要占95%以上。与此相应的是就业也必然是以服务业就业为主体。服务业的白领和蓝领职业群体基本替代了传统的产业工人阶级，成为城市经济活动的主要劳动者。而服务业人力资本构成的提高，使服务业的普通劳动与管理劳动的界限日益模糊。

2. 经济活动要求最集约地使用土地空间

都市中心区的土地价格依据土地级差地租规律形成，非常高昂，因此只有劳动生产率和投资回报率高的服务业才能立足，而且只有最集约地使用土地空间才能降低成本。现代中央商务区（即CBD），如纽约的曼哈顿中心区、伦敦的金融城区等，就是都市经济最成熟的城区形态，它们基本上已成为人类空间最集约的经济增长地域。在我国城市经济的发展中，有所谓“楼宇经济”、“总部经济”的提法，反映的就是都市经济要求集约利用土地空间的特征。

3. 生产投入要求资本与知识要素密集，产出只以价值量来衡量

在都市中心区的生产投入中，货币资本投入固然是最重要的，但体现为科技手段和知识要素的设备、人力资本也同样重要，因此中央商务区和“楼宇经济”实际上是要求以货币资本和科技知识来替代土地资源的经济，没有足够的货币资本和科技知识难以实现最集约地使用土地空间的目的。由于城市经济以服务经济为主，服务产品是主要的产出内容，但服务产品往往没有物理形态，没有实体外观，它的使用价值难以用数量单位来衡量，因此，服务产出的衡量单位只能是价值量，这就使都市经济成为货币经济和虚拟经济的生产中心，货币经济和虚拟经济成为都市经济的基本形态。

4. 为了最集约地使用土地空间，非生产人口居住率下降

都市中心区最集约地使用土地空间的经济含义并不是建筑学中的“容积率”的概念。建筑学中的“容积率”指的是盖房子的密度，而这里讲的最集约地使用土地空间指的是一种“经济容积率”，它要求在所能承载建房密度的空间中得到最高的经济产出。也就是说，假如每个楼宇都是服务经济的生产车间，那么整个都市中心区就是服务经济的“工厂”，而单纯作为住宅的房子，就像“工厂”的“宿舍”，是没有产出功能的，因此，它的面积应当控制在最低限度。在现代化大都市中心区，特别是中央商务区，单纯的住宅的面积是受到限制的，这就导致了该区域非生产人口的下降。这里的居民主要是与生产有关的人口，或者是具有投资象征意义的居民。

5. 消费向生产型消费和区外消费转化

随着都市中心区非生产人口的下降，这里的消费形态也随之转型。与居民生活消费相关的区内消费类型逐渐退居次要位置，或者转型为商务消费、会议消费等生产消费形态。与“楼宇经济”功能相关的生产消费和区外消费的类型和内容不断增加，对中间投入品的消费，对各种相关服务产品的消费以及对知识、信息的消费等，将成为都市中心区的主要消费形态。即便是大型百货这类最典型的居民消费类型，也都增加了商品信息消费与配送服务等功能，从而有别于其他区域的商业零售业。总结以上特征，我们可以得出的认识是，城市经济发展方式转变的实质是提高每个土地单位面积的经济产出，即生产总值和税收，为此应当提高“经济容积率”，降低非生产人口。我国城市经济在实践发展中已经提出了税收“亿元楼”的概念，就是反映了提高土地单位产出率的要求，但是只靠一个“亿元楼”是不够的，需要更多的“亿元楼”，这就要求提高“经济容积率”。

（二）大力发展现代服务业和生产性服务业

从历史的纵向看，服务业分为传统服务业与现代服务业，两者最根本的区别是生产手段、经营方式、企业组织和生产效率方面的极大差别。现代服务业是指在工业化比较发达的阶段产生的那些依靠高新技术和现代管理方法、经营方式及组织形式发展起来的，主要为生产者提供中间投入的，知识、技术、信息相对密集的服务业，以及一部分由传统服务业通过技术改造升级和经营模式更新而形成的现代服务部门。

从横向关系看，服务业分为生产服务业、生活服务业和公共服务。生产性服务业是直接或间接为生产过程提供中间服务的服务性产业，其范围主要包括仓储、物流、中介、广告和市场研究、信息咨询、法律、会展、税务、审计、房地产业、科学研究与综合技术服务、劳动力培训、工程和产品维修及售后服务等方面，但最重要的是信息服务业、现代物流业、研发服务业、金融与租赁服务业等。

我国服务业的发展不仅存在总体水平滞后问题，结构也不合理，过于依赖生活性服务业，生产性服务业发展落后已经成为产业结构调整与优化的主要制约因素。

大力发展现代服务业，主要应从以下几方面入手。

1. 逐渐打破垄断、建立有序竞争市场

生产性服务业的市场准入门槛普遍高于工业，管制过多、市场化程度低的问题较为突出。一些行业至今仍保持着十分严格的市场准入限制，所有制结构单一，造成服务业部门只依靠国有经济部门投入，社会资源流入不足，而且弱化了市场机制和竞争机制的基础性作用。

2. 改革企业经营管理模式

我国无论国有企业还是民营企业，服务生产的社会化、专业化程度都不高。受外部环境不良和自身素质的影响，相当多的企业还在采用传统以至陈旧的生产模式，实行“大而全”或“小而全”的经营管理模式。对比国外各类服务企业，外购服务已经成为企业缩减成本的主要手段，我国企业生产经营模式急需改革。

3. 事业单位改革

我国许多事业单位事实上承担了许多生产性服务的功能，但没有市场化，削弱了微观主体和市场发育的潜力。行业协会转型是发育微观主体的一个现实途径。要变官办为民办，变行政协调为服务协调，变管理收费为服务产品交易。

4. 完善利用外资的方式

外资制造业中加工型、出口型、生产型企业居多，而且大多属于跨国公司全球生产组织体系中的封闭环节，产品线和产业链延伸不足，呈现“二少一多”特征，即外商投资企业对本地金融机构的信贷服务需求少；产品设计、关键技术、零部件依赖于进口，对本地研发或技术服务需求少；产品直接出口多，而且多进入跨国公司营销体系。此外，外资制造业所需的高级管理人员培训、物流服务、法律服务、广告策划、市场调研等商务服务，也表现出明显的外向化特征。因此，要更多地吸引外资进入与生产企业相关联的服务领域，加快服务业利用外资的步伐。

（三）都市中心区加快发展要处理好的几个关系

第一，规划指导与修编规划的关系。城市规划是人们按照城市经济、社会和人文发展的要求对城市自然环境和生态空间进行布局设计和功能配套划分的综合思维的结果。但是，一定时期制定的规划往往反映的是当时的认识水平，因此具有历史局限性，修编规划是正常的。修编规划要处理的关键问题是应正确认识和反映都市中心区人口居住率下降的规律性与经济产出空间增长的规律性，这是大都市发展的必然趋势。因此，从地产形态上看，是住宅形态的用地空间减少，商业地产形态的用地空间增加。这往往是修编规划要考虑的第一个问题。其次是空间经济产出的集约化趋势对行业的选择和对生产、消费方式的选择。规划应反映出单位空间产出的最大化要求对行业的选择，因此必然是劳动生产率和资本回报率最高的那些行业或企业成为新规划落地的对象，其生产和消费方式的特点也应在规划中得到反映。接着还要考虑的问题是要素密集化的要求。承载技术与知识要素的物品和劳动力对生产、消费的需求也要在规划中反映。

第二，中心区规划与全市规划的衔接。如果我们把都市中心区形容为服务经济的“工厂区”，那么它与全市地域的规划关系就是生产区与生活区以及其他功能区域的关系，二者之间需要紧密地衔接。特别是全市的交通与基础设施发展的现状与未来，对中心区规划有重大影响，也对各种功能区域的规划有重大影响。

区域规划的修编要充分考虑到这一点。

第三，土地集约与资本投入的关系。都市中心区是资本要素密集的区域，其土地利用要求愈集约，资本替代要求就愈高。因此，资本替代要求实际成为中心区土地集约利用水平的决定因素。某个城市的中心区土地集约利用水平高，就必然意味着资本投入强度的提高。近几年我国虽然投资增长速度不慢，但服务业的资本形成仍然不足，仍然要加大投资力度，特别是对现代服务业与生产性服务业仍然要大力投资。引导社会资本的投入包括引进外资和民营资本，在应对从紧的货币政策的过程中，应更加重视别的投资渠道，如对土地资本增量的开辟、私募股权投资方式等。

第四，货币投资与知识技术资本的关系。都市中心区无疑要重视货币资本投入，但更要重视知识技术要素的引入。只有货币资本和实物资产，还不足以使经济产出达到最大化，相应的技术和知识要素的投入，才能使中心区的产业具有活力。因此，行业的引导与技术知识要素的引入应该统一起来。要通过设立研发机构、技术服务机构，形成技术市场；通过设立各种传媒机构，形成新兴文化产业；发展教育与职业培训，形成知识技术要素的生产与流通新机制。

第五，物质生产与非物质生产的关系。在都市中心区，物质生产和产品的比重日益下降，非物质生产、虚拟经济、货币经济比重上升是必然趋势，其中，精神产品的生产和商业化，成为非物质生产的重要组成部分，也是第三产业发展的重要内容。随着城市文明程度的提高和产业结构的调整，精神产品的生产、流通和消费在城市经济与社会中的地位愈来愈重要，精神产品的创造性、创新性与物质产品一样愈来愈成为人类文明的标志和城市活力的标志。因此，文化产业在都市中心区占有重要的位置。

第六，经济特点与公共管理的关系。上述经济现象与特点决定了中心区公共管理与公共服务有别于非中心区，不仅公共产品和公共服务有别，政府机构也要相应调整。即政府对经济活动的管理对象主要是服务经济，对市场的调控对象主要是服务业市场。如何规范城市服务经济市场，促进现代服务业发展，达到转变经济增长和发展方式的目的，是我国城市经济管理的新挑战与新课题。同时，社区管理也有待创新。新型的社区管理要覆盖经济与社会。原有的以公有“单位”的人事制度为基础的社会组织化结构已经被破坏或日益不健全，社会组织化水平相对下降，这给城市管理带来很大的挑战。为了保持社会稳定，必须创造新的社会组织化体制和管理机制，这是构建和谐社会的重要环节。强化街道、社区的社会组织化管理功能成为未来的发展趋势，也是实现城市经济发展方式转变的管理体制保障。

六

我国城市化与社会结构变迁

王春光

20世纪以来，城市化成为全世界的一种最为普遍的变迁态势，在这个过程中，我国城市化虽然经历了诸多挫折，但是进展也比较快，现在已进入快速发展时期。城市化是一个复杂的社会、经济、文化乃至政治等全面的、综合的变迁过程，势必会伴随着社会结构的变迁。

（一）我国城市化主体和城市化模式

与20世纪80年代初相比，当前在宏观的城市化进程下面涌动着更为复杂、多样和具体的城市化实践活动，有更多的主体参与。概括起来看，大致可以分为两个层面的行动主体：一是个体层面的行动主体，主要是作为城市化行动者的个人，包括进城的农村流动人口、市民等；二是组织层面的行动主体，包括企业、社区组织、政府、民间组织、城市等。从我国城市化实践来看，个体层面的行动主体由于在行动表现上的不同，又可以划分为两类：一类是主动城市化者，另一类是被动城市化者。而组织层面上的行动主体由于对城市化进程的影响力不同，也可划分为两类：一类是主导性城市化主体，另一类是从属性城市化主体。这些不同层面的行动主体在实践中相互影响和作用，造就了我国城市化模式的一些独特性。

所谓主动性城市化主体，就是指那些自愿、主动地去拥抱和加入城市化的人们，在过去30年中最大的主动城市化者群体就是进城的农村流动人口，他们中的绝大多数人选择进城，选择接受城市化，是出于他们的自愿，是他们主动做出的选择，并不是由他人或某种组织强制他们进城的，不是被动的。与之相对应的就是那些被动城市化者，他们在进入城市化的决策上可以说没有主动权，不管他

们愿意与否，城市化浪潮都会将他们裹进来，毫无商量余地。换句话说，他们是被强制地带进城市化进程。最典型的人群就是城郊结合部的农民，他们因城市向外快速扩张而被卷进了城市化，基本上对此是没有任何选择的。这两类城市化主体在实践中从个体层面使我国城市化表现为两种模式：主动城市化与被动城市化。

个体层面的这两类行动主体在不同的城市化过程中有着不同的行为、处境和问题。主动城市化者对城市化没有什么抵触情绪，在他们看来，城市化不仅是一种改善社会经济地位的机会，而且也是一种生活追求。他们大多数人渴望城市化，因此，往往会采取更加积极的行为去接受城市化。但是，问题在于他们的积极行动只是一厢情愿，因为要实现城市化，离不开其他城市化主体的反应甚至接纳，也要受到他们是否具备让其他城市化主体接纳的能力的影响。他们虽然在城市化上有着一定的主动抉择的行动能力，对城市化有着一定的建构影响，但毕竟还属于个体层面的行动，不可能不受制于组织层面的城市化主体的影响，特别是占主导地位的城市化主体的制约。由于城市社会对进入城市设定的制度门槛以及主动城市化能力的不同，他们在城市化中的表现也很不相同，城市化水平也不一致：农村流动人口是最大的主动城市化人群，他们中只有少数人在过去的几十年中获得了彻底的城市化，而绝大多数人还处于“半城市化”状态，没有完全融入城市社会中。虽然不能把农村流动人口在城市中的状况说成是一种扼制城市化现象，但是他们确实没有在制度上、社会地位乃至一些生活、文化层面实现城市化，因此一味地强调城市化是产业结构调整和人口转移过程，实际上没有真正体现城市化的实质，或者至少说是一种不全面的城市化。我国在统计中已经把在城市工作生活半年以上的农村流动人口归类到城市化人口中去，但其实际生活和社会地位显示他们没有彻底城市化。他们的数量至少达 1.2 亿人。如果扣除这部分人口，那么我国现在的城市化率可能就不是 43.9%，而是 33%。但是，他们又进入城市，显然也是我国城市化中存在的事实，这就是我国城市化面临的最大挑战之一。

另外，通过教育等机制实现城市化的那些人也属于主动城市化者。1977 年我国恢复高考制度，特别是从 20 世纪 90 年代中期开始大规模扩大高校招生人数，使得农村青年学子有了更多的上大学机会，在很大程度上也意味着他们有了更多的城市化机会。当然，大多数农村青年还是希望通过升学、考取大学，以此获得城市化门票，因为相比外出进城务工经商的方式，考学这一方式是一个更加稳定、更加体面、更有可能融入城市的城市化渠道。

相对于大量主动城市化的农村流动人口，被动城市化者有着一定的区位优势和制度优势。第一，他们可以利用城市扩张的商机，充分发挥其所在的区位优势，对他们现有的房屋和其他固定资产资源进行经营，获得更多的收入。第二，他们在城市化过程中相对来说还享受一些优惠政策，比如享受养老保险，村落集体还可以保留一些资产和耕地用于经营，早期还有些村民被安排到国有企业或单位，成为城市职工等。但是，被动城市化者也存在不少问题。首先，有不少人从事“灰色”的地下经济活动，随时有可能遭到行政管理的影响而失去原有的收入来源。其次，他们中的许多人也没有强有力的城市生存和发展能力，抗城市风险能力弱，20 世纪 80 年代和 90 年代有不少人被安排到国有企业工作，后来国有企业改制，他们成了下岗工人，就再也找不到工作，同时也没有了原来村集体的福利和收入，真正陷入了生活困境。再次，不仅他们自身的生计和发展缺乏可持续性，而且他们的子女也受到牵连，接受的教育少，由于原先有丰厚的地租房租而不思进取，没有培育一技之长，找不到好的工作，也不愿干差的工作，在珠三角一带的所谓“二世祖”们就是这样的一类人群。最后，“城中村”毕竟被城市社会视为“不和谐之音”，由于管理不善以及制度性落差，“城中村”的生存环境也确实有许多问题。

不论是政策、法律还是制度，都凸现出国家在城市化中扮演的角色。不论是主动城市化者还是被动城市化者都与国家的作为和影响有着密切的关系，在一定程度上国家对他们的行为和处境负有重要的责任。所以，在讨论我国城市化主体时，不能不把国家作为一个非常重要的城市化主体。与国家有着直接联系的，就是企业在城市化中的作用和影响。因此，这里把两者视为我国城市化的主导性主体。

具体地说，国家与企业对我国城市化的主导影响主要通过两种机制得以发挥。第一，制度机制。我国的各种制度更多的还是自上而下设置的。从中央层面看，我国城市化战略定位从 20 世纪 80 年代的“严格控制大城市、适度发展中等城市，大力发展小城市和小城镇”，到现在的城镇化发展战略，随之而设定的一系列制度和政策，对当前我国城市化的影响非常大，土地制度、户口制度、房地产制度、社会保障制度以及劳动力就业制度等，还在制约着农村流动人口的彻底城市化。第二，利益机制。经营城市，成了不少城市政府的城市化发展战略，在这里政府与企业找到了合作纽带。从 20 世纪 80 年代和 90 年代初公开买卖城市户口、收取进城费（如城市建设费、城市教育附加费、城市卫生费、城市治安费等），到兴办各种开发区、招商引资、土地开发、房地产开发等，无不与经济利益密切相关，旨在增加政府收入、GDP 总量等，以至于后来在不少城市，政府通过土地征用、开发、转让等带来的收入超过了税收收入，被人们称之为“土地财政”。当然，在任何国家的城市发展和建设中，政府是需要考虑一些经济利益，但是不应把自己当做企业那样最大限度上去追求经济利益，否则，势必会忽视了其主要职责——提供公共产品和公共服务，让市民和移民更好地融入城市社会中。由于过分追求经济利益，在一定程度上忽视乃至损害了农村流动人口和被动城市化者这些城市化主体的利益。比如，农村流动人口享受不到与市民的同等权益；征地、拆迁补偿过低，社会保障建设滞后等。

在应对这些问题的过程中，我们也看到了另一类城市化主体在过去的 30 年渐渐出现，我们称之为从属性城市化主体，最典型的就是各种民间组织，在一定程度上起到平衡权力和资本主导城市化的作用。它们之所以处于从属性地位，是因为它们还不够强大、数量不够多、影响的机制也不够发达等。但是，它们却已经存在，也在不断壮大，在寻求更多地影响城市化的渠道和方法。城市中最活跃的是各种环保志愿者组织，他们通过各种方式去宣传城市环保，已经影响到城市决策和建设；城市出现了一些为社会弱势群体提供援助和帮助的组织，他们为农民工的权益、技能培训、子女教育等问题而提供法律、政策乃至行动服务；随着房地产兴起而出现的各种业主组织，在维护自身的利益上逐渐显现其影响力。这些从属性城市化主体虽不一定要与主导性城市化主体对着干，实际上在很多情况下还是相互合作的。但是，它们确实对主导性城市化主体的行为起到一定的平衡、制约作用，具有一定的纠偏功能，可以帮助化解主动城市化者和被动城市化者们在城市化中所遇到的问题和困难，更重要的是体现了城市化的多样性和社会自主性增大。

从对我国城市化主体的分析中，我们可以看到，改革开放以来，我国城市主体趋于多样化，打破了改革前由国家垄断城市化的模式，转向国家主导的城市化进程。在这个进程中，不同城市化主体发生了复杂的关系，既有相互的契合和合作，又有各种的不衔接、矛盾乃至冲突，型塑了一个新的社会结构形态：新的人口源源不断地涌进城市，促使城市社会进行新的分化和重构，形成了关系更为复杂、层次更为多样的群体、阶层和组织格局。

（二）我国城市化动力机制与利益分配格局

推动城市化的是利益配置机制，而城市化又带来社会利益分配格局的变化。

过去30年，我国城市化过程实际上是各城市化主体在寻找其利益并发生博弈的过程。没有人怀疑农村流动人口选择进城务工经商，是为了赚更多的钱，因为农业的收入实在太少太低；也没有人怀疑农村劳动力太多，以至于农村社会难以为他们提供足够的就业机会。他们进城，当然是为了赚更多的钱，至少比务农赚的钱更多。在这样的利益驱动下，农村流动人口进城是任何力量所挡不住的，是迟早要发生的事情。因此，发展经济学中的二元经济理论试图对此做出解释。当然利益不仅指收入，而且还包括其他好处，比如良好的基础设施、公共服务、社会福利、社会保障、劳动条件乃至生活时尚等。从如此宽泛的角度来理解利益，那么我们更容易看到，随着时间的推移，许多年轻流动人口选择进城，不仅要找一个赚钱的工作，而且是为了找个更好的生活环境，实现其理想追求。当然，他们在几十年的流动生涯中，没能融入城市社会，转化为市民，在很大程度上是受到既成的利益结构的阻碍和屏蔽。城市之所以不愿意接纳他们，是因为不愿意让自己享受的许多利益与他们共享。尽管有这样的利益博弈，而且在博弈中农村流动人口处于弱势，但是，更多的农村流动人口还是选择进城，甚至越来越多的年轻农村流动人口不愿选择返回农村，也是因为城乡的利益配置太不均衡，在城市能享受到在农村难以用金钱买得到的好处，所以进城务工经商的利益驱动依旧强劲，不减当年。

这就提出了一个城市化过程中各个主体在利益上如何分配的问题：各城市化主体究竟分享到怎样的利益？利益究竟通过什么样的方式和机制分享才能体现社会公正和合理？城市化应该铸造成一个什么样的利益分配格局才有利于我国社会的和谐和可持续发展？当然这些都是应然的问题，而从实然的角度来看，目前我国城市化带来了利益分配格局的急剧变动，不是朝着利益差距不断缩小方向，而是相反的方向，这才是真正的社会问题。在我国城市化中，最大的受益者是城市行政部门和企业，其次是行政人员、企业老板和管理者们，再就是城市普通的白领群体，而城市工人、农民工乃至郊区不断被城市化的农民虽然也有一些受益，但是相对比例却不大，而且出现减小的趋势，他们中还有部分人不但没有受益，反而受到了损失。

虽然在城市化过程中利益差距在不断扩大，但是这并没有遏制利益作为推动我国城市化发展的巨大动力。尽管农村流动人口在城市从事低收入工作，但是他们获得的收入比在农村务农高得多。所以，尽管城市迟迟不愿给农村流动人口市民待遇，甚至还设置这样或那样新的障碍，但是仍然挡不住农村流动人口进城的步伐。在某种程度上，城市的企业和政府需要农村流动人口的进城，以维持其发

展。另一个推动城市化的强大主体是城市政府。城市政府是当前我国城市化的最大受益者：可以使用大量的农村流动人口为城市建设和经济发展服务，创造巨大的经济收益，但是不需要为他们承担更多的公共服务和公共品；通过征地圈地、扩张城市，从中获取巨额的预算外收入。城市发展越快、越大，越能吸纳更多的外部资源，越有利于城市的发展。作为城郊结合部或“城中村”的村民，虽然从征地用地的收益中获得的比例相当小，但是，不管他们愿意与否，势必会被城市扩张所吞没。与其等待被吞没，还不如利用城市扩张，尽可能赚取更多的收益，比如兴建违章建筑，尽可能赚取房租收入等，所以就出现了广州、深圳等城市集聚庞大、壮观、高密度的建筑群的“城中村”现象，并在“城中村”中兴办起了各种各样的经营活动。所以，我国城市化势头挡不住，跟其他国家的工业化过程中出现的城市化现象一样。另外，我国城市化中的城市“做大”势头也挡不住：城市变得越大，城市政府收益越大，反过来驱动城市把规划、道路、建筑做得越大越好。

在当前我国城市化的利益机制驱使下，我国社会渐渐地形成了这样的利益分配格局：城乡收入差距不断扩大，因为在城市化过程中不但农村获得的直接分配收益很少，而且城市对农村资源（包括人力资源、资本资源、自然资源）的吸附作用越来越大。另外一个格局是城市内部的收入差距在扩大：一个由大量农村流动人口、城市下岗职工和失业人群、城郊结合部部分失地、无地农民组成的城市底层社会已经形成，他们与城市中产阶级和上层的生活差距越来越明显，体现城市阶层贫富差距的地域化、社区化态势越来越明显，富人区与穷人区已经显现。特别是在利益分配格局的形成过程中，由于缺乏公开、公正、民主的配置机制，从而导致各种暴力冲突、相互仇视的问题，在一定程度上破坏了城市社会运行秩序特别是支撑这些秩序的信任机制，对我国城市化的未来提出了严峻挑战。

七

南方雪灾反映出的问题与对策思考

吕　政

2008 年初，我国南方地区发生了罕见的雨雪和冰冻灾害。这次雪灾给我们的启示是什么？应当汲取哪些经验和教训？今后如何应对这类灾害？

（一）做好社会化大生产条件下抗灾救灾的思想与物质准备

1954 年冬天，我国也出现过持续时间长、降雪强度大的雪灾天气，但对当时的交通运输、工农业生产和城乡居民的生活并没有造成很大影响。2008 年初的这场强降雪与 1954 年相类似，但对我国的社会经济生活却造成了重大影响。因为我国社会经济已从自给自足的小农经济社会进入到工业化、生产社会化、经济国际化的发展阶段，人员和物资的流动规模显著扩大，地区间社会经济相互关联日益密切，国民经济各个部门之间相互依赖的程度大大提高，信息传递技术高度发达，真正是牵一发而动全身。此次雪灾告诉我们，在不同的社会经济发展条件下，灾害的影响程度大不相同。我们必须树立现代社会应对自然灾害的危机意识，依靠现代科学技术，提高对自然灾害的预测水平，建立起适应工业化和社会化要求的处理自然灾害的应急机制，做好应对自然灾害的物质技术准备。这次雪灾也引发人们思考：现代交通干线和枢纽一旦遭到战争破坏，将如何应对？我们要未雨绸缪。以此次雪灾为契机，做好各种应对准备。

（二）抗灾救灾应把发挥政治优势与运用经济杠杆结合起来

尽管我国社会经济主体已经多元化，经济生活市场化，但在突如其来的重大

自然灾害面前，党和政府仍然是领导、动员、组织和协调各种救灾活动的核心力量。坚强的党的领导和政令畅通的指挥体系是抗灾救灾卓有成效的根本保证，充分的物资调配能力是救灾的物质基础。从一些地区的经验看，在灾害最严重的地区和关键阶段，省、市、县领导亲临抗灾、救灾第一线，才有可能动员基层干部群众的广泛参与。这种政治优势必须继续坚持和发扬。

同时，也必须看到雪灾救助与抗洪救灾的显著区别。洪水灾害与当地群众的生命财产有着直接的利益关系，比较容易动员当地群众积极参与抗洪救灾。与抗洪救灾不同的是，高速公路与地方社会经济关系并不十分密切，甚至一些地区的高速公路切断了当地的水系，阻隔了社区局部交通以及征地拆迁补偿不到位等问题，动员当地群众义务参与高速公路的雪灾救助有较大难度。在这种情况下，运用经济杠杆动员群众是必要的。

（三）加强雪灾应急体系建设

我国南方出现严重雪灾虽属罕见，但不能因为50年一遇而放松警惕。现阶段人们对气候变化和极端天气的出现还缺乏规律性的认识，因此建立严重雪灾的应急体系是必要的。一是要加强气象预测、分析和预报体系，使应急工作建立在科学预报的基础上；二是建立从中央到地方的应急决策与指挥体系；三是在总结这次抗灾救灾经验教训和借鉴国外经验的基础上制订具有可操作性的应急预案；四是建立必要的、动态的资金与物质储备，重点是资金准备，物资储备应以社会储备、社会动员为基础；五是高速公路及国省干道可配备普通铲雪机，重型铲雪设备以省高速公路网为单位适当配置。更多的应急设备可通过向社会临时租用的方式获得，以避免不必要的重复购置和闲置；六是建立灾情、交通信息的采集、联网、共享与权威性的发布体系。

（四）加强跨区域、跨部门的协调和实行积极疏导的方针

高度现代化的、立体的和网络化的运输体系，既加快了运输节奏，提高了运输效率，但也出现了运输体系相互协调的复杂性以及因局部瘫痪而对全局的影响。因此必须理顺和加强跨区域、跨部门的协调。对高速公路、铁路网的主干线和跨省区关键环节，应在中央政府的层次建立统一的指挥机构与协调机制；省际

之间应在中央的统一指挥下相互协调、相互配合、相互支援，既要守土有责，各人扫清门前雪，确保本地路段的畅通，又不能以邻为壑，把矛盾和困难转移到相临省份。

由于高速公路建设投资主体的多元化，大多数地区形成了高速公路多个经营管理主体，甚至一路一公司的格局。尤其是一些民营的投资和经营主体，在严重的雪灾面前仍然更多地考虑经营成本，不重视紧急情况下必须承担的社会责任。但是高速公路的网络化和公益性，要求经营主体的局部利益必须服从全局利益，不应由于一路一桥的利益而影响路网的畅通。在紧急情况下，任何路段的经营主体，都必须无条件地服从交通主管部门的统一指挥、调度等强制性政令。

从这次雪灾的教训看，过早封路不是确保安全的上策，反而加剧了道路的堵塞。没有采取封路办法的国道、省道，一直保持了车辆通行的状态。因为道路不封，车辆不断地对积雪进行碾轧，汽车尾气的热量又起着化雪的作用，从而延缓了道路冰冻的过程。湖北省采取重车碾压、路警开道、结队通行、限速限载、间断放行的办法，对于消除堵塞、保证畅通很有成效。因此，大雪天气是否封路，应当由公安交警部门与交通路政管理部门共同会商决定。

（五）科学布局、建设与合理利用综合交通运输体系

2007 年底，我国高速公路通车里程为 53000 公里，东部和中部的一些省份高速公路通车里程已达到或接近西欧发达国家的水平。因此在严格按照国家规划继续推进高速公路建设的同时，应加快国道、省道和县乡普通公路的建设，形成各种等级公路相互配套的网络体系，而不应是高速公路一花独秀。这样既有利于区域经济的发展，又有利于避免紧急情况下高速公路干线过于脆弱的状况。

高速公路的设计，没有必要全部抬高路基。在地质条件允许的前提下，一些路段可以适当降低路基，采取发达国家高速公路“顺地爬”的模式，既有利于紧急情况下车辆从高速公路上快速向外疏散，也有利于对被损坏路段的及时修复。

2008 年春节前后，南方地区许多火力发电厂因煤炭运输受阻导致煤炭供应紧张。但是江苏省充分利用沿海、沿江和大运河的水上运输，较充分地保证了发电用煤的供应。水上客运已经没有优势并显著衰退，但水上货物运输成本较低且基本不受大雪影响，因此，东部和南部沿海、沿江地区应当更多地利用水上运输能力，降低北煤南运对铁路和公路运输的依赖程度。

虽然一些地区鲜活农产品在生产环节具有比较优势，但由于其附加价值低，远距离运输并不具有经济上的合理性。因此应调整和优化生产布局，尽可能缩小运输范围。例如，保证京津唐三大城市的鲜活农产品的供应，应主要依靠其周边省区的各类生产基地。这样即使不设绿色通道，也能够降低运输成本并节约能源。

（六）统筹规划输变电设施的修复和电力建设

我国输电高压线路是按30年一遇的自然灾害来设计的，即输电线路防覆冰的标准不超过10毫米，而这次南方冰冻雨雪气候的覆冰在30～60毫米，大大超过了设防标准。这次雪灾对电力、通信和交通设施造成的破坏后果，与现代战争打击中心区域和关键环节相类似，在一定程度上暴露了电力、通信和交通系统在灾害面前的脆弱性。应对办法需要考虑战略安全、经济合理、技术可靠等多种因素。

在电力消耗高的经济发达地区，应适当扩大核电建设规模，加快核电建设进程，降低煤电以及远程输电的比重。

严格控制煤炭出口，逐步增加煤炭进口。目前从越南和印度尼西亚进口煤炭的到岸价每吨约为500元人民币，从澳大利亚进口的优质煤每吨100美元。在国际石油价格每桶超过100美元的条件下，就火力发电而言，煤炭与石油的价格比、热值比表明增加煤炭进口是合理的。

对于损毁的输电铁塔和线路的修复、重建，需要提高南方地区电网的设计标准。提高设计标准后必然会增加建设成本，但可实行普遍性与特殊性相结合的原则，对特殊区段的电网设计提高设计标准。在海拔高、易产生覆冰的线段，海拔虽然不高、但具备产生覆冰的气象条件的线段，冬天大雪封山、事故抢修成本高的无人区内的线段，应优先提高设计标准，这样既可以不过多提高电网的修复、建设成本，又能够大大提高电网的可靠性。

（七）积极促进沿海地区产业升级和产业转移

随着土地、能源、劳动工资等生产要素价格不断上升以及人民币持续升值，珠三角地区以加工贸易为主导的外向型经济受到了越来越多的制约。2007年广东的外来人口超过3000万人。在粤外商投资企业实行“两头在外”的模式，不少企业主要依靠低成本的劳动力参与国际竞争，产品技术含量不高，出口附加值长期得不到提高。2006 年，珠三角地区规模以上外商及港澳台工业的增加值率为 24.1%，比内资企业低 5.3 个百分点，比 1995 年仅提高 0.8 个百分点。

2007 年珠三角地区人均 GDP 超过 6000 美元，高于 2005 年世界中上等收入国家的平均水平，非农产业占 97.2%，已接近发达国家水平。这表明珠三角地区已跨入工业化的成熟发展阶段，具备了产业结构优化的条件和内在要求。珠三角地区应加快构建现代产业体系，积极稳步地推动产业转移。一是以自主技术创新和自有品牌开发为依托，加快高技术产业发展和制造业升级；二是通过承接国际服务业转移，特别是承接香港地区的服务外包，大力发展现代服务业；三是鼓励企业“走出去”，积极推进珠三角地区劳动密集型产业向湖南、广西、江西等内陆地区，以及越南、柬埔寨、印度尼西亚等周边国家转移，减轻珠三角地区对外来务工人员的依赖，缓和农民工流动带来的就业、交通、教育等压力；四是积极探索有利于外来务工人员融入当地社会的制度安排；五是通过逐步缩小地区间经济发展过大的不平衡性，减少人口的过度流动。

八

西藏经济社会发展与拉萨暴力事件

郝时远

西藏在不断进步，处于不断融入现代化进程的过程中，西藏的生态环境和传统文化在国家的大力扶持下得到保护和传承。

进入新世纪以来，在西部大开发战略的推动下，西藏自治区确定了跨越式发展的战略。中国政府为了推进西藏地区经济社会的快速发展，实施了一系列特殊优惠政策，增强了全国支援西藏的力度，使西藏地区呈现出经济持续增长，社会事业蓬勃发展，城乡面貌明显改善，人民生活水平不断提高的跨越式发展势头。2007 年，西藏自治区国内生产总值达 342 亿元，同比增长 13.8%，实现了连续 7 年 12% 以上的增长速度，人均 GDP 突破 1.2 万元。西藏地区的基础设施建设以及旅游、农畜产品加工、藏医药等特色产业都取得显著发展，呈现出市场繁荣、社会祥和、人民安居乐业的社会面貌。更为重要的是，青藏铁路通车以后，极大地提高了拉萨地区的交通运输能力。2007 年进藏游客达 402 万人次，实现旅游收入 42 亿元。旅游业已经成为西藏经济发展的重要支撑点，并带动了西藏很多相关产业的增长。

2007 年，我去西藏进行调研。我看到，在西藏经济社会发展的过程中，传统文化得到了很好的保护和传承，宗教信仰自由也得到了充分的保障。宗教信仰活动是西藏广大藏族僧众最重要的社会活动内容之一，也是体现藏族历史文化传承的重要载体之一。在中国，藏传佛教如同其他宗教一样，无论是宗教场所还是广大信众的宗教活动，都受到国家宗教信仰自由政策的保障。无论是在拉萨市区的街道旁还是寺庙里，出售宗教用品的店铺随处可见，而宗教活动也总是和这些用品结合在一起。在西藏，僧人在社会生活中受到尊重，并充分享有享受现代生活的权利，他们已经成为当地普通的社会生活场景的一个组成部分。我几乎去过西藏所有著名的寺庙，也和僧人有过一些接触。年轻的僧人进行功课修炼，通过辩经提高他们在宗教修养方面的素质，这些画面给我留下了深刻印象。藏族群众是非常虔诚的信众，拉萨街头随处可见前来朝佛的人，国际上一些藏传佛教徒也经常到拉萨祈福、还愿。

在经济社会发展过程中最重要的，也是我进藏感受最深的一个方面，就是惠及农牧民家庭的安居工程。一方面，从数据上可以看出，2007 年西藏全区农牧民人均纯收入达 2788 元，较上年度增长 14.5%，连续 5 年保持了两位数的增长速度。另一方面，2006 年全面启动的以农房改造、牧民定居和扶贫搬迁为重点的安居工程，取得了显著的成绩，现已完成了 11.4 万户农牧民家庭的安居工程的建设任务。

所谓安居工程是指国家、地方政府和农牧民自身三方协力，来改善农牧民的居住条件。安居工程新建的农户房舍展示了中国政府所推进的新农村建设的基本风貌。西藏新建民居最重要的特点之一是宽敞，外形和基本面貌是根据藏式结构设计的。安居工程不仅要让农村有整洁美观的外在形态，更重要的是配备了太阳能、沼气灶等设施，解决了通电、饮水、通信等问题，实现了农牧民群众生活条件的极大改善。“十一五”期间，安居工程将全面落实。这将从根本上改变西藏农牧民的居住条件，大幅度提高他们的生活水平。在拉萨郊区，我看到了一排排掩映在青山中的藏式风格民居。这是安居工程的成果。过去，这样的画面也许只有在欧洲才能看得到，但是现在，它已成为西藏一道引人注目的风景线。

环境问题是一个全球性的问题，全世界都在关注气候、环境以及与环境保护相关的问题。在西藏经济社会跨越式发展的进程中，环境问题得到了高度重视，人们的生态环境保护意识不断得到强化，中国在科学发展观统领下的人与自然和谐发展的基本要求在西藏经济社会发展中取得了明显的实践成就。

在中国的自然保护区体系中，国家级的自然保护区主要集中在青藏高原，特别是西藏地区。在西藏，已经建立了各类保护区 40 个，保护区面积占到西藏自治区总面积的 34%。在拉萨市区有一个国家级自然保护区——拉鲁湿地自然保护区，它被称为“拉萨之肺”。在拉萨这个不断走向现代化的都市中，有一个生态环境非常好的湿地保护区，不论是从保护环境的角度讲，还是从增加氧气含量的角度讲，都为拉萨提供了一种有利的环境保障。

西藏属于高原缺氧、生态脆弱、经济社会发展基础极其薄弱的地区，但是，改革开放以来，特别是近些年来，实现了经济社会的迅速发展。这一例证表明，西藏已经纳入中国现代化进程，西藏地区与全国各地同步实现全面建设小康社会的目标是完全有条件的。从西藏地区经济社会发展的现实来看，在国际社会的范围内进行比较，可以说还没有哪一个发展中国家在解决地区、民族经济社会发展不平衡方面，能够在这样短的时间内取得如此显著的成就。

当然，由于历史、自然地理等原因，西藏地区经济社会发展的一系列指标，除了以工业排放和环境污染指数构成的区域环境水平名列全国第一外，区域经济发展水平、区域社会发展水平和区域社会进步动力，以及区域教育能力、科技能力、管理能力等指标，都还处于全国31个省市自治区的最后一名。因而，西藏的现代化发展依然任重道远。

西藏的现代化发展需要安定和谐的社会保障。拉萨暴力事件是对一个处于现代化发展进程中的城市的破坏，是对人民生活的损毁。

2008年3月14日，拉萨市发生了严重的打砸抢烧暴力事件。这是近20年来对西藏经济社会发展干扰最大、破坏最大的暴力违法事件。这一暴力活动造成18名无辜平民死亡、300多人受伤，240多名警察受伤、1名警察死亡。许多商店、学校和公共设施被抢劫、捣毁和烧毁，造成巨大的经济损失。与此同时，在世界范围内，中国许多驻外使领馆也遭到了暴力袭击。

我国政府指出，在拉萨以及其他地方发生的打砸抢烧严重暴力犯罪事件，其幕后操纵者就是达赖集团，是由达赖集团精心策划、煽动，有组织、有计划进行的一场旨在破坏中国的主权和领土完整、破坏当地社会稳定、危害当地人民生命财产安全的严重暴力事件。在国际社会中，达赖集团始终是以“非暴力”的姿态出现的。但是在拉萨打砸抢烧暴力事件中，我们丝毫看不到任何“和平抗议”的特征。我们所看到的是对一个处于现代化发展进程中的城市的破坏，是对人民生活的损毁。

在处理该事件的过程中，西方一些媒体非常关心中国政府是否进行了血腥镇压。事实是，中国的警方、防暴力量始终保持了极其克制的态度，采取的方式是阻隔、规劝和驱散等。然而，仍然有些境外媒体在试图证明“官方镇压”的新闻，甚至不惜为此编造新闻。例如，拉萨暴力事件发生后，西方一些媒体进行了歪曲事实的报道，采取移花接木、张冠李戴、裁剪图片等违背新闻职业道德和职业操守的手法，试图妖魔化中国，迎合达赖集团破坏西藏社会稳定、经济发展、人民安居乐业的目的，企图损害中国的声誉，为2008年北京奥运会的顺利举行设置障碍。德国一家电视台在关于拉萨事件的报道中采用的新闻图片，是尼泊尔警察在加德满都制止“藏独”分子游行的场面。著名的CNN（美国有线电视新闻网）在关于拉萨事件的报道中使用了一张新闻图片，这张照片所记录的完整场景应是暴徒攻击行驶的军车，但是CNN在报道中为了片面强调大量部队进驻拉萨而对图片进行了裁剪——剪去了暴徒，留下了军车。这种报道不但违背了新闻道德准则，也体现了 CNN 的偏执态度。

拉萨暴力事件是西藏地区经济社会快速发展进程中出现的一次严重的破坏活动。这一严重的暴力事件虽然已经平息，却给我们留下很多思考。

中国的现代化进程和西藏地区的经济社会发展，是人类社会实现充分人权共同理想的组成部分。生存权、发展权是基本人权，拉萨暴力事件是对西藏人民基本人权的践踏。这次事件对公共基础设施的破坏、对学校的毁损，事实上是在剥夺各族人民在社会发展进程中享有的社会对人权所提供的物质基础的保护。

中国承办奥运会是国际社会的选择。办好北京奥运会是中国政府和 13 亿中国人民承担的国际责任，任何干扰和破坏北京奥运会的行为和舆论，不仅是对奥运精神的亵渎，也是对国际社会和世界人民的一种侮辱。

我们应当看到，西部经济社会的变迁既有良性的发展，也有某些恶性因素的破坏。但是，任何去过西藏的人，都应该客观公正地对西藏经济社会的发展、人民生活水平的提高做出一个实事求是的判断。西藏在不断进步，处于不断融入现代化进程的过程中，西藏的生态环境和传统文化在国家的大力扶持下得到很好的保护和传承。

拉萨暴力事件是破坏西藏经济社会发展的事件。我们姑且不过多地讨论这一事件的政治背景，仅从西部社会经济发展的角度来讲，这类事件也是中国在推动西部大开发进程中所必须考虑的一个问题。因为，我们不仅仅要进行经济建设，还要捍卫已经取得的改革开放的成果。

九

奥运会留给中国的经验绝非民族主义

郝时远

（一）成功举办北京奥运会的题中之义

2008 年是中国改革开放的第 30 个年头。“三十而立”，中国特色社会主义现代化事业取得的伟大成就，实现了惠及中国、影响世界的惊人壮举。圆满结束的北京奥运会，不仅集中体现了中国改革开放事业的辉煌成就，而且也浓缩展示了中国改革开放事业的艰苦历程。当奥运会圣火熄灭之际，同一个世界的交融、同一个梦想的真诚，以大写的和平与发展记录于奥运会历史、镌刻于世人的记忆中，并将继续影响着世界和中国。

作为主办这次奥运会的东道主，取得金牌榜第一的优异成绩，中国人民群情振奋、倍感荣耀，也使国际社会刮目相看、赞誉有加。而在欢呼与鲜花的背后，则是申奥成功后的 7 年来，中国为履行对国际社会做出的庄严承诺，进行的倾注国力和民心的筹备活动。从体育场馆、城市交通等方面的建设，到环境治理和保护，直至公民教育和社会宣传等广泛的社会动员，这一过程既体现了中国经济社会发展的成就和实力，也反映了中华民族自立于世界民族之林的进程和能力。

但是，正如中国改革开放事业的经历，北京奥运会的揭幕并非一帆风顺。从 2008 年初南方大部罕见的雨雪冰冻灾害，到 5 月份震惊世界的汶川大地震，中国经历了改革开放以来在同一年份中两次最严重的自然灾害侵袭。同时，从“3·14”拉萨严重暴力事件，到奥运圣火在西方国家传递中经历的严重干扰，中国经历了改革开放以来又一次最重大的国内外因素交织的复杂形势。这些“天灾人祸”的交织，一方面大幅度提高了中国在国际社会中的聚焦度，另一方面也给北京奥运会的顺利举办投下种种阴影。可以说，围绕着奥运会这一主题，2008 年的中国集中地面对了 30 年间国内问题的突出挑战和以西方为代表的国际压力。

面对这些严峻的考验，在党和政府领导下，中国人民在抵御重大自然灾害中的万众一心、众志成城，写就了举国抗击重大自然灾害的史诗般鸿篇巨制。中国人民特别是海外华人、留学生维护奥运火炬的神圣和中国尊严的自觉行动，则使庄严的五星红旗前所未有地在西方乃至五洲招展。当时，笔者在外留学的孩子于奥运圣火在当地传递前的午夜发来短信："我们已经到达了明早圣火传递的重要地段"（为了防堵干扰圣火传递的破坏者）；当圣火传递顺利结束后又发来短信："我们彻底地爱国了一把，过瘾！"或许，这类行动和激情一定程度上代表了经历那一过程的"80后"留学生的普遍心境。不过，这些行动和激情所表达的心境，却被诸多西方媒体和评论者冠以"民族主义"。不仅如此，有关奥运会的举办及其对中国影响的种种评论中，声称"中国政府利用奥运会操弄民族主义"的话语，在媒体中出现频率也相当高。奥运会的成功举办和奥运会后的中国，需要或将增强民族主义吗？

举办第29届奥运会是国际社会赋予中国的责任，也是中国的荣誉。任何干扰和破坏奥运会的言行，都是对国际奥林匹克运动委员会及其成员国民主抉择的诋毁和损害，同样也是对主办国的侮辱和蔑视。对此，主办国官方和民间做出反应是必然的，这在任何一个国家都会如此。因为这种责任和荣誉不仅体现出为奥运会提供安全友好的和平环境、先进完备的竞技设施、全面周到的服务水平，而且也要通过成功办会展示主办国的国家形象、民族尊严、文化特色和民众热情。履行这一责任、维护这一荣誉，需要的不是民族主义激情，而是国家的能力和民族的自信心。

自"3·14"拉萨严重暴力事件发生以后，西方一些媒体无视这一严重践踏人权的暴力事件造成的破坏性，反而以"违反人权"的种种话语诋毁中国，甚至不惜采取极其恶劣的造假手法来强化对中国的负面报道。正是这些报导，助长了境外"藏独"势力不断制造事端、冲击中国驻外使领馆、围攻抢夺奥运火炬的违法行径；同样，正是这些报导及其所引发的"绑架奥运会"态势（包括抵制、不出席之类的某些政要话语），激起了中国民众、海外华人和留学生的强烈愤慨与维护国家荣誉、民族尊严的自觉行动，因为这是关系到国家利益的重大问题。中国举办奥运会不仅担负着国际社会赋予的重大责任，而且承载着国家和民族从积贫积弱的"东亚病夫"向繁荣富强的中华民族发展的艰难历程，充满着中国融入世界、推进人类社会和平发展的真诚理念。中国需要融入世界，世界更需要了解中国，这是成功举办北京奥运会的题中之义。

包括"80后"在内的中国民众，无法理解一些西方国家的政要、媒体和民众对中国成功举办奥运会这一国际盛事表现的莫名抵触和不满，以及他们利用所

谓“西藏问题”制造和放大对中国的负面报道，把奥运会作为打压、讹诈中国的筹码的用心。事实上，就达赖喇嘛炒作的所谓“西藏问题”，绝大多数津津乐道于此的西方人，既没有去过中国西藏，更不了解十四世达赖喇嘛统治下的旧西藏，甚至完全忘却了他们的先人从17世纪至20世纪前半叶在西藏进行传教、探险、侵略等殖民活动时留下的对黑暗农奴制度的记录，反而痴迷于西方列强争夺、殖民西藏过程中制造的“西藏印象”和达赖喇嘛谋求独立在国际社会中的“悲情”诉说，把旧西藏想象为一个“原生态”的人间天堂——“香格里拉”。① 对这些西方人来说，或许的确存在失忆的想象，但根本原因不在于此，而在于中国是共产党执政的正在蒸蒸日上迅速发展的社会主义国家。

冷战虽然早已成为历史，但是根深蒂固的意识形态对抗和广义的西方文化优越性，使西方世界难以接受中国的繁荣发展和走上国际舞台，当然也无视中国特色社会主义包容实行资本主义制度的香港和澳门那样的气度和胸怀。中国的发展及其所倡导的和谐社会、和谐世界理念，使西方在不得不承认中国成就的同时也增强着某种焦虑甚至恐惧。所以，对中国进行负面的评判、诋毁，甚至故意造假、蓄意放大地混淆国际视听，也就成为延续冷战思维惯性的必然选择。因为这种手法，是当代西方世界由来已久的维护其自身利益并损害他国利益的有效策略。在当代国际社会的互动中，最广泛快捷的互动关系是由传媒网络连接的，而传媒尤其是西方国家的传媒在世界范围享有最大的影响力。这种影响力不仅在于其深入世界各地的网络布局和快捷传播，而且在于它对世界各国的新闻过滤和价值评判。前者体现着技术和能力，后者反映着选择和态度。

不久前，英国的《新非洲人》杂志（2008年6月号）刊登了《报导非洲》一文，就西方媒体长期负面报道非洲的问题进行了分析。文章从西方媒体维护自身国家利益、追随国家政策、坚持意识形态、因袭历史观点几个方面揭示了这些报道的目的——“让非洲人感到自卑并厌恶他们自己及其祖先的遗产”。这一目的也包括了瓦解非洲国家改变后殖民状态、自立于世界民族之林的努力的意图，即通过对自尊、自爱的诋毁来迫使非洲在政治上遵循西方、经济上依赖西方、文化上崇尚西方，甚至在价值观上自觉地承认“白人美丽”的法则。其实，这不过是当代西方民族主义全球性张扬的一种策略而已。动辄指责他国维护国家尊严和民族利益为“民族主义”的西方世界，实际上并未摆脱民族主义的窠臼，古往今来西方强权的优越性都包含了民族主义的底蕴。

① 参见《旧西藏：西方的记录与失忆的想象》，《民族研究》2008年第4期。

（二）对民族主义的解读

民族主义（nationalism）是一种十分简单但又极其复杂的思想。说它简单，是因为这种现象极易为人所判断和使用；称其复杂，则在于至今还没有对它形成具有共识的定义及理论阐释。这种感性层面的张扬和理性层面的困惑，使民族主义这一概念及其现象伴随了世界近代以来的历史，期间虽然潮起潮落，但是它作为当代世界的一种思潮和运动仍普遍存在。在当今时代，民族主义虽然有与全球化背道而驰的意味，但是它并没有因世界大势的趋向而消解。在世界经济日益融通整合的进程中，即便像欧盟这种“超国家联盟”，统一其成员国形制不一的电源插头较之统一货币要困难得多，更何况类似于日本的手机系统和大米进口等问题。这些看似不大的事务，其实都反映着国家利益。对于民族—国家（nation-state）来说，国家利益也就是民族利益。我们所处的时代，仍旧是人类社会数百年来构建民族—国家的时代。

民族主义现象如此顽强地存在于世，既是民族—国家时代的必然现象，也是民族—国家构建过程尚未完成的必然反映。即便是法国这样的民族—国家先驱者，也不得不为保护法语的地位而抵制美国文化；即便是试图将其价值体系普世化的美国，也不得不为本国“人口棕色化”和多元文化主义导致的民族认同危机而做出种族—民族主义的宣示。① 其实，这两个例证突出地反映了全球化时代民族—国家面临的双重挑战，一方面是全球化进程中经济文化的世界性融通及强势文化的影响，另一方面则是西方后现代导引的“碎片化”、“流动性”焦虑及其向“部落主义”的回归。前者是大民族主义优越性的伸张，后者则是对“宏大叙事”的解构。毋庸置疑，西方世界对全球的影响是巨大的。因此，在一个开放发展的时代，对众多的发展中国家来说，也大都处于前现代的基本国情、现代化的发展进程和后现代现象并存的状态，中国也不例外。但是，吸收和借鉴包括西方世界在内的全人类文明成就，绝非亦步亦趋于西方世界既有的理念和模式，从本国的国情出发寻求和实现发展是自立于世界民族之林的必由之路，中国改革开放30年的实践所奠定的道路即是立足国情实际的结果。在这一过程中，中国的民族—国家建构依靠的不是封闭的民族主义，而是开放的爱国主义。

如果说民族—国家是一枚硬币，那么爱国主义与民族主义则是这枚硬币的两

---

① 参见《民族认同危机还是民族主义宣示？——亨廷顿〈我们是谁〉一书中的族际政治理论困境》，《世界民族》2005年第3期。

面。爱国主义——理性，民族主义——感性，这是民族—国家时代的共同特征。中国政府历来倡导国民的爱国主义，也就是在融入世界、开放发展中维护国家利益和民族的自尊、自爱、自信和自立，这是与世界各国平等相处、互利交流的前提条件。而对一个民族自尊、自爱、自信和自立的伤害，必然激发包括民族主义在内的反应。中国改革开放以来，社会上的确出现过诸如“中国可以说不”的思潮、“抗日”的行动直至奥运圣火传递中的“家乐福事件”这些被称为民族主义的言行，可哪一次没有西方舆论“妖魔化”、“污名化”中国的背景？因此，如果西方世界真的担心中国出现民族主义取向，那么就需要改变对中国的偏见和恶意。西方媒体全面、客观、准确、及时地报道中国事务，是中国融入国际社会的期望，也是世界认识、了解、理解中国的必要条件。在这方面，需要完善的是中国，需要改变的是西方。

（三）北京奥运会留给中国的经验

中国举办奥运会的成功、中国代表团取得优异成绩的确举世瞩目。但是，这些骄人的荣誉并不意味着中国已经成为强盛的大国。对拥有13亿人口的中国来说，100枚奖牌的人均荣誉分享只是1300万分之一；对拥有3亿人口的美国而言，110枚奖牌的人均荣誉分享为272万分之一，对拥有1.4亿人口的俄罗斯来说，72枚奖牌的人均分享为194万分之一，如此等等。这种比较并非完全没有意义，对中国至少说明了两个问题，一是按照中国的人口比例我们在体育竞技事业方面的能力与其他国家的差距很大，二是中国作为人口大国所实现的任何发展成就在人均水平方面将长期处于落后状态。这是一个与中国多民族格局一样的最基本国情。51枚金牌和数以百计的奖牌展现了中国体育竞技事业的长足发展，但是并不代表中国全民健康的公众体育事业的现状。这也是认识中国经济社会发展和综合国力的一个方面。

北京奥运会的成功举办是改革开放以来中国与世界、中国人民与世界人民最大规模的一次互动，它加速了中国融入国际社会的进程，展示了中国和平发展的理念和承担国际责任的能力；它坚定了中国坚持改革开放的信念，提高了中华民族的自尊、自爱、自信和自立的内心境界；它激发了中国全面建设小康社会和构建和谐社会的社会动力，深化了中国对自己国情的认知。因此，立足国情、脚踏实地地推进改革开放，坚定不移地走中国特色社会主义道路，巩固和发展国内平等团结互助和谐的民族关系，为平等互利、共存共荣的和谐世界理念作出实际的贡献，是北京奥运会留给中国人民的最大财富，而不是某些西方人所理解和预见的民族主义的保守与褊狭。

十

大部制与小政府

韩朝华

近年来，社会上围绕政府体制转型议论风生，而且，议论焦点多集中于建立公共服务型政府上。时下中国要建立公共服务性政府，涉及建立公共财政、政务公开和官员问责制。但从目前已出台的“大部制”方案来看，似无这方面的大动作，其着眼点仅仅在于合并机构、加强协调、提高政府运转效率等。

其实，行政职能机构设置和分工上的或细或粗，只是技术性问题，不具有根本性。“小部制”未必一无是处，大部制更非有利无弊。20 世纪 80 年代初以来，中国较大的政府机构调整已有五次，一些机构并了拆，拆了又要并，至今看不出有什么特别的道理来。但是，如果因此而对中国近 30 年来的政府机构沿革不屑一顾，就过于表面化了。

实际上，自 20 世纪 80 年代以来，中国的经济体制在变，中国的政府体制和政府行为也在变。与计划经济时代相比，现今的中国政府已在很大程度上告别了微观经济决策的职能角色，而更多地侧重于宏观调控和社会公共管理职能。其中，1993 年和 1998 年的两次政府机构改革具有重要的标志性意义。1993 年的政府机构改革直接以建立社会主义市场经济体制、发挥市场对资源配置的基础性作用为指导思想，强调“转变政府职能”。而 1998 年的政府机构改革更是一举撤销了 10 个按行业设置的工业部，基本上结束了政府对这些产业领域的直接控制。

这样的机构改革所以能取得成效，根本原因在于国有企业改革和非公有制经济发展取得了长足的进展，中国市场经济体制的微观基础已经成型，政府无需继续控制各产业领域中的计划、投资、产供销等活动。可见，基础性经济结构和实际经济运行模式的转变是政府体制改革的前提，如果没有始于 20 世纪 80 年代的企业改革和经济市场化，20 世纪 90 年代政府行政权力那么大幅度地撤出产业领域是不可想象的。而这也同时说明，政府机构改革要想取得成功，必须顺应经济

市场化和对外开放的大趋势。近30年来的政府机构改革中，凡有点成效者，无不顺应了经济市场化和对外开放的需要，而不成功者几乎都没能做到这一点。

由此来看此番“大部制”，就应认识到，“大部制”的目标不应指向强化政府的行政管制权和资源配置权，相反，大部制应成为进一步缩小政府行政管制范围、转变政府职能的契机。如果继续维持甚至扩大政府管制的现有范围和程度，则需要由政府来管的事务和领域将不断增多。那样的话，各部门承担的具体管理任务日渐繁杂，再要合并到一块儿去，必然违背组织管理学中关于有效管理跨度的基本原则，导致各“大部门”内的组织协调成本急剧上升。那样的大部制怕是难以持久的。因此，今日中国，要想保证“大部制”的成功，就要减少政府对具体经济活动和其他社会领域的直接干预；只有大大简化现有的政府管理职能，统括若干部门的大部制才是可行的。一句话，唯有小政府，才能行成功的大部制。大部制不是大政府的代名词，而是小政府的题中应有之义。

明确了这一点，对于“大部制”的期待就变得简单了。即大部制是否可行，能否奏效，并不在于大部制本身，而在于政府的职能转型是否到位，以及中国的经济市场化改革能否继续深入。如果没有这些基础条件的明朗化，对实行大部制的前景就需谨慎。

目前一些有关大部制设想的宣传称，现有的专业部制导致政出多门，使许多相互关联的政府职能苦于部门分割，难以协调，而大部制有利于统筹协调，可以变“九龙治水”为“一龙治水”。这未免太乐观了。其实，不同社会领域间的相互影响是普遍存在的，即使是大部制也仍要面临不同部门间的统筹协调问题。就不同职能部门间的行政协调而言，大部门制与小部门制本无质的差别。都是科层制，由大能源部的部长来协调煤炭司、石油司、电力司怎么就比由国务院总理或一个副总理来协调煤炭部、石油部、电力部更容易、更高效呢？所以，不要以为目前政府行政管理的低效率、效果差等现象只是部门权力分割过细所致。细察近30年来中国在政府行政体制转型上的经验，应该清楚，大幅度地缩小政府的行政干预范围，根本转变政府职能，是提高政府行政效能和施政能力的治本之道。如果新的大部制的确是建立在这类根本性转变之上的，则它的成功就有希望。

十一

当前我国消费理论中的几个前沿问题

杨圣明

（一）关于消费是经济发展的目的和动力的理论

这是马克思早已阐明的理论。党的十七大进一步发展了这个理论。胡锦涛总书记指出，要“坚持扩大国内需求特别是消费需求的方针，促进经济由主要依靠投资、出口拉动向消费、投资、出口协调拉动转变”。这个指示切中要害，既指出了过去轻视消费的倾向，又强调了消费拉动经济增长的动力作用。一定要不折不扣地贯彻落实这个重要指示，使之变为行动的向导。我们既不是为生产而生产，为搞经济而搞经济，也不是为单纯增加 GDP 而搞生产，更不是为乌纱帽而搞经济。我们搞经济、发展生产，唯一的目的就是满足亿万群众的生活消费需要，使他们过上美好的幸福生活。亿万群众的这种消费需要是强大无比的真正的生产发展的动力和经济前进的火车头。

在当代，一般说来，任何国家的经济增长（发展）都要依靠消费、投资和出口这三驾马车拉动。但由于国情不同，三驾马车的搭配状况各异。如果是个自给自足的自然经济型或封闭型国家，那么它的经济发展基本上由国内消费与投资这两驾马车拉动；如果是个市场经济的开放型小国或地区（如新加坡、荷兰、比利时和我国香港地区），那么它的经济增长或发展主要由出口拉动，其外贸出口依存度可达 300% 甚至 400% 以上；如果是市场经济的开放型大国（如美国、日本、中国、印度等），那么它们的经济发展应由三驾马车同时拉动，且以国内消费为主，投资和出口辅之。美国和日本虽然出口总额不小，但其外贸出口依存度也不过 10% 左右。我国是世界上人口最多的国家，其消费市场之大无与伦比。因此，我国必须确立并始终坚持以消费为主、以消费为第一驾马车拉动经济发展的基本国策。可是，近 20 年来，拉动我国 GDP 增长的居第一位的马车不是消费却是投资。① 出口这驾马车的拉动作用自2000年以来也相当突出，使外贸出口依存度达30%～35%，相当于美国和日本的2～3倍。由上述情况可知，党中央要求“形成消费、投资和出口协调拉动的增长格局”有多么重大的意义啊!

（二）关于收入、消费和储蓄三者之间和谐关系的理论

按照传统消费理论（又称标准的确定性消费理论），居民收入=消费+储蓄，或者说，消费=收入-储蓄。这两个公式表明，不能将收入等同于消费，更不能将储蓄等同于消费。然而，这两种混同情况经常见诸报刊。实际上，即使收入增长了，并不见得用于改善生活，而是把它变成储蓄，形成高储蓄、低消费。以当年价格计算，2006年与1978年相比，城乡居民人均收入分别增长33.2倍和25.8倍，城乡人均消费额分别增长20.5倍和19.5倍，而城乡居民人均储蓄额增长高达560.3倍。这难道不是高储蓄、低消费吗？高储蓄又是高投资的根源（传统消费理论认为，储蓄=投资）。可以说，高储蓄、高投资、低消费成了我国经济中的一种顽症，非下工夫治理不可了。

在当今世界上，消费与储蓄的关系不外两大类型：以美国为代表的低储蓄、高消费类型与以日本为代表的高储蓄、低消费类型。在美国，今朝有酒今朝醉，收入几乎全部用于消费，很少储蓄，甚至“负债消费”。与此相反，日本的储蓄之高，而消费之低，在发达国家中也是少见的。两种类型何者为佳？很值得探讨。现在看来，它们各有利弊，也各有存在的条件，我们不能照抄。美国没有储蓄但有大量投资支持经济发展，而投资从何而来呢？通过向全世界出售政府债券、企业债券、股票，在全球发行美钞以及巨额外贸逆差等方式，集中全世界的资本（有位美国经济学家说，通过上述方式美国每天向国外借债20亿美元）。这一点不适合我国，我们也做不到。发端于美国的全球金融危机已证明美国的模式不可取。我国的建设资金主要还要靠内部积累，即由储蓄转化而来。日本的低消费、高储蓄同以往我国30年的实际情况相类似，存在众多弊端。在我国，既要大量储蓄（投资）促进生产高速发展，又要在生产发展的基础上满足亿万群众生活需要。因此，从我国国情出发，应使收入、消费、储蓄三者大体同步增长，或者说，三者之间的比例关系保持常数。这就是本人经常提倡的适度消费理论。这个理论不同于消费倾向下降而储蓄倾向上升的理论。

---

① 详细数据参见国家统计局编《中国统计年鉴》，中国统计出版社，2007，第75页。

（三）关于非确定性消费理论

人类历史进程表明，随着社会生产不断发展，人们的生活消费水平不断上升。在低级阶段，当期（或称即期、现期）收入决定当期消费，或者说，在既定的期限内，有多少收入就有多少消费，没有跨期选择问题。由于收入是既定的，因而消费也是确定的。这种环境中的消费理论被称为确定性消费理论或传统消费理论。随着生产力的发展，人们的生活水平也相应提高，进入更高阶段。在这个阶段，收入显著增多了，不仅可以满足当期消费需要，还有剩余，且剩余越来越多，又转化为储蓄和各种财产。在这种情况下，人们的消费不仅取决于当期的收入，更取决于一生的财产多少。即使当期没有任何收入，依靠过去积累的财产或财产收入也可以实现消费需求；即使当期没有财产或财产收入，只要未来有收入或财产，也可以通过消费信贷取得收入，以实现当期消费。这种消费取决于财产与收入的相互转化以及消费信贷，即取决于发达的资本市场，因而，其实现存在着很大的不确定性。所以，有关这种消费的理论称为非确定性消费理论，又称现代消费理论。

胡锦涛总书记在党的十七大报告中把居民“家庭财产普通增多”视为居民生活显著改善的重要标志，并号召全党要“创造条件让更多群众拥有财产性收入”。这个指示既是对邓小平同志共同富裕理论的新发展，又是进一步解放思想的动员令，还是我国由传统消费转向现代消费的里程碑。

（四）关于消费者主权理论

现代消费是以市场经济为基础的消费。与此不同，传统消费则是以自然经济或计划经济为基础的消费。在自然经济中，以家庭为生产和消费单位，生产什么就消费什么，生产多少就消费多少，封闭运行，不仅没有跨期选择问题，也没有跨国、跨地区选择问题，因而消费者没有什么权力。在计划经济时期，以产定销，生产什么就销售什么，就消费什么；生产多少就销售多少，就消费多少。出现供不应求时，就采取行政措施或实行票证制度，对消费加以限制。自然消费者没有什么选择的权力。在市场经济中，以销定产，市场上能够销售什么（居民购买什么），就生产什么；销售多少（居民购买多少），就生产多少。换言之，消费者需要什么，就生产什么，就销售什么；消费者需要多少，就生产多少，就

销售多少。消费者的需要是生产和销售的出发点。将上述三种类型的经济形态进行比较之后不难发现，立足于自然经济和计划经济之上的传统消费理论是生产者主权理论，而立足于市场经济之上的现代消费理论是一种消费者主权理论。这种理论亦可简称为消费者是“上帝”的理论。

随着我国由计划经济向市场经济的转型，我国的传统消费正在向现代消费转变，传统消费理论正在向现代消费理论转变，生产者主权理论正在向消费者主权理论转变，消费者正在由无权向有权转变，正在由“奴隶”变为“上帝”。这是消费体制、消费思想的重大变革。消费确有体制问题。除进行生产体制、流通体制和分配体制改革之外，还必须进行消费体制改革。

（五）关于消费结构新趋势的理论

居民消费结构受多种社会经济因素和自然因素的制约，并随着社会生产发展和科技进步而不断变化。当前，呈现出一些新趋势。

一是服务消费增强趋势。消费品有两大类，分别是有形的实物消费品和无形的服务消费品。以后一类服务消费品为对象的消费称为服务消费。几千年来，人类生活都是以实物消费为主，服务消费为辅。现在达到了一个拐点，在发达国家已经出现以服务消费为主、实物消费为辅的新现象。消费结构变化的这个新趋势在我国的北京、上海、香港也初露端倪。这个新趋势的出现绝不是偶然的，它是社会产业结构演进的必然结果。在 GDP 的实物构成中，由农业（第一产业）和工业、建筑业（第二产业）提供的实物消费品所占的比重已降至 50% 以下，而由服务业（第三产业）提供的服务消费品所占比重已上升至 50% 以上，在发达国家甚至达到 70% 以上。产业结构的这种新特征不能不在居民消费结构上反映和体现出来。

二是绿色消费增强趋势。从本源上考察，人类的生活消费自始就是绿色消费，即人类自始就依靠绿色有机物质生存和发展。可以说，绿色消费是人类的本源消费。然而，化学工业和转基因技术问世后，开始动摇人类绿色消费的原本基础。科学技术进步往往是双刃剑。“化学化”和“基因化”给人类带来的是利大于弊，还是弊大于利？尚需实践进一步证实。以转基因食品来说，欧洲人和日本人中反对者大有人在。英国王储查尔斯曾说，“人类企图插足某种神圣领域。我绝不打算让家人食用转基因食品”。鉴于人们对“化学化”和“基因化”的怀疑，自然转向重视绿色消费。这可谓返璞归真。因此，必然出现绿色消费增强的趋势。

三是文化消费增强趋势。人是社会的动物。人与其他动物的根本区别除制造和使用工具外，就是创造精神文明，并享受一切先进文化成果。我国已进入小康社会，主要任务是全面建设小康和全面实现小康。小康型生活不同于饥寒型生活和温饱型生活。后者主要解决生存问题，而前者则主要解决发展问题和享受问题。发展问题和享受问题的解决，固然离不开一定的物质条件，但更要依靠文化事业的发展和居民文化生活的提高。所以，文化消费增强趋势是我们迈向小康和富裕道路上必然出现的一种新趋势。

四是数字消费增强趋势。当今社会已进入数字化的信息时代。在硬件方面，计算机、照相机、电视机、VCD、DVD、寻呼机、显示器、网络服务器、信息平台、传呼机、扫描仪、投影仪、图像处理器、资料处理器等层出不穷，日新月异；在软件方面，移动通信网络、互联网络、卫星通信网络、数据交换网络、财务软件、商务软件、工程软件等不断创新，迅猛发展。尽管上述众多信息产品外观千奇百怪，功能各异，但有一点是共同的，即它们都依靠数码运行，依靠数码操作，故称为数字产品。这类产品既有生产过程，又有消费过程。数字产品的消费简称为数字消费。在信息化时代，数字消费的地位与作用是很突出的，并且呈现日益上升的趋势。

对以上所讲的四种消费新趋势，政府决策部门应采取正确政策加以引导，促使其发展；企业家则应从这些趋势中寻找潜在的市场和现实的市场。

（六）关于构建生态文明型的消费模式理论

党的十七大报告指出，要“建设生态文明，基本形成节约能源资源和保护生态环境的产业结构、增长方式、消费模式”。这个指示太重要、太及时了，一定要很好贯彻和落实，不仅要把经济增长和产业结构打造成生态文明型的，而且要把我国的消费模式构建成生态文明型的。所谓生态文明是指在人、社会、自然三者和谐共生与发展的客观规律的基础上，实现良性循环、全面发展和持续繁荣。这种文明同工业文明、农业文明具有内在统一性，本来可以互相促进、共同繁荣。但是，它们在一定条件下也有矛盾的地方。这种矛盾当前尤其突出。在建设工业文明、农业文明的同时，有些部门、地方和企业忽视了生态文明，破坏了环境，消费了资源能源。不仅生产建设中有这种现象，生活消费中也有这类问题。我国人口众多，人均资源能源不多，环境污染已相当严重。当前，急需把工业文明、农业文明同生态文明真正统一起来，坚持走生产发展、生活富裕和生态良好的文明之路，把生态文明落实到每个部门、每个地区、每个企业和每个家庭。

十二

2008年中国民生问题调查报告

中国社会科学院“中国社会状况综合调查”课题组*

党的十七大报告做出重大决定，强调要“加快推进以改善民生为重点的社会建设”。近几年来，一系列保障和改善民生的相关社会政策付诸实施，使人民群众得到了实惠，对改善民生和促进社会稳定发挥了重要作用。目前，我国总体上已进入以工促农、以城带乡的发展阶段，进入着力破除城乡二元结构、形成城乡经济社会发展一体化新格局的重要时期。随着人们物质文化需求的提高，这一时期的民生问题，有了比温饱问题更广泛的含义，反映了人们对生活质量和生活环境的新要求，也反映了人们对经济快速增长过程中民生建设的新要求。

在这种宏观背景下，为了了解当前的民生状况、民生问题以及公众对民生建设的看法，中国社会科学院社会学研究所于2008年5～9月间，开展了第二次“中国社会状况综合调查”。此项抽样调查覆盖全国28个省区市的134个县（市、区）、251个乡（镇、街道）和523个村（居委会），共成功入户访问了7139位城乡居民。

（一）城乡居民生活状况

1. 居民生活状况得到明显改善，但收入差距扩大趋势仍然明显

（1）近70%的城乡居民认为生活水平得到改善

调查结果显示，有近70%的城乡居民认为，他们的生活水平比5年前有所上升；有近60%的城乡居民认为，未来5年的生活状况还将继续改善，比2006年的同期调查分别上升了6个和4.4个百分点。这种变化在一定程度上体现出近

* 该文由李培林、李炜执笔。

两年来政府在解决民生问题上的努力。

2006~2008 年两期调查结果都显示，农村居民的受益感要明显高于城镇居民，认为生活水平有所上升的比例比同期的城镇居民高了 13 个百分点。这种趋势说明，自 2006 年以来，取消农业税、粮食直补、推广新型农村合作医疗、落实农村免费义务教育、推动农村社会保障等一系列保农、惠农、助农、富农的政策，使广大农村居民获得了实实在在的利益。

（2）居民生活的品质在不断提高

根据调查数据测算，2007 年城乡家庭的恩格尔系数为 35.2%，有近 78% 的家庭的生活已经达到宽裕及以上的水平（恩格尔系数小于 49%）。居民的房产状况和居住条件也得到极大改观。大中城市居民家庭拥有自有住房的比例为 91.3%，人均居住面积为 29.6 平方米；小城镇居民家庭自有住房比例为 95.5%，人均居住面积为 41.7 平方米；受访家庭对这些房产的自我估值平均为 15.8 万元/户。这充分表明，绝大部分居民已经实现了住有所居，房产已经成为城乡居民家庭最为重要的财产。

（3）收入分配差距较大，制约了居民消费

收入差距扩大的情况仍然十分突出。据调查数据测算，2007 年城乡居民家庭最高 20% 收入组的家庭平均收入是最低 20% 收入组的 17.1 倍。区域之间的收入差距也相当明显，东部地区的居民家庭收入平均是西部与中部的 2.03 倍和 1.98 倍。

收入差距扩大的一个直接后果，便是制约了中低收入家庭的消费。在家庭耐用消费品的拥有率上，高收入家庭和低收入家庭的差距甚为明显。以手机为例，在最高 20% 收入家庭中被普遍使用（拥有率为 96.4%），而在最低 20% 收入家庭中则只有 64% 的拥有率。因此缩小收入差距，提高中低收入阶层的收入，对于启动内需是十分关键的。

2. 教育、医疗等方面的生活压力有所缓解，但物价上涨和就业压力增加

有近 80% 的城乡居民认为目前面临最主要的生活压力是物价上涨，此外生活压力较大的方面还有："家庭收入低，日常生活困难"（49.9%）、"住房条件差，建不起房或买不起房"（47.2%），以及"家人无业失业、工作不稳定"（38.4%）。

和 2006 年的第一次调查相比，面临"医疗支出大，难以承受"和"子女教育费用高，难以承受"的困难的居民家庭比例分别自 45.5% 和 34% 降到了 36.9% 和 26.8%，这在一定程度上可归因于近两年来城乡居民医疗保险惠及面

的扩大，以及免费义务教育政策的施行。但是城乡居民面临的劳动和就业方面的压力却有增无减，面临此类问题的家庭比例从2006年的30%上升到38.4%。调查推算，城镇经济活动人口中的调查失业率高达9.4%。其中大部分（80%以上）是非农户口，85%是18~49岁的青壮年。近30%的失业者是一年内新近加入失业群体中，但也有一半的人失业期已达3年以上。

3. 覆盖城乡的社会保障体系初步建立，但非公经济组织中的劳动与社会保障状况亟待加强

对18~69岁的非农户口的人口而言，城镇养老保险（包含城镇基本养老保险和企业补充养老保险）的覆盖率已接近53%，城镇医疗保险（包含城镇职工基本医疗保险和城镇居民医疗保险）的覆盖率约为58.7%；但失业保险和工伤保险的享有者比例较低，分别为20%和16.2%。对同年龄段的农业户口居民而言，83.8%的人享受到了“新农合”，但农村社会养老保险由于推行时间较短，只有5.7%的覆盖率。

社会保障和劳动权益保障不同所有制单位之间差距明显。就业于公有制机构和三资企业的人员，城镇养老险的覆盖率都在67%~88%之间，劳动合同签订率也在57%~80%；私营企业中就业人员享有养老险的比例只有58.3%，劳动合同签订率为41%；就业于个体机构的雇员享有城镇养老险的还不足30%，仅有11.3%的人签订了合同。由此可见今后要特别关注非公经济组织中，特别是私营企业和个体经营组织中就业人员的劳动和社会保障状况的改善。

（二）公众对社会问题及社会群体利益矛盾冲突的看法

1. 物价、看病、收入差距和失业是最为突出的社会问题

公众认为最为严重的前三项是“物价上涨”（63.5%）、“看病难、看病贵”（42.1%）和“收入差距过大”（28%）；排位第四到第七位的分别是“就业失业”（26%）、“住房价格过高”（20.4%）、“贪污腐败”（19.4%），以及“养老保障”（17.7%）；排在第八至第十位的分别是“环境污染”（11.8%）、“教育收费”（11.4%）和“社会治安”（9%）。

2. 大部分居民感知到社会群体的利益冲突，但约39%的人认为矛盾不会激化

绝大多数城乡居民对社会和谐稳定的基本状况给予了肯定，认为我国各个社会群体之间“有一点利益冲突”和“没有冲突”的人占了62.2%，但同时，也有22.2%的人认为存在较大的或严重的社会群体利益冲突。有38.6%的人认为我国社会群体利益矛盾不会激化；36.3%则持相反的判断，认为矛盾可能会激化；还有25.1%的人态度犹疑，说不清是否可能激化。

3. 当前主要的社会群体利益冲突主要聚焦于贫富矛盾和干群冲突

调查中我们列出了七对具有对应关系的社会群体，向公众询问“哪两个群体差异最大”，“哪两个群体最容易产生矛盾”。结果表明，无论是从差异的角度还是从容易产生冲突的角度，“穷人和富人之间”与“干部与群众之间”都排在前两位。这说明贫富关系和干群关系，是目前最需要处理好的社会利益关系。

城乡居民对收益群体的判断也反映了同样的结果。当问及“哪些群体十年来获得的好处最多”，排在前三位的群体是：国家干部（68.8%）、国有/集体企业经营管理者（60.4%）和私营企业老板（52.3%）。而排在最后三位的群体则是：农民工（6.7%）、工人（6.8%）和农民（16%）。这从一个侧面反映出在当前处理好干群关系的重要性。

（三）城乡居民的社会态度

1. 社会安全感总体水平较高，但食品和交通的安全状况最令人担忧

有74.6%的人对社会安全的七个方面表示“很安全”或“比较安全”。其中人身方面的安全感最高（83.2%），而食品和交通方面的安全感最低，分别只有65.3%和65.7%，认为“不安全”的人达30%以上。特别值得提及的是，在2006年和2008年两期的调查中，食品安全状况都在各类安全感中排在倒数第一，这说明公众对食品卫生和安全有着长期的担忧。

2. 义务教育、公共医疗等方面的公平感有较大提高，但收入差距方面的公平感明显下跌

有68.4%的公众对整个社会给予了“很公平”或“比较公平”的评价，其中义务教育（85.77%）、高考制度（74.44%）、公共医疗（66.77%）、政治权利享有（65.43%）、司法与执法（52.85%）和养老等社会保障（50.19%）等六个领域的公平感较高。义务教育、公共医疗、养老等社会保障待遇三个领域的公平感较2006年度上升9~15个百分点。

公平感低于50%的有选拔党政干部（47.22%）、工作与就业机会（41.05%）、城乡之间待遇（40.37%）、地区之间的发展（37.7%）、行业之间的待遇（35.24%）和收入差距（28.58%）六个方面。其中收入差距的公平感比2006年下降11个百分点，意味着贫富分化对社会公正的损害还在加剧。

3. 六成城乡居民对当地政府的工作表示基本满意，但在环境保护和惩治贪腐等方面对政府有更多期待

城乡居民对当地政府十一个方面职能工作的评价表明，公众的平均满意率接近60%。其中在义务教育、医疗卫生服务、维护社会治安等方面的满意率都高于70%；对当地政府工作满意度较低的方面：排在第一位的是“为中低收入者提供廉租房和经济适用房”；排在第二位的是“廉洁奉公，惩治腐败”，表明民众对这方面的工作还有很高的期待。环境保护也是公众对地方政府工作评价最差的方面，有近40%的城乡居民表示不满，在城镇居民中甚至达到44.4%。近年来，因环境问题引起的社会冲突明显增加，对此必须引起高度重视。

（四）有关改善民生问题的对策建议

1. 加大就业促进与扶助力度

在调查中就业困难、工作不稳定也是公众面临的主要生活压力之一。今后应该继续实施积极的就业政策，加强对创业者在资金、产品、技能、税收等方面的援助，降低创业门槛；加强对农民工的就业、创业培训；教育应当更好应对未来就业市场的变化，积极发展培养技术人才的职业教育，要为高校毕业生提供更加多样的就业服务；发展新型的劳动密集型产业，以吸纳更多的就业人口。

2. 完善医疗、教育、住房、社会保障等公共服务

今后社会保障事业的重点，一是进一步扩大医疗、养老保险的城乡覆盖面，使更多的家庭具有规避生活风险的能力；二是进一步提高社会保险的统筹层面，制定全国统一的社会保险关系转续办法；三是完善住房保障体系，为中低收入者提供廉租房和经济适用房。

3. 加强社会风险的监控与监管

频发的食品安全事故给中国经济乃至“中国制造”的世界口碑都造成了恶劣影响，同时也暴露出长期以来对产品安全监管的缺失。对此，在操作层面上，不仅要为企业创造良好的投资经营环境，更应该强化对产业的监管职能；在制度层面上，应该尽早建立企业和公民的社会诚信体制；在战略层面上，应该着重思考在经济全球化、市场一体化、产业链条化、媒介大众化的背景下，如何应对各类社会风险的问题。

4. 严惩贪腐，加强权力制衡，建立公平合理的收入分配机制

一些社会不公现象，已为公众所长期诟病。究其根源，主要在于权力缺乏制衡而导致的权钱交易。因此应该加快防治腐败的制度建设，积极探索建立个人收入和财产登记与申报制度，建立公务人员的就职、离职和换岗的财产审查制度；要建立公平合理的社会分配机制，逐步破除城乡二元结构，逐步扭转收入差距的扩大趋势，消除不合理、不合法因素对收入分配的影响；加强廉政、勤政建设，密切干群关系，以高效、亲民、廉正、公开的政府形象促进社会公正。

十三

加快建立健全我国现代社会保障体系

王延中

改革开放30年来，中国对计划经济时期的社会保障制度进行了一系列改革，取得了巨大成绩，逐步建立起与市场经济体制相适应、由中央政府和地方政府分级负责的社会保障体系基本框架。与此同时，我国目前的社会保障制度仍存在着问题、面临着挑战，需尽快加以完善。

（一）中国社会保障制度的发展与改革历程

十一届三中全会标志着中国进入了改革开放新时期，经济体制改革一般以这一年为起点。但是，对于社会保障制度来说，十一届三中全会并不意味着改革的开始。在之后相当长一段时间内，主要是恢复和重建，然后进入改革试点与建立框架的时期。大体分成以下几个阶段：①社会保障制度的恢复与调整（1978～1986）；②社会保障制度的改革探索（1986～1993）；③建立统账结合的社会保险制度的改革试点（1993～1997）；④现代社会保障制度基本框架的初步确立（1997～2008）。

经过30年的努力，中国社会保障制度改革与发展取得了很大成效。

1. 初步完成了从传统社会保障制度向现代社会保障制度的转型

一是基本打破国有企事业“单位办保障”的旧体制，初步实现了社会保障制度的社会统筹和属地化管理，单位保障制度转换为社会保障制度。

二是打破了计划经济体制下主要对公有制单位正规就业职工实行社会保险的做法，新的社会保险制度覆盖面逐步向各种所有制类型的正规就业职工和部分灵活就业人员扩展，覆盖面不断扩大。截至2007年底，全国基本养老保险、基本医疗保险、失业保险、工伤保险和生育保险参保人数分别达到20107万人、

22051 万人、11645 万人、12155 万人和 7755 万人。

三是初步打破了完全以户籍划界的城乡二元社会保障制度，某些地区的一些社会保障项目实现了制度之间的有效衔接甚至同等保障待遇，实现了社会保障的城乡一体化发展。比如，浙江嘉兴等地的城乡居民合作医疗制度不再区分城乡户籍，北京 2007 年颁布的《北京市城乡无社会保障老年居民养老保障办法》，对符合规定的城乡老年居民每人每月发放 200 元的老年保障待遇。

四是初步形成了现代社会保障制度的基本框架。除不断发展的社会保险项目外，覆盖城乡居民的最低生活保障制度已经在 2007 年基本建立，新型农村合作医疗已经覆盖 90% 以上的农村居民，城镇居民基本医疗保险制度发展迅速，灾害救助、教育救助、医疗救助、临时困难补助等综合社会救助体系和针对特殊人群的社会福利制度得到了一定发展。

五是积极探索与社会主义市场经济体制相适应的现代社会保障制度的运行机制。在由单位保障向社会化的社会保险制度转变的过程中，逐渐引入了国际通行的个人责任机制，体现了社会保障制度风险分担、权利与义务相结合的原则。在目前推行的五种社会保险制度中，除工伤保险由雇主承担交费责任外，其他社会保险制度以及新型农村合作医疗、城镇居民基本医疗保险制度，参保人员都要缴纳一定比例的费用。值得提出的是，中国在基本养老保险和医疗保险制度中，比较全面地引入了个人账户制度或家庭账户制度，适应了社会保障制度改革的国际趋势。

2. 不断发展完善的社会保障制度为保障我国改革、发展、稳定大局发挥了积极作用

一是促进了经济体制改革与国有企业改革。由计划经济向市场经济的转轨，必然会造成劳动力的合理流动和一部分人因不能适应竞争环境而下岗、失业。20 世纪 90 年代，中国有大约 6000 万国有企业和城镇集体企业职工下岗、失业。中国在改革过程中逐步建立了一整套的待业保险制度、失业保险制度、“两个确保”制度等，并且大力实施“再就业工程”，保障了下岗失业人员的基本生活，解决了相当数量人员的再就业问题，维护了社会稳定。

二是促进了劳动力的转移和流动。社会保障制度的建立，使城镇职工逐步从单位所有制中解脱出来，变成可以双向选择的“社会人”，促进了劳动力的自由流动。同时，经济体制改革的不断深化，使农村劳动力大量向城镇地区流动，目前农民工的规模达到 1.2 亿人。他们逐步替代原来的国有集体企业职工，成为中国制造业和城镇服务业从业人员的重要组成部分。

三是极大地缓解了贫困问题。自20世纪90年代开始建立的城市居民最低生活保障制度，覆盖人群从1997年的200万人提高到2007年的2243万人。同时，2007年已经覆盖全部农村地区的农村居民最低生活保障制度，使3400多万人得到救助。

（二）30年来社会保障制度改革与发展的基本经验

一是对社会保障的认识与重视程度不断提高，逐步提升社会保障建设的地位与作用。计划经济体制对城乡居民的就业与基本生活做了全面的计划安排，当时虽然建立了一些社会保障项目，但主要针对城镇正规就业人员和一些特殊人群，并没有形成一个覆盖所有劳动者和城乡居民的独立统一的社会保障制度。这种情况延续到改革初期，在决定对传统经济体制进行改革的时候，没有也不可能专门提出社会保障的改革发展问题。中国在改革计划经济体制尤其是国有企业改革过程中，逐步认识到改革与发展社会保障事业的必要性、重要性与紧迫性。制定“七五”（1986~1990）计划时，社会保障才作为一种概念专门提出来，当时将社会保障改革作为国有企业改革的配套措施加以强调。1993年中共十四届三中全会确定社会主义市场经济体制目标时，社会保障被确定为社会主义市场经济框架的重要组成部分。1998年以后逐渐明确建立独立于企事业单位之外的社会保障体系，将社会保障作为一项基本的社会制度加以建设的理念得以确立。十六大以后，相继提出了科学发展观、构建和谐社会等重大战略，社会保障地位再次提升，甚至被提到了“以人为本”的高度，社会保障还成为全面小康社会的关键目标和以改善民生为重点的社会建设的主要内容。

二是将借鉴国际经验和尊重本国国情结合起来，坚持从国情实际出发确定中国社会保障建设的基本原则和制度框架。当中国试图对传统社会保障体制进行改革时，正值社会保障改革浪潮席卷全球，以新加坡为代表的中央公积金制、以智利为代表的DC型完全积累制、世界银行向各国推荐的“多支柱”模式、欧亚几国的“名义账户制”成为各国社会保障改革学习和模仿的对象，这些模式对中国的社会保障改革都产生过深远的影响。中国社会保障制度不是在一张白纸上进行建设的，而是在原有的制度上进行改革的，改革的背景与西方又有很大的不同。西方国家的社会保障体系是建立在工业化程度较高、市场经济制度比较完善的基础上，中国的社会保障建设的基础是二元结构比较明显、计划经济程度较深、人口基数庞大、经济发展水平低的基本国情，确立以经济建设为中心的发展战略后，城乡、地区发展水平差距不断扩大。这些都构成了中国社会保障改革与发展的制约因素。在这种情况下，十四届三中全会提出了社会保障建设必须坚持“低水平、广覆盖、多层次、城乡有别”的原则，后来又根据实际情况提出了“保基本、可持续、法制化管理、社会保障关系可以转移接续、政府承担主导作用”等原则。这些原则既吸收了国际经验，又体现了中国社会保障建设的国情和时代特征。有些制度不拘泥于照搬国际经验而具有原创性。

三是坚持需要与可能相结合，以解决现实问题为重点稳步推进社会保障体系建设。现代社会保障制度是一个十分复杂庞大的体系，建立完善的现代社会保障体系是一个长期的任务。但是，经济体制改革与社会问题的解决并不可能等到现代社会保障制度健全完善之后再进行。由于各种历史与现实因素的制约，中国社会保障制度建设以解决迫切的现实问题为重点，坚持把制度建设的长远需要与现实需要结合起来，尽可能从低标准、窄范围起步，从局部开始改革试点，待条件基本成熟后再扩大试点和全面推开。这种循序渐进、逐步推开的改革发展道路，一方面进行了大范围推广前的试验，另一方面又不把群众的胃口吊得很高，便于把工作做实，把看不准或者争议较大的改革与发展项目限制在局部试点地区，不至于发生大的反复。

四是正确看待社会保障制度建设与管理中的分散与统一，对社会保障改革坚持分类指导、因地制宜原则。市场经济的内在需要要求社会保障特别是基本保障的运行机制应该相对集中，才能在宏观上保障统一的劳动力市场的健康运行。改革前板块运行的社会保障体系阻碍了日益频繁的劳动力跨企业、跨地区、跨部门、跨行业的自由流动。为了促进劳动力流动、分担保障风险，逐步对社会保障项目进行社会统筹。从总体上看，中国大多数社会保障项目已经实行了属地化管理，基金统筹层次也在不断提高，社会保险基金的社会化程度不断增强，社会保险管理体制从过度分散走向了相对统一。但是，中国在改革后不断扩大的城乡差异、地区差异、部门差异，对建立全国完全统一的社会保障制度形成了严重的阻碍。中国目前的保障项目大多数是以县为统筹单位，个别实行地级市统筹或者省级统筹，短期内要完全实现全国范围内的制度统一和基金统筹是不现实的。在这种情况下，中国不把追求社会保障制度形式上的统一作为目标，而是坚持分类指导、因地制宜原则，调动地方的积极性、创造性，形成了社会保障制度改革的不同模式，有利于中国在比较中选择大多数地区适宜的模式加以推广，为社会保障制度的统一发展积累实践经验和现实基础。

（三）中国社会保障制度的主要问题与未来发展

1. 中国社会保障制度的主要问题

第一，社会保障的覆盖面窄的问题仍十分突出，扩大社会保险覆盖面的难度非常大。社会保障的覆盖面越广，互济功能越强，将社会保障尽可能覆盖更多人群是社会保障制度可持续发展的内在要求。但是在经济体制改革过程中，我国劳动力市场发生了很大变化。国有、集体企业职工数量急剧下降，非公有制经济单位和灵活就业人员已经成为城镇从业人员的主体。目前社会保险制度在正规部门扩面的空间已经非常小，扩大社会保障覆盖面的重点对象应该是灵活就业人员、进城农民工等，但是扩面难度比较大。目前的社会保险制度直接从就业保障体制转变过来，由于承担着大批已退休职工的保险费用负担，缴费率很高，不适应灵活就业人员收入比较低且很不稳定的特点。城乡户籍制度仍然阻挡着农民工和失地农民进入城镇职工保险制度。此外，大多数农村劳动者和农村居民没有纳入社会保障体系中来，整个社会保障制度的覆盖面仍然较窄，离人人享有社会保障的目标还有很大差距。

第二，社会保障历史债务缺乏明确的处置方案，建立多层次的社会保障体系还有许多困难。随着人口老龄化的加速，各国社会保障模式尤其是老年保障制度都在向多层次转变，以适应不同人群的需求。中国在改革过程中确定了建立以基本保险为骨干、以其他保险为补充的多层次社会保障体系的目标。发展多层次保险、保障，必须把基本保险这一块的待遇降下来。但是，由于在职人员需要承担大批离退休职工的保障费用，在覆盖面难以扩张的情况下，正规就业人员的基本保险缴费水平降不下来，补充养老保险发展一直比较缓慢。这在一定程度上又制约了基本养老保险制度的改革。同时，政府在承担历史债务问题上态度不明朗、缺乏可操作性的解决方案，个人账户资金难以真正积累，加上资本市场尚不完善，建立多层次养老保障体系的设想很难真正落实。建立基本医疗保险与多层次医疗保障体系相结合的制度也面临着同样的问题。

第三，社会保障基金统筹层次不高，各地社会保障制度差异过大，建立统一的社会保障制度还有不小阻力，社会保障关系转移接续十分困难。尽管中国向社会保障的统筹发展迈出了很大的步伐，但是目前社会保障制度的分割是比较明显的。比如机关事业单位与企业从 1978 年开始执行不同的退休制度，随着机关事业单位在职人员工资的不断调高，机关事业单位退休人员的待遇水平也跟着不断地增加，而企业职工的养老金增长缓慢，两者差距逐渐拉大。改革中有关部门已经注意到了机关、事业单位与企业的退休待遇水平差别过大的问题。由于缺乏社会保险关系转移接续的制度，建立全国统筹、城乡统一的社会保障制度面临着相当大的困难和阻力。

第四，社会保障投入不足，保障水平明显低于实际需要，社会保障建设又面临着人口老龄化、就业形式多样化的严峻挑战。由于庞大的人口基数和社会保障待遇的刚性需求，提高社会保障待遇水平需要巨量投入，我国还比较低的经济发展水平能否支付上述投入还是一个未知数。十分不利的是，中国高龄人口之多、增长速度之快，是世界人口发展史上前所未有的。发达国家大多是在人均收入较高的情况下出现人口老龄化，而我国的老龄化是在人均国民收入较低的情况下出现的，未富先老的挑战已经成为现实。人口老龄化对社会保障发展的影响是比较明显的，导致养老负担急剧上升，对养老基金形成了巨大的支付压力。人口老龄化也会导致对社会福利服务的需求增加，医疗需求也会膨胀，医疗费用随之加重。对社会保障的健康持续发展带来不利影响。

第五，受各种因素的制约，中国社会保障改革与发展中的失误与教训也不少。由于过于担心社会保障水平过高可能会给经济发展带来负面影响，在制定社会保障长远发展目标时，往往侧重经济效率、强调个人责任多一些，对政府应当承担的责任往往通过转嫁方式隐性化处理，导致改革举措难以摆脱历史因素的影响，多支柱模式难以真正建立起来。在决定短期应急措施时，又侧重社会稳定、强调政府责任，忽略了长效机制建设。社会保障制度建设的大方向总体上看是清晰的，但某一时期的一些改革目标（促进资本市场的发展、刺激消费、解决下岗再就业问题等）往往纠缠在一起，导致社会保障在多个目标中不断摇摆，社会保障政策反复多变，缺乏稳定性。很多政策出台主要是作为解决具体实际问题的一种手段，表现为被动、应急的特征，而成为缺乏前瞻性的制度设计。我国社会保障制度的基本框架初步建立，对维护改革、发展、稳定大局发挥了积极作用。相对而言，社会保障作为再分配的手段之一，目前在发挥其调节收入分配、促进社会公平方面的作用还不充分，对降低基尼系数、促进经济发展与社会和谐等方面的作用亟待提升。

2. 中国社会保障未来改革与发展的展望

改革开放30年来中国社会保障制度建设已经奠定了一个比较坚实的基本制度框架。展望其未来发展，应当根据中国经济社会发展的阶段性特征和社会保障自身的发展规律，加快建立健全“老有所养、学有所教、病有所医、劳有所得、住有所居”的现代社会保障体系。

党的十七大对我国国情所作的总体性判断是两个“没有变”，即我国仍处于并将长期处于社会主义初级阶段的基本国情没有变，人民日益增长的物质文化需要同落后的社会生产之间的矛盾这一社会主要矛盾没有变。社会保障体系建设首先要从这个最大的实际出发，在社会保障发展战略制定及实施过程中，既不要“超前发展”，也不要“滞后发展”。30 年来社会保障制度建设的经验教训，尤其是建立社会主义和谐社会与加快民生工程建设的客观要求，使政府与社会各界形成了加快社会保障建设的新共识。现在的任务是把加快社会保障制度建设的共识变成明确的发展战略与可操作的发展政策。应当下决心解决社会保障体系面临的突出矛盾和问题。政府要承担起并且发挥好社会保障制度的主导作用。要逐步建立社会保障的单独预算，在不断加大社会保障投入的前提下，建立健康的社会保障资金管理体制与运行机制，努力提高社会保障资金使用的效率和公平性。要按照人人享有社会保障的目标，加快建立社会保障的“兜底”机制，包括完善以城乡居民最低生活保障制度为基础的社会救助体系，以特殊人群社会福利服务为重点的国民基础福利体系，以重大自然灾害和公共安全事件为核心的应急管理处置服务体系，以公共服务均等化为目标的社会化服务体系，确保全体国民得到比较公平的基本社会保障、社会福利和社会服务。继续注重发挥市场机制和社会力量的作用，大力发展多层次、多支柱的社会保险，在更大程度上体现社会保险权利与义务相对应的原则和社会保障的效率特征，减轻政府社会福利支出与服务提供的压力，确保社会保障体系的健康运行和持续发展。现代社会保障制度是十分复杂的庞大体系，每一种社会保障项目具有各自的特点与运行规律。要积极探索并根据不同社会保障项目的具体特点，使社会保障项目的制度安排与运行机制符合自身运行规律，又适合国情特点。国民福利水平与经济国际竞争力并不是替代关系。经验表明，发展型社会政策与经济发展是相辅相成、互相促进的。这些经验值得我们借鉴和学习。只要我们的制度设计科学合理，符合发展规律和我国实际情况，社会保障建设将使我国经济继续保持活力和竞争能力，同时使全体劳动者和国民都能享有更加公平、更高水平的社会保障和社会福利。

十四

社保改革应统筹兼顾

——来自“拉美现象”的一个重要启示

郑秉文

科学发展观的本质内涵是以人为本，实现全面协调与可持续发展。在社会发展方面全面落实科学发展观具有重要的战略意义，具体讲，建立一个全面协调与可持续发展的社会保障制度，就是以人为本的直接体现，是构建和谐社会的坚实基础，否则经济发展就要受到极大的负面影响，甚至形成恶性循环，进而导致路径依赖的锁定状态。党的十七大报告首次将社会发展放在比经济发展更为突出的位置，首次在全文十二个部分中专门列出“加快推进以改善民生为重点的社会建设”作为一个独立的部分，在历次党代会报告中首次用2210字的篇幅详尽论述了社会发展问题，首次将完善社会保障体系建设列为一个重要内容，把社保体系的地位提到一个前所未有的高度。

“拉美现象”中最引人注目的要属两极分化导致的贫困化问题。拉美地区社会保障制度于1981年从智利开始，其特点是社保的私有化。27年来，拉美国家社保制度改革的总体评价是在财务可持续上得以改善，至今没有出现社保制度的财政危机，成绩斐然，但在覆盖面和待遇水平上却存在较大问题，始终没有解决好两极分化和贫困化问题。

（一）拉美社保改革没有统筹兼顾：导致产生“增长性贫困”

拉美国家传统的社保制度是现收现付制，沉重的财务困境引发了1981年智利的私有化改革。从1981年起至今，在拉美33个国家中已有12个主要国家实施了私有化改革，覆盖人口已超过拉美地区人口的一半以上；改革采取了激烈的方式，其标志是引入了个人账户，实行完全的个人积累制，弱化了社会再分配的

功能，强化了个人的精算公平；提高了社保制度的财务可持续性，降低了社会共济的功能。这样的改革重点，本来就不利于缓解两极分化和贫困化的“拉美现象”，进而，由于改革后社保制度的覆盖面并没有扩大多少，个别国家的覆盖面（指缴费人数量比例）反而比改革前更小了，导致相当部分的群体被社保制度“排斥”在外，加剧了“社会排斥”，不利于“社会凝聚”。

改革前拉美12个国家社保覆盖面的排序可划分为三个档次（为了便于国际比较，这里使用了2002年的数据）：第一档四个国家覆盖面在均50%以上；第二档四个国家在30%～50%之间；第三档四个国家均低于30%，最低的玻利维亚只有12%。从改革后的数据变化来看，没有一个国家的覆盖面是提高的，几乎全部是下降的，只有厄瓜多尔保持了改革前后21%没变，这是最好的情况。12国三组的平均降幅非常之大，从38%下降到了27%（见表1）。

表1 2002年拉美12个国家社保制度私有化改革后覆盖面下降趋势和贫困化情况

单位：%

排序	国家	改革年份	改革前覆盖面	改革后覆盖面	贫困率
第一档	乌拉圭	1997	73	60	10
	智利	1981	64	58	21
	哥斯达黎加	2000	53	48	21
	阿根廷	1994	50	24	25
第二档	墨西哥	1997	37	30	41
	哥伦比亚	1993	32	24	55
	秘鲁	1993	31	11	48
	多米尼加	2000	30	—	30
第三档	萨尔瓦多	1996	26	19	50
	厄瓜多尔	2002	21	21	61
	尼加拉瓜	2002	16	16	68
	玻利维亚	1996	12	11	61
	平均		38	27	42

从表1中还可以发现一个重要现象：凡是覆盖率高的，贫困率相对就较低，反之就较高。例如，覆盖率最低的三个国家的贫苦率都超过了60%，而覆盖率最高的三个国家的贫困率都低于21%。这说明，社保覆盖面与贫困率之间存在着强烈的负相关，甚至三组国家社保覆盖率大小的排序与贫困率高低的排序几乎都是完全对应的。

于是，在拉美就出现了另一个非常独特的“拉美现象”：“增长性贫困”，即一方面经济呈增长态势（尽管表现很差），另一方面贫困率却也呈攀升趋势：1980 年贫困率为 40.5%，1990 年提高到 48.3%，1997 年 43.5%，1999 年 43.8%，2002 年 44.0%，2004 年 42.0%；贫困人口绝对数量激增：1980 年仅为 1.36 亿人，1990 年增至 2.00 亿人，1997 年 2.04 亿人，1999 年 2.11 亿人，2002 年 2.21 亿人；2006 年拉美贫困人口的绝对数量整整比 1980 年多出近 7000 万人，相当于 2 个阿根廷。

可以说，“增长性贫困”在全世界的经济发展和社会进步进程当中是拉美的一个独特现象，这个独特现象为“拉美现象”增加了一个难题，为其他各国提供了一个科学发展观的独特案例研究的反面样板。

（二）拉美社保改革没有瞻前顾后：对减困的贡献率微乎其微

拉美国家的贫困率居高不下，固然由许多原因造成，是许多社会政策制定没有统筹的总和结果，但是，社保覆盖面狭窄也是一个占重要比例的因素。例如，在过去的 1/4 世纪里，拉美经济增长率跟欧洲的增长率速度相差无几，几乎都在 2% 上下徘徊，但从未有人说过“欧洲现象”这个词，从未有人像用“拉美化”这个词来形容拉美那样使用“欧洲化”这个词来形容欧洲。

在欧洲，贫困发生率之所以比较低，一个重要原因是欧洲国家的社保覆盖面比较宽、比较大，远非拉美国家如表 1 中所列出的那样狭小。欧洲国家社保覆盖面一般来说都在 80% 以上，最高的可达 95% 以上。例如，2003 年欧盟 25 国平均贫困发生率只有 16%，其中最低的斯洛文尼亚仅为 10%，而最高的三国爱尔兰、葡萄牙和斯洛伐克也就是 21%。社会保障制度是二次分配的一个重要手段，在假定其他条件不变情况下，社保制度对减困可以发挥较大的作用。欧洲国家社会保障制度对减困率发挥的作用是巨大的，经测算，假设没有社保制度的话，欧盟平均贫困率将高达 42%，这个贫困率水平与拉美相差无几，甚至是一样的。换言之，欧洲国家社保制度的贡献率使贫困率整整降低了 26 个百分点。

在美国，社保制度对减困的贡献同样可以说明社保覆盖面的重要性。美国社保体系由于其覆盖面非常宽，其减困效果非常明显。为了方便比较，这里同样选取了美国 2002 年的数据：当年贫困率仅为 12.22%，贫困总人口是 3460 万人，这个贫困发生率水平不仅远远低于拉美国家，而且也低于欧洲国家平均水平。从

美国社保历史的发展进程也可略窥一斑：1935 年美国社会保障制度在刚刚建立之初，老年（65 岁以上）贫困率高达 70%，而到 2005 年则下降到 8.7%，即每 12 个人老年人里才有一个穷人；换言之，美国社保制度至少使 1290 万人口免于陷入贫困境地。倘若没有社保制度，老年贫困率就将高达 46.8%，差不多每两个老年人就有一个是穷人。

在拉美，贫困率最低的智利也是一个案例。在前表 1 的 12 个国家中，智利社保覆盖率是最高之一，所以，在拉美 33 个国家里也是贫困人口比例最低的国家之一，成为拉美唯一一个实现了千年发展目标的国家，贫困发生率从 1990 年的 38.6% 下降到 2002 年的 21%，到 2003 年又降至 18.8%；极度贫困人口从 1990 年的 12.9% 下降到 2003 年的 4.7%。

（三）拉美社保改革导致覆盖面变小：在二次分配中的作用无足轻重

社会保障制度是收入分配的一个重要子制度，是调节二次分配的一个重要手段，是构建和谐社会的一个重要调节器，是社会稳定的一个重要安全网。当然，在缓解两极分化和二次分配中，社会保障制度的作用不可高估，其基础还在于一次分配的大格局即在于基础性的财产制度的科学性等许多原因。但是，许多国际经验表明，尤其是拉美的教训说明，社保体系模式的选择对二次分配的调节作用和对两极分化的缓解作用，是不可忽视的，甚至是不可低估的。

众所周知，在当今世界上，最大的社会不公正莫过于收入分配不公。在分析“拉美现象”的成因时，学界逐渐认识到，除了初次收入可导致巨大两极分化以外，在相当程度上包括社保体系在内的二次分配政策不当，也可起到“加速”的作用，这时，一次和二次分配就互为因果，恶性循环，例如人力资源、生产性资产、公民权利等诸多方面；从某种程度上说，他们既是收入分配不公的原因，又是其结果。以家庭收入分配不公为例。家庭收入分配不公可以导致在教育、就业机会、资本和融资等所有方面的不平等，于是就形成了贫困的恶性循环：贫困家庭的子女进入市场的机会和获取这些资产的机会就少得多，进而形成“贫困锁定”。

作为二次分配的一个工具，拉美国家社保系统之所以作用有限，难有作为，还与其社保模式选择有很大关系。模式选错了，覆盖面就难以扩大，反之就可以获得足以起到良好减困效果的覆盖面。在拉美，有两个涉及模式的选择问题制约了其覆盖面的进一步扩大。恰恰相反，由于社保模式的性质问题却导致覆盖面反倒不如改革以前，从而陷入一个进退维谷的境地：在财务可持续上要大大好于改革前，但在覆盖面上却大不如改革前。换言之，改革后国家摆脱了社保这个财务上的包袱，这是一个成功，但另一方面对减困发挥的作用却十分有限，即对"拉美现象"的缓解没有起到根本性的正面作用。这个结果不能说不是一个"苦恼"，而这主要是由社保模式的性质决定的。拉美国家的社保私有化改革选择的体系模式在扩大覆盖面上存在的主要障碍，主要是由两个问题决定的。这两个问题的核心是：在制度财务可持续性上效果较好，但在再分配方面则效果较差。第一个问题对扩大社保体系的覆盖面就起了很大的制约作用，第二问题弱化了减困的效果。这两个问题的效果合在一起，使其二次分配的"校正作用"微乎其微，对"拉美现象"的"缓解"作用和贡献率大打折扣。

第一个问题是选择了一个"完全积累"的制度模式（主要指"缴费型"制度）。

从融资方式的角度看，社保模式主要有现收现付制和完全积累制这两个极端的模式。拉美国家在1981年至今的改革浪潮中放弃前者、选择后者时，要充分考虑到这个模式存在的弊处，配合以相应的对策设计。这个模式的重要特征是扩大覆盖面的弹性不好，对缴费密度的要求较高，不利于提高非正规部门的参保率。完全积累制社保体系模式在烫平个人终生收入方面具有良好的效果，这是这个模式的一个特征。在这个模式下，从国家层面看，整体财务可持续性较好，国家作为最后担任人从此摆脱了财务不可持续的隐患，比较彻底地解决了长期困扰世界各国社保可持续的难题；从个人层面看，由于这个模式对缴费密度的要求较高，在就业多元化的大趋势下，不利于非正规部门职员的加入，个人的退休收入替代率不太理想；从社会层面看，在这个制度框架内，参保人之间的互济作用几乎荡然无存，社会再分配的作用大大弱化。这三个特征说明，如果将完全积累制选择为第一支柱的模式，就亟须来自一般税收的"非缴费型"制度的配合，对第一支柱中存在的问题进行"二次校正"，旨在强化社保体系的整体减困作用。但是，在拉美看到的却是另一种景象，于是就又出现了下面的第二个问题。

第二个问题是选择了一个"非补救型"的制度（主要指"非缴费型"制度）。

来自于一般税收的"非缴费型"社保模式（如果"缴费型"项目被看做第一支柱，这个非缴费型项目可看作是"零支柱"）也有两个极端模式，即"补救型"（"目标定位"式）与"普享型"。二者相比，前者减困的效果要明显于后

者，并且成本也低于后者。人们知道，建立社保体系的第一目标就应是反贫困，对社会最脆弱群体实施直接和间接的救助。很显然，在财力有限的情况下，尤其是在第一支柱引入的是完全积累制的前提下，这个“零支柱”在引入时就更应该考虑其模式选择了。但遗憾的是，在拉美，社保制度大多建立于20世纪二、三十年代，从四、五十年代以来，民粹主义的普遍盛行和政治诉求所导致和建立的“零支柱”大部分并不是“补救型”或“目标定位”式的，而是成本较高、减困效果较差的“普享型”，加之，福利刚性使这些国家在1981年以来的私有化改革中对其难以撼动，绝大部分国家保留旧有的“零支柱”，本应对第一支柱发挥校正作用或弥补措施的“零支柱”丧失了改革的空间，甚至有些国家还反其道而行之，加强了这个“零支柱”的水平。换言之，“目标定位”式或“补救型”模式对贫困率较高的国家来说，效果比较好，成本比较低，而普享模式则相反。据测算，拉美地区17个主要国家的初始平均贫困率是38%，如果附加一个“目标定位”式或“补救型”的“最低养老金”的话，其贫困率就会降低到20%，即可降低18个百分点，极大地缓解“拉美现象”。此外，“普享型”与“补救型”之间成本相差很大，这里仅以拉美17个主要国家为案例，如果他们采取“目标定位”式或“补救型”模式，这17个国家“最低养老金”的平均成本就只占其GDP的0.93%，反之，“普享型”则高达2.2%。两个模式成本之间相差最大的是智利，竟高达12倍：“补救型”仅为0.1%，而“普享型”则高达1.2%；成本最高的国家是巴拉圭，“补救型”为2.7%，“普享型”则高达5.4%。

对上述两个支柱模式的选择和搭配，我们不能也不应该用“一错再错”这个词来“苛求”拉美国家的这些改革，因为，任何一国的改革都是在其特殊的历史环境和特定的路径依赖下进行的。

（四）“拉美现象”的经验教训：社会政策不应走极端

对我国来说，“拉美现象”的主要经验教训有两个。一个是长期的，另一个是眼下的。

第一，从长期看，“拉美现象”的一个重大教训是，在制定经济政策和社会政策时不可走极端，应规避可导致产生“拉美现象”的历史惯性和“制度锁定”。

追溯拉美一百多年的历史就会发现这样一个曲线：爱走极端，忽左忽右，大起大落，摇摆不定，欲速不达，动荡不安；上一个“极左”的曲线高峰是很可能成为下一个“极右”曲线高峰的前奏，而这个“极右”的曲线高峰又必将是下一个“极左”曲线的开端；如此循环，两头落空，“拉美现象”就逐渐形成，难以完全根治和规避。这就是拉美国家20世纪80年代改革以来面对的特殊历史环境和特定路径依赖。

可以这样认为，20世纪二、三十年代拉美社保体系的建立在某种程度上就是民粹主义的结果之一，40～60年代，“极左”的民粹主义高峰把社保体系的财政开支推向财政破产的边缘，“普世”的福利主义和“福利赶超”的财政行为把国家推向财政危机的“极点”，最终导致七、八十年代“极右”的私有化改革的“全面报复”，其结果是采取完全私有化的个人积累制，把国家对社保的财政责任几乎推得一干二净，结果强化了贫困化和拉美化现象。物极必反，“左派”上台两年来正在跃跃欲试当中，新一个轮回似乎又在开始，在个别国家已初露端倪：在拉美12国里私有化改革最晚的国家厄瓜多尔，近一百年来实行高福利的社保制度，沉重的财政负担导致其从2002年实施改革。但是，一方面厄瓜多尔私有化改革没有完成，另一方面旧制度留下的遗产过于沉重，国家不得不继续进行较大的转移支付，甚至在2003年财政补贴竟高达2亿美元，占待遇支出的40%。在财政负担极其沉重的窘境下，2007年1月左派总统科雷亚一上台就宣布将召开制宪大会，试图对2002年实施的社保私有化改革进行“再改革”，其重要标准就是取消个人账户，退回到2002年之前。可以说，拉美左派的上台本身是对几十年来右派政策的一个否定，是民粹主义回潮的最佳时刻，也是拉美民粹主义回潮的一个标志。加大社保的公共支出既是一个拉拢选民的政治手段，也是对20世纪八、九十年代社保私有化改革进行“反改革”的一个“政绩”。根据厄瓜多尔报纸《今天》报道，2007年10月30日和31日，厄社会保障局向账户持有人退款，参保人为取回个人账户的缴费而发生挤兑，导致社保局网络出现技术障碍而全面瘫痪，从而引起社会恐慌和骚动，在基多、瓜亚基尔和昆卡这三个城市中人们走向街头举行示威游行。这表明厄瓜多尔2002年私有化改革正式流产。

厄瓜多尔的案例说明，大起大落的极端改革、忽左忽右的摇摆动荡，其结果往往是两头落空。以厄瓜多尔为例，一方面，“极右”的私有化改革使其社保覆盖率成为最小之一（排列第三），致使贫困率也是最高之一（排列第二）；另一方面，还没等“尝”到减轻政府财政负担的私有化改革的“甜头”，在每年大量财政补贴的进程当中，“极左”的反改革运动又将开始，新一轮的极端历史再一次重演，如此仓促的改革必将使本来财政负担就已经非常沉重的社保制度雪上加

霜，进而陷入进退两难的境地。

第二，就眼下看，“拉美现象”的另一个重要教训是，社会政策、社保政策、社保支柱、社保项目之间要统筹安排，步调一致，科学发展，避免相互之间的不配合、不搭配，旨在最大限度地发挥减困和缓解两极分化的综合作用。

如果说上述重要教训是纵向的社会政策连续性的话，那么，这里强调的就是横向的社会政策的配合性。社会政策的配合性，首先强调的是要符合国情和历史，适应具体的社会经济环境。其次是规避任何极端政策出台的可能性，社会政策的制定要符合当时的经济发展水平，不可“过头”和“过火”，从根本上防止走极端的任何“苗头”出现。再次是要全国“一盘棋”，根除部门利益替代整体利益、部门政策替代国家政策、地方政策替代全国政策的潜在可能性。最后是社会政策和社保政策的制定要规避走极端，不要攀比，不要“政治口号”化，政策制定的权利不要成为各级政府和各个部门的政策制定的“人质”。

十五

关于调整扶贫政策的一些建议

李　周

（一）扶贫目标的调整

自1986年实施扶贫政策以来，我国政府一直把按家庭为单位计算的当年人均纯收入越过贫困线作为扶贫目标。20世纪90年代实施“八七扶贫攻坚计划”时，确立了不把绝对贫困带入21世纪的目标。进入新世纪后，又确立了不把绝对贫困人口带入2010年或2015年的目标。问题在于，每年总有一小部分家庭会因为遭灾、患病、事故等各种各样原因而无法使当年的人均纯收入越过贫困线。从概率上来说，即便每年只有1‰的家庭遭到意外，对于一个13亿人口的大国来说，也会有130万人当年收入无法越过贫困线。由此可见，所有中国人的当年人均纯收入都越过贫困线，实际上是一个无法持续实现的目标。当年收入没有越过贫困线的家庭，并非当年的消费支出一定无法越过贫困线，因为消费支出不仅决定于当年的收入，还决定于以往的储蓄，所以各年的消费支出越过贫困线是一个能够持续实现的目标。在现实中，各年影响收入的因素会有所不同，遭受意外的家庭的数量也会有所不同，用当年收入计量的贫困人口必然出现波动，以致引发出诸如“返贫”这样的伪问题。在收入受气候影响大的地区，例如干旱、半干旱地区，农户收入的年际波动是很大的，对这些地区的农户来说，决定于他们生计水平的是各年之间的平均收入，而不仅仅是当年的收入。以当年收入来测定这些地方的生计，就会出现贫困发生率不断波动的问题。

对于政府来说，最应该关注的问题并非所有人的当年收入都越过贫困线，而是所有人的当年消费支出都能越过贫困线。其实，引导农户追求收入最大化，是市场竞争机制的作用范围，而确保所有农户的消费支出不低于贫困线，才是政府保障机制的作用范围。政府以当年收入来度量贫困问题，市场竞争机制的作用范围和政府保障机制的作用范围就交织在一起了。鉴于当年收入并不是度量贫困的最好的指标，把所有家庭的当年收入越过贫困线作为扶贫目标也不是最好的选择。鉴于政府的基本责任不是帮助所有家庭的当年收入都越过贫困线，而是帮助当年支出无法越过贫困线的弱势群体的消费支出能够越过贫困线，所以，政府应该把消灭当年收入低于贫困线的目标改为建立所有人的消费支出都不低于贫困线的保障机制的目标。

（二）贫困标准的调整

30 年前，我国政府和社会的扶贫能力都非常弱，在这样的条件下开展大规模的扶贫工作，确定一个较低的贫困标准，是合乎国情的选择。30 年后，我国经济得到了长足的发展，政府和社会的扶贫能力都有了显著的提高。此时，仍然维持原有的贫困标准就显得不合时宜了。我们应该按照其他国家的共同做法，确定一个与我国已达到的经济发展水平相适应的贫困标准。具体的理由有二。第一，目前世界上只有 10 个国家的官方贫困线低于人均每天支出 1 美元的水平。在这 10 个国家中，中国的人均 GDP 是最高的（见表 1）。这么低的贫困线与中国的经济发展水平极不相称。第二，在 100 多个国家里，中国又是官方认定的贫困发生率最低的国家之一。如此低的贫困发生率与中国的经济发展水平也极不相称。发达国家都不害怕自己有贫困发生率，我们为什么如此害怕这个指标呢？

表 1

单位：%，美元

国　　家	贫困发生率	人均 GDP	国　　家	贫困发生率	人均 GDP
中　　国	10	2010	加　　纳	31.4	520
印　　度	25	820	马　　里	64	440
也　　门	45.2	760	津巴布韦	68	340
尼日利亚	60	640	塞拉利昂	70.2	240
贝　　宁	33	540	布 隆 迪	68	100

资料来源：世界银行《2007 年世界发展报告》及有关国家的扶贫战略。

（三）扶贫监测指标的调整

政府进行贫困监测的主要目的，是对自己必须履行的让所有农户的消费支出都越过了贫困线的基本责任的实施情况作出评价，而不是弄清还有多少农户的收入没有越过贫困线。为了达到这个目的，政府的扶贫监测必须选择可观察性好、稳定性好、政策含义强的指标。

从可观察性、稳定性、政策含义三个方面考虑，当年消费支出要比当年收入水平更适宜做贫困监测指标。第一，消费支出与收入水平相比是可观察性更强的指标。根据我们的经验，农户的消费，包括住房、耐用消费品、儿童入学、营养状况都是可观察的，而收入水平是很难观察的，所以调查进而测定农户消费支出是相对容易的，也相对准确，而调查进而测定农户收入是比较困难的，误差也比较大。第二，消费支出与收入水平相比是稳定性更好的指标。农户的消费支出不仅决定于当年收入，还决定于其他年份的收入，所以各年的消费支出通常要比各年的收入更为稳定。它的实质是把不影响农户越过消费支出贫困线的收入波动消除掉。第三，消费支出与收入水平相比是政策含义更强的指标。以消费支出作为监测指标，其贫困监测结果，即扶贫机制的有效保障率的变化，反映的是政府和社会扶贫保障机制的有效性或改进程度，有利于政府和社会团体评价和改进扶贫工作，具有很好的政策含义；以收入作为监测指标，扶贫监测结果，即贫困发生率的变化，实际上是市场和政府共同作用的结果，用它来评价政府扶贫机制的有效性或改进程度，通常会夸大政府的作用，间或也会缩减政府的作用。

强调采用当年收入指标的学者，对采用消费支出指标有几个担心。一是农户有收入不消费怎么办？二是农户靠借钱越过消费支出贫困线怎么办？三是监测指标调整后贫困人口数量增加怎么办？其实，这些担心是不必要的。第一，强调消费支出指标的重要性，并非完全忽略收入指标。关于第一种担心，只要先把消费支出不足的家庭识别出来，再把收入水平越过贫困线的家庭排除在外就可以了。第二，对于农户借钱越过消费支出贫困线，必须具体问题具体分析。在现实中并非所有农户都依赖于政府和社会扶贫，对于那些相信自己有能力借助于市场机制越过消费支出贫困线的农户，应该得到理解和尊重。当然，这应该是在具有政府扶贫保障机制的背景下的行为。第三，在调整监测指标的始点上，如果出现贫困人口数量增加的情形，只是表明原先的做法低估了贫困，既然有低估问题，就应该加以调整。

从理论上讲，随着国民经济的稳定增长，随着政府和社会扶贫保障机制的不断完善，以消费支出指标度量的政府和社会扶贫保障机制的有效性会越来越高，而不大可能产生波动。退一万步讲，即便出现了波动，反映的也是真正的返贫，而不是收入波动与返贫的混合体。

（四）贫困监测要因民族而异、因地区制宜

我国的贫困线从一开始就是从消费支出切入的。具体做法是先确定维持温饱所需的热量和营养，然后设定能维持温饱的食物清单，再根据物价计算出所需的消费支出，最后除以恩格尔系数（即食品支出占生活消费支出之比），得出消费支出的贫困线。将其转换为当年收入的理由是，既然每年需要那么多的消费支出，就应该有那么多的当年收入。这种转换的不足之处是把不影响农户越过消费支出贫困线的收入波动也考虑进去了。

我国的贫困线的设定存在两个不足：一是没有考虑各民族食物结构的差异；二是没有考虑农户居住地的差异。

我国是一个多民族的大国，虽然占绝大多数的汉族的食物结构以素食为主，但一部分少数民族的食物结构是以肉食为主，例如藏族和蒙古族。食物结构不一样，维持温饱所需的费用会有很大差异。按668元的贫困线，以及每公斤小麦和牛羊肉分别为1.6元和20元计算，可购买的417.5公斤小麦和33公斤牛羊肉，前者对食物结构以素食为主的民族来说是可以维持温饱的，而后者对食物结构以肉食为主的民族来说是无法维持温饱的。30年前，绝大多数贫困人口是食物结构以素食为主的人群，少数民族中的贫困人口占贫困人口总量的比例不是很大，这个不足的影响并不明显。30年后，贫困人口的数量越来越少，少数民族中的贫困人口占贫困人口总量的比例趋于上升，这个不足的影响越来越明显了。所以，按食物结构的不同对不同民族设置不同的贫困线越来越有必要了。

我国地域辽阔，农户居住的地方有很大的差异，居住在亚热带的居民和居住在高寒山区的居民维持温饱所需的热量、衣被和取暖、住房支出有很大的差异，对他们实行一个贫困线也是不适宜的。30年前，我国农村贫困人口的分布面很广，居住在高寒山区的贫困人口占贫困人口总量的比例不是很大，这个不足的影响并不明显。30年后，贫困人口的数量越来越少，居住在高寒山区的贫困人口占贫困人口总量的比例趋于上升，这个不足的影响越来越明显了。所以，按居住地的差异对不同居住地居民设置不同的贫困线越来越有必要了。

在现实中，需要特别加以关注的贫困人口往往既是食物结构以肉食为主的贫困人口，又是居住在高寒山区的贫困人口。这两个特征往往交织在一起，说明纠正贫困线设置中的不足就更有必要了。

十六

劳动者权益保护的理论思考

胡乐明　彭五堂

切实保护劳动者的合法权益是事关我国经济社会稳定持续发展的一个重大问题。要有效解决这一问题，首先要从理论上研究和阐明劳动者权益保护的基本前提、基本原则和基本思路。

（一）劳动者权益保护的基本前提

劳动者权益的具体内容和实现程度首先取决于劳动关系的性质和特点，要切实有效保护劳动者权益，必须调整我国目前的劳动关系，构建新型和谐的劳动关系。构建新型劳动关系是现阶段中国有效保护劳动者权益的基本前提。根据我国当前的生产力水平和经济制度的基本特点，新型劳动关系不应该也不可能片面地肯定和扩大劳动或资本某一方面的权益，而是提供一种劳资权益相对平衡的制度安排，实现劳动双方的合作共赢。

首先，新型劳动关系本质上是不同生产要素所有者在共同利益驱动下的一种平等合作关系。现代生产过程是各种生产要素所有者通过合作而获得收益的过程。合作既有利益一致的一面，也有利益冲突的一面。一方面，资本所有者和劳动力所有者作为生产要素的提供者，无论是社会财富的创造，还是双方各自利益的实现，都以对方的存在为前提。资方只有依靠劳动者的积极性和创造性，提高劳动生产率，才能获得更多的利益；劳动者只有借助于资本实现整个企业收益的增长，才能体现劳动力的价值，分享更多的经济利益。劳资双方共同利益的实现需要双方努力合作。另一方面，作为独立的利益主体，在利益既定的情况下，劳资双方利益博弈是一种零和博弈，一方所得即是另一方所失。资本所有者所追求的目标是实现利润的最大化以及资产的增值保值，而劳动者所追求的目标主要是

工资与福利的最大化以及良好的工作环境和人际关系。劳动者所追求的较好的工资福利条件恰恰是资方所要支付的成本，这种此消彼长的静态利益格局容易使双方在争取利益的过程中形成冲突，甚至使合作关系难以为继。要减少劳资双方的利益冲突，增强劳资利益的一致性，关键在于确立劳动者与资方之间的平等地位，形成劳资之间平等合作的劳动关系。这就要求劳资双方彼此尊重、承认对方的权利和利益，双方拥有相对平衡的谈判地位和谈判能力。只有如此，才能有效化解劳资矛盾，这样的劳动关系才是一种和谐的劳动关系。显然，这种平等关系并不否定资方与劳动者之间在企业运营过程中的权威与服从的关系。

其次，新型劳动关系要求劳资双方共同参与企业的经营管理过程，打破资本对经营权的垄断。劳资之间的平等合作不仅要求双方共同参与生产，而且要求双方共同参与管理，特别是事关双方利益的各项活动，双方必须共同参与决策，这样才能体现劳资双方合作的平等性。在现代市场经济中，劳方参与企业经营管理不仅仅是为了保障和提升劳动者的地位和利益，更重要的是，它是现代公司治理的客观要求，是提高企业运营效率的重要手段。在资本主义发展的早期，由于劳资双方市场地位不平等，资本家垄断了企业管理过程，劳动者完全处于被支配地位，企业成为资本所有者实现自己片面利益的手段，工人的利益被忽视、被压制，资本家与工人之间是一种强制与被强制的关系，劳资矛盾突出。这样的合作就不是平等合作。这种股东至上主义的经营模式导致了广泛的工人运动，不仅损害了工人的利益，也损害了资方自身的利益。第二次世界大战后，资本主义企业管理方式逐步发生改变，资本所有者——股东的主权地位受到削弱，雇员在公司治理结构中的地位日趋增强，职工参与企业经营的制度日益得到各国立法的认同与重视。实践表明，在现代市场经济条件下，共同参与不仅实现了劳资之间的利益平衡，而且提高了企业的经营效率。

再次，新型劳动关系还应该是一种收益分享型的劳动关系。劳动者分享合作收益，表明劳动者不仅仅是生产要素的提供者，也是企业经营的受益者，是劳动者参与企业经营管理的成果。只有当劳动者分享合作收益的时候，劳资之间平等合作的关系才落到实处，这样的劳动关系才能够和谐，能够持久。所谓合作收益，是劳动和资本以及其他生产要素通过合作生产和经营而产生的，超过每一种生产要素单独生产经营所获得的收益之和的部分，是生产要素由于合作产生的额外收益。在数量上，一个企业每年获得的额外收益等于企业年总收入减去中间投入和要素成本之后的余额。中间投入是企业生产过程中消耗的物质资料的价值，包括厂房、机器设备和工具等固定资本的折旧，以及原材料、燃料、辅助材料的投入。要素成本包括劳动力价值、地租和利息等购买各种生产要素的支出。劳动力价值是支付给劳动力所有者的维持劳动力的生存、繁衍和发展所需要的最低费用，它是劳动力的使用成本。同样，地租是租用土地的成本，利息是使用资本的成本。它们在量上应该等于各自单独生产经营能够获得的最大净收入。在正常情况下，企业会产生额外收益，这是各种生产要素分工合作的成果。也正因为它是生产要素分工合作的成果，所以它应该由包括劳动力在内的各种生产要素共同分享。劳动者参与企业额外收益分享的标志有两个：一是劳动者的总体收入大于劳动力价值，如果劳动者收入等于劳动力价值，那就说明工人没有分享企业额外收益，仅仅是生产要素出卖者，劳动与资本等其他生产要素之间还不是平等合作关系；二是劳动者收入增长率不低于其他要素所有者收入的增长率，劳动者的收入应该随企业的发展而不断增长，如果只有企业利润的增长，没有劳动者收入的相应增长，那就表明劳动者没有分享到企业发展的果实。

（二）劳动者权益保护的基本原则

新时期构建新型劳动关系重在保护劳动者权益。根据中国国情，借鉴国际经验，我们认为我国现阶段保护劳动者权益应遵循的基本原则是：权益确认原则、广泛覆盖原则、适度保护原则、劳资两利原则、动态调整原则。

1. 权益确认原则

亚当·斯密曾经指出："劳动所有权是一切其他所有权的主要基础，所以，这种所有权是最神圣不可侵犯的。一个穷人所有的世袭财产，就是他的体力与技巧"①。马克思更是认为，劳动是生产的真正灵魂，只要社会还没有围绕着劳动这个太阳旋转，它就绝不可能达到均衡。② 因此，劳动者权益理应得到文明社会的高度确认与保护。在我国的改革开放过程中，在"以经济建设为中心"的方针指引下，从鼓励非公有制经济发展，到修改宪法保护私人财产权，我们逐渐完善了对资本的保护，但劳动者权益在一定程度上却没有得到相应的认可和有效的保护。我们所追求的改革目标是社会主义市场经济，只要我们不放弃社会主义这个前提，就必须把劳动者的权益保障放在中心地位，因为社会主义社会就其本质而言是一个劳动者主导的社会，提高职工的生活水平和社会地位是中国现代化建

① 〔英〕亚当·斯密：《国民财富的性质和原因的研究》上卷，商务印书馆，1974，第115页。

② 《马克思恩格斯全集》第18卷，人民出版社，1964，第627页。

设的初衷和最终目标。即使从纯粹市场经济的角度，我们也应将劳动者的权益保护作为改革的重要目标之一，而不是仅仅作为“配套措施”，因为市场经济的自身发展，也需要具有一种完善的劳动者权益保障机制。因此，我国劳动者的各项权益不仅应得到《劳动法》和《劳动合同法》等相关法律的确认与保护，更应得到《宪法》的明确肯定与有效保护。强调“劳工权益”，重提“劳工神圣”，不仅是坚持社会主义和马克思主义原则的政治要求和法律要求，而且也是建立完善的市场经济体制的内在要求。

2. 广泛覆盖原则

应该说，我国现行的劳动法律和劳动政策已经初步构建了劳动者权益和劳动标准的基本框架。但是也应该看到，我国劳动者的某些权益如平等就业权、民主参与权、罢工权等并没有得到相关法律的明确界定，同时在实践中，人们往往将劳动者权益等同于劳动权，将劳动政策等同于就业政策，大大缩小了劳动者权益的具体内容和覆盖范围。我们应该明确，劳动者权益保护不仅应承认和保护劳动者的劳动权、劳动报酬权等基本权益，还应承认和保护劳动者的集体行动权等各项权益。同时，劳动者权益保护不仅应保护劳动者的一切权益，更应保护一切劳动者的合法权益。改革开放以来，随着社会主义市场经济体制的确立，多种所有制经济的共同发展，产业结构的调整，特别是随着国有企业改革的深化和进城务工农民的增多，我国企业劳动者群体逐渐出现了明显的分层，固定工、合同工、季节工、小时工、劳务承包工、劳务派遣工等多种用工形式和职工身份并存。在劳动者分层中，处在较低层的劳动者是那些技能较低、替代性较强、竞争力较弱、流动性较大的普通劳动者，由于各种原因，他们往往处于劳动法规的覆盖范围之外，成为劳资冲突和社会不安定的根源。强化我国劳动者权益保护，必须关注各层次劳动者的权益状况，赋予所有企业劳动者以劳动法意义上的“劳动者待遇”，保护一切劳动者的合法权益。

3. 适度保护原则

马克思主义劳动关系理论的一个基本观点是，劳动者各项权益的具体标准和保护程度受生产力发展水平和生产关系性质制约，劳动者权益保护不能脱离社会经济的发展水平，必须做到与社会经济水平的同步协调发展。我国现阶段社会经济的基本特点是：一方面，生产力总体水平较低，产业特征以劳动密集型产业为主，虽然经济总量较高，但人均水平和经济净收益都较低；另一方面，由于我国人口基数大，劳动力供给总体大于需求，我国目前就业压力较大，实现充分就业是政府的一项艰巨任务。从我国的实际出发，我国劳动者各项权益的具体标准与保护程度不宜一厢情愿地片面拔高，而应参照国际劳工标准和各国经验结合中国国情量力而为。[①] 同时，在全面保护一切劳动者的各项合法权益的前提下，应加强劳动者基本权益的保护，即有效承认结社自由和集体谈判权利、消除所有形式的强迫劳动或强制劳动、有效废除童工以及消除就业和职业歧视，重点保护劳动者的劳动就业权。劳动就业权是劳动者权益的核心权利和前提权利，它包括劳动者自愿选择就业方式、公平就业和平等待遇以及获得生产性工作的机会和体面的劳动报酬等内容。在我国劳动力供给总体大于需求的情况下，保护劳动者的劳动就业权，不仅关系到劳动者个人的生存状态，而且直接关系到社会的稳定安全。

4. 劳资两利原则

在市场经济条件下，资本和劳动都是追求自身利益最大化的理性市场主体，有着各自明确且不同的利益要求，因而在一定条件下存在明显的利益冲突。但同时，资本和劳动是一对市场经济的孪生儿，二者共同维系着企业的运营，双方有着共同的利益：提高生产效率，创造更多财富，是双方利益最大化得以实现的基础。因此，我们既不能站在资本的立场上以牺牲劳动者的权益为代价片面地维护资本的利益，也不能不顾及资本的利益单方面强调劳动者权益保护。现阶段的中国保护劳动者权益必须跳出“零和博弈”或“彼之所得必为我之所失”的思维逻辑，这种对抗性博弈最终只能导致劳资双方两败俱伤的破坏性结局。劳资双方只有从双方长远利益的大局出发，充分考虑和辩证看待双方的利益，各自尊重、承认对方的权利和利益，才能实现劳资双方的真诚合作，有效地提高生产效率，真正实现双方各自利益的最大化和劳资共赢，从而真正有效地保护劳动者权益。毛泽东同志在新民主主义时期曾经提出“公私兼顾，劳资两利”的原则，把它作为多种经济成分并存条件下我们党的指导方针。显然，这个原则现在仍然适用，我们必须在兼顾资本的利益的前提下保护我国劳动者权益。[②]

5. 动态调整原则

劳动者各项权益的具体标准和实现程度取决于生产力水平和生产关系的性质，因而必然随着社会经济的发展与进步而不断变化和调整。从世界范围来

---

① 以工作时间为例，我国目前实行的是每周40小时工作制，我国台湾地区实行两周84小时工作制，日本实行的是每周48小时工作制。据此，有学者认为我国某些劳动标准偏高。参阅董保华《劳动关系调整的社会化与国际化》，上海交通大学出版社，2006，第91页。

② 当然，这并不意味着政府在劳资之间完全“不偏不倚”。对于相对弱势的劳动者，政府必须依据以保护劳动者为宗旨的《劳动法》，以追求“实质的平等”为基本原则来处理劳资关系。

看，劳工权益作为一项法定权利，其内容随着社会进步而不断丰富和发展。1802 年，英国议会通过了《学徒健康与道德法》，以法律形式对工人的工时作出了明确规定，标志着现代意义上劳资关系立法的产生。1884 年英国议会又通过了《工会法修正案》，明确承认了工人的团结权。进入 20 世纪之后，劳工权益问题日益受到各国政府的重视，颁布工厂立法的国家更加普遍。1904 年，新西兰制定了有关集体合同的法律法规，成为世界上最早进行集体合同立法的国家。1919 年，德国颁布的《魏玛宪法》首次以宪法的形式明确规定公民享有劳动的权利。与此同时，劳工权益的国际立法也得到了迅速发展。从 1919 年的《国际劳动宪章》，到 1944 年的《费城宣言》，再到 1998 年国际劳工大会的《关于基本劳工权利原则宣言》，劳工权益的保障范围不断拓展，劳动标准不断改善。随着我国社会主义市场经济的发展和社会的进步，我国劳动者各项权益的具体标准和保护程度也应不断地进行动态调整，以不断地改善劳动者的权益状况。

（三）劳动者权益保护的基本思路

构建新型劳动关系，强化劳动者权益保护，是对我国现存生产关系的一次重大调整。为此，我们必须以科学发展观与社会主义和谐社会理论为指导，进一步完善我国的法律体系，明确劳动者权益的具体内容和保护程度，加强劳动执法监察；强化制度建设，构建劳动者权益保护的有效机制；充分发挥政府、工会、雇主组织的积极作用，平衡劳资双方的力量与权益。

1. 完善法律体系，加强劳动执法监察

国际经验表明，健全完善的法律体系是协调劳资关系和保障劳工权益的基本保证。社会主义市场经济是法治经济。在市场经济条件下，劳动者权益保护必须纳入法制轨道。然而，尽管我国目前已经初步形成了以宪法和劳动法为核心的保护劳动者权益的多层次的法律体系，初步实现了劳动者权益保护的法制化、规范化，但是，劳动者权益屡受侵害的现状表明，我国的劳动立法和执法仍有许多问题亟须解决。

首先，应修改完善《宪法》和《公司法》等重要法律的有关条款，高度认可和有效保护劳动者作为国家和社会主人应有的各项劳动者权益。劳动者权益实质上是与资本财产权相对应的生存权。在现代社会，生存权优位应是一个法制国家基本的法律原则，作为一个现代国家，不仅“私有财产保障”需要入宪，“生存权保障”更应入宪入法。① 其次，应修改完善我国现行的劳动法规，清除模糊不清甚至相互矛盾的有关条款，减少原则规定和选择性条款，增加操作规定和强制性条款，贯彻“经济、便利、及时”的原则，完善劳动争议仲裁诉讼制度，降低劳动者的法律救济成本；同时，尽快出台或完善关于劳动标准、劳资集体谈判、劳动争议处理以及规制不当劳动行为等方面的劳动配套法规，建立健全工资、工时、劳动定额和安全卫生等劳动标准体系，并指导各类企业通过集体协商方式，按照国家或行业劳动基准健全企业内部劳动标准。再次，应“坚持从我国国情出发，尽量与国际惯例接轨”，扩大国际劳工公约尤其是核心公约的批准范围。最后，应加强劳动执法和劳动监察，改变“重立法、轻执法”的法制状况，建立健全有职有权、执法严明公正、运行高效的劳动监察体系和制度。

2. 强化制度建设，完善劳动者权益保护机制

“劳资自主协商，政府适时干预”是目前西方主要国家协调劳资关系的基本模式，这一模式有效运行的可靠保障是健全完善的劳资关系协调机制。我国目前已初步建立了以劳动合同管理、集体协商和集体合同、劳动争议处理为主要内容的劳动关系协调机制，在促进劳动关系和谐方面发挥了重要作用。但是，随着社会主义市场经济改革的不断推进，现行的劳动关系协调机制面临着巨大的挑战，各项劳动制度需要进一步规范和完善，以使我国的劳动者权益保护真正步入法制化、规范化、有序化的轨道。

第一，建立和完善三方协商机制。要根据国家有关法律法规和国际惯例，尽快解决阻碍和制约三方协商机制建立和运行的重点问题，合理确定三方协商机制的处理内容、关系原则和具体制度安排。第二，建立企业劳动关系预警机制。为防止劳动者权益侵害现象的发生和劳资冲突的恶化，必须建立事前预警防范机制，包括劳动者参与机制、企业厂务公开机制等。第三，建立和完善集体合同制度和集体谈判机制。要积极培育工会、雇主组织等集体谈判主体，规范集体合同内容和集体谈判程序，拓展集体合同和集体谈判的适用范围。第四，借鉴SA8000标准，建立企业劳动标准认证机制。SA8000标准对企业的劳动时间、劳动报酬、工作环境、雇员健康与安全、员工培训等方面都有明确的指标要求。适应国际潮流，我国也应借鉴SA8000标准，建立企业劳动标准认证机制，规范企

① 参见常凯《劳动力市场与劳工保护》，《中国党政干部论坛》2004年第11期。我国现行《公司法》开宗明义在第一条确定其立法目的时，只是强调要保护公司、股东和债权人的合法权益，而对于职工的合法权益却只字未提。

业内部劳动标准。第五，完善劳动争议处理制度，建立健全劳动争议处理机制。企业内部应建立劳动关系协调委员会，形成经常性的争议调解机制，同时建立劳动争议民间调解机构，使企业内部调解与外部调解结合起来，并积极探索劳动争议仲裁诉讼制度的改革。第六，培育和规范民间组织，建立NGO动员下的公众参与机制。发挥一切有利于调整劳动关系的社会力量和公众的作用，使其发展成为保护劳动者权益的有益补充形式。

3. 充分发挥政府、工会、雇主组织的积极作用，平衡劳资权益

目前，在我国劳动关系多方面存在失衡的情况下，片面强调劳资双方的自主协商，将因雇员力量过于单薄而难以实现公平，片面强调政府调整，成本较高且容易导致政府对企业的干预过度。因此，为有效保护劳动者权益，我们必须充分发挥政府、工会、雇主组织的积极作用，实现劳资双方的权益平衡。

首先，政府应发挥宏观管理和协调作用。市场经济条件下的政府是公平、竞争和和谐的市场秩序的维护者。政府应采用法律的、行政的、经济的手段，为构建和谐劳动关系和保护劳动者权益创造条件和发挥作用。主要有：一是要推动各种相关法律法规的制定和完善，对劳动者的各种合法权益进行界定并通过相应的手段给予保护；二是要监督和保证相关法律的贯彻执行，对各种侵害职工权益的行为给予处罚；三是作为居间协调的“第三方”，对各种劳资纠纷进行协调处理；四是要努力创造更多就业机会，改善劳动力供求总量不平衡的态势；五是要全面落实“积极的就业政策”，强化就业服务和失业调控；六是要制定合理的收入分配和社会保障政策，保障劳动者收入水平的正常增长，防止收入差距过分悬殊；七是要构建国民教育体系，加大教育投资力度，改善教育结构，大力发展职业技术教育和培训，提高劳动者的素质。

其次，工会应当真正成为工人利益的代表，进一步加大“组织起来，切实维权”的工作力度。随着市场经济进程的深化，我国企业（雇主）一方的权利、地位和经济利益，处于相对提高的趋势之中，而职工一方则处于劣势和被动地位，在这种格局下，劳动者权益的保护和提高，仅仅依靠个人的力量是远远不够的，劳动者必须依靠组织的力量来维护自己的权益，充分发挥工会组织的作用。发挥工会在协调劳动关系中职工合法权益代表者和维护者作用的基本保证是加强市场经济条件下的工会组织建设。按《工会法》的规定，在我国设立的企业都要设立工会组织，工会的任务和职责，一方面是反映职工的呼声，代表和维护职工的利益；另一方面，也协助企业管理层对员工进行管理教育，代表职工民主参与企业管理，维护职工的长远利益。目前，我国多种经济组织并存，非公经济逐渐成为社会经济的重要部分，但大多数非公企业还没有建立工会组织，劳动关系不和谐的情况在非公经济中表现较为突出。因此，当前加强工会组织建设工作的重点，应是抓好非公企业的工会组织建设，扩大工会组织在非公企业中的覆盖面，并按《工会法》规定的任务、职责进行卓有成效的工作，当劳资双方发生矛盾时，工会组织应及时进行沟通和协调，以化解分歧，营造和谐的劳资关系。同时，还应有力推进行业工会与区域工会的建设，充分发挥它们在集体谈判中的积极作用。为适应市场经济的要求，工会在自身的代表性、自主性、独立性、工作内容、活动方式、组织原则等方面都要发生相应的改变。

再次，应规范和引导雇主组织建设，提高雇主组织与工会的合作水平，充分发挥雇主组织的积极作用。雇主组织作为一个整体，考虑和处理问题往往更加社会化，有利于消解单个企业（雇主）的非理性不合作行为，从而在协调劳资关系方面发挥积极作用。改革开放以来，我国的雇主组织得到了一定发展，目前已有多元化、网络化的各种雇主组织，如私营企业协会、个体劳动者协会、企业家协会、外商投资企业协会等。但是严格地说，它们并非真正意义上的雇主组织，并不完全具备与劳工组织（工会）相对应的雇主利益的代表身份。为充分发挥雇主组织在协调劳动关系和保护劳动者权益方面的积极作用，我们应尽快出台和完善雇主组织立法，培育、整合现有雇主组织，适度强化它们的代表性和自主性，提高它们与工会组织合作处理劳资冲突的水平。

第五篇

若干重大问题研究（下）

一

以改革创新精神开创地方志工作新局面*

陈奎元

（一）坚持以科学发展观为统领，推动地方志事业进一步发展

地方志工作同党和国家大局紧密相关，要正确地反映社会主义经济、政治、社会、文化发展的实际，为大局服务，必须树立正确的指导思想和方法，必须高举中国特色社会主义理论的旗帜，全面贯彻落实科学发展观。科学发展观是发展中国特色社会主义必须坚持和贯彻的重大战略思想，也是指引地方志事业繁荣发展的根本指导方针。地方志工作者要把地方志工作与当前开展的深入学习实践科学发展观活动有机结合起来，增强以中国特色社会主义理论体系特别是科学发展观指导地方志工作的自觉性和坚定性，使我们的工作更好地为经济社会发展服务，更深刻地体现社会主义核心价值体系的内涵，更充分地融入社会主义先进文化建设的进程。

第一，抓住发展主题，体现以社会主义现代化建设为中心的时代特点。各级方志办的中心工作是修志编鉴。志和鉴不是文学作品，而是科学而系统的资料性文献，是对各地区自然、政治、经济、文化、社会等各个方面实际状况的真实写照，是反映社会发展和文明进步的重要载体，是对地情国情具体、真实的记录，应当具有鲜明的时代性和科学性。改革开放30年来，我国经济社会发生了巨大而深刻的变化。正在编纂的第二轮志书反映了这种变化，从记述形式到内容都有很大创新，突出的特点是注重反映经济社会变革的轨迹。当前，中

* 该文系陈奎元同志2008年11月6日在第四次全国地方志工作会议上的讲话稿，收入本书时略有删节，标题为编者所加。

国特色社会主义建设事业正在又好又快地发展，面对新形势新任务，广大地方志工作者要更加自觉地运用邓小平理论、“三个代表”重要思想和科学发展观的理论和方法，去观察事物、研究规律，跟上时代和实践发展的步伐，使修志编鉴的成果更加符合中国特色社会主义事业发展的实际，更加充分展示地方志的存史价值。

第二，坚持以人为本，弘扬文化传统。以人为本是科学发展观的核心，是关于发展的世界观和方法论。地方志工作要体现以人为本的要求，就要反映广大人民创造历史的功业、弘扬中华民族优秀文化传统。方志要准确地再现我国各族人民在新的历史时期创造的光辉业绩和精神风貌，展示中华文明、文化生活的丰富性、多样性。新编地方志作为国情教育、地情教育的现实教材，以真实资料和生动史实，激发人们热爱祖国、热爱家乡的热情，在进行优良传统教育、培育文明风尚、增强民族自豪感和民族凝聚力等方面可以发挥重要作用。我们要以对历史、对未来、对国家、对人民高度负责的精神，兢兢业业、恪尽职守。编修志鉴，要继承自古以来优秀史学家的传统，更要有新的思路和作为。

第三，加强统筹协调，实现整体推进。全国各地、各部门修订志书的局面总体上是好的，同20世纪80年代开局的状态比已有天壤之别。当前，第一轮修志工作基本完成，第二轮修志工作全面展开，全国出版第一轮省市县三级志书5800余部，第二轮三级志书350余部，编纂部门志、专业志、行业志、山水名胜古迹志16000余部，乡镇村志2000余部，地情书6000余部，编辑年鉴2000余种，整理历代方志2000余部。国务院《地方志工作条例》的颁布施行，以及许多地方修志工作法规的制定实施，标志着地方志工作已经迈向依法修志的新阶段。各地地方志工作机构，不断开拓创新，形成了“志鉴库馆、服务开发”整体推进的工作格局，地方志事业呈现出蓬勃兴旺的可喜局面。

我国各省区市的差异大，修志工作进程中存在某些进度不一、质量不齐的状况是可以理解的，为进一步推动全国地方志工作齐头并进，今后要多关注工作滞后省区市的问题，解决各地区、各层次、各方面的不平衡、不协调的问题。第二轮修志工作是在中国特色社会主义不断巩固和发展的大背景下展开的，我们要把握和反映这些历史发展变化，使第二轮修志工作在编纂方面做到记述全面，重点突出，如实反映社会发展变革的伟大进程。地方志作为一项基础性文化工作，要有自己的特色，在实现文化与经济、政治、社会等其他各项事业协调发展进程中，展示出地方志独有的文化魅力。

（二）明确责任，突出重点，研究解决好地方志工作中的实际问题

改革开放以来，新编地方志工作经过近30年的发展，理论研究趋于成熟，编纂经验更为丰富，当前正处于繁荣发展的大好时期。但是，从高从严要求，我们认为改进和提高的空间还很大，我们要进一步解放思想，总结经验，提高地方志的整体水平。围绕当前的第二轮修志工作，我们要认真研究解决一些带有普遍性的问题。

1. 关于保证和提升地方志编纂质量的问题

质量是志书的生命，必须始终坚持质量第一的原则。志书质量是一个综合体系，涉及方志理论和编纂实践的许多方面，指导思想是否正确，体例是否科学，内容是否全面，记述是否准确，时代和地域特点是否鲜明，资料是否翔实，文风是否端正等，这些都是衡量一部志书质量高下的基本标准。我们要把提高质量贯穿于地方志工作的全过程。要坚持质量第一，进度服从质量，严把资料关、体例关、史实关、保密关和审核关。志稿形成后，要仔细推敲，反复打磨，广泛征求各方面意见，认真加以修改完善，不要为了赶进度、急于出版而降低志书的质量标准，更不能为限期完成任务而草率收场，使质量不高甚至粗制滥造的志书出版发行。这是关系地方志成败的根本问题，只讲编纂进度，不注重志书质量，不仅不能发挥其应有的作用，而且会失去其存史的意义。中国地方志指导小组在第二轮修志工作全面开展之时，制定出台《关于第二轮地方志书编纂的若干意见》和《地方志书质量规定》，就是针对目前业已出现的某些重进度、轻质量的不良苗头，从总体上对提高志书质量提出的统一标准和要求。这是加强志书编纂规范、确保志书质量的重要举措。我们一定要从地方志的价值和使命的高度，把提高志书的编纂质量作为地方志工作头等重要的大事来抓。

2. 关于解决地方志工作发展不平衡的问题

这个问题在第一轮修志工作中比较突出。各省区市、各修志单位差距较大，有的地方进度缓慢是受客观条件的制约，或者财力不足，或者缺少人才，但也有客观条件好的地方，既有经济实力，也不缺乏修志的专业人才，但工作进展缓慢。由于进度距离过大，第一轮修志的收尾工作迟迟画不上句号，对修志工作的整体推进产生了不利的影响。第二轮修志工作的进展现在也明显地拉开了距离。一些启动较早、动作较快的地方已经出书，大部分地区正在广泛搜集资料、制订篇目、培训队伍、撰写初稿或进入评审阶段，还有少数地方或部门虽然作了准备和布置，却没有真正行动起来。归根到底是重视到位不到位、抓落实力度大不大的问题。中国地方志指导小组及其办公室，要及时了解各省区市进展的状况，对滞后地区存在的问题进行调查研究，分析原因，及时提出意见和建议。各地地方志机构要力图振作，履行好自己的职责。总之，要通过上下共同努力，真正使地方志工作步调一致地向前整体推进。

3. 关于方志理论研究与方志编纂实践相结合的问题

在方志编纂实践中，方志理论不断丰富和完善，取得了许多成果。我们要注重处理好方志理论研究和编纂实践的关系，认识到二者同等重要。为方志编纂提供理论指导，是方志理论研究的根本任务，也是衡量方志理论研究是否成熟的重要标志。方志理论研究首先要坚持以历史唯物主义理论为指导，要学习借鉴传统的方志理论，同时要与方志编纂紧密结合，从实践中创新理论，在应用中建立和完善方志学学科体系。新编方志与古代传下来的方志，有一脉相承的关系，也有截然不同的面貌和特征，坚持继承和创新的结合，既能解决地方志工作中的具体问题，推动方志编纂实践的深入，又能体现方志理论和学科建设的真正价值和意义，符合地方志事业发展对方志理论研究的客观要求。

4. 各级地方志工作机构及负责人要爱岗敬业，认真履行职责

各级地方志机构及负责同志要切实承担起责任，作好组织协调工作。中国地方志指导小组及其办公室，要进一步贯彻落实国务院《地方志工作条例》，认真研究新编地方志工作的规律和特点，加强统筹规划、组织协调和督促指导的工作力度。对修志中涉及的重大方针政策问题，及时向国务院请示报告。要认真总结交流各地修志的好做法、好经验，积极推进第二轮修志的工作。省市县级地方志机构，负责本级及相关单位修志工作的组织、指导、督促和检查工作，拟定地方志工作规划和编纂方案，编纂志鉴以及搜集、保存地方文献和资料，整理旧志与开发利用地方志资源等重要责任和使命。在各级党委和政府的领导下，一方面要加强对本行政区域地方志工作的领导，抓落实，促工作，谋发展，不断提高工作水平，另一方面要在地方志编纂业务上狠下工夫，调动地方志工作者的积极性和创造性，总结第一轮修志的经验教训，高质量地完成第二轮修志任务。

（三）发扬成绩，总结经验，以改革创新精神开创地方志工作新局面

新中国成立以后，开创了地方志工作的新局面，特别是20世纪80年代初以

来，在全国范围开展的第一轮修志工作功不可没。各级地方志工作机构和修志专家、工作人员继承和发扬了盛世修志的优良文化传统，确立了党委领导、政府主持、各级地方志编委会组织实施、专家参与、集体编写的工作体制和运行机制，超越了历史上地方志官修制度的做法。在工作内容上，以修志编鉴为主体，同时开展地情研究，提供咨询服务。在工作手段上，使用数字化、网络化技术，开发利用文化宝藏与利用现代科学技术相结合，在大力提升修志队伍素质的基础上，促进方志学科建设逐步成熟。这是广大地方志工作者长期奋斗的结果，是集体智慧的结晶，是地方志工作深入发展的体现。当前，我们要继续深入贯彻落实党的十七大精神，坚持方志工作的正确方向，在党中央、国务院的正确领导下，进一步做好地方志工作，努力开创新的局面。

第一，要进一步贯彻落实《地方志工作条例》，加强修志工作的法制化、制度化。这是地方志事业发展的重要保障。修志工作是一项默默无闻、甘于奉献的工作；志书不是昙花一现的应景文章，而是垂之久远的文化瑰宝，修订地方志不是文人学者的个人研究而是各级地方政府的职责。国务院颁布的《地方志工作条例》，是广大地方志工作者期望已久的指导文件，为修志工作创造了必要的条件，同时对地方志事业的发展提出了更高的要求。地方志工作者要以条例为指南，着力解决本地地方志工作中的突出问题，落实条例的各项规定，建立有利于地方志事业发展的长效机制。要注意总结经验教训，提高工作水平和应对能力，根据各地的地方特色及修志工作的实际需要，建立健全与该条例相配套的规章和办法，规范地方志工作有序开展，做强做好地方志工作。

第二，进一步完善地方志工作发展思路，做到近期工作与长远发展相结合。编修地方志是中国经久不息的文化传统，在新的历史时期，这一古老的文化传承焕发出前所未有的生机。党的十一届三中全会后，胡乔木等老一辈革命家、理论家倡导并大力拓展新编地方志事业。从国家的层面上，对地方志的发展作出了全面规划，提出了明确的发展目标和工作要求，地方志事业获得了前所未有的发展。许多地方围绕当地经济社会发展的规划，制定地方志的工作目标，明确工作任务，形成了具有地方特色的发展思路，对于推进全国地方志工作，提供了经验，作出了榜样。万事开头难，第一轮修志取得的成果为新编地方志事业打下了良好的基础。地方志的编修续写要做到与时偕行。各地地方志工作者应有负重致远的精神境界，从本地实际出发，在长远发展思路上下工夫，以十年磨一剑、数十年磨一剑的态度和耐力，提高自身的素质，打造地方志的精品佳作，使地方志事业更具生机与活力。

第三，坚持修志为用的原则，进一步提高地方志工作服务经济社会发展的能力。这是地方志事业发展的出发点和落脚点。发挥志书的社会效益，是地方志服务当代、惠及后世的重要任务，也是事业不断发展壮大的内在动力。地方志工作者要本着修志为用的原则，不断拓展用志渠道，让修志编鉴和研究成果更为广泛地服务社会。我们要把用志作为地方志工作的一项主要任务来抓，积极探索用志的新路子和新方法。方志工作部门要有意识地培养懂得现代信息技术的人才，对方志资源分门别类做好开发利用的前期准备工作。既要搭建自身的网络信息平台，也要加强与当地数据库和网站的合作，将方志机构收藏的各种有价值的信息资料，转化为电子书、网络版等社会喜闻乐见的载体形式，通过方志馆、网站等平台，广泛提供给社会共享。还可以采取“走出去”的办法，借助公信力较高的信息网络机构，加大地方志资源的宣传推介力度，扩大地方志资源的辐射面和影响力，展示地方志工作的重要价值，为地方志事业的发展营造良好的社会氛围。

第四，进一步加强修志队伍建设，努力培养高素质的修志人才。这是地方志事业发展的根本保证。编纂地方志是一项专门学问，没有高素质的人才和队伍，修志工作无法正常开展，编纂高质量的志书就更无从谈起。必须高度重视人才选拔和培养工作，在专业化修志队伍建设方面下大力气。首先，要完善培养、教育和奖励人才工作机制，为引进优秀的专业修志人员创造良好的条件。其次，要对专业修志人员进行定期的岗位培训和继续教育，丰富他们的专业知识，提高他们的业务素质。要选好精通业务、熟悉地情、具有丰富修志经验的主编和主笔，培养一批具有一定专业和理论功底，又具有实践能力的修志人员。再次，要吸收其他学科的专家学者共同参与修志工作。新编地方志涉及的领域十分广泛，要编纂出高质量的志书，必须吸收各相关学科的专家学者共同参与。总之，要保证志书的质量，要促进地方志事业的发展，必须重视人才队伍建设，努力造就一支既有较高政治素质又有较高业务素质的修志队伍。

编修地方志需要刻苦用功，它的成果可以经世致用，更重要的是为后世留下真实的纪录，是一项不朽的事业。新一轮修志工作全面展开之际，正是中国特色社会主义事业蓬勃发展之时，广大方志工作者任重道远。让我们更加紧密地团结在以胡锦涛同志为总书记的党中央周围，高举中国特色社会主义伟大旗帜，坚持以邓小平理论和“三个代表”重要思想为指导，深入贯彻落实科学发展观，团结奋斗，开拓进取，推动地方志事业不断迈上新台阶，为推动社会主义文化大发展大繁荣，为建设和发展中国特色社会主义，作出新的更大贡献！

二

新时期与时俱进的中国历史学

陈祖武

胡锦涛同志在党的十七大报告中指出：中华文化是中华民族生生不息、团结奋进的不竭动力。要全面认识祖国传统文化，取其精华，去其糟粕，使之与当代社会相适应、与现代文明相协调，保持民族性，体现时代性。中华民族伟大复兴必然伴随着中华文化繁荣兴盛。他号召广大文化工作者要“更加自觉、更加主动地推动文化大发展大繁荣，在中国特色社会主义的伟大实践中进行文化创造，让人民共享文化发展成果”。这也是历史赋予当代中国史学工作者的神圣使命。

史学工作者是我国文化工作者队伍中的一支重要力量，以弘扬中华文化为己任，历史使然，时代使然，任重道远，责无旁贷。在推动社会主义文化大发展大繁荣的创造性劳动中，史学工作者有许多事情要做。当前，值得集中精力去做的一项工作，就是在学习贯彻十七大精神的同时，对改革开放 30 年的中国历史学进行实事求是的总结。

改革开放 30 年来，在中国共产党领导下，我们以经济建设为中心，坚持四项基本原则，坚持改革开放，开辟了中国特色社会主义道路，形成了中国特色社会主义理论体系，实现了我们国家、我们民族、我们社会亘古未有的巨大历史进步。今天，一个历史悠久的文明古国正在中国特色社会主义道路上阔步前进、迈向未来。30 年的巨大进步，有力地推动了中国历史学的繁荣和发展。我们完全有理由这样说，改革开放 30 年的中国历史学，纵然有探索前进中的曲折，有开拓创新中的教训，然而主流健康、业绩卓著，已经为进一步的繁荣和发展奠定了坚实的基础。之所以作出这样一个历史判断，其基本依据主要在于如下几个方面。

坚持以马克思主义唯物史观为指导，确保了我国史学工作发展的正确方向。马克思主义唯物史观讲社会存在决定社会意识，讲生产力与生产关系、经济基础与上层建筑的矛盾运动，讲人类的社会形态如何从低级向高级发展，讲阶级社会中的阶级矛盾和阶级斗争等，正确地揭示了人类社会发展的历史本质和规律，是科学的历史观和方法论。20 世纪 20 年代以来，在中国革命、建设和改革的实践中，中国共产党把马克思主义的基本原理同中国历史和现实的实际相结合，不断推进马克思主义中国化的伟大历史进程，形成了毛泽东思想和中国特色社会主义理论体系。所有这些宝贵的理论财富，是新时期中国历史学发展的指导思想。2004 年以来，马克思主义理论研究和建设工程的实施，为包括历史学在内的我国哲学社会科学事业的进一步繁荣和发展提供了坚强有力的保证。

解放思想、实事求是、与时俱进的思想路线，给广大史学工作者解除了思想束缚，打破了学术研究的人为桎梏，大大地调动了史学工作者求真务实、锐意创新的聪明才智。尊重差异，包容多样，百花齐放，百家争鸣，30 年来，一代接一代的史学工作者用自己艰苦的创造性劳动，正在努力营造一个和谐民主的良好学术环境。

理论联系实际、实事求是优良学风的继承和发扬，是我国历史学健康发展的生命力所在。历史学是一门讲究积累的学问。认识对象的纷繁复杂，揭示规律的学科属性，规定了史学工作者的治史实践是一个艰苦繁难的创造性劳动过程。其间，无论是个人认识历史问题、解决历史问题能力的培养，还是一个群体、一个时代学术研究水准的提高，都需要史学工作者为之付出长期的乃至几代人的艰苦努力。研究历史学，来不得半点虚假和浮夸，必须脚踏实地，理论联系实际，实事求是，一丝不苟，决不能急功近利、躁于求名。惟其如此，我们才能从本质上复原历史真相，才能科学地揭示历史规律。也惟其如此，中国历史学才能生机勃勃，永葆青春。

改革开放 30 年的经济大发展，使一大批深藏地底、尘封暗室和流失海外的历史文献被挖掘问世、精心整理。诸如花园庄东地甲骨，遍布四方的战国至魏晋间简牍帛书，英藏、法藏、俄藏敦煌文书，以及唐代墓志、宋元典籍、明清档案、徽州文书等，皆为各个断代、不同学科研究工作的深入提供了宝贵的史料依据。出土文献与传世文献的结合，为新时期中国历史学的发展开辟了前所未有的广阔空间。

改革开放的伟大决策，揭开了中外学术文化交流新高潮的序幕。随着我国史学工作者走出国门，以及互联网在学术交流中所发挥的积极作用，当代西方各种史学思潮、流派的著述纷至沓来，大大地开阔了我国史学工作者的学术视野，促进了中国历史学优良传统与当代人类文明先进成果的结合。新兴学科的崛起，史

学方法的更新，研究手段的现代化，使我国史学工作者大踏步地赶上了国际历史学发展的时代潮流。让中国走向世界，让世界了解中国，我国史学工作者正在其间发挥着友好使者的重要作用。

当然，就如同我国的改革开放大业并非一帆风顺那样，这30年的中国历史学不仅同样是机遇与挑战并存，而且在某一个局部或者某一个阶段，我们所面临的挑战还是颇为严峻的。比如，历史虚无主义的沉渣泛起，对西方某些错误思潮的盲目追随等，都是需要我们认真总结和对待的重要问题。总结是寻求发展，总结是为了发展。新时期的中国历史学，必将在中国特色社会主义的康庄大道上向前向前，永远向前！

三

中国特色社会主义新闻学的重大推进

尹韵公

胡锦涛总书记2008年9月19日在人民日报社考察工作时发表的重要讲话，是一篇开创新闻宣传工作新局面的纲领性文件，具有很强的现实指导意义。它丰富和发展了马克思主义新闻观的思想内容，也大力推进了中国特色社会主义新闻学的理论与实践向前迈进。尤其需要指出的是，胡锦涛总书记的重要讲话表明：我们党对新闻宣传的执政能力有了新的提升，对新闻宣传规律的认识有了新的把握。由此推断，胡锦涛新闻思想正在形成和成熟。

（一）新闻宣传也要贯彻统筹思想

胡锦涛总书记提出了一个非常重要的新判断。他说："做好党和国家工作必须统筹国内国际两个大局，办报纸也必须统筹国内国际两个方面。"新闻宣传也要贯彻统筹思想，是胡锦涛新闻思想的一大亮点。

强调新闻宣传的统筹思想，是时代的要求，也是当前形势予以新闻生态环境的规定。我国改革开放已经30年，与世界的联系越来越紧密；世界对中国的了解越来越多，中国对世界的认识也越来越深；国际问题国内化与国内问题国际化的趋势越来越明显。尤其是随着信息技术的快速发展，人们采集信息、摄取信息、传播信息的能力也大大提高。因此，我们的新闻宣传工作必须适应国内外形势的新变化，在报道国内问题时务必要注意国际因素，在报道国际问题时也务必要联系国内影响，以国家利益和民族大计来作为统筹国内国际两个方面的平衡支点。如果在报道国内问题时不考虑国际因素，或在报道国际问题时脱离国内实际，如果说这在以前还行得通的话，那么，在改革开放已经30年的今天，则是根本不可能了。因为新闻宣传在今天离开统筹思想，是要犯错误的；弄得不好，

是要摔大跤的。

强调新闻宣传的统筹思想，首先是立足于初级阶段，立足于当今国情；既要有全球视野，又要有历史深邃；既要尊重人民的知情权、参与权，尊重新闻宣传规律，又要视具体情况而把握好不同地区与国家、不同事件、不同类别的新闻报道度。

总之，新闻宣传的统筹思想，是胡锦涛总书记提出的一个富有价值的创新概念，也是给传媒界提出的一个重大课题。我们要认真领会，深刻分析，在学习中不断提高，在实践中逐步加深，真正把这一思想掌握好、运用好。

（二）努力构建舆论引导新格局

胡锦涛总书记在考察人民日报社工作时的惊世之举，就是在人民网上直接与网民进行在线交流。这是中国最高领导人首次在公开场合利用互联网体察民意，回应民声，把握民情。实事求是地讲，我国党政最高领导人利用互联网了解群众心声和意愿，在六年前的党的十六大以后就开始着手了。2007 年“两会”期间，新华网就开通了“我有问题问总理”的网页；2008 年“两会”期间，新华网又开通了直达温家宝总理的网络专页；党的十七大召开前夕，新华网开通了直达胡锦涛总书记的“捎句心里话给总书记”的网络专页。以上这些直接和间接与网民交流信息的事实说明，我党最高领导层是非常看重网络的，是非常重视网上舆情的，也是熟悉网络媒体的。正如胡锦涛总书记在考察时所说，“随着信息技术的快速发展，互联网已经成为人们获取信息的重要渠道，成为党和政府联系群众的重要纽带”。

在信息化时代特色日趋鲜明的今天，世界上大多数国家的舆论生态，实际上都形成了两个舆论场。一个是由报纸、广播、电视、期刊等传统媒体形成的传统舆论场，另一个是由互联网、手机等新兴媒体形成的新兴舆论场。在当前中国，这两个舆论场的势力都很强大，然而，我们注意到，这两个舆论场发出的声音，有的情况下能够基本一致，有的情况下却完全相反；有的时候相互争衡，有的时候相互轩邈。按照笔者的理解，胡锦涛总书记提出的“形成舆论引导新格局”的思想包含这样几个意思。第一，在重大主张、重大事件、重大问题的新闻报道上，力争寻求传统媒体和新兴媒体的最佳公约数，尽可能地使两个舆论场的声音能够统一和协调起来，努力做到传播效果的最优化。第二，新兴媒体积极配合传统媒体主要是主流媒体的新闻宣传。譬如，主流媒体可以“演红脸”，而新兴媒体可以“扮白脸”；主流媒体主要是“美声唱法”，而新兴媒体则可以是“通俗唱法”；主流媒体有时可以低调一点，而新兴媒体则不妨张扬一些，如此等等。第三，既要把握好主流媒体的“正音”，又要处理好新兴媒体的“杂音”。网络已然是思想文化信息的集散地和社会舆论的放大器。既然如此，网络出现杂音是正常的。一般来说，封堵杂音在操作上是难以办到的，在现实中也容易引起误解甚至反感。网络杂音，是网络实践品格的体现。更何况，通过杂音，我们还可以了解到群众中间的真实想法和事件真相，汲取群众智慧，有助于领导层和决策者的正确执政和科学执政。当然，消灭杂音是不可能的，没有杂音也不现实。杂音太多也不行，杂音太大更不行，关键是如何正确引导杂音向正音靠拢。胡锦涛总书记说他平时上网，主要是想了解网民“关心些什么问题、有什么看法”，网民“对党和国家工作有些什么意见和建议”。对此，胡总书记坦率而真诚地说：“网友们提出的一些意见、建议，我们是非常关注的。我们强调以人为本、执政为民，因此想问题、作决策、办事情都要广泛听取人民群众意见，集中人民群众智慧。通过互联网了解民情、汇聚民智，也是一个重要的渠道”。胡总书记的这些讲话，对如何形成舆论引导新格局，是很有启发意义的。

不言而喻，对传统媒体的建设、运用、管理，历经几十年的磨合，我们已经具有一整套比较全面、比较成熟、比较规范的思路、手段和方法，而对新兴媒体的建设、运用、管理，我们正处在摸索和逐步成熟的过程之中，中国如此，外国也如此。我们要看到，中国拥有世界上人数最多的网民和手机用户。2 亿多网民和近 5 亿手机用户，是一支不可忽视、不可轻视、不可小视的舆论力量。它气势磅礴，排山倒海，啸傲天下。这是胡锦涛总书记提出“舆论引导新格局”思想的重要现实基础，又是这一思想的历史逻辑起点。

由此可见，“舆论引导新格局”的概念，是胡锦涛新闻思想的又一大亮点。它源于现实，又高于现实，是对党的十六大以来新闻传媒生态发生重大变化而提出的新概括、新判断、新方略。

（三）把体现党的主张和反映人民心声统一起来，把坚持正确导向和通达社情民意统一起来

胡锦涛总书记的重要讲话，第一次提出了“两个统一起来”的概念，即“把体现党的主张和反映人民心声统一起来，把坚持正确导向和通达社情民意统一起来”。这是胡锦涛新闻思想的第三大亮点。

胡锦涛总书记的这一新闻思想，有强烈的现实针对性。党的十六大胜利闭幕后不久，胡锦涛总书记在总结前人经验的基础上，对新闻界提出了“把体现党的主张和反映人民心声统一起来”的新要求。自此，这一提法成为新闻界的标准版本和规范语言，成为新闻宣传工作的规定动作。这一提法的内涵是，既要坚持党性原则，也要坚持反映人民群众的意志和愿望；不能因过分强调党性原则而忽略人民群众的反映和要求，也不能打着党性原则的旗帜而压制、轻视人民群众的正当诉求。在这一思想指导下，以《人民日报》为首的主流媒体开始了新一轮的改版，加大了反映人民群众呼声和意见的文字量、信息量，从而提高了主流媒体的权威度和观赏性。

这次重要讲话，胡锦涛总书记增添了“把坚持正确导向和通达社情民意统一起来”的新内容。应该说，这一新内容也是具有强烈的现实针对性的。这几年来，一些中央和地方媒体虽然在舆论导向方面没有出现大的差错，但在“社会稳定”的借口下，实际上挤掉了一些反映人民群众正常想法的新闻，一些本来可以做得好的舆论监督也常常落空，从而引起一些群众的失望甚至强烈愤慨。一些地方和部门领导常常把坚持正确导向同反映世情舆情民情对立起来，错误地认为要坚持正确导向就不能暴露问题、不能搞舆论监督，一味报喜不报忧，骨子里实际上是怕影响政绩和仕途、怕丢乌纱帽。这样做法的直接后果是，党和政府的形象受到伤害，党的事业和国家全局工作受到损失，党的威信和执政能力双双下降，社会稳定实质上陷于恶性循环。由此我们可以看出，以胡锦涛同志为总书记的党中央是非常了解情况的，了解新闻宣传工作中的真正症结所在，故而有针对性地提出了“把坚持正确导向和通达社情民意统一起来”的思想。这就告诫我们：在当前改革开放的关键时期和攻坚阶段，仅仅靠正确导向是不够的，还必须正确处理和善于应对各种问题、各种挑战。出现问题和挑战并不可怕，可怕的是我们没有或缺乏正确应对的思路和手段而不敢直面、不善直面，到头来反而影响或破坏了社会稳定的大好局面。

胡锦涛总书记提出“两个统一起来”的思想，确实非常重要，是对所有媒体进行的一场能力考验。只要真正做到了“两个统一起来”，我们就能保证实现人民的知情权、参与权、表达权、监督权，达到化解矛盾，理顺情绪，统一认识，凝聚力量，引导人民群众团结奋进。

四

以党的宗教工作基本方针指导宗教学研究

卓新平

党的十七大继往开来、发展创新的一个重大突破，就是根据全球化发展的新趋势和我国改革开放以来的新形势，确立了党的宗教工作基本方针。党的十七大报告和新修改的党章都首次写入“全面贯彻党的宗教工作基本方针”。这充分说明我们党高度重视宗教问题和宗教工作，坚持将马克思主义宗教观与我国国情相结合，为我们进一步做好新形势下的宗教工作提出了指导思想，指明了前进方向。

胡锦涛总书记指出，要“全面贯彻党的宗教工作基本方针，发挥宗教界人士和信教群众在促进经济社会发展中的积极作用”；“促进政党关系、民族关系、宗教关系、阶层关系、海内外同胞关系的和谐，对于增进团结、凝聚力量具有不可替代的作用”。在新党章中，“全面贯彻党的宗教工作基本方针，团结信教群众为经济社会发展作贡献”被写入“总纲”。这些重要论断是马克思主义宗教观之“中国特点”的具体体现，充分说明我们党对宗教存在的长期性、宗教问题的群众性和特殊的复杂性有着深刻的认识，对我国宗教工作的实践有着重要的指导意义。我们要按照党中央的要求，切实推动宗教健康发展，积极引导宗教与我国社会主义社会相适应，充分发挥宗教在促进社会和谐发展中的积极作用。

党的宗教工作基本方针是我们党在处理宗教问题、开展宗教工作的长期实践中逐步形成并达到完善的。这一基本方针就是“全面贯彻党的宗教信仰自由政策，依法管理宗教事务，坚持独立自主自办的原则，积极引导宗教与社会主义社会相适应”。其丰富的科学内涵和有机相连的整体构思，反映出马克思主义宗教观在我国的最新发展和系统表述，是我们党对宗教工作长期实践经验的高度概括和科学总结。宗教信仰自由政策是我们党宗教政策基础所在，体现出我们党关心群众利益、维护基本人权、尊重多元信仰、促进和谐共存的胆识和气派。依法管

理宗教事务是我们党坚持依法治国方略的具体体现，说明我们党在处理宗教问题上坚持民主法治，坚持在宗教事务管理上保护合法，制止非法，确保宗教活动有序进行。坚持独立自主自办原则表明我们党坚决维护国家主权，捍卫民族尊严。惟有如此，方能使广大信教群众增强维护国家和民族利益的责任感与使命感，我国宗教方能摆脱外国势力控制。积极引导宗教与社会主义社会相适应则是我们党继承和发展马克思主义宗教观，根据我国国情和社会主义实践而提出的新创见。其特点是以“适应”、“引导”来积极调整宗教与社会主义的共存关系，推动和谐社会及和谐文化的建设。我们必须正确理解与把握宗教在社会主义社会的长期存在，使宗教在促进社会和谐上发挥积极作用，团结宗教界人士和广大信教群众为我国经济社会发展作贡献。总之，要在宗教工作中贯彻落实科学发展观，就必须全面贯彻落实党的宗教工作基本方针。

党的十七大胜利闭幕后不久，中共中央政治局在2007年12月18日就安排了以“当代世界宗教和加强我国宗教工作”为内容的集体学习，使积极贯彻党的十七大精神在宗教工作上得到进一步体现。胡锦涛总书记在主持学习时发表了重要讲话，更加详细、全面、系统地谈到了我国当前宗教工作的现实意义和重要性。胡锦涛总书记指出，“正确认识和处理宗教问题，切实做好宗教工作，关系党和国家工作全局，关系社会和谐稳定，关系全面建设小康社会进程，关系中国特色社会主义事业发展。我们要从这样的战略高度，充分认识做好新形势下宗教工作的重要性”；“在新的历史条件下，我们要坚持马克思主义的立场、观点、方法，全面认识宗教在社会主义社会将长期存在的客观现实，全面认识宗教问题同政治、经济、文化、民族等方面因素相交织的复杂状况，全面认识宗教因素在人民内部矛盾中的特殊地位，努力探索和掌握宗教自身的规律，不断提高宗教工作水平”。这一重要讲话非常透彻地说明了当前我国宗教工作的任务和特点，同时也为宗教研究指明了方向。

党的宗教工作基本方针的落实，需要宗教研究在理论上和实践上的积极配合。可以说，我国宗教学正面临一个难得的发展机遇。在新形势下，我们对党的十七大精神和胡锦涛总书记重要讲话的贯彻落实，首先应体现在对马克思主义宗教观的认真学习和重新认识上，并使之在不断中国化的过程中展示中国特色和时代精神，由此构建马克思主义宗教观的中国理论体系和思想学说。其次，我国宗教学在全球化的发展中应是一个开放体系，善于吸收世界宗教学的优秀成果和科学方法，在学习和比较中异军突起，独树一帜，体现出中国风格和中国特色。这样，我国宗教学在基础理论和学科体系建设上将会有大的发展和质的突破。此外，我国宗教学还必须关注并参与“积极引导宗教与社会主义社会相适应”，注重实践、联系实际，深入一线，发现新情况、提供新思路、解决新问题。这样，我们的宗教研究就应该调整“学究式”、“书斋式”的传统模式，面向现实问题，理论研究与对策研究并重，以正确的理论指导实践，用科学的方法解决问题，积极为党和政府的现实宗教工作献计献策，发挥好中国社会科学院作为党中央、国务院的思想库和智囊团的重要作用。在党的十七大精神和胡锦涛总书记重要讲话的指引下，宗教工作势必获得更多的重视，而我国的宗教学同样也获得了重要的发展机遇期。作为宗教研究工作者，我们应结合宗教在当代社会中呈现的复杂现象来探究宗教的本质，洞观其发展走向，抓住其内在规律，正确认识宗教的存在根源及其社会意义，由此达到理论认知和研究上的升华与突破。这种理论与实践的有机结合势必使我们的宗教研究获得丰硕成果，使我国的宗教学迈上一个全新台阶，迎来更加光明的前景。

五

在总结历史经验中理解和构建科学理论体系

董志凯

党的十七大报告关于经济问题的论述把经济规律与我国改革开放的实践历程相结合，充分体现了理论来自实践又指导实践的历史唯物主义的科学方法。近30年来，中国在向社会主义市场经济转型的过程中，因为没有现成模式，呈现出很多在世界经济发展史上罕见的现象，用既有的经济理论来解释这些现象或推论改革的前景往往难解其中之奥秘甚至出错。譬如1998～2002年的中国经济，因为出现通货紧缩和能耗下降，导致中国高速增长的统计数字的真实性被国外很多经济学家质疑。只有充分了解中国经济的结构和发展的进程，才可以从看似互相矛盾的数字之中发现正常的逻辑关系，证明理论上看来不可能发生的事情确实在中国发生了。为了深刻领会并贯彻十七大报告精神，我们要全面深入地总结我国历史的经验教训，包括新民主主义经济、计划经济，特别是改革开放以来向社会主义市场经济转轨历程中的经验教训。下面将以理解和认识十七大报告中关于经济方面的六个新提法为例谈一些体会。

1. 经济“发展”方式替代了经济“增长”方式，体现的是对实践经验的总结和理论认识的深化

早在1997年“九五”计划制定之际，我国就提出要转变经济增长方式，要从注重经济数量扩张转向注重质量效益提高，要从粗放的经济增长转向集约的经济增长，但是当时实质性的措施并不多，着力点也不够鲜明。1996年宏观经济形势实现“软着陆”以后，受亚洲金融危机等影响，在经济工作中对促进增长方式转变的注意力有所弱化或转移。进入新世纪以来，从消费结构、产业结构、就业结构、城镇化率、社会结构的变化来看，我国经济生活中的主要矛盾开始由追求温饱的生存型问题向进一步解决发展的问题过渡，可持续发展中的资源环境、城乡区域的均衡发展、公共需求全面快速增长，以及公共治理、社会结构变化所带来的压力和问题日益凸显。“十五”期间我国经济进入新一轮上升期，经济快速增长的成就十分突出，但是节能降耗减排的效果并不理想。“十五”计划预期2005年能源消费总量控制在16亿吨，二氧化硫排放总量控制在1795万吨，化学需氧量排放总量控制在1300万吨。结果出人意料，能源消费总量猛增到22.33亿吨，二氧化硫排放总量猛增到2549万吨，化学需氧量排放总量猛增到1414万吨。这种情况导致我国经济发展面临的最大问题不是经济增长速度不快，而是资源和能源消耗太多，环境污染严重，难以为继。在总结以往经验教训的基础上，“十一五”规划重新提出了转变经济增长方式的任务，明确要求提高发展质量，推进节约发展、清洁发展、安全发展，实现经济社会全面协调可持续发展。尽管如此，经济增长概念仍然着重于总量，强调经济本身。而十七大报告中新的表述更注重经济结构的调整以及经济与其他事业的协调性，更突出了“好”字，要求速度、质量、效益的相互统一。从十二大到十五大，我们党一直强调建设社会主义物质文明、精神文明，在此基础上十六大提出了社会主义政治文明，十七大报告首次提出了“生态文明”的理念，要求基本形成节约能源和保护生态环境的产业结构、增长方式及消费模式。历史经验表明，转变经济发展方式就要实现“三个转变”：促进经济增长由主要依靠投资、出口拉动向依靠消费、投资、出口协调拉动转变，由主要依靠第二产业带动向依靠第一、第二、第三产业协同带动转变，由主要依靠增加物质资源消耗向主要依靠科技进步、劳动者素质提高、管理创新转变。因此，从十余年的历史经验可以更加深刻地感受转变发展方式的重要意义。

2. 注重协调、调控和规划，体现了经济体制转轨进程中宏观调控的新特点

党的十七大报告中多次提到了协调、统筹、规划和调控，这说明经过近30年的改革开放，政府宏观调控所面对的调控对象、总供求格局和环境已发生了显著变化，需要根据这些变化转变宏观调控思维和方式。一方面，在传统计划经济中，国有企业是生产和投资活动的主体，国家实施经济调控的对象是国有企业。但是在社会主义市场经济体制改革自20世纪90年代下半期进入到产权改革阶段以来，中国的经济活动主体发生了深刻变化，到2007年上半年，非国有企业在投资中的比重已经上升到72.3%，在出口中的比重已经上升到80.9%，在工业产出中的比重已经上升到82.9%。经济活动主体结构的变化必然会带来宏观调控机制的变化，使政府对国家经济活动的调节从传统计划中的以直接调控为主，转向间接调控为主。政府对经济的直接行政干预减弱了，表述上从计划转变为规划、从掌控转变为调控，以强调更好地发挥市场在资源配置过程中的基础性作

用。另一方面，市场并非万能，特别是对于中国这样的参与全球化的大国，市场调控存在盲区和延误时机的可能性。政府应该在市场中发挥一定的作用，这就是要在深刻认识和改变以往计划经济中的信息扭曲、压抑创新、缺乏激励等弊病的基础上，认识改革以来经济的变化：在传统计划经济条件下总供求格局的长期态势是需求大于供给；改革所引出的分配格局变化必然会导致经济运行机制的改变，也必然会改变中国经济运行的基本特征，就是从社会总供给小于总需求转变为供大于求，经济增长中的供给制约转变成需求制约。在20世纪八、九十年代初期的三次市场化经济增长高潮中，居民消费都有“同步性”特征，例如彩电等家用电器产品，在80年代中后期仅用5年时间就基本普及了，然而在本轮经济增长高潮中，住宅和汽车消费是由少部分先富裕起来的家庭带动的。在以往的经济增长高潮中，由于主要生产资料和消费品国内供给不足，总会引发大量进口和贸易逆差以及国家外汇储备的明显下降，但是在本轮经济增长高潮过程中，却始终保持着贸易顺差明显扩大与外汇储备猛增的趋势。在以往的经济增长高潮中，GDP增长率上升到10%、工业增长率上升到20%后只能维持2年左右的时间，在本轮经济高潮中，二者在这个水平以上运行到目前为止已接近5年。在本轮经济增长高潮以前，能源、交通和原材料的瓶颈制约是常态，在经济增长高潮到来时会更加突出，而在本轮经济增长高潮中，这些瓶颈很快就被突破，并开始出现较明显的产能过剩。同时，消费率不断下降，最终消费率从2000年的63.8%直降到2006年的38.9%。新的经济形势与格局要求通过科学地协调、规划、调控，实现城乡发展、区域发展、经济社会发展、人与自然和谐发展、国内发展和对外开放“五个统筹”。

3. 翻两番由“总量”到“人均”，体现了经济发展水平与经济发展目标的新阶段

党的十七大报告提出在优化结构、提高效益、降低消耗、保护环境的基础上，实现人均国内生产总值到2020年比2000年翻两番，这是一个特别鼓舞人心的新目标。新中国成立半个多世纪以来，我国在与历史情况进行比较时用的是总量；在激励目标上，曾多次用“翻番”、“赶超”这种简明快捷的语言表明奋斗目标，说的都是总量或者是工农业主要产品的产量。由于人口众多、增长迅速，发展处于打基础阶段，产出有限，按人均来体现目标的情况很少。十七大报告中提出的这一目标反映了我国经济社会发展进入了新阶段，发展性压力集中体现在人的发展上。而只有人均GDP才能反映国民的富裕程度和生活水平。新目标充分体现出党将发展成果惠及人民群众的战略部署，表明我们党对小康社会的认识有了深化和拓展，更加符合时代潮流，更加顺应民意。可持续发展的本质，就是要使人力资源成为经济发展最重要的动力源。广大社会成员在解决了温饱问题以后，会对教育、医疗、基本社会保障等方面提出更高的要求，对我国经济社会发展和全面建设小康社会提出了新的更高要求。十七大报告中提出的“学有所教、劳有所得、病有所医、老有所养、住有所居”更体现了构建和谐社会对人民生活质量的新要求。从“总量”到“人均”体现了发展的新阶段，起点和目标的新变化。

4. 关注初次分配中的公平，要提高劳动报酬在初次分配中的比重，体现了收入分配领域在发展变革中的新动向

新中国成立之前，由于生产力遭到严重破坏，物价飞涨，人民收入水平很低，到1949年城镇居民人均现金收入不过100元。新中国成立后，特别是改革开放以来，我国居民的收入水平和生活水平有了显著的提高。城镇居民人均收入在1952年仅为156元，1978年为343元，在收入水平极低的基础上搞工业化，实行的是普遍压低收入水平的总体平均的分配制度。改革开放以来，特别是20世纪90年代后半叶以来我国市场经济下多种经济成分并存的经济体制逐步形成以后，改变了计划经济时期的平均主义“大锅饭”，促进了劳动效率的提高，1998年城镇居民人均收入提高到5425元，扣除价格因素比1978年实际增长2.3倍；农村居民人均纯收入1998年提高到2162元，扣除价格因素1978～1998年平均每年增长7.9%。到2005年，城镇家庭人均收入为10493元，比1998年增加将近1倍，农村居民家庭人均收入为3254.9元，比1998年增长50.5%。与此同时，居民收入的差距在城乡内部以及城乡之间都呈现出差距拉大、贫富分化的趋势。

改革开放以来出现的收入差距扩大和贫富分化的现象，一方面是采取一部分人先富起来的正确政策的结果，但是还没有来得及解决带动大部分人共享改革成果的问题。在物质财富快速增加的新阶段，人们还要求实现公平正义的分配，平等享受基本公共服务；要求自由选择权、参与权；要求高质量的精神文化产品。适应社会需求的变化要以人的全面发展为目标，使改革及时、主动地从经济领域拓展到政治、社会、文化等各个领域。改革开放以来，我们曾经提出“效率优先，兼顾公平”，以后提出初次分配注重效率、再次分配注重公平。而十七大报告提出初次和再次分配都要兼顾公平和效率，还明确提出要提高劳动报酬在初次分配中的比重，这是针对初次分配中存在的问题而提出的，体现了资本与劳动的关系，注意并要求改变利润分配中过于向资本倾斜的问题。实际上，许多分配不

公问题就是产生于初次分配领域，诸如企业分配中资本所得偏高，劳动所得偏低；高管人员所得偏高，一般雇员所得偏低；垄断行业所得偏高，一般行业偏低；农民工所得大大低于城市人员等，都是初次收入分配中发生的问题。在整个国民收入分配中，再分配所调节的只能涉及小部分，而初次分配的数额要比再分配大得多，涉及面也广得多。强调要规范初次分配秩序，从分配源头抓公平，有利于改善低收入劳动者的待遇，改善民生，遏制近年来贫富差距不断扩大的趋势，促进实现社会公平。

5. 在过去提“工业化、城镇化、市场化、国际化”的同时增加了“信息化”，首次在党代会报告中写入“廉租房制度”，体现了生产力与城市化发展的新要求

党的十七大报告在阐述立足社会主义初级阶段这个最大实际时指出：要“全面认识工业化、信息化、城镇化、市场化、国际化深入发展的新形势新任务，深刻把握我国发展面临的新课题新矛盾，更加自觉地走科学发展道路”，表明党对当今时代特征的清醒认识和准确把握。信息不足、信息滞后与信息扭曲，曾经给我国经济建设造成严重的损失，在这方面我们的历史教训是十分深刻的。回顾我国计划经济时期制定和实施的第一个至第五个五年计划中，除了第一个五年计划在实施两年以后才正式公布之外，其余四个五年计划均未正式公布，实施过程中出现了种种困难，体制方面的大量问题也体现在信息之中。信息问题既有科学技术发展水平方面的原因，更有经济体制、政治体制和社会体制方面的原因，关系到民主建设问题，还涉及创新型国家建设中的非技术创新。

“健全廉租住房制度，加快解决城市低收入家庭住房困难”，这是党代会报告中第一次专门提及住房保障制度，更是第一次谈到保障方式和保障对象。这体现了我国加速城市化进程中城市住房面临的现实问题。改革开放以来，我国城市住房制度发生了重大变革，党和政府倾注了很大精力来解决低收入群体的住房问题，而健全廉租房制度就是要从整个制度的层面逐步解决问题。

6. 将区域经济发展与国土开发联系起来，首次提出“推动区域协调发展，优化国土开发格局”和“主体功能区定位”，体现了区域经济发展的新阶段与新思路

中国的区域经济发展是个长期的问题。以往曾按沿海内地、一二三线、东中西部等方式划分区域，不同的划分方式体现了不同历史阶段的经济发展水平和对国内外形势的认识。以往的区域发展战略主要从投资的数量和结构促进开发和均衡，虽然取得了一定收效，但区域之间差距拉大、环境恶化的趋势没有被扼制，反而有所发展。此次从优化开发格局进行主体功能区定位的做法，是在总结历史经验教训的基础上对协调发展战略的一次飞跃。从国土整体资源出发，根据环境生态承载能力，将全国分为优化开发、重点开发、限制开发和禁止开发四类功能区，形成优化国土开发格局的新思路。不同功能区有不同的财政投资政策，中央和省以下财政重点增加对限制和禁止开发区域的支持，用于其公共服务和生态环境补偿的财政转移支付。

此外，十七大报告新提出的“促进以创业带动就业”、“财产性收入”以及实行更为积极主动的对外开放战略等，也都可以从历史经验教训的总结中找到其出发点，从而进一步认识报告的精神和目的，有助于更加自觉地实施。

我国改革开放以来经济持续快速增长，国家面貌发生了历史性变化，但还没有从根本上摆脱不发达的状态。十一届三中全会以来，在总结历史经验的过程中，逐步形成了关于社会主义初级阶段的理论。党的十三大系统阐述了社会主义初级阶段的问题，十四大、十五大、十六大都重申和强调了社会主义初级阶段问题，并且不断地丰富和发展着关于社会主义初级阶段的理论。党的十七大重申我国仍处于并将长期处于社会主义初级阶段的基本国情没有变，再三强调要立足社会主义初级阶段基本国情。仅从以上新提法的简略分析就可以看出，党中央立足于社会主义初级阶段所提出的一系列新主张，是总结历史经验的结晶，正在不断丰富指导我国今后经济社会进步的科学发展观。在新的发展阶段，我们要继续注重历史的经验教训，在对基本国情统一认识和准确把握的基础上，构建和理解科学理论体系。

六

古巴特色社会主义与
中国特色社会主义之比较

江时学

为了更好地理解中国特色社会主义理论体系，我们应该了解其他社会主义国家的具有本国特色的社会主义。

1961 年 4 月 16 日，古巴领导人卡斯特罗在群众集会上宣布，古巴革命是“一场社会主义革命”。这标志着古巴革命从此进入了社会主义阶段。应该指出的是，古巴官方不使用“古巴特色社会主义”这样的提法，但古巴领导人也经常说，古巴的社会主义建设事业应该符合古巴的国情，古巴可以学习其他社会主义国家的成功经验，但不能照搬其模式。由此可见，每一个社会主义国家的社会主义都可被视为具有本国特色的社会主义。

（一）古巴特色社会主义与中国特色社会主义的相似之处

1. 古巴也强调共产党的绝对领导地位

卡斯特罗等革命家同样强调古巴共产党的领导地位。古巴共产党是 3 个革命组织在 1961 年 6 月合并而成的。中国有民主党派。与中国不同的是，古巴不允许除共产党以外的其他政党存在。古巴宪法规定，“由工人阶级以马克思列宁主义先锋队组成的古巴共产党，是国家和社会的最高领导力量，它组织和引导朝着建设社会主义和向共产主义前进的目标的共同努力。”卡斯特罗认为，古巴共产党“概括了一切，集中体现了我国历史上一切革命者的理想，具体体现了革命的思想、原则和力量”，“党是今天古巴的灵魂”。1997 年古共“五大”进一步强调了古巴不搞多党制和坚持共产党领导的必然性和重要性。卡斯特罗曾对外国记者说过：“如果古巴出现两个政党，那么一个是革命的党，另一个则是美国佬的党。”在谈到古巴的一党制时，卡斯特罗说：“在我们这个半球某些我不愿提名的国家里，那些美国式的竞选花费几千万美元，有时是几亿美元。形象顾问们教导候选人如何梳头、穿衣、面对大众，以及什么该说什么不该说。这一切就像是一次狂欢节、一幕真正的闹剧、一场戏……。”

2. 古巴也把改革作为完善社会主义制度的必要手段

人类社会是在生产力与生产关系、经济基础与上层建筑的矛盾运动中向前发展的。只有生产关系适应生产力的要求、上层建筑适应经济基础的要求，才能促进经济和社会发展，否则就会阻碍经济社会发展。

内部因素和外部因素都对中国和古巴走上改革之路产生了重要影响。相比之下，促使中国走上改革之路的动力主要来自内部因素，外部因素处于次要地位。而在古巴，促使其走上改革之路的动力主要来自外部。

20 世纪 80 年代末和 90 年代初发生的苏东剧变是影响世界上每一个国家的重大事件。在此前的几十年时间内，古巴在经济上严重依赖于以苏联为主的经互会的援助。苏东剧变后，古巴的外部援助不复存在，经济蒙受了巨大打击。在 1991 ~ 1994 年期间，古巴经济下降 35%，进口减少 75%，其中石油进口下降 50%，古巴人的热摄入量从 2800 卡路里跌落到 1735 卡路里。

美国对古巴遭受的经济困难幸灾乐祸。一些美国人甚至认为，卡斯特罗领导的社会主义古巴立刻就会垮台。

面对“特殊时期”的困难和美国的压力，卡斯特罗领导古巴人民走上了改革之路。1991 年召开的古巴共产党第四次全国代表大会提出了改革开放的初步设想。1993 年 7 月 26 日，卡斯特罗在纪念攻打蒙卡达兵营 40 周年大会上的讲话中宣布了允许本国公民持有美元等一系列重大改革措施。因此，1993 年被视为古巴改革开放的开始。卡斯特罗等古巴领导人曾在许多场合说过，只有改革才能使古巴渡过难关，才能粉碎美国的封锁。

3. 古巴同样坚持公有制

在古巴，非公有制经济也取得了一定的发展。例如，非公有制部门的就业人数占劳动力总数的比重已从 1981 年的 8% 提高到 2000 年的 23%。公有制部门中的就业人数比率相应的从 91% 下降到 76%。当然，与中国相比，其发展速度是非常缓慢的。

应该指出的是，古巴领导人坚决反对私有化。卡斯特罗曾说过：“我们不想通过私有化在古巴建立一个富人阶级，因为这一阶级会获得巨大权力，会反对社会主义。”他认为，“一个国家用它的财产和自然资源的私有化换取外国投资是

很大的犯罪，等于把第三世界人民的生活资料廉价地、几乎是无偿地交了出去，将把他们引向更为便利、更加自私的新式的再殖民化。”

（二）古巴特色社会主义与中国特色社会主义之差异

1. 古巴特色社会主义缺乏完整的理论体系

中国特色社会主义拥有丰富的理论基础。与中国不同的是，古巴似乎尚未建立起完整的古巴特色社会主义理论体系。1997 年 10 月召开的古共“五大”在其核心文件《团结、民主和捍卫人权的党》中，称古巴共产党是一个以马列主义、马蒂学说和卡斯特罗的思想为指导的政党。这是古巴共产党文件第一次使用“卡斯特罗思想”的提法。然而，至于什么是卡斯特罗思想，古巴共产党似乎没有给出答案。这或许与卡斯特罗等领导人不重视理论有关。例如，卡斯特罗在与法国记者格纳西奥·拉莫内进行著名的“100 小时访谈”时说：“社会主义的理论和实践有待发展，……理论并不总能解决问题。”他还说：“什么是马克思主义？什么是社会主义？没有确切的定义。”

2. 古巴不搞市场经济

邓小平认为，“社会主义和市场经济之间不存在根本矛盾”，“说市场经济只存在于资本主义社会，只有资本主义的市场经济，这肯定是不正确的。”

而古巴不搞市场经济。卡斯特罗说：“有人想，市场应该解决一切问题，但市场是一只发了疯的、野蛮的畜牲，谁也控制不了它。人不能让非理性支配，也不能让盲目的规律支配。”“我们不能将我们经济和社会的发展寄托在市场盲目的规律上。”他认为，“在我们搞社会主义的时候，经常用资本主义的那些方式。这是我们最大的忧虑之一。因为，如果我们在社会主义建设中以资本主义方式为手段，就会迫使所有的企业相互竞争，就会出现到处收买财物的强盗企业、海盗企业”。他说：“有些人曾认为可以用资本主义的方法来建设社会主义。这是重大历史性错误之一。我不愿意谈这个话题，也不想做理论分析，但我有无数例证说明，那些自恃理论家的人，那些没有正确理解马克思、恩格斯和列宁思想的人，在很多事情上没有说准。”

2008 年 2 月 27 日古巴驻华大使在接受《北京青年报》记者采访时也说：古巴“是不是实行市场经济的提法不重要，采取更多措施打开国门、吸引更多外资并做出创新，并提高人民生活水平最重要，坚持社会主义的原则不会改变”。

3. 两国改革的成效不尽相同

古巴的改革开放同样取得了显著成效。首先，古巴成功地克服了“特殊时期”的各种困难，保住了社会主义江山。其次，从20世纪90年代后期起，古巴经济开始复苏。1999年和2000年，古巴经济增长率均在6%以上。此后几年虽有下降，但在2004年又达到了4.5%。再次，国民经济多样化程度在不断提高。除传统的蔗糖业以外，旅游业、渔业、矿业以及与生物技术、制药和医疗设备生产相关的高科技产业在国民经济中的重要性不断上升。最后，对外经济关系多元化正在形成。除美国以外，古巴与世界上许多国家保持着不同程度的经贸往来。

在中国，看病难和上学难等民生问题长期得不到很好的解决。但在古巴，全民义务教育和全民免费医疗早已惠及每一个人。根据联合国统计数据，2005年古巴的人类发展指数（HDI）数值为0.838，跻身于“高人类发展水平”的国家，居世界第51位，在拉美排名第七。中国为0.777，属于“中等人类发展水平”的国家，排名第81位。表1的数据显示，在推动社会发展方面，古巴的成就优于中国。

表1　中国与古巴医疗卫生和教育事业的比较

	出生时预期寿命(岁)		成人识字率(占15岁及以上人口的百分比)	小学、中学和大学入学率	医　　生(每10万人拥有量)
	1970～1975年	2000～2005年	1995～2005年(%)	(2005年)(%)	2000～2004年(人)
中国	63.2	72.0	90.9	69.1	106
古巴	70.7	77.2	99.8	87.6	591

资料来源：UNDP，*Human Development Report 2008～2008.*（http：//hdr. undp. org/en/media/hdr_20072008_ ch_ indicators. pdf）

但是，与中国相比，古巴人民的生活水平还比较低。在中国，大大小小的商店里各种商品琳琅满目，应有尽有。但在古巴，许多商品（包括食品）却依然实行定量供应。据美联社2007年5月31日报道，在古巴，每人每月得到的定量供应是：6磅大米，10盎司干豆（1盎司等于28克），3磅白糖，2磅红糖，4盎司咖啡，2杯菜油，10个鸡蛋，12盎司盐，1块肥皂，1条牙膏，8盎司意大利面条，1磅饼干，10盎司鱼，8盎司可可粉，8盎司鸡肉，1磅其他肉，30个小面包，4盎司土豆，1瓶洗衣液。

古巴社会发展与经济发展之间的欠协调是令人不安的。有人说，“在古巴，做一个心脏移植手术比得到一片阿司匹林容易，得到一个大学文凭比得到一支圆珠笔容易”。这两句话既反映了古巴社会发展领域的成就，也表明了古巴“短缺经济”的严重性。当然，古巴人民生活尚未得到大幅度提高的原因是复杂的，其中之一就是美国对古巴实施的长达半个世纪的经济封锁。

4. 两国改革的步伐有明显的差异

美国传统基金会发表的“经济自由度指数”称，古巴经济的“自由度”仅为27.5%，是世界上管制最“严厉”的经济体之一（排名第156位，仅在朝鲜之前）。中国经济的“自由度”为52.8%，在世界上排名第126位。

这一指数衡量企业经营、贸易、财政、政府规模、货币与金融、投资、财产权、腐败和劳动力等领域中的经济自由度。由于美国传统基金会持右翼立场，对社会主义国家有很深偏见，因此国际上对“经济自由度指数”的公正性有不同的看法。但从该基金会对中国和古巴的“经济自由度”的评判中，我们可以得出这样的结论，中国的“经济自由度”高于古巴。换言之，在发挥市场机制的作用方面，古巴不及中国。

古巴领导人在处理改革、发展和稳定三者之间的关系时，似乎过多地强调稳定，因此，在许多领域中的改革步伐很慢。例如，直到最近，古巴才允许商店销售微波炉、DVD、手机、电脑和电动脚踏车等商品。而这些商品在中国是极为普通的。中国的住房和工资改革早已完成，而古巴直到最近才颁布关于住房和工资改革的新条例，使古巴民众能转让房屋的使用权，政府对企业员工的工资收入将不设限制。

5. 古巴不允许一部分人先富起来

尽管中国的收入分配不公问题越来越严重，但“一部分人先富起来”的政策符合当时中国的国情，有利于调动劳动者的积极性，有利于推动改革。而古巴领导人在推动改革的过程中最担忧的就是收入分配不公。因此，古巴不鼓励“一部分人先富起来”。其结果是，私人企业的规模和经营活动仍然受到多方面的限制。据报道，在古巴的私人餐馆内，座位不得超过12人，而且店主不能雇佣家庭成员以外的劳动力。

古巴稳步推进改革开放步伐的意图是情有可原的。首先，美国“亡古之心”不死。这是一个非常不利于古巴改革开放的外部因素。其次，数十年的中央计划经济体制积重难返，很难在短时间内被全盘抛弃。再次，古巴领导人深刻地认识到，过快的改革步伐容易造成两极分化，从而使社会稳定得不到保障。卡斯特罗曾抱怨：“有些个体户向国民收费太高，他们一个月的收入是我们一个医生的几倍，这些医生或在危地马拉的高山上，或在非洲的偏远地区、海拔几千米的克什米尔、喜马拉雅山的山里工作，抢救生命。”

6. 两国与美国的关系大不相同

1979 年 1 月，邓小平访问美国。陪同他出访的一位资深国际问题专家曾问他，中国为何要开放，又为什么主要向美欧开放？邓小平回答说，跟着美国的那些国家都富强了。这一判断出自中国改革开放的总设计师邓小平之口，可见美国在中国改革开放战略中的地位是极为重要的。这同时也说明，邓小平看到了中美关系正常化对于中国改革开放、以经济建设为中心的转变的重大影响。2007 年，中美双边贸易额已超过 3000 亿美元，中国已成为美国第三大出口市场。

视社会主义古巴为肉中钉、眼中刺的美国却不仅没有在经济上帮助古巴，反而长期实施经济封锁政策，从而使古巴面临着严峻的外部环境。

迄今为止，联合国大会已连续 15 次通过决议，要求美国停止对古巴进行经济封锁，但美国依然我行我素。美国对古巴长达近半个世纪的经济封锁，是人类历史上持续时间最长的制裁。古巴外长罗克在 2007 年 9 月 26 日的联合国大会上说，这一制裁使古巴人民蒙受了 890 亿美元的巨大损失。

7. 两国腐败问题的严重性不同

任何一种社会制度都会出现腐败。敌视古巴的一些西方媒体和学者认为，古巴的腐败问题也较为严重。美国得克萨斯大学出版社 2006 年出版的《古巴的腐败：卡斯特罗时期及其身后》一书认为，“自殖民地时期以来，腐败就一直困扰着古巴。而卡斯特罗的国家垄断、裙带主义以及责任心的缺乏，则使古巴成为世界上最腐败的国家之一。”

但是，相比之下，古巴的反腐倡廉工作是较为出色的。古巴的官员之所以较为清廉，是因为古巴共产党和政府采取了以下措施：加强思想教育；制定有利于整饬吏治的规章制度；党和政府的高级官员以身作则；对违法违纪的党政官员给予严厉处罚。

（三）结论

通过分析古巴特色社会主义的特点，我们可以得出以下几个结论。

第一，理论是实践的指南。社会主义事业的发展必须以与时俱进的马列主义理论为基础。中国特色社会主义理论体系凝聚了几代共产党人艰辛探索社会主义道路的智慧和心血，是中国共产党最宝贵的精神财富，是马克思主义中国化的最新成果。古巴共产党及其领导人应该为古巴特色社会主义提供强有力的理论

基础。

第二，在推动社会主义建设事业的过程中必须坚持共产党的领导。中国共产党和古巴共产党分别是两国工人阶级的先锋队，同时也是两国人民和两国民族的先锋队。两国共产党的领导地位和执政地位不是自封的，而是历史的必然选择，也体现了广大人民群众的共同心愿。

第三，社会主义国家应该相互学习，相互借鉴。古巴应该借鉴中国的经验，正确处理改革、发展和稳定三者之间的关系。在加快社会发展方面，中国应该向古巴学习，使和谐社会具有真正的内涵。此外，在反腐倡廉方面，中国也应该努力学习古巴。

第四，社会主义国家也可以搞市场经济。古巴将市场经济拒之门外，而邓小平以巨大的政治勇气和理论勇气，把马克思主义基本原理同当代中国实际和时代特征相结合，创造性地提出了社会主义也可以搞市场经济的思想。

第五，“让一部分人先富起来”符合改革初期中国的国情，并带动了中国的经济发展。当然，在“允许一部分人先富起来”的同时，政府应该采取有效的措施，缩小收入分配中的差距。古巴不允许“一部分人先富起来”，因此其收入分配不公的现象不太突出。

七

战略互惠合作共赢*

——中日关系发展新阶段

蒋立峰

2008 年 5 月，胡锦涛主席访问日本，发表了《中日关于全面推进战略互惠关系的联合声明》，确立了中日战略互惠关系的框架，中日关系因此进入了新的发展阶段。首先需明确的是，文件确认的“战略互惠”关系，绝不是低层次的封闭性经济互利关系，而是全面合作、实现共赢的高层次的开放性战略性关系。只有认识到这一点，才能对中日关系进入发展新阶段有一个深入的理解。

（一）胡锦涛访日使中日关系发展进入新阶段

胡锦涛访日是中国国家主席时隔十年之后再次访日。1972 年中日两国实现邦交正常化后，两国政府为缔结《中日和平友好条约》进行了长时间的谈判，直到 1978 年才由邓小平副总理和福田赳夫首相果断决策，实现缔约，并经两国最高立法机关批准，成为正式法律文件。该条约确认 1972 年《中日联合声明》“是两国间和平友好关系的基础，联合声明所表明的各项原则应予严格遵守”，确认了和平共处五项原则和“用和平手段解决一切争端”及“不谋求霸权”的原则。《中日和平友好条约》对此后中日关系的发展无疑具有重要的指导和规范意义。

在《中日和平友好条约》缔结 20 周年的 1998 年，江泽民主席访问了日本。在两国发表的《中日联合宣言》中明确指出：“在当前形势下，两国合作的重要性进一步增加，不断巩固和发展中日友好合作符合两国人民的根本利益，也将对亚太地区和世界的和平与发展做出积极贡献。双方确认中日关系对两国均为最重

---

* 本文原刊于《日本学刊》2008 年第 4 期。

要的双边关系之一，并深刻认识到两国在和平与发展方面的作用与责任，宣布面向21世纪，建立致力于和平与发展的友好合作伙伴关系。”但遗憾的是，刚刚进入21世纪便由于日本领导人的变更而导致日本内外政策改变（以2002年的沈阳总领事馆事件为转折点），致使中日双边关系脱离了正常发展的轨道，两国政治关系陷于停滞甚至后退，“建立致力于和平与发展的友好合作伙伴关系”的目标难以实现。此后，自2006年10月中日两国就克服发展双边关系的政治障碍达成共识，安倍晋三首相首开“破冰之旅”，其后经2007年4月温家宝总理的“融冰之旅”和同年12月福田康夫首相的“迎春之旅”，中日关系终于改变了政治关系停滞的局面，迎来了2008年后中日关系的新的发展机遇。

2008年是《中日和平友好条约》缔结30周年，又是中日青少年友好交流年。在两国政府的着力推动下，两国青少年的交流方兴未艾。在这样的背景下，胡锦涛主席的“暖春之旅”具有特别重要的意义。

胡锦涛主席利用5天时间访日，日程安排得很满，取得了多项重要成果，获得了圆满成功。其最重要的成果是由胡主席和福田首相共同签署发表的《中日关于全面推进战略互惠关系的联合声明》。这是1972年中日邦交正常化以来指导和规范中日关系发展的第四个重要文件。该声明首先确认双方要全面推进战略互惠关系，即在更广范围、更高层次实现和平共处、世代友好、互利合作、共同发展。尽管从安倍首相访华以来战略互惠已成为中日双方的共识，但这一次以联合声明的形式加以确认，并丰富了其内涵，为中日关系今后的发展进一步指明了方向。

该声明强调，中日关系的政治基础是1972年的《中日联合声明》、1978年的《中日和平友好条约》和1998年的《中日联合宣言》。这是关于中日关系政治基础的最明确的说明。声明同时表示，要正视历史，面向未来。坚持和平发展，互为合作伙伴，互不构成威胁。要增进政治互信和国民友好感情，加强互利合作，共同致力于亚太地区的发展，共同应对全球性课题。

与此同时，中日两国政府有关部门还签署了多项声明、协定和备忘录，这些文件多涉及经济技术合作领域。中日两国政府还发表了《关于加强交流与合作的联合新闻公报》。该公报确认的共识多达70项，对政治、军事、经济、文化、民间交流及国际事务中的合作等各方面均有详细规划。例如，继续重视中日战略对话，推动防卫部门各层次往来及日舰访华，设立海上联络机制，继续进行中日历史共同研究，今后四年每年实现青少年交流4000人，互设文化中心，继续进行中日高层经济对话，在节能和环保领域开展多方面、多形式的合作，加强知识产权方面的合作，加强金融监管领域的合作，中国放开日本大米进口，日本放开中国南瓜进口，扩大观光旅游规模，开始引渡条约谈判，进行人权对话等。关于东海问题，双方确认此前经有关事务部门多次协商已取得重大进展，已经看到了解决问题的前景。关于日本加入联合国安理会常任理事国问题，中方表示“重视日本在联合国的地位和作用，愿意看到日本在国际事务中发挥更大的建设性作用”。关于日本遗弃化学武器问题，双方要按照《禁止化学武器条约》的规定加强合作，尽快销毁日本遗弃在中国的化学武器。

胡锦涛主席在早稻田大学的演讲，在日本青年学子中引起了巨大反响。胡锦涛介绍了中国近代至今的发展历程，阐述了中国独立自主的和平外交政策和互利共赢的开放战略，回顾了2000多年中日关系的发展道路，指出日本军国主义对中国发动侵略战争使两国的友好关系受到严重破坏。牢记历史不是要延续仇恨，而是要以史为鉴、面向未来。胡锦涛特别强调，中日两国关系正站在新的历史起点上，面临进一步发展的新机遇。展望未来，胡锦涛语重心长地对青年们说：“两国青年是中日友好的生力军，中日友好的未来要靠你们开创。”胡锦涛的演讲多次被掌声打断，受到了热烈欢迎。

胡锦涛访日期间，还同许多日本友好人士或他们的家属、子女见面，这是对多年奋斗不止的日本对华友好势力的鼓舞和支持。胡锦涛最后参观了法隆寺和唐招提寺，以此表示对中日两国文化交流的支持和对为此交流作出贡献的先辈们的敬仰之情。

《中日和平友好条约》缔结30年来，中日关系得到显著发展。在2007年，中日贸易额（未计入我国港澳台地区对日贸易额）已达到2360亿美元，中国已超过美国成为日本最大的贸易伙伴（在日本的贸易总额中，中国占17.7%，美国占16.1%），日本则是中国的第三位贸易伙伴。30年来，日本向中国提供的经济援助约合300亿美元（包括低息长期贷款、无偿援助和科技合作援助），对中国的经济发展（尤其在改革开放初期）产生了良好的作用。日本对华投资项目累计约4万个，到位金额超过600亿美元，提供的就业机会可能达到数百万人。总体上说，日本对华投资产业互补性强，经营状况良好，投资回报率高。近年日本对华投资额有所下降，但这仅是暂时现象，多数日本企业仍旧看好中国的经济发展和投资环境，新的对华投资热潮不久必将出现。除经济外，两年来政府各部门的交流越来越多，中国国防部长和军舰相继访日，成为中日政治关系正常化的突破性标志。两国之间的地方交流、民间交流持续发展，友好城市达到236对，人员往来达到544万人次/年（即平均每天有15000人往来于中日航线上）。这是

30 年前绝对无法想象的，也是当今国际关系中不多见的。

目前存在的主要问题是，两国民众之间相互了解不够，对对方尚缺乏深入的认识，因此对对方的亲近感不强。正如胡锦涛曾经指出的那样，加强两国民众之间的了解，培育亲近感，是巩固中日关系的重要基础。因此，这是一项非常重要的工作。通过胡锦涛访日，中日关系已经牢固确立了战略互惠的大框架，两国间存在的问题将会得到妥善合理的解决。在两国政府和人民的共同努力下，中日关系一定能在更高的层次上得到更快发展，中日两国一定能为东亚地区的稳定和发展、为解决全球性课题共同作出更大的贡献。

（二）友好合作是中日战略互惠关系的基本内容

合作、共赢是中日关系发展新阶段的主要内容。但是，对“合作、共赢”必须深入理解。此合作非一般意义上的合作，而是以友好为前提，是友好合作；此共赢非仅限于中日的小共赢，而是以惠及地区乃至世界的多赢为更大目标的大共赢。所以，1998 年联合宣言提出的“友好合作伙伴关系”仍未失去其现实意义，与当前的战略互惠关系是前后继承、包容发展的关系，而不是相互割裂、排斥停滞的关系。

友好合作原本是发展中日关系的题中应有之义，尤其“友好”二字，乃思考、谋划 21 世纪中日关系之不可或缺者。胡锦涛主席访日期间，多次强调了中日友好的重大历史意义和现实意义，明确指出：“中日友好是两国人民的共同事业，需要两国人民为之不懈努力”。“中日世代友好归根到底要靠两国人民友好，两国人民世代友好归根到底要从两国青少年做起”。胡锦涛访日堪称一次“友好之旅”。

对此，长期积极推进中日友好交流的广大日本人民是欢迎的，但也有一些日本人“不买账”，偏偏要横生枝节，唱对台戏。回顾历史，新中国成立后，虽然中国领导人和广大人民对日本军国主义给中国人民造成的沉重灾难记忆犹新，但仍从中日两国比邻而居的实际状况出发，从维护中日两国人民的根本利益和东亚和平出发，总结中日关系的历史教训为“两千年友好，五十年对立”、“和则两利，斗则俱伤”、“以史为鉴，面向未来”，将友好定位为中日关系的主旋律，并为此放弃战争赔偿要求，积极推动恢复邦交、缔结和约。中国为此付出巨大，其友好政策理所当然地得到了日本人民的积极响应，中日关系因此得以逐步恢复并较快发展起来。1972 年中日两国实现邦交正常化时，郭沫若填词《沁园春》曰：

"赤县扶桑，一衣带水，一苇可航。……堪回首，两千年友谊，不等寻常。"其后又有诗曰："黄河之水通江户，珠穆峰连富士山。"这是对两千年中日友好关系的浪漫描述和形象化思考，恐怕不会有人对此置疑：中日间互隔之水果真只有一根衣带宽，乘一叶扁舟就能通过吗？

然而，事实上还是有日本人提出了类似的问题。在1995年世界反法西斯战争胜利、日本投降（日本人不称"投降"而称"终战"）50周年前后，民族保守主义渐成日本政治主流，其主要表现之一便是否认日本军国主义曾经犯下的侵略罪恶，进而百般美化侵略和战犯。进入21世纪后，以沈阳总领事馆事件为标志，日本显然改变了对中国的政策，说什么"不能总说友好，而要形成该说的就要说的关系"，其真实意图是以与中国的对立来彰显其民族主义，以民族主义收拢民心，在此基础上努力实现政治大国目标，为美国的东亚政策服务。在这一背景下，日本便视中国为实现上述目标的障碍，视中国主张的"中日友好"是往往使日本陷于被动的"紧箍咒"，必欲去之而后快。不仅日本右翼势力反对"中日友好"，一些研究中日双边关系的权威学者也主张中日两国应摆脱"中日友好"的"束缚"，建立新型的关系。这使得不少的日本民众对"中日友好"产生了偏离倾向。

至目前，有日本主流派学者在与中方学者交流时说得更加明确："众所周知，日本与中国之间具有两千余年的交流史。一般认为，这两千年交流史中，除去1840年鸦片战争以后的160余年就是友好史。'友好往来两千年'这句话经常拿来与近代的'不幸的历史'对比。这成为日中双方谈论友好关系时的外交套话。1972年的《日中联合声明》说'日中两国是一衣带水的邻邦，有着悠久的传统友好的历史。两国人民切望结束迄今存在于两国间的不正常状态'，将'悠久友好的历史'与'不正常状态'加以对比。汉语'一衣带水'意即虽隔海也是衣带般细窄之海，用来象征两国的友好关系。我们现在应在日中两国历史研究者议论的基础上，更深入地发掘两千年友好时代的真意。'前近代是友好的，近代是不幸的'这种认识，虽然作为外交辞令是有效的，但在学术上不能这样简单地划分。前近代既有友好的时代，也有不幸的时代，近代既有友好的时代，也有不幸的时代。我们应依据具体史料冷静地面对历史的真实。"

这话似乎很客观，很讲求实事求是、尊重历史，但其潜台词是什么并不难推测。中国学者当然清楚，古代日本为向朝鲜半岛扩张，曾两次与中国军队作战，倭寇曾长时间侵扰中国沿海，抢掠物资，破坏安宁。中国元军为使日本臣服也两次进犯日本。但比起这些战争来，时间更长、"流量"更大的是两国间政治、经

济、文化等多层面的交流，这些友好交流对中日两国发展的影响远比战争的影响大得多。近代史恰好相反，尽管也有中国青年赴日留学和一些日本人支持中国抗击日本侵略等可称为友好的内容，但日本军国主义的侵略政策和行动导致中日交恶、民族对抗，显然是对中日两国发展具有巨大影响的主要方面。看问题要看主流，这是中国人的一贯思维方式。前近代两千年的中日关系友好是主流，近代五十年的中日关系对抗是主流，所以归纳成“两千年友好，五十年对立”这样一句话，这就是实事求是，就是尊重历史。如果真要“冷静地面对历史的真实”，就应该分清主次，看到事物的本质方面，而不应以次为主，尽在细枝末节上做文章。当然，还可以补充一句，即无论怎样做文章，“老鼠不会变成大象”，细枝末节终归只能是细枝末节。

所以，“两千年友好，五十年对立”是思考和实践中日合作的历史前提，充分注意到中日关系发展的经验和教训，中日合作的成果就更多，前景就更光明。

开展合作的另一个前提，是中日双方应相互有准确的认知。这不仅表现在对战后双方和平发展的确认，更主要表现在对当前对方现状的认知上，这又主要表现在对发展起来的中国如何评价上。日本《外交论坛》2008 年第 5 期刊登了外务省亚大局中国课长秋叶刚男召集的座谈会“注目日中关系的结构变化”的发言纪要，庆应大学教授国分良成的看法是：“今年对中国的日元贷款结束，此前认为中国是发展中国家，现在结束了。日本支援中国的发展，从某种意义上说其外交目标已经实现了。反过来说，从此必须构筑新的关系，对等的两国关系从 2008 年开始了。”事实上，国分良成对中国的估计偏高，中国现在仍然是发展中国家，若在 20 年后中国的人均国内生产总值（GDP）能达到 8000 ~ 10000 美元，才有可能说进入发达国家行列。不过，这已经是最乐观的估计了。在今后 20 年内考虑中日关系，中国的身份仍然是发展中国家。

（三）实现多赢是中日战略互惠关系的最终目标

中日关系要实现战略互惠，第一目标是实现中日共赢。共赢即双方都获益，而不是单赢，也不是一方获益，一方受损。应该说，自 2006 年 10 月安倍晋三首相访华以来，中日关系迅速好转，很快进入正常发展的轨道，但时至今日，还不能说中日关系已经完全具备了长期稳定发展的态势。这是因为目前影响中日关系发展的不确定因素仍然存在，不利因素仍然存在。

最主要的不确定因素，是日本政局的稳定性究竟有多大。目前福田内阁的支持率很低，自民党内外的反对势力都很强，如果在洞爷湖峰会上福田打的外交牌还不能得分，则峰会后福田政权还能坚持多长时间，日本政治走向是否会“回潮”，1998 年以后中日关系遇到的曲折是否会再现，就成为需要认真关注的问题了。

与此相关的不利因素是，对于如何解决目前中日关系中存在的问题，由于日本媒体在国内反复造势，一些日本学者与之配合呼应，使得相当多的日本人认为，日本“入常”问题和东海问题的解决，现在就等着中国领导人的“政治决断”了。这些人设想的“解决”就是中方明确表态并以实际行动支持日本“入常”，在东海问题上中方完全接受日方的主张。如果不这样，就表明中方对“战略互惠”没有足够的诚意。

在胡主席访日前夕的 5 月 4 日，日本发行量最大的报纸《读卖新闻》刊登的福田首相的智囊人物之一、时下颇具“人气”的东京大学教授山内昌之的文章很具有代表性。山内认为：“东海油气田开发问题和食品安全问题成为两国间最大的悬案。中国给人留下的印象是缺乏解决问题的意愿和热情。此外，中国能够容忍印度成为安理会常任理事国而不愿意接纳日本，这本身就不符合在东亚和全球范围内追求相互利益的战略互惠关系。”“日本在东海和安理会常任理事国问题上没有任何‘互惠’可言。……希望福田首相通过首脑外交敦促胡主席决断，同意日本跨越东海中间线参与中国已有的油气田和共同开发新的油气田。还应要求胡主席尊重日本依据有力的科学根据就饺子事件做出的调查结果。应该让对方认识到，如果不在‘互惠’这一点上做出政策性让步，那么就有可能在大局‘战略’方面失去很多东西。”“日本应严格区别继承了古代中国的文明并共有其历史遗产与日本必须在现实的国际政治体系中维护自己的国家利益这两点，而不应该在友好的名义下损害国家的利益。”“要构建以日美同盟和日中、东亚友好为基础的日本和平秩序，却是不现实的。如果日本在事关国家主权的问题上一味地顾忌对方的看法，那么 21 世纪的日本将成为与中国自视为内海的东海相邻的渺小的岛国。日本政府似乎顾忌到对华关系，一直没有在尖阁列岛（指我钓鱼群岛——引者注）等东海中的岛屿实施自卫队登陆演习和直升机训练。相反，中国政府既不准备让其军舰停止侵犯日本领海的行为，也无意就其违背常识、不透明的军事预算增长方式向国际社会做出令人信服的解释。结果，在现阶段，日中之间构筑的信赖关系处于一种扩大的不均衡状态。如果中国同意与日本共同开发油气田并将一部分机密气象情报完全对日本公开，那么日本也应该向中国提供最尖端的防止公害技术，实现一种扩大的均衡的立场，这也是成熟的战略

互惠关系的标志。”

显然，山内教授关于军事问题的说法都是错误的，对战略互惠的理解也存有偏差，而且带有向日方首相施压和向中方领导人示威的口吻，不是很妥当。但他代表了当前许多日本人的想法。中方满足日方的一切要求，日方以高端环保技术回应中方，这不是“互惠”而是“单惠”，更谈不上什么“战略互惠”了。为解决中日关系面临的问题，实现战略互惠，需要中日双方拿出诚意。日方总要求中方显示诚意而不考虑自身，如果这种单方面的“诚意”需求不改变，很可能会给今后中日关系的发展增添麻烦。

中日要搞战略互惠，双方要做的事情有很多，但其中一定要有大思维、大手笔，否则只能称为一般性互惠而不是战略互惠了。日本是个地震多发国家，中国也是地震频发的国家，如能开展地震预报和抗震建筑的合作研究，当有重大意义。美俄虽然是竞争对手，但在太空中有联合空间站，数年后中日的空间技术也将达到设立空间站水平，为节约成本，中日似可设立联合空间站开展共同研究和太空旅游。中日同为西太平洋国家，应能共同制定西太平洋深海勘探开发计划，并逐步实施之，如此等等。

如果战略互惠仅限于中日两国之间，则一定是不可持续的战略互惠。只有把中日之间的战略互惠关系纳入东亚乃至全球的发展框架内，才能不断产生出新的需求，才能成为可持续的日日求新的战略互惠关系。其实，中日战略互惠关系面临的处境并不十分乐观。2008 年 5 月韩国新总统李明博访华，中韩双方一致同意将“中韩全面合作伙伴关系”提升为“中韩战略合作伙伴关系”，并在众多的双边及多边问题上取得共识，做出了安排。中韩关系面临着更大的机遇。相比之下，中日关系如果总是局限于中日双边圈内，为解决一些非大局问题而延迟了发展机遇，其结果必然对中日双方都是不利的。

中日关系要走出双边范围，在东亚和全球发挥作用，首要的问题仍是克服冷战思维和防范心理。中国举办中非论坛，日本也举办非洲领导人会议，日本媒体不认为这是好事，而是中日在互夺资源。今后如果中日联合起来举办这类活动，实现多方共赢、多赢，其效果一定会更好，也好让那些仍有冷战思维的人无言以对。

中日可在许多方面共同参与地区合作。在东北亚，通过六方会谈机制解决朝核问题，进而推动朝鲜半岛的南北统一进程，最终实现自主统一。在此基础上，将六方会谈机制提升为东北亚安全与发展机制，并在时机成熟后“西扩”，吸收蒙古国进入共事。此后，这一机制的主要任务就是援助蒙古治理国土，发展经济，连同中国内蒙一起，彻底整治东亚沙尘暴源头，这一定是超越东亚史上任何伟大工程的、极大地造福东亚人民的伟大事业。

近年来，日本积极推动湄公河流域的合作开发，这当然是值得肯定的。中南半岛越、老、柬等国也是中国的近邻，中国有责任、有义务为这些国家的经济发展提供援助。因此，中日在这一地区进行合作，共同支持这些国家进行自然资源的保护性开发，湄公河流域一定会成为东亚地区的新的经济快速增长带。

非洲将会成为21世纪后期世界经济发展最具活力的地区。中日协作支援非洲，为非洲在21世纪后期的大发展奠定各个方面的基础，这也是中日两国共同对人类社会发展作出的贡献。

总之，中日两国同为东亚、亚洲乃至世界的重要国家，理应将双边合作体制扩展为多边合作体制，为国际社会的和平与发展作出贡献。如果中日之间能够很好地合作，一定会为国际社会的和平与发展作出更大贡献。中日两国自身也会在这种合作中得到更大发展。这就是中日战略互惠关系最为理想的结果。

八

俄罗斯新版历史教师参考书对苏联历史新观点

吴恩远

（一）俄罗斯历史教师参考书的出版引起思想界极大震动

苏联解体十余年来，在俄罗斯社会、广大历史学家意识中发生显著的重大变化。表现在多数群众对肆意贬低国家历史的不满，要求尊重自己的历史。因而增长了对过去值得肯定的东西、对本国历史上的英雄人物的兴趣。当这股思潮形成一种强大的社会舆论时，必然引起当局注意，从而使国家意识形态领域发生重大变化。

2007 年 6 月，俄罗斯在莫斯科召开全国社会科学教师会议，着重研讨历史及人文科学的教学和研究工作。来自俄罗斯各地的一线教师、人文科学工作者以及俄教育部和科学院等相关负责人到会。主要内容包括探讨俄罗斯新版历史教师参考书问题。6 月 21 日，时任俄罗斯总统普京在莫斯科郊外官邸亲自接见并与部分代表进行座谈。

教师代表列昂尼德·波利亚科夫向普京汇报道：在 1990 ~ 1991 年我们抛弃了马克思主义和作为一种科学理论的共产主义学说。在思想领域取而代之的是什么呢？是所谓全人类价值的一些抽象、模糊的概念：如“自由”、“民主”、“市场”、“人权”、“公民社会”等。俄必须改变盲从西方民主的观念。普京指出，由于过去人文科学和历史教育领域的混乱，造成俄罗斯国内历史教科书内容及版本混乱，不能客观反映国家现代历史事件，许多有外国背景的教科书充斥诋毁俄罗斯的内容。普京呼吁全俄科教工作者在历史学和社会学教学中加强对学生的爱国主义教育。普京警告出版界：必须对出版的教科书承担责任。国家要制定统一的教学标准，鼓励编写和出版新的历史教材。绝对不允许丑化、歪曲我们民族的历史。

2007 年 7 月，俄罗斯高等教育人文科学协会批准出版了给教师参考的历史教学书：《俄罗斯现代史：1945～2006 年》。

2007 年 10 月，笔者陪同中国社会科学院副院长李慎明拜访莫斯科大学历史系。俄方对李院长来访高度重视，著名历史学家库库什金院士、系主任列奥诺娃教授等及该系教授、《俄罗斯现代史：1945～2006 年》一书作者安德烈·菲利波夫会见了我们。列奥诺娃教授指出：苏联解体后，由于国家取消了对意识形态领域的控制，出现各种观点的历史教科书，教学水平下降，社会上充斥着戈尔巴乔夫全盘否定苏联历史的观点，包括对苏联历史人物斯大林、安德罗波夫等都是持批判态度。目前这种观点已经遭到俄罗斯史学界的反思和批驳。俄罗斯最近出版的这部历史教师教学参考书就是其反映。希望制定一个教学的标准，提高历史教师的教学水平，因为在教学中教师是中心环节。

安德烈·菲利波夫说：当初他写这本教学参考书完全是出于自己的观点，没有任何人指使，也没有受到任何政治压力。突然有一天接到一个电话，通知他的书已经入选。他强调指出：俄罗斯目前还是多元化的思想，自己这本教科书也不是唯一的标准，但根据这次会议精神，实际上国家希望确立对祖国历史一个比较一致的观点，这本书实际上是给出一个评价祖国历史的标准，以便对学生进行以爱国主义为中心的教学。你可以不同意这本书的观点，但必须按照这个大纲进行教学。

他说，这本书的特点一是强调俄罗斯历史从沙俄到苏联到俄罗斯联邦的连续性，不是割断历史，以培养学生的爱国主义，对祖国的自豪感；二是注重历史资料，一切结论均从史料出发。

该书的出版引起社会极大反响。从对苏联历史的评价而言，可以说在思想界引起了极大震动。

可以从几个方面说明这个情况。

第一，出版这本书是由俄罗斯高等教育人文科学协会副主席、俄罗斯科学院院士、俄罗斯科学院世界通史研究所所长亚·丘巴良等权威人士共同做出的决定，具有学术权威性；加上时任总统普京对教科书的亲自关注，使它又具有了官方色彩。这是苏联解体后，经过国家权威部门认定的第一本历史教学参考书，当然引起社会的关注。

第二，更主要的是这本书对苏联历史和苏联历史人物有了与戈尔巴乔夫时期完全不同的评价，可以说是震动俄罗斯思想界的一次“拨乱反正”。当然反对的

声音也不小，“戈尔巴乔夫基金会”就宣称要出100本关于斯大林的书与之辩论。

第三，俄罗斯修改历史教科书的问题已经引起全球范围的关注。《华盛顿邮报》等世界各国有影响的报刊都从不同角度对此作了报道和分析。引起西方震动的是认为普京重新评价苏联历史和斯大林，为苏联历史“平反”，是“从民主体制的倒退”，意味着普京政权开始走向不民主。

（二）苏联体制确实存在弊端，但断言苏联体制完全失败的观点是幼稚的

国内外一种代表性观点，认为苏联解体的主要原因在于体制问题，苏联体制或苏联模式已经丧失了发展潜力。

的确，当时的苏联体制确实存在许多应当否定的因素，这就是为什么必须改革苏联模式的理由；但绝不存在“这个体制已经丧失了发展的潜力”而必然灭亡这个道理，因为其体制自身也还有肯定的因素。这本教学参考书也持同样观点。书中引用戈尔巴乔夫在苏联解体后承认“在我执政的时期，体制也还是足够稳固的”，说明这个体制并非到了必然灭亡的地步。教学参考书指出：当时的苏联体制，对内“在避免自下而上的革命方面，是有保障的”；对外则“百分之百地可以抵御外来危险”。“不论是相对于西方的科技落后、还是由经济缺乏效力引起的经济困难，本身都不能导致体制更迭”。书中写道：“苏联体制的激进反对派断然回答说：不！体制是不可能改革的，只能将其摧毁！随着经济困难的加重，持这种观点的人越来越普遍。苏联解体似乎证实了对‘现实社会主义’进行民主改革是不可能的；但是，15年后，这种观点在很多方面已经失去说服力。”所以这本书最后做出判断：“断言说苏联体制不能改革、必须被摧毁，这种说法至少是非常幼稚的（中国和越南就在全世界面前提供了一个反证）。这些国家在本国共产党的领导下，成功地完成了从计划经济向市场经济的过渡，发展迅速。”

所以和戈尔巴乔夫时期对苏联历史的全盘否定不同，这本书对苏联70年历史总体上持肯定态度。在书中论述苏联30年代的国家制度时，从没有使用“集权制度”这个词。书中写道：“苏联不能说是一个民主国家，但对全世界千百万人们来说，它却是最好的和最公正社会的榜样和方向。早在1918年英国首相劳合·乔治在证明必须立即在英国实行普遍选举权时援引了俄罗斯的例子。按他的

说法，如果从前线回来的士兵不能尽快地看到国家社会体制发生好转的情况，他们会效仿俄罗斯的样子。众多西方国家在内政方面所做的有利于人权的调整，就是受到实现了社会革命和赢得了最残酷战争胜利的超级大国苏联存在 70 多年来很大的影响。”对苏联取得的历史性成就给予了肯定：“我们这个由于战争而濒临消亡边缘的国家如何能够飞速恢复国民经济并在探索宇宙、和平利用原子能、大规模建设和许多其他方面取得惊人的成就?”

所以书中引用时任俄罗斯联邦总统弗拉基米尔・普京的话评价苏联解体事件：“我深信，苏联解体是全民族的巨大悲剧。我认为，前苏联的普通公民和后苏联空间内的公民、独联体各国公民、普通的公民们没有从中赢得任何东西。”

（三）斯大林被视为苏联最成功的领导人

这本书对苏联时期的历史事件和斯大林的评价有一些新的角度、新的评价。这里仅介绍该书关于战后时期的几个观点。

国民经济的恢复。学界有一种论点：认为苏联战后国民经济的恢复成就不大。

苏联在战争中的物质损失估计达 2.5 万亿卢布，其中敌人造成的直接损失达 6790 亿卢布。这大约是苏联国家全部财富的 30%。占苏联战前 45% 的国民生产总值和 47% 的农业可耕地的苏联人口最稠密、工业最发达的地区经济遭到破坏，苏联最发达的国民经济部门的发展被拖后了 10～15 年。

但在斯大林领导下，恢复国民经济的五年计划执行的结果超出了所有人的预料：苏联在最短的时间内，以难以置信的努力为代价，不仅恢复了过去的实力并保证经济的进一步增长。1948 年工业生产达到了战前的总体水平。成功地恢复了在战争年代毁坏的电站、冶金、机械制造和采掘工厂。俄罗斯联邦的西部地区、乌克兰及白俄罗斯的工业重新投入生产。完成甚至超额完成了提高工业生产的总体计划。根据正式资料，1950 年工业生产的水平超出战前水平的 73%。1950 年苏联国民经济总产值（以 1964 年的 10 亿美元计算）达到 1260 亿美元，当时几个主要资本主义大国：美国是 3810 亿美元、英国 710 亿美元、法国 500 亿美元、德国 490 亿美元、日本 320 亿美元、意大利 290 亿美元。苏联的国民经济总产值占据了世界第二位，这已经超出了战前水平。

战后科技的发展。很快恢复了众多科学研究机构，对科学的投入规模比战前扩大了 2.5 倍，科研部门的威信和科学家的劳动报酬都提高了。1949～1950 学

年起，国家开始把教育转为实行7年义务教育，着手启用“劳动后备军”制度培养工人干部——开办了手工业职业技术学校和厂办学校。企业开设了大学和中等技术学校的分校来培养本生产企业的专家。通过采取这些措施，到1960年大学生的人数比战前增加了3倍（达到240万人）。

1949年8月29日，在塞米巴拉金斯克附近的试验场上成功进行了苏联第一颗原子弹的试验，而1948年10月10日，苏联发射了第一枚弹道火箭P-1。1953年夏天，完全由苏联独创的研究成果——氢弹爆炸成功。1954年在奥布宁斯克启动了世界上第一个原子电站。苏联还造出了当时世界上最大的功率为10万千瓦的蒸汽涡轮机等。

民族政策。过去谈及斯大林时期的民族政策侧重在对少数民族的镇压。这本教学参考书没有回避1949~1950年在新的共和国和各个州开展全盘集体化以后，许多农民出于对强制性的集体农庄化的抵抗而成为民族主义者。莫斯科当局不得不“承认错误”、发出“纠正过火行为”的指示。同时，教学参考书也强调了苏联当时对民族主义者镇压的必要性。因为民族主义者采用了大规模残暴的恐怖手段，甚至对本民族人民也不例外。杀人与恐怖手段的受害者是普通党员、军人家属、教师，不少是集体农庄的农民。1944~1954年间苏联西部地区有4万平民死在民族主义分子手上，其中2.5万人是在乌克兰西部地区。战后苏联军队和内务部队的军事损失可以同卫国战争的战略行动的损失相比。10年内单是在乌克兰西部就损失3万军人。

因此苏维埃政权加强了对民族主义者地下活动的打击，并取得人民的支持。民族主义运动在失去了居民这个群众基础的支持以后就不复存在了。共产党最终赢得了西部地区的国内战争的胜利。

参考书认为：“斯大林民族政策的形成是符合当时的情况的，既有作为国家组成主体民族的俄罗斯人的政治支持，也有来自民族共和国的物资支持，而在这两种支持之间保持平衡是斯大林民族政策的特征。”

战后清洗问题。战后确实存在又一次清洗高潮。在1940年代末的“列宁格勒案件”中，受害人中有联共（布）第二书记阿·亚·库兹涅佐夫等人，还有一些部长等有影响的领导，受害人数约有2000人，他们中许多人被枪毙。和30年代的大清洗一样，也存在一些人无辜受害和目无法制的情况。但斯大林为什么会发动又一次清洗？其目的是什么？教科书指出了其中一个人们以往对此比较忽略的情况。书中写道：“由于赫鲁晓夫在苏共二十大报告开辟的先河，使后人把大恐怖的发生仅仅归结为斯大林残酷、专横、不容他人意见等等个人品质的原因。正如当时著名诗人达·萨莫伊洛夫说道：‘只有是一个完全的非决定论者才能相信，1937 年大清洗唯一的历史目标是巩固斯大林的政权，他贪图功名、追求虚荣和残酷性的力量就能够任意扭转俄罗斯历史的方向，他一个人就制造了 1937 年骇人听闻的现象。’”

参考书进一步写道：“国内和国外历史学家的研究都确认了 1930～1950 年镇压的主要受害者正是党内统治阶层这一事实。正如历史学家罗伊·梅德韦杰夫所说：‘1940 年代许多人害怕被提拔到国家高官的位置并不是什么秘密。这直接就意味着危险。大清洗主要针对共产党的性质甚至连大多数非党人士也一目了然。在那些年代，这些非党人士夜里睡得比共产党员要安稳得多。’”那么，为什么要针对党内官员？参考书分析道：“对管理阶层的人员实行强制手段的目的，是为了动员并保证管理机构在工业化进程中，以及在战后恢复经济时期运转更为有效，”指出当时的镇压不全是“滥杀无辜”，执政党的初衷是对自己内部“管理不善”者的清洗。教科书引用巴伊巴科夫的回忆录《在政府工作的四十年》中的一个事例，说明当时是如何采用严厉的手段对待管理精英的。1942 年时任石油工业副人民委员的巴伊巴科夫接到斯大林命令，要他前往北高加索，在苏联军队撤退时炸毁采油场。斯大林是这样指示的：“必须竭尽全力做到不给德国人剩下一滴油……因此我警告您，如果您给德国人留下哪怕是一吨石油，我们将枪毙您。但是如果您毁掉了采油场，而德国人没有来，我们又没有燃料用，我们也枪毙您……”管理集团的中高层人员成为镇压的主要对象这一事实，说明当局渴望保证管理机构发挥最大的功效。

斯大林被视为苏联最成功的领导人。参考书充分肯定了斯大林的巨大功绩：“正是在他领导期间国家的领土扩大了，达到了从前俄罗斯帝国的边界（而且某些地方还超过）；取得了人类历史上最大战争——伟大卫国战争的胜利；实现了经济的工业化和文化革命，这个结果使得不仅受高等教育的人口比例急剧提高，而且还建立了世界上最好的教育体制；苏联在科学发展领域进入先进国家行列；实际上消灭了失业现象”。俄罗斯高达 47% 的人对斯大林在苏联发展中所起作用给予肯定的评价。参考书中称“斯大林被视为苏联最成功的领导人”，可以说甚至斯大林生前也没有使用过这样高的评价。当然对于斯大林时期苏联“领土扩大”的“功绩”，笔者也有不同看法，必须指出这里面有大俄罗斯扩张主义的因素。

同时，参考书也指出了斯大林和斯大林时期的问题。

第一，轻工业的恢复落后于重工业。“国家领导人没有把人民日用消费品的

生产看成如同发展国防力量和资源那样紧迫的任务。在一系列轻工业部门中（例如纺织业）不仅没有完成计划，甚至没有完成战后重建”。第二，农业的落后面貌没有大的改善。书中写道：“农业在第四个五年计划结束时仅达到战前生产规模的99%。换句话说，五年计划在农业领域是失败的。战后农庄经济恢复得比莫斯科预计的要慢得多。农村劳动力不足。似乎被宣布为最重要任务的农业机械化，经常是按剩余原则进行的，即最后才轮到它”。第三，他取得的成就是通过极大压制民众取得的。斯大林时期国家经历了几次大镇压浪潮。斯大林本人就是“阶级斗争尖锐化”的倡导者和理论家。许多著名学者都遭到了激烈的批判。导致某些学科领域（如遗传学、控制论、世界经济研究等）、学术流派遭到封闭或者其研究受到实质性的限制。

产生这些问题的关键在于当时形成的高度集中的体制。一是权力的高度集中，形成对斯大林的个人崇拜；二是管理的高度集中，压抑了地方、企业、个人的生产积极性。这是造成上述问题的根源，也是今天我们改革开放、突破斯大林模式弊端需要汲取的教训。这本教科书完全没有回避、隐瞒斯大林和斯大林时期的错误。但和戈尔巴乔夫等人对这些事实简单的批判、否定不同，它从当时的客观历史条件来分析，为什么会出现这些情况？谁应当对此负责？

在1930年代就已经很明显，不可避免的对德大战、战争的进程，国家战前工业化和战后经济重建需要加速进行，这些事实成为苏维埃时期政治经济管理体制具有高度集中特征的重要决定因素。为什么会残酷剥削人民？因为极缺资金。迫于战争威胁需要“争先恐后地同时间赛跑”，不仅决定了实现工业化的时间不够，而且加剧了现代化所需资金不足的问题，因为无论国家总体积累还是国防开支在预算中都注定占很高份额，用于改善人民生活的资金就会减少。根据当时的财政人民委员亚·格·兹韦列夫的说法，甚至在卫国战争期间苏联也只积蓄黄金储备，而不曾卖过1克黄金。这使得人们劳动的强度和被迫处于不断动员状态中的人力资源的使用程度也超乎寻常。

参考书认为，斯大林个人性格、心理特征对形成高度集中体制的影响仅仅是第二位的，主要还是客观环境的需要和俄国历史的传统。加速实现国家现代化要求有相应的权力制度和建立能够实现这一方针的管理机构。俄罗斯国家发展的不利条件和历史传统要求把所有资源，包括权力资源，集中到一个中心并按关键的部门集中分配。在这种情况下，常常是那些能够实现这种集中的人被推出来作为国家的第一人，权力集中于一个中心以及实行严酷的集中管理体制。

尽管当时有存在这种集中的必要，但参考书同时提出一个令人深思的观点，指出这种集中不可避免地伴随着统治的变形。主要的变形是——把对强权的现实需要变成对强权最大限度的服从，而使这种必要性逐渐消失了。在一定程度上伊凡雷帝、彼得大帝和约瑟夫·斯大林的统治都符合这种论断。

（四）戈尔巴乔夫、叶利钦应对苏联解体承担主要责任

在我国学界一直存在对苏联解体是现实因素（戈尔巴乔夫、叶利钦等人的错误）还是历史因素（斯大林模式的弊端）为主的争论。但在俄罗斯，多数人认为戈尔巴乔夫、叶利钦等执政者应当对苏联解体承担主要责任。这本书再次论证了这个观点。

第一，作者提出一个颇有意思的“假设”：如果戈尔巴乔夫上台时不搞他所谓的改革，苏联会不会解体？作者引用戈尔巴乔夫自己在75岁生日时对这个问题的回答：如果不搞那样的改革，他到现在仍然会继续“当苏共中央总书记”。作者的意图当然不是说不应当对苏联旧体制弊端进行改革，而是证明：如果不是戈尔巴乔夫等人的乱“改革”，苏联至少不会解体。

参考书认为，首先是戈尔巴乔夫倡导的“民主化、公开性”造成混乱。甚至连美国前国务卿也指出戈尔巴乔夫的错误在于，他给苏联公民政治自由先于向市场过渡的完成。由于党组织和全社会不断激化的讨论，在意识形态领域不是形成全党、全国统一的意志，而是“汹涌而来的社会大辩论”，使得对国家的发展前景缺乏统一意见；“由于宣布了公开性路线，劳动者走上街头喊着抗议的口号，罢工潮在全国蔓延”，招致经济的崩溃……

第二，经济改革的失败。“戈尔巴乔夫没有连续性的、不够深思熟虑的经济政策，不但没有实现社会经济的加速发展，反而导致生产下降、国民生活水平降低，以及群众对党的领导人的不满”。在和平时期，货架上原因不明地几乎什么都没有了：从肉到火柴。为了调节局势，对某些生活必需品（如香皂）实施配给制，商店前排起了长队。从市场的商贩那里可以买到商品，但是价格要高好几倍，大部分居民买不起。结果，一些日用品的国家定价多年以来首次迅速攀升，人们的生活水平开始下降。

第三，叶利钦在苏联解体中也起了很大的作用。1990年6月12日，身为俄罗斯联邦最高苏维埃主席的鲍·尼·叶利钦将《俄罗斯国家主权宣言》提交代表大会表决，在走向独立、摧毁苏联的道路上走出了第一步，也是果断的一步。根据规定，如果苏联法律、法规破坏俄罗斯主权，俄罗斯权力机关可中止其效

力；法律还规定，只有在得到俄罗斯联邦社会主义加盟共和国最高苏维埃的批准之后，苏联最高国家权力机关的决议、苏联总统的命令和其他法规才能生效。苏联最大的加盟共和国通过的主权宣言和法律，实际上破坏了《苏联宪法》，导致联盟国家爆发宪法危机。紧随俄罗斯之后，乌兹别克斯坦、摩尔多瓦、乌克兰、白俄罗斯……相继通过了独立宣言。接着又爆发了在加盟共和国内部宣布主权的洪流。叶利钦在一次讲话中甚至对俄罗斯各自治地区提出："你们能消化多少主权，就去拿多少主权"。这本书认为在这条路上，叶利钦走得实在是太远了。

第四，民族问题的爆发。多年以后，戈尔巴乔夫分析当时局势的时候，说：我究竟错在什么地方？错就错在：对民族主义的能量估计不足。但正如教科书指出：解决民族问题的困难在于中央领导权的削弱。

第五，这就涉及最重要的一个问题——苏共领导权是怎样丧失的？书中指出：在戈尔巴乔夫修改苏联宪法时，"废除了关于作为政体核心的苏共的领导作用的《宪法》第六条；实行多党制原则"。这不仅意味着削弱了苏共的领导，同时削弱了国家政权。因为"苏共本身也是苏联国家管理机构的基础"。同时叶利钦又发布《关于停止政党和群众性社会运动的组织机构在俄罗斯联邦国家机关和部门的活动》的命令，"这是对苏共在社会和国家中地位的第二次严重打击，削弱了苏共对俄罗斯和苏联政治进程的影响"。而当时作为苏共总书记的戈尔巴乔夫面对"非党化"命令采取了妥协态度，参考书指出，"总书记的绥靖立场使苏共领导机构瘫痪，党进一步解体，大大削弱了联盟中央，因为：一个统一的共产党仍然是苏联体制的重要环节"。

根据上面的叙述，这本参考书最后对苏联解体的责任人有十分明确的结论。它写道："苏联解体并没有命中注定的必然性。被改革唤醒的活动家（首先是俄罗斯政治家）的政策和改革者们自身的错误，导致苏联不复存在"。参考书最后引用 2001 年俄罗斯民意调查的结果证明：56% 以上的民众认为戈尔巴乔夫为国家造成危害，只有 14% 的人认为他的作为对国家是有利的。

九

欧洲大国民众受访者对中国的看法

刘作奎

（一）关于欧洲看中国的民意调查概况

据笔者的不完全统计，2008年1~7月，欧美国家的涉华调研多达20次，这种情况在以前是很少见的。以美国的皮尤研究中心为例，该中心于2001年开始涉华民意调查，中国话题一直是其每年大型全球舆情民调的“保留节目”。盖洛普1991年就在中国建立办事处，并进行定期调查研究活动。近年来，全球舆论涉华调查包括：全球百姓如何看待中国领导人（2008）、全球百姓对中国大陆和台湾关系的看法（2006）。比起皮尤，盖洛普更擅长在中国的实地调查。欧洲国家涉华民意调查机构比较著名的包括德国的贝塔斯曼基金会，它曾经做过关于世界力量对比的调查；英国著名的民调公司包括哈里斯民意调查公司，英国《金融时报》曾联合哈里斯公司做过关于谁是世界稳定最大威胁的调查。此外，欧盟也曾经组织专门的公司做过关于欧洲对中国经营环境满意度的调查。

近年来，从事欧洲看中国的民意调查的团体和机构分三类：第一类是欧洲民调机构在欧洲范围内从事的涉华民意调查；第二类是国际性民调机构（大多来自美国）从事的全球舆情民调，其中也涉及欧洲对中国的看法；第三类是中国自行组织的在海外（包括欧洲）从事的涉及欧洲看中国的民调。欧美国家涉华民意调查的方式分为以下几种：联合调查、委托调查和独立调查。比如，皮尤和中国的零点公司进行联合调查，并吸收和捡取零点公司近10年来“中国民众国际观”的数据作为参考；英国《金融时报》联合哈里斯民意调查公司进行涉华民意调查。委托调查比较典型的是英国广播公司（BBC）《新闻之夜》节目委托加拿大环球扫描公司在美国、英国、巴西、印度和韩国进行世界对现代中国态度的民意调查，另外2005年二者还联合进行了世界看中国的民调。盖洛普则一直

进行独立的涉华民意调查，但调查的对象基本上仅限于中国人，如对中国贫富差距的调查等。

上述民意调查的方法各有特点，包括电话采访、实地采访、问卷调查、计算机辅助调查和网上调查等。其中，皮尤的大规模调查采取问卷发放的办法，其他机构则大多采取电话采访和网络调查的办法。民意调查机构提出的一些比较典型的问题包括："你认为中国经济的快速发展对你的国家是正面还是负面影响"、"谁是未来世界的超级大国"、"哪个国家应该对全球环境问题负主要责任"、"哪些国家政府尊重自由、人权"等。

综合这些民意调查的结果，一个明显的结论和趋势是：西方国家的受访者对中国的负面看法上升，感到"中国是一种威胁"的人数开始出现上升势头，对中国的评价整体上不佳。在中国发展的一些问题上，欧洲大国的受访者中英国的态度稍好，意大利和德国对中国的评价最负面，其次为法国。

（二）有关涉华调查的典型案例

2008年3月27日至4月8日，英国《金融时报》联合哈里斯公司进行的民意调查结果显示，在欧洲人眼中，中国已取代美国成为全球稳定的"最大威胁"。在欧洲5个国家，平均有35%的受访者认为，中国对全球稳定构成的"威胁"大于其他任何国家。其中，意大利人对中国担忧最甚，47%的受访者将中国视为"最大威胁"（2007年6月，持此观点的意大利人仅为26%）；36%的法国受访者认为中国是"最大威胁"，高于2007年的22%；德国为35%，高于2007年的18%；英国为27%，高于2007年的16%。而法、德、英三国的受访者2007年都将美国视为更大的威胁。

再以2008年皮尤全球舆情调查为例，其中有一部分是世界对中国及其日益增长的影响力的调查分析。该项调查于2008年3月17日至4月21日进行，从全球24个国家选取了2.4万人进行调查。皮尤认为，近几年，对中国看法负面的比例在上升。皮尤在更早些时候的全球民意调查中就发现，许多欧洲国家对中国看法积极的趋势总体上是下降的，如2005年对中国看法积极的比例在西班牙下降18%，在英国下降16%，在德国下降12%，在法国下降11%。而2008年对24个国家的调查中，有9个国家的民众对中国的积极态度大幅下降。其中，法国人的积极看法改变最大（从47%下降到28%），其次是日本（从20%下降到14%）。

皮尤的调查显示，很多国家对中国军力增长表示关注，同时在一些国家认为中国经济增长造成威胁的人数也在上升。其中，认为中国军力增长是件好事情在欧洲国家的比率大都低于10%——英国12%、法国15%、德国10%、瑞典9%、意大利7%、保加利亚10%、波兰8%、捷克8%；认为是一件坏事情的则大有人在，西班牙58%、法国84%、英国66%、德国77%、瑞典61%、意大利70%、波兰72%、保加利亚42%。欧洲国家对中国经济增长的看法也没有其他地区的国家那么积极，评价普遍比较低。与2005年的调查相比较，认为中国经济影响的日益增加是一件好事情的比率在欧洲国家也大幅度下降，认为是坏事情的则大幅度攀升（德国17%、英国10%、法国3%），唯独在西班牙（4%）和俄罗斯（13%）出现下降。

西方国家对中国受欢迎程度的看法也有不同程度的下降。这一点通过比较从2002年到现在的调查结果，其变化趋势能够明显地表现出来。法国、西班牙、英国、德国都有所下降，分别是30%、26%、20%和18%。

当询问“中国在国际关系中是否单边行动而不考虑他国利益只考虑自己利益”这个问题时，欧洲国家的受访者大都有较高的选中率。在英、法、德、意、波等国中，平均超过70%的人认为，中国人忽视了他们的利益。

当询问在中国举办奥林匹克运动会是一个好的决定还是坏的决定时，欧洲国家给出的答案比较多元：法国的受访者认为是一件坏事情的选中率最高（55%），德国紧随其后（47%），英国也达38%。

对中国产品安全的调查结果则比较糟糕，当询问中国制造的产品与世界其他国家和地区的是否一样安全时，德国有85%的受访者认为不安全，居首位；法国紧随其后，为79%；英国总体上较温和，但也高达50%。

综合上述的调查结果可以看出，在几项重要问题的调查上，法国和德国的受访者对中国的看法比较负面，英国和西班牙的态度总体上相对温和。

（三）涉华民意调查负面看法上升的原因

西方国家涉华调查越来越多，其调查的结果呈现出对华负面看法上升的趋势，这主要有以下几方面原因。

1. 全球化日益发展，国家间利益攸关，不可分离，因此，导致在“地球村”内大家彼此互相关注，关心“他者”已经成为一种潮流

这一点自20世纪70年代到现在表现得尤为明显，各种民意调查公司如雨后

春笋般出现，说明各国需要参考来自他国通过民意调查所得的信息，来确定本国的外交政策，包括贸易战略等。

2. 中国日益发展壮大，尤其是2008年举办奥运会，使中国的影响力与日俱增，导致西方国家关注中国并试图分析判断中国发展过程中的政策走向和心理状态

大国崛起必然是一个受到国际社会高度关注的话题，中国也不例外，其内外政策、一举一动必然会牵引西方国家的神经，它们对中国的关注会越来越多。

3. 西方国家对中国日益呈现出负面看法上升的情况，全球化无疑是重要原因

作为发展中大国，中国在人力、资本和贸易等方面均获得惊人的进步。在中国快速发展和繁荣的进程中，一些国家受益较多，另有一些国家则因为产业结构等问题无法适应全球化进程中新经济体崛起而发生的利益格局变化，比如“中国制造”逐渐占据更多的国际市场，发达国家企业在与中国的竞争中不断受挫，企业利润的下滑直接影响到国内利益集团和工人的利益，导致西方国家普通民众和舆论对中国心存不满，这一点在法国和意大利就体现得比较明显。此外，一些西方国家认为自己不仅没有从中国的发展中获得预期的利益，相反自己的一些核心利益和技术遭到侵害，故对中国心存不满，这一点在德国体现得比较明显。英国不仅从全球化中受益，而且也从与中国的合作和中国的经济发展中获得利益，因此，其民众对中国的看法相对客观，甚至是积极的。

4. 西方媒体负面的、有导向性的宣传是造成对中国负面看法上升的重要原因之一

因历史基础、价值观和发展阶段不同，中西双方的价值认同和发展观念有一定差异。部分西方媒体为吸引其民众眼球，照顾其消费者的心理需求和价值观，不顾事实，从主观上解读或有倾向性地片面解读中国现实，造成一些西方民众对中国的误读。尤其是欧洲民众很少有机会来中国，因此，他们对中国缺乏真实的了解，而一些对中国不了解的西方政客和学者也盲从民调的结果，最终导致西方民众对中国看法的“选择性”迷失。

十

让美国加入世界*

张蕴岭

前不久，美国《时代》周刊著名评论家扎卡里亚写了一篇评论，叫《他者的崛起》，文中提出，美国应该“加入世界”。美国本身就是世界的一员，之所以提出要让其加入世界，扎卡里亚说，世界正在经历着近代历史第三次重大的力量转变。推动这种转变的力量是“他者的崛起”。也就是说，世界其他国家、其他地区崛起后，世界重心已经不在美国，而是移向别处。但美国却仍然高居于世界之上，还在居高自赏，沉溺于“条条大路都通向自己门栏的世界”。美国对世界正在发生的巨大变化很不适应，还没有接受这种变化，而是把这种变化看作是对自己的威胁，把新的发展力量当作异端。扎卡里亚明确建言：为了美国的利益，为了保持美国的领导地位，美国应该加入这个变化的世界，成为这个世界的一员。扎卡里亚的这篇评论可以说是一语中的，看到了问题的本质，指出了美国应该做的正事。

美国这个国家，可以说是“可爱，可恨，可亲，可疏”兼之。说它“可爱”“可亲”，可列举的理由有一大堆。比如，美国人正义感强，具有奉献牺牲精神。第二次世界大战中，是美国人站在正义的一边，支持和直接参与反法西斯的战争。成千上万的美国人为此献出了他们的生命。在反对日本军国主义侵略的战争中，美国人民与中国人民并肩战斗，至今在中国的深山老林里还散落着美国飞机的残骸，沉睡着美国军人的英灵。美国是世界上最大的一个经济体，有着惊人的创新能力，有拔尖的高等教育和创新体制，美国吸引了世界上为数众多的各类优秀人才，他们在美国奋斗、创造，实现出人头地的梦想。美国人很可爱，也很可亲，他们大多都开朗、直率、热情、乐于助人。中国人与美国人交往，觉得很容

---

* 该文原刊《当代亚太》2008 年第 4 期。

易。美国人做事的热情、执著，有时会让你感到过意不去。20 世纪 80 年代中期我在美国留学时，住在一个美国人家里。这家的男主人在一个公司作副总，美国人的习惯是在家不管是谁，都可以直呼其名，大家（包括他的孩子）都叫他“卡尔”。他们全家对我很好。在住过一段之后，我提出要搬到黑人区去住，体验一下那里的生活。我找好了房子，条件是比较差的。没想到卡尔把自己家的窗式空调拆下来，亲自开车把空调拉过去给我安上。这真让我觉得太过意不去了。现在 20 多年过去了，我与他家仍保持着联系。

美国“可恨”“可疏”，可举的例子也比比皆是。美国太霸道，以霸自居，做了许许多多令人愤恨的事情。美国政府以及许许多多的美国人也都认为，美国在全世界都有利益，有世界责任。因此，全世界的事都要管。美国是正确的，如果没有美国，世界就会大乱。因此，美国一方面要享有治外法权，另一方面又坚持不让别人干涉自己的事务。美国可以派飞机把别国的领导人抓来关在自己国内牢房里（比如诺列加，人们几乎把他的名字忘了）；可以编造耸人听闻的理由入侵别国（比如伊拉克，就是编造的理由被戳穿了，也还是赖在那里不走，别人拿它也没有办法）。美国的主流社会坚持自己的价值观至上，认为那是普世的，代表上帝的意旨。冷战结束以后，美国成了唯一的超级大国，有人就立即宣布“历史的终结”，好像从此各国都会采用美国的模式。美国也不遗余力地在全世界推行民主，花大把银子鼓动搞颜色革命，结果闹得人家鸡犬不宁，自己却往往深陷泥潭。有些美国人执著、任性、幼稚得令人哭笑不得。记得 1990 年我被邀请到首尔参加一个小型闭门讨论会，会上一位有着资深背景的美国人提出了一个很详细的应急方案，是关于如何处置避难的朝鲜领导人，如何分配安置难民，如何接管陷入混乱的朝鲜。当时，美国人认定朝鲜马上就要崩溃。我还记得当时我提出的意见。我说，你们的准备是多余的，因为朝鲜不会那么容易垮掉。最近，我参加一次研讨会，一位来自布什家乡的学者还认为，朝鲜的制度崩溃指日可待。我还记得一位美国退休外交官告诉我的话，他说，你们可以说我们错了，我们也可能不对，但是，我们还是要坚持。

问题在于，世界在变，美国还在坚持世界没变。美国还是唯一的超级大国，这没错，但是也要看到，其他的国家在崛起，其他的力量在上升，美国不再是可以掌控世界的唯一国家。面对现实，美国不能仅仅高高在上，还要“礼贤下士”才行，因为美国越来越依赖别人才能生存，靠别人帮忙才能成事。比如，美国已经是世界上最大的债务国，虽然美元可以继续印制，但是却难以保值；美国最富有，但美国要靠外部资金流入才可以保持经济平衡；美国生产最好的飞机，但也要靠别的国家供给物美价廉的消费品；美国可以用军事摧垮别国政权，但是并不能真正控制那个（些）国家（像伊拉克、阿富汗）。因此，美国必须承认世界的变化，理解世界的变化，支持世界的变化，加入世界的变化，不然，美国就会愈加感到不安全。

说到中美两国的恩恩怨怨，邓小平曾经说过，中美关系坏也坏不到哪儿去，好也好不到哪儿去。意思是说，中美两个国家间既存在矛盾冲突，也存在相互粘连的利益。对中国来说，要接受一个超强的美国，以及它所拥有的力量与影响这个现实虽然不容易，但是还是多少做到了。对美国来说，也要接受一个崛起的中国及其对利益的相应追求及增强的影响力这个变化，这对美国来说更不容易，目前美国还没有做到。我们看到，美国在一些方面加强了与中国的协商与合作，同时又千方百计地防范中国。他们又是加强同盟队伍，在中国周围配置制衡势力，又是对中国进行武器和高技术封禁。这里，不妨引用一位美国高层人士的话，他说，中国不是敌人，也不是朋友，既是敌人，也是朋友。这样的矛盾说词，好像有点像美国本身：爱也是美国，恨也是美国。看来，我们也只好在这样的混沌中继续摸索，用智慧突破困局了。

十一

贪婪导致危机

——从“次贷”危机透视美国经济

于祖尧

自美国发生“次级住房抵押贷款”危机后，危机的涉及面不断扩大，并演化为一场涉及全球经济的金融危机，发展中国家亦受其害。笔者试图提供一个研究“次贷”问题的新思路：既透过“次贷”看美国经济，又透过美国经济看“次贷”危机。

（一）“次贷”危机本质上是资本主义经济危机

怎样认识美国盛行的“次级住房抵押贷款”以及由它引爆的金融危机？学界众说纷纭。有人认为，“次贷”危机是局部的、短期的问题。笔者的看法是，“次贷”及其危机并不是美国经济局部的、偶然发生的问题。“次贷”危机实际上是美国经济的缩影，它不仅仅是一场金融危机，本质是资本主义的经济危机。这从美国经济的一些特点可以看出。

——经济呈现虚拟化、泡沫化。房地产业是美国三大经济支柱之一，半个世纪以来，在整个经济中的比重一直在20%以上，带动60多个相关产业。抵押贷款占房地产半壁江山，“次贷”比重又占其中的一半。但这根支柱的根基却建立在“地震带”上，毫无抗震能力。“次贷”上市，在住宅市场之旁形成了一个以“次贷”证券为交易对象的金融市场。在这个市场上，起主导作用的不是消费者，而是债权证券的投资人，他们的行为服从于证券收益最大化。过度投机造成“次贷”证券市场脱离实体经济而虚拟化、泡沫化。

——居民消费靠信贷支撑，家庭债务负担沉重。消费需求持续增加是经济协调稳定增长的源泉和前提。美国是高收入、高消费的富国，但贫富两极分化、基尼系数高一直是困扰其经济的难题。政府和厂商企图用消费信贷的对策鼓励消费，缓解生产与消费的矛盾。但是，消费信贷在暂时增加居民消费的同时，却使广大中低收入家庭沦为“债奴”。2001～2004年“次贷”快速膨胀时期，美国家庭债务占收入的比重上升到136%，家庭债务余额高达11.4万亿美元，等于当年GDP的3/4以上。

——财政赤字长期居高不下，政府入不敷出。财政收支平衡，是政府有效履行职能的物质保证，也是国家经济可持续发展和有效运用财政政策实施宏观调节的必要前提。但是，美国政府无视财政运作的基本规则，长期奉行赤字财政，依靠发行国债来弥补财政亏空。1980年，美国财政赤字为762亿美元，占GDP的1.94%；2005年达到创纪录的4992亿美元，约占GDP的4%。

——巨额外贸赤字拖累了世界经济。进出口贸易平衡，是一国外贸可持续发展的前提。但是，如今美国却背上了巨额外贸逆差的沉重包袱。2006年，美国外贸逆差高达8830亿美元，居世界之首，占全球外贸额的1/3。据此，美国为了弥补巨额逆差，每个交易日必须借34亿美元外债。

——一方面在国内外大肆举债，另一方面无节制地滥发国债，造成债务恶性膨胀，经济虚拟化、泡沫化。美国2006年净外债对GDP的比例达到50%，经常项目的赤字为8000多亿美元。美国国家审计署资料显示，美国内外债余额为53万亿美元，为GDP的数倍；金融资产的市值达到46万亿美元的规模。滥发美元和债券，导致金融业恶性膨胀，三次产业畸型发展，经济整体虚拟化、泡沫化。

美国经济这座庞然大厦隐含着深刻的危机，根基正在动摇。“次贷”危机只是冰山一角，是资本主义经济危机的导火索。随着“次贷”危机的扩散和蔓延，实体经济的危机必然产生。“次贷”危机一开始影响的是美国的房地产业，导致房地产价格大幅度下降和房地产投资急剧萎缩，其后影响到能源、汽车等行业，目前事实上已经发展为一场经济危机。

有些学者作了很好的分析，认为“次贷”危机的出现是因为美国的金融监管出现了问题，监管当局没有对金融创新进行有效监管；认为是美国的消费模式出现了问题，过度消费导致了经济泡沫化。这些都是重要的原因，但都只是浅层次的原因，危机的根源还在于资本主义的基本矛盾，即生产社会化和生产资料资本主义私人占有制之间的矛盾。这一矛盾决定了在资本主义社会，劳动成果主要被资本所有者占有，劳动者购买能力不足，因而必然会出现生产相对过剩的危机。美国不可能改变它的所有制，因而这一基本矛盾在资本主义社会内部不可能得到解决。尽管美国已经到了经济高度发达的阶段，有足够的经济能力解决贫困问题，但基本劳动者的贫困问题还远未得到解决，还有数千万的无房户。为了扩大需求，美国只能采取消费信贷来提升购买能力，以刺激经济增长。但降低信贷

门槛，实行扩张性的财政政策和货币政策，只是形成了虚假的购买力。这些措施只能在短期内发挥作用，不可能解决生产和消费中存在的矛盾。因此，研究“次贷”危机的根源，不能忽视垄断金融资本的贪婪引发金融危机的必然性。

（二）“次贷”和所谓“金融创新”

从20世纪70年代以来，美国金融业掀起了一波又一波改革创新热潮，把金融创新、混业经营、开发金融衍生品列为改革的重要任务。金融衍生品成为融资和牟利的重要工具，名目繁多的抵押贷款证券便是其中之一。

金融创新特别是其中的衍生品创新，必须有一条不可逾越的底线：以为实体经济服务、促进实体经济发展为原则。美国“次贷”危机爆发的原因就在于违背了这个原则，突破了这条底线，终于酿成灾难。

——从“次贷”膨胀的背景看，注定它是证券市场上的一颗灾星。证券市场是实体经济融资的重要渠道。发行债券是实体经济发展的需要。但是，“次贷”膨胀却有特殊的背景。20世纪60年代“次贷”问世后，在相当长时期并未在抵押贷款市场上占据主体地位。只是到了21世纪初，房地产热引发住宅价格上升，再加上实行低利率政策，财富效应和投资效应诱使房地产金融机构涌向“次贷”，把它当作尚待开发的金矿，导致“次贷”规模和品种快速膨胀。美“次贷”余额2001年仅为1200亿美元，2006年增加到14000亿美元。“次贷”形成了房地产市场巨额虚拟购买力。

——“次贷”运作逆信贷通行规则而行，给金融危机埋下隐患。“次贷”对象是信用等级低、履行贷款合同前期还本付息缺乏可靠保证的客户。贷款人把赌注压在住宅价格上升上，一旦客户毁约便收回抵押房产，自身不会受损。而且更重要的是，借助“次贷”证券可以把风险转嫁给其他投资者。房贷公司玩的是空手套白狼、买空卖空的把戏。它先从银行借入资金，再从零售商买入房贷，然后打包成证券出售给投资者，投资者再将证券投入市场，每次倒手都可获得可观收入，GDP也会相应增加。但房宅变现的链条却在延长，一旦某个环节发生支付危机，整个链条便会引起“多米诺骨牌效应”。2007年，美“次贷”余额虽然只有1.2万亿～1.5万亿美元，但经过包装衍生为证券在二级市场流通，总规模膨胀到10万亿美元，其中在国际上流通的约占2/3，涉及“次贷”业务的金融机构多达2500多家，全球45家大银行和券商都卷了进去。足见这种所谓“金融创新”，在设计之初就埋下了搅乱金融秩序、制造金融危机的祸根。

（三）“次贷”和经济全球化

“次贷”在美国经济总量中的份额可以说微不足道，但在经济金融领域的影响却不容忽视。经济全球化是近代社会化生产力发展的产物。资本主义列强在全球实行经济扩张，把其他国家和民族拉入了世界资本主义市场。

我们探讨经济全球化，似应区分两个问题：一是社会经济发展的客观趋势，二是当代世界经济体系的现状。如果不做这种区分，用前者代替后者，就可能走偏方向。有人鼓吹“市场无国界”就是例证。当代世界经济体系现状的特点：一是美国等发达国家居主宰、主导地位，特别是美国利用自己的经济优势推行经济霸权主义；二是国家间的经济关系不公平极其严重，其程度已经达到发达国家靠发展中国家、富国靠穷国养活的荒唐地步。

美国是当今世界头号经济大国，其在经济上有两面性。“次贷”危机暴露了美国经济的致命弱点，但它毕竟拥有无与匹敌的强大实力。2004 年，美国经济总量（GDP）约占世界 34%，外贸总额占 20%，美元占全球外汇储备的份额为 64%，美元交易额占全球外汇交易的 62%，美元在全球贸易结算中占 66%。美国还拥有维护本国利益、推行世界经济霸权主义的重要工具，即它直接控制着世界银行、国际货币基金组织、世贸组织；主导制定了一系列体现其意志和利益的国际经贸制度。

那么，美国是如何利用经济全球化牟取私利的呢？①从加工贸易的发展中，美国获得了产业分工的巨大效益，使它能够把有限的短缺资源用于发展高新技术和高附加值产业。②美国无偿占领了世界上最大的、最具发展潜力的市场。当今世界，市场是最稀缺、最宝贵的资源，但市场却无价。市场是美国经济持续发展的生命线。③利用美元霸主地位，用分文不值的虚拟财富——纸币美元投资，获取高额回报。④向他国转嫁环境污染和高物耗成本，以保护本国生态环境和稀缺自然资源。⑤通过跨国公司操纵国际市场行情，用高油价、高矿产品价、高粮价等搜刮发展中国家，牟取暴利。⑥推行弱势美元政策，操纵汇率，造成美元大幅贬值，美元储备缩水，使包括中国在内的一些国家蒙受巨大损失，从而减轻美国外债压力。⑦巨额投机资本（有资料估计，每天在世界市场上流动的热钱约 1 万多亿美元）在国际金融市场兴风作浪，破坏市场秩序，操纵外汇行情，搅乱股市，时刻威胁发展中国家经济的稳定和安全。

总之，事实表明，发展中国家和发达国家之间的经贸关系，绝不是什么“失衡”、“不平衡”的问题，而是不平等、不公平、不公正。撕开平等竞争、公

平贸易的假面，展现在人们眼前的现状是：美国等发达国家把发展中国家视为任意宰割的羔羊，从它们的身上扒走的不是一层皮，而是十几层皮。

（四）“次贷”和新自由主义

20世纪70年代，新自由主义取代凯恩斯主义跃升为西方主流经济学，主导美国政府的经济政策。“次贷”出笼，是新自由主义的产物；“次贷”危机，也是新自由主义酿成的苦果。

1. 从投资和信贷两方面刺激房地产业的繁荣和发展，形成经济新的增长点

20世纪末，美国互联网泡沫破灭，纳斯达克崩盘，但房地产业得益于政府扩张的货币政策而幸免于难，保持了20世纪90年代的发展势头。2000年，美联储为遏制经济衰退，宣布将联邦基金利率下调50个基点，利率从6.5%下调为6%，接着连续13次降息，2003年6月，利率降至1%，并持续了1年多。受美联储低利率政策的影响，商业银行和证券市场的利率纷纷下调。30年期住房固定抵押贷款利率从2000年底的8.1%，降至2003年的5.8%。1年期可调息抵押贷款利率从2001年底的7%，降至2003年的3.8%。“次贷”乘放松银根之机急速膨胀。2003年，美国住房抵押贷款发放规模创历史新高，达4万亿美元；2006年，住房抵押贷款市场成为美国最大的债务市场，达8.82万亿美元，“次债”余额跃居第二位，占12%。放松银根直接刺激了住房投资的攀升。2006年，住房投资在全部投资中所占的比重，上升到30%以上。21世纪初，美国消费在GDP中所占的比重，突破了70%的大关。

2. 在实现“居者有其屋”战略目标中，政府的主导作用逐步让位于市场，房价实行市场化

1970年代开始，美国房地产业走上了市场化道路。这主要表现在：第一，将低收入者推进市场，靠住房金融市场实现其住房需求。第二，按照市场化、私有化原则将原有以政府房贷机构为主体的结构，改造为以私人资本为主体的多元结构。先后通过改制新建了两家房贷巨头——房地美和房利美，占据了房贷市场的半壁江山。现在，这两家股份公司持有和担保的房贷总额高达5.3万亿美元。第三，放开房价，由供求调节市场。在低利率的“次贷”政策刺激下，住房价格一路飙升。1997~2006年房价上涨了85%，为二战后第二个高峰。第四，房地产热和房价持续上涨，给住房带来了巨大的“财富效应”。政府企图借此来增加居民收入，缓解分配不公的矛盾。2001年以来，房地产市场带来的财富高达6

万亿美元，个人消费因此增加5000多亿美元。但好景不长，泡沫最终还是被刺破。

3. 政府放任房贷监管，房地产金融专门化、独立化，走上了自由化经营道路

住房信贷市场具有高风险性，本应严加监管。但美国政府却反其道而行之，实行自由化。“次贷”的恶性膨胀就是经济金融自由化酿成的灾难。股市泡沫破灭之后，美国并没有从中吸取教训，仍然我行我素，继续奉行新自由主义教条。在所谓金融创新和改革的旗号下，为“次贷”畅行一路大开绿灯：向低收入者放宽借贷条件，开放房贷二级市场，准许发行房贷证券，支持抵押贷款衍生工具等。大量投机资本涌向房地产金融，其衍生品名目之多，仅房地产信托投资基金就有300多种，抵押品不断创新，什么“转按”、“加按”、“换按”、“转加按”、“二按”、“再按”，住房证券市场急速膨胀，规模超过债券市场的3倍，其功能已经由实现“居者有其屋”蜕化为金融投机家的大赌场。

“次贷”危机的爆发、扩散，再次宣告了新自由主义及其经济政策的破产。自2007年4月美国第二大次级贷款机构新世纪金融公司向法院申请破产保护以来，西方国家政府面对“次贷”危机的威胁，动用了经济、财政、金融、行政手段以解救陷入困境的银行业，遏制“次贷”危机蔓延和扩散，避免经济陷入全面衰退。甚至通过媒体散布“次贷”风波即将过去。但是，一年多过去了，救市的一切措施均未能如愿。“次贷”危机还在蔓延，而且又遇到了通货膨胀率和失业率上升、经济减速的难题。这些矛盾交织在一起，互相影响，正在把这些国家拖进一场世界性的经济衰退。当然，由于全球各国政府联合救市，使危机可以得到缓解，不会出现20世纪30年代那样的大危机。

新自由主义已经走到尽头，西方资本主义国家就求助于凯恩斯主义，主要采取财政政策刺激需求，减小危机带来的危害。对资本主义国家的这些方法我们需要恰当地评价。刺激需求对于减少危机的深化，能发挥一定的作用，但不能消除危机，而且给西方资本主义国家埋下了更多的隐患。政府采取赤字财政政策，钱从哪里来？只能发国债，但欠下的债总是要还的。这种寅吃卯粮的方法会导致经济矛盾进一步突出，可能不仅刺激需求的目的难以达到，而且会引起通货膨胀。

货币主义救不了美国，凯恩斯主义也救不了美国。它们不得不打出最后一张王牌：国有化。2008年2月，英国财政大臣宣布将北岩银行暂时收归国有。无独有偶，9月，美国政府在向房地美和房利美两家公司注入财政资金无效之后，被迫宣布由政府接管这两家公司。这一举措令世人震惊，被认为是“史无前例”。国有化能否救市，人们拭目以待。但“次贷”危机却向世人宣告：新自由主义及其信条市场原教旨主义已经陷入绝境。

十二

世界经济正面临一场前所未有的金融危机*

余永定

（一）当前世界经济正面临一场前所未有的金融危机

以美国次级贷款危机为主要特征的这场危机，不是一场普通的金融危机。到目前为止，这场危机还在进一步发展，无人知道什么时候才能达到隧道的尽头。索罗斯认为，这是近60年来，资本主义世界所发生的最为严重的一场金融危机。

2007年8月16日，由于美国康特里怀特金融公司宣布动用银行的信用额度115亿美元，引起市场的极大恐慌。一时间，几乎所有债券突然都卖不出去了，最为安全的美国财政部短期债券成为投资者的唯一选择。马克思在《资本论》第三卷中曾说过，危机一旦爆发，问题就只是支付手段。但是因为这种支付手段的收进，对于每个人来说，都要依赖另一个人，谁也不知道另外一个人能不能如期付款；所以，将会发生对市场上现有的支付手段即银行券的全面追逐。每一个人都想尽量多地把自己能够获得的货币贮藏起来，因此，银行券将会在人们最需要它的那一天从流通中消失。

由于全球性的流动过剩突然间变成了流动性不足，整个资本主义经济体系面临着停止正常运转的危机。欧洲中央银行率先为市场注入大量流动性资金，其他主要国家的中央银行也如法炮制。这就是次贷危机的第一步：流动性不足。中央银行就扮演了救市者的角色，在市场上无限地注入流动性资金，只要你需要钱，它就可以借钱给你。中央银行希望，这样一来大家就不会抢先大量抛售手中的债券，债券的暴跌就会得到制止，企业就可以继续发行债券筹集资金，从而经济体系就可以恢复正常运转，金融就会得到稳定。但是，“次贷”危机在美国却有愈

---

* 该文原刊《世界社会主义研究动态》2008年第10期。

演愈烈之势，问题开始由流动性不足转化为信贷紧缩。2007 年下半年，美林和花旗银行分别爆出 79 亿美元和 65 亿美元的巨亏，两家机构的 CEO 相继离职。以后出现巨亏的商业银行和投资银行越来越多。2008 年 1 月 22 日，由于“次贷”危机持续恶化导致实际经济的恶化，美国和其他国家的股市急剧下跌。道—琼斯指数跌破 12000 点心理关口，下跌了 128.11 点或 1.06%，创出 52 周新低。盘中跌幅一度高达 465 点。日经指数下跌 752.89 点，跌幅为 5.65%；恒生指数下跌 2061.23 点，跌幅为 8.65%。目前美国的“次贷”危机还在继续发展。由于“次贷”危机的影响，人们普遍认为 2008 年美国经济将会明显下滑。越来越多的经济学家认为，美国经济实际上已经进入了衰退。

（二）美国“次贷”危机的形成及其影响

所谓次级贷款，就是住房金融机构借给资信很差的居民的按揭住房贷款。由于担心贷款无法回收，为防范因借款者违约而造成大量损失，住房金融机构把贷款证券化并卖给投资者。在房地产价格上升时期，一般没有问题；一旦房地产价格下跌，借款人违约，投资者手中的由房地产抵押贷款支持的债券就变得一钱不值。于是就发生了“次贷”危机。

由次级住房贷款公司向低收入者发放住房贷款，放贷者认为贷款是安全的，卖掉作为抵押的房子就可以收回贷款；借款者则认为实在不行，把房子卖掉即可还清贷款。这一切都是在房价没有下降的前提下而言。

发放了次级贷款的房贷公司，清楚地知道这些贷款所具有的风险。为了规避或转移风险，它们与贷款者订立了一份合同，然后把这份合同卖给商业银行、投资银行和对冲基金等机构，从而将房贷公司与贷款者之间的借贷关系，转变成贷款者与商业银行等机构之间的借贷关系。商业银行等机构取得债券一般可以获得收益。而这种债券所不同的是，只有原贷款公司对贷款人的资信进行了审核，清楚地知道贷款人能不能还得起贷款，而世界各地的商业银行等机构却无法考核这些贷款人的资信，不知道是谁在贷款，也不知道自己的收益得自何人之手。本来房贷公司与贷款者签订的是借款、还贷合同，通过某种设计，就变成了以“次贷”为抵押的债券。这就是所谓的证券化。

出现了资产担保证券和抵押按揭贷款担保证券，这些就是次债。风险是由第一个环节转到第三个环节的，第二个环节中的次级住房贷款公司避开了风险。这种情况有点像一个人患了癌症，本来病灶在肝或肺，原病灶很清楚。可是为了回避风险，就把风险散到别处，相当于癌在全身扩散，使人根本无法知道病灶在哪里，增大了治疗的难度。

商业银行、投资银行和对冲基金等都是次债的购买者（投资者）。次债的违约，造成价格下跌或有价无市，使这些金融机构的资产大量缩水。当这些机构的资产负债表出现严重问题，只好破产、清算、增加拨备、收缩信贷。而信贷紧缩和"次贷"危机又向其他资本市场扩展，从而进一步导致实物经济的下滑和危机。

（三）美国"次贷"危机可通过以下渠道影响中国

第一，中国一些金融机构持有一定量的与"次贷"有关的美国资产，这些资产的违约将使中国金融机构遭受直接损失。由于"次贷"到"次债"、再到CDO等衍生金融工具的风险传递链条非常长，"次贷"所造成的最终损失目前尚无法估值。另外，中国金融机构也有可能会因其他证券的价格下跌或有价无市而遭受损失。

第二，美国发生"次贷"危机使整个金融市场面临前所未有的危机，资产价格普遍下降，特别是美国股市自2008年1月23日以来急剧暴跌进而带动全球股市暴跌。美国股市暴跌，通过心理和其他途径必然对全球股市造成影响，中国股市也难以幸免。前段时间亚洲股市和中国股市的下降，不能不说与美国股市有一定的联系。

第三，最重要的是"次贷"危机导致的美国经济急剧减速或经济衰退会对中国的出口造成严重影响。中国对美国的出口会受到美国经济增长速度和中美间汇率变动的影响。经验证明，中国出口受美国和全球经济增长速度变化的影响很大。研究表明，对于一个加工贸易占重要地位的国家来说，其净出口对汇率变化可能不十分敏感，但对外国经济增长速度的变化一般相当敏感。美国经济增长速度和全球经济增长速度的下降，会对中国的净出口造成相当严重的影响。由于美国经济规模在全球经济中占有重要地位，不仅中国对美国的出口会下降，对其他地方的出口也可能会下降。2007年，中国贸易顺差占GDP的9%左右，同年贸易顺差的增长速度达30%。如果2008年中国贸易顺差的增长速度下降到10%，在其他因素不变的条件下，中国GDP的增长速度就会下降2个百分点左右。美国经济下跌所造成的中国净出口增长速度下降，可能会成为影响2008年中国经济增长的严重问题。

第四，美联储为了解决美国经济问题所采取的降息措施，至少在理论上会大大增加国际资本流向中国的可能性，这将使中国的流动性过剩问题更加严重并进而增加中国通货膨胀的压力和汇率升值压力。就目前情况来看，是否会出现热钱涌入中国的情况还很难预计。因为美国资本市场出现问题，美国金融机构会急于补充资本金，美国银行的贷款行为会变得更加谨慎。石油输出国等资金过剩国家也可能趁美元资产暴跌之际，廉价购买美国资产。因而，在美国“次贷”危机尘埃落定之前，中国也可能不会马上面临严重的热钱冲击局面。

总之，美国作为全世界产品的最终需求者，若出现问题，则其他国家都会出现问题，要想“脱钩”是不可能的。

（四）几点看法

抑制通货膨胀是中国的首要政策目标。为抑制通货膨胀所采取的紧缩性货币政策本来就会导致经济增长速度下降，中国必须在抑制通货膨胀和保持经济适度增长之间找好平衡点。美国经济的下滑，既是对中国经济稳定增长的挑战，也是调整“过度依赖外需”经济结构的机会。美国经济下滑使我国宏观调控出现更为复杂的局面。从长期来看，净出口增长速度下降，是一件好事而不是坏事，也为解决我国贸易顺差增长和外汇增加过快，提供了机会。

中国经济领域目前最大的“敌人”是通货膨胀，政府必须采取严厉的货币紧缩政策。在掌握好货币紧缩的程度和升值速度的同时，我们还应该通过财政政策，对那些由于经济增长速度下降而受到损失的企业，特别是外贸企业（职工）进行必要的补偿，从而把美国经济明显减速对中国的不利影响降到最低。2007年中国的经济增长速度是11.5%，实际的经济增长速度可能还要更高。为了抑制通货膨胀和继续进行经济结构的调整，中国有条件、有能力承受经济增长速度1~2个百分点的下降。特别是，中国当前的财政状况非常好，2007年财政收入增加了30%，财政政策应当在2008年的宏观调控中发挥更为积极的作用。

除继续执行从紧货币政策外，还必须加强对资本跨境流动的管理，尽可能把热钱挡在国门之外。此外，中国还必须克服“市场原教旨主义”的影响，在资本市场的稳定方面发挥必要的作用。

十三

国际货币体系的改革及中国的机遇

李　扬

国际货币体系的改革，是一个被国际社会热议了半个多世纪但迄无结论的问题。广大非关键货币国家（地区）一直在抱怨如今的国际货币体系“不合理”。但是，这种主要基于道义理由的责难不可能产生实质性效果，因为国际货币体系的建立及其演化，一向就只相信经济和金融的实力：在国际金本位时期，拥有大量黄金储备的国家可以主宰世界；而在不兑换的法偿货币时代，则是那些在全球生产和贸易中占据主导地位的国家，能够让自己的货币走遍全球，为其他国家使用和持有，并且以此来左右国际货币体系的发展动态。基于这样的道理，今天我们所以将国际货币体系改革的问题列为我国进一步发展的主要议题之一，也正是因为21世纪以来，包括中国在内的新兴市场经济国家的经济增长已经成为全球经济增长的主要引擎，而包括中国在内的亚洲地区的长达20余年的高速增长，更是已经大大改变了这个世界的实力对比。实力格局的这种变化，必然会引发关于国际货币体系改革的诉求。

（一）少数国家主宰的国际货币制度是非关键货币国家的潜在风险因素

为了探讨未来国际货币体系的改革方向，回顾20世纪50年代以来（第二次世界大战结束以来）的国际货币制度的发展是有益的。20世纪50年代，在美国的主导下，国际社会建立了布雷顿森林体系。这是一种“双挂钩”制度，即美元与黄金挂钩、各国货币按照一个固定的比率同美元挂钩。这个制度正常运行的条件，一是美国在保证国内经济稳定发展的同时不断向国际社会提供清偿力，二是各国实行固定汇率制并维持该制度的稳定。众所周知，这个制度隐含着“特利芬两难”的矛盾，于是，在20世纪70年代上半叶，该制度寿终正寝，代之而起的是以“牙买加协议”为标识的国际浮动汇率制。

布雷顿森林体系崩溃之后，世界各国都开始自谋生路，以求自救。其路径基本上有两条。

第一条路径是寻求建立某种货币联盟，在一个小范围内另起炉灶。最具代表性且最成功的例证是欧元区的建立。经过长达30余年的艰苦努力，这个地区终于在20世纪末，以国际协议的方式形成了统一货币区。欧元的启动以及随后逐渐被国际社会认可，使得欧元区各国在相当程度上避免了以汇率波动为要点的国际货币制度不稳定给区内各国经济带来的不利冲击。另外，在这种体系下，区域内每个国家不必保持高额外汇储备，从而使得持有储备的机会成本最小化。

第二条路径则是重新实行美元本位制，也就是，将自己国家（地区）的货币按照调整过的汇率仍然与美元挂上钩并努力维持汇率稳定。欧元区以外的多数国家（地区）走的都是这条路。这样做的好处十分明显：由于美元是被多数国家接受并使用的国际货币，与美元挂钩，便使得挂钩国家在从事对外贸易和资本输出入时，获得了价格稳定的良好环境。

但是，这同样也是一条成本很高，而且常常使挂钩国家陷入困境的路径。其问题主要有三。

第一，由于在国际交易中和建立国家储备时必须使用他国货币，挂钩国家（地区）便普遍存在着货币错配问题。所谓货币错配，从存量的角度看，指的是一国资产负债表（即国家资产的净值）对汇率变动的敏感性；从流量的角度看，它指的则是一国损益表（即国家的净收入）对汇率变动的敏感性。净值/净收入对汇率变动的敏感性越高，货币错配的程度也就越严重。

第二，各国货币钉住关键货币，一旦挂钩国和关键货币国之间的国际收支间出现根本性不平衡，就会出现调整的不对称问题。由于美国并不像在布雷顿森林体系下那样依法承担调整不平衡的成本，不平衡问题一旦出现，往往就会导致挂钩国家陷入成为美国经济波动和风险承担者的不利局面。这种情况在历史上出现过多次，眼下发生的“次贷”危机，更是一个新的例证。

第三，与上述第二点相联系，广大非关键国家的货币政策不免陷入两难境地。这种两难基于如下的现实：在美国和欧洲，其货币当局只需根据国内经济形势制定单一的货币政策；而在广大非关键货币国家中，货币当局不仅需要针对国内经济形势来确定其利率和货币供应政策，还要同时根据对外平衡的状况，运用同样的工具来制定和实施适当的汇率政策。遗憾的是，对内和对外的这两套政

策，在目标和手段上常常相互冲突。

即便关键货币国家出于某种考虑或迫于国际压力，承担起稳定币值和调整国际收支的国际责任来，根据“特利芬难题”的逻辑，他们最终也会遇到币值稳定和国际收支恶化同时出现的两难困境。这意味着，在目前的国际货币体系下，非关键货币国家要想免除汇率波动的不当干扰，只是一种良好的愿望。有鉴于此，我们必须设法自救。

（二）根本出路在于在亚洲形成货币合作机制

虽然世界上非关键货币国家占据多数，但在其中，亚洲各国（地区）对汇率波动的不利影响感受最深。这是因为，亚洲各国经济的对外部门大都比较重要，其外汇储备规模也十分巨大，因而蒙受货币错配的风险最大。

不妨大致勾勒一下全球经济的总图景。目前，从地缘上说，世界存在三大经济区域：美国、欧洲和亚洲。从经济总量上看，亚洲最大，欧洲次之，美国最小。但是，从金融方面看，则是美国最强，欧洲次之，亚洲最弱。如果再集中到国际货币和国际储备手段上看，问题更为严重。迄今为止，在国际经济交往中，亚洲国家面临的最大问题就是，自己规模巨大的产品和劳务的出口，以及日益增加的资本的流入和流出，无论是计价还是实际的移转，都必须以美元和欧元为载体。于是，汇率稳定与否，就永远是这些国家（地区）宏观调控难以回避的持续挑战。既然涉及汇率，就免不了要时时谨慎地处理与美国与欧洲之间的关系，在这个过程中，免不了要仰承他们的鼻息，而且常常还会遭受无端的指责。

对于亚洲国家来说，唯一的出路在于效法欧洲，积极推进亚洲货币的一体化进程。在这个意义上，我们对于各种形式的亚洲国家间的货币金融合作都采取积极态度。惟其如此，我们才能创造一个适合自己生存和发展的国际经济和国际货币环境。当然，亚洲货币一体化是一条长满荆棘的道路。从20世纪末的“清迈倡议”算起，我们事实上已经做出了近十年的努力，但是，迄今为止，亚洲国家间的货币金融合作还局限在防范危机的领域，建立地区统一货币体系的根本大事，尚未出现值得一提的举措。借鉴欧元启动的历史过程，我们或许需要做好再努力几十年的准备。在这里，建立一体化的区域经济体系，在互信的基础上形成一体化的政治共识，都是必不可少的前提条件。

随着中国的崛起和经济辐射力的扩大，亚洲国家（地区）之间的经济联系近年来得到了迅速加强。我们有理由相信，亚洲货币一体化的进程，今后将越来越成为广大亚洲国家（地区）的共同事业。

然而，无论我们做出怎样积极的努力，当前由美元和欧元主宰全球金融体系的状况都不会很快改变。面对这个冰冷的现实，我们必须有长期的应对之策。在我看来，积累大量的外汇储备，并且更为积极主动地运用这些外汇储备，则是过渡时期的理性选择。

于是我们就需要讨论全球外汇储备巨额积累的合理性问题。亚洲金融危机之后，全球大都转向了某种形式的浮动汇率制。根据国际金融的传统理论，实行浮动汇率制将大大减少一国对外汇储备的需求，然而，我们看到的事实是，自亚洲金融危机以来，全球外汇储备以天文数字在迅速增长；更重要的是，外汇储备的全球积累是以相当不平衡的格局在发展着。具体说，在世界的一极，美国和欧元区的外汇储备规模较小且保持稳定；在世界的另一极，外汇储备则迅速积累，甚至连南美洲的传统的重债国，现在也都摆脱了负债的地位，成为净债权国。对于广大非关键货币国家外汇储备的巨额积累以及在此基础上形成的“主权财富基金”问题，我们一直坚持这样的看法：这是在难以摆脱关键货币国家的货币和其他经济政策对本国经济和金融运行的不利冲击的条件下，在汇率风险成为常态的情况下，广大非关键货币国家降低持有外汇之制度机会成本、追求更好的长期回报和抵御金融风险的一种不得已的积极安排。

无论今后的亚洲经济和货币一体化可能采取怎样的形式，扩大人民币在大中华地区、亚洲地区乃至全球的使用范围，都是必不可少的一环。如果上述讨论的确描绘了中国参与国际货币体系改革和建设的路径，则建立以人民币为中心的市场体系，包括国际贸易中的计价、交易、结算，乃至储备货币的安排，都是题中应有之义。换言之，在今后促进国际货币体系改革的进程中，努力形成人民币中心，是构成国内各个城市建立国际金融中心的必要条件之一。

为了推动这一进程，需要做出大量的努力。其一，应当建立一套比较合适的经济和社会的制度安排。其二，需要建立一套比较完善的法律制度，保证各种各样的金融活动、各种各样的金融机构得以顺利地开展业务。其三，应当以创新的精神，积极推动金融产品和服务的创新，扩大人民币的交易规模。其四，应当创造条件，大力培养合格金融人才，为国际金融业务的开展提供人力资本。

后　记

2008年是中华人民共和国历史上极不寻常的一年，是令人刻骨铭心、心潮激荡的一年。年初，我国果断应对南方大部地区所遭受的百年不遇的雨雪冰冻灾害，使经济社会生活迅速恢复正常；3月，妥善处置、平息拉萨市等地发生的严重的打砸抢烧暴力事件；5月，面对新中国成立以来破坏性最强、波及范围最广、救灾难度最大的汶川大地震，全国紧急动员和行动起来，展开了一场感天动地气壮山河的抗震救灾斗争；8月，全世界的目光都聚焦北京，我国成功举办了一届“无与伦比”的奥运会；9月，神舟七号载人飞船顺利飞天，浩瀚太空留下了中国人第一行脚步；12月，北京隆重举行大会，纪念党的十一届三中全会召开30周年。30年峥嵘岁月，改革开放波澜壮阔，中华大地沧桑巨变，中国特色社会主义道路越走越宽广……

呈现给读者的2008年卷“中国特色社会主义理论研究前沿报告”，集中展示了该年度中国社会科学院学者对相关重大理论和现实问题的研究与思考成果，共辑录论文、理论文章、调研报告86篇。在70位作者中，包括院党组成员和数位卸任院领导，其余分属全院31个研究所和院直单位，其中包括22位学部委员，2位荣誉学部委员，以及一些崭露头角的青年学者。

陈奎元同志多年来一直十分关心、重视“中国特色社会主义理论研究前沿报告”的编辑出版工作，此次拨冗审读了全书目录。本卷“前沿报告”以陈奎元同志《继续深化改革　推进哲学社会科学事业的发展与繁荣》一文作为“代序”。全书正文按专题编排为五篇。第一篇、第二篇是全书的核心内容，分别以“纪念改革开放30周年”和“高举中国特色社会主义伟大旗帜　学习实践科学发展观”为题；第三篇侧重探讨、阐释重大理论问题；第四篇侧重应用对策研究以及对2008年重大事件的解读；第五篇侧重谈人文社会科学研究及相关理论思考。

王伟光同志具体主持和指导了本书的编辑工作。全书系在200多万字文稿的基础上编选而成，前后历时三月有余。“研究中心”的侯迎欣、常晨两位同志承担了大量工作，包括搜集备选文章、联系作者、电子排版、核对引文、校对等。遴选文章、拟定书名、编排篇目、修订书稿工作由我承担。按照以往的做法，凡对原文的改动均为技术性处理，通常采用“减法”（即删繁就简），不涉及具体观点。个别文章改拟了标题。本卷“前沿报告”是近几年来字数最多的一卷。限于篇幅，有些好文章只好割舍。这是我们所引以为憾的。

对我们来说，编书的过程同时也是学习的过程。书中的有些文章视野开阔，思想深刻，论证有力，写得很大气，发人深省；也有些文章文采斐然，在纵横恣肆的同时闪烁着思想的火花；还有些文章篇幅虽短但信息量丰富，富有启发意义。相信读者朋友也会有类似的感受。

感谢本书作者群体对编辑工作所给予的支持与合作。程恩富同志关心了本书的编辑工作，社会科学文献出版社的谢寿光同志一如既往地关心、支持了本书的出版工作，院科研局、办公厅和中国社会科学杂志社等单位给予了帮助，在此一并表示感谢。

夏春涛
2009年3月18日

图书在版编目（CIP）数据

改革开放与中国特色社会主义/王伟光主编. －北京：社会科学文献出版社，2009.5
（中国特色社会主义理论研究前沿报告 No.8）
ISBN 978－7－5097－0782－1

Ⅰ.改… Ⅱ.王… Ⅲ.①改革开放－研究报告－中国 ②中国特色－社会主义建设模式－研究报告 Ⅳ.D61

中国版本图书馆 CIP 数据核字（2009）第 066703 号

中国特色社会主义理论研究前沿报告 No.8
改革开放与中国特色社会主义

主　　编／王伟光
副 主 编／程恩富　夏春涛

出 版 人／谢寿光
总 编 辑／邹东涛
出 版 者／社会科学文献出版社
地　　址／北京市西城区北三环中路甲 29 号院 3 号楼华龙大厦
邮政编码／100029
网　　址／http：//www.ssap.com.cn
网站支持／（010）59367077
责任部门／人文科学图书事业部（010）59367215
电子信箱／bianjibu@ssap.cn
项目经理／宋月华
责任编辑／范　迎
责任校对／薛凤波
责任印制／岳　阳　郭　妍

总 经 销／社会科学文献出版社发行部
（010）59367080　59367097
经　　销／各地书店
读者服务／市场部（010）59367028
排　　版／北京中文天地文化艺术有限公司
印　　刷／北京季蜂印刷有限公司

开　　本／787mm×1092mm　1/16
印　　张／42
字　　数／763 千字
版　　次／2009 年 5 月第 1 版
印　　次／2009 年 5 月第 1 次印刷

书　　号／ISBN 978－7－5097－0782－1
定　　价／89.00 元

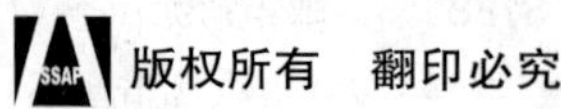